ANTOLOGÍA DE LA POESÍA ESPAÑOLA
(1900-1980)

I

BIBLIOTECA ROMÁNICA HISPÁNICA

DIRIGIDA POR DÁMASO ALONSO

VI. ANTOLOGÍA HISPÁNICA, 35

ANTOLOGÍA
DE LA
POESÍA ESPAÑOLA
(1900-1980)

ESTUDIO PRELIMINAR, SELECCIÓN Y BIBLIOGRAFÍA DE

GUSTAVO CORREA

EDITORIAL GREDOS

EDITORIAL GREDOS, S. A.

Sánchez Pacheco, 81, Madrid. España.

Depósito Legal: M. 16418-1980.

ISBN 84-249-1592-5. Obra Completa.
ISBN 84-249-1593-3. Tomo I.

Impreso en España. Printed in Spain.
Gráficas Cóndor, S. A., Sánchez Pacheco, 81, Madrid, 1980. — 5080.

RECONOCIMIENTO

Damos las gracias a los poetas, o a sus herederos, que nos dieron el permiso para publicar los poemas que figuran en la presente Antología:

Fernando de Unamuno por los poemas de Miguel de Unamuno; *Francisco H. Pinzón Jiménez* por los poemas de Juan Ramón Jiménez; *Copyright, herederos de Manuel Machado* por los poemas de Manuel Machado; *Copyright, herederos de Antonio Machado* por los poemas de Antonio Machado; *Carlos del Valle-Inclán, Jaime del Valle-Inclán, María Concepción Toledano del Valle-Inclán, Beatriz del Valle-Inclán* por los poemas de Ramón del Valle-Inclán; *José Moreno* por los poemas de José Moreno Villa; *Alejandro Finisterre* por los poemas de León Felipe; *Gerardo Diego; Isabel García Lorca* por los poemas de Federico García Lorca; *Dámaso Alonso; Soledad Salinas de Marichal* y *Jaime Salinas* por los poemas de Pedro Salinas; *Rafael Alberti; Jorge Guillén; Vicente Aleixandre; María Rosario Prados de Araoz* por los poemas de Emilio Prados; *Paloma Altolaguirre* por los poemas de Manuel Altolaguirre; *Ángel María Yanguas Cernuda* por los poemas de Luis Cernuda.

ESTUDIO PRELIMINAR

España entra en el siglo XX con el signo de una tensión espiritual que se revela tanto en la esfera del pensamiento como en la de la creación artística, y más en particular en el campo de la lírica. En general, tal movimiento de renovación no brota de una manera repentina, sino que es, por el contrario, el resultado de un lento proceso de incubación que se venía preparando desde años atrás. La doctrina del Regeneracionismo y de la europeización que predicó don Joaquín Costa, en las últimas décadas del siglo pasado, y la importante obra novelística de don Benito Pérez Galdós son claros precursores del nuevo espíritu. El cambio se acelera, aún más, con los acontecimientos históricos y políticos del año de 1898. La entrada de España en la época de la modernidad queda ya totalmente definida con la colección de ensayos de don Miguel de Unamuno, *En torno al casticismo* (1895). Dichos ensayos no solamente abren nuevas perspectivas al pensamiento hispánico, sino que señalan una pauta para la revelación de estados espirituales interiores, a través de un lenguaje de claras resonancias líricas. También otros escritores, como Azorín, se habrán de caracterizar por su modalidad lírica de expresión, aun en prosa. A la constitución de la nueva lírica convergen, además, ciertas tradiciones y movimientos literarios. Entre estos últimos se encuentran el caudal de la poesía popular tradicional, el intimismo poético de procedencia becqueriana, el modernismo de origen hispanoamericano y la influencia directa del simbolismo francés y de otros autores europeos.

LA POESÍA ESPAÑOLA EN LA SEGUNDA PARTE DEL SIGLO XIX Y SU RELACIÓN CON LA LÍRICA DEL SIGLO XX

La segunda parte del siglo XIX se caracteriza por la presencia de diversas corrientes poéticas que, en general, pueden agruparse en dos vertientes principales: la de contextura e intención románticas, y la de espíritu realista y positivo. A la primera de ellas correspondería el cultivo y la asimilación de la tradición folklórica y popular, como también el florecimiento de una poesía intimista que encuentra su mejor expresión en Gustavo Adolfo Bécquer. A la segunda puede adscribirse la poesía de tono deliberadamente prosaico de don Ramón de Campoamor, la descriptiva, regional y costumbrista de Gabriel y Galán, y la racionalista, filosófica y de acento fuertemente retórico de don

Gaspar Núñez de Arce. De estas dos vertientes, la primera va a tener un influjo decisivo en el desarrollo de la poesía española del siglo veinte. La segunda, en cambio, se halla definitivamente superada y contrastada por la nueva lírica.

a) *La poesía de tradición folklórica y popular*

Es importante tener en cuenta el papel que la poesía popular tradicional ha desempeñado en el desarrollo de la poesía lírica española, en general, y sus constantes relaciones con la poesía culta. España se distingue entre los demás países europeos por la persistencia de una poesía de tipo popular y tradicional que impregna todos los ámbitos de su cultura y cuyo origen se remonta a los tiempos medievales. El *Romancero*, por ejemplo, ha sido considerado siempre como una de las joyas de la literatura hispánica. Esta poesía de índole popular traduce ideales profundos del alma colectiva. Su tradicionalidad se revela en el hecho de haberse transmitido en forma oral, hasta el presente, de generación en generación. Su estilo se caracteriza por su gran economía verbal, su naturalidad y transparencia y un dinamismo tenso, lírico y dramático. Según don Ramón Menéndez Pidal *(Romancero hispánico)*, los romances obedecen a una visión intuitiva de la realidad y presentan los sucesos de que tratan en forma instantánea e inmediata. Tal manera sintética, exabrupta y directa de expresión evita la trabazón lógica de los acontecimientos y aumenta, por el contrario, su capacidad de sugerencia. Por todas estas razones, los romances tradicionales desempeñan un papel importante en la dirección de la nueva lírica. En el siglo XIX revive el interés por los romances, debido en gran parte a la importancia que dio el romanticismo a todo género de poesía de tipo popular y tradicional. Por una parte, se publicaron nuevamente los romances antiguos y los llamados artísticos, escritos éstos en el Siglo de Oro (A. Durán, *Romancero general*; F. J. Wolf y C. Hofmann, *Primavera y flor de romances)*. Por otra, los más importantes autores románticos (Espronceda, el Duque de Rivas, Zorrilla) cultivaron el género con sus temas legendarios e históricos. La segunda parte del siglo dio origen, a su vez, a nuevos ciclos de romances, compuestos por autores de la época (José María de Cossío, *Cincuenta años de poesía española, 1850-1900)*. Tales manifestaciones escritas, juntamente con la conservación oral del romancero antiguo, muestran la continuidad ininterrumpida del romancero y ayudan a explicar la renovación y la importancia que este género va a adquirir con los poetas del siglo XX.

La poesía lírica popular propiamente dicha también contribuye al sustrato de tradicionalidad que se halla en la lírica moderna española. Dicha poesía se remonta, asimismo, a los tiempos medievales. Es de notar la importancia de las llamadas «canciones de amigo» en los cancioneros portugueses de los siglos XIII y XIV, cuyo tema esencial era el de una doncella que se lamentaba de la ausencia de su enamorado. Desde el punto de vista métrico, estas canciones se componían de dísticos pareados, en construcciones paralelísticas, cuyas repeticiones daban lugar a que el sentimiento lírico se remansara en sugerencias de honda elementalidad. En Castilla prevaleció la forma de composición que giraba alrededor de un villancico inicial de gran simplicidad expresiva que era luego repetido después de cada estrofa subsiguiente (Menéndez Pidal, «La primitiva poesía lírica española», en *Estudios literarios)*. Las dos formas se mezclaron, sin embargo, como puede verse en los cancioneros de la época renacentista *(Cancionero de Herberay, Cancionero musical de Palacio, Cancionero general* de Hernando del Castillo). Los estribillos (villancicos), a su vez, se independizaron y dieron lugar a diversidad de estrofas, entre otras la seguidilla. Los grandes poetas del Siglo de Oro cultivaron extensamente esta lírica tradicional, particularmente Lope de Vega. Tanto los antiguos villancicos como las seguidillas y la cuarteta octosilábica, convertida ésta en la moderna copla, vinieron a constituir el sustrato de la poesía popular en el siglo XIX, y su derivación específicamente andaluza del *cante jondo*. En la segunda parte del siglo XIX, numerosos escritores revelan el prurito de la imitación de lo popular. Entre éstos se encuentran Antonio de Trueba con su *Libro de los cantares* (1851), Augusto Ferrán con los cantares de su libro *La soledad* (1861), y Ventura Ruiz Aguilera en sus *Armonías y cantares* (1865). En virtud de esta continuidad de la poesía lírica tradicional y de su manera de influjo, ya sea en forma directa o indirecta, a través de numerosos poetas líricos de todos los tiempos, su mensaje de esencialidad, sencillez, sugestión musical en los ritmos, y elementalidad en la expresión de los sentimientos, viene a hacerse sentir en la poesía española del siglo XX. Además, en el siglo XIX, la tradición de las seguidillas y de las coplas populares andaluzas, en cruce con otro movimiento lírico europeo, también de raigambre popular, produce la poesía intimista de Gustavo Adolfo Bécquer, la cual había de constituir uno de los influjos decisivos en la poesía del presente siglo.

b) *La poesía intimista*

El movimiento de poesía intimista que culmina en el siglo XIX con la figura de Gustavo Adolfo Bécquer es el fruto de una lograda aproximación de las canciones populares andaluzas con la lírica de las canciones y los *lieder* de los poetas románticos alemanes. Tanto Herder como Goethe en Alemania habían proclamado, desde fines del siglo XVIII, un concepto de poesía lírica que descansaba en una noción de poesía natural *(Naturpoesie)*, la cual se acercaba a la poesía de índole propiamente popular. Se trataba, en efecto, de una poesía que implicaba a la vez una compenetración íntima del poeta con la naturaleza y una forma espontánea y sencilla de expresión que con frecuencia incorporaba los ritmos populares de balada y de canción. Goethe fue el primero en crear este tipo de poesía de hondo sentido lírico, al cual siguió, entre otros, Heine. Esta poesía romántica alemana, a la vez sencilla y refinada, culta y popular, penetra en España precisamente en momentos en que también en este país se hacía una revaloración de lo popular, y contribuye a crear el ambiente propicio de donde había de brotar la poesía intimista. Se ha demostrado, además, que las traducciones españolas de esta poesía son un antecedente de las *Rimas* de Bécquer (José Pedro Díaz, *Gustavo Adolfo Bécquer. Vida y poesía).* Al mismo tiempo, poetas españoles como Ángel María Dacarrete y Augusto Ferrán escribían y publicaban sus *cantares,* en los cuales se aunaban el laconismo ceñido y dramático de la copla autóctona andaluza y el aire subjetivo de la poesía alemana. De la fusión de estas dos corrientes (la romántica alemana y la autóctona andaluza) arranca el lirismo depurado y musical de Bécquer, con su carácter de intimidad y confidencia. Bécquer mismo expresó, en el prólogo a *La soledad* de Augusto Ferrán, un concepto de poesía que coincide fundamentalmente con esta noción de poesía natural:

Hay una poesía magnífica y sonora, una poesía hija de la meditación y el arte, que se engalana con todas las pompas de la lengua, que se mueve con una cadenciosa majestad, habla a la imaginación, completa sus cuadros y la conduce a su antojo por un sendero desconocido, seduciéndola con su armonía y su hermosura.

Hay otra natural, breve, seca, que brota del alma como una chispa eléctrica, que hiere el sentimiento con una palabra y huye; y desnuda de artificio, desembarazada dentro de una forma libre, despierta, con una que las toca, las mil ideas que duermen en el océano sin fondo de la fantasía.

Al lado de la palabra espontánea, desnuda y sugerente, Bécquer proclama la insuficiencia del lenguaje, a causa de la inefabilidad de los estados espirituales, que en momentos de ensoñación llevan al poeta a identificarse con las manifestaciones más tenues de la naturaleza y a poblar su imaginación con inasibles figuras fantasmales. También Bécquer insiste en la necesidad que tiene el poeta de alejarse de la experiencia cruda de la inspiración propiamente dicha, a fin de evocar, desde el fondo de la memoria, la visión originaria en momentos de serenidad propicia. Bécquer traerá también cierto rigor intelectual a su propia poesía, al convertir la meditación sobre el arte y sobre la índole de la poesía misma en materia de poema.

Todos estos aspectos de la concepción poética de Bécquer y de su manera de poetizar influyen en la lírica del presente siglo. Un clima densamente becqueriano fue sostenido, además, en los últimos años del siglo XIX, por la figura original e intensa de Rosalía de Castro. Ella misma había sido intérprete de la poesía popular gallega y había conocido directamente las traducciones alemanas. Sus libros principales, *Cantares gallegos* (1863), *Follas novas* (1880), y *En las orillas del Sar* (1884), pueden situarse al lado de las *Rimas* en el género de poesía intimista. Otros poetas, seguidores de Bécquer, contribuyeron también a mantener este peculiar ambiente poético hasta fines del siglo.

c) *Poesía de tendencia filosófica y realista*

En marcado contraste con la poesía intimista se hallan en la segunda parte del siglo XIX las tendencias que corresponden más propiamente al espíritu de la época y que se evidencian en una serie de características formales, tales como el prosaísmo, el énfasis retórico y el descripcionismo de tipo costumbrista y local. En cuanto a su ideología y contenido, esta poesía se aplica principalmente a poner de manifiesto una intención de carácter filosófico, racionalista o social, o bien se sume en una esfera de sentimiento regional, hogareño o simplemente idílico. No hay duda de que esta actitud básica del poetizar corresponde al aburguesamiento de las costumbres que predominó, en términos generales, durante la época de la Restauración en España y refleja el imperio de las corrientes filosóficas que suelen hallarse a la base de lo que por definición ha venido a llamarse realismo. Entre éstas se encuentran la filosofía liberal progresivista, el positivismo con sus variedades del cientifismo y del utilitarismo y el krausismo con su idealismo trascendental en España. Ramón de Campoamor con sus *Doloras*, comenzadas a publicar desde 1846, y continuadas después con sus *Pequeños poemas* (publicados desde 1872), y sus *Humoradas* (1886-1888), vino a ser uno de los representantes más genuinos de su época. Significativa es su doctrina del «lenguaje natural», que él identifica con el lenguaje hablado, y el cual se opone a un lenguaje poético propiamente dicho. Su obra no llegó a cobrar, sin embargo, verdadera densidad lírica.

Don Gaspar Núñez de Arce llevó el prurito de meditación filosófica a las inquietudes sociales, morales y religiosas de su tiempo, en un lenguaje de sonoridad efectista y de acumulación de fórmulas retóricas, tal como aparece en uno de sus libros más característicos, *Gritos del combate* (1875). El descripcionismo realista aplicado a temas campesinos, iniciado también por este último en poemas como *Idilio* y *La pesca,* fue continuado por Gabriel y Galán y los poetas dialectales. Tales corrientes de tendencia realista se hallan en contraste manifiesto con la poesía intimista de Gustavo Adolfo Bécquer.

LOS AÑOS DE LA RENOVACIÓN. LA INCIDENCIA
DEL MODERNISMO (1892-1904)

Frente al anquilosamiento de las formas poéticas, predominante en la poesía de tendencia filosófica y realista, surge en España, en los últimos años del siglo, un intento de renovación poética que se caracteriza por traer al verso una mayor flexibilidad acentual y conseguir efectos colorísticos y musicales. Estas modalidades anuncian claramente una nueva sensibilidad artística. Manuel Reina se destaca como uno de estos poetas. Su conocimiento de la escuela parnasiana francesa le permite cincelar cuidadosamente su lenguaje poético y obtener efectos de luminosidad y de color. Sus libros *Andantes y alegros* (1877), *Cromos y acuarelas* (1878) y *La vida inquieta* (1894) ponen de manifiesto estas cualidades de su poesía. *El jardín de los poetas* (1899) reinterpreta de manera personal la visión específica de otros poetas y destaca ciertas preocupaciones esteticistas de la época.

Salvador Rueda lleva sus tendencias innovadoras al campo de la métrica y logra conseguir diversidad de efectos colorísticos y musicales por medio de imágenes brillantes y variedad de ritmos, siempre dentro de una nota andaluza y regional. En su tratado *El ritmo* (1894) expone su teoría acerca de este elemento importante del verso que él vincula a una área extensa de procesos en la naturaleza y en el cosmos. Sus primeros libros de poemas, *Cuadros de Andalucía* y *Poema nacional: costumbres populares,* ambos de 1883, muestran ya el aligeramiento del verso y una profusión de sensaciones de luz y de color que bien puede denominarse impresionista. En *Sinfonía del año* (1888), cuyo tema son las cuatro estaciones, se encuentran composiciones breves, parecidas al género de los *haikai* que revelan la audacia imaginística del poeta. Con *Himno de la carne* (1890) el poeta se sumerge en los procesos de la naturaleza fecundante, y con *Cantos de la vendimia* (1891) una vez más revela su típica nota regional, llena de colorido y de musicalidad. El libro *En tropel* (1892) habrá de consagrarlo como uno de los cultores de la poesía nueva, gracias al largo poema «Pórtico» que Rubén Darío escribió a manera de prólogo, y que puede considerarse como la primera incidencia del modernismo en España. Otros libros de Rueda se suceden a lo largo de una trayectoria similar y no habrán de alterar fundamentalmente su manera de poetizar. Salvador Rueda contribuye, así, a anunciar la nueva sensibilidad artística que pugna por manifestarse en España, a finales del siglo. Su poesía resultó inferior, sin embargo, al empeño realizado por la revolución modernista que procedía de Hispanoamérica y la cual comenzó a ser conocida en España hacia 1892, si bien su influjo decisivo se ejerció solamente a la vuelta del siglo.

El movimiento modernista brotó en un principio gracias a los escritores José Martí de Cuba y Manuel Gutiérrez Nájera de México, y la casi labor simultánea del colombiano José Asunción Silva y el cubano Julián del Casal. El libro *Prosas profanas* (1896) de Rubén Darío representa la madurez y el triunfo estético del movimiento. El modernismo implica, en el fondo, una revolución poética de grandes alcances en la lengua española, toda vez que afecta a la esencia misma del idioma y sus posibilidades expresivas. El modernismo es un movimiento aristocrático de exquisitez espiritual que contrasta con la vulgarización del gusto que había invadido la sociedad burguesa e industrial de fines del siglo. Se caracteriza, además, por su voluntad de formas refinadas, su tendencia hacia el exotismo, la evasión hacia un mundo de idealidad, y el culto absorbente a la belleza. En el dominio de las palabras y de la sintaxis, los poetas modernistas consiguieron los más variados y sutiles efectos de musicalidad, colorido, ritmo y sugestividad simbólica.

Por su capacidad de síntesis, el modernismo reúne características que pertenecen a diversos movimientos literarios, tales como el romanticismo, el parnasianismo y el simbolismo en sus varias manifestaciones. El modernismo, por ejemplo, asimila el sistema de las correspondencias universales en el mundo de los sentidos, y utiliza las transformaciones sinestésicas como una manera de llegar al secreto de la naturaleza y de las cosas y de realizar la fusión de las artes. En particular, el modernismo prestó atención a la musicalidad de las palabras y exploró las cualidades acústicas del lenguaje, ya se tratara de los sonidos mismos o de sus efectos rítmicos, mediante la flexibilidad de los acentos en versos de diversa longitud y en variedad de combinaciones estróficas. El mismo Rubén Darío destacó la importancia de este aspecto de su poesía, al formular en sus «Palabras liminares» de *Prosas profanas* uno de los principios fundamentales de su arte: «Como cada palabra tiene un alma, hay en cada verso, además de la harmonía verbal, una melodía ideal. La música es sólo de la idea muchas veces.» El ritmo interior y la música verbal que son característicos de la poesía de Rubén Darío se hallan, en efecto, a la base de todas las transformaciones posteriores de la poesía española en el siglo xx. Por otra parte, el modernismo recibe otras influencias que son patentes en algunos autores y que vienen a ser significativas para la poesía hispánica del momento. Algunas de ellas son la del norteamericano Edgar Allan Poe y el alemán Heine, poetas ambos extensamente conocidos en Hispanoamérica. La influencia de Bécquer es de importancia y ayuda a explicar la raíz romántica de algunos de estos poetas, como José Asunción Silva. Por lo demás, Bécquer influyó directamente sobre Martí, el cual durante sus viajes a España en 1870 y 1879 tuvo, sin duda, la oportunidad de conocer su poesía, como también sus teorías acerca de una poesía natural. Tanto el *Ismaelillo* (1882) como los *Versos sencillos* (1891) de este autor revelan una inspiración de índole popular y señalan un punto de afinidad con la poesía española posterior.

El modernismo actuó, sin embargo, de diversas maneras sobre los poetas españoles que iniciaban su carrera hacia 1899, año del segundo viaje de Rubén Darío a España y el cual señala el comienzo del verdadero influjo modernista en la Península. En su aspecto de formas refinadas, vocabulario exótico y suntuario y musicalidad externa, el modernismo llegó a constituir un estímulo inicial para escritores varios de la época, algunos de los cuales permanecen fieles a este aspecto del movimiento. Dentro de estos últimos se encuentra el dramaturgo Gregorio Martínez Sierra. En poesía se destaca don RAMÓN MARÍA DEL VALLE-INCLÁN con sus versos eglógicos y musicales de *Aromas de leyenda*. En su primera época este escritor cultivó también uno de los mejores ejemplos de la prosa modernista en España, pero después evolucionó, tanto en poesía como en prosa, hacia un arte de sentido diferente. También Ramón Pérez de Ayala evolucionó, después de su etapa inicial de *La paz del sendero* (1903), hacia formas más personales de expresión. Francisco Villaespesa puede considerarse como el divulgador más denodado de un modernismo puramente exótico, externo y artificioso que él cultivó asiduamente en sus numerosos libros de poemas, publicados desde el año de 1898. Villaespesa siguió una trayectoria de imitación de autores hispanoamericanos, continuadores éstos de Rubén Darío.

El poeta MANUEL MACHADO muestra una adhesión al movimiento modernista a lo largo de su obra, aunque su actitud esteticista es el resultado de su temperamento personal que lo llevó a cultivar siempre los ideales exquisitos. Manuel Machado también recibe la influencia directa de los poetas franceses, especialmente Verlaine, con cuya poesía se familiarizó en los viajes que hizo a París en los años de 1899 y 1902 y la cual en parte tradujo y publicó más tarde. Su libro *Alma* (1900), el cual ya contiene en germen los temas de su obra posterior, muestra una perspectiva claramente modernista, en particular con sus composiciones de versos alejandrinos y dodecasílabos.

En situación más compleja se encuentran los poetas Antonio Machado y Juan Ramón Jiménez. Por una parte, reciben el influjo de un modernismo pictórico y decorativo en el momento inicial de su producción. Por otra, se alejan del modernismo, así considerado, en una trayectoria de subjetivización de estados espirituales. Este acendramiento de su poesía fue facilitado por el imperativo de la música interior que había proclamado Rubén Darío, mas, también, por su contacto directo con el simbolismo de Verlaine, la poesía de Heine, la poesía popular tradicional española y el intimismo de Bécquer.

Resulta ilustrativo en este sentido el caso de ANTONIO MACHADO. Este poeta, en su época inicial, estuvo bajo la influencia del modernismo externo, como lo revela la primera edición de su libro *Soledades* (1903). La segunda edición de 1907 muestra, sin embargo, que Machado ha descartado numerosas poesías de la primera edición y corregido otras, todo ello con el propósito de alcanzar un intimismo depurado (Dámaso Alonso, *Poetas españoles contemporáneos*). Con todo, huellas modernistas se conservan aún en este último libro, tales como una imaginería de rica plasticidad en algunos de sus poemas y, más tarde, a través del ritmo de los alejandrinos de *Campos de Castilla*.

Los libros iniciales de JUAN RAMÓN JIMÉNEZ, *Almas de violeta* y *Ninfeas*, ambos de 1900, muestran también una inspiración modernista. El segundo de ellos contiene versos largos de 14, 16 y aun 21 sílabas, en combinación con pentasílabos y heptasílabos, y explora, con cierto patetismo sensiblero, temas que tienen que ver con lo sociológico, lo satánico, lo erótico y lo funerario. Juan Ramón Jiménez pronto se aleja, sin embargo, del influjo directo modernista. Con sus *Rimas*, de tono marcadamente romántico, inicia su vuelta a Bécquer y al Ferrán de los cantares. Una fase de inmersión intimista se encuentra en el siguiente libro *Arias tristes*. Aquí es posible ver una íntima correspondencia entre el estado interior melancólico del poeta y el paisaje exterior brumoso y de colores grises y difuminados. Tal correspondencia se halla acentuada por la suave musicalidad de los versos en romance octosilábico. Un paisaje espiritual de rasgos impresionistas prevalece en sus *Jardines lejanos*, libro dedicado a Heine, y en el cual se advierten también reminiscencias de Verlaine. Con Antonio Machado y Juan Ramón Jiménez, la poesía española más significativa de principios del siglo sigue, de esa manera, una vía de intimismo y de propia interiorización que ha de continuar su propia evolución en años posteriores.

LA POESÍA DE 1905 A 1915

Se puede considerar la época que se extiende de 1905 a 1915 como de consolidación de las tendencias anteriores, en particular la de carácter intimista, y su evolución hacia formas más objetivas de expresión. El mismo modernismo rubendariano marca nuevos rumbos de intimidad y aun de preocupación filosófica con la publicación de *Cantos de vida y esperanza* (1905).

El intimismo sentimental de JUAN RAMÓN JIMÉNEZ seguirá una lenta evolución que llevará al autor a adoptar en el futuro formas de mayor objetividad y de rigurosa observación de los matices singulares y concretos del paisaje. Su libro *Pastorales* (1905) marca este primer cambio importante en la actitud del poeta, que se revela en la presencia de seres humanos y objetos individualizados que tienen que ver con la región rural de Moguer. El libro irradia aún una honda melancolía y se halla dominado por una idealización pastoril del campo, sin duda bajo la influencia de la poesía de Francis Jammes. Con *Baladas de primavera*, Juan Ramón explora las formas de la canción popular antigua, cuyos modelos encuentra en Santillana, Lope y Góngora, y cuyos ritmos van a reaparecer constantemente a lo largo de toda su obra. El poema «Mañana de la luz» es típico de este momento de su poesía, en una actitud de franca alegría ante el descubrimiento del amor, a través de ritmos de canción y de danza. Por el contrario, en los tres libros de *Elejías (Elejías puras, Elejías intermedias y Elejías lamentables)*, escritos en versos alejandrinos, el poeta retorna a un tono de melancolía y de pesimismo, acentuado por su obsesión ante la muerte, y proyectado en paisajes otoñales. Con *La soledad sonora*, cuyo título recuerda un verso de San Juan de la Cruz, aparece una nota erótica en algunos de los poemas, que va a ser renovada con abundancia de rasgos sensuales en los «Poemas a Francina» de su siguiente libro, *Poemas májicos y dolientes*. Las estampas impresionistas y la densa riqueza colorística que se advierte en este último van a prevalecer aún con mayor relieve en *Melancolía*, escrito en romance alejandrino. Algunos de los poemas de este libro ponen al descubierto una naturaleza súbitamente animada por un dinamismo vital que no es otro que el mismo del poeta. Por lo demás, el variado cromatismo que ha ido explorando el poeta en los últimos libros adquiere una mayor densidad en *Laberinto*, donde se encuentra una multiplicidad de sensaciones de toda clase, superpuestas las unas a las otras, o mezcladas en transformaciones sinestésicas. Los contenidos de la imaginación y del ensueño parecen adquirir, en algunos de estos poemas, una gravidez corpórea. Las poesías de su importante libro *Sonetos espirituales* muestran una rigurosa arquitectura, aun dentro de la acentuación fluctuante de los endecasílabos. Los temas revelan un simbolismo de anhelo ascensional y de infinitud, al lado de poemas que presentan una mayor objetividad, referidos a estaciones del año o a momentos del día o de la noche. Con *Estío* (1915) termina esta primera época del poeta, que se ha caracterizado por su técnica impresionista. Su intimismo inicial evoluciona hacia una objetividad cada vez más detallada en la observación del paisaje y en la captación diferenciada de los matices colorísticos, siempre en referencia con un contenido de interiorización.

En cuanto a MANUEL MACHADO, su perspectiva esteticista va a cobrar una forma más definida en algunos de sus libros de esta época. Los temas de su libro *Museo* se hallan tomados de figuras literarias y de las artes plásticas, continuando, así, su propia tradición iniciada en poemas como «Castilla» y «Felipe IV» de su primer libro *Alma*. También la serie de sonetos *Apolo*, que lleva como subtítulo *Teatro pictórico*, constituye una reinterpretación poética de cuadros de pintura que el poeta lleva a cabo por medio de una técnica descriptiva. Aun el verlainianismo de su libro *Caprichos* resulta ser de carácter indirecto. El poeta, en efecto, adopta temas como los de los jardines, escenas nocturnas y personajes estilizados (Pierrot, Colombina, Mimí), cuya interpretación viene a constituir una reelaboración virtuosista de aspectos de la poesía del autor francés. Con su libro *El mal poema*, Manuel Machado escribe una poesía basada en las experiencias directas de su vida bohemia en la ciudad. El poeta ha llegado a conocer la fealdad y la desilusión de los bajos fondos y logra dar expresión a su sentir íntimo por medio de un vocabulario manifiestamente antipreciosista y un ritmo de sintaxis conversacional. Estos poemas muestran el reverso de la belleza ideal cantada por él en otros libros y descubren, por el contrario, una auténtica emoción.

Otro aspecto importante de la personalidad artística de Manuel Machado es su poesía de inspiración folklórica. Muchos de los poemas de su libro *Cante hondo* constituyen verdaderas creaciones de la copla popular andaluza, que en variadas ocasiones han venido a formar parte del caudal folklórico del pueblo. Manuel Machado revela, así, al lado de su esencial actitud esteticista, una veta de inspiración popular que se proyecta hacia un arte de mayor interiorización, y una capacidad para señalar, con un lenguaje adecuado, rumbos a una poesía de carácter conversacional e irónico.

ANTONIO MACHADO construye con su libro *Soledades, galerías y otros poemas* un mundo lírico, por una vía de intimismo que indudablemente entronca con la poesía de Bécquer y en menor medida con el simbolismo de Verlaine. Machado revive, a través del recuerdo, las visiones mágicas de su niñez y adolescencia andaluzas, que se hallan ya definitivamente hundidas en la corriente del tiempo y que contrastan agudamente con la realidad cotidiana que envuelve al poeta, sombría y aniquiladora de toda ilusión. Dicha poesía es, por esta razón, de carácter subjetivo, pero adquiere cierta medida de objetividad al proyectarse en la forma plástica de visiones, a través de los sueños o por medio de los procesos de ensoñación. Además, Machado dialoga constantemente con las figuras y personajes de su mundo soñado (ángeles buenos y malos, familiares suyos, la amada) y con objetos y escenas de la naturaleza y de la ciudad. Los espacios iluminados de estas mágicas visiones tienen directa relación con el mundo de la realidad en el momento de la recordación, y logran, por este medio, una fusión de tiempo pasado y presente, mundo interior y mundo exterior. Machado mismo definió el carácter intimista de su poesía al referirse al «elemento poético» como «una honda palpitación del espíritu». También reconoció Machado la vinculación de la lírica con la experiencia de lo temporal y llegó a caracterizar la poesía como «palabra esencial en el tiempo» («Poética» en la *Antología* de Diego). Las *Soledades* expresan, por lo demás, su lirismo en un lenguaje directo, sobrio, espontáneo y transparente, con escasa presencia de metáforas, y en el cual es fácil captar el ritmo y la sintaxis del español corriente en una adecuación justa entre palabra y sentimiento. Importante es el apretado haz de símbolos que contribuye a configurar y dar hondura a este mundo poético. Entre éstos se distinguen los de la *fuente* y el *camino*, vinculados al fluir de su ser existencial, y los de las *galerías, laberintos, criptas, grutas* y *espejos* que exploran zonas escondidas de la conciencia del poeta. Los poemas de esta colección son generalmente breves, y están escritos en mezcla de endecasílabos y heptasílabos, casi siempre asonantados, con frecuentes encabalgamientos y repeticiones que facilitan el fluir natural de la frase. También se hallan los octosílabos de romance o de estrofa de zéjel transformada, que ponen en juego una musicalidad de tono menor.

MIGUEL DE UNAMUNO se inicia en la poesía, ya tarde en su carrera, con *Poesías*, aunque muchos de los poemas de este libro fueron escritos en fechas anteriores. Este primer libro de Unamuno es de inspiración radicalmente religiosa como el resto de su obra total, en cuya base se halla también un impulso originario de creación poética. Ahora bien, la índole de esta religiosidad de Unamuno es de carácter agónico, por hallarse sujeta a una situación de inseguridad que resulta de aceptar el autor, al mismo tiempo, tanto la tradición ascética y mística de la cultura española como los postulados arreligiosos de la moderna cultura científica y filosófica. Esta situación de incertidumbre desesperada, por una parte, frente a la inminente aniquilación de la conciencia por la muerte, y de una voluntad decidida de superar esta esencial inseguridad espiritual y de reafirmar la vida imperecedera, por otra, produce un desgarre en el ser interior del poeta. Su poesía lírica emana de esta condición agónica de su ser anhelante. Desde el punto de vista formal, esta poesía se proyecta en una variedad de modulaciones que son igualmente de carácter religioso, tales como la de la plegaria y diálogo con su Dios personal, la comunión mística con la naturaleza que respira el aire mismo de Dios, y el tono de reproche a la Divinidad por el desamparo en que se encuentran sus criaturas en la inmensidad del cosmos. Unamuno siente profundamente la constitución orgánica de su ser temporal y se funda en ella para crear raíces, aunque sean precarias, en su propio devenir biográfico, en la sucesión continuada de las generaciones, y en la repetición de la costumbre, dentro del fluir de la vida cotidiana y familiar. Tal poesía revela una dimensión muy concreta de un aquí y un ahora que, sin embargo, se halla en relación con la definición ontológica del hombre, en tanto que ser religioso. Unamuno expuso un «Credo poético» en el segundo poema de este libro, en el cual significó la importancia que tiene el fondo ideológico del pensar en igual medida que el contenido del sentimiento: «Piensa el sentimiento, siente el pensamiento». Por esta razón, Unamuno se halló alejado de todo movimiento esteticista y rechazó, en general, la influencia proveniente del modernismo y de la poesía francesa. Sus influencias se encuentran principalmente entre los poetas románticos ingleses, los italianos Leopardi y Carducci y el portugués Antero de Quental. Si bien los versos de Unamuno carecen de cierta musicalidad, su inspiración vigorosa halla cauce en un lenguaje directo y lleno de expresividad, constantemente enriquecido con la invención de nuevos términos, y con vocablos que proceden de la lengua popular. Su libro *Rosario de sonetos líricos*, de metro clásico y rima consonante, continúa la temática de su primer libro, con énfasis en su situación problemática y de duda.

La influencia de Miguel de Unamuno es ya manifiesta en el siguiente libro de ANTONIO MACHADO, *Campos de Castilla,* el cual muestra una honda impregnación con el espíritu de introspección y de análisis de la conciencia colectiva que son característicos de aquél. Machado se mueve de la poesía intimista de sus *Soledades* hacia una poesía de mayor objetividad, mediante una representación más exacta de la realidad exterior y un esfuerzo por encontrar un sustrato de sentimientos comunes, referidos en este caso a «lo esencial castellano». El paisaje adquiere, por este medio, una gran precisión de relieves y matices, al mismo tiempo que se halla humanizado y traspasado por el hondo sentir del poeta. En virtud de su mirada intrahistórica, Machado penetra, asimismo, en la dimensión humana de las gentes que habitan la tierra, y proyecta una perspectiva de carácter sociológico que se refiere no solamente a las condiciones actuales de los moradores de la región castellana, sino también a lo que resulta ser su estado espiritual de decadencia. Paisaje y tiempo pasado heroicos contrastan, de esa manera, con un presente antiheroico, dejando escapar al poeta una nota meditativa y de sobrecogimiento. Los amplios versos alejandrinos, de rima consonante, contribuyen a impartir un tono de marcada seriedad a estos poemas que son, con frecuencia, de larga extensión. *Campos de Castilla* culmina con «La tierra de Alvargonzález», largo poema dividido en varias partes, que representa un empeño importante por crear un nuevo Romancero, en genuina vinculación con el alma del pueblo y con miras al descubrimiento de lo «elemental humano», según la intención del propio autor.

En contraste con la gravedad de los poetas anteriores, el andaluz JOSÉ MORENO VILLA se inicia, en su libro *Garba,* con una poesía de tono menor y de carácter antisentimental e irónico que pone en vigencia un lenguaje de clara intención prosaica, sobrio y con dejos de copla popular. Esta actitud francamente antiliteraria y de rebajamiento de formas exquisitas entronca con *El mal poema* de Manuel Machado y con algunas derivaciones del simbolismo francés (Tristan Corbière). Los temas de esta poesía los encuentra el poeta en la realidad ordinaria de todos los días y en el folklore andaluz. Moreno Villa se halla siempre abierto a la evolución de sus propias formas poéticas, y en el largo poema «En la selva fervorosa» de su siguiente libro, *El pasajero,* construye un mundo de símbolos y alegorías que tienen como base la selva en su totalidad y sus elementos constitutivos (*árboles, viento, pájaros, flores*). Estos se hallan referidos, en su densidad vegetal, a la propia vida emocional y espiritual del poeta, con sus anhelos amorosos, su soledad en medio de los demás hombres, y sus inquietudes expectantes frente a la inminencia de la muerte. Este procedimiento alegórico es aún más visible en *Luchas de «Pena» y «Alegría» y su transfiguración,* libro de métrica variada como los anteriores, en el cual las dos doncellas, «Pena» y «Alegría», actúan a modo de compañeras de vida cotidiana, en coloquio constante y conmovedor.

LA PRESENCIA DE NUEVAS TENDENCIAS (1916-1927)

El período que se extiende de 1916 a 1927 puede caracterizarse en la poesía española como el de un visible movimiento a la abstracción que se revela de diversas maneras. En primer término, se puede observar el distanciamiento estético y conceptual del poeta en relación con la materia de su poesía y el impulso a ordenar el mundo exterior en nuevas configuraciones autónomas de carácter absoluto. También se encuentra la fragmentación del cosmos y de la realidad objetiva en una sucesión lineal y abigarrada de imágenes heterogéneas, o de visiones incongruentes. Característica de esta tendencia a la abstracción es, asimismo, la preocupación por explorar la esencia del arte y los procesos de la creación, dentro de los ámbitos mismos del poema. Este nuevo espíritu que anima a la poesía española a partir de 1916 corresponde a una nueva manera de ser de la mente europea que se va preparando desde los primeros años del siglo y que afecta tanto a la filosofía como al arte y a la ciencia. El famoso cuadro de Picasso *Les demoiselles d'Avignon*, que inicia la revolución cubista, data del año 1907. El filósofo Husserl expone su método fenomenológico para determinar la naturaleza de los actos espirituales, en tanto que esencias metafísicas, en su tratado de las *Ideas* (1913). En el campo de las ciencias y de la física, la teoría de los *quanta* y de la relatividad de Einstein introducen nuevas relaciones mentales en la concepción y en la estructura del universo. En poesía, la herencia simbolista, y más específicamente la de Mallarmé, reafirma una concepción del arte como una religión, en la cual el poeta actúa a modo de sacerdote o profeta que maneja con singular eficacia el poder mágico de las palabras. También el simbolismo deja una estela de despersonalización del arte que culmina con la plena objetivación del ser espiritual del poeta. Paul Valéry en Francia hace de las propias alteraciones de la conciencia, contempladas en el momento de la creación artística, materia de poesía *(La joven Parca* [1917], *El cementerio marino* [1920] y *Cármenes* [1922]). Su lenguaje es de gran concentración expresiva, música verbal y rigor intelectual. Su doctrina estética de una poesía autónoma y pura, desprovista de todo elemento adventicio y de incidentes externos, tuvo influjo en toda Europa. En España, Ortega y Gasset da la versión hispánica de este momento de la mentalidad europea con su filosofía de la razón vital. En su primera obra *Meditaciones del Quijote* (1914), ya queda planteada su doctrina de la multiplicidad de perspectivas que ofrece la realidad y la posibilidad de penetrar profundamente en ella, a través del órgano mental del «concepto». Con *La deshumanización del arte* (1925), Ortega y Gasset expone una teoría deportiva y de despersonalización del arte, que es caracterizadora de este momento en Europa. Las manifestaciones del arte de vanguardia se suceden en rápida proliferación de *ismos* (futurismo, expresionismo, cubismo, dadaísmo, superrealismo, imaginismo) y dejan en España una estela significativa que ha de pasar por fases varias de asimilación, españolización y transformación de las mismas.

Dentro de este marco general de abstracción y de herencia simbolista queda situada la poesía de Juan Ramón Jiménez de esta época, que se inicia con su *Diario de un poeta recién casado* (1916). En este libro se ha efectuado el paso de su intimismo sentimental y de una poesía de mayor objetividad hacia otra más intelectualizada. Una característica importante del *Diario* es la presencia del mar como tema de poetización. La inmensidad, belleza y constantes alteraciones de este espectáculo fascinante de la naturaleza, lo hacen especialmente apto para convertirse en símbolo interior de la conciencia creadora. Sin embargo, el poeta sólo llega a la plena comprensión de este símbolo años más tarde. Los poemas breves de este libro, escritos en versos libres, generalmente endecasílabos y heptasílabos, revelan gran concentración idiomática, ritmo interior y densidad significativa. En *Eternidades,* el poeta hace profesión de retornar a la realidad de las cosas en la hondura de su propio yo. Los dos poemas de este libro, «¡Intelijencia, dame / el nombre exacto de las cosas!» y «Vino, primero, pura, / vestida de inocencia», constituyen toda una formulación de su *Ars poetica,* según la cual el poeta aspira a encontrar la palabra exacta que se ha de ajustar a la esencialidad de la cosa misma. Con *Piedra y cielo,* el poeta extiende su mirada a la extensión del cosmos, al mismo tiempo que siente sus raíces profundamente hundidas en el suelo (tierra-piedra) y su espíritu proyectado al infinito de los espacios siderales (cielo). En los libros *Poesía* y *Belleza,* se añade a los temas anteriores una preocupación por ciertos aspectos radicales de la existencia, como los de la vida, el tiempo y la muerte.

Antonio Machado, asimismo, revela una tendencia decidida a la abstracción después de su fase de poesía objetiva de *Campos de Castilla.* El poeta, sin embargo, escucha al mismo tiempo la voz del pueblo y se sumerge en la gran corriente de la tradición popular que viene a ser explícita en sus *Nuevas canciones.* Esta colección de poemas revela vertientes varias de lo popular, una de las cuales se halla referida a una inspiración de carácter andaluz, otra a una arcaica de romancero, seguidilla y cantar popular, y otra, finalmente, a la de copla sentenciosa y epigramática. Los *Proverbios y cantares* de esta última vertiente marcan la tendencia hacia una poesía de carácter filosófico, que cobra plena expresión en su *Cancionero apócrifo de Abel Martín.* Sus preocupaciones por temas filosóficos como los de la heterogeneidad del ser, el de la noción de nada, el de la naturaleza de la intimidad personal y el de la índole del sentimiento del amor, que él trata en prosa, cristalizan poéticamente en los poemas del *Cancionero.* Los sonetos «Primaveral» y «Rosa de fuego» son ejemplo de esta poesía de carácter metafísico, cuyo tema es esencialmente el de la tensión erótica, como vía de conocimiento y ruta para aumentar el caudal de la «conciencia integral». El soneto «Al gran Cero» capta la intuición de la nada, en tanto que ésta es también de creación divina y produce el asombro de la revelación del ser, causante de una primigenia emoción lírica. Dicha noción de nada se halla identificada con las categorías lógicas del pensar. Machado continúa con sus especulaciones filosóficas y sus indagaciones sobre la naturaleza del fenómeno poético en su tratado *Juan de Mairena. Sentencias, donaires, apuntes y recuerdos de un profesor apócrifo.*

La poesía de Miguel de Unamuno alcanza su más logrado equilibrio entre ideas y sentimiento, en este período de su producción, con su largo poema *El Cristo de Velázquez,* escrito en endecasílabos blancos, con un total de 2539 versos. El poema, distribuido en cuatro partes, representa, según el autor, «un intento de formular poéticamente el sentimiento religioso castellano, nuestra mística». La obra de arte que le sirve de inspiración actúa también de apoyo inicial a una densa simbología sideral de origen primitivo, basada en los colores del cuadro y referida a realidades trascendentales teológicas. Así, el blanco lunar del cuerpo muerto (el del *Hijo)* refleja implícitamente la luz solar diurna que corresponde al *Padre,* y se halla en contraste, a su vez, con la cabellera negra que se encuentra identificada con la oscuridad nocturna en la cual reposa la tierra *(Virgen-Madre).* El poema recoge, además, una rica tradición bíblica y, en su manera de paráfrasis a los varios aspectos y nombres de la persona de Cristo, hace recordar *Los nombres de Cristo* de Fray Luis de León. *El Cristo de Velázquez* alterna los momentos de fervor, súplica, exaltación de los atributos de Cristo y descripción mística de las varias partes de su cuerpo, con la meditación acerca de los misterios de la Redención.

En su siguiente libro en prosa y verso, *Andanzas y visiones españolas*, Unamuno capta el paisaje de diversos lugares de España con una honda emoción lírica, asimismo de sentido religioso. En *Rimas de dentro* se suceden variaciones meditativas acerca de sucesos cotidianos y del pasar de las horas. El poema «Aldebarán» resume temas fundamentales de la poesía de Unamuno y plantea con su ritmo interrogativo el enigma de la perduración del hombre y del cosmos. Con su libro *Teresa*, de inspiración becqueriana, Unamuno crea un relato poético, a base de personajes ficticios, Rafael y Teresa, cuyo amor vulgar y cotidiano en la atmósfera de un pueblo español de provincia es revivido por el amante en fragmentos confesionales *(Rimas)* después de la muerte de su novia. Los sonetos *De Fuerteventura a París* constituyen un verdadero «Diario íntimo de confinamiento y destierro», según el subtítulo dado por el mismo autor. Los sonetos fueron compuestos, en su mayoría, durante su estancia en dicha isla en 1924, y los restantes en París. De especial importancia es el grupo de los que se hallan dedicados al mar, cuyo descubrimiento Unamuno llevó a cabo en Fuerteventura: «Es en Fuerteventura donde he llegado a conocer a la mar, donde he llegado a una comunión mística con ella, donde he absorbido su alma y su doctrina». Unamuno, en efecto, expone en estos sonetos una doctrina de eternidad, atento siempre a los incidentes del diario vivir y a las lecciones de divinidad dadas por este gran espectáculo de la naturaleza. El *Romancero del destierro* contiene numerosos poemas de actualidad política y combativa, escritos en su mayoría durante su permanencia en Hendaya. La poesía «Vendrá de noche...» de esta colección crea un ambiente de inminencia expectante ante la muerte que llega furtivamente, la cual se halla realzada por el estribillo obsesionante dado por el título y que al final del poema se convierte en «Vendrá la noche».

También la poesía de imágenes, frente a la vertiente simbolista o a la metafísica propiamente dicha, revela un movimiento hacia la abstracción. La influencia más importante en estos momentos viene a ser la del cubismo, cuyos procedimientos y concepción teórica son de gran fecundidad para la poesía y demás géneros literarios. El cubismo, en efecto, insistía en la creación de un espacio pictórico autónomo, que prescindía de toda descripción o anécdota y daba la impresión de fragmentarismo o de simultaneidad de los varios elementos en una construcción espacial de carácter abstracto. En una fase posterior, el cubismo introdujo elementos dinámicos —por influencia del futurismo italiano— y se propuso conseguir una estructura formal, cuyo origen partía de la mente del artista. Tal realización sólo indirectamente podría ser asimilada a los objetos de la naturaleza o al mundo exterior. Esfuerzos similares fueron llevados a cabo en el campo de la poesía, paralelamente a esta revolución pictórica. Guillaume Apollinaire en Francia, quien fue el primer teórico del cubismo con su libro *Los pintores cubistas* (1913), desarrolló también una teoría de esta poesía en *El espíritu nuevo* (1918). Con sus libros de poemas, *Alcools* (1913) y sobre todo *Caligramas* (1918), sentó las bases para una poesía de imágenes que había de ser independiente del mundo de la realidad y había de dar una visión cinemática de las cosas, de acuerdo con el espíritu tecnológico y mecánico de la civilización contemporánea. Max Jacob contribuyó igualmente a este movimiento de superación y alejamiento de la tradición simbolista con su poesía de carácter virtuosista y de ritmos acrobáticos. En sus libros *Cubilete de dados* (1917), en cuyo Prefacio expone sus ideas estéticas del momento, y *Laboratorio central* (1921), dio expresión a su sentido de ironía, humor y parodia. Sin embargo, fue Pierre Reverdy quien más directamente se ocupó de aplicar la estética del cubismo a su propia poesía en *La ventana ovalada* (1916), *Las pizarras del tejado* (1918) y *La guitarra dormida* (1919). Estos se distinguen por la concentración compacta de las imágenes, la sintaxis sencilla y la frecuente utilización de un vocabulario de índole geométrica. Reverdy mostró, además, un perspicaz sentido crítico para los fenómenos poéticos en sus artículos publicados en la revista *Nord-Sud* (1917-1918), que fundó juntamente con Apollinaire y Max Jacob y la cual se convirtió en verdadero órgano de la nueva estética.

De importancia es notar que en la revista *Nord-Sud* colaboró también el poeta chileno Vicente Huidobro, quien había ido a París, después de haber iniciado antes en Hispanoamérica, según parece, el movimiento del creacionismo en poesía. Sus primeros manifiestos estéticos y su primer libro, *El espejo del agua*, fueron publicados en el año de 1916. Es evidente que las teorías poéticas de Huidobro muestran afinidad con las del cubismo, particularmente en lo que se refiere a la fragmentación del mundo en imágenes, la constitución de nuevas síntesis, la autonomía de la obra de arte y el poder creador del artista. Huidobro proclama, además, que el poeta debe desprenderse de todo lo anecdótico y descriptivo, y que debe proceder a «hacer un poema como la naturaleza hace un árbol», según aparece en el prefacio de *Horizonte cuadrado* (1917), publicado en francés. Otros libros de Huidobro que dan énfasis a la dimensión cósmica de esta realidad creada son *Tour Eiffel* (1917), *Ecuatorial* (1918) y *Poemas árticos* (1918).

Aunque España había tenido un precursor del arte nuevo en Ramón Gómez de la Serna, quien había publicado una «Proclama a los futuristas españoles» de Marinetti en la revista *Prometeo*, de la cual era el director, y cuyas *Greguerías* fueron publicadas en libro desde 1917, fueron los postulados del creacionismo los que vinieron a servir de punto de partida para la renovación poética de estos años de viva agitación artística e intelectual. Gracias al viaje de Huidobro a España en 1918, los renovadores, entre los cuales se cuentan Rafael Cansinos-Asséns, Juan Larrea, Guillermo de Torre, Jorge Luis Borges y Gerardo Diego, dieron acta de fundación al ultraísmo, movimiento que se propuso incluir todas las tendencias de vanguardia en Europa. Los órganos de difusión del movimiento fueron las revistas *Grecia* (1918-1920) y *Ultra* (1921-1922). En ellas dieron cabida estos escritores a sus propios manifiestos y a sus poemas de carácter experimental. El ultraísmo tuvo corta duración y dejó de existir en España al cesar su publicación la revista *Ultra* en 1922. Además, sólo produjo algunos libros de poemas, tales como *Hélices* (1923) de Guillermo de Torre y algunos de los primeros de Gerardo Diego. Sin embargo, su huella fue de gran importancia para la poesía inmediatamente posterior, especialmente por su manera de visión y su técnica de expresión imaginística. En Hispanoamérica continuó el ultraísmo por algunos años más en la Argentina y el Uruguay.

GERARDO DIEGO fue el primero en crear una auténtica poesía de imágenes, a la manera creacionista y cubista, con sus libros *Imagen* y *Manual de espumas*. Ya en el primero de ellos queda definida su personalidad artística, por su clara actitud antisentimental y su voluntad de creación de un mundo poético que se caracteriza por la sucesión de imágenes sorprendentes y sensaciones discontinuas que se refieren a lo terrestre y lo espacial. Dichas imágenes estilizadoras se hallan unidas, sin embargo, a través de hilos o planos conceptuales que se organizan en una estampa única. La visión intelectualizada de esta manifestación de la poesía de Diego queda claramente expresada en los versos de su poema «Estética»: «Los palillos de mis dedos / repiquetean ritmos ritmos ritmos / en el tamboril del cerebro». *Manual de espumas* revela un radio más amplio de esta fantasía juvenilmente creadora. Los poemas de estas dos colecciones se hallan escritos en versos libres, con una disposición tipográfica adecuada a la intención del poeta y un vocabulario que une aspectos dispares de la realidad. Diego mismo dio la denominación de «poesía absoluta» a esta poesía autónoma que crea su propio mundo poético apoyándose en sí misma y la cual sólo se encuentra en relación indirecta con el universo. En cambio, llamó «poesía relativa» a la que se apoya directamente en la realidad y explora temas tradicionales, en una métrica también tradicional. Una y otra tienen para Diego valor igualmente humano, por descansar ambas en la «autenticidad de emoción», en el momento de su inspiración original. Por lo demás, tanto *Versos humanos* como *Soria*, libros escritos en la segunda de estas vertientes, incluyen también la perspectiva intelectual que es característica de la otra. El soneto «El ciprés de Silos», por ejemplo, se halla organizado con rigidez de geometría a través de sus imágenes de ascensión. Asimismo, los poemas de su libro *Soria* ofrecen una dimensión conceptual, a la vez que de fantasía, dentro de su enmarcamiento anecdótico y descriptivo y a través de sus estrofas, en su mayor parte regulares.

RAMÓN DEL VALLE-INCLÁN, quien mantuvo sus proyecciones modernistas con su libro *El pasajero* dentro de una simbología de contenido cabalístico, realiza su entrada en las estéticas de vanguardia con *La pipa de Kif* (1919). Sin quedar adscrito al movimiento creacionista o al ultraísta, su nueva visión de la realidad, distorsionada y grotesca, anuncia sus obras esperpénticas mayores en el teatro y en la novela. Los poemas de *La pipa de Kif* se hallan escritos en «versos funambulescos», según lo afirma el propio autor, y presentan una perspectiva paródica de los mitos del modernismo, a la vez que introducen toda clase de disonancias en los planos colorísticos y de truculencias en los gestos de las personas y en las escenas de suburbio. Valle-Inclán ha creado en estos poemas un lenguaje muy personal, de sintaxis y vocabulario coloquial, y de expresividad intencionalmente deformadora.

FEDERICO GARCÍA LORCA muestra desde un principio su capacidad para sumergirse en la entraña de lo popular, si bien fundiéndolo con las tendencias de la nueva estética. Su *Libro de poemas* ya contiene en germen la temática de su futura poesía y presenta una serie de poemas con ritmos de balada y de canción, cuyos estribillos diversamente modulados son portadores de una íntima sugestividad lírica y musical. El *Poema del cante jondo* constituye la primera expresión lograda de su andalucismo en un arte de intención estilizadora, aplicado a las coplas mismas del cante y a los ritmos de la guitarra y de la voz humana. Los breves poemas, de ritmo libre y tenso, vienen a ser una reelaboración del grito hondo que surge de las raíces afectivas del ser, por medio de la voz del cantante, con su acompañamiento de las notas punteadas del instrumento musical. La teoría que el poeta formuló años más tarde acerca de la noción de *duende* en el arte y en la poesía (en su conferencia «Teoría y juego del duende», 1930) puede aplicarse no solamente a este libro, sino a toda su obra en general. Lorca define el duende diciendo que «es un poder y no un obrar», o bien «un luchar y no un pensar», que representa «el espíritu de la tierra», y el cual estilísticamente se expresa en «sonidos negros», debido al hecho de que sólo aparece cuando hay la posibilidad de muerte. Según Lorca, en el arte español ha estado presente el duende en algunas de sus manifestaciones más importantes, por ser España un país particularmente «abierto a la muerte». Con mayor razón, el duende vendrá a ser una de las características del arte andaluz, en sus aspectos específicos del canto, la danza y el toreo. En el *Cante jondo* ya aparece, además, un cosmos simbólico de poderosa sugestividad que se halla integrado por los objetos circundantes del ambiente, los fenómenos de la naturaleza y un contexto de situaciones elementales de vida cotidiana. La perspectiva de abstracción de este libro se revela no sólo en su manera de estilización de ritmos y sonidos, sino también en un sistema imaginístico de índole geométrica y en la antropomorfización de las coplas en la figura de doncellas que recorren el horizonte. La actitud consciente de estilización es aún más patente en *Canciones*, libro en el cual hay un intento de eliminación de toda anécdota y de desdoblamiento de la realidad en planos.

El *Romancero gitano* representa la entrada en un mundo de primitivismo fabular y de características míticas. Los *romances* parten de una sencilla anécdota cotidiana que pronto se proyecta a un cosmos en trance de metamorfosis. El hombre se halla situado, así, en constante interacción con este último, mediante la presencia de ciertos arquetipos simbólicos que tienen sus raíces en la tradición cultural y folklórica y la metáfora de características antropomórficas. En el «Romance de la luna, luna», por ejemplo, la muerte del niño se realiza por el embrujamiento de la luna en plena iluminación, la cual actúa a la manera de una figura hechizante que ejecuta su danza nefasta. La figura antropomórfica revela, por otra parte, una perspectiva abstracta y estilizada que se manifiesta en las imágenes mismas referidas a la luz de la luna. Esta se halla captada ya sea a través de la textura de los nardos, o de la dureza del metal, o bien de la consistencia de un vestido almidonado. Mito e imagen de intención cubista se unen, así, en una manera única de visión. En el «Romance sonámbulo», la extraña iluminación en verde se halla míticamente justificada por partir del color verde de la piel de la gitana, pero pronto adquiere una dimensión de abstracción, al extenderse a las demás partes de su cuerpo, a la casa misma, y a la totalidad del paisaje, incluyendo la luna. Esta mágica coloración es propicia, por lo demás, para traducir la atmósfera de ensoñación y de sonambulismo que domina todo el romance.

Rafael Alberti se inició en la poesía con el ciclo poético de sus tres primeros libros, *Marinero en tierra*, *La amante*, y *El alba del alhelí*, cuya característica particular es la de ser una reelaboración acendrada de la poesía popular y tradicional de los antiguos cancioneros musicales, con una influencia muy marcada de la poesía del Romancero, de la de Gil Vicente y de la tradicional de Lope de Vega. Alberti, sin embargo, no imita simplemente este difícil y refinado arte popular, sino que lo crea de nuevo, situándolo en un plano de logros rítmicos y de vocabulario que lo acerca a las más auténticas manifestaciones del arte colectivo. Por otra parte, Alberti utiliza una temática muy personal que se proyecta a la idealización del mundo natural, especialmente a través de la configuración simbólica del mar, en el primero de estos libros. *La amante* continúa en buena parte la temática de exaltación de la naturaleza, en una serie de estampas de paisajes locales y de viñetas de oficios de campesinos, en poemas breves de versificación irregular y ritmos musicales tensos, de frecuente construcción paralelística. *El alba del alhelí* enriquece la diversidad de tipos humanos e introduce otros temas como los motivos taurinos. Sus escenas dramáticas dialogadas, en poemas de mayor extensión, acentúan la desilusión y desesperanza del poeta por no llegar a alcanzar el mundo de pura idealidad que había entrevisto en su actitud de evocación simbólica.

El libro *Cal y canto* representa, por parte de Alberti, una aproximación al mundo metafórico de Luis de Góngora, que en este momento era revaluado y aun reinterpretado por los cultores de la poesía nueva. La celebración del tercer centenario de la muerte de este poeta del siglo XVII produjo, en efecto, un estudio atento de lo que significó esta revolución poética. Su ejemplo de crear un mundo autónomo de belleza, válido en sí mismo, en un lenguaje de gran condensación, llevaba implícitas las más fecundas consecuencias. Las dos revoluciones eran, sin embargo, de signo diferente. Góngora partía de la traslación metafórica de una realidad estáticamente fija, según la visión renacentista. Los nuevos poetas, en cambio, se enfrentaban con una realidad dinámica cuyo asiento originario se hallaba en la mente del artista. Los poemas de *Cal y canto* captan la dinámica del cosmos, en configuraciones abstractas, tal como aparece en el poema «El jinete de jaspe», cuyo tema es el de una tormenta en pleno mar. En su poema gongorino «Soledad tercera (Paráfrasis incompleta)», Alberti proyecta dicho aspecto de dinamismo de la naturaleza a un paisaje de bosque poblado de dríadas y ninfas que súbitamente son conjuradas a una danza selvática por la presencia mítica del viento. En otros poemas, por el contrario, como el breve titulado «Telegrama», el poeta anuncia la irrupción de un mundo mecánico, prosaico y aniquilador del mito que se refracta al plano del absurdo y la parodia.

GERARDO DIEGO contribuyó de manera especial al homenaje a Góngora, por haber sido uno de los organizadores principales de este evento y por haberse encargado de publicar la *Antología poética en honor de Góngora*. También dedicó la *Fábula de Equis y Zeda* a su memoria. La *Fábula* se halla dispuesta en tres partes —«Exposición», «Amor» y «Desenlace»— y representa uno de los empeños más característicos de estilización en imágenes. Equis y Zeda son dos amantes cuyos nombres ya representan un intento claro de abstracción. Sus gestos, movimientos y anécdota amorosa de trágico desenlace se hallan enmarcados en un paisaje inventado de espacios astronómicos con el predominio de imágenes incongruentes de circo, constelaciones y términos geométricos y arquitecturales. Diego permanece fiel, así, a su poesía de origen creacionista, aun en los momentos de su máxima admiración por Góngora. En cuanto a GARCÍA LORCA, su contribución explícita al homenaje a Góngora consistió en su conferencia «La imagen poética en don Luis de Góngora», en la cual exaltó la obra transformadora de este autor del barroco. La noción de «cacería nocturna» que expone en esta conferencia se refiere a la voluntad de disciplina y selección que debe tener el poeta, frente a la multitud de falsas incitaciones que pueden asaltarlo en el momento de escribir el poema.

Otros poetas continúan su evolución característica, incorporando, en una forma u otra, una perspectiva de abstracción a su poesía. JOSÉ MORENO VILLA con sus libros *Evoluciones* y *Colección* acentúa, una vez más, su prosaísmo característico y el empleo irónico y antisentimental de las imágenes. MANUEL MACHADO, con su *Ars moriendi*, da a sus estrofas de métrica variada un tono sentencioso y meditativo, frente al tema de preparación para la muerte. El poeta revela su nostalgia ante un pasado de imágenes risueñas, ya totalmente caducado, como también ante la inquietante reflexión de que aun las fuentes del poetizar han ido quedando exhaustas.

Otros poetas publican sus primeros libros en este período, iniciando con ello una trayectoria poética que habrá de llegar a su culminación en años sucesivos. LEÓN FELIPE revela su singular visión de acento característicamente religioso con su primer libro *Versos y oraciones de caminante*. El ritmo elemental de sus versos, completamente libres de toda sujeción a metros y medidas, va dejando al descubierto la actitud humilde y orante del poeta. Los símbolos de la piedra rodada y del camino que él aplica a su existencia individual pueden hacerse extensivos al resto de los hombres.

DÁMASO ALONSO se inicia en la poesía con su libro juvenil *Poemas puros. Poemillas de la ciudad*, en el cual predomina como tema principal el conflicto entre la idealidad poética y la realidad ordinaria y vulgar de todos los días. El diáfano estilo de sus «poemas puros» no obsta para que se encuentren en él imágenes audaces, subordinadas a un tono de intención prosaica y antirretórica. Un mayor grado de integración simbólica se encuentra en sus dos poemas, «Mañana lenta» y «Ejemplos», escritos hacia 1924 e incorporados más tarde a su libro *Oscura noticia*.

PEDRO SALINAS revela con su primer libro, *Presagios*, una de las preocupaciones fundamentales de toda su obra, o sea, la de buscar la realidad esencial («la otra verdad») que se halla detrás de los accidentes aparenciales de las cosas y la cual se encuentra constituida, fundamentalmente, por creaciones de la mente. Salinas considera que la poesía es una «aventura hacia lo absoluto», realizada mediante la energía latente en la palabra, indicando con ello su filiación simbolista.

EMILIO PRADOS da a su poesía, desde un principio, una dimensión intelectual y aun de carácter metafísico, a través de la acuciosa observación de los «tránsitos» en la esfera del universo físico y por medio de la búsqueda de lo que es esencial y unitario en el mundo natural y su relación con la intimidad de su propio espíritu. Sus libros *Tiempo* y *Misterio del agua* muestran la coherencia de esta manera de visión con frecuentes imágenes de desdoblamiento.

VICENTE ALEIXANDRE presenta desde su primer libro, *Ambito*, un fondo de carácter apasionado que se halla, sin embargo, contenido dentro de límites de desnudez y concisión expresivas. Una perspectiva conceptual se manifiesta en este libro, en la manera como los poemas se hallan estructurados alrededor del ámbito de lo nocturno (siete secciones que corresponden a siete noches en total). El tema del paso de la noche a la aurora anuncia el de la creación poética. Tal ambiente de nocturnidad señala la filiación de Aleixandre en este libro con la poesía de Mallarmé. La posesión de la noche («Posesión», en el poema final de la colección) equivale a la clarificación de la conciencia creadora. MANUEL ALTOLAGUIRRE revela el espíritu de la época en *Las islas invitadas* y *Ejemplo*. En el primero es notoria su actitud de desmerecimiento irónico de mitos e imágenes de procedencia culta. En el segundo se encuentra la tendencia hacia la objetivación alegórica de sentimientos interiores. LUIS CERNUDA crea desde su libro inicial, *Perfil del aire*, un mundo poético de índole emotiva que va adquiriendo mayor amplitud en su obra posterior, a base de la experiencia personal del deseo amoroso que debe enfrentarse con la realidad que lo circunda. Los poemas breves, sencillos y tersos de este primer libro, la mayor parte de ellos en versos heptasílabos, reflejan el inquieto despertar de sensaciones que aún no se encuentran definidas y que se proyectan a la esfera de la ensoñación. También se enfrenta Cernuda en este primer libro al tema de la cuartilla en blanco, o sea, el de la creación poética, el cual es de indudable origen mallarmeano.

UN PERÍODO DE MADURACIÓN POÉTICA (1928-1936)

El período que se extiende de 1928 a 1936 puede considerarse como de culminación y madurez de los poetas que se iniciaron en el período anterior y de plenitud de expresión de los que como Miguel de Unamuno y Juan Ramón Jiménez se habían iniciado en la poesía desde principios del siglo. La poesía de estos años aparece, así, en su conjunto, como de un logrado equilibrio entre la tendencia a la abstracción que caracterizó el período anterior y el afincamiento en un mundo afirmativo y terrestre. El poeta encuentra arraigo en lo concreto, ya sea incorporando la realidad ambiente en el contexto del poema, o bien explorando su propio contenido emocional, en consonancia con las fuerzas del cosmos y de la naturaleza, o llegando al fondo íntimo de su propia subconsciencia. También se advierte que las tendencias simbolistas que caracterizan a algunos poetas entran, con frecuencia, en fusión con las de procedencia creacionista o cubista. La vertiente surrealista, que en España cobra una manera especial de expresión, hace, asimismo, su aparición en este período.

MIGUEL DE UNAMUNO escribió la mayor parte de su *Cancionero* mientras se hallaba en el destierro en Hendaya. Los 1775 poemas que forman este libro, tan sólo publicado por primera vez en 1953, constituyen un verdadero «diario espiritual», en el cual el autor fue dejando las huellas más hondas de su espíritu en los últimos años de su vida. Unamuno postula en el prólogo un concepto de poesía que se basa en la palabra como raíz del acto creador y que encuentra en la lengua popular la vía para llegar a las entrañas mismas del idioma. Los poemas están escritos en romance octosilábico, o en las formas más breves de la redondilla o la cuarteta, y utilizan plenamente la noción de poesía tradicional. Por otra parte, Unamuno da forma rigurosa a su espontaneidad creadora a través de cierto esquematismo conceptual que hace uso constantemente de procedimientos de reiteración y de numerosas figuras de significación tales como el quiasmo, el juego etimológico y la paronomasia.

LEÓN FELIPE publica su segundo tomo de *Versos y oraciones de caminante*, el cual señala el paso de su actitud marcadamente individual de su primer libro a otra de mayor solidaridad con el resto de los hombres. El poeta recibe en estos años la influencia de la poesía de Walt Whitman, con la cual se familiarizó durante su estancia en los Estados Unidos y cuyo *Canto a mí mismo* había de parafrasear en español, años más tarde (1957). Su largo poema *Drop a Star* revela ya su sistema de símbolos fundamentales y sirve de transición a otra fase de mayor contenido ideológico en su obra. El poeta alude en este poema al deseo que tiene el hombre de romper con los límites que lo aprisionan a este mundo que ha sido mal creado y acercarse a la conquista de una nueva realidad iluminada.

Dentro de la órbita de la tradición simbolista queda situada la poesía de JUAN RAMÓN JIMÉNEZ, la cual alcanza en estos años un mayor grado de integración entre la realidad externa y la creada por la mente del poeta. Los poemas de *La estación total con las canciones de la nueva luz* revelan un gran poder de síntesis de mundo exterior y mundo interior, por medio de un lenguaje de honda densidad conceptual, a la vez que lleno de riqueza sensorial. La intención integradora del poeta se manifiesta también en la visión abarcadora de tiempo, espacio y naturaleza. La sucesión temporal de pasado, presente y futuro queda reducida a un momento único eternizado, el de la «estación total», o «quinta estación», que incluye todas las estaciones. La infinitud espacial halla cauce en los cuatro puntos cardinales (Norte, Sur, Este, Oeste), y la multiplicidad de manifestaciones de la naturaleza en los cuatro elementos: tierra, aire, agua, fuego. La belleza arrebatadora de esta visión sume al poeta en un estado de «locura conciente», y cobra forma con la intuición de gráciles figuras femeninas, tales como «La Gracia», «Criatura afortunada», «Mensajera de la estación total».

JORGE GUILLÉN, con su libro *Cántico* (1928), algunos de cuyos poemas ya habían sido publicados desde 1924 en la *Revista de Occidente*, revela una actitud de júbilo extático, asombro y maravilla continuada, frente al descubrimiento súbito de la naturaleza y de las cosas. Éstas se destacan en su más plena evidencia de seres existentes. Tal revelación suele acaecer en un marco de belleza primigenia, por realizarse en momentos de acendrada manifestación de los fenómenos naturales: alba, mañana, mediodía, tarde, noche. La poesía de Guillén viene, así, a superar la tradición simbolista de la cual arranca. Si los simbolistas franceses (Mallarmé, Valéry) identificaban el ideal de una poesía absoluta con la negación de este mismo ideal, por referirlo, en última instancia, a la noción de nada o muerte, Guillén, por el contrario, procede a la afirmación de todo cuanto existe y a la fijación del orden y las esencias de las cosas en un acto entusiasmado de fe de vida. Por otra parte, la poesía de Guillén muestra una perspectiva de abstracción, toda vez que la aprehensión de los datos elementales de la realidad coexiste con un intento simultáneo de esquematización reflexiva de los mismos. Este movimiento dual de concreción y de abstracción halla su paso a través de un vocabulario que es, a la vez, concreto y abstracto y que utiliza numerosas interjecciones y frases exclamativas, a fin de traducir el temple de asombro espiritual del poeta. Los poemas están escritos en estrofas generalmente breves, con una preferencia de versos heptasílabos asonantados, y una sintaxis de gran laconismo de expresión, angulosa y sincopada. La poesía de Guillén revela, además, una perspectiva de visión cubista, puesto que el poeta lanza su mirada penetrante a los objetos exteriores, no con el propósito de trascenderlos a un plano puramente ideal, sino más bien para encontrar en ellos su máximum de presencia y de elevación en cuanto tales. Por lo demás, esta manera de visión en el campo de la lírica coincide con los esfuerzos de filósofos como Ortega y Gasset. Este último siente el asombro ante la realidad y se propone penetrar en ella, mediante la mirada profundizadora del concepto *(Meditaciones del Quijote)*. Asimismo, el filósofo Heidegger planteó el problema del ser y de la verdad como un proceso de desvelamiento *(aleteia)* de la realidad, también en una actitud de inicial asombro *(Ser y tiempo)*. Significativos del primer *Cántico* son los dos poemas «Advenimiento» y «Cima de la delicia», que expresan el gozo primordial del poeta al hallarse situado frente a la inminente realización auroral. Ésta coincide, a su vez, con el movimiento de expectación de plenitud del ser interior del poeta, cuya culminación se halla anunciada por la expresión intensificativa «cima del ansia». El poema «Beato sillón» eleva un objeto doméstico a un grado de privilegiada irradiación inmanente que le permite a Guillén pronunciar una de sus afirmaciones más características: «El mundo está bien hecho».

El segundo *Cántico* (1936), en el cual aparecen cincuenta nuevos poemas añadidos al primero, en un total de 125, presenta una distribución orgánica de todo el libro en cinco secciones, cuyos títulos son indicativos de la actitud lírica del poeta: I «Al aire de tu vuelo», II «Las horas situadas», III «El pájaro en la mano», IV «Aquí mismo», V «Pleno ser». Los nuevos poemas se caracterizan en general por un mayor grado de condensación expresiva y por hacer más explícita la relación de equilibrio entre el hombre y el cosmos. También es más evidente en estos poemas la revelación del Ser en cuanto tal. El geometrismo arquitectónico de esta manera de visión puede apreciarse en un poema como «Perfección». El «tablero de la mesa» a que se refiere el poema «Naturaleza viva» constituye una verdadera abstracción mental. El objeto, con su geometría esquemática, gravita, sin embargo, con aplomo lleno de pesantez, al mismo tiempo que encierra en sí su condición silvestre y mítica, al participar implícitamente de las grandes fuerzas de la naturaleza que contribuyeron a su origen y robustecimiento en un bosque primitivo. Por otra parte, el poema «Más allá» constituye la expresión más exacta de la interdependencia del hombre con las cosas: «dependo de las cosas». Finalmente, en el poema «Salvación de la primavera» el poeta canta la plenitud amorosa conseguida por la pareja humana, que se revela en la forma de una concentración de energía interior, a donde convergen las posibles realidades del universo. La mujer desnuda es «puro elemento», el cual constituye un centro físico y espiritual de las formas que la circundan. El paisaje humano lleno de tensión vibrante se halla en consonancia con el paisaje más amplio de la naturaleza y de la sucesión de las estaciones.

PEDRO SALINAS participa con Guillén de un entusiasmo radical por el mundo de la realidad, si bien su tensión lírica se dispara, como en su primer libro *Presagios*, al trasmundo de las esencias de las cosas. La actitud del poeta de llevar el acto mismo del poetizar a la contextura del poema lo sitúa en una perspectiva de interiorización que muestra su relación con un simbolismo de origen mallarmeano. El título de su segundo libro, *Seguro azar*, indica que Salinas ha incorporado la noción de *azar* de Mallarmé (*Una jugada de dados jamás abolirá el azar*, 1897) a su propia poesía. Salinas renuncia, sin embargo, a las acepciones de carácter negativo que dicho concepto tiene en el autor francés, y concede gran importancia a la realidad que se halla en estado de latencia en la mente creadora del poeta. Así, la rosa perfecta no será la rosa natural, ni la hecha a modo de artefacto («rosa de papel»), sino la que existe como posibilidad de ser realizada en el futuro, en el contexto del poema: «de ti me fío, redondo / seguro azar» (de su breve poema «Fe mía»). Asimismo, el poeta no se desprende en ningún momento de la realidad externa y sale, por el contrario, a su encuentro incorporándola a las íntimas creaciones de su mente, haciendo coexistir, por este medio, mundo exterior y mundo interior. En su siguiente libro, *Fábula y signo*, Salinas conserva su actitud de explorador e inventor de esencias, particularmente en relación con la figura de la amada. Al mismo tiempo, abre perspectivas a la creación de fábulas que tienen que ver con la civilización contemporánea, y cuyos protagonistas son criaturas míticas que surgen de los inventos tecnológicos: la luz eléctrica, el automóvil, el teléfono, el cinematógrafo, la máquina de escribir.

La síntesis de todos estos elementos del mundo poético de Salinas alcanza su más lograda maduración en *La voz a ti debida*. Este extenso poema de amor se halla constituido por fragmentos diversos que corresponden a otras tantas intuiciones del ser de la amada y de su capacidad de metamorfosis en su inherente índole cambiante. El acelerado fluir del poema va dejando al descubierto un ardoroso mundo interior que se halla configurado por el anuncio y llegada de la amada, su presencia súbita desbordante, su condición elusiva, su multifaria relación con el poeta y con el mundo y su final ausencia. El ritmo de lenguaje conversacional, en versos en su mayoría heptasílabos y octosílabos y cuajados de monosílabos y de frases de tono exclamativo, acentúa el dinamismo tenso de esta poesía. El libro revela, además, una perspectiva existencial y ontológica del ser del poeta, que se halla en constante relación con el ser de la amada, cuya afanosa búsqueda viene a ser la del poeta mismo. Dicha intencionalidad metafísica se encuentra intensificada por el uso de un vocabulario conceptual que incorpora términos geométricos, lo mismo que del mundo de las ciencias, y cuya expresividad sintáctica se ve realzada por el empleo de frases preposicionales, la sustantivación de adverbios y la acumulación inusitada de preposiciones y pronombres. Salinas crea una atmósfera de verdadera intimidad existencial, al sustituir los nombres de los dos amantes por los pronombres correspondientes: «¡Qué alegría vivir en los pronombres!» La magnitud espiritual del encuentro con la amada adquiere su más exacta expresión en el empleo hímnico de las cifras aritméticas y de las progresiones algebraicas, en un amontonamiento de signos y de cómputos, como en el poema «¡Sí, todo con exceso!» La aventura milagrosa tiene, sin embargo, su final y los dos amantes, perplejos y angustiados, se sienten vivir en sombras, en medio de su oquedad metafísica, tal como aparece en el poema final, «Las oyes cómo piden realidades.» Desprovistos los dos amantes de su ser ontológico primigenio, habrán de enfrentarse al mundo perturbador de las separaciones, las despedidas y la disminución de realidades, en el siguiente libro, *Razón de amor*. Un intento de salvación queda explícito, sin embargo, en la segunda parte de esta colección de poemas, por el profundo anhelo de reencuentro, a través del ansia misma de la materia de querer reafirmarse como cuerpo: «Todo quiere ser cuerpo.» La magia fascinante de *La voz a ti debida* ha perdido, con todo, su vigor original y los poemas mismos revelan el descenso de la tensión espiritual que ahora tan sólo vive en el recuerdo.

Si la poesía de Jorge Guillén y Pedro Salinas guardaba relación con la órbita del simbolismo, en fusión con otras corrientes de la época, la de Rafael Alberti, lo mismo que la de otros poetas en este período, muestra un contacto con la visión y las técnicas del surrealismo, también en fusión con diversas tendencias. El surrealismo se propuso desde el primer momento de su aparición en Francia («Primer manifiesto surrealista», 1924) un intento de exploración psicológica dentro de las zonas más recónditas de la personalidad, con el fin de llegar hasta las fuentes de la vida y revelar por ese medio la unidad del hombre con el cosmos y con el resto del universo. El surrealismo se presenta, de esa manera, con una carga de intuiciones de índole vital que lo diferencian de las tendencias de abstracción cubista. Por esta razón, constituye una de las direcciones fundamentales del desarrollo artístico en el presente siglo. El surrealismo concede, además, gran importancia a la libre asociación de ideas, a la escritura automática, a las visiones oníricas y a las proyec-

ciones alucinatorias de la mente. Tales procesos liberan la palabra de toda
norma sintáctica o social, y dan la impresión de un torrente verbal de imágenes que llegan a aparecer como arbitrarias, incongruas o aun contradicto-
rias. Dichas imágenes, sin embargo, realizan en el fondo la unidad de los con-
trarios y establecen una línea de comunicación continua y reversible entre
realidad y fantasía, estado de vigilia y ensoñación, mundo orgánico e inorgá-
nico, subconsciente oscuro y conciencia clarividente. El surrealismo constituye un método de revelación y de conocimiento de carácter no-racional.
Al mismo tiempo, abre las puertas al mundo de lo maravilloso y permite la
plenitud integral del hombre, a través de la libre expresión de los datos inmediatos del vivir, entre ellos los de la pasión amorosa. La actitud surrealista lleva
implícito un contenido de protesta que suele hacerse evidente, ya sea en la
forma de crítica humorística o imprecatoria contra los falsos valores y los
convencionalismos de todo orden, o de lucha abierta a favor de la reforma
política y social.

En España, el movimiento surrealista tuvo un importante instrumento de
difusión en los poemas de Juan Larrea. Este escritor, amigo de Vallejo, vivió
en Francia de 1924 a 1929 y publicó sus poemas entre los años 1927 y 1928 en
la revista *Carmen*. Algunos de ellos fueron escritos directamente en español, y
otros, traducidos del francés por Gerardo Diego. Aunque la poesía de Larrea
manifiesta una clara vertiente vitalista, su magia verbal se halla temperada
por los límites de una perspectiva intelectual. Más tarde, el impulso surrealista
cobra aún más vigor con la poesía del chileno Pablo Neruda. El libro de
este último, *Residencia en la tierra*, fue publicado por primera vez en Chile
en 1933 (segunda edición, Madrid, 1935), pero algunos de sus poemas vieron
la luz en la *Revista de Occidente* en 1930. El surrealismo español sigue, en
general, las tendencias de este movimiento en Francia, aunque su peculiar
forma de manifestarse insiste en los aspectos de violencia, disociaciones psí-
quicas, deformaciones absurdas y grotescas, actitudes de enajenación, antisen-
timentalismo, estados de pesadilla y reacciones hostiles contra el ambiente
cultural.

RAFAEL ALBERTI escribe *Sobre los ángeles* como expresión de un estado espiritual de gran angustia y complejidad, que obedece a causas tanto internas
como externas. Entre ellas se encuentran, según confesión hecha por él mismo
en su libro de memorias *La arboleda perdida*, la presencia de amores imposibles, el paso de la juventud a la edad adulta, la profunda ansia de superar
su propio arte, las reacciones violentas contra el ambiente social y familiar,
la inseguridad económica, su protesta contra la educación de su niñez en un
colegio jesuita, y, finalmente, la irrupción turbulenta de sentimientos contra-
dictorios (celos, rabia, envidia, deseo de justicia) y de terrores inexplicables.
Los ángeles surgieron como creaciones autónomas de la imaginación para dar
concreción objetiva a «irresistibles fuerzas del espíritu», y a una realidad
interior de difícil aprehensión. Con todo, guardan relación con los rasgos visuales de estas criaturas supernaturales, según la tradición plástica e icono-
gráfica. Su constitución imaginística se explica, además, por su frecuente vinculación con los fenómenos atmosféricos. El poema «El ángel de los números»,
por ejemplo, de apariencia y contextura herméticas, revela su significado de
angustia y desolación si tenemos en cuenta que el amortajamiento del ángel
de los números y el lloro de las vírgenes corresponden a un fondo de oscuridad nocturna y de lluvia, ocasionado por un viento tempestuoso que ha

perturbado súbitamente el paisaje diáfano de estrellas y constelaciones («vírgenes con escuadras» y «celestes pizarras»). Las imágenes de caídas y hundimientos también se hallan asociadas, con frecuencia, a las luchas de los elementos naturales, como en el poema «Los ángeles bélicos», en el cual encontramos el descenso vertiginoso de fábricas arquitecturales.

La inspiración de índole surrealista se destaca en los poemas no sólo en lo referente a la libertad del léxico y a la sucesión de imágenes insólitas y de objetivación de estados interiores, sino también en lo que concierne a un contenido de carácter alucinatorio y de tensión y de violencia. Desde el punto de vista de la métrica, los versos comienzan siendo breves, tersos y diáfanos en la primera parte del libro, y van adquiriendo luego la extensión de versículos cada vez más alargados, en correspondencia con las visiones apocalípticas de descenso. El siguiente libro de Alberti, *Sermones y moradas*, abre perspectivas discordantes en el mundo de la materia física, a través de imágenes que lindan en lo absurdo, en versículos de un número mayor de sílabas. Este libro señala el camino para una poesía de contenido social y político, tal como se da en *El poeta en la calle* y otros libros posteriores. De importancia es también tener en cuenta el papel que Alberti desempeñó con la revista *Octubre* (1933-1934), fundada por él y María Teresa León, en el cambio de atmósfera que señaló el camino para una poesía de tipo revolucionario durante la Guerra Civil. En este empeño colaboraron, entre otros poetas, Emilio Prados y Luis Cernuda.

FEDERICO GARCÍA LORCA irrumpe en un mundo de inspiración alucinante con su libro *Poeta en Nueva York*, escrito de junio de 1929 a abril de 1930, durante la estancia del poeta en la ciudad de Nueva York. Si en sus producciones anteriores el poeta había bordeado los estados de sonambulismo y de sueño, en relación con un sustrato de conciencia colectiva andaluza, en el presente libro desciende a las profundidades de su propio subconsciente, a través del mecanismo de las libres asociaciones y de las visiones delirantes. La corriente de imágenes en tensión que brotan aceleradamente en versos libres, de ritmo whitmanesco, crea un mundo de pesadilla, de terror y de denuncia contra el ambiente circundante. El contacto con la *selva metálica* («ciudad de alambre y muerte») produce, en efecto, disociaciones internas de carácter conflictivo que se expresan en una serie de oposiciones irreconciliables entre el mundo natural y espontáneo y el artificial mecánico. Dentro de esta perspectiva se halla también la oposición entre mundo humano, vigoroso y primitivo representado por la raza negra y el deshumanizado y exangüe de la raza blanca, como también entre realidad cruda y fantasía y, en el plano moral y social, entre inocencia original y corrupción degradante. La ciudad viene a ser un antro laberíntico, oscuro y sin posible comunicación con la naturaleza cósmica, a donde se llega por escalas en descenso y donde imperan la desolación, la muerte y la ausencia de toda afirmación espiritual. Los símbolos negativos aniquilan el brote de todo revivir humano y dejan al poeta en un vacío de inmensas proporciones que produce el desdoblamiento del propio yo y cuyo signo exacto viene a ser el *hueco* de sí mismo («Nocturno del hueco»).

Poeta en Nueva York es, así, una denuncia implacable contra la civilización contemporánea, mas lleva implícito, al mismo tiempo, un mensaje de humanismo. El libro representa una fase de transición de la obra anterior del poeta al mundo afirmativo de sus tragedias rurales y del *Llanto por Ignacio*

Sánchez Mejías. Este último poema constituye la más lograda síntesis del mundo poético de Lorca, a través de su compleja y, a la vez, nítida arquitectura, en versos tradicionales octosílabos, endecasílabos, y aun alejandrinos de gran fuerza expresiva. La elegía, dividida en cuatro partes, integra armoniosamente el mundo natural y los grandes símbolos míticos del poeta con las imágenes discordantes de procedencia abstracta y un vocabulario concreto fuertemente impregnado de ambiente rural y de corridas de toros. Un contenido hondo de emoción y de sentimiento fluye parejamente en este poema con una nota de profundidad meditativa que llega a adquirir connotaciones de orden metafísico.

La utilización de una palabra liberada por el contacto del poeta con los mecanismos del subconsciente va a servir a VICENTE ALEIXANDRE de punto de arranque para sumergirse en las zonas recónditas de su ser corpóreo y existencial. Con su libro de poemas en prosa, *Pasión de la tierra*, escrito después de haber leído a Freud y a Joyce, Aleixandre revela su actitud de bucear en los ingredientes terrestres de su condición espiritual. Tanto el sentimiento de frustración amorosa como el de impotencia artística hallan su expresión en esta poesía saturada con imágenes de violencia y de mutilación orgánica. El ansia de nacimiento espiritual se expresa, por otra parte, en imágenes de ascensión y vuelo. En el siguiente libro, *Espadas como labios*, Aleixandre retorna a la construcción en verso, en poemas de amplio desarrollo y ritmo libre, o en otros más breves de endecasílabos. Los poemas incorporan las imágenes primarias del mar y de la selva como constitutivas de la visión pasional y corpórea del poeta.

Con *La destrucción o el amor* Aleixandre alcanza la plenitud de su maduración poética. El libro constituye «el triunfo de esa imaginación vital» a que se refiere Luis Felipe Vivanco en su estudio del poeta *(Introducción a la poesía española contemporánea)*, la cual viene a superar, según él, «los posibles planteamientos surrealistas» de su obra anterior. Es decir, en esta poesía, el sentimiento vital de la existencia se ordena en una visión coherente de fusión entre hombre y universo cósmico, a base de una concepción poética cuya idea central es la de «la unidad amorosa del universo», según lo expresó el mismo poeta (prólogo a *Mis mejores poemas*). Aleixandre recobra con estos poemas el vínculo primario del hombre con la tierra, el cual ha sido perdido en la civilización tecnológica contemporánea, a través de la unión pasional de los amantes. El acto amoroso suprime las fronteras existentes entre el yo vital y la realidad cósmica y es sentido como una verdadera destrucción del ser. Al mismo tiempo, entraña una profunda intensificación de conciencia. Por otra parte, las imágenes y visiones de *La destrucción o el amor* proyectan una geografía y un paisaje alucinantes (mar, selva, valles, ríos, costas, montañas, rocas, luceros, astros, luz, oscuridad, día, noche, sol, luna), cuyas configuraciones tienen que ver la mayor parte de las veces con la propia geografía del cuerpo humano y la constitución biológica de este último, o se presentan como denotadoras de aspectos varios de la pasión. La presencia del agua, por ejemplo, en su diversidad de formas naturales (mar, río, laguna, ondas) guarda relación, sin duda, con el fluir de la sangre que en el momento de la pasión se agolpa en las oquedades subterráneas del cuerpo («allá donde la arteria golpea»). Los procesos cataclísmicos que hacen su presencia en numerosos poemas se refieren, asimismo, a aspectos varios de la pasión, ya sea en su condición de violencia, dureza, o de imposibilidad de cumplimiento.

También los aspectos de ternura y belleza de la pasión hallan su expresión en numerosos rasgos de esta geografía extraña en la forma de animales frágiles y delicados, o de plantas tiernas, lo mismo que en la constante luminosidad que surge del cuerpo radiante de la amada. El ímpetu original de esta inspiración cobra forma final en versículos libres, de longitud diversa y de ritmo acelerado o en descenso que obedece a combinaciones métricas variables. El siguiente libro, *Mundo a solas*, indica que el poeta ha perdido el mundo paradisíaco de su «elementalidad primigenia» y se enfrenta ahora con una visión pesimista, en la cual los símbolos afirmativos y fecundos se han tornado estériles o yacen sepultos sin posibilidad de comunicación.

Una vertiente de impulso vitalista va a caracterizar también una buena porción de la poesía de Luis Cernuda de esta época. Su tema amoroso obsesivo y su condición de poeta rebelde lo sitúan frente a las convenciones de una sociedad que intenta poner limitaciones a la plena libertad del hombre. Cernuda imprime un tono de sinceridad autobiográfica en su trilogía *Un río, un amor*, *Los placeres prohibidos* y *Donde habite el olvido*, libros publicados, juntamente con otros, con el título de *La realidad y el deseo*, en 1936. Gracias al contacto de Cernuda con el movimiento surrealista, el poeta encuentra los procedimientos imaginísticos adecuados para llevar a cabo su aventura de inmersión en la corriente de su fluir psíquico y de su inmediatez biológica. Sus versos utilizan la métrica tradicional en un principio y luego incorporan, cada vez más, el versículo libre, en un lenguaje espontáneo y natural. El libro *Los placeres prohibidos* revela de manera particular la condición de rebelde existencial del poeta, a la vez que expresa las angustias de una pasión llena de trágicos aconteceres. *Donde habite el olvido*, de título becqueriano, marca el alejamiento de las técnicas surrealistas y temáticamente indica que también el deseo se halla a la merced de su extinción.

Anteriormente a estos libros, Cernuda ya había mostrado una vertiente de poesía clásica y de actitud de contemplación ante la naturaleza, en sus poemas *Égloga, Elegía, Oda*. Con la *Égloga*, el poeta reconstruye un mundo clásico garcilasiano y de inspiración mallarmeana *(La tarde de un fauno)*, en estrofas de gran condensación lírica. La *Oda* recrea un ambiente de esplendor estival, también con apoyo en Garcilaso y Mallarmé, el cual sirve de fondo a la aparición de un «joven dios» que avanza sonriendo, para desaparecer luego en las brumas de la noche. Este intento de aprehensión íntima de la naturaleza a través de una figura juvenil humana cobra plena realización en el libro de las *Invocaciones*, el cual representa una lograda aproximación al espíritu de la cultura helénica, gracias al contacto del poeta con la poesía de Hölderlin, algunos de cuyos poemas tradujo al español. La proyección de figuras humanas, en forma de radiantes epifanías, constituye la expresión de un mundo armónico de belleza ideal pagana, dentro del cual quedan superadas, al menos transitoriamente, las imperfecciones de la realidad y las inextinguibles ansias del deseo. Tal revelación coincide con el paraíso de la niñez del poeta en su nativa Andalucía, que él había de reconstruir más tarde en las breves narraciones de su opúsculo autobiográfico *Ocnos* (1942).

José Moreno Villa presenta en sus poemas autobiográficos de *Jacinta la pelirroja* fragmentos de vida cotidiana, a base de experiencias personales, en relación con los amores del poeta con Jacinta, su novia neoyorkina. Con un tono marcadamente irónico y antisentimental, el libro desenvuelve la historia de una pasión desde su comienzo hasta su final extinción y deja al descubierto un tipo de ideal femenino que resulta representativo del nuevo espíritu de la civilización tecnológica. La Diana americana aparece llena de desenvoltura y elasticidad, en diversidad de situaciones simples y antiheroicas, que son propias de un ritmo de vida despreocupado y en constante movimiento. En *Carambas*, 1.ª, 2.ª y 3.ª series, Moreno Villa acentúa lo arbitrario de las asociaciones, en fusión de perspectivas a la vez surrealistas y cubistas. Los poemas de su siguiente libro *Puentes que no acaban* conducen, con su ritmo interrogativo, a la exploración del mundo del amor y de la verdad más profunda que se halla detrás de la realidad externa, en encadenamiento libre de imágenes que llegan a adquirir amplitud cósmica. *Salón sin muros* continúa este intento de inquisición, en medio de la soledad de la conciencia del poeta y proyectado, esta vez, a la esfera de su propio espíritu a través de la alegoría objetivizante del «salón sin muros».

EMILIO PRADOS muestra la continuidad de inspiración de sus libros anteriores en *Cuerpo perseguido*, cuyo tema principal es el del amor. Su empeño de realizar la transfiguración del ser de la amada y del suyo propio en una realidad de orden superior conduce al poeta a la soledad de su yo en el interior de su propia conciencia. Prados encuentra que la otredad de la persona amada es inaprehensible y, por tanto, resulta fallido su intento de posesión espiritual. Este proceso de interiorización y fuga es de carácter exclusivamente individual y va a quedar superado, al intentar el poeta el acercamiento a los demás hombres en el radio más amplio de la conciencia colectiva. Sus colecciones *La voz cautiva* y *Andando, andando por el mundo* revelan este empeño de solidaridad, que se halla de acuerdo con preocupaciones similares en otros poetas del momento. Los poemas «Invocación al fuego» y «Hay voces libres» muestran, además, que ha habido un contacto de Prados con el surrealismo, especialmente en lo que éste tuvo de protesta y de acción social, como también con la poesía de Mayakowski.

Otros poetas como GERARDO DIEGO se mantienen al margen de todo intento de poesía surrealista. En *Poemas adrede* Diego continúa su propia trayectoria de una poesía de imágenes, fuertemente influida por su actitud creacionista. Los poemas de este libro se hallan deliberadamente construidos (esto es, *adrede)* en estrofas que son características de ciertos períodos literarios (décimas, liras, redondillas, coplas de pie quebrado, octavas reales). El poeta alcanza, por este medio, efectos de musicalidad abstracta, de los cuales es un ejemplo el poema titulado «Azucenas en camisa», cuyo tema es el de un jardín. En los sonetos de *Alondra de verdad*, G. Diego consigue su intento de llegar a una «poesía luminosa y alada», a la vez que auténtica y vivida. La poesía de estos sonetos puede considerarse como «directa» y «concreta», en cuanto se halla basada en circunstancias singulares, tal como sucede en el poema «Insomnio», de tema amoroso. La realidad trivial queda elevada siempre a otra de carácter trascendente, hasta llegar a las regiones de lo inefable y misterioso. El soneto «Cumbre de Urbión» es representativo de una preocupación hispánica que trata de descubrir aspectos del alma colectiva a través de los valores espirituales del paisaje.

MANUEL ALTOLAGUIRRE continúa su vía de profundización lírica en el mundo de las cosas y de su propia intimidad, alejado, en general, de las corrientes simbolistas o surrealistas, en sus colecciones de poemas *Escarmiento, Vida poética, Lo invisible, Soledades juntas* y *La lenta libertad*. El proceso de adentramiento hacia el fondo de su propio ser espiritual va dejando al descubierto una profundidad interior de emoción que logra adquirir una forma objetivada en imágenes de contextura alegorizante, o en símbolos que se refieren al fluir de su propia vida y que tienen que ver con el paso del tiempo, su radical soledad y el encuentro con la muerte. Altolaguirre expresa su personal acento subjetivo y hondura de sentimiento en versos generalmente cortos, de ritmo melodioso y espontáneo, que con frecuencia descubren dejos de copla andaluza.

El paso hacia una nueva sensibilidad en la poesía española del siglo xx se halla marcado no solamente por los intentos de poesía social y revolucionaria de Alberti, Prados y otros poetas, entre los años de 1931 y 1936, sino también por la poesía de índole vitalista de Aleixandre y Cernuda y la de emoción de Altolaguirre. La presencia de una vena de inspiración religiosa y una nueva manera de tratar el tema del amor en el libro *Abril* de Luis Rosales descubren la entrada a una nueva forma espiritual.

MIGUEL DE UNAMUNO
(1864-1936)

Nace en Bilbao en 1864. Hace sus primeras letras en el Colegio de San Nicolás y la segunda enseñanza en el Instituto Vizcaíno de Bilbao, en el cual obtiene su grado de Bachiller en 1879. A fines de 1873, cuando tiene solamente nueve años, presencia el sitio de la ciudad impuesto por la tercera guerra carlista, cuyas experiencias narra más tarde en su primera novela *Paz en la guerra*. En 1880 se traslada a Madrid para estudiar Filosofía y Letras en su Universidad, doctorándose en 1884. Regresa a Bilbao en este mismo año, donde permanece hasta 1891. En Bilbao se ocupa dando clases privadas, escribiendo para un periódico socialista y para *La Revista de Vizcaya* y otros diarios, teniendo largas conversaciones con la gente del pueblo y preparando sus oposiciones para una cátedra universitaria. En 1889 hace un viaje por Italia, Francia y Suiza. En la primavera de este año se presenta a oposiciones en Madrid, por quinta vez, y gana la Cátedra de Griego en la Universidad de Salamanca, siendo miembros del jurado don Juan Valera y don Marcelino Menéndez Pelayo. Conoce entonces a Ángel Ganivet, quien también presentaba exámenes en Madrid, y con quien había de sostener correspondencia, años después, hasta la muerte de este último en 1898.

En septiembre de 1891 se instala en Salamanca, donde permanece, con algunas interrupciones y visitas a Madrid, por el resto de su vida. A su cátedra de Griego añade la de Filología Comparada de Latín y Castellano, la cual es equivalente a la de historia de la lengua castellana. En 1895 publica en la revista *La España Moderna* sus cinco ensayos *En torno al casticismo*, en los cuales expone por primera vez su concepción del hombre y de la cultura hispánica. En 1897 pasa por una crisis religiosa que ha de afectar a su manera de pensar. Con la publicación de sus *Tres ensayos (Adentro, La ideocracia y La fe)*, en 1900, plantea el problema de la personalidad íntima, que será una de las preocupaciones fundamentales de su obra literaria. En 1901 es nombrado Rector de la Universidad. Interviene en la política nacional por medio de la palabra y de la prensa, haciendo campañas de tendencia socialista, combatiendo contra el regionalismo vasco y catalán, y denunciando la ley de delitos llamada de Jurisdicciones.

Es destituido de su cargo de Rector en 1914 por motivos políticos. Durante esta etapa, de gran intensidad intelectual, publica algunas de sus obras más importantes. De 1914 a 1924 continúa su vida en Salamanca con las clases en la Universidad, sus frecuentes paseos y excursiones, sus largos diálogos y su constante intervención en campañas políticas contra el rey Alfonso XIII. La dictadura de Miguel Primo de Rivera, que llega al poder en 1923, lo destierra a la isla de Fuerteventura (Canarias) en febrero de 1924. Logra escapar de la isla el 25 de junio del mismo año y desembarca en Cherburgo, Francia. A pesar del indulto que le fue ofrecido por el gobierno español, prefiere permanecer en el destierro, primero en París por poco tiempo, y luego en Hendaya. A la caída de la dictadura pisa nuevamente tierra española en Irún, el 9 de febrero de 1930. Es recibido con discursos y la prensa toda del país celebra su vuelta con gran entusiasmo. Retorna a su vida en Salamanca, y con la llegada de la República en 1931, que él había ayudado a crear, es nombrado nuevamente Rector de la Universidad.

Fue diputado a las Cortes Constituyentes, pero pronto comenzó a mostrar su inconformidad frente a los acontecimientos políticos del momento, a través de sus discursos y artículos periodísticos. En 1934 recibe la jubilación de su cátedra y es hecho rector perpetuo de Salamanca. En 1935 es proclamado ciudadano de honor de la República. Al comienzo de la Guerra Civil se sitúa al lado del levantamiento nacionalista. Sin embargo, una vez más surge la incompatibilidad del que fue el gran contradictor y se manifiesta abiertamente en contra del militarismo. En su discurso del 12 de octubre de 1936 en la Universidad, para celebrar la fiesta de la Raza, se declara en contra de la revolución. Muere repentinamente en su casa el 31 de diciembre de este año en Salamanca. La Universidad ha establecido la Casa-Museo Miguel de Unamuno en la antigua casa rectoral, donde este último vivió por largos años y donde se conservan sus libros, muebles, artículos de uso personal, manuscritos y archivos, y publica los *Cuadernos de la Cátedra Miguel de Unamuno* desde el año de 1948. Entre los numerosos homenajes tributados a su memoria después de su muerte figura la *Corona poética dedicada a Miguel de Unamuno (1864-1964)* (Salamanca: Universidad, 1964), recogida y presentada por Manuel García Blanco.

OBRAS POÉTICAS:

Poesías (1884-1907) (Bilbao: Rojas, 1907), *Rosario de sonetos líricos* (Madrid: Fernando Fe, 1911), *El Cristo de Velázquez* (Madrid: Espasa-Calpe, 1920; 2.ª ed., Buenos Aires: Espasa-Calpe, 1947; 3.ª ed., Madrid, 1963), *Andanzas y visiones españolas*, prosa y verso (Madrid: Renacimiento, 1922; 2.ª ed. 1929; Buenos Aires: Espasa-Calpe, 1941; 8.ª ed., Madrid: Espasa-Calpe, 1964), *Rimas de dentro* (Valladolid: Tipografía Cuesta, 1923), *Teresa (Rimas de un poeta desconocido)* (Madrid: Renacimiento, 1924), *De Fuerteventura a París. Diario íntimo de confinamiento y destierro* (París: Excelsior, 1925), *Romancero del destierro* (Buenos Aires: Editorial Alba, 1928), *Poesías místicas*, selección de Jesús Nieto Peña (Madrid: Cuadernos de Poesía, 1941), *Antología poética*, selección y prólogo de Luis Felipe Vivanco (Madrid: Escorial, 1942), *Páginas líricas*, introducción de Benjamín Jarnés (México: Facultad de Filosofía y Letras, 1943), *Antología poética*, selección y prólogo de José María de Cossío (Buenos Aires: Espasa-Calpe, 1946, 6.ª ed., Madrid: Espasa-Calpe, 1968), *Cancionero. Diario poético*, ed. y prólogo de Federico de Onís (Buenos Aires: Losada, 1953), *Antología. Poemas inéditos o no incluidos en libros del autor* (en Manuel García Blanco, *Don Miguel de Unamuno y sus poesías* [Salamanca: Universidad, 1954]), *Cincuenta poesías inéditas*, introducción y notas de M. García Blanco (Madrid-Palma de Mallorca: Papeles de Son Armadans, 1958), *Poemas de los pueblos de España*, prólogo de Manuel García Blanco (Salamanca: Anaya, 1961; 2.ª ed., Madrid: Cátedra, 1975), *Obras completas*.

Tomo XIII. Poesía, I, prólogo, edición y notas de Manuel García Blanco (contiene *Poesías, Rosario de sonetos líricos, El Cristo de Velázquez, Andanzas y visiones españolas, Rimas de dentro*) (Madrid: Afrodisio Aguado, 1962), *Obras completas. Tomo XIV. Poesía II* (contiene *Teresa, De Fuerteventura a París, Romancero del destierro, Poesías sueltas*) (Madrid: Afrodisio Aguado, 1963), *Obras completas. Tomo XV. Poesía III* (contiene el *Cancionero*) (Madrid: Afrodisio Aguado, 1963), *Poesías escogidas,* prólogo de Guillermo de Torre (Buenos Aires: Losada, 1965), *Cancionero (Antología),* introducción de Antonio Ramos Gascón (Madrid: Taurus, 1966; 2.ª ed., 1969), *Poesía,* ed. de Manuel Alvar (Barcelona: Labor, 1974), *Antología,* selección e introducción de José María Valverde (Madrid: Alianza, 1977).

OTRAS OBRAS:

ENSAYOS: *En torno al casticismo* (1895), *Vida de Don Quijote y Sancho* (1905), *Mi religión y otros ensayos* (1910), *Soliloquios y conversaciones* (1911), *Contra esto y aquello* (1912), *Del sentimiento trágico de la vida* (1913), *La agonía del cristianismo* (1925), *Cómo se hace una novela* (1927). NOVELAS Y NARRACIONES CORTAS: *Paz en la guerra* (1897), *Amor y pedagogía* (1902), *El espejo de la muerte* (1913), *Niebla* (1914), *Abel Sánchez* (1917), *Tres novelas ejemplares y un prólogo* (1920), *La tía Tula* (1921), *San Manuel Bueno, mártir* (1933). AUTOBIOGRAFÍA: *Recuerdos de niñez y de mocedad.* LIBROS DE PAISAJES: *Paisajes* (1902), *De mi país* (1903), *Por tierras de Portugal y de España* (1911), *Andanzas y visiones españolas* (1922). TEATRO: *Fedra* (1910), *El otro* (1926), *Sombras de sueño* (1926), *El hermano Juan* (1929). EPISTOLARIO: *Miguel de Unamuno-Alonso Quesada,* ed. de Lázaro Santana (Las Palmas de Gran Canaria: San Borondón, 1970), *Cartas inéditas de Miguel de Unamuno,* ed. de Sergio Fernández Larraín (Madrid: Rodas, 1972), *Cartas. (1903-1934). Unamuno-Zulueta* (Madrid: Aguilar, 1972), *Epistolario Unamuno-Maragall* (Barcelona: Selecta, 1976).

La obra total en prosa de Unamuno se halla en los diez primeros tomos de sus *Obras completas* editadas con prólogos y notas por Manuel García Blanco (Madrid: Afrodisio Aguado, 1959-1961), con excepción de *Del sentimiento trágico.*

ESTUDIO PRELIMINAR: I, págs. 18, 21, 28.

1

CASTILLA

Tú me levantas, tierra de Castilla,
en la rugosa palma de tu mano,
al cielo que te enciende y te refresca,
al cielo, tu amo.

5 Tierra nervuda, enjuta, despejada,
madre de corazones y de brazos,
toma el presente en ti viejos colores
del noble antaño.

Con la pradera cóncava del cielo
10 lindan en torno tus desnudos campos,
tiene en ti cuna el sol y en ti sepulcro
y en ti santuario.

Es todo cima tu extensión redonda
y en ti me siento al cielo levantado,

¹⁵ aire de cumbre es el que se respira
    aquí, en tus páramos.

¡Ara gigante, tierra castellana,
a ese tu aire soltaré mis cantos,
si te son dignos bajarán al mundo
²⁰   desde lo alto!

Poesías
(1884-1907), 1907

2

SALAMANCA

Alto soto de torres que al ponerse
tras las encinas que el celaje esmaltan
dora a los rayos de su lumbre el padre
    Sol de Castilla;

⁵ bosque de piedras que arrancó la historia
a las entrañas de la tierra madre,
remanso de quietud, yo te bendigo,
    ¡mi Salamanca!

Miras a un lado, allende el Tormes lento,
¹⁰ de las encinas el follaje pardo
cual el follaje de tu piedra, inmoble,
    denso y perenne.

Y de otro lado, por la calva Armuña,
ondea el trigo, cual tu piedra, de oro,
¹⁵ y entre los surcos al morir la tarde
    duerme el sosiego.

Duerme el sosiego, la esperanza duerme
de otras cosechas y otras dulces tardes,
las horas al correr sobre la tierra
²⁰   dejan su rastro.

Al pie de tus sillares, Salamanca,
de las cosechas del pensar tranquilo
que año tras año maduró en tus aulas,
    duerme el recuerdo.

²⁵ Duerme el recuerdo, la esperanza duerme
y es el tranquilo curso de tu vida
como el crecer de las encinas, lento,
    lento y seguro.

De entre tus piedras seculares, tumba
³⁰ de remembranzas del ayer glorioso,
de entre tus piedras recogió mi espíritu
    fe, paz y fuerza.

En este patio que se cierra al mundo
y con ruinosa crestería borda
35 limpio celaje, al pie de la fachada
      que de plateros

ostenta filigranas en la piedra,
en este austero patio, cuando cede
el vocerío estudiantil, susurra
40   voz de recuerdos.

En silencio fray Luis quédase solo
meditando de Job los infortunios,
o paladeando en oración los dulces
      nombres de Cristo.

45 Nombres de paz y amor con que en la lucha
buscó conforte, y arrogante luego
a la brega volvióse amor cantando,
      paz y reposo.

La apacibilidad de tu vivienda
50 gustó, andariego soñador, Cervantes,
la voluntad le enhechizaste y quiso
      volver a verte.

Volver a verte en el reposo quieta,
soñar contigo el sueño de la vida,
55 soñar la vida que perdura siempre
      sin morir nunca.

Sueño de no morir es el que infundes
a los que beben de tu dulce calma,
sueño de no morir ése que dicen
60   culto a la muerte.

En mí florezcan cual en ti, robustas,
en flor perduradora las entrañas
y en ellas talle con seguro toque
      visión del pueblo.

65 Levántense cual torres clamorosas
mis pensamientos en robusta fábrica
y asiéntese en mi patria para siempre
      la mi Quimera.

Pedernoso cual tú sea mi nombre
70 de los tiempos la roña resistiendo,
y por encima al tráfago del mundo
      resuene limpio.

Pregona eternidad tu alma de piedra
y amor de vida en tu regazo arraiga,
75 amor de vida eterna, y a su sombra
      amor de amores.

En tus callejas que del sol nos guardan
y son cual surcos de tu campo urbano,
en tus callejas duermen los amores
80　　más fugitivos.

Amores que nacieron como nace
en los trigales amapola ardiente
para morir antes de la hoz, dejando
fruto de sueño.

85 El dejo amargo del Digesto hastioso
junto a las rejas se enjugaron muchos,
volviendo luego, corazón alegre,
a nuevo estudio.

De doctos labios recibieron ciencia,
90 mas de otros labios palpitantes, frescos,
bebieron del Amor, fuente sin fondo,
sabiduría.

Luego en las tristes aulas del Estudio,
frías y oscuras, en sus duros bancos,
95 aquietaron sus pechos encendidos
en sed de vida.

Como en los troncos vivos de los árboles
de las aulas así en los muertos troncos
grabó el Amor por manos juveniles
100　　su eterna empresa.

Sentencias no hallaréis del Triboniano,
del Peripato no veréis doctrina,
ni aforismos de Hipócrates sutiles,
jugo de libros.

105 Allí Teresa, Soledad, Mercedes,
Carmen, Olalla, Concha, Blanca o Pura,
nombres que fueron miel para los labios,
brasa en el pecho.

Así bajo los ojos la divisa
110 del amor, redentora del estudio,
y cuando el maestro calla, aquellos bancos
dicen amores.

Oh, Salamanca, entre tus piedras de oro
aprendieron a amar los estudiantes
115 mientras los campos que te ciñen daban
jugosos frutos.

Del corazón en las honduras guardo
tu alma robusta; cuando yo me muera
guarda, dorada Salamanca mía,
120　　tú mi recuerdo.

Y cuando el sol al acostarse encienda
el oro secular que te recama,
con tu lenguaje, de lo eterno heraldo,
   dí tú que he sido.

Poesías
1907

3

SALMO III

¡Oh, Señor, tú que sufres del mundo
   sujeto a tu obra,
es tu mal nuestro mal más profundo
   y nuestra zozobra!

5 Necesitas uncirte al finito
   si quieres hablarme,
y si quieres te llegue mi grito
   te es fuerza escucharme.

Es tu amor el que tanto te obliga
10   bajarte hasta el hombre,
y a tu Esencia mi boca le diga
   cuál sea tu nombre.

Te es forzoso rasgarte al abismo
   si mío ser quieres,
15 y si quieres vivir en ti mismo
   ya mío no eres.

Al crearnos para tu servicio
   buscas libertad,
sacudirte del recio suplicio
20   de la eternidad.

Si he de ser, como quieres, figura
   y flor de tu gloria,
hazte, ¡oh, Tú Creador, criatura
   rendido a la historia!

25 Libre ya de tu cerco divino
   por nosotros estás,
sin nosotros sería tu sino
   o siempre o jamás.

Por gustar, ¡oh, Impasible!, la pena
30   quisiste penar,
te faltaba el dolor que enajena,
   para más gozar.

Y probaste el sufrir y sufriste
    vil muerte en la cruz,
35 y al espejo del hombre te viste
    bajo nueva luz.

Y al sentirte anhelar bajo el yugo
    del eterno Amor,
nos da al Padre y nos mata al verdugo
40   el común Dolor.

Si has de ser, ¡oh, mi Dios!, un Dios vivo,
    y no idea pura,
en tu obra te rinde cautivo
    de tu criatura.

45 Al crear, Creador, quedas preso
    de tu creación,
mas así te libertas del peso
    de tu corazón.

Son tu pan los humanos anhelos,
50   es tu agua la fe;
yo te mando, Señor, a los cielos
    con mi amor, mi sed.

Es la sed insaciable y ardiente
    de sólo verdad;
55 dame, ¡oh, Dios!, a beber en la fuente
    de tu eternidad.

Méteme, Padre eterno, en tu pecho,
    misterioso hogar,
dormiré allí, pues vengo deshecho
60   del duro bregar.

Poesías
1907

4

MI CIELO

Días de ayer que en procesión de olvido
lleváis a las estrellas mi tesoro,
¿no formaréis en el celeste coro
que ha de cantar sobre mi eterno nido?

5 Oh Señor de la vida, no te pido
sino que ese pasado por que lloro
al cabo en rolde a mí vuelto sonoro
me dé el consuelo de mi bien perdido.

Es revivir lo que viví mi anhelo
10 y no vivir de nuevo nueva vida;
hacia un eterno ayer haz que mi vuelo

emprenda sin llegar a la partida,
porque, Señor, no tienes otro cielo
que de mi dicha llene la medida.

Rosario de sonetos líricos
1911

5
A MI BUITRE

Este buitre voraz de ceño torvo
que me devora las entrañas fiero
y es mi único constante compañero
labra mis penas con su pico corvo.

5 El día en que le toque el postrer sorbo
apurar de mi negra sangre, quiero
que me dejéis con él solo y señero
un momento, sin nadie como estorbo.

Pues quiero, triunfo haciendo mi agonía
10 mientras él mi último despojo traga,
sorprender en sus ojos la sombría

mirada al ver la suerte que le amaga
sin esta presa en que satisfacía
el hambre atroz que nunca se le apaga.

Rosario de sonetos líricos
1911

6
IRREQUIETUM COR

Recio Jesús ibero, el de Teresa,
Tú que en la más recóndita morada
del alma mueres, cumple la promesa
que entre abrazos de fe diste a la amada.

5 Gozó dolor sabroso, Quijotesa
a lo divino, que dejó asentada
nuestra España inmortal, cúya es la empresa:
«sólo existe lo eterno; ¡Dios o nada!»

Si Él se hizo hombre para hacernos dioses,
10 mortal para librarnos de la muerte,
¿qué mucho, osado corazón, que así oses

romper los grillos de la humana suerte
y que en la negra vida no reposes
bregando sin cesar por poseerte?

Rosario de sonetos líricos
1911

7

EL CRISTO DE VELÁZQUEZ

PRIMERA PARTE

IV

Mi amado es blanco...
Cantares, V, 10

*Questo occhio vede in quella bian-
chezza tucto Dio et tucto uomo, la
natura divina unita con la natura
umana.* (Santa Caterina da Siena:
Libro della Divina Dottrina, capítulo
CXI).

¿En qué piensas Tú, muerto, Cristo mío?
¿Por qué ese velo de cerrada noche
de tu abundosa cabellera negra
de nazareno cae sobre tu frente?
Luc., xvii,   5 Miras dentro de Ti, donde está el reino
20-21   de Dios; dentro de Ti, donde alborea
el sol eterno de las almas vivas.
Blanco tu cuerpo está como el espejo
del padre de la luz, del sol vivífico;
10 blanco tu cuerpo al modo de la luna
que muerta ronda en torno de su madre
nuestra cansada vagabunda tierra;
blanco tu cuerpo está como la hostia
del cielo de la noche soberana,
15 de ese cielo tan negro como el velo
de tu abundosa cabellera negra
de nazareno.

Que eres, Cristo, el único
Hombre que sucumbió de pleno grado,
triunfador de la muerte, que a la vida
20 por Ti quedó encumbrada. Desde entonces
por Ti nos vivifica esa tu muerte,

por Ti la muerte se ha hecho nuestra madre,
por Ti la muerte es el amparo dulce
que azucara amargores de la vida;
25 por Ti, el Hombre muerto que no muere,
blanco cual luna de la noche. Es sueño,
Cristo, la vida, y es la muerte vela.
Mientras la tierra sueña solitaria,
vela la blanca luna; vela el Hombre
30 desde su cruz, mientras los hombres sueñan;
vela el Hombre sin sangre, el Hombre blanco
como la luna de la noche negra;
vela el Hombre que dio toda su sangre
porque las gentes sepan que son hombres.
35 Tú salvaste a la muerte. Abres los brazos

Cantares, i, 6   a la noche, que es negra y muy hermosa,
porque el sol de la vida la ha mirado
con sus ojos de fuego: que a la noche
morena la hizo el sol y tan hermosa.
40 Y es hermosa la luna solitaria,
la blanca luna en la estrellada noche
negra cual la abundosa cabellera
negra del nazareno. Blanca luna
como el cuerpo del Hombre en cruz, espejo
45 del sol de vida, del que nunca muere.
Los rayos, Maestro, de tu suave lumbre
nos guían en la noche de este mundo,
ungiéndonos con la esperanza recia
de un día eterno. Noche cariñosa,
50 ¡oh noche, madre de los blandos sueños,
madre de la esperanza, dulce Noche,
noche oscura del alma, eres nodriza
de la esperanza en Cristo salvador!

XIV

ARROYO-FUENTE

Como un arroyo al sol tu cuerpo brilla,
vena de plata viva en la negrura
de las rocas que ciñen su encañada;
las aguas corren y el caudal es uno
5 sobre el alma del cauce duradero.
Nos bañamos en Ti, Jordán de carne,

Juan, iii, 5   y en Ti de agua y de espíritu nacimos.
De tu haz en el cristal —ondas de plata—
de la paloma el blanco vuelo vemos:

Juan, i, 32 10 sus alas se confunden con las ondas,
pareciendo volar en lo profundo
del lecho de tus aguas. Tú bautizas

Juan, i, 33   con Espíritu Santo y nos sumerges
en la mar increada, que es luz pura.
15 La visión del espíritu en tu pecho
se espeja, y a nosotros su paloma,
Hechos, ii, 3   blanca lengua de fuego, como copo
vemos que nieva desde tu regazo.
Eres, Jesús, cual una fuente viva
20 que canta en la espesura de la selva
cantares vírgenes de eterno amor.

TERCERA PARTE

XII

CUERPO

Es tu cuerpo el remanso en que se estancan
las luces de los siglos, y en que posan
—¡eternidad!— las fugitivas horas.
Tu corazón, clepsidra de la vida,
5 dando su sangre se paró, y hoy cuenta
la eternidad, que es del amor el rato.
El tiempo vuelve sobre Ti en tu seno,
el ayer y el mañana en uno cuájanse,
y el principio y el fin fúndense en uno.
10 Tu cuerpo, la corona del tejido
regio del Universo, es su modelo;
coto de inmensidad, donde los hombres
la tímida esperanza cobijamos
de no morir del todo. Eres el tronco
15 del humano linaje; eres la cepa
de que sarmientos son sobre la tierra
los pueblos que trabajan y combaten
sin saberlo buscándote. ¡Tú, el Hombre,
del Universo rey! Bajo del manto
20 blanco, desnudo y regio de tus carnes
el armazón de tu osamenta vemos,
del mundo fábrica; de lo creado,
sustento y molde y proporción. ¡La muerte
tus huesos no desvencijó; sillares
Juan, xix, 33-36 25 de la torre, cimiento en que se apoya
la morada de Dios, la Creación!
¿No es tu esqueleto el rojo ese encendido
vasto rosario de constelaciones?

CUARTA PARTE

ORACIÓN FINAL

Tú que callas, ¡oh Cristo!, para oírnos,
oye de nuestros pechos los sollozos;
acoge nuestras quejas, los gemidos
de este valle de lágrimas. Clamamos
Salmo   5 a Ti, Cristo Jesús, desde la sima
cxxix, 1   de nuestro abismo de miseria humana,
y Tú, de humanidad la blanca cumbre,
danos las aguas de tus nieves. Águila
blanca que abarcas al volar el cielo,
10 te pedimos tu sangre; a Ti, la viña,
el vino que consuela al embriagarnos;
a Ti, Luna de Dios, la dulce lumbre
que en la noche nos dice que el Sol vive
y nos espera; a Ti, columna fuerte,
15 sostén en que posar; a Ti, Hostia Santa,
Te pedimos el pan de nuestro viaje
por Dios, como limosna; te pedimos
a Ti, Cordero del Señor que lavas
los pecados del mundo, el vellocino
20 del oro de tu sangre; te pedimos
a Ti, la rosa del zarzal bravío,
la luz que no se gasta, la que enseña
cómo Dios es quien es; a Ti, que el ánfora
del divino licor, que el néctar pongas
25 de eternidad en nuestros corazones.
Te pedimos, Señor, que nuestras vidas
tejas de Dios en la celeste túnica,
sobre el telar de vida eterna. Déjanos
nuestra sudada fe, que es frágil nido
30 de aladas esperanzas que gorjean
cantos de vida eterna, entre tus brazos,
las alas del Espíritu que flota
sobre el haz de las aguas tenebrosas,
guarecer a la sombra de tu frente.
Juan,   35   Ven y ve, mi Señor: mi seno hiede;
xi, 39, 3, 25   ve cómo yo, a quien quieres, adolezco;
Tú eres resurrección y luego vida:
¡llámame a Ti, tu amigo, como a Lázaro!
Llévanos Tú, el espejo, a que veamos
I Corintios, 40 frente a frente tu Sol y a conocerle
xiii, 2   tal como Él, por su parte, nos conoce;
con nuestros ojos-tierra a ver su lumbre
y cual un compañero cara a cara
Éxodo,   como a Moisés nos hable, y boca a boca.

xxxiii, 11;   45 ¡Tráenos el reino de tu Padre, Cristo,
Números,   que es el reino de Dios reino del Hombre!
xxii, 8   Danos vida, Jesús, que es llamarada
                  que alienta y alumbra y que al pábulo
                  en vasija encerrado se sujeta;
               50 vida que es llama, que en el tiempo vive
                  y en ondas, como el río, se sucede.
Lucas,   Los hombres con justicia nos morimos;
xxiii, 40   mas Tú sin merecerlo te moriste
                  de puro amor, Cordero sin mancilla,
               55 y estando ya en tu reino, de nosotros
                  acuérdate. Que no, como en los aires
                  el humo de la leña, nos perdamos
                  sin asiento de paso: ¡mas recógenos
                  y con tus manos lleva nuestras almas
               60 al silo de tu Padre, y allí aguarden
                  el día en que haga pan del Universo,
                  yeldado por tu cuerpo, y alimente
                  con él sus últimas eternidades!
                  Avanzamos, Señor, menesterosos,
               65 las almas en guiñapos harapientos,
                  cual bálago en las eras —remolino
                  cuando sopla sobre él la ventolera—,
                  apiñados por tromba tempestuosa
                  de arrecidas negruras; ¡haz que brille
               70 tu blancura, jalbegue de la bóveda
                  de la infinita casa de tu Padre
                  —hogar de eternidad—, sobre el sendero
                  de nuestra marcha, y esperanza sólida
                  sobre nosotros mientras haya Dios!
Ezequiel, i, 2 75 De pie y con los brazos bien abiertos
Lucas, vi, 10   y extendida la diestra a no secarse,
                  haznos cruzar la vida pedregosa
                  —repecho de Calvario— sostenidos
                  del deber por los clavos, y muramos
               80 de pie, cual Tú, y abiertos bien de brazos,
                  y como Tú, subamos a la gloria
                  de pie, para que Dios de pie nos hable
                  y con los brazos extendidos. Dame,
                  Señor, que cuando al fin vaya rendido
               85 a salir de esta noche tenebrosa
                  en que soñando el corazón se acorcha,
                  me entre en el claro día que no acaba,
                  fijos mis ojos de tu blanco cuerpo,
                  Hijo del Hombre, Humanidad completa,
Salmo xii, 4   90 en la increada luz que nunca muere;
                  ¡mis ojos fijos en tus ojos, Cristo,
                  mi mirada anegada en Ti, Señor!

                                    El Cristo de Velázquez
                                              1920

8

EN UN CEMENTERIO DE LUGAR CASTELLANO

Corral de muertos, entre pobres tapias
    hechas también de barro,
pobre corral donde la hoz no siega;
sólo una cruz en el desierto campo
⁵   señala tu destino.
Junto a esas tapias buscan el amparo
del hostigo del cierzo las ovejas
al pasar trashumantes en rebaño,
y en ellas rompen de la vana historia,
¹⁰ como las olas, los rumores vanos.
Como un islote en junio
te ciñe el mar dorado
de las espigas que a la brisa ondean,
y canta sobre ti la alondra el canto
¹⁵   de la cosecha.
Cuando baja en la lluvia el cielo al campo
baja también sobre la santa yerba
    donde la hoz no corta,
de tu rincón, ¡pobre corral de muertos!,
²⁰ y sienten en sus huesos el reclamo
    del riego de la vida.
Salvan tus cercas de mampuesto y barro
    las aladas semillas,
o te las llevan con piedad los pájaros,
²⁵ y crecen escondidas amapolas,
clavelinas, magarzas, brezos, cardos,
    entre arrumbadas cruces
no más que de las aves libre pasto.
Cavan tan sólo en tu maleza brava,
³⁰   corral sagrado,
para de un alma que sufrió en el mundo
    sembrar el grano;
    ¡luego sobre esa siembra
    barbecho largo!
³⁵ Cerca de ti el camino de los vivos,
no como tú con tapias, no cercado,
    por donde van y vienen,
    ya riendo o llorando,
rompiendo con sus risas o sus lloros
⁴⁰ el silencio inmortal de tu cercado.

Después que lento el sol tomó ya tierra,
　y sube al cielo el páramo
　a la hora del recuerdo,
al toque de oraciones y descanso
45　　la tosca cruz de piedra
　　de tus tapias de barro
queda como un guardián que nunca duerme
de la campiña el sueño vigilando.
No hay cruz sobre la iglesia de los vivos,
50 en torno de la cual duerme el poblado;
la cruz, cual perro fiel, ampara el sueño
de los muertos al cielo acorralados.
¡Y desde el cielo de la noche, Cristo,
　el Pastor Soberano,
55 con infinitos ojos centelleantes
recuenta las ovejas del rebaño!
¡Pobre corral de muertos entre tapias,
　hechas del mismo barro,
sólo una cruz distingue tu destino
60 en la desierta soledad del campo!

Andanzas y visiones españolas
1922

9

ALDEBARÁN

Rubí encendido en la divina frente,
Aldebarán,
lumbrera de misterio,
perla de luz en sangre,
5 ¿cuántos días de Dios viste a la tierra,
mota de polvo,
rodar por los vacíos?
¿Viste brotar al Sol recién nacido?
¿Le viste acaso cual diamante en fuego,
10 soltarse del anillo
que fue este nuestro coro de planetas
que hoy rondan en su torno,
de su lumbre al abrigo,
como a la vista de su madre juegan,
15 pendientes de sus ojos,
confiados los hijos?
¿Eres un ojo del Señor en vela,
siempre despierto,
un ojo escudriñando las tinieblas
20 y contando los mundos
de su rebaño?

¿Le falta acaso alguno?
¿O alguno le ha nacido?
Y más allá de todo lo visible,
25 ¿qué hay del otro lado del espacio?
Allende el infinito,
dí, Aldebarán, ¿qué resta?
¿Dónde acaban los mundos?
¿Todos van en silencio, solitarios,
30 sin una vez juntarse;
todos se miran a través del cielo
y siguen, siguen,
cada cual solitario en su sendero?
¿No anhelas, dí, juntarte tú con Sirio
35 y besarle en la frente?
¿Es que el Señor un día
en un redil no ha de juntar a todas
las celestes estrellas?
¿No hará de todas ellas
40 una rosa de luz para su pecho?
¿Qué amores imposibles
guarda el abismo?
¿Qué mensajes de anhelos seculares
transmiten los cometas?
45 ¿Sois hermandad? ¿Te duele,
dime, el dolor de Sirio,
Aldebarán?
¿Marcháis todos a un punto?
¿Oyes al sol?
50 ¿Me oyes a mí?
¿Sabes que aliento y sufro en esta tierra
—mota de polvo—,
rubí encendido en la divina frente,
Aldebarán?
55 Si es tu alma la que irradia con tu lumbre,
lo que irradia, ¿es amor?
¿Es tu vida secreto?
¿O no quieres decir nada en la frente
del tenebroso Dios?
60 ¿Eres adorno y nada más que en ella
para propio recreo se colgara?

*   *   *

¡Siempre solo, perdido en lo infinito,
Aldebarán!
¿Perdido en la infinita muchedumbre
65 de solitarios...
sin hermandad?
¿O sois una familia que se entiende,
que se mira en los ojos,

que se cambia pensares y sentires
70 en lo infinito?
¿Os une acaso algún común deseo?
Como tu luz nos llega, dulce estrella,
dulce y terrible,
¿no nos llega de tu alma el soplo acaso,
75 Aldebarán?
Aldebarán, Aldebarán ardiente,
el pecho del espacio,
dí, ¿no es regazo vivo,
regazo palpitante de misterio?
80 ¡Tú sigues a las Pléyades
siglos de siglos,
Aldebarán,
y siempre el mismo trecho te mantienen!
Estos mismos lucientes jeroglíficos
85 que la mano de Dios trazó en el cielo
vio el primer hombre,
y siempre indescifrables,
ruedan en torno a nuestra pobre Tierra.
Su fijidez, que salva
90 el cambiar de los siglos agorero,
es nuestro lazo de quietud, cadena
de permanencia augusta;
símbolo del anhelo permanente
de la sed de verdad nunca saciado
95 nos son esas figuras que no cambian,
Aldebarán.
De vosotros, celestes jeroglíficos
en que el enigma universal se encierra,
cuelgan por siglos
100 los sueños seculares;
de vosotros descienden las leyendas
brumosas, estelares,
que cual ocultas hebras
al hombre cavernario nos enlazan.
105 Él, en la noche de tormenta y hambre,
te vio rubí impasible,
Aldebarán,
y loco, alguna vez, con su ojo en sangre,
te vio al morir,
110 sangriento ojo del cielo,
ojo de Dios,
¡Aldebarán!
¿Y cuando tú te mueras?
¿Cuando tu luz al cabo
115 se derrita una vez en las tinieblas?
¿Cuando frío y oscuro
—el espacio sudario—,
ruedes sin fin y para fin ninguno?

Este techo nocturno de la Tierra
120 bordado con enigmas,
esta estrellada tela
de nuestra pobre tienda de campaña,
¿es la misma que un día vio este polvo
que hoy huellan nuestras plantas
125 cuando en humanas frentes
fraguó vivientes ojos?
¡Hoy se alza en remolino
cuando el aire lo azota
y ayer fue pechos respirando vida!
130 Y ese polvo de estrellas,
ese arenal redondo,
sobre que rueda el mar de las tinieblas,
¿no fue también un cuerpo soberano,
sede no fue de un alma,
135 Aldebarán?
¿No lo es aún hoy, Aldebarán ardiente?
¿No eres acaso, estrella misteriosa,
gota de sangre viva
en las venas de Dios?
140 ¿No es su cuerpo el espacio tenebroso?
Y cuando tú te mueras,
¿qué hará de ti ese cuerpo?
¿A dónde Dios, por su salud luchando,
te habrá de segregar, estrella muerta,
145 Aldebarán?
¿A qué tremendo muladar de mundos?

*   *   *

¡Sobre mi tumba, Aldebarán, derrama
tu luz de sangre,
y si un día volvemos a la Tierra
150 te encuentre inmoble, Aldebarán, callando
del eterno misterio la palabra!
¡Si la verdad Suprema nos ciñese
volveríamos todos a la nada!
De eternidad es tu silencio prenda,
155 ¡Aldebarán!

Rimas de dentro
1923

10

Contaba los instantes por el ritmo
de tu pecho anheloso al palpitar,
y mis ojos buscaban en tus ojos
el misterio de aquella sed de amar.

⁵ Sed de vivir, Teresa... Vi en tus manos
aquel gesto de angustia de agarrar
el blanco lino que envolvía dulce
los ensueños floridos de tu edad.

Hoy una tierra blanda, verde y rubia,
¹⁰ donde se oye la canción del mar,
abriga tus recuerdos, mis recuerdos,
¡y la canción me llama a recordar!...

Teresa (Rimas de un poeta desconocido)
1924

11

Una noche lechosa de junio,
        plenilunio,
nuestros ojos miraban a una
        a la luna
⁵   con lánguido afán;
se mezclaron allí a nuestros ojos
        los despojos
de otros ojos que antaño perdidos,
        derretidos,
¹⁰   sintieron su imán.

Era el lívido espejo del cielo
        —nuestro duelo—
porvenir y pasado, nos vimos
        como fuimos,
¹⁵   como hemos de ser,
la pareja en el mundo perdida
        y que anida
en el hoy y el ayer y el mañana,
        caravana
²⁰   del tiempo al correr...

Nuestros pechos, al fin soñadores,
        los amores
de la eterna pareja infinita
        en la cita
²⁵   del único amor
recogieron, sintiendo la gota
        de que brota
y a que vuelve otra vez el oceano
        soberano
³⁰   que nutre al Señor.

«¡Cuántos somos!» Entonces sentimos,
        los racimos
de estrellas, mirando el cortejo
        del espejo
³⁵   de noche fugaz
y rodando en el cielo cual ola,
        una sola,
de la eterna infinita marea
        que re-crea
⁴⁰   su trágico haz!

Teresa (Rimas de un poeta desconocido)
1924

12

Ya como a propia esposa al fin te abrazo,
¡oh mar desnuda, corazón del mundo,
y en tu eterna visión todo me hundo
y en ella esperaré mi último plazo!

5 De ti mi pensamiento es ya un pedazo
en coso estrecho siempre vagabundo,
y a ti he de buscar en lo profundo
de este mundo y del otro vivo lazo.

Soñaba en ti cuando en la adusta tierra
10 de Castilla vivía la llanura
que se alza al cielo en la remota sierra;

soñaba en ti la virgen Escritura
no leída jamás, donde se encierra
el sino que secreto siempre dura.

De Fuerteventura a París
1925

13

Es una antorcha al aire esta palmera,
verde llama que busca al sol desnudo
para beberle sangre; en cada nudo
de su tronco cuajó una primavera.

5 Sin bretes ni eslabones, altanera
y erguida, pisa el yermo seco y rudo;
para la miel del cielo es un embudo
la copa de sus venas, sin madera.

No se retuerce ni se quiebra al suelo;
10 no hay sombra en su follaje; es luz cuajada
que en ofrenda de amor se alarga al cielo;

la sangre de un volcán que enamorada
del padre Sol se revistió de anhelo
y se ofrece, columna, a su morada.

De Fuerteventura a París
1925

14

VENDRÁ DE NOCHE

Vendrá de noche cuando todo duerma,
vendrá de noche cuando el alma enferma
se emboce en vida,
vendrá de noche con su paso quedo,
5 vendrá de noche y posará su dedo
sobre la herida.

Vendrá de noche y su fugaz vislumbre
volverá lumbre la fatal quejumbre;
    vendrá de noche
10 con su rosario, soltará las perlas
del negro sol que da ceguera verlas,
    ¡todo un derroche!
Vendrá de noche, noche nuestra madre,
cuando a lo lejos el recuerdo ladre
15   perdido agüero;
vendrá de noche; apagará su paso
mortal ladrido y dejará al ocaso
    largo agujero...
¿Vendrá una noche recogida y vasta?
20 ¿Vendrá una noche maternal y casta
    de luna llena?
Vendrá viniendo con venir eterno;
vendrá una noche del postrer invierno...
    noche serena...
25 Vendrá como se fue, como se ha ido
—suena a lo lejos el fatal ladrido—,
    vendrá a la cita;
será de noche mas que sea aurora,
vendrá a su hora, cuando el aire llora,
30   llora y medita...
Vendrá de noche, en una noche clara,
noche de luna que al dolor ampara,
    noche desnuda,
vendrá... venir es porvenir... pasado
35 que pasa y queda y que se queda al lado
    y nunca muda...
Vendrá de noche, cuando el tiempo aguarda,
cuando la tarde en las tinieblas tarda
    y espera al día;
40 vendrá de noche, en una noche pura,
cuando del sol la sangre se depura,
    del mediodía.
Noche ha de hacerse en cuanto venga y llegue,
y el corazón rendido se le entregue,
45   noche serena,
de noche ha de venir... ¿él, ella o ello?
De noche ha de sellar su negro sello,
    noche sin pena.
Vendrá la noche, la que da la vida,
50 y en que la noche al fin el alma olvida,
    traerá la cura;
vendrá la noche que lo cubre todo
y espeja al cielo en el luciente lodo
    que lo depura.

55 Vendrá de noche, sí, vendrá de noche,
su negro sello servirá de broche
   que cierre el alma;
vendrá de noche sin hacer ruido,
se apagará a lo lejos el ladrido,
60   vendrá la calma...
   vendrá la noche...

Romancero del destierro
(1927), 1928

15

Logre morir con los ojos abiertos
guardando en ellos tus claras montañas
—aire de vida me fue el de sus puertos—,
que hacen al sol tus eternas entrañas
5   ¡mi España de ensueño!

Entre conmigo en tu seno tranquilo
bien acuñada tu imagen de gloria;
haga tu roca a mi carne un asilo;
duerma por siglos en mí tu memoria,
10   ¡mi España de ensueño!

Se hagan mis ojos dos hojas de yerba
que tu luz beban, ¡oh sol de mi suelo!;
madre, tu suelo mis huellas conserva,
pone tu sol en mis huellas consuelo,
15   ¡consuelo de España!

Brote en verdor la entrañada verdura
que hizo en el fondo de mi alma tu vista,
y bajo el mundo que pasa al que dura
preste la fe que esperanza revista,
20   ¡consuelo de España!

Logre morir bien abiertos los ojos
con tu verdor en el fondo del pecho,
guarden mi carne dorados rastrojos;
tu sol doró de mi esperanza el lecho
25 ¡consuelo del ensueño de mi España!

Romancero del destierro
(1927), 1928

16

Peregrino, peregrino,
¿te viste en la fuente clara?
Sueña el agua peregrina
con la roca desde el alba.

5 Y el Sol peregrino sueña
al asomarse a tu alma,
te hace nacer los senderos
al nacer de la mañana.

Toda ojos la tierra bebe
10 con sus ojos fresca el agua
de la fuente de la vida
que abre Moisés con su vara.

Peregrino, peregrino,
mírate en la fuente clara,
15 que es en agua peregrina
donde el sendero te ganas.

Cancionero
(1928-1936), 1953 y 1963

17

Se alarga a morir la sombra;
el cielo va a echar estrellas;
a soñar me llama, madre,
desde su entraña la tierra.

5 Volveré a vivir la vida
que ya viví, por entregas;

resucitaron mis muertos
para romperme cadenas.

Por las raíces colgantes
10 del alma me suben penas
a acrisolarse en el sueño
con la luz de las estrellas.

Cancionero
(1928-1936)

18

*Tú te quieres, yo me quiero,
tú me quieres, yo te quiero.*

Padre, con este tuteo
de intimidad entrañable
en Ti me endioso, me creo,
se hace mañana mi tarde.

5 En Ti, Padre, *yo me* veo,
Tú te ves en mí, mi Padre;
tuteo se hace *yomeo*
y somos uno de sangre.

Tú me creas, *yo te* creo,
10 y en este diálogo que arde,
tumeo se hace *yoteo*
y las palabras gigantes.

Hablando se entienden hombres
y el nombre a la cosa le hace;
15 forjada a incendios de soles
fría palabra... diamante.

Cancionero
(1928-1936)

19

Et tout tremble, Irun, Coïmbre,
Santander, Almodovar,
sitôt qu'on entend le timbre
des cymbales de Bivar.

Ávila, Málaga, Cáceres,
Játiva, Mérida, Córdoba,
Ciudad Rodrigo, Sepúlveda,
Úbeda, Arévalo, Frómista,
5 Zumárraga, Salamanca,
Turégano, Zaragoza,

Lérida, Zamarramala,
Arramendiaga, Zamora.

Sois nombres de cuerpo entero,
10 libres, propios, los de nómina,
el tuétano intraductible
de nuestra lengua española!

Cancionero
(1928-1936)

20

La Madre del Libro, la Noche sagrada,
su Libro a cada pueblo dio;
serenas noches de la Mancha estrellada,
en el camino de Santiago,
5 padrino Frestón el mago,
Don Quijote nació.

Nació en el divino sendero
el andante Caballero,
su cuna entre lirios estrellas
10 se meció,
y en sus ojos las huellas
de santa sinrazón;
la Madre del Libro
dio el suyo a cada nación.

15 La Madre del Libro es incunable,
cállate cuando ella te hable,
de la Madre del Libro viene la revelación.

La Madre del Libro dio a España el *Quijote*,
glorioso mote de Quijano el Bueno;
20 el Libro está lleno de locura
de pura pasión,
de pasión pura.

La Madre del Libro, la Noche sagrada,
la Mancha estrellada,
25 la luna la cuna
de eterna ilusión.

Cancionero
(1928-1936)

21

Mi bosque, de tu madera
un día han de hacer papel
de libros, nueva cantera
de otra torre de Babel;

5 pero el zumo de tu verde
que a mis abejas dio miel,
¿quién guardará, si se pierde,
bosque de mi San Miguel?

Cancionero
(1928-1936)

22

Con sueños estás tejido,
corazón;
tu tela suelta un gemido
al rasgarla la razón.

5 Cantaba Dios al tejerte;
su telar

era el cantar de la muerte,
el canto del despertar.

En tu envés puso pintada
10 creación;
pintó en tu revés la nada,
retrato de su pasión.

Cancionero
(1928-1936)

23

Canciones sembré en el río
y a la mar se las llevó,
y un cancionero brotó
de entre el oleaje bravío.

5 Flores salvajes al viento,
que hinche las olas bravías;
los pesares, ufanías;
y regocijo el lamento.

Cancionero
(1928-1936)

24

Haz, Señor, de mí tu harnero
que los sueños de mi gente
cribe; otórgame una mente
que trabaje en tu granero.

5 Me plegaré a tu costumbre,
que es la orden de tu agosto;

haré de ella mi arregosto
en esta llanura cumbre.

Te cribaré la semilla
10 escogida a trillo en era
de una nueva sementera
para una nueva Castilla.

Cancionero
(1928-1936)

25

Cavernario bisonteo,
tenebroso rito mágico,
introito del culto trágico,
que culmina en el toreo.

5 Ay, cueva la de Altamira,
libre de sol, santo coso

del instinto religioso
que a un cielo de carne aspira.

España de antes de Adán
10 y de Eva y su paraíso,
cuando a los hombres Dios quiso
dar hambre por todo pan.

Cancionero
(1928-1936)

JUAN RAMÓN JIMÉNEZ
(1881-1958)

Nace en Moguer (Huelva) en 1881. Cursa sus primeras letras en una escuela de su pueblo y el Bachillerato en el Colegio de Jesuitas del Puerto de Santa María (Cádiz). En 1896 parte a Sevilla a estudiar Derecho en su Universidad y a iniciarse en la pintura, pero pronto deja sus estudios y regresa a Moguer. Publica sus primeros versos en el semanario *Vida Nueva* de Madrid, entre los años 1898 y 1899. En 1900 viaja a Madrid y allí conoce a Darío, Salvador Rueda, Valle-Inclán, Villaespesa y otros escritores modernistas. En este mismo año publica sus dos primeros libros *Ninfeas* y *Almas de violeta*. Regresa repentinamente a Moguer por encontrarse enfermo y es enviado para restablecer su salud al Sanatorio de Castel d'Andorte en Le Bouscat (Burdeos). En esta época lee a los escritores simbolistas franceses y escribe su libro *Rimas*.

Vuelve a España a fines de 1901 y vive por dos años en el Sanatorio del Rosario. En el Sanatorio escribe *Arias tristes* y toma parte activa en la vida literaria del momento. Funda con otros la revista *Helios* en 1903, de la cual salieron once números y en la cual colaboraron los escritores más distinguidos de la época. Se pone en contacto con la Institución Libre de Enseñanza, en cuya biblioteca lee en sus lenguas originales a poetas y filósofos ingleses y alemanes. En 1905 regresa a Moguer. De 1907 data la creación de su libro en prosa *Platero y yo*. A fines de 1911 vuelve a Madrid y conoce personalmente a Ramón Gómez de la Serna. Vive en la Residencia de Estudiantes entre 1912 y 1916. Ésta será bautizada por él «La colina de los Chopos» (título de uno de sus libros de publicación póstuma). Allí conoce a numerosos escritores, entre otros Ortega y Gasset. A principios de 1916 se embarca para los Estados Unidos y contrae matrimonio con Zenobia Camprubí Aymar. En Nueva York, la Hispanic Society of America lo hace uno de sus miembros y ordena una edición de lujo de su primera antología, *Poesías escojidas*, y un retrato del poeta pintado por Sorolla. Regresa a España con su esposa en junio de este año y se instala en Madrid, donde lleva una vida de voluntario aislamiento que le permite entregarse de lleno a su vocación poética.

Entre 1916 y 1923 publica numerosos libros de poesía que influyen en forma decisiva en los poetas jóvenes que comienzan a escribir en la década de los veinte, y se convierte de hecho en guía y consejero de la mayor parte de ellos. Funda varias revistas literarias, de las cuales *Índice* (1921) alcanza cuatro números, *Sí* (1925), un número, y *Ley* (1927), un número. Durante toda esta época trabaja en la preparación de lo que él ha de llamar su *Obra,* revisando sin cesar sus poemas anteriores y escribiendo otros nuevos. Publica, a partir de 1925, series de cuadernos y de hojas sueltas que contienen poemas, retratos líricos, ensayos y cartas suyas, con los nombres de *Unidad* (1925), *Sucesión* (1932), *Presente* (1933) y *Hojas* (1935). También de esta época es su diario poético, *Obra en marcha,* del cual sale solamente un número. En junio de 1936, poco antes de comenzar la Guerra Civil, pronuncia en la Residencia de Estudiantes su conferencia «Política poética».

En agosto de este año se embarca, vía Francia, hacia Nueva York. Viaja en este mismo año a Puerto Rico y luego a Cuba, donde dicta conferencias, invitado por la Institución Hispanocubana de Cultura. Allí permanece por más de dos años. En 1939 regresa a los Estados Unidos y se establece en Coral Gables, Florida, para dictar conferencias en el Instituto Hispanoamericano de la Universidad de Miami. Entre éstas figuran «Poesía y literatura», «Aristocracia y democracia», «Ramón del Valle-Inclán», «Estética y ética estética», «El trabajo gustoso», «Límite del progreso» y «Sucesión de la democracia». Participa en los cursos de verano de Duke University en 1942. En este año se traslada a Washington, donde vive durante algún tiempo, y luego se establece en Riverdale, pueblo cercano a la capital norteamericana, para dar cursos tanto él como Zenobia en la Universidad de Maryland.

En el verano de 1948 realiza un viaje triunfal a la Argentina, invitado por la sociedad Anales de Buenos Aires, y dicta conferencias en varias ciudades del país. En el Uruguay los esposos Jiménez son recibidos como huéspedes de honor del gobierno uruguayo. Durante su viaje de regreso por mar escribió los poemas de *Animal de fondo,* libro que da culminación a su larga trayectoria poética. En 1951 regresa a Puerto Rico, donde se instala por el resto de su vida. Se incorpora como miembro del profesorado a la Universidad de Puerto Rico y dicta su curso sobre el Modernismo, cuyas conferencias fueron reproducidas más tarde en el libro *El modernismo. Notas de un curso.* En 1953 hace donación a la Universidad de sus libros, objetos personales y papeles y queda establecida en la Biblioteca de la Universidad la Sala Zenobia y Juan Ramón Jiménez. El 23 de abril de 1954 lee en la Universidad su conferencia, «El romance, río de la lengua española», para celebrar el aniversario de la muerte de Cervantes. El 25 de octubre de 1956 le fue otorgado el Premio Nobel de Literatura, y el 28 del mismo mes muere Zenobia, quien hacía algún tiempo se encontraba ya enferma de gravedad. El 29 de mayo de 1958 muere el poeta en la Clínica Mimiya de Santurce en Puerto Rico.

La Diputación Provincial de Huelva hizo adquisición de la antigua casa del poeta en Moguer para convertirla en biblioteca-museo. Por testamento otorgado meses antes de morir, Juan Ramón legó el importe del Premio Nobel, distribuido en partes iguales, a la «SALA ZENOBIA Y JUAN RAMÓN JIMÉNEZ» de la Universidad de Puerto Rico y a la «CASA-MUSEO ZENOBIA-JUAN RAMÓN» de Moguer. Los restos de los esposos Jiménez fueron trasladados a España al morir el poeta y reposan en el cementerio de Moguer.

OBRAS POÉTICAS:

Almas de violeta (Madrid: Tipografía Moderna, 1900), *Ninfeas* (Madrid: Tipografía Moderna, 1900), *Rimas* (Madrid: Fernando Fe, 1902), *Arias tristes* (Madrid: Fernando Fe, 1903), *Jardines lejanos* (Madrid: Fernando Fe, 1904), *Elejías puras* (Madrid: Tipografía de la Revista de Archivos, 1908), *Elejías intermedias* (1908) (Madrid: Tipografía de la Revista de Archivos, 1909), *Olvidanzas: Las hojas verdes* (1906) (Madrid: Tipografía de la Revista de Archivos, 1909), *Elejías lamentables* (1908) (Madrid: Tipografía de la Revista de Archivos, 1910), ed. de los libros de elegías con el título de *Elejías* (1907-1908) y prólogo de Francisco Garfias (Buenos Aires: Losada, 1964), *Baladas de primavera* (1907) (Madrid: Fernando Fe, 1910), ed. con prólogo de Francisco Garfias (Buenos Aires: Losada, 1964), *La soledad sonora* (1908) (Madrid: Fernando Fe, 1911), *Pastorales* (1905) (Madrid: Renacimiento, 1911), ed. con prólogo de Francisco Garfias (Buenos Aires: Losada, 1965), *Poemas májicos y dolientes* (1909) (Madrid: Tipografía de la Revista de Archivos, 1911), ed. aumentada con un apéndice y prólogo de Francisco Garfias (Buenos Aires: Losada, 1965), *Melancolía* (1910-1911) (Madrid: Tipografía de la Revista de Archivos, 1912), *Laberinto* (1910-1911) (Madrid: Renacimiento, 1913), *Estío* (1915) (Madrid: Calleja, 1916; Buenos Aires: Losada, 1944; 3.ª ed. 1959), *Poesías escojidas* (1899-1917) (New York: The Hispanic Society of America, 1917; Madrid: Imprenta Fortanet, 1917), *Sonetos espirituales* (1914-1915) (Madrid: Calleja, 1917; Buenos Aires: Colección Rama de Oro, 1942; Buenos Aires: Editorial Losada, 1949 y 1959; Madrid: Afrodisio Aguado, 1957), *Diario de un poeta recién casado* (1916) (Madrid: Calleja, 1917), ed. y prólogo de A. Sánchez Barbudo (Barcelona: Labor, 1970), con el título de *Diario de poeta y mar* (Buenos Aires: Losada, 1948; Madrid: Afrodisio Aguado, 1955), *Eternidades* (1916-1917) (Madrid: Calleja, 1918; 2.ª ed. Madrid: Renacimiento, 1931; Buenos Aires: Losada, 1944 y 1957), *Piedra y cielo* (Madrid: Atenea, 1919; Buenos Aires: Losada, 1948), *Segunda antolojía poética* (1898-1918) (Madrid: Calpe, 1922; 2.ª ed., Madrid: Espasa Calpe, 1975), con el título de *Antolojía poética* (Buenos Aires: Losada, 1944; 3.ª ed. 1966), *Poesía* (1917-1923) (Madrid: Talleres Poligráficos, 1923; Buenos Aires: Losada, 1946), *Belleza* (1917-1923) (Madrid: Talleres Poligráficos, 1923; Buenos Aires: Losada, 1945), *Poesías de Juan Ramón Jiménez*, selección y prólogo de Pedro Henríquez Ureña (México: Editorial México Moderno, 1923), *Poesía en prosa y verso* (1902-1932) escogida para los niños por Zenobia Camprubí (Madrid: Signo, 1932; Aguilar, 1962), *Canción* (Madrid: Signo, 1936), 2.ª ed. con una nota preliminar de Agustín Caballero (Madrid: Aguilar, 1961), *Verso y prosa para niños*, selección y notas de Carmen Gómez Tejera y Juan Asencio Álvarez-Torre (La Habana: Cultural, 1937; México: Editorial Orión, 1948; 5.ª ed., 1965), *Ciego ante ciegos* (La Habana: Secretaría de Educación, 1938), *Voces de mi copla* (México: Stylo, 1945), *La estación total con Las canciones de la nueva luz* (1923-1936) (Buenos Aires: Losada, 1946; 2.ª ed., 1958), *Romances de Coral Gables* (1939-1942) (México: Stylo, 1948), *Animal de fondo* (Buenos Aires: Pleamar, 1949), *Antología para niños y adolescentes* (Buenos Aires: Losada, 1951), *Tercera antolojía poética* (1898-1953) (Madrid: Biblioteca Nueva, 1957), *Libros de poesía*, incluye de *Sonetos espirituales* a *Animal de fondo*; prólogo de Agustín Caballero (Madrid: Aguilar, 1957; 3.ª ed. 1972), *Pájinas escojidas. Verso*, selección y nota preliminar de Ricardo Gullón (Madrid: Gredos, 1958), *Primeros libros de poesía*, incluye de *Rimas* a *Melancolía*, con un apéndice que contiene *Ninfeas* y *Almas de violeta*; prólogo de Francisco Garfias (Madrid: Aguilar, 1959; 3.ª ed., 1967), *Cincuenta poemas comentados* por A. Sánchez-Barbudo (Madrid: Gredos, 1963), *Trescientos poemas* (Buenos Aires: Plaza & Janés, 1963; Madrid: Plaza & Janés, 1974; 3.ª ed., 1978), *Dios deseado y deseante (Animal de fondo) con numerosos poemas inéditos*, introducción, notas y explicación de los poemas por A. Sánchez-Barbudo (Madrid: Aguilar, 1964), *Antología poética* (Madrid: Editorial Magisterio Español, 1968), *Libros inéditos de poesía, I y II*, selección y prólogo de Francisco Garfias (Madrid: Aguilar, 1964 y 1967), *Platero y yo. Trescientos poemas* (1903-1953) (México: Editorial

Porrúa, 1967), *Antología poética,* introducción de Vicente Gaos (Salamanca: Anaya, 1969), *Nueva antología de Juan Ramón Jiménez,* estudio y selección de Aurora de Albornoz (Barcelona: Edicions 62, 1973), *En el otro costado,* ed. de Aurora de Albornoz (Madrid: Júcar, 1974), *Juan Ramón Jiménez (Antología),* ed. de Ángel González (Madrid: Júcar, 1974), *Ríos que se van,* ed. de Pablo Beltrán de Heredia (Santander: Bedia, 1974), *Antología poética,* ed. de Vicente Gaos (Madrid: Cátedra, 1975), *La obra desnuda,* ed. y prólogo de Arturo de Villar (Sevilla: María Auxiliadora, 1976), *Leyenda,* ed. de Antonio Sánchez Romeralo (Madrid: Cupsa, 1978).

OTRAS OBRAS:

PROSA LÍRICA: *Platero y yo* (Madrid: La Lectura, 1914; reeditado multitud de veces en España y en Hispanoamérica y traducido a numerosos idiomas), *Españoles de tres mundos (Caricatura lírica)* (Buenos Aires: Losada, 1942 y 1958; 2.ª ed. aumentada [con un estudio de Ricardo Gullón], Madrid: Afrodisio Aguado, 1960; 3.ª ed. [con un estudio preliminar de Ricardo Gullón y tres apéndices de retratos inéditos], Madrid: Aguilar, 1969). Una selección de sus escritos en prosa se encuentra en *Pájinas escojidas. Prosa,* con nota preliminar de Ricardo Gullón (Madrid: Gredos, 1958; 2.ª ed., 1970). Con notas preliminares y selección de Francisco Garfias se encuentran las siguientes recopilaciones: *Cuadernos* (Madrid: Taurus, 1960), *Por el cristal amarillo* (Madrid: Aguilar, 1961), *Primeras prosas* (Madrid: Aguilar, 1962), *La colina de los chopos* (Madrid: Taurus, 1966). Las tres últimas, juntamente con *Platero y yo,* se encuentran en *Libros de prosa,* prólogo de Francisco Garfias (Madrid: Aguilar, 1969). Con una presentación de Juan Gutiérrez Padial se encuentra el libro *Olvidos de Granada* (Granada-Madrid: Editorial Padre Suárez, 1969), *Con el carbón del sol,* selección y prólogo de Francisco Garfias (Madrid: Magisterio Español, 1973). CONFERENCIAS: Las dictadas en la Universidad de Miami se hallan en *University of Miami Hispanic-American Studies,* II (1941) y III (1942). Otra recopilación es la hecha por Francisco Garfias, *El trabajo gustoso* (México: Aguilar, 1961). CRÍTICA: *La corriente infinita,* prólogo de Francisco Garfias (Madrid: Aguilar, 1961), *El modernismo. Notas de un curso,* prólogo y notas de Ricardo Gullón y Eugenio Fernández Méndez (México: Aguilar, 1962), *Estética y ética estética,* prólogo de Francisco Garfias (Madrid: Aguilar, 1967), *Libros de prosa de Juan Ramón Jiménez: 1* (Madrid: Aguilar, 1969), *El andarín de su órbita. Selección de prosa crítica,* ed. y selección de Francisco Garfias (Madrid: Magisterio Español, 1974), *Crítica paralela,* estudio, notas y comentarios de Arturo del Villar (Madrid: Narcea, 1975). EPISTOLARIO: *Cartas,* prólogo de Francisco Garfias (Madrid: Aguilar, 1962), *Selección de Cartas (1899-1956)* (Barcelona: Picazo, 1973), *Cartas literarias* (Barcelona: Bruguera, 1977). TRADUCCIONES: Numerosas traducciones del inglés de obras de Rabindranath Tagore en colaboración con su esposa Zenobia, llevadas a cabo la mayor parte de ellas entre los años 1916 y 1922. También tradujo con Zenobia el drama de John Synge, *Jinetes hacia el mar* (1920). DIARIOS: Las conversaciones, comentarios, confidencias y proyectos hechos de viva voz por el poeta han sido recogidos en los libros de Juan Guerrero Ruiz, *Juan Ramón de viva voz* (Madrid: Insula, 1960), concerniente a los años 1913-1936, y de Ricardo Gullón, *Conversaciones con Juan Ramón Jiménez* (Madrid: Taurus, 1958), durante la estancia de este último en Puerto Rico de agosto de 1953 a junio de 1955.

ESTUDIO PRELIMINAR: I, págs. 15, 16, 20, 28; II, 19.

1

PARQUE VIEJO

Me he asomado por la verja
del viejo parque desierto:
todo parece sumido
en un nostáljico sueño.

5 Sobre la oscura arboleda,
en el trasparente cielo
de la tarde, tiembla y brilla
un diamantino lucero.

Y del fondo de la sombra,
10 llega, acompasado, el eco
de algún agua que suspira,
al darle una gota un beso.

... Mis ojos pierdo, soñando,
en el vaho del sendero:
15 una flor que se moría,
ya se ha quedado sin pétalos;
de una rama amarillenta,
al aire trémulo y fresco,
una pálida hoja mustia,
20 dando vueltas, cae al suelo.

... Ramas y hojas se han movido,
no sé qué turba el misterio:

de lo espeso de la umbría,
como una nube de incienso,
25 surje una rosa fantástica,
cuyo suavísimo cuerpo
se adivina, eterno y solo,
tras mate y flotante velo.
Sus ojos clava en los míos,
30 y, entre las brumas huyendo,
se pierde, callada y triste,
en el irse del sendero...

Desde el profundo boscaje,
llega, monótono, el eco
35 de algún agua que responde,
al darle una gota un beso.

Y allá sobre las magnolias,
en el traslúcido cielo
de la tarde, brilla y tiembla
40 una lágrima lucero.

... El jardín vuelve a sumirse
en melancólico sueño,
y un ruiseñor, dulce y alto,
jime en el hondo silencio.

Primeras poesías
(1900-1902)

2

Río de cristal, dormido
y encantado; dulce valle,
dulces riberas de álamos
blancos y de verdes sauces.

5 —El valle tiene un ensueño
y un corazón; sueña y sabe
dar con su sueño un son lánguido
de flautas y de cantares—.

Río encantado; las ramas
10 soñolientas de los sauces,
en los remansos caídos,
besan los claros cristales.

Y el cielo es plácido y blando,
un cielo bajo y flotante,
15 que con su bruma de plata
acaricia ondas y árboles.

—Mi corazón ha soñado
con la ribera y el valle,
y ha llegado hasta la orilla
20 serena, para embarcarse;
pero, al pasar por la senda,
lloró de amor, con un aire
viejo, que estaba cantando
no sé quién, por otro valle—.

Arias tristes
1903

3

¿Quién anda por el camino
esta noche, jardinero?
—No hay nadie por el camino...
—Será un pájaro agorero.

5 Un mochuelo, una corneja,
dos ojos de campanario...
—Es el agua, que se aleja
por el campo solitario...

—No es el agua, jardinero,
10 no es el agua... —Por mi suerte,
que es el agua, caballero.
—Será el agua de la muerte.

Jardinero, ¿no has oído
cómo llaman al balcón?
15 —Caballero, es el latido
que da vuestro corazón.

—¿Cuándo abrirá la mañana
sus rosadas alegrías?
¿cuándo dirá la campana
20 ¡buenos días, buenos días!?

... Es un arrastrar de hierros,
es una voz hueca, es una...
—Caballero, son los perros
que están ladrando a la luna...

Jardines lejanos
1904

4

Ya están ahí las carretas...
—Lo han dicho el pinar y el viento,
lo ha dicho la luna de oro,
lo han dicho el humo y el eco...—
5 Son las carretas que pasan
estas tardes, al sol puesto,
las carretas que se llevan
del monte los troncos muertos.

¡Cómo lloran las carretas
10 camino de Pueblo Nuevo!

Los bueyes vienen soñando,
a la luz de los luceros,
en el establo caliente
que sabe a madre y a heno.
15 Y detrás de las carretas

caminan los carreteros,
con la aijada sobre el hombro
y los ojos en el cielo.

¡Cómo lloran las carretas
20 camino de Pueblo Nuevo!

En la paz del campo van
dejando los troncos muertos
un olor fresco y honrado
a corazón descubierto.
25 Y cae el ángelus desde
la torre del pueblo viejo,
sobre los campos talados,
que huelen a cementerio.

¡Cómo lloran las carretas
30 camino de Pueblo Nuevo!

Pastorales
(1905), 1911

5

¡Granados en cielo azul!
¡Calle de los marineros;
qué verdes están tus árboles,
qué alegre tienes el cielo!

5 ¡Viento ilusorio de mar!
¡Calle de los marineros
—ojo gris, mechón de oro,
rostro florido y moreno!—

La mujer canta a la puerta:
10 «¡Vida de los marineros;
el hombre siempre en el mar,
y el corazón en el viento!»

—¡Virjen del Carmen, que estén
siempre en tus manos los remos;
15 que, bajo tus ojos, sean
dulce el mar y azul el cielo!—

... Por la tarde, brilla el aire;
el ocaso está de ensueños;
es un oro de nostaljia,
20 de llanto y de pensamiento.

—Como si el viento trajera
el sinfín y, en su revuelto
afán, la pena mirara
y oyera a los que están lejos—.

²⁵ ¡Viento ilusorio de mar!   ¡Granados en cielo azul!
¡Calle de los marineros   ³⁰ ¡Calle de los marineros!
—la blusa azul, y la cinta   ¡El hombre siempre en el mar,
milagrera sobre el pecho!—.   y el corazón en el viento!

Pastorales
1905

6

MAÑANA DE LA CRUZ

Dios está azul. La flauta y el tambor
anuncian ya la luz de primavera.
¡Vivan las rosas, las rosas del amor,
en el verdor con sol de la pradera!

⁵ *¡Vámonos al campo por romero,*
vámonos, vámanos
por romero y por amor!...

Le pregunté: «¿me dejas que te quiera?»
Me respondió, bromeando su pasión:
¹⁰ «Cuando florezca la luz de primavera,
voy a quererte con todo el corazón».

¡Vámonos al campo por romero,
vámonos, vámonos
por romero y por amor!...

¹⁵ Ya floreció la luz de primavera.
¡Amor, la luz, amor, ya floreció!
Me dijo seria: «¿Tú quieres que te quiera?»
¡Y la mañana de luz me traspasó!

¡Vámonos al campo por romero,
²⁰ *vámonos, vámonos*
por romero y por amor...!

Alegran flauta y tambor nuestra bandera.
La mariposa está aquí con la ilusión.
Mi novia es la rosa verdadera
²⁵ ¡y va a quererme con todo el corazón!

Baladas de primavera
(1907), 1910

7

VERDE VERDEROL

Verde verderol,
¡endulza la puesta del sol!

Palacio de encanto,
el pinar tardío
⁵ arrulla con llanto

la huída del río.
Allí el nido umbrío
tiene el verderol.

Verde verderol,
¹⁰ ¡endulza la puesta del sol!

La última brisa
es suspiradora;
el sol rojo irisa
al pino que llora.
15 ¡Vaga y lenta hora
nuestra, verderol!

Verde verderol,
¡endulza la puesta del sol!

Soledad y calma;
20 silencio y grandeza.
La choza del alma
se recoje y reza.

De pronto, ¡oh belleza!,
canta el verderol.

25 Verde verderol,
¡endulza la puesta del sol!

Su canto enajena.
—¿Se ha parado el viento?—
El campo se llena
30 de su sentimiento.
Malva es el lamento,
verde el verderol.

Verde verderol,
¡endulza la puesta del sol!

Baladas de primavera
(1907)

8

CUARTO

¡Qué quietas están las cosas
y qué bien se está con ellas!
Por todas partes, sus manos
con nuestras manos se encuentran.

5 ¡Cuántas discretas caricias,
qué respeto por la idea;
cómo miran, estasiadas,
el ensueño que uno sueña!

¡Cómo les gusta lo que a uno
10 le gusta; cómo se esperan,
y, a nuestra vuelta, qué dulces
nos sonríen, entreabiertas!

¡Cosas —amigas, hermanas,
mujeres—, verdad contenta,
15 que nos devolvéis, celosas,
las más fugaces estrellas!

Olvidanzas
(1906-1907)

9

¡Oh triste coche viejo, que en mi memoria ruedas!
¡Pueblo, que en un recodo de mi alma te pierdes!
¡Lágrima grande y pura, lucero que te quedas,
temblando, en la colina, sobre los campos verdes!

5 Verde el cielo profundo, despertaba el camino,
fresco y fragante del encanto de la hora;
cantaba un ruiseñor despierto, y el molino
rumiaba un son eterno, rosa frente a la aurora.

—Y en el alma, un recuerdo, una lágrima, una
10 mano alzando un visillo blanco al pasar un coche...
la calle de la víspera, azul bajo la luna
solitaria, los besos de la última noche...

¡Oh triste coche viejo, que en mi memoria ruedas!
¡Pueblo, que en un recodo de mi alma te pierdes!
15 ¡Lágrima grande y pura, lucero que te quedas,
    temblando, en la colina, sobre los campos verdes!

Elejías
(1907-1908)

10

Agua honda y dormida, que no quieres ninguna
gloria, que has desdeñado ser fiesta y catarata;
que, cuando te acarician los ojos de la luna,
te llenas toda de pensamientos de plata...

5 Agua limpia y callada del remanso doliente,
  que has despreciado el brillo del triunfo sonoro;
  que, cuando te penetra el sol dulce y caliente,
  te llenas toda de pensamientos de oro...

Bella y profunda eres, lo mismo que mi alma;
10 a tu paz han venido a pensar los dolores,
   y brotan, en las plácidas orillas de tu calma,
   los más puros ejemplos de alas y de flores.

La soledad sonora
(1908), 1911

11

... Rit de la fraîcheur de l'eau
V. Hugo

Con lilas llenas de agua,
le golpeé las espaldas.

Y toda su carne blanca
se enjoyó de gotas claras.

5 ¡Ay, fuga mojada y cándida,
  sobre la arena perlada!

—La carne moría, pálida,
entre los rosales granas;

como manzana de plata,
10 amanecida de escarcha—.

Corría, huyendo del agua,
entre los rosales granas.

Y se reía, fantástica.
La risa se le mojaba.

15 Con lilas llenas de agua,
   corriendo, la golpeaba...

Poemas májicos y dolientes
(1909), 1911

12

El cielo de tormenta, pesado y retumbante,
se raja en el ocaso. Un agudo cuchillo
de luz agria y equívoca, orna el medroso instante,
de un estraño esplendor, delirante y amarillo.

⁵ Lo que hiere la luz, como un grito, se inflama;
carmín de oro es la costa de altas rocas;
las galeras se incendian, y una lívida llama
va por las olas negras, trájicamente locas.

Furioso, el viento da, y atormentado y hondo,
¹⁰ contra la irisación del día trastornado;
y, en una alegoría fantástica, en el fondo
del oriente, persiste el sol falso y dorado...

Poemas májicos y dolientes
1909

13

NEUROPATILLO

Este especialistito Casualidad, galeno
por vicio, ha visto a nuestro Hume-Wundtiano, cuando
le pregunta algún cliente: «¿Y esto, doctor, es bueno?»,
responder: «Eso dicen...», y seguir trabajando.

⁵ —El oro de la tarde está de fondo, y las
lumbres le trasparentan el perfil ignorante:
la barba de la carne le idiotea hacia tras
lo que la barba en pelo le enmema hacia delante—.

Y es de verle, lorito, cuando algún pobre cliente
¹⁰ le suplica: «Doctor, ¿y será bueno esto?»,
tomar un aire escéptico, contestar displicente:
«Eso dicen», reír, y cobrar por el jesto.

Esto
(ALEJANDRINOS DE COBRE)
(1908-1911)

14

EL VIAJE DEFINITIVO

... Y yo me iré. Y se quedarán los pájaros
cantando;
y se quedará mi huerto, con su verde árbol,
y con su pozo blanco.

⁵ Todas las tardes, el cielo será azul y plácido;
y tocarán, como esta tarde están tocando,
las campanas del campanario.

Se morirán aquellos que me amaron;
y el pueblo se hará nuevo cada año;
¹⁰ y en el rincón aquel de mi huerto florido y encalado,
mi espíritu errará, nostáljico...

Y yo me iré; y estaré solo, sin hogar, sin árbol
verde, sin pozo blanco,
sin cielo azul y plácido...
15 Y se quedarán los pájaros cantando.

Poemas agrestes
(1910-1911)

15

A ANTONIO MACHADO

¡Amistad verdadera, claro espejo
en donde la ilusión se mira!
... Parecen esas nubes
más bellas, más tranquilas.
5 Siento esta tarde, Antonio,
tu corazón entre la brisa.

La tarde huele a gloria.
Apolo inflama fraternales liras,

en un ocaso musical de oro,
10 como de mariposas encendidas;
liras plenas y puras,
de cuerdas de ascuas líquidas,
que guirnaldas de rosas inmortales
decorarán, un día.

15 Antonio, ¿sientes esta tarde ardiente,
mi corazón entre la brisa?

Laberinto
(1910-1911)

16

(TARDE ANDALUZA)

Mariposas de luto, nevadas, blanquiverdes,
se van al cielo. El sol se oxida entre la sombra
del humo. Un río que nunca se ha de volver
a ver, huye a una música vespertina de frondas.

5 Alondras de otros pueblos cantan en los trigales;
su sangre trasparente mecen las amapolas;
y, la yerba en los belfos, lentas vacas pintadas,
vuelven hacia nosotros sus testas melancólicas.

¡Qué regueros rosados, violetas, azulados,
10 de flores, en las tiernas praderas pantanosas!
—Coronitas de humo celeste y blando velan
un instante las flores...—. El tren silba... Una noria...

De pronto, es un gritar fugaz y cristalino...
Y mujeres morenas —¡oh visión blanca, roja,
15 amarilla!— nos dicen, con sus brazos desnudos,
¡adiós!, llenos de risa los ojos y las bocas...

Melancolía
(1910-1911)

17

ANUNCIACIÓN

¡Trasunto de cristal,
bello como un esmalte de ataujía!
Desde la galería
esbelta, se veía
5 el jardín. Y María,
virjen, tímida, plena
de gracia, igual que una azucena,
se doblaba al anuncio celestial.

Un vivo pajarillo
10 volaba en una rosa.
El alba era primorosa.
Y, cual la luna matinal,
se perdía en el sol nuevo y sencillo,
el ala de Gabriel, blanco y triunfal.

15 ¡Memoria de cristal!

Segunda antolojía poética
(1898-1918)

18

LA CARBONERILLA QUEMADA

En la siesta de julio, ascua violenta y ciega,
prendió el horno las ropas de la niña. La arena
quemaba cual con fiebre; dolían las cigarras;
el cielo era igual que de plata calcinada.

5 ... Con la tarde, volvió —¡anda, potro!— la madre.
El pinar se reía. El cielo era de esmalte
violeta. La brisa renovaba la vida...

La niña, rosa y negra, moría en carne viva.
Todo le lastimaba. El roce de los besos,
10 el roce de los ojos, el aire alegre y bello:
—«Mare, me jeché arena zobre la quemaura.
Te yamé, te yamé dejde er camino... ¡Nunca
ejtubo ejto tan zolo! Laj yama me comían,
mare, y yo te yamaba, y tú nunca benía!»

15 Por el camino —¡largo!— sobre el potrillo rojo,
murió la niña. Abiertos, espantados, sus ojos
eran como raíces secas de las estrellas.
La brisa jugueteaba, ensombrecida y fresca.
Corría el agua por el lado del camino.
20 Ondulaba la yerba. Trotaban los pollinos,
oyendo ya los gritos de los niños del pueblo...

Dios estaba bañándose en su azul de luceros.

Historias
(1909-1912)

19

¿Te acuerdas? Fue en el cuarto de los niños. La tarde
de estío alzaba, limpia, por entre la arboleda
suavemente mecida, últimas glorias puras,
tristes en el cristal de la ventana abierta.

5 El maniquí de mimbre y las telas cortadas,
eran los confidentes de mil cosas secretas,
una majia ideal de deshojadas rosas
que el amor renovaba con audacia perversa...

¡Oh, qué encanto de ojos, de besos, de rubores;
10 qué desarreglo rápido, qué confianza ciega,
mientras, en la suave soledad, desde el suelo,
miraban, asustadas, nuestro amor las muñecas!

Libros de amor
(LO FEO)
(1911-1912)

20

TRASCIELO DEL CIELO AZUL

¡Qué miedo el azul del cielo!
¡Negro!
¡Negro de día, en agosto!
¡Qué miedo!

5 ¡Qué espanto en la siesta azul!
¡Negro!

¡Negro en las rosas y el río!
¡Qué miedo!

¡Negro, de día, en mi tierra
10 —¡negro!—
sobre las paredes blancas!
¡Qué miedo!

Apartamiento
(1911-1912)

21

CANCIÓN DE INVIERNO

Cantan. Cantan.
¿Dónde cantan los pájaros que cantan?

Ha llovido. Aún las ramas
están sin hojas nuevas. Cantan. Cantan
5 los pájaros. ¿En dónde cantan
los pájaros que cantan?

No tengo pájaros en jaulas.
No hay niños que los vendan. Cantan.
El valle está muy lejos. Nada...

10 Yo no sé dónde cantan
los pájaros —cantan, cantan—,
los pájaros que cantan.

La frente pensativa (Canciones)
(1911-1912)

22

PRELUDIO

Aquí y allá, de pronto,
como cuando, en otoño, un árbol mustio,
de golpe, se deshoja;
remolinos de súbita armonía,
5 que no sé qué lejanas bocas puras
cantan —oro y luz—, surjen.

¿Es que aquí mueren
las músicas del mundo de esta noche
de primavera?

10 —¡Y nadie entiende aquí la letra, ¡ay!
Y son colores, ¡ay!, de fuego!—.

Sí, aquí y allá, de pronto
—como cuando un cohete,
queriendo ser estrella,
15 abre sólo una rosa y cae de espaldas—,
remolinos de música
—luz y oro— mueren.

Pureza
1912

23

OCTUBRE

Estaba echado yo en la tierra, enfrente
del infinito campo de Castilla,
que el otoño envolvía en la amarilla
dulzura de su claro sol poniente.

5 Lento, el arado, paralelamente
abría el haza oscura, y la sencilla

mano abierta dejaba la semilla
en su entraña partida honradamente.

Pensé arrancarme el corazón, y echarlo,
10 pleno de su sentir alto y profundo,
al ancho surco del terruño tierno;

a ver si con romperlo y con sembrarlo,
la primavera le mostraba al mundo
el árbol puro del amor eterno.

Sonetos espirituales
(1914-1915), 1917

24

ÁRBOLES ALTOS

¡Abiertas copas de oro deslumbrado
sobre la redondez de los verdores
bajos, que os arrobáis en los colores
májicos del poniente enarbolado;

5 en vuestro agudo éstasis dorado,
derramáis vuestra alma en claras flores,
y desaparecéis en resplandores,
ensueños del jardín abandonado!

¡Cómo mi corazón os tiene, ramas
10 últimas, que sois ecos, y sois gritos
de un hastío inmortal de incertidumbres!

¡Él, cual vosotras, se deshace en llamas,
y abre a los horizontes infinitos
un florecer espiritual de lumbres!

Sonetos espirituales
(1914-1915)

25

CONVALECENCIA

Sólo tú me acompañas, sol amigo.
Como un perro de luz, lames mi lecho blanco;
y yo pierdo mi mano por tu pelo de oro,
caída de cansancio.

⁵ ¡Qué de cosas que fueron
se van... más lejos todavía!
                              Callo
y sonrío, igual que un niño,
dejándome lamer de ti, sol manso.

... De pronto, sol, te yergues,
¹⁰ fiel guardián de mi fracaso,
y, en una algarabía ardiente y loca,
ladras a los fantasmas vanos
que, mudas sombras, me amenazan
desde el desierto del ocaso.

Estío
1915

26

SOLEDAD

En ti estás todo, mar, y sin embargo,
¡qué sin ti estás, qué solo,
qué lejos, siempre, de ti mismo!

Abierto en mil heridas, cada instante,
⁵ cual mi frente,
tus olas van, como mis pensamientos,
y vienen, van y vienen,
besándose, apartándose,
en un eterno conocerse,
¹⁰ mar, y desconocerse.

Eres tú, y no lo sabes,
tu corazón te late, y no lo siente...
¡Qué plenitud de soledad, mar solo!

Diario de un poeta recién casado
(1916), 1917

27

MADRE

Te digo, al llegar, madre,
que tú eres como el mar; que aunque las olas
de tus años se cambien y te muden,
siempre es igual tu sitio,
⁵ al paso de mi alma.
No es preciso medida
ni cálculo para el señalamiento

de ese cielo total;
el color, hora única,
10 la luz de tu poniente,
te sitúan ¡oh madre! entre las olas,
conocida y eterna en su mudanza.

Diario de un poeta recién casado
1916

28

¡Intelijencia, dame
el nombre exacto de las cosas!
...Que mi palabra sea
la cosa misma,
5 creada por mi alma nuevamente.
Que por mí vayan todos
los que no las conocen, a las cosas;

que por mí vayan todos
los que ya las olvidan, a las cosas;
10 que por mí vayan todos
los mismos que las aman, a las cosas...
¡Intelijencia, dame
el nombre exacto, y tuyo,
y suyo, y mío, de las cosas!

Eternidades
1918

29

Vino, primero, pura,
vestida de inocencia;
y la amé como un niño.

Luego se fue vistiendo
5 de no sé qué ropajes;
y la fui odiando, sin saberlo.

Llegó a ser una reina,
fastuosa de tesoros...
¡Qué iracundia de yel y sin sentido!

10 ...Mas se fue desnudando.
Y yo le sonreía.

Se quedó con la túnica
de su inocencia antigua.
Creí de nuevo en ella.

15 Y se quitó la túnica,
y apareció desnuda toda...
¡Oh pasión de mi vida, poesía
desnuda, mía para siempre!

Eternidades
1918

30

Yo no soy yo.
            Soy este
que va a mi lado sin yo verlo;
que, a veces, voy a ver,
y que, a veces, olvido.
5 El que calla, sereno, cuando hablo,
el que perdona, dulce, cuando odio,
el que pasea por donde no estoy,
el que quedará en pie cuando yo muera.

Eternidades
1918

31

EL POEMA

I

¡No le toques ya más,
que así es la rosa!

II

Arranco de raíz la mata,
llena aún del rocío de la aurora.

5 ¡Oh, qué riego de tierra
olorosa y mojada,
qué lluvia —¡qué ceguera!— de luceros
en mi frente, en mis ojos!

III

¡Canción mía,
10 canta, antes de cantar;
da a quien te mire antes de leerte,
tu emoción y tu gracia;
emánate de ti, fresca y fragante!

Piedra y cielo
1919

32

EL RECUERDO

Como médanos de oro,
que vienen y que van, son los recuerdos.

El viento se los lleva,
y donde están, están,
5 y están donde estuvieron,
y donde habrán de estar... —Médanos de oro—.

Lo llenan todo, mar
total de oro inefable,
con todo el viento en él... —Son los recuerdos—.

Piedra y cielo
1919

33

Quisiera que mi libro
fuese, como es el cielo por la noche,
todo verdad presente, sin historia.

Que, como él, se diera en cada instante,
5 todo, con todas sus estrellas; sin
que, niñez, juventud, vejez, quitaran
ni pusieran encanto a su hermosura inmensa.

¡Temblor, relumbre, música
presentes y totales!
10 ¡Temblor, relumbre, música en la frente
—cielo del corazón— del libro puro!

Piedra y cielo
1919

34

Alrededor de la copa
del árbol alto,
mis sueños están volando.

Son palomas, coronadas
5 de luces puras,
que, al volar, derraman música.

¡Cómo entran, cómo salen
del árbol solo!
¡Cómo me enredan en oro!

Poesía
1923

35

LA CORRIENTE INFINITA

En mí la cojo yo, desde mi hora,
entre las dos orillas
de mi alma y su imajen infinita;
en mí la cojo, pura,
5 como si, en ella, el largo tiempo oscuro de los hombres
no hubiera sido más que clara eternidad.

Poesía
1923

36

¡AMOR!

Todas las rosas son la misma rosa,
¡amor!, la única rosa;
y todo queda contenido en ella,

breve imajen del mundo,
5 ¡amor!, la única rosa.

Poesía
1923

37

¡Qué bello este vivir siempre de pie
—¡belleza!—,
para el descanso eterno de un momento!

Belleza
1923

38

AGUA EN EL AGUA

Quisiera que mi vida
se cayera en la muerte,
como este chorro alto de agua bella
en el agua tendida matinal;

5 ondulado, brillante, sensual, alegre,
con todo el mundo diluido en él,
en gracia nítida y feliz.

Belleza
1923

39

EL OTOÑADO

Estoy completo de naturaleza,
en plena tarde de áurea madurez,
alto viento en lo verde traspasado.
Rico fruto recóndito, contengo
5 lo grande elemental en mí (la tierra,
el fuego, el agua, el aire), el infinito.

Chorreo luz: doro el lugar oscuro,
trasmino olor: la sombra huele a dios,
emano son: lo amplio es honda música,
10 filtro sabor: la mole bebe mi alma,
deleito el tacto de la soledad.

Soy tesoro supremo, desasido,
con densa redondez de limpio iris,
del seno de la acción. Y lo soy todo.
15 Lo todo que es el colmo de la nada,
el todo que se basta y que es servido
de lo que todavía es ambición.

La estación total
(1923-1936), 1946

40

FLOR QUE VUELVE

Igual, la flor retorna
a limitarnos el instante azul,
a dar una hermandad gustosa a nuestro cuerpo,
a decirnos, oliendo inmensamente,
5 que lo breve nos basta.

Lo breve al sol de oro, al aire de oro,
a la tierra de oro, al áureo mar;
lo breve contra el cielo de los dioses,
lo breve en medio del oscuro no,
10 lo breve en suficiente dinamismo,
conforme entre armonía y entre luz.

Y se mece la flor, con el olor
más rico de la carne,
olor que se entra por el ser y llega al fin
15 de su sinfín, y allí se pierde,
haciéndonos jardín.
La flor se mece viva fuera, dentro,
con peso exacto a su placer.
Y el pájaro la ama y la estasía,
20 y la ama, redonda, la mujer,
y la ama y la besa en medio el hombre.

¡Florecer y vivir, instante
de central chispa detenida,
abierta en una forma tentadora;
25 instante sin pasado,
en que los cuatro puntos cardinales
son de igual atracción dulce y profunda;
instante del amor abierto
como la flor!
30 Amor y flor en perfección de forma,
en mutuo sí frenético de olvido,
en compensación loca;
olor, sabor y olor,
color, olor y tacto, olor, amor, olor.

35 El viento rojo la convence
y se la lleva, rapto delicioso,
con un vivo caer que es un morir
de dulzor, de ternura, de frescor;
¡caer de flor en su total belleza,
40 volar, pasar, morir de flor y amor
en el día mayor de la hermosura,
sin dar pena en su irse ardiente al mundo,
ablandando la tierra sol y sombra,
perdiéndose en los ojos de la luz!

La estación total
(1923-1936)

41

MIRLO FIEL

Cuando el mirlo, en lo verde nuevo, un día
vuelve, y silba su amor, embriagado,
meciendo su inquietud en fresco de oro,
nos abre, negro, con su rojo pico,
5 carbón vivificado por su ascua,
un alma de valores armoniosos
mayor que todo nuestro ser.

No cabemos, por él, redondos, plenos,
en nuestra fantasía despertada.
10 (El sol, mayor que el sol,
inflama el mar real o imajinario,
que resplandece entre el azul frondor,
mayor que el mar, que el mar.)
Las alturas nos vuelcan sus últimos tesoros,
15 preferimos la tierra donde estamos,
un momento llegamos,
en viento, en ola, en roca, en llama,
al imposible eterno de la vida.

La arquitectura etérea, delante,
20 con los cuatro elementos sorprendidos,
nos abre total, una,
a perspectivas inmanentes,
realidad solitaria de los sueños,
sus embelesadoras galerías.
25 La flor mejor se eleva a nuestra boca,
la nube es de mujer,
la fruta seno nos responde sensual.

Y el mirlo canta, huye por lo verde,
y sube, sale por lo verde, y silba,
30 recanta por lo verde venteante,

libre en la luz y la tersura,
torneado alegremente por el aire,
dueño completo de su placer doble;
entra, vibra silbando, ríe, habla,
35 canta... Y ensancha con su canto
la hora parada de la estación viva,
y nos hace la vida suficiente.

¡Eternidad, hora ensanchada,
paraíso de lustror único, abierto
40 a nosotros mayores, pensativos,
por un ser diminuto que se ensancha!
¡Primavera, absoluta primavera,
cuando el mirlo ejemplar, una mañana,
enloquece de amor entre lo verde!

La estación total
(1923-1936)

42

ESPACIO

1

FRAGMENTO PRIMERO

«Los dioses no tuvieron más sustancia que la que tengo yo.» Yo tengo, como
ellos, la sustancia de todo lo vivido y de todo lo porvivir. No soy presente sólo, sino fuga raudal de cabo a fin. Y lo que veo, a un lado y otro, en
esta fuga (rosas, restos de alas, sombra y luz) es sólo mío, recuerdo y ansia
5 míos, presentimiento, olvido. ¿Quién sabe más que yo, quién, qué hombre o
qué dios puede, ha podido, podrá decirme a mí qué es mi vida y mi muerte,
qué no es? Si hay quien lo sabe, yo lo sé más que ese, y si quien lo ignora,
más que ese lo ignoro. Lucha entre este ignorar y este saber es mi vida, su
vida, y es la vida. Pasan vientos como pájaros, pájaros igual que flores, flores
10 soles y lunas, lunas soles como yo, como almas, como cuerpos, cuerpos como
la muerte y la resurrección; como dioses. Y soy un dios sin espada, sin nada
de lo que hacen los hombres con su ciencia; sólo con lo que es producto de lo
vivo, lo que se cambia todo; sí, de fuego o de luz, luz. ¿Por qué comemos y
bebemos otra cosa que luz o fuego? Como yo he nacido en el sol, y del sol he
15 venido aquí a la sombra, ¿soy de sol, como el sol alumbro?, y mi nostaljia,
como la de la luna, es haber sido sol de un sol un día y reflejarlo sólo ahora.
Pasa el iris cantando como canto yo. Adiós iris, iris, volveremos a vernos,
que el amor es uno y solo y vuelve cada día. ¿Qué es este amor de todo,
cómo se me ha hecho en el sol, con el sol, en mí conmigo? Estaba el mar
20 tranquilo, en paz el cielo, luz divina y terrena los fundía en clara plata, oro
inmensidad, en doble y sola realidad; una isla flotaba entre los dos, en los
dos y en ninguno, y una gota de alto iris perla gris temblaba en ella. Allí
estará temblándome el envío de lo que no me llega nunca de otra parte. A esa

isla, ese iris, ese canto yo iré, esperanza májica, esta noche. ¡Qué inquietud
25 en las plantas al sol puro, mientras, de vuelta a mí, sonrío volviendo ya al
jardín abandonado! ¿Esperan más que verdear, que florear y que frutar; esperan, como un yo, lo que me espera; más que ocupar el sitio que ahora
ocupan en la luz, más que vivir como ya viven, como vivimos; más que quedarse sin luz, más que dormirse y despertar? Enmedio hay, tiene que haber
30 un punto, una salida; el sitio del seguir más verdadero, con nombre no inventado, diferente de eso que es diferente e inventado que llamamos, en nuestro
desconsuelo, Edén, Oasis, Paraíso, Cielo, pero que no lo es, y que sabemos
que no lo es, como los niños saben que no es lo que no es que anda con ellos.
Contar, cantar, llorar, vivir acaso; «elojio de las lágrimas», que tienen (Schu-
35 bert, perdido entre criados por un dueño) en su iris roto lo que no tenemos,
lo que tenemos roto, desunido. Las flores nos rodean de voluptuosidad, olor,
color y forma sensual; nos rodeamos de ellas, que son sexos de colores, de
formas, de olores diferentes; enviamos un sexo en una flor, dedicado presente
de oro de ideal, a un amor virjen, a un amor probado; sexo rojo a un glo-
40 rioso; sexos blancos a una novicia; sexos violetas a la yacente. Y el idioma,
¡qué confusión!, qué cosas nos decimos sin saber lo que nos decimos. Amor,
amor, amor (lo cantó Yeats), «amor es el lugar del escremento». ¿Asco de
nuestro ser, nuestro principio y nuestro fin; asco de aquello que más nos vive
y más nos muere? ¿Qué es, entonces, la suma que no resta; dónde está, mate-
45 mático celeste, la suma que es el todo y que no acaba? Hermoso es no tener
lo que se tiene, nada de lo que es fin para nosotros, es fin, pues que se vuelve
contra nosotros, y el verdadero fin nunca se nos vuelve. Aquel chopo de luz
me lo decía, en Madrid, contra el aire turquesa del otoño: «Termínate en ti
mismo como yo.» Todo lo que volaba alrededor, ¡qué raudo era!, y él qué
50 insigne con lo suyo, verde y oro, sin mejor en el oro que en lo verde. Alas,
cantos, luz, palmas, olas, frutas me rodean, me envuelven en su ritmo, en su
gracia, en su fuerza delicada; y yo me olvido de mí entre ello, y bailo y canto,
río y lloro por los otros, embriagado. ¿Esto es vivir? ¿Hay otra cosa más que
este vivir de cambio y gloria? Yo oigo siempre esa música que suena en el
55 fondo de todo, más allá; ella es la que me llama desde el mar, por la calle,
en el sueño. A su aguda y serena desnudez, siempre estraña y sencilla, el
ruiseñor es sólo un calumniado prólogo. ¡Qué letra, universal, luego, la suya!
El músico mayor la ahuyenta. ¡Pobre del hombre si la mujer oliera, supiera
siempre a rosa! ¡Qué dulce la mujer normal, qué tierna, qué suave (Villon),
60 qué forma de las formas, qué esencia, qué sustancia de las sustancias, las
esencias; qué lumbre de las lumbres; la mujer, madre, hermana, amante!
Luego, de pronto, esta dureza de ir más allá de la mujer, de la mujer que es
nuestro todo, donde debiera terminar nuestro horizonte. Las copas de veneno,
¡qué tentadoras son!, y son de flores, yerbas y hojas. Estamos rodeados de
65 veneno que nos arrulla como el viento, arpas de luna y sol en ramas tiernas,
colgaduras ondeantes, venenosas, y pájaros en ellas, como estrellas de cuchillo; veneno todo, y el veneno nos deja a veces no matar. Eso es dulzura, deja-
ción de un mandato, y eso es pausa y escape. Entramos por los robles mele-
nudos; rumoreaban su vejez cascada, oscuros, rotos, huecos, monstruosos, con
70 colgados de telarañas fúnebres; el viento les mecía las melenas, en medrosos,
estraños ondeajes, y entre ellos, por la sombra baja, honda, venía el rico olor
del azahar de las tierras naranjas, grito ardiente con gritillos blancos de muchachas y niños. Un árbol paternal, de vez en cuando, junto a una casa, sola

en un desierto (seco y lleno de cuervos; aquel tronco huero, gris, lacio, a la
75 salida del verdor profuso, con aquel cuervo muerto, suspendido por una pluma
de una astilla, y los cuervos aún vivos posados ante él, sin atreverse a pico-
tearlo, serios). Y un árbol sobre un río. ¡Qué honda vida la de estos árboles;
qué personalidad, qué inmanencia, qué calma, qué llenura de corazón total
queriendo darse (aquel camino que partía en dos aquel pinar que se anhela-
80 ba)! Y por la noche, ¡qué rumor de primavera interna en sueño negro! ¡Qué
amigo un árbol, aquel pino, verde, grande, pino redondo, verde, junto a la casa
de mi Fuentepiña! Pino de la corona, ¿dónde estás?, ¿estás más lejos que si yo
estuviera lejos? ¡Y qué canto me arrulla tu copa milenaria, que cobijaba pueblos
y alumbraba de su forma rotunda y vijilante al marinero! La música mejor es
85 la que suena y calla, que aparece y desaparece, la que concuerda, en un «de
pronto», con nuestro oír más distraído. Lo que fue esta mañana ya no es, ni ha
sido más que en mí; gloria suprema, escena fiel, que yo, que la creaba, creía de
otros más que de mí mismo. Los otros no lo vieron; mi nostaljia, que era de
estar con ellos, era de estar conmigo, en quien estaba. La gloria es como es,
90 nadie la mueva, no hay nada que quitar ni que poner, y el dios actual está muy
lejos, distraído también con tanta menudencia grande que le piden. Si acaso,
en sus momentos de jardín, cuando acoje al niño libre, lo único grande que
ha creado, se encuentra pleno en un sí pleno. Qué bellas estas flores secas
sobre la yerba fría del jardín que ahora es nuestro. ¿Un libro, libro? Bueno
95 es dejar un libro grande a medio leer, sobre algún banco, lo grande que termina; y hay que darle una lección al que lo quiere terminar, al que pretende
que lo terminemos. Grande es lo breve, y si queremos ser y parecer más grandes, unamos sólo con amor, no cantidad. El mar no es más que gotas unidas,
ni el amor que murmullos unidos, ni tú, cosmos, que cosmillos unidos. Lo
100 más bello es el átomo último, el solo indivisible, y que por serlo no es ya más
pequeño. Unidad de unidades es lo uno; ¡y qué viento más plácido levantan esas
nubes menudas al cenit; qué dulce luz es esa suma roja única! Suma es la vida
suma, y dulce. Dulce como esta luz era el amor; ¡qué plácido este amor también! Sueño, ¿he dormido? Hora celeste y verde toda; y solos. Hora en que
105 las paredes y las puertas se desvanecen como agua, aire, y el alma sale y
entra en todo, de y por todo, con una comunicación de luz y sombra. Todo
se ve a la luz de dentro, todo es dentro, y las estrellas no son más que chispas
de nosotros, que nos amamos, perlas bellas de nuestro roce fácil y tranquilo.
¡Qué luz tan buena para nuestra vida y para nuestra eternidad! El riachuelo
110 iba hablando bajo por aquel barranco, entre las tumbas, casas de las laderas
verdes; valle dormido, valle adormilado. Todo estaba en su verde, en su flor;
los mismos muertos en verde y flor de muerte; la piedra misma estaba en
verde y flor de piedra. Allí se entraba y se salía como en el lento anochecer,
del lento amanecer. Todo lo rodeaban piedra, cielo, río; y cerca el mar, más
115 muerte que la tierra, el mar lleno de muertos de la tierra, sin casa, separados,
engullidos por una variada dispersión. Para acordarme de por qué he nacido,
vuelvo a ti, mar. «El mar que fue mi cuna, mi gloria y mi sustento; el mar
eterno y solo que me llevó al amor»; y del amor es este mar que ahora viene
a mis manos, ya más duras, como un cordero blanco a beber la dulzura del
120 amor. Amor el de Eloísa; ¡qué ternura, qué sencillez, qué realidad perfecta!
Todo claro y nombrado con su nombre en llena castidad. Y ella, en medio de
todo, intacta de lo bajo entre lo pleno. Si tu mujer, Pedro Abelardo, pudo
ser así, el ideal existe, no hay que falsearlo. Tu ideal existió: ¿por qué lo

falseaste, necio Pedro Abelardo? Hombres, mujeres, hombres, hay que encon-
125 trar el ideal que existe. Eloísa, Eloísa, ¿en qué termina el ideal?, y di, ¿qué
eres tú ahora y dónde estás? ¿Por qué, Pedro Abelardo vano, la mandaste al
convento y tú te fuiste con los monjes plebeyos, si ella era el centro de tu vida,
su vida, de la vida, y hubiera sido igual contigo ya capado que antes, si era
el ideal? No lo supiste, yo soy quien lo vio, desobediencia de la dulce obe-
130 diente, plena gracia. Amante, madre, hermana, niña tú, Eloísa; qué bien te
conocías y te hablabas, qué tiernamente te nombrabas a él; ¡y qué azucena
verdadera fuiste! Otro hubiera podido oler la flor de la verdad fatal que te
dio tu tierra. No estaba seco el árbol del invierno, como se dice, y yo creí en
mi juventud; como yo, tiene el verde, el oro, el grana en la raíz y dentro,
135 muy adentro, tanto que llena de color doble infinito. Tronco de invierno soy,
que en la muerte va a dar de sí la copa doble llena que ven sólo como es los
deseados. Vi un tocón, a la orilla del mar neutro; arrancado del suelo, era
como un muerto animal; la muerte daba a su quietud seguridad de haber
estado vivo; sus arterias cortadas con el hacha, echaban sangre todavía. Una
140 miseria, un rencor de haber sido arrancado de la tierra, salía de su entraña
endurecida y se espandía con el agua y por la arena, hasta el cielo infinito,
azul. La muerte, y sobre todo, el crimen, da igualdad a lo vivo, lo más y
menos vivo, y lo menos parece siempre, con la muerte, más. No, no era todo
menos, como dije un día, «todo es menos»; todo era más, y por haberlo sido,
145 es más morir para ser más del todo más. ¿Qué ley de vida juzga con su farsa
a la muerte sin ley y la aprisiona en la impotencia? ¡Sí, todo, todo ha sido
más y todo será más! No es el presente sino un punto de apoyo o de comparación, más breve cada vez; y lo que deja y lo que coje, más, más grande.
No, ese perro que ladra al sol caído no ladra en el Monturrio de Moguer, ni
150 cerca de Carmona de Sevilla, ni en la calle Torrijos de Madrid; ladra en
Miami, Coral Gables, La Florida, y yo lo estoy oyendo allí, allí, no aquí, no
aquí, allí, allí. ¡Qué vivo ladra siempre el perro al sol que huye! Y la sombra
que viene llena el punto redondo que ahora pone el sol sobre la tierra, como
un agua su fuente, el contorno en penumbra alrededor; después, todos los
155 círculos que llegan hasta el límite redondo de la esfera del mundo, y siguen,
siguen. Yo te oí, perro, siempre, desde mi infancia, igual que ahora; tú no
cambias en ningún sitio, eres igual a ti mismo, como yo. Noche igual, todo
sería igual si lo quisiéramos, si serlo lo dejáramos. Y si dormimos, ¡qué abandonada queda la otra realidad! Nosotros les comunicamos a las cosas nuestra
160 inquietud de día, de noche nuestra paz. ¿Cuándo, cómo duermen los árboles?
«Cuando los deja el viento dormir», dijo la brisa. Y cómo nos precede, brisa
quieta y gris, el perro fiel cuando vamos a ir de madrugada adonde sea,
alegres o pesados; él lo hace todo, triste o contento, antes que nosotros. Yo
puedo acariciar como yo quiera a un perro, un animal cualquiera, y nadie
165 dice nada; pero a mis semejantes no; no está bien visto hacer lo que se quiera
con ellos, si lo quieren como un perro. Vida animal, ¿hermosa vida? ¡Las marismas llenas de bellos seres libres, que me esperan en un árbol, un agua o
una nube, con su color, su forma, su canción, su jesto, su ojo, su comprensión
hermosa, dispuestos para mí que los entiendo! El niño todavía me comprende,
170 la mujer me quisiera comprender, el hombre... no, no quiero nada con el
hombre, es estúpido, infiel, desconfiado; y cuando más adulador, científico.
Cómo se burla la naturaleza del hombre, de quien no la comprende como es.
Y todo debe ser o es echarse a dios y olvidarse de todo lo creado por dios,

por sí, por lo que sea. «Lo que sea», es decir, la verdad única, yo te miro
175 como me miro a mí y me acostumbro a toda tu verdad como a la mía. Contigo, «lo que sea», soy yo mismo, y tú, tu mismo, misma, «lo que seas». ¿El
canto? ¡El canto, el pájaro otra vez! ¡Ya estás aquí, ya has vuelto, hermosa,
hermoso, con otro nombre, con tu pecho azul gris cargado de diamante! ¿De
dónde llegas tú, tú en esta tarde gris con brisa cálida? ¿Qué dirección de luz
180 y amor sigues entre las nubes de oro cárdeno? Ya has vuelto a tu rincón verde, sombrío. ¿Cómo tú, tan pequeño, di, lo llenas todo y sales por el más?
Sí, sí, una nota de una caña, de un pájaro, de un niño, de un poeta, lo llena
todo y más que el trueno. El estrépito encoje, el canto agranda. Tú y yo,
pájaro, somos uno; cántame, canta tú, que yo te oigo, que mi oído es tan
185 justo por tu canto. Ajústame tu canto más a este oído mío que espera que
lo llenes de armonía. ¡Vas a cantar! Toda otra primavera, vas a cantar. ¡Otra
vez tú, otra vez la primavera! ¡Si supieras lo que eres para mí! ¿Cómo podría
yo decirte lo que eres, lo que eres tú, lo que soy yo, lo que eres para mí?
¡Cómo te llamo, cómo te escucho, cómo te adoro, hermano eterno, pájaro de
190 la gracia y de la gloria, humilde, delicado, ajeno; ánjel del aire nuestro, derramador de música completa! Pájaro, yo te amo como a la mujer, a la mujer,
tu hermana más que yo. Sí, bebe ahora el agua de mi fuente, pica la rama,
salta lo verde, entra, sal, rejistra toda tu mansión de ayer; ¡mírame bien a
mí, pájaro mío, consuelo universal de mujer y hombre! Vendrá la noche in
195 mensa, abierta toda, en que me cantarás del paraíso, en que me harás el paraíso, aquí, yo, tú, aquí, ante el echado insomnio de mi ser. Pájaro, amor,
luz, esperanza; nunca te he comprendido como ahora; nunca he visto tu dios
como hoy lo veo, el dios que acaso fuiste tú y que me comprende. «Los dioses
no tuvieron más sustancia que la que tienes tú». ¡Qué hermosa primavera nos
200 aguarda en el amor, fuera del odio! ¡Ya soy feliz! ¡El canto, tú y tu canto!
El canto... Yo vi jugando al pájaro y la ardilla, al gato y la gallina, al elefante
y al oso, al hombre con el hombre. Yo vi jugando al hombre con el hombre,
cuando el hombre cantaba. No, este perro no levanta los pájaros, los mira,
los comprende, los oye, se echa al suelo, y calla y sueña ante ellos. ¡Qué grande
205 el mundo en paz, qué azul tan bueno para el que puede no gritar, puede
cantar; cantar y comprender y amar! ¡Inmensidad, en ti y ahora vivo; ni
montañas, ni casi piedra, ni agua, ni cielo casi; inmensidad, y todo y sólo
inmensidad; esto que abre y que separa el mar del cielo, el cielo de la tierra,
y, abriéndolos y separándolos, los deja más unidos y cercanos, llenando con
210 lo lleno lejano la totalidad! ¡Espacio y tiempo y luz en todo yo, en todos y yo
y todos! ¡Yo con la inmensidad! Esto es distinto; nunca lo sospeché y ahora
lo tengo. Los caminos son sólo entradas o salidas de luz, de sombra, sombra
y luz; y todo vive en ellos para que sea más inmenso yo, y tú seas. ¡Qué regalo de mundo, qué universo májico, y todo para todos, para mí, yo! ¡Yo,
215 universo inmenso, dentro, fuera de ti, segura inmensidad! Imájenes de amor
en la presencia concreta; suma gracia y gloria de la imajen, ¿vamos a hacer
eternidad, vamos a hacer la eternidad, vamos a ser eternidad, vamos a ser la
eternidad? ¡Vosotras, yo, podemos crear la eternidad una y mil veces, cuando
queramos! ¡Todo es nuestro y no se nos acaba nunca! ¡Amor, contigo y con la
220 luz todo se hace, y lo que haces, amor, no acaba nunca!

(SUCESIÓN: 1)

2

FRAGMENTO SEGUNDO

«Y para recordar por qué he vivido», vengo a ti, río Hudson de mi mar.
«Dulce como esta luz era el amor...» «Y por debajo de Washington Bridge (el
puente más con más de esta New York) pasa el campo amarillo de mi infancia.» Infancia, niño vuelvo a ser y soy, perdido, tan mayor, en lo más grande.
5 Leyenda inesperada: «dulce como la luz es el amor», y esta New York es
igual que Moguer, es igual que Sevilla y que Madrid. Puede el viento, en la
esquina de Broadway, como en la Esquina de las Pulmonías de mi calle Ras-
cón, conmigo; y tengo abierta la puerta donde vivo, con sol dentro. «Dulce
como este sol era el amor.» Me encontré al instalado, le reí, y me subí al
10 rincón provisional, otra vez, de mi soledad y mi silencio, tan igual en el piso 9
y sol, al cuarto bajo de mi calle y cielo. «Dulce como este sol es el amor.»
Me miraron ventanas conocidas con cuadros de Murillo. En el alambre de lo
azul, el gorrión universal cantaba, el gorrión y yo cantábamos, hablábamos;
y lo oía la voz de la mujer en el viento del mundo. ¡Qué rincón ya para
15 suceder mi fantasía! El sol quemaba el sur del rincón mío, y en el lunar
menguante de la estera, crecía dulcemente mi ilusión, queriendo huir de la
dorada mengua. «Y por debajo de Washington Bridge, el puente más amigo
de New York, corre el campo dorado de mi infancia...» Bajé lleno a la calle,
me abrió el viento la ropa, el corazón; vi caras buenas. En el jardín de
20 St. John the Divine, los chopos verdes eran de Madrid; hablé con un perro y
un gato en español; y los niños del coro, lengua eterna, igual del paraíso y
de la luna, cantaban, con campanas de San Juan, en el rayo de sol derecho,
vivo, donde el cielo flotaba hecho armonía violeta y oro; iris ideal que bajaba
y subía, que bajaba... «Dulce como este sol era el amor.» Salí por Amsterdam,
25 estaba allí la luna (Morningside); el aire ¡era tan puro! frío no, fresco, fresco;
en él venía vida de primavera nocturna, y el sol estaba dentro de la luna y
de mi cuerpo, el sol presente, el sol que nunca más me dejaría los huesos
solos, sol en sangre y él. Y entré cantando ausente en la arboleda de la noche,
y el río que se iba bajo Washington Bridge, con sol aún, hacia mi España por
30 mi oriente, a mi oriente de mayo de Madrid; un sol ya muerto, pero vivo; un
sol presente, pero ausente; un sol rescoldo de vital carmín; un sol carmín
vital en el verdor; un sol vital en el verdor ya negro; un sol en el negror ya
luna; un sol en la gran luna de carmín; un sol de gloria nueva, nueva en otro
este; un sol de amor y de trabajo hermoso; un sol como el amor... «Dulce
35 como este sol era el amor.»

(CANTADA)
En el otro costado
(1941-1942)

43
CON TU PIEDRA

El cielo pesa lo mismo
que una cantera de piedra.
Sobre la piedra del mundo
son de piedra las estrellas.

5 ¡Esta enorme cargazón
de piedra encendida y yerta!
Piedras las estrellas todas,
piedras, piedra, piedras, piedra.

Entre dos piedras camino,
10 me echo entre piedra y piedra;
piedras debajo del pecho
y encima de la cabeza.

Y si quiero levantarlas,
me hiere la piedra eterna;
15 si piso desesperado,
sangro en la piedra terrena.

¡Qué dolor de alma, piedra;
carne, qué dolor de piedra;
qué cárcel la noche, piedra
20 cercada y cerca de piedra!

Con tu piedra me amenazas,
destino de piedra y piedra.
Con tu piedra te daré
en tu corona de piedra.

En el otro costado
ROMANCES DE CORAL GABLES
(1939-1942), 1948

44
PINAR DE LA ETERNIDAD

En la luz celeste y tibia
de la madrugada lenta,
por estos pinos iré
a un pino eterno que espera.

5 No con buque, sino en onda
suave, callada, serena,
que deshaga el leonar
de las olas batalleras.

Me encontraré con el sol,
10 me encontraré con la estrella,
me encontraré al que se vaya
y me encontraré al que venga.

Seremos los cinco iguales
en paz y en luz blancas, negras;
15 la desnudez de lo igual
igualará la presencia.

Todo irá siendo lo que es
y todo de igual manera,
porque lo más que es lo más
20 no cambia su diferencia.

En la luz templada y una
llegaré con alma llena,
el pinar rumoreará
firme en la arena primera.

Romances de Coral Gables
(1939-1942), 1948

45

CALLES DE SOLISOMBRA

Cuando la calle termina
en las dos esquinas otras,
sigue una calle de luz,
dos paredones de sombra.

5 Esta calle tiene todo
el arroyo de la otra;

lo que las casas tenían
lo tienen dentro sus sombras.

Y hay un hombre que prefiere
10 la calle de sol y sombra
y pierde por ella todo
lo que no encuentra en la otra.

Romances de Coral Gables
(1939-1942)

46

RIOMÍO DE MI HUIR

Riomío de mi huir,
salido sol de mis venas,
que con mi sangre has regado
parajes de tanta tierra,
5 ¡cómo me gusta dejarte
ir con lo que te me llevas,
verte perderme en el mar
que se apropia mi leyenda,
en un fundirnos que es
10 aumento de dos presencias,
mar que recibe mi sangre,
yo que subo en su marea!

¡Cómo me gusta tu entrarme
en la armonía perpetua,
15 elemento que no apaga
la pesantez de la piedra;
que si soy un ser de fondo
de aire, una bestia presa
por las plantas de los pies
20 que me sientan la cabeza,
compensarán las espumas
de mi sangre que corriera
al mustioso amapolar
que cubra mi parte quieta!

Una colina meridiana
(1942-1950)

47

LA TRASPARENCIA, DIOS, LA TRASPARENCIA

Dios del venir, te siento entre mis manos,
aquí estás enredado conmigo, en lucha hermosa
de amor, lo mismo
que un fuego con su aire.

5 No eres mi redentor, ni eres mi ejemplo,
ni mi padre, ni mi hijo, ni mi hermano;
eres igual y uno, eres distinto y todo;
eres dios de lo hermoso conseguido,
conciencia mía de lo hermoso.

¹⁰ Yo nada tengo que purgar.
Toda mi impedimenta
no es sino fundación para este hoy
en que, al fin, te deseo;
porque estás ya a mi lado,
¹⁵ en mi eléctrica zona,
como está en el amor el amor lleno.

Tú, esencia, eres conciencia; mi conciencia
y la de otros, la de todos,
con forma suma de conciencia;
²⁰ que la esencia es lo sumo,
es la forma suprema conseguible,
y tu esencia está en mí, como mi forma.

Todos mis moldes llenos
estuvieron de ti; pero tú, ahora,
²⁵ no tienes molde, estás sin molde; eres la gracia
que no admite sostén,
que no admite corona,
que corona y sostiene siendo ingrave.

Eres la gracia libre,
³⁰ la gloria del gustar, la eterna simpatía,
el gozo del temblor, la luminaria
del clariver, el fondo del amor,
el horizonte que no quita nada;
la trasparencia, dios, la trasparencia,
³⁵ el uno al fin, dios ahora sólito en lo uno mío,
en el mundo que yo por ti y para ti he creado.

Animal de fondo
1949

48

EL NOMBRE CONSEGUIDO DE LOS NOMBRES

Si yo, por ti, he creado un mundo para ti,
dios, tú tenías seguro que venir a él,
y tú has venido a él, a mí seguro,
porque mi mundo todo era mi esperanza.

⁵ Yo he acumulado mi esperanza
en lengua, en nombre hablado, en nombre escrito;
a todo yo le había puesto nombre
y tú has tomado el puesto
de toda esta nombradía.

¹⁰ Ahora puedo yo detener ya mi movimiento,
como la llama se detiene en ascua roja
con resplandor de aire inflamado azul,
en el ascua de mi perpetuo estar y ser;

ahora yo soy ya mi mar paralizado,
15 el mar que yo decía, mas no duro,
paralizado en olas de conciencia en luz
y vivas hacia arriba todas, hacia arriba.

Todos los nombres que yo puse
al universo que por ti me recreaba yo,
20 se me están convirtiendo en uno y en un
dios.

El dios que es siempre al fin,
el dios creado y recreado y recreado
por gracia y sin esfuerzo.
25 El Dios. El nombre conseguido de los nombres.

Animal de fondo
1949

49

AL CENTRO RAYEANTE

Tú estás entre los cúmulos
oro del cielo azul,
los cúmulos radiantes
del redondo horizonte desertado
5 por el hombre embaucado,
dios deseante y deseado;
estas formas que llegan al cenit
sobre el timón, adelantadas, y acompasan
el movimiento escelso, lento,
10 insigne cabeceo de una proa,
cruzándose con su subir, con su bajar
contra el sur, contra el sur,
enhiesta, enhiesta como un pecho jadeante.

Tú vienes con mi norte hacia mi sur,
15 tú vienes de mi este hacia mi oeste,
tú me acompañas, cruce único, y me guías
entre los cuatro puntos inmortales,
dejándome en su centro siempre y en mi centro
que es tu centro.

20 Todo está dirijido
a este tesoro palpitante,
dios deseado y deseante,
de mi mina en que espera mi diamante;
a este rayeado movimiento
25 de entraña abierta (en su alma) con el sol
del día, que te va pasando en éstasis,
a la noche, en el trueque más gustoso
conocido, de amor y de infinito.

Animal de fondo
1949

50

SOY ANIMAL DE FONDO

«En fondo de aire» (dije) «estoy»,
(dije) «soy animal de fondo de aire» (sobre tierra),
ahora sobre mar; pasado, como el aire, por un sol
que es carbón allá arriba, mi fuera, y me ilumina
5 con su carbón el ámbito segundo destinado.

Pero tú, dios, también estás en este fondo
y a esta luz ves, venida de otro astro;
tú estás y eres
lo grande y lo pequeño que yo soy,
10 en una proporción que es ésta mía,
infinita hacia un fondo
que es el pozo sagrado de mí mismo.

Y en este pozo estabas antes tú
con la flor, con la golondrina, el toro
15 y el agua; con la aurora
en un llegar carmín de vida renovada;
con el poniente, en un huir de oro de gloria.
En este pozo diario estabas tú conmigo,
conmigo niño, joven, mayor, y yo me ahogaba
20 sin saberte, me ahogaba sin pensar en ti.
Este pozo que era, sólo y nada más ni menos,
que el centro de la tierra y de su vida.

Y tú eras en el pozo májico el destino
de todos los destinos de la sensualidad hermosa
25 que sabe que el gozar en plenitud
de conciencia amadora,
es la virtud mayor que nos trasciende.

Lo eras para hacerme pensar que tú eras tú,
para hacerme sentir que yo era tú,
30 para hacerme gozar que tú eras yo,
para hacerme gritar que yo era yo
en el fondo de aire en donde estoy,
donde soy animal de fondo de aire
con alas que no vuelan en el aire,
35 que vuelan en la luz de la conciencia
mayor que todo el sueño
de eternidades e infinitos
que están después, sin más que ahora yo, del aire.

Animal de fondo
1949

51

RESPIRACIÓN TOTAL DE NUESTRA ENTERA GLORIA

Cuando sales en sol, dios conseguido,
no estás en el nacerte sólo;
estás en el ponerte,
en mi norte, en mi sur;
5 estás, con los matices de una cara grana,
interior y completa,
que mira para dentro,
en la totalidad del tiempo y el espacio.

Y yo estoy dentro de ella,
10 dentro de tu conciencia jeneral estoy
y soy tu secreto, tu diamante,
tu tesoro mayor, tu ente entrañable.

Y soy tus entrañas
y en ellas me remuevo
15 como en aire, y nunca soy tu ahogado;
nunca me ahogaré en tu nido
como no se ahoga un niño en la matriz
de su madre, su dulce nebulosa;
porque tú eres esta sangre mía
20 y eres su circular,
mi inspiración completa
y mi completa inspiración;
respiración total de nuestra entera gloria.

Dios deseado y deseante
1949

52

NUESTRO SER DE ILUSIÓN

Yo les vi tu mí a tus ojos,
mi tú les viste a los míos
tú. ¡Nuestro ser de ilusión
tú me has visto, yo te he visto!

Ríos que se van
(1951-1953), 1957

53

EL COLOR DE TU ALMA

Mientras que yo te beso, su rumor
nos da el árbol que mece al sol de oro
que el sol le da al huir, fugaz tesoro
del árbol que es el árbol de mi amor.

5 No es fulgor, no es ardor, y no es altor
lo que me da de ti lo que te adoro,
con la luz que se va; es el oro, el oro,
es el oro hecho sombra: tu color.

El color de tu alma; pues tus ojos
10 se van haciendo ella, y a medida
que el sol cambia sus oros por sus rojos

y tú te quedas pálida y fundida,
sale el oro hecho tú de tus dos ojos
que son mi paz, mi fe, mi sol: ¡mi vida!

Ríos que se van
(1951-1953)

MANUEL MACHADO
(1874-1947)

Nace en Sevilla en 1874 y pasa en esta ciudad los años de su infancia. Su padre fue el folklorista don Antonio Machado Álvarez. En 1883 se traslada a Madrid y sigue estudios primarios y secundarios en la Institución Libre de Enseñanza, fundada por don Francisco Giner. Vive en Triana durante los años de 1895 a 1897 y se licencia en Filosofía y Letras en la Universidad de Sevilla, al mismo tiempo que absorbe el ambiente de la cultura popular andaluza. Viaja a París en 1899, donde trabaja como traductor de la Editorial Garnier y conoce, entre otros escritores, a Moréas, Oscar Wilde, André Gide, Paul Fort, y los hispanoamericanos Gómez Carrillo, Rubén Darío y Amado Nervo. Durante su estancia en París compone los poemas de su primer libro *Alma*. En diciembre de 1900 vuelve a Madrid y entra en contacto con los escritores de principios del siglo, Valle-Inclán, Maeztu, Sawa, Villaespesa y otros. En marzo de 1901 ayudó a fundar la revista *Electra* y luego *Juventud*, en las cuales se expresaban ideas modernistas y se hacía la defensa de la «poesía nueva». Vuelve a París en 1902 y viaja a Inglaterra y Bélgica. A su vuelta a Madrid al final de este año colabora con artículos en la nueva revista *Alma Española* y publica poemas en *Helios*, fundada por Juan Ramón Jiménez. Continúa su amistad con Darío, Nervo y Santos Chocano y lleva en la capital una vida bohemia que ha de reflejarse en su poesía. Retorna a París por un breve espacio de tiempo en 1909, y contrae matrimonio en Sevilla en 1910.

En el verano de 1912 sigue cursos en la Universidad Central para habilitarse como bibliotecario. Consigue entrar en el Cuerpo Facultativo de Archiveros, Bibliotecarios y Arqueólogos en 1913, primero en Santiago de Compostela y luego con un puesto en la Biblioteca Nacional. Más tarde ingresa en la Biblioteca Municipal de Madrid, en la cual permaneció por el resto de su carrera de bibliotecario. En 1916 pasa a ser crítico literario de drama del periódico *El Liberal*, dirigido por Gómez Carrillo. En 1918 va a París y Bélgica como corresponsal extranjero de dicho periódico. A fines de 1919 rompe con *El Liberal* y participa en la fundación del diario *La Libertad*, de tendencia socialista. Tanto él como su hermano Antonio se ponen al lado de la Dictadura de Primo de Rivera en 1923. Funda con Ricardo Fuente la *Revista de la Biblioteca, Archivo y Museo* del ayuntamiento de Madrid en 1924, para la cual colabora con artículos de erudición. Es nombrado Jefe de Investigaciones Históricas, Director de la Biblioteca Municipal de Madrid y, más tarde, Director del

Museo Municipal. En 1931 los hermanos Machado prestan su adhesión a la nueva República. En 1934 renuncia al periódico *La Libertad*. Encontrándose en Burgos en el verano de 1936, permanece en esta ciudad durante todo el tiempo de la Guerra Civil y envía su adhesión a la Oficina de Propaganda Nacionalista. Escribe poesía de propaganda a favor de la causa nacionalista. En 1938 es hecho miembro de la Real Academia Española. Pasa por una crisis religiosa que lo lleva a escribir poesía devota. De vuelta a Madrid en 1939, asume su antiguo puesto de Director del Museo Municipal y de las Investigaciones Históricas del Ayuntamiento, hasta su jubilación en 1944. Muere el 19 de enero de 1947.

OBRAS POÉTICAS:

Tristes y alegres, con Enrique Paradas (Madrid: La Catalana, 1894), *Alma* (1898-1900) (Madrid: Imprenta de A. Marzo, 1902; 2.ª ed., París: Garnier, 1910), *Caprichos* (Madrid: Tipografía de la Revista de Archivos, 1905; 2.ª ed., Madrid: Castro y Cía., 1908), *Alma. Museo. Los cantares*, con prólogo de Unamuno (Madrid: Pueyo, 1907), *El mal poema* (Madrid: Castro y Cía., 1909), *Apolo. Teatro pictórico* (Madrid: V. Prieto y Cía., 1911), *Cante hondo. Cantares, canciones y coplas, compuestas al estilo popular de Andalucía* (Madrid: Imprenta Helénica, 1912; 2.ª ed. corregida y aumentada, Madrid: Renacimiento, 1916; 3.ª ed., Sevilla: Aguilar, 1939), *Poesías escogidas*, prólogo de Unamuno (Barcelona: Maucci, 1913), *Canciones y dedicatorias* (Madrid: Imprenta Hispano-Alemana, 1915), *Poesías completas* (Madrid: Residencia de Estudiantes, 1917), *Sevilla y otros poemas* (Madrid: Editorial América, 1919), *Ars moriendi* (Madrid: Ediciones Mundo Latino, 1922), *Obras completas*, 5 vols. (Madrid: Mundo Latino, 1922-1924), *Phoenix. Nuevas canciones* (Madrid: Ediciones Héroe, 1936), *Antología poética* (Burgos: Ediciones Zaragoza, 1938), *Horas de oro. Devocionario poético* (Valladolid: Imprenta Castellana, 1938), *Poesía (Opera omnia lyrica)* (Madrid: Editora Nacional, 1940; 2.ª ed., 1942), *Antología* (Austral; Madrid: Espasa-Calpe, 1940, y otras ediciones), *Cadencias de cadencias. Nuevas dedicatorias* (Madrid: Editora Nacional, 1943), *Horario. Poemas religiosos* (Madrid: Editora Nacional, 1947), *Obras completas de Manuel y Antonio Machado* (Madrid: Editorial Plenitud, 1947; 4.ª ed., 1957), *Antología*, ed. de Emilio Miró (Barcelona: Plaza & Janés, 1974), *Antología poética de Manuel Machado*, ed. de Margarita Smerdou Altolaguirre (Madrid: Magisterio Español, 1977).

OTRAS OBRAS:

TEATRO: Con su hermano Antonio hizo refundiciones del teatro clásico español, y juntos escribieron una serie de dramas que fueron representados en los teatros de Madrid: *Desdichas de la fortuna* (1926), *Juan de Mañara* (1927), *Las adelfas* (1928), *La Lola se va a los puertos* (1929), *La prima Fernanda* (1931), *La Duquesa de Benamejí* (1932) y *El hombre que murió en la guerra*, estrenada en Madrid en 1941. Después de la Guerra escribió ya solo el drama *El Pilar de la Victoria* (1940). NOVELA: *El amor y la muerte (Capítulos de novela)* (Madrid: Imprenta Helénica, 1913). ENSAYO: *La guerra literaria 1898-1914 (Crítica y ensayos)* (Madrid: Hispano-Alemana, 1913), *Un año de teatro (Ensayos de crítica dramática)* (Madrid: Biblioteca Nueva, 1917), *Día por día de mi calendario: memorándum de la vida española en 1918* (Madrid: Pueyo, 1918), *Estampas sevillanas* (Madrid: Afrodisio Aguado, 1949), *El amor y la muerte y Día por día de mi calendario*, ed. e introducción de L. Ortiz de Lanzagorta (Sevilla: Universidad, 1974). TRADUCCIÓN: *Fiestas galantes* y otros libros de poesía de Verlaine (Madrid: Fortanet, 1908; 2.ª ed., 1918).

ESTUDIO PRELIMINAR: I, págs. 15, 17, 26.

1

A D E L F O S

Yo soy como las gentes que a mi tierra vinieron
—soy de la raza mora, vieja amiga del Sol—,
que todo lo ganaron y todo lo perdieron.
Tengo el alma de nardo del árabe español.

5 Mi voluntad se ha muerto una noche de luna
en que era muy hermoso no pensar ni querer...
Mi ideal es tenderme, sin ilusión ninguna...
De cuando en cuando, un beso y un nombre de mujer.

En mi alma, hermana de la tarde, no hay contornos...;
10 y la rosa simbólica de mi única pasión
es una flor que nace en tierras ignoradas
y que no tiene aroma, ni forma, ni color.

Besos, ¡pero no darlos! Gloria..., ¡la que me deben!
¡Que todo como un aura se venga para mí!
15 ¡Que las olas me traigan y las olas me lleven,
y que jamás me obliguen el camino a elegir!

¡Ambición! No la tengo. ¡Amor! No lo he sentido.
No ardí nunca en un fuego de fe ni gratitud.
Un vago afán de arte tuve... Ya lo he perdido.
20 Ni el vicio me seduce, ni adoro la virtud.

De mi alta aristocracia, dudar jamás se pudo.
No se ganan, se heredan, elegancia y blasón...
Pero el lema de casa, el mote del escudo,
es una nube vaga que eclipsa un vano sol.

25 Nada os pido. Ni os amo, ni os odio. Con dejarme,
lo que hago por vosotros hacer podéis por mí...
¡Que la vida se tome la pena de matarme,
ya que yo no me tomo la pena de vivir!...

Mi voluntad se ha muerto una noche de luna
30 en que era muy hermoso no pensar ni querer...
De cuando en cuando un beso, sin ilusión ninguna.
¡El beso generoso que no he de devolver!

Alma
(1900), 1902

2

EL JARDÍN GRIS

¡Jardín sin jardinero!
¡Viejo jardín,
              viejo jardín sin alma,
jardín muerto! Tus árboles
no agita el viento. En el estanque, el agua
5 yace podrida. ¡Ni una onda! El pájaro
no se posa en tus ramas.
La verdinegra sombra
de tus hiedras contrasta
con la triste blancura
10 de tus veredas áridas...

¡Jardín, jardín! ¿Qué tienes?
¡Tu soledad es tanta,
que no deja poesía a tu tristeza!
¡Llegando a ti, se muere la mirada!
15 Cementerio sin tumbas...
Ni una voz, ni recuerdos, ni esperanza.
¡Jardín sin jardinero!
¡Viejo jardín,
              viejo jardín sin alma!

Alma
(1900)

3

C A N T A R E S

Vino, sentimiento, guitarra y poesía
hacen los cantares de la patria mía...
Cantares...
Quien dice cantares, dice Andalucía.

5 A la sombra fresca de la vieja parra,
un mozo moreno rasguea la guitarra...
Cantares...
Algo que acaricia y algo que desgarra.

La prima que canta y el bordón que llora...
10 Y el tiempo callado se va hora tras hora.
Cantares...
Son dejos fatales de la raza mora.

No importa la vida, que ya está perdida.
Y, despés de todo, ¿qué es eso, la vida?...
15 Cantares...
Cantando la pena, la pena se olvida.

Madre, pena, suerte, pena, madre, muerte,
ojos negros, negros, y negra la suerte...
Cantares...
20 En ellos, el alma del alma se vierte.

Cantares. Cantares de la patria mía...
Cantares son sólo los de Andalucía.
Cantares...
No tiene más notas la guitarra mía.

Alma
(1900)

4

CASTILLA

El ciego sol se estrella
en las duras aristas de las armas,
llaga de luz los petos y espaldares
y flamea en las puntas de las lanzas.

5 El ciego sol, la sed y la fatiga.
Por la terrible estepa castellana,
al destierro, con doce de los suyos
—polvo, sudor y hierro—, el Cid cabalga.

Cerrado está el mesón a piedra y lodo...
10 Nadie responde. Al pomo de la espada
y al cuento de las picas, el postigo
va a ceder... ¡Quema el sol, el aire abrasa!

A los terribles golpes,
de eco ronco, una voz pura, de plata
15 y de cristal, responde... Hay una niña
muy débil y muy blanca
en el umbral. Es toda
ojos azules; y en los ojos, lágrimas.
Oro pálido nimba
20 su carita curiosa y asustada.

—¡Buen Cid! Pasad... El rey nos dará muerte,
arruinará la casa
y sembrará de sal el pobre campo
que mi padre trabaja...
25 Idos. El Cielo os colme de venturas...
En nuestro mal, ¡oh Cid!, no ganáis nada.

Calla la niña y llora sin gemido...
Un sollozo infantil cruza la escuadra
de feroces guerreros,
30 y una voz inflexible grita: «¡En marcha!»

El ciego sol, la sed y la fatiga.
Por la terrible estepa castellana,
al destierro, con doce de los suyos
—polvo, sudor y hierro—, el Cid cabalga.

Alma
(1900)

5

FELIPE IV

Nadie más cortesano ni pulido
que nuestro Rey Felipe, que Dios guarde,
siempre de negro hasta los pies vestido.

Es pálida su tez como la tarde,
5 cansado el oro de su pelo undoso,
y de sus ojos, el azul, cobarde.

Sobre su augusto pecho generoso,
ni joyeles perturban ni cadenas
el negro terciopelo silencioso.

10 Y, en vez de cetro real, sostiene apenas
con desmayo galán un guante de ante
la blanca mano de azuladas venas.

Alma
(1900)

6

PIERROT Y ARLEQUÍN

Pierrot y Arlequín,
mirándose sin
rencores,
después de cenar,
5 pusiéronse a hablar
de amores.
Y dijo Pierrot:
—¿Qué buscas tú?
　　　—¿Yo?...

¡Placeres!

10 —Entonces, no más
disputas por las
mujeres.
Y sepa yo, al fin,
tu novia, Arlequín...
15 —Ninguna.
Mas dime, a tu vez,
la tuya.
　　　—¡Pardiez!...
¡La Luna!

Caprichos
1905

7
DOMINGO

La vida, el huracán, bufa en mi calle. Sobre
la turba polvorienta y vociferadora,
el morado crepúsculo desciende... El sol, ahora,
se va, y el barrio queda enteramente pobre.

5 ¡Fatiga del domingo, fatiga!... ¡Extraordinario
bien conocido y bien corriente!... No hay remedio.
¡Señor: Tú descansaste; aleja, en fin, el tedio
de este modesto ensueño consuetudinario!

Voces, gritos, canción apenas... Bulla. Locas
10 carcajadas... ¿Será que pasa la alegría?
Y yo aquí, solo, triste y lejos de las fiestas...

Dame, Señor, las necias palabras de estas bocas;
dame que suene tanto mi risa cuando ría;
dame un alma sencilla como cualquiera de éstas.

Caprichos
1905

8
YO, POETA DECADENTE

Yo, poeta decadente,
español del siglo veinte,
que los toros he elogiado,
y cantado
5 las golfas y el aguardiente...,
y la noche de Madrid,
y los rincones impuros,
y los vicios más oscuros
de estos bisnietos del Cid:
10 de tanta canallería
harto estar un poco debo;

ya estoy malo, y ya no bebo
lo que han dicho que bebía.

Porque ya
15 una cosa es la Poesía
y otra cosa lo que está
grabado en el alma mía...
Grabado, lugar común.
Alma, palabra gastada.
20 Mía... No sabemos nada.
Todo es conforme y según.

El mal poema
1909

9

A MI SOMBRA

Sombra, triste compañera
inútil, dócil y muda,
que me sigues dondequiera
pertinaz, como la duda.

5 Amiga que no se advierte,
compañera que se olvida,
afirmación de la vida
que hace pensar en la muerte.

Retrato, caricatura...
10 Algo que soy yo y no es nada.
Cosa singular y pura,
al par que broma pesada.

Obsesión y diversión
del poeta solitario.
15 Insignificante y vario
tema de meditación.

Primera copia grosera
del cuerpo, y quizá del alma...

¿Por qué esa terrible calma
20 muda, que me desespera?

Querría, a veces, borrarte,
pintura de brocha gorda.
... Mas yo he oído tu voz sorda
y opaca en alguna parte.

25 Y conozco tu bondad
socarrona y oportuna,
y tus bromas a la luna,
y tu gran fidelidad.

Dime, pues, en la postrera
30 hora, en el último trance,
cuando la luz no me alcance,
¿tú dónde irás, compañera?

Compañera que se olvida,
amiga que no se advierte...,
35 afirmación de la vida
que hace pensar en la muerte.

El mal poema
1909

10

PROSA

Existe una poesía
sin ritmo ni armonía,
monótona, cansada,
como una letanía...,
5 de que está desterrada
la pena y la alegría.

Silvestre flor de cardo,
poema gris o pardo
de lo pobre y lo feo,
10 sin nada de gallardo,
sin gracia y sin deseo,
agonioso y tardo.

De las enfermedades
y de las ansiedades
15 prosaicas y penosas...;

de negras soledades,
de hazañas lastimosas
y estúpidas verdades.

¡Oh! ¡Pasa y no lo veas!
20 ¡Sus páginas no leas!...
Poema de los cobres,
cantar, ¡maldito seas!,
el de los hombres pobres
y las mujeres feas.

25 ¡Oh pena desoída,
miseria escarnecida!...
Poema, sin embargo,
de rima consabida:
poema largo, largo,
30 ¡como una mala vida!...

El mal poema
1909

11

LA CANCIÓN DEL ALBA

El alba son las manos sucias
y los ojos ribeteados.
Y el acabarse las argucias
para continuar encantados.

5 Lívideces y palideces,
y monstruos de realidad.
Y la terrible verdad
mucho más clara que otras veces.

Y el terminarse las peleas
10 con transacciones lamentables.

Y el hallar las mujeres feas
y los amigos detestables.

Y el odiar a la aurora violada,
bobalicona y sonriente,
15 con su cara de embarazada,
color de agua y aguardiente.

Y el empezar a ver cuándo
los ojos se quieren cerrar.
Y el acabar de estar soñando
20 cuando nos vamos a acostar.

El mal poema
1909

12

LAS CONCEPCIONES DE MURILLO

De las dos Concepciones, la morena...;
la de gracia celeste y sevillana;
la más divina cuanto más humana;
la que habla del querer y de la pena.

5 La pintada a caricias ideales...;
la toda bendición, toda consuelo;
la que mira a la Tierra, desde el Cielo,
con los divinos ojos maternales.

La que sabe de gentes que en la vida
10 van sin fe, sin amor y sin fortuna,
y, en vez del agua, beben el veneno.

La que perdona y ve... La que convida
a la dicha posible y oportuna,
al encanto de amar y de ser bueno.

Apolo. Teatro pictórico
1911

13

ZURBARÁN. ENTIERRO DE UN MONJE

Dejando la quietud de los sitiales,
en procesión de lívida gordura,
surgen del claustro, en la humedad oscura,
las blancas estameñas monacales.

5 Campanudos acentos funerales
estremecen la vieja arquitectura,
y el blanco vaho del alba se aventura
por las altas ventanas ojivales.

Despojos son no más, miseria inerte,
10 polvo que torna, en brazos de la muerte,
a devolver sus átomos al suelo:

que el blanco monje, de virtudes muestra,
rodeado de Santos, a la diestra
de Dios Nuestro Señor, está en el Cielo.

Apolo. Teatro pictórico
1911

14

ESCUELA FRANCESA. SIGLO XVIII

Fin de siglo, pinceles y violines...
Discreta luz y música bonita...
Ocaso melancólico. Exquisita
pena. Meditación en los jardines...

5 Templos a la Amistad en los boscajes.
Nobles pastores y elegantes ninfas.
Fuentes de Amor. Madrigalescas linfas...
Paganismo cortés... Grecia entre encajes.

He aquí a Clori acabando su tocado...
10 Un abate locuaz y enamorado
la envuelve ya en retóricas galanas.

Mientras, ella sonríe desdeñosa...,
y va añadiendo a su beldad de diosa
falsos lunares y mentidas canas.

Apolo. Teatro pictórico
1911

15

CANTE HONDO

A todos nos han cantado,
en una noche de *juerga*,
coplas que nos han matado...

Corazón, calla tu pena:
5 a todos nos han cantado
en una noche de *juerga*.

Malagueñas, soleares
y *seguiriyas* gitanas...
Historia de mis pesares
10 y de tus horitas malas.

Malagueñas, soleares
y *seguiriyas* gitanas...

Es el saber popular,
que encierra todo el saber:
15 que es saber sufrir, amar,
morirse y aborrecer.

Es el saber popular,
que encierra todo el saber.

Cante hondo
1912

16

SOLEARES

Tonto es el que mira atrás...
Mientras hay camino *alante*,
el caso es andar y andar.

Yo voy de penita en pena,
5 como el agua por el monte,
saltando de peña en peña.

El andar de mi morena
parece que va sembrando
lirios, palmas y azucenas.

10 Tu calle, ya no es tu calle:
que es una calle cualquiera,
camino de cualquier parte.

¡Pobrecito del que espera!
¡Que entre el ayer y el mañana
15 se va muriendo de pena!

Unos negros ojos vi...
Desde entonces, en el mundo
todo es negro para mí.

Cante hondo
1912

17

LA PENA

Mi pena es muy mala,
porque es una pena que yo no quisiera
que se me quitara.

Vino, como vienen,
5 sin saber de dónde,
el agua a los mares, las flores a mayo,
los vientos al bosque.

Vino, y se ha quedado
en mi corazón,
10 como el amargo en la corteza verde
del verde limón.

Como las raíces
de la enredadera,
se va alimentando la pena en mi pecho
15 con sangre *e* mis venas.

Yo no sé por dónde
ni por dónde no:
se me ha liao esta soguita al cuerpo
sin saberlo yo.

Cante hondo
1912

18

CUALQUIERA CANTA UN CANTAR...

Hasta que el pueblo las canta,
las coplas, coplas no son;
y cuando las canta el pueblo,
ya nadie sabe el autor.

5 Tal es la gloria, Guillén,
de los que escriben cantares:
oír decir a la gente
que no los ha escrito nadie.

Procura tú que tus coplas
10 vayan al pueblo a parar,
aunque dejen de ser tuyas
para ser de los demás.

Que, al fundir el corazón
en el alma popular,
15 lo que se pierde de nombre
se gana de eternidad.

Sevilla
1919

19

ALFA Y OMEGA

Cabe la vida entera en un soneto
empezado con lánguido descuido,
y, apenas iniciado, ha transcurrido
la infancia, imagen del primer cuarteto.

5 Llega la juventud con el secreto
de la vida, que pasa inadvertido,
y que se va también, que ya se ha ido,
antes de entrar en el primer terceto.

Maduros, a mirar a ayer tornamos
10 añorantes y, ansiosos, a mañana,
y así el primer terceto malgastamos.

Y, cuando en el terceto último entramos,
es para ver con experiencia vana
que se acaba el soneto... Y que nos vamos.

Poemas varios
1921

20

MORIR, DORMIR...

—Hijo: para descansar,
es necesario dormir,
no pensar,
no sentir,

5 no soñar...
—Madre: para descansar,
morir.

«Ars moriendi»
1922

21

OCASO

Era un suspiro lánguido y sonoro
la voz del mar aquella tarde... El día,
no queriendo morir, con garras de oro,
de los acantilados se prendía.

5 Pero su seno el mar alzó potente,
y el sol, al fin, como en soberbio lecho,
hundió en las olas la dorada frente,
en una brasa cárdena deshecho.

Para mi pobre cuerpo dolorido,
10 para mi triste alma lacerada,
para mi yerto corazón herido,

para mi amarga vida fatigada...,
¡el mar amado, el mar apetecido,
el mar, el mar, y no pensar en nada!...

«Ars moriendi»
1922

22

A ALEJANDRO SAWA (EPITAFIO)

Jamás hombre más nacido
para el placer fue al dolor
más derecho.

Jamás ninguno ha caído,
5 con facha de vencedor,
tan deshecho.

Y es que él se daba a perder,
como muchos a ganar.
Y su vida,

10 por la falta de querer
y sobra de regalar,
fue perdida.

Es el morir y olvidar
mejor que amar y vivir.
15 ¿Y más mérito el dejar
que el conseguir?...

Dedicatorias
(1910-1922)

23

A RUBÉN DARÍO

Como cuando viajabas, Maestro, estás ausente,
y llena está de ti la soledad, que espera
tu retorno. ¿Vendrás? En tanto, Primavera
va a revestir los prados, a desatar la fuente.

5 En el día, en la noche; hoy, ayer... En la vaga
tarde, en la aurora perla, resuenan tus canciones.
Y eres, en nuestras mentes y en nuestros corazones,
rumor que no se extingue, lumbre que no se apaga.

Y en Madrid, en París, en Roma, en la Argentina
10 te aguardan. Dondequiera tu cítara divina
vibró, su son pervive sereno, dulce, fuerte.

Solamente en Managua hay un rincón sombrío,
donde escribió la mano que ha matado a la Muerte:
«Pasa, viajero; aquí no está Rubén Darío.»

Dedicatorias
(1910-1922)

24

DICE LA FUENTE...

No se callaba la fuente,
no se callaba...

Reía,
saltaba,

5 charlaba... Y nadie sabía
lo que decía.

Clara, alegre, polifónica,
columnilla salomónica,
perforaba

10 el silencio del Poniente
y, gárrula, se empinaba
para ver el sol muriente.

No se callaba la fuente,
no se callaba...

15 Como vena
de la noche, su barrena,

plata fría,
encogía
y estiraba...
20 Subía,
bajaba,
charlaba... Y nadie sabía
lo que decía.

Cuando la aurora volvía...

Phoenix
1936

25

CANTO A ANDALUCÍA

Cádiz, salada claridad. Granada,
agua oculta que llora.
Romana y mora, Córdoba callada.
Málaga, *cantaora*.

5 Almería, dorada.
Plateado, Jaén. Huelva, la orilla
de las tres carabelas.

Y Sevilla.

Phoenix
1936

ANTONIO MACHADO
(1875-1939)

Nace en Sevilla en 1875. Hace sus primeras letras en esta ciudad y en 1883 se traslada con su familia a Madrid, donde sigue sus estudios primarios en la Institución Libre de Enseñanza. En 1889 ingresa en el Instituto de San Isidro y al año siguiente en el Cardenal Cisneros, donde obtiene el grado de Bachiller. En 1893 colabora con artículos humorísticos en el periódico *La Caricatura*. Marcha a París por unos meses en 1899 y trabaja en la Editorial Garnier. Conoce a Oscar Wilde, Rubén Darío y Jean Moréas. En 1900 forma parte como actor de la Compañía Fernando Díaz de Mendoza. En 1902 vuelve a París como Canciller del Consulado de Guatemala, a instancias de su amigo Enrique Gómez Carrillo. Termina su primera versión de las *Soledades*. En 1903 y 1904 colabora en la revista *Helios*, fundada por Juan Ramón Jiménez, y en *Blanco y Negro*. Se prepara para oposiciones a francés en 1906. En mayo de 1907 obtiene el nombramiento de catedrático de Soria, a donde se traslada en septiembre de este año.

En 1908 colabora en *Renacimiento*, la revista de Martínez Sierra. En 1909 contrae matrimonio en Soria con Leonor Izquierdo Cuevas. Viaja en esta época por los campos de Castilla. En 1910 va a París como becario de la Junta de Ampliación de Estudios y sigue las clases de Bédier y de Bergson. En París enferma Leonor y los esposos deben retornar a Soria. Muere Leonor en agosto de 1912. Machado pide traslado a Baeza y aprovecha su estancia en esta ciudad para viajar por Andalucía. En 1913 comienza a leer filosofía, estudios que intensifica hasta licenciarse en esta materia en la Universidad de Madrid algunos años después. En 1919 se hace cargo de la cátedra del Instituto de Segovia. En esta ciudad conoce a su segundo amor, que aparece en su poesía bajo el nombre de Guiomar. En 1921 colabora en la revista *Índice*, de Juan Ramón Jiménez, y más tarde en *Alfar*, de La Coruña. Escribe también artículos para el periódico *El Sol* y la *Revista de Occidente*, fundada en 1923 por Ortega y Gasset. En 1927 es elegido miembro de la Real Academia Española. Durante estos años trabaja intensamente para el teatro con su hermano Manuel.

En 1931 se traslada a Madrid para hacerse cargo de la cátedra del recién creado Instituto Calderón de la Barca. Después de comenzada la Guerra Civil pasa con otros intelectuales a Valencia. Pronuncia un discurso con el título de «Sobre la defensa y difusión de la cultura» ante el Congreso Internacional de Escritores organizado por la Alianza de Intelectuales Antifascistas. Con la derrota de la República, traspasa la frontera franco-española, el 27 de enero de 1939 en compañía de su madre y de su hermano José, llegando al día siguiente al pequeño pueblo de Collioure. Allí cae gravemente enfermo y muere el 22 de febrero de este año. El día 25 muere su madre Ana Ruiz. Los restos de madre e hijo reposan en el cementerio de Collioure.

OBRAS POÉTICAS:

Soledades (Madrid: Imprenta A. Álvarez, 1903; 2.ª ed. con prólogo de Rafael Ferreres, Madrid: Taurus, 1968), *Soledades, galerías y otros poemas* (Madrid: Pueyo, 1907; 2.ª ed., Madrid: Espasa-Calpe, 1919; 3.ª ed., 1943; ed. de Geoffrey Ribbans, Barcelona: Labor, 1974), *Campos de Castilla* (Madrid: Renacimiento, 1912; 2.ª ed., Madrid: Afrodisio Aguado, 1949; ed. y prólogo de José Luis Cano, Salamanca: Anaya, 1967; ed. y prólogo de Rafael Ferreres, Madrid: Taurus, 1970; 4.ª ed., 1977; Madrid: Cátedra, 1974), *Páginas escogidas* (Madrid: Calleja, 1917; 2.ª ed., 1925), *Poesías completas* (Madrid: Fortanet, 1917; 2.ª ed. [1899-1925], Madrid: Espasa-Calpe, 1928; 3.ª ed. [1899-1930], 1933; 4.ª ed., 1936; 10.ª ed. en encuadernación de lujo y con la adición de nuevos textos, 1970), *Nuevas canciones* (Madrid: Mundo Latino, 1924), *La tierra de Alvargonzález y Canciones del Alto Duero* (Barcelona: Nuestro Pueblo, 1938), *La tierra de Alvargonzález* (La Habana: El Ciervo Herido, 1939), *Obras*, prólogo de José Bergamín, contiene *Poesías completas, Juan de Mairena, Sigue hablando Mairena a sus discípulos, Obras sueltas* (México: Séneca, 1940), *Poesías completas* (Austral) (Buenos Aires: Espasa-Calpe, 1940; 12.ª ed., 1969; en Selecciones Austral, prólogo de Manuel Alvar, 1975; 3.ª ed., 1977), *Poesías completas* (Buenos Aires: Losada, 1943; 6.ª ed., 1965), *Abel Martín. Cancionero de Juan de Mairena. Prosas varias* (Buenos Aires: Losada, 1943; 2.ª ed., 1953), *Antología de guerra* (La Habana: Ucar, García y Cía., 1944), *Obra poética*, epílogo de Rafael Alberti (Buenos Aires: Pleamar, 1944), *Poesías escogidas* (Madrid: Aguilar, 1947; 6.ª ed., 1969), *Obras completas de Manuel y Antonio Machado* (Madrid: Editorial Plenitud, 1947; 4.ª ed., 1957), *Canciones* (Madrid: Afrodisio Aguado, 1949), *Poesie di Antonio Machado*, ed. crítica de Oreste Macri (Milán: Lerici Editori, 1959, 2.ª ed., 1962; 3.ª ed., 1969), *Obras. Poesía y prosa*, ed. de Aurora de Albornoz y Guillermo de Torre, con ensayo preliminar de este último (Buenos Aires: Losada, 1964), *Prosas y poesías olvidadas*, recogidas y prologadas por Robert Marrast y Ramón Martínez-López (París: Centre de Recherches de l'Institut d'Études Hispaniques, 1964), *Poesías completas* (La Habana: Consejo Nacional de Cultura, 1964), *Antología poética*, prólogo de José Hierro (Barcelona: Ediciones Marte, 1968), *Antología poética*, prólogo de Julián Marías (Madrid: Salvat Editores, 1969), *Antología*, ed. de José Luis Cano (Madrid: Anaya, 1969), *Soledades. (Poesías)* (Madrid: Taurus, 1969; 5.ª ed., 1977), *Nuevas canciones y De un cancionero apócrifo*, ed., introducción y notas de José María Valverde (Madrid: Castalia, 1971), *Poesía* (Madrid: Narcea, 1971), *Antonio Machado. Antología poética* (Madrid: Coculsa, 1974), *Antología poética de A. Machado* (Madrid: Organismos Oficiales, 1975), *Antología poética de Antonio Machado* (Madrid: Zero, 1975), *Antología poética de Antonio Machado*, ed. de Martos Giménez Gómez (Madrid: Magisterio Español, 1976), *Antonio Machado. (Antología)*, ed. de Ángel González Muñiz (Madrid: Júcar, 1976), *Poemas de A. Machado. Antología de urgencia*, selección y prólogo de Luis Izquierdo (Barcelona: Labor, 1976), *Poesía de A. Machado*, introducción y selección de Jorge Campos (Madrid: Alianza, 1976), *Poetas en la España leal* (Madrid: Autores, 1976), *Antología poética de Antonio Machado* (Barcelona: Círculo de Lectores, 1978).

OTRAS OBRAS:

CRÍTICA Y ENSAYO: *Juan de Mairena. Sentencias, donaires, apuntes y recuerdos de un profesor apócrifo* (Madrid: Espasa-Calpe, 1936; en dos volúmenes, Buenos Aires: Losada, 1943; 3.ª ed., 1957; ed. e introd. de José María Valverde, Madrid: Castalia, 1972; Selecciones Austral, 1976), *Obra inédita (Los complementarios. Papeles póstumos. Obra varia)* (en *Cuadernos Hispanoamericanos*, Núms. 11-12, págs. 243-286, 1949), *Los complementarios y otras prosas póstumas*, ordenación y nota preliminar de Guillermo de Torre (Buenos Aires: Losada, 1957), *Los complementarios*, ed. crítica de Domingo Ynduráin (2 vols.) (Madrid: Taurus, 1972). Los artículos publicados con el seudónimo de «Cabellera» en el periódico *La Caricatura* se hallan recogidos en *Prehistoria de Antonio Machado*, ed., prólogo y anotaciones de Aurora de Albornoz (Río Piedras: Universidad de Puerto Rico, 1961). Los *Escritos en prosa* (antología) han sido presentados por Aurora de Albornoz en los siguientes cuatro volúmenes: 1 *Cultura y sociedad*, 2 *Literatura y arte*, 3 *Decires y pensares filosóficos*, 4 *A la altura de las circunstancias* (Madrid: Cuadernos para el Diálogo, 1972; 4.ª ed., 1976).

ESTUDIO PRELIMINAR: I, págs. 15, 17, 19, 21.

1

La plaza y los naranjos encendidos
con sus frutas redondas y risueñas.

Tumulto de pequeños colegiales
que al salir en desorden de la es-
[cuela,

⁵ llenan el aire de la plaza en sombra
con la algazara de sus voces nuevas.

¡Alegría infantil en los rincones
de las ciudades muertas!...
¡Y algo nuestro de ayer, que todavía
¹⁰ vemos vagar por estas calles viejas!

Soledades, galerías y otros poemas
1907

2

EN EL ENTIERRO DE UN AMIGO

Tierra le dieron una tarde horrible
del mes de julio, bajo el sol de fuego.

A un paso de la abierta sepultura
había rosas de podridos pétalos
⁵ entre geranios de áspera fragancia
y roja flor. El cielo
puro y azul. Corría
un aire fuerte y seco.

De los gruesos cordeles suspendido,
¹⁰ pesadamente, descender hicieron
el ataúd al fondo de la fosa
los dos sepultureros...

Y al reposar sonó con recio golpe,
solemne, en el silencio.

15 Un golpe de ataúd en tierra es algo
perfectamente serio.

Sobre la negra caja se rompían
los pesados terrones polvorientos...

El aire se llevaba
20 de la honda fosa el blanquecino aliento.

—Y tú, sin sombra ya, duerme y reposa,
larga paz a tus huesos...

Definitivamente,
duerme un sueño tranquilo y verdadero.

Soledades, galerías y otros poemas
1907

3

El limonero lánguido suspende
una pálida rama polvorienta,
sobre el encanto de la fuente limpia,
y allá en el fondo sueñan
5 los frutos de oro...
                            Es una tarde clara,
casi de primavera,
tibia tarde de marzo,
que el hálito de abril cercano lleva;
10 y estoy solo, en el patio silencioso,
buscando una ilusión cándida y vieja:
alguna sombra sobre el blanco muro,
algún recuerdo, en el pretil de piedra
de la fuente dormido, o, en el aire,
15 algún vagar de túnica ligera.

En el ambiente de la tarde flota
ese aroma de ausencia
que dice al alma luminosa: nunca,
y al corazón: espera.

20 Ese aroma que evoca los fantasmas
de las fragancias vírgenes y muertas.

Sí, te recuerdo, tarde alegre y clara,
casi de primavera,
tarde sin flores, cuando me traías
25 el buen perfume de la hierbabuena
y de la buena albahaca
que tenía mi madre en sus macetas.

Que tú me viste hundir mis manos puras
en el agua serena,
30 para alcanzar los frutos encantados
que hoy en el fondo de la fuente sueñan...

Sí, te conozco, tarde alegre y clara,
casi de primavera.

Soledades, galerías y otros poemas
1907

4

Yo voy soñando caminos
de la tarde. ¡Las colinas
doradas, los verdes pinos,
las polvorientas encinas!...
5 ¿Adónde el camino irá?
Yo voy cantando, viajero
a lo largo del sendero...
—la tarde cayendo está—.
«En el corazón tenía
10 la espina de una pasión;
logré arrancármela un día
ya no siento el corazón.»

Y todo el campo un momento
se queda, mudo y sombrío,
15 meditando. Suena el viento
en los álamos del río.

La tarde más se oscurece;
y el camino que serpea
y débilmente blanquea
20 se enturbia y desaparece.

Mi cantar vuelve a plañir:
«Aguda espina dorada,
quién te pudiera sentir
en el corazón clavada.»

Soledades, galerías y otros poemas
1907

5

Hacia un ocaso radiante
caminaba el sol de estío,
y era, entre nubes de fuego, una trompeta gigante,
tras de los álamos verdes de las márgenes del río.

5 Dentro de un olmo sonaba la sempiterna tijera
de la cigarra cantora, el monorritmo jovial,
entre metal y madera,
que es la canción estival.

En una huerta sombría
10 giraban los cangilones de la noria soñolienta.
Bajo las ramas oscuras el son del agua se oía.
Era una tarde de julio, luminosa y polvorienta.

Yo iba haciendo mi camino,
absorto en el solitario crepúsculo campesino.

15 Y pensaba: «¡Hermosa tarde, nota de la lira inmensa
toda desdén y armonía;
hermosa tarde, tú curas la pobre melancolía
de este rincón vanidoso, oscuro rincón que piensa!»

Pasaba el agua rizada bajo los ojos del puente.
20 Lejos, la ciudad dormía,
como cubierta de un mago fanal de oro transparente.
Bajo los arcos de piedra el agua clara corría.

Los últimos arreboles coronaban las colinas
manchadas de olivos grises y de negruzcas encinas.
25 Yo caminaba cansado,
sintiendo la vieja angustia que hace el corazón pesado.

El agua en sombra pasaba tan melancólicamente,
bajo los arcos del puente,
como si al pasar dijera:

30 «Apenas desamarrada
la pobre barca, viajero, del árbol de la ribera,
se canta: no somos nada.
Donde acaba el pobre río la inmensa mar nos espera.»

Bajo los ojos del puente pasaba el agua sombría.
35 (Yo pensaba: ¡el alma mía!)

Y me detuve un momento,
en la tarde, a meditar...
¿Qué es esta gota en el viento
que grita al mar: soy el mar?

40 Vibraba el aire asordado
por los élitros cantores que hacen el campo sonoro,
cual si estuviera sembrado
de campanitas de oro.

En el azul fulguraba
45 un lucero diamantino.
Cálido viento soplaba
alborotando el camino.

Yo, en la tarde polvorienta,
hacia la ciudad volvía.
50 Sonaban los cangilones de la noria soñolienta.
Bajo las ramas oscuras caer el agua se oía.

Soledades, galerías y otros poemas
1907

6

Sobre la tierra amarga,
caminos tiene el sueño
laberínticos, sendas tortuosas,
parques en flor y en sombra y en silencio;

5 criptas hondas, escalas sobre estrellas;
retablos de esperanzas y recuerdos.
Figurillas que pasan y sonríen
—juguetes melancólicos de viejo—;

imágenes amigas,
10 a la vuelta florida del sendero,
y quimeras rosadas
que hacen camino... lejos...

Soledades, galerías y otros poemas
1907

7

¡Oh figuras del atrio, más humildes
cada día y lejanas:
mendigos harapientos
sobre marmóreas gradas;

5 miserables ungidos
de eternidades santas,
manos que surgen de los mantos viejos
y de las rotas capas!

¿Pasó por vuestro lado
10 una ilusión velada,
de la mañana luminosa y fría
en las horas más plácidas?...

Sobre la negra túnica, su mano
era una rosa blanca...

Soledades, galerías y otros poemas
1907

8

Las ascuas de un crepúsculo morado
detrás del negro cipresal humean...
En la glorieta en sombra está la fuente
con su alado y desnudo Amor de piedra,
5 que sueña mudo. En la marmórea taza
reposa el agua muerta.

Soledades, galerías y otros poemas
1907

9

La vida hoy tiene ritmo
de ondas que pasan,
de olitas temblorosas
que fluyen y se alcanzan.

⁵ La vida hoy tiene el ritmo de los ríos,
la risa de las aguas
que entre los verdes junquerales corren
y entre las verdes cañas.

Sueño florido lleva el manso viento;
¹⁰ bulle la savia joven en las nuevas ramas;
tiemblan alas y frondas,
y la mirada sagital del águila
no encuentra presa... Treme el campo en sueños,
vibra el sol como un arpa.

¹⁵ ¡Fugitiva ilusión de ojos guerreros,
que por las selvas pasas
a la hora del cenit: tiemble en mi pecho
el oro de tu aljaba!

En tus labios florece la alegría
²⁰ de los campos en flor; tu veste alada
aroman las primeras velloritas,
las violetas perfuman tus sandalias.

Yo he seguido tus pasos en el viejo bosque,
arrebatados tras la corza rápida,
²⁵ y los ágiles músculos rosados
de tus piernas silvestres entre verdes ramas.

¡Pasajera ilusión de ojos guerreros
que por las selvas pasas
cuando la tierra reverdece y ríen
³⁰ los ríos en las cañas!
¡Tiemble en mi pecho el oro
que llevas en tu aljaba!

Soledades, galerías y otros poemas
1907

10

LAS MOSCAS

Vosotras, las familiares,
inevitables golosas,
vosotras, moscas vulgares,
me evocáis todas las cosas.

⁵ ¡Oh, viejas moscas voraces
como abejas en abril,
viejas moscas pertinaces
sobre mi calva infantil!

¡Moscas del primer hastío
¹⁰ en el salón familiar,
las claras tardes de estío
en que yo empecé a soñar!

Y en la aborrecida escuela,
raudas moscas divertidas,
¹⁵ perseguidas
por amor de lo que vuela,

—que todo es volar—, sonoras,
rebotando en los cristales
en los días otoñales...
20 Moscas de todas las horas,

de infancia y adolescencia,
de mi juventud dorada;
de esta segunda inocencia,
que da en no creer en nada,

25 de siempre... Moscas vulgares,
que de puro familiares
no tendréis digno cantor:
yo sé que os habéis posado

sobre el juguete encantado,
30 sobre el librote cerrado,
sobre la carta de amor,
sobre los párpados yertos
de los muertos.

Inevitables golosas,
35 que ni labráis como abejas,
ni brilláis cual mariposas;
pequeñitas, revoltosas,
vosotras, amigas viejas,
me evocáis todas las cosas.

Soledades, galerías y otros poemas
1907

11

LOS SUEÑOS MALOS

Está la plaza sombría;
muere el día.
Suenan lejos las campanas.

De balcones y ventanas
5 se iluminan las vidrieras,
con reflejos mortecinos,
como huesos blanquecinos
y borrosas calaveras.

En toda la tarde brilla
10 una luz de pesadilla.

Está el sol en el ocaso.
Suena el eco de mi paso.

—¿Eres tú? Ya te esperaba...
—No eras tú a quien yo buscaba.

Soledades, galerías y otros poemas
1907

12

Anoche cuando dormía
soñé, ¡bendita ilusión!,
que una fontana fluía
dentro de mi corazón.
5 Dí: ¿por qué acequia escondida,
agua, vienes hasta mí,
manantial de nueva vida
en donde nunca bebí?

Anoche cuando dormía
10 soñé, ¡bendita ilusión!,
que una colmena tenía
dentro de mi corazón;
y las doradas abejas
iban fabricando en él,

15 con las amarguras viejas,
blanca cera y dulce miel.

Anoche cuando dormía
soñé, ¡bendita ilusión!,
que un ardiente sol lucía
20 dentro de mi corazón.
Era ardiente porque daba
calores de rojo hogar,
y era sol porque alumbraba
y porque hacía llorar.

25 Anoche cuando dormía
soñé, ¡bendita ilusión!,
que era Dios lo que tenía
dentro de mi corazón.

Soledades, galerías y otros poemas
1907

13

Desgarrada la nube; el arco iris
brillando ya en el cielo,
y en un fanal de lluvia
y sol el campo envuelto.

5 Desperté. ¿Quién enturbia
los mágicos cristales de mi sueño?
Mi corazón latía
atónito y disperso.

... ¡El limonar florido,
10 el cipresal del huerto,
el prado verde, el sol, el agua, el iris...,
¡el agua en tus cabellos!...

Y todo en la memoria se perdía
como una pompa de jabón al viento.

Soledades, galerías y otros poemas
1907

14

Y era el demonio de mi sueño, el ángel
más hermoso. Brillaban
como aceros los ojos victoriosos,
y las sangrientas llamas
5 de su antorcha alumbraron
la honda cripta del alma.

—¿Vendrás conmigo?— No, jamás; las tumbas
y los muertos me espantan.
Pero la férrea mano
10 mi diestra atenazaba.

—Vendrás conmigo... Y avancé en mi sueño,
cegado por la roja luminaria.
Y en la cripta sentí sonar cadenas
y rebullir de fieras enjauladas.

Soledades, galerías y otros poemas
1907

15

Es una tarde cenicienta y mustia,
destartalada, como el alma mía;
y es esta vieja angustia
que habita mi usual hipocondría.

⁵ La causa de esta angustia no consigo
ni vagamente comprender siquiera;
pero recuerdo y, recordando, digo:
—Sí, yo era niño, y tú, mi compañera.

*

Y no es verdad, dolor, yo te conozco,
¹⁰ tú eres nostalgia de la vida buena,
y soledad de corazón sombrío,
de barco sin naufragio y sin estrella.

Como perro olvidado que no tiene
huella ni olfato y yerra
¹⁵ por los caminos, sin camino, como
el niño que en la noche de una fiesta

se pierde entre el gentío
y el aire polvoriento y las candelas
chispeantes, atónito, y asombra
²⁰ su corazón de música y de pena,

así voy yo, borracho melancólico,
guitarrista lunático, poeta,
y pobre hombre en sueños,
siempre buscando a Dios entre la niebla.

Soledades, galerías y otros poemas
1907

16

Tal vez la mano, en sueños,
del sembrador de estrellas,
hizo sonar la música olvidada

como una nota de la lira inmensa,
⁵ y la ola humilde a nuestros labios vino
de unas pocas palabras verdaderas.

Soledades, galerías y otros poemas
1907

17

RETRATO

Mi infancia son recuerdos de un patio de Sevilla,
y un huerto claro donde madura el limonero;
mi juventud, veinte años en tierra de Castilla;
mi historia, algunos casos que recordar no quiero.

⁵ Ni un seductor Mañara, ni un Bradomín he sido
—ya conocéis mi torpe aliño indumentario—,
mas recibí la flecha que me asignó Cupido,
y amé cuanto ellas pueden tener de hospitalario.

Hay en mis venas gotas de sangre jacobina,
¹⁰ pero mi verso brota de manantial sereno;
y, más que un hombre al uso que sabe su doctrina,
soy, en el buen sentido de la palabra, bueno.

Adoro la hermosura, y en la moderna estética
corté las viejas rosas del huerto de Ronsard;
¹⁵ mas no amo los afeites de la actual cosmética,
ni soy un ave de esas del nuevo gay-trinar.

Desdeño las romanzas de los tenores huecos
y el coro de los grillos que cantan a la luna.
A distinguir me paro las voces de los ecos,
²⁰ y escucho solamente, entre las voces, una.

¿Soy clásico o romántico? No sé. Dejar quisiera
mi verso, como deja el capitán su espada:
famosa por la mano viril que la blandiera,
no por el docto oficio del forjador preciada.

²⁵ Converso con el hombre que siempre va conmigo
—quien habla solo espera hablar a Dios un día—;
mi soliloquio es plática con este buen amigo
que me enseñó el secreto de la filantropía.

Y al cabo, nada os debo; debéisme cuanto he escrito.
³⁰ A mi trabajo acudo, con mi dinero pago
el traje que me cubre y la mansión que habito,
el pan que me alimenta y el lecho en donde yago.

Y cuando llegue el día del último viaje,
y esté al partir la nave que nunca ha de tornar,
³⁵ me encontraréis a bordo, ligero de equipaje,
casi desnudo, como los hijos de la mar.

Campos de Castilla
(1907-1917)

18

A ORILLAS DEL DUERO

Mediaba el mes de julio. Era un hermoso día.
Yo, solo, por las quiebras del pedregal subía,
buscando los recodos de sombra, lentamente.
A trechos me paraba para enjugar mi frente
⁵ y dar algún respiro al pecho jadeante;

o bien, ahincando el paso, el cuerpo hacia adelante
y hacia la mano diestra vencido y apoyado
en un bastón, a guisa de pastoril cayado,
trepaba por los cerros que habitan las rapaces
10 aves de altura, hollando las hierbas montaraces
de fuerte olor —romero, tomillo, salvia, espliego—.
Sobre los agrios campos caía un sol de fuego.

Un buitre de anchas alas con majestuoso vuelo
cruzaba solitario el puro azul del cielo.
15 Yo divisaba, lejos, un monte alto y agudo,
y una redonda loma cual recamado escudo,
y cárdenos alcores sobre la parda tierra
—harapos esparcidos de un viejo arnés de guerra—,
las serrezuelas calvas por donde tuerce el Duero
20 para formar la corva ballesta de un arquero
en torno a Soria. —Soria es una barbacana,
hacia Aragón, que tiene la torre castellana—.
Veía el horizonte cerrado por colinas
obscuras, coronadas de robles y de encinas;
25 desnudos peñascales, algún humilde prado
donde el merino pace y el toro, arrodillado
sobre la hierba, rumia; las márgenes del río
lucir sus verdes álamos al claro sol de estío,
y, silenciosamente, lejanos pasajeros,
30 ¡tan diminutos! —carros, jinetes y arrieros—
cruzar el largo puente, y bajo las arcadas
de piedra ensombrecerse las aguas plateadas
del Duero.

El Duero cruza el corazón de roble
35 de Iberia y de Castilla.

¡Oh, tierra triste y noble,
la de los altos llanos y yermos y roquedas,
de campos sin arados, regatos ni arboledas;
decrépitas ciudades, caminos sin mesones,
40 y atónitos palurdos sin danzas ni canciones
que aún van, abandonando el mortecino hogar,
como tus largos ríos, Castilla, hacia la mar!

Castilla miserable, ayer dominadora,
envuelta en sus andrajos desprecia cuanto ignora.
45 ¿Espera, duerme o sueña? ¿La sangre derramada
recuerda, cuando tuvo la fiebre de la espada?
Todo se mueve, fluye, discurre, corre o gira;
cambian la mar y el monte y el ojo que los mira.
¿Pasó? Sobre sus campos aún el fantasma yerra
50 de un pueblo que ponía a Dios sobre la guerra.

La madre en otro tiempo fecunda en capitanes,
madrastra es hoy apenas de humildes ganapanes.
Castilla no es aquella tan generosa un día,

cuando Myo Cid Rodrigo el de Vivar volvía,
55 ufano de su nueva fortuna y su opulencia,
a regalar a Alfonso los huertos de Valencia;
o que, tras la aventura que acreditó sus bríos,
pedía la conquista de los inmensos ríos
indianos a la corte, la madre de soldados,
60 guerreros y adalides que han de tornar, cargados
de plata y oro, a España, en regios galeones,
para la presa cuervos, para la lid leones.
Filósofos nutridos de sopa de convento
contemplan impasibles el amplio firmamento;
65 y si les llega en sueños, como un rumor distante,
clamor de mercaderes de muelles de Levante,
no acudirán siquiera a preguntar ¿qué pasa?
Y ya la guerra ha abierto las puertas de su casa.

Castilla miserable, ayer dominadora,
70 envuelta en sus harapos desprecia cuanto ignora.

El sol va declinando. De la ciudad lejana
me llega un armonioso tañido de campana
—ya irán a su rosario las enlutadas viejas—.
De entre las peñas salen dos lindas comadrejas;
75 me miran y se alejan, huyendo, y aparecen
de nuevo ¡tan curiosas!... Los campos se oscurecen.
Hacia el camino blanco está el mesón abierto
al campo ensombrecido y al pedregal desierto.

Campos de Castilla
(1907-1917)

19

EL HOSPICIO

Es el hospicio, el viejo hospicio provinciano,
el caserón ruinoso de ennegrecidas tejas
en donde los vencejos anidan en verano
y graznan en las noches de invierno las cornejas.

5 Con su frontón al Norte, entre los dos torreones
de antigua fortaleza, el sórdido edificio
de grietados muros y sucios paredones
es un rincón de sombra eterna. ¡El viejo hospicio!

Mientras el sol de enero su débil luz envía,
10 su triste luz velada sobre los campos yermos,
a un ventanuco asoman, al declinar el día,
algunos rostros pálidos, atónitos y enfermos,

a contemplar los montes azules de la sierra;
o, de los cielos blancos, como sobre una fosa,
15 caer la blanca nieve sobre la fría tierra,
¡sobre la tierra fría la nieve silenciosa!...

Campos de Castilla
(1907-1917)

20

ORILLAS DEL DUERO

¡Primavera soriana, primavera
humilde, como el sueño de un bendito,
de un pobre caminante que durmiera
de cansancio en un páramo infinito!

5 ¡Campillo amarillento,
como tosco sayal de campesina,
pradera de velludo polvoriento
donde pace la escuálida merina!

¡Aquellos diminutos pegujales
10 de tierra dura y fría,
donde apuntan centenos y trigales
que el pan moreno nos darán un día!

Y otra vez roca y roca, pedregales
desnudos y pelados serrijones,
15 la tierra de las águilas caudales,
malezas y jarales,
hierbas monteses, zarzas y cambrones.

¡Oh tierra ingrata y fuerte, tierra mía!
¡Castilla, tus decrépitas ciudades!
20 ¡La agria melancolía
que puebla tus sombrías soledades!

¡Castilla varonil, adusta tierra,
Castilla del desdén contra la suerte,
Castilla del dolor y de la guerra,
25 tierra inmortal, Castilla de la muerte!

Era una tarde, cuando el campo huía
del sol, y en el asombro del planeta,
como un globo morado aparecía
la hermosa luna, amada del poeta.

30 En el cárdeno cielo violeta
alguna clara estrella fulguraba.
El aire ensombrecido
oreaba mis sienes, y acercaba
el murmullo del agua hasta mi oído.

35 Entre cerros de plomo y de ceniza
   manchados de roídos encinares,
   y entre calvas roquedas de caliza,
   iba a embestir los ocho tajamares
   del puente el padre río
40 que surca de Castilla el yermo frío.

   ¡Oh Duero, tu agua corre
   y correrá mientras las nieves blancas
   de enero el sol de mayo
   haga fluir por hoces y barrancas,
45 mientras tengan las sierras su turbante
   de nieve y de tormenta,
   y brille el olifante
   del sol, tras de la nube cenicienta!...

   ¿Y el viejo romancero
50 fue el sueño de un juglar junto a tu orilla?
   ¿Acaso como tú y por siempre, Duero,
   irá corriendo hacia la mar Castilla?

                                   Campos de Castilla
                                      (1907-1917)

21

UN LOCO

   Es una tarde mustia y desabrida
   de un otoño sin frutos, en la tierra
   estéril y raída
   donde la sombra de un centauro yerra.

5 Por un camino en la árida llanura,
   entre álamos marchitos,
   a solas con su sombra y su locura
   va el loco, hablando a gritos.

   Lejos se ven sombríos estepares,
10 colinas con malezas y cambrones,
   y ruinas de viejos encinares,
   coronando los agrios serrijones.

   El loco vocifera
   a solas con su sombra y su quimera.

15 Es horrible y grotesca su figura;
   flaco, sucio, maltrecho y mal rapado,
   ojos de calentura
   iluminan su rostro demacrado.

Huye de la ciudad... Pobres maldades,
20 misérrimas virtudes y quehaceres
de chulos aburridos, y ruindades
de ociosos mercaderes.

Por los campos de Dios el loco avanza.
Tras la tierra esquelética y sequiza
25 —rojo de herrumbre y pardo de ceniza—
hay un sueño de lirio en lontananza.

Huye de la ciudad. ¡El tedio urbano!
—¡carne triste y espíritu villano!—

No fue por una trágica amargura
30 esta alma errante desgajada y rota;
purga un pecado ajeno: la cordura,
la terrible cordura del idiota.

Campos de Castilla
(1907-1917)

22

FANTASÍA ICONOGRÁFICA

La calva prematura
brilla sobre la frente amplia y severa;
bajo la piel de pálida tersura
se trasluce la fina calavera.

5 Mentón agudo y pómulos marcados
por trazos de un punzón adamantino;
y de insólita púrpura manchados
los labios que soñara un florentino.

Mientras la boca sonreír parece,
10 los ojos perspicaces
que un ceño pensativo empequeñece,
miran y ven, profundos y tenaces.

Tiene sobre la mesa un libro viejo
donde posa la mano distraída.
15 Al fondo de la cuadra, en el espejo,
una tarde dorada está dormida.

Montañas de violeta
y grisientos breñales,
la tierra que ama el santo y el poeta,
20 los buitres y las águilas caudales.

Del abierto balcón al blanco muro
va una franja de sol anaranjada
que inflama el aire, en el ambiente oscuro
que envuelve la armadura arrinconada.

Campos de Castilla
(1907-1917)

23

LA TIERRA DE ALVARGONZÁLEZ

LOS ASESINOS

I

Juan y Martín, los mayores
de Alvargonzález, un día
pesada marcha emprendieron
con el alba, Duero arriba.
5 La estrella de la mañana
en el alto azul ardía.
Se iba tiñendo de rosa
la espesa y blanca neblina
de los valles y barrancos,
10 y algunas nubes plomizas
a Urbión, donde el Duero nace,
como un turbante ponían.

Se acercaban a la fuente.
El agua clara corría,
15 sonando cual si contara
una vieja historia, dicha
mil veces y que tuviera
mil veces que repetirla.

Agua que corre en el campo
20 dice en su monotonía:
Yo sé el crimen: ¿no es un crimen
cerca del agua, la vida?

Al pasar los dos hermanos
relataba el agua limpia:
25 «A la vera de la fuente
Alvargonzález dormía».

II

—Anoche, cuando volvía
a casa —Juan a su hermano
dijo—, a la luz de la luna
30 era la huerta un milagro.

Lejos, entre los rosales,
divisé un hombre inclinado
hacia la tierra; brillaba
una hoz de plata en su mano.

35 Después irguióse y, volviendo
el rostro, dio algunos pasos
por el huerto, sin mirarme,
y a poco lo vi encorvado
otra vez sobre la tierra.
40 Tenía el cabello blanco.
La luna llena brillaba,
y era la huerta un milagro.

III

Pasado habrían el puerto
de Santa Inés, ya mediada
45 la tarde, una tarde triste
de noviembre, fría y parda.
Hacia la Laguna Negra
silenciosos caminaban.

IV

Cuando la tarde caía,
50 entre las vetustas hayas
y los pinos centenarios,
un rojo sol se filtraba.

Era un paraje de bosque
y peñas aborrascadas;
55 aquí bocas que bostezan
o monstruos de fieras garras;
allí una informe joroba,
allá una grotesca panza,

torvos hocicos de fieras
60 y dentaduras melladas,
rocas y rocas, y troncos
y troncos, ramas y ramas.
En el hondón del barranco
la noche, el miedo y el agua.

V

65 Un lobo surgió, sus ojos
lucían como dos ascuas.
Era la noche, una noche
húmeda, oscura y cerrada.

Los dos hermanos quisieron
70 volver. La selva ululaba.
Cien ojos fieros ardían
en la selva, a sus espaldas.

VI

Llegaron los asesinos
hasta la Laguna Negra,
75 agua transparente y muda
que enorme muro de piedra,
donde los buitres anidan
y el eco duerme, rodea;
agua clara donde beben
80 las águilas de la sierra,
donde el jabalí del monte
y el ciervo y el corzo abrevan;
agua pura y silenciosa
que copia cosas eternas;
85 agua impasible que guarda
en su seno las estrellas.
¡Padre! gritaron; al fondo
de la laguna serena
cayeron, y el eco ¡padre!
90 repitió de peña en peña.

Campos de Castilla
(1907-1917)

24

A UN OLMO SECO

Al olmo viejo, hendido por el rayo
y en su mitad podrido,
con las lluvias de abril y el sol de mayo
algunas hojas verdes le han salido.

5 ¡El olmo centenario en la colina
que lame el Duero! Un musgo amarillento
le mancha la corteza blanquecina
al tronco carcomido y polvoriento.

No será, cual los álamos cantores
10 que guardan el camino y la ribera,
habitado de pardos ruiseñores.

Ejército de hormigas en hilera
va trepando por él, y en sus entrañas
urden sus telas grises las arañas.

15 Antes que te derribe, olmo del Duero,
con su hacha el leñador, y el carpintero
te convierta en melena de campana,
lanza de carro o yugo de carreta;
antes que rojo, en el hogar, mañana,
20 ardas de alguna mísera caseta,

al borde de un camino;
antes que te descuaje un torbellino
y tronche el soplo de las sierras blancas;
antes que el río hasta la mar te empuje
25 por valles y barrancas,
olmo, quiero anotar en mi cartera
la gracia de tu rama verdecida.
Mi corazón espera
también, hacia la luz y hacia la vida,
30 otro milagro de la primavera.

Campos de Castilla
(1907-1917)

25

Allá, en las tierras altas,
por donde traza el Duero
su curva de ballesta
en torno a Soria, entre plomizos cerros
5 y manchas de raídos encinares,
mi corazón está vagando, en sueños...

¿No ves, Leonor, los álamos del río
con sus ramajes yertos?
Mira el Moncayo azul y blanco; dame
10 tu mano y paseemos.
Por estos campos de la tierra mía,
bordados de olivares polvorientos,
voy caminando solo,
triste, cansado, pensativo y viejo.

Campos de Castilla
(1907-1917)

26

A JOSÉ MARÍA PALACIO

Palacio, buen amigo,
¿está la primavera
vistiendo ya las ramas de los chopos
del río y los caminos? En la estepa
5 del alto Duero, Primavera tarda,
¡pero es tan bella y dulce cuando llega!...
¿Tienen los viejos olmos
algunas hojas nuevas?
Aún las acacias estarán desnudas
10 y nevados los montes de las sierras.

¡Oh mole del Moncayo blanca y rosa,
allá en el cielo de Aragón, tan bella!
¿Hay zarzas florecidas
entre las grises peñas,
15 y blancas margaritas
entre la fina hierba?
Por esos campanarios
ya habrán ido llegando las cigüeñas.
Habrá trigales verdes,
20 y mulas pardas en las sementeras,
y labriegos que siembran los tardíos
con las lluvias de abril. Ya las abejas
libarán del tomillo y el romero.
¿Hay ciruelos en flor? ¿Quedan violetas?
25 Furtivos cazadores, los reclamos
de la perdiz bajo las capas luengas,
no faltarán. Palacio, buen amigo,
¿tienen ya ruiseñores las riberas?
Con los primeros lirios
30 y las primeras rosas de las huertas,
en una tarde azul, sube al Espino,
al alto Espino donde está su tierra...

Campos de Castilla
(1907-1917)

27

POEMA DE UN DÍA

MEDITACIONES RURALES

Heme aquí ya, profesor
de lenguas vivas (ayer
maestro de gay-saber,
aprendiz de ruiseñor),
5 en un pueblo húmedo y frío,
destartalado y sombrío,
entre andaluz y manchego.
Invierno. Cerca del fuego.
Fuera llueve un agua fina,
10 que ora se trueca en neblina,
ora se torna aguanieve.
Fantástico labrador,
pienso en los campos. ¡Señor,
qué bien haces! Llueve, llueve
15 tu agua constante y menuda

sobre alcaceles y habares,
tu agua muda,
en viñedos y olivares.
Te bendecirán conmigo
20 los sembradores del trigo;
los que viven de coger
la aceituna;
los que esperan la fortuna
de comer;
25 los que hogaño,
como antaño,
tienen toda su moneda
en la rueda,
traidora rueda del año.
30 ¡Llueve, llueve; tu neblina

que se torne en aguanieve
y otra vez en agua fina!
¡Llueve, Señor, llueve, llueve!

En mi estancia, iluminada
35 por esta luz invernal
—la tarde gris tamizada
por la lluvia y el cristal—,
sueño y medito.
           Clarea
el reloj arrinconado,
40 y su tic-tic, olvidado
por repetido, golpea.
Tic-tic, tic-tic... Ya te he oído.
Tic-tic, tic-tic... Siempre igual,
monótono y aburrido.
45 Tic-tic, tic-tic, el latido
de un corazón de metal.
En estos pueblos ¿se escucha
el latir del tiempo? No.
En estos pueblos se lucha
50 sin tregua con el reló,
con esa monotonía
que mide un tiempo vacío.
Pero ¿tu hora es la mía?
¿Tu tiempo, reloj, el mío?
55 (Tic-tic, tic-tic...) Era un día
(tic-tic, tic-tic) que pasó,
y lo que yo más quería
la muerte se lo llevó.

Lejos suena un clamoreo
60 de campanas...
Arrecia el repiqueteo
de la lluvia en las ventanas.
Fantástico labrador,
vuelvo a mis campos. ¡Señor,
65 cuánto te bendecirán
los sembradores del pan!
Señor, ¿no es tu lluvia ley,
en los campos que ara el buey,
y en los palacios del rey?
70 ¡Oh agua buena, deja vida
en tu huida!
¡Oh tú, que vas gota a gota,
fuente a fuente y río a río,
como este tiempo de hastío
75 corriendo a la mar remota,
con cuanto quiere nacer,
cuanto espera
florecer

al sol de la primavera,
80 sé piadosa,
que mañana
serás espiga temprana,
prado verde, carne rosa,
y más: razón y locura
85 y amargura
de querer y no poder
creer, creer y creer!

Anochece;
el hilo de la bombilla
90 se enrojece,
luego brilla,
resplandece
poco más que una cerilla.
Dios sabe dónde andarán
95 mis gafas... entre librotes,
revistas y papelotes,
¿quién las encuentra?... Aquí están.
Libros nuevos. Abro uno
de Unamuno.
100 ¡Oh, el dilecto,
predilecto
de esta España que se agita,
porque nace o resucita!
Siempre te ha sido, ¡oh Rector
105 de Salamanca!, leal
este humilde profesor
de un instituto rural.
Esa tu filosofía
que llamas diletantesca,
110 voltaria y funambulesca,
gran don Miguel, es la mía.
Agua del buen manantial,
siempre viva,
fugitiva;
115 poesía, cosa cordial.
¿Constructora?
—No hay cimiento
ni en el alma ni en el viento—.
Bogadora,
120 marinera,
hacia la mar sin ribera.
Enrique Bergson: *Los datos
inmediatos
de la conciencia.* ¿Esto es
125 otro embeleco francés?
Este Bergson es un tuno;
¿verdad, maestro Unamuno?

Bergson no da como aquel
Immanuel
130 el volatín inmortal;
este endiablado judío
ha hallado el libre albedrío
dentro de su mechinal.
No está mal:
135 cada sabio, su problema,
y cada loco, su tema.
Algo importa
que en la vida mala y corta
que llevamos
140 libres o siervos seamos;
mas, si vamos
a la mar,
lo mismo nos han de dar.
¡Oh, estos pueblos! Reflexiones,
145 lecturas y acotaciones
pronto dan en lo que son:
bostezos de Salomón.
¿Todo es
soledad de soledades,
150 vanidad de vanidades,
que dijo el Eclesiastés?
Mi paraguas, mi sombrero,
mi gabán... El aguacero
amaina... Vámonos, pues.

155 Es de noche. Se platica
al fondo de una botica.
—Yo no sé,
don José,
cómo son los liberales
160 tan perros, tan inmorales.
—¡Oh, tranquilícese usté!
Pasados los carnavales,
vendrán los conservadores,
buenos administradores,
165 de su casa.
Todo llega y todo pasa.
Nada eterno:

ni gobierno
que perdure,
170 ni mal que cien años dure.
—Tras estos tiempos vendrán
otros tiempos y otros y otros,
y lo mismo que nosotros
otros se jorobarán.
175 Así es la vida, don Juan.
—Es verdad, así es la vida.
—La cebada está crecida.
—Con estas lluvias...
                              Y van
las habas que es un primor.
180 —Cierto; para marzo, en flor.
Pero la escarcha, los hielos...
—Y además, los olivares
están pidiendo a los cielos
agua a torrentes.
                              —A mares.
185 ¡Las fatigas, los sudores
que pasan los labradores!
En otro tiempo...
                              —Llovía
también cuando Dios quería.
—Hasta mañana, señores.

190 Tic-tic, tic-tic... Ya pasó
un día como otro día,
dice la monotonía
del reló.

Sobre mi mesa *Los datos*
195 *de la conciencia, inmediatos.*
No está mal
este yo fundamental,
contingente y libre, a ratos,
creativo, original;
200 este yo que vive y siente
dentro la carne mortal
¡ay! por saltar impaciente
las bardas de su corral.

Campos de Castilla
(1907-1917)

28

DEL PASADO EFÍMERO

Este hombre del casino provinciano,
que vio a *Carancha* recibir un día,
tiene mustia la tez, el pelo cano,

ojos velados de melancolía;
5 bajo el bigote gris, labios de hastío,
y una triste expresión, que no es tristeza,
sino algo más y menos: el vacío
del mundo en la oquedad de su cabeza.
Aún luce de corinto terciopelo
10 chaqueta y pantalón abotinado,
y un cordobés color de caramelo,
pulido y torneado.
Tres veces heredó; tres ha perdido
al monte su caudal; dos ha enviudado.
15 Sólo se anima ante el azar prohibido,
sobre el verde tapete reclinado,
o al evocar la tarde de un torero,
la suerte de un tahúr, o si alguien cuenta
la hazaña de un gallardo bandolero,
20 o la proeza de un matón, sangrienta.
Bosteza de política banales
dicterios al gobierno reaccionario,
y augura que vendrán los liberales,
cual torna la cigüeña al campanario.
25 Un poco labrador, del cielo aguarda
y al cielo teme; alguna vez suspira,
pensando en su olivar, y al cielo mira
con ojo inquieto, si la lluvia tarda.
Lo demás, taciturno, hipocondríaco,
30 prisionero en la Arcadia del presente,
le aburre; sólo el humo del tabaco
simula algunas sombras en su frente.
Este hombre no es de ayer ni es de mañana,
sino de nunca; de la cepa hispana
35 no es el fruto maduro ni podrido,
es una fruta vana
de aquella España que pasó y no ha sido,
esa que hoy tiene la cabeza cana.

Campos de Castilla
(1907-1917)

29

PROVERBIOS Y CANTARES

XXIX

Caminante, son tus huellas
el camino, y nada más;
caminante, no hay camino,
se hace camino al andar.

5 Al andar se hace camino,
y al volver la vista atrás
se ve la senda que nunca
se ha de volver a pisar.
Caminante, no hay camino,
10 sino estelas en la mar.

XXXV

Hay dos modos de conciencia:
una es luz, y otra paciencia.
Una estriba en alumbrar
un poquito el hondo mar;
5 otra, en hacer penitencia
con caña o red, y esperar
el pez, como pescador.
Dime tú: ¿cuál es mejor?
¿Conciencia de visionario
10 que mira en el hondo acuario
peces vivos,
fugitivos,
que no se pueden pescar,
o esa maldita faena
15 de ir arrojando a la arena,
muertos, los peces del mar?

LIII

Ya hay un español que quiere
vivir y a vivir empieza,
entre una España que muere
y otra España que bosteza.
5 Españolito que vienes
al mundo, te guarde Dios.
Una de las dos Españas
ha de helarte el corazón.

Campos de Castilla
(1907-1917)

30

PARÁBOLAS

III

Érase de un marinero
que hizo un jardín junto al mar,
y se metió a jardinero.

Estaba el jardín en flor,
5 y el jardinero se fue
por esos mares de Dios.

V

PROFESIÓN DE FE

Dios no es el mar, está en el mar; riela
como luna en el agua, o aparece
como una blanca vela;
en el mar se despierta o se adormece.
5 Creó la mar, y nace
de la mar cual la nube y la tormenta;
es el Criador y la criatura lo hace;
su aliento es alma, y por el alma alienta.
Yo he de hacerte, mi Dios, cual tú me hiciste
10 y para darte el alma que me diste
en mí te he de crear. Que el puro río
de caridad, que fluye eternamente,
fluya en mi corazón. ¡Seca, Dios mío,
de una fe sin amor la turbia fuente!

VII

Dice la razón: Busquemos
la verdad.
Y el corazón: Vanidad.
La verdad ya la tenemos.
5 La razón: ¡Ay, quién alcanza
la verdad!
El corazón: Vanidad.

La verdad es la esperanza.
Dice la razón: Tú mientes.
10 Y contesta el corazón:
Quién miente eres tú, razón,
que dices lo que no sientes.
La razón: Jamás podremos
entendernos, corazón.
15 El corazón: Lo veremos.

Campos de Castilla
(1907-1917)

31

MI BUFÓN

El demonio de mis sueños
ríe con sus labios rojos,
sus negros y vivos ojos,
sus dientes finos, pequeños.
5 Y jovial y picaresco
se lanza a un baile grotesco,
luciendo el cuerpo deforme

y su enorme
joroba. Es feo y barbudo
10 y chiquitín y panzudo.
Yo no sé por qué razón,
de mi tragedia, bufón,
te ríes... Mas tú eres vivo
por tu danzar sin motivo.

Campos de Castilla
(1907-1917)

32

APUNTES

I

Desde mi ventana,
¡campo de Baeza,
a la luna clara!

¡Montes de Cazorla,
5 Aznaitín y Mágina!

¡De luna y de piedra
también los cachorros
de Sierra Morena!

II

Sobre el olivar,
10 se vio a la lechuza
volar y volar.

Campo, campo, campo.
Entre los olivos,
los cortijos blancos.

15 Y la encina negra,
a medio camino
de Úbeda a Baeza.

III

Por un ventanal,
entró la lechuza
20 en la catedral.

San Cristobalón
la quiso espantar,
al ver que bebía
del velón de aceite
25 de Santa María.

La Virgen habló:
—Déjala que beba,
San Cristobalón.

IV

Sobre el olivar,
30 se vio a la lechuza
volar y volar.

A Santa María
un ramito verde
volando traía.

35 ¡Campo de Baeza,
soñaré contigo
cuando no te vea!

Nuevas Canciones
(1917-1920), 1924

33

GALERÍAS

I

En el azul la banda
de unos pájaros negros
que chillan, aletean y se posan
en el álamo yerto.

5 ... En el desnudo álamo,
las graves chovas, quietas y en silencio,
cual negras, frías notas
escritas en la pauta de febrero.

II

El monte azul, el río, las erectas
10 varas cobrizas de los finos álamos,
y el blanco del almendro en la colina,
¡oh nieve en flor y mariposa en árbol!
Con el aroma del habar, el viento
corre en la alegre soledad del campo.

III

15 Una centella blanca
en la nube de plomo culebrea.
¡Los asombrados ojos
del niño, y juntas cejas
—está el salón oscuro— de la madre!...
20 ¡Oh cerrado balcón a la tormenta!
El viento aborrascado y el granizo
en el limpio cristal repiquetean.

IV

El iris y el balcón.
                    Las siete cuerdas
de la lira del sol vibran en sueños.

²⁵ Un tímpano infantil da siete golpes
—agua y cristal—.
                  Acacias con jilgueros.
Cigüeñas en las torres.
                      En la plaza,
lavó la lluvia el mirto polvoriento.
En el amplio rectángulo ¿quién puso
³⁰ ese grupo de vírgenes risueño,
y arriba ¡hosanna! entre la rota nube,
la palma de oro y el azul sereno?

V

Entre montes de almagre y peñas grises,
el tren devora su raíl de acero.
³⁵ La hilera de brillantes ventanillas
lleva un doble perfil de camafeo,
tras el cristal de plata, repetido...
¿Quién ha punzado el corazón del tiempo?

VI

¿Quién puso, entre las rocas de ceniza,
⁴⁰ para la miel del sueño,
esas retamas de oro
y esas azules flores del romero?
La sierra de violeta
y, en el poniente, el azafrán del cielo,
⁴⁵ ¿quién ha pintado? ¡El abejar, la ermita,
el tajo sobre el río, el sempiterno
rodar del agua entre las hondas peñas,
y el rubio verde de los campos nuevos,
y todo, hasta la tierra blanca y rosa
⁵⁰ al pie de los almendros!

VII

En el silencio sigue
la lira pitagórica vibrando,
el iris en la luz, la luz que llena
mi estereoscopio vano.
⁵⁵ Han cegado mis ojos las cenizas
del fuego heraclitano.
El mundo es, un momento,
transparente, vacío, ciego, alalo.

Nuevas Canciones
(1917-1920)

34

PROVERBIOS Y CANTARES

I

El ojo que ves no es
ojo porque tú lo veas,
es ojo porque te ve.

IV

Mas busca en tu espejo al otro,
5 al otro que va contigo.

XI

Como otra vez, mi atención
está del agua cautiva;
pero del agua en la viva
roca de mi corazón.

XV

10 Busca a tu complementario,
que marcha siempre contigo
y suele ser tu contrario.

XVIII

Buena es el agua y la sed;
buena es la sombra y el sol;
15 la miel de flor de romero,
la miel de campo sin flor.

XXXVI

No es el yo fundamental
eso que busca el poeta,
sino el tú esencial.

XL

20 Los ojos por que suspiras,
sábelo bien,
los ojos en que te miras
son ojos porque te ven.

LIII

Tras el vivir y el soñar,
25 está lo que más importa:
despertar.

LVIII

Creí mi hogar apagado,
y revolví la ceniza...
Me quemé la mano.

LXXXVII

30 ¡Oh, Guadalquivir!
Te vi en Cazorla nacer;
hoy, en Sanlúcar morir.

Un borbollón de agua clara,
debajo de un pino verde,
35 eras tú, ¡qué bien sonabas!

Como yo, cerca del mar,
río de barro salobre,
¿sueñas con tu manantial?

XCIII

¿Cuál es la verdad? ¿El río
40 que fluye y pasa
donde el barco y el barquero
son también ondas del agua?
¿O este soñar del marino
siempre con ribera y ancla?

XCVI

45 ¿Ya sientes la savia nueva?
Cuida, arbolillo,
que nadie lo sepa.

Nuevas Canciones
(1917-1920)

35

ESTO SOÑÉ

Que el caminante es suma del camino,
y en el jardín, junto del mar sereno,
le acompaña el aroma montesino,
ardor de seco henil en campo ameno;

5 que de luenga jornada peregrino
ponía al corazón un duro freno,
para aguardar el verso adamantino
que maduraba el alma en su hondo seno.

Esto soñé. Y del tiempo, el homicida,
10 que nos lleva a la muerte o fluye en vano,
que era un sueño no más del adanida.

Y un hombre vi que en la desnuda mano
mostraba al mundo el ascua de la vida,
sin cenizas el fuego heraclitano.

Nuevas Canciones
(1917-1920)

36

EL AMOR Y LA SIERRA

Cabalgaba por agria serranía,
una tarde, entre roca cenicienta.
El plomizo balón de la tormenta
de monte en monte rebotar se oía.

5 Súbito, al vivo resplandor del rayo,
se encabritó, bajo de un alto pino,
al borde de una peña, su caballo.
A dura rienda le tornó al camino.

Y hubo visto la nube desgarrada,
10 y dentro, la afilada crestería
de otra sierra más lueñe y levantada

—relámpago de piedra parecía—.
¿Y vio el rostro de Dios? Vio el de su amada.
Gritó: ¡Morir en esta sierra fría!

Nuevas Canciones
(1917-1920)

37

LOS SUEÑOS DIALOGADOS

III

Las ascuas de un crepúsculo, señora,
rota la parda nube de tormenta,
han pintado en la roca cenicienta
de lueñe cerro un resplandor de aurora.

5 Una aurora cuajada en roca fría
que es asombro y pavor del caminante
más que fiero león en claro día
o en garganta de monte osa gigante.

Con el incendio de un amor, prendido
10 al turbio sueño de esperanza y miedo,
yo voy hacia la mar, hacia el olvido

—y no como a la noche ese roquedo,
al girar del planeta ensombrecido—.
No me llaméis porque tornar no puedo.

Nuevas Canciones
(1917-1920)

38

Tuvo mi corazón, encrucijada
de cien caminos, todos pasajeros,
un gentío sin cita ni posada,
como en andén ruidoso de viajeros.

5 Hizo a los cuatro vientos su jornada,
disperso el corazón por cien senderos
de llana tierra o piedra aborrascada,
y a la suerte, en el mar, de cien veleros.

Hoy, enjambre que torna a su colmena,
10 cuando el bando de cuervos enronquece
en busca de su peña denegrida,

vuelve mi corazón a su faena,
con néctares del campo que florece
y el luto de la tarde desabrida.

Nuevas Canciones
(1917-1920)

39

PRIMAVERAL

Nubes, sol, prado verde y caserío
en la loma, revueltos. Primavera
puso en el aire de este campo frío
la gracia de sus chopos de ribera.

5 Los caminos del valle van al río
y allí, junto del agua, amor espera.
¿Por ti se ha puesto el campo ese atavío
de joven, oh invisible compañera?

¿Y ese perfume del habar al viento?
10 ¿Y esa primera blanca margarita?...
¿Tú me acompañas? En mi mano siento

doble latido; el corazón me grita,
que en las sienes me asorda el pensamiento:
eres tú quien florece y resucita.

De un cancionero apócrifo
(1926-1936), 1943

40

ROSA DE FUEGO

Tejidos sois de primavera, amantes,
de tierra y agua y viento y sol tejidos.
La sierra en vuestros pechos jadeantes,
en los ojos los campos florecidos,

5 pasead vuestra mutua primavera,
y aun bebed sin temor la dulce leche
que os brinda hoy la lúbrica pantera,
antes que, torva, en el camino aceche.

Caminad, cuando el eje del planeta
10 se vence hacia el solsticio de verano,
verde el almendro y mustia la violeta,

cerca la sed y el hontanar cercano,
hacia la tarde del amor, completa,
con la rosa de fuego en vuestra mano.

De un cancionero apócrifo
(1926-1936)

41

AL GRAN CERO

Cuando *el Ser que se es* hizo la nada
y reposó, que bien lo merecía,
ya tuvo el día noche, y compañía
tuvo el hombre en la ausencia de la amada.

5 *Fiat umbra!* Brotó el pensar humano.
Y el huevo universal alzó, vacío,
ya sin color, desustanciado y frío,
lleno de niebla ingrávida, en su mano.

Toma el cero integral, la hueca esfera,
10 que has de mirar, si lo has de ver erguido.
Hoy que es espalda el lomo de tu fiera,

y es el milagro del no ser cumplido,
brinda, poeta, un canto de frontera
a la muerte, al silencio y al olvido.

De un cancionero apócrifo
(1926-1936)

42

AL GRAN PLENO O CONCIENCIA INTEGRAL

Que en su estatua el alto Cero
—mármol frío,
ceño austero
y una mano en la mejilla—,
5 del gran remanso del río,
medite, eterno, en la orilla,
y haya gloria eternamente.
Y la lógica divina,
que imagina,
10 pero nunca imagen miente
—no hay espejo; todo es fuente—,
diga: sea
cuanto es, y que se vea
cuanto ve. Quieto y activo
15 —mar y pez y anzuelo vivo,
todo el mar en cada gota,
todo el pez en cada huevo,
todo nuevo—,
lance unánime su nota.
20 Todo cambia y todo queda,
piensa todo,
y es a modo,
cuando corre, de moneda,
un sueño de mano en mano.
25 Tiene amor, rosa y ortiga,
y la amapola y la espiga
le brotan del mismo grano.
Armonía;
todo canta en pleno día.
30 Borra las formas del cero,
torna a ver,
brotando de su venero,
las vivas aguas del ser.

De un cancionero apócrifo
(1926-1936)

43

ÚLTIMAS LAMENTACIONES DE ABEL MARTÍN

CANCIONERO APÓCRIFO

Hoy, con la primavera,
soñé que un fino cuerpo me seguía
cual dócil sombra. Era
mi cuerpo juvenil, el que subía
5 de tres en tres peldaños la escalera.
—Hola, galgo de ayer. (Su luz de acuario
trocaba el hondo espejo
por agria luz sobre un rincón de osario.)
—¿Tú conmigo, rapaz?
                               —Contigo, viejo.
10 Soñé la galería
al huerto de ciprés y limonero:
tibias palomas en la piedra fría,
en el cielo de añil rojo pandero,
y en la mágica angustia de la infancia
15 la vigilia del ángel más austero.

La ausencia y la distancia
volví a soñar con túnicas de aurora;
firme en el arco tenso la saeta
del mañana, la vista aterradora
20 de la llama prendida en la espoleta
de su granada.
                    ¡Oh Tiempo, oh Todavía
preñado de inminencias!
Tú me acompañas en la senda fría,
tejedor de esperanzas e impaciencias.

*

25 ¡El tiempo y sus banderas desplegadas!
(¿Yo capitán? Mas yo no voy contigo.)
¡Hacia lejanas torres soleadas,
el perdurable asalto por castigo!

*

Hoy, como un día, en la ancha mar violeta
30 hunde el sueño su pétrea escalinata,
y hace camino la infantil goleta,
y le salta el delfín de bronce y plata.

La hazaña y la aventura
cercando un corazón entelerido...
35 Montes de piedra dura
—eco y eco— mi voz han repetido.

¡Oh, descansar en el azul del día
como descansa el águila en el viento,
sobre la sierra fría,
40 segura de sus alas y su aliento!

La augusta confianza
a ti, naturaleza, y paz te pido,
mi tregua de temor y de esperanza,
un grano de alegría, un mar de olvido...

Cancionero apócrifo
(1926-1936)

44

RECUERDOS DE SUEÑO, FIEBRE Y DUERMIVELA

I

Esta maldita fiebre
que todo me lo enreda,
siempre diciendo: ¡claro!
Dormido estás: despierta.
5 ¡Masón, masón!
              Las torres
bailando están en rueda.
Los gorriones pían
bajo la lluvia fresca.
¡Oh, claro, claro, claro!
10 Dormir es cosa vieja
y el toro de la noche
bufando está a la puerta.
A tu ventana llego
con una rosa nueva,
15 con una estrella roja
y la garganta seca.
¡Oh, claro, claro, claro!
¿Velones? En Lucena.
¿Cuál de las tres? Son una
20 Lucía, Inés, Carmela;
y el limonero baila
con la encinilla negra.
¡Oh, claro, claro, claro!
Dormido estás. Alerta.
25 Mili, mili en el viento;
glu-glu, glu-glu, en la arena.

Los tímpanos del alba
¡qué bien repiquetean!
¡Oh, claro, claro, claro!

II

30 En la desnuda tierra...

III

Era la tierra desnuda,
y un frío viento, de cara,
con nieve menuda.

Me eché a caminar
35 por un encinar de sombra:
la sombra de un encinar.

El sol las nubes rompía
con sus trompetas de plata.
La nieve ya no caía.

40 La vi un momento asomar
en las torres del olvido.
Quise y no pude gritar.

IV

¡Oh, claro, claro, claro!
Ya están los centinelas

45 alertos. ¡Y esta fiebre
que todo me lo enreda!...
Pero a un hidalgo no
se ahorca; se degüella,
señor verdugo. ¿Duermes?
50 Masón, masón, despierta.
Nudillos infantiles
y voces de muñecas.

*

¡Tan-tan! ¿Quién llama, di?
—¿Se ahorca a un inocente
55 en esta casa?
                    —Aquí
se ahorca, simplemente.

*

¡Qué vozarrón! Remacha
el clavo en la madera.
Con esta fiebre... ¡Chito!
60 Ya hay público en la puerta.
La solución más linda
del último problema.
Vayan pasando, pasen;
que nadie quede fuera.

*

65 —¡Sambenitado, a un lado!
—¿Eso será por mí?

¿Soy yo el sambenitado,
señor verdugo?
                    —Sí.

*

—¡Oh, claro, claro, claro!
70 Se da trato de cuerda,
que es lo infantil, y el trompo
de música resuena.
Pero la guillotina,
una mañana fresca...
75 Mejor el palo seco,
y su corbata hecha.
¿Guitarras? No se estilan.
Fagotes y cornetas,
y el gallo de la aurora,
80 si quiere. ¿La reventa
la hacen los curas? ¡Claro!
¡¡¡Sambenitón, despierta!!!

V

Con esta bendita fiebre
la luna empieza a tocar
85 su pandereta; y danzar
quiere, a la luna, la liebre.
De encinar en encinar
saltan la alondra y el día.
En la mañana serena
90 hay un latir de jauría
que por los montes resuena.
Duerme. ¡Alegría! ¡Alegría!

VI

Junto al agua fría,
en la senda clara,
95 sombra dará algún día
ese arbolillo en que nadie repara.
Un fuste blanco y cuatro verdes hojas
que, por abril, le cuelga primavera,
y arrastra el viento de noviembre, rojas.
100 Su fruto, sólo un niño lo mordiera.
Su flor, nadie la vio. ¿Cuándo florece?
Ese arbolillo crece
no más que para el ave de una cita,
que es alma —canto y plumas— de un instante,
105 un pajarillo azul y petulante
que a la hora de la tarde lo visita.

VII

¡Qué fácil es volar, qué fácil es!
Todo consiste en no dejar que el suelo
se acerque a nuestros pies.
110 Valiente hazaña, ¡el vuelo!, ¡el vuelo!, ¡el vuelo!

VIII

¡Volar sin alas donde todo es cielo!
Anota este jocundo
pensamiento: Parar, parar el mundo
entre las puntas de los pies,
115 y luego darle cuerda del revés,
para verlo girar en el vacío,
coloradito y frío,
y callado —no hay música sin viento—.
¡Claro, claro! ¡Poeta y cornetín
120 son de tan corto aliento!...
Sólo el silencio y Dios cantan sin fin.

IX

Pero caer de cabeza,
en esta noche sin luna,
en medio de esta maleza,
125 junto a la negra laguna...

*

—¿Tú eres Caronte, el fúnebre barquero?
Esa barba limosa...
                    —¿Y tú, bergante?
—Un fúnebre aspirante
de tu negra barcaza a pasajero,
130 que al lago irrebogable se aproxima.
—¿Razón?
            —La ignoro. Ahorcóme un peluquero.
—(Todos pierden memoria en este clima.)
—¿Delito?
          —No recuerdo.
                    —¿Ida, no más?
—¿Hay vuelta?
              —Sí.
                    —Pues ida y vuelta, ¡claro!
135 —Sí, claro... y no tan claro: eso es muy caro.
Aguarda un momentín, y embarcarás.

X

¡Bajar a los infiernos como el Dante!
¡Llevar por compañero
a un poeta con nombre de lucero!
140 ¡Y este fulgor violeta en el diamante!
Dejad toda esperanza... Usted, primero.
¡Oh, nunca, nunca, nunca! Usted delante.

*

Palacios de mármol, jardín con cipreses,
naranjos redondos y palmas esbeltas.
145 Vueltas y revueltas,
eses y más eses.
«Calle del Recuerdo». Ya otra vez pasamos
por ella. «Glorieta de la Blanca Sor».
«Puerta de la Luna». Por aquí ya entramos.
150 «Calle del Olvido». Pero ¿adónde vamos
por estas malditas andurrias, señor?

—Pronto te cansas, poeta.
—«Travesía del Amor»...
¡y otra vez la «Plazoleta
155 del Desengaño Mayor»!...

XI

—Es ella... Triste y severa.
Di, más bien, indiferente
como figura de cera.

*

—Es ella... Mira y no mira.
160 —Pon el oído en su pecho
y, luego, dile: respira.

*

—No alcanzo hasta el mirador.
—Háblale.
                    —Si tú quisieras...
—Más alto.
                    —Darme esa flor.
165 ¿No me respondes, bien mío?
¡Nada, nada!
Cuajadita con el frío
se quedó en la madrugada.

XII

—¡Oh, claro, claro, claro!
170 Amor siempre se hiela.
¡Y en esa «Calle Larga»
con reja, reja y reja,
cien veces, platicando
con cien galanes, ella!
175 ¡Oh, claro, claro, claro!
Amor es calle entera,
con celos, celosías,
canciones a las puertas...

Yo traigo un do de pecho
180 guardado en la cartera.
¿Qué te parece?
                    —Guarda.
Hoy cantan las estrellas,
y nada más.
                    —¿Nos vamos?
—Tira por esa calleja.
185 —Pero ¿otra vez empezamos?
«Plaza Donde Hila la Vieja».

Tiene esta plaza un relente...
¿Seguimos?
        —Aguarda un poco.
Aquí vive un cura loco
190 por un lindo adolescente.
Y aquí pena arrepentido,
oyendo siempre tronar,
y viendo serpentear
el rayo que lo ha fundido.
195 «Calle de la Triste Alcuza».
—Un barrio feo. Gentuza.
¡Alto!... «Pretil del Valiente».

—Pregunta en el tres.
        —¿Manola?
—Aquí. Pero duerme sola:
200 está de cuerpo presente.
¡Claro, claro! Y siempre clara,
le da la luna en la cara.
—¿Rezamos?
        —No. Vamonós.
Si la madeja enredamos
205 con esta fiebre, ¡por Dios!,
ya nunca la devanamos.
... Sí, cuatro igual dos y dos.

Cancionero apócrifo
(1926-1936)

45

CANCIONES A GUIOMAR

I

No sabía
si era un limón amarillo,
lo que tu mano tenía,
o el hilo de un claro día,
5 Guiomar, en dorado ovillo.
Tu boca me sonreía.

Yo pregunté: ¿Qué me ofreces?
¿Tiempo en fruto, que tu mano
eligió entre madureces
10 de tu huerta?

¿Tiempo vano
de una bella tarde yerta?
¿Dorada ausencia encantada?
¿Copia en el agua dormida?
15 ¿De monte en monte encendida,
la alborada
verdadera?
¿Rompe en sus turbios espejos
amor la devanadera
20 de sus crepúsculos viejos?

II

En un jardín te he soñado,
alto, Guiomar, sobre el río,
jardín de un tiempo cerrado
con verjas de hierro frío.

25 Un ave insólita canta,
en el almez, dulcemente,
junto al agua viva y santa,
toda sed y toda fuente.

En ese jardín, Guiomar,
30 el mutuo jardín que inventan
dos corazones al par,
se funden y complementan
nuestras horas. Los racimos
de un sueño —juntos estamos—
35 en limpia copa exprimimos,
y el doble cuento olvidamos.
(Uno: Mujer y varón,
aunque gacela y león,
llegan juntos a beber.
40 El otro: No puede ser
amor de tanta fortuna:
dos soledades en una,
ni aun de varón y mujer.)

*

Por ti la mar ensaya olas y espumas,
45 y el iris, sobre el monte, otros colores,
y el faisán de la aurora canto y plumas,
y el búho de Minerva ojos mayores.
Por ti ¡oh, Guiomar!...

Cancionero apócrifo
(1926-1936)

46

OTRAS CANCIONES A GUIOMAR

A LA MANERA DE ABEL MARTÍN
Y DE JUAN DE MAIRENA

I

¡Sólo tu figura,
como una centella blanca,
en mi noche oscura!

*

¡Y en la tersa arena,
5 cerca de la mar,
tu carne rosa y morena,
súbitamente, Guiomar!

*

En el gris del muro,
cárcel y aposento,
10 y en un paisaje futuro
con sólo tu voz y el viento;

*

en el nácar frío
de tu zarcillo en mi boca,
Guiomar, y en el calofrío
15 de una amanecida loca;

*

asomada al malecón
que bate la mar de un sueño,
y bajo el arco del ceño
de mi vigilia, a traición,
20 ¡siempre tú!
      Guiomar, Guiomar,
mírame en ti castigado:
reo de haberte creado,
ya no te puedo olvidar.

II

Todo amor es fantasía;
25 él inventa el año, el día,
la hora y su melodía;
inventa el amante y, más,
la amada. No prueba nada,
contra el amor, que la amada
30 no haya existido jamás.

III

Escribiré en tu abanico:
te quiero para olvidarte,
para quererte te olvido.

IV

Te abanicarás
35 con un madrigal que diga:
en amor el olvido pone la sal.

V

Te pintaré solitaria
en la urna imaginaria
de un daguerrotipo viejo,
40 o en el fondo de un espejo,
viva y quieta,
olvidando a tu poeta.

VI

Y te enviaré mi canción:
«Se canta lo que se pierde»,
45 con un papagayo verde
que la diga en tu balcón.

VII

Que apenas si de amor el ascua humea
sabe el poeta que la voz engola
y, barato cantor, se pavonea
50 con su pesar o enluta su vïola;
y que si amor da su destello, sola
la pura estrofa suena,
fuente de monte, anónima y serena.
Bajo el azul olvido, nada canta,
55 ni tu nombre ni el mío, el agua santa.
Sombra no tiene de su turbia escoria
limpio metal; el verso del poeta
lleva el ansia de amor que lo engendrara
como lleva el diamante sin memoria
60 —frío diamante— el fuego del planeta
trocado en luz, en una joya clara...

VIII

Abre el rosal de la carroña horrible
su olvido en flor, y extraña mariposa,
jalde y carmín, de vuelo imprevisible,
65 salir se ve del fondo de una fosa.
Con el terror de víbora encelada,
junto al lagarto frío,
con el absorto sapo en la azulada
libélula que vuela sobre el río,
70 con los montes de plomo y de ceniza,
sobre los rubios agros
que el sol de mayo hechiza,
se ha abierto un abanico de milagros
—el ángel del poema lo ha querido—
75 en la mano creadora del olvido...
......

Cancionero apócrifo
(1926-1936)

47

MUERTE DE ABEL MARTÍN

*Pensando que no veía
porque Dios no le miraba,
dijo Abel cuando moría:
Se acabó lo que se daba.*
(JUAN DE MAIRENA: *Epigramas.*)

I

Los últimos vencejos revolean
en torno al campanario;
los niños gritan, saltan, se pelean.

En su rincón, Martín el solitario.
5 ¡La tarde, casi noche, polvorienta,
la algazara infantil, y el vocerío,
a la par, de sus doce en sus cincuenta!

*

¡Oh alma plena y espíritu vacío,
ante la turbia hoguera
10 con llama restallante de raíces,
fogata de frontera
que ilumina las hondas cicatrices!

*

Quien se vive se pierde, Abel decía.
¡Oh, distancia, distancia!, que la estrella
15 que nadie toca, guía.
¿Quién navegó sin ella?
Distancia para el ojo —¡oh lueñe nave!—,
ausencia al corazón empedernido,
y bálsamo suave
20 con la miel del amor, sagrado olvido.
¡Oh gran saber del cero, del maduro
fruto sabor que sólo el hombre gusta,
agua de sueño, manantial oscuro,
sombra divina de la mano augusta!
25 Antes me llegue, si me llega, el Día,
la luz que ve, increada,
ahógame esta mala gritería,
Señor, con las esencias de tu Nada.

II

El ángel que sabía
30 su secreto salió a Martín al paso.
Martín le dio el dinero que tenía.
¿Piedad? Tal vez. ¿Miedo al chantaje? Acaso.
Aquella noche fría
supo Martín de soledad; pensaba
35 que Dios no le veía,
y en su mudo desierto caminaba.

III

Y vio la musa esquiva,
de pie junto a su lecho, la enlutada,
la dama de sus calles, fugitiva,
40 la imposible al amor y siempre amada.
Díjole Abel: Señora,
por ansia de tu cara descubierta,

he pensado vivir hacia la aurora
hasta sentir mi sangre casi yerta.
45 Hoy sé que no eres tú quien yo creía;
mas te quiero mirar y agradecerte
lo mucho que me hiciste compañía
con tu frío desdén.
                Quiso la muerte
sonreír a Martín, y no sabía.

IV

50 Viví, dormí, soñé y hasta he creado
—pensó Martín, ya turbia la pupila—
un hombre que vigila
el sueño, algo mejor que lo soñado.
Mas si un igual destino
55 aguarda al soñador y al vigilante,
a quien trazó caminos,
y a quien siguió caminos, jadeante,
al fin, sólo es creación tu pura nada,
tu sombra de gigante,
60 el divino cegar de tu mirada.

V

Y sucedió a la angustia la fatiga,
que siente su esperar desesperado,
la sed que el agua clara no mitiga,
la amargura del tiempo envenenado.
65 ¡Esta lira de muerte!
                Abel palpaba
su cuerpo enflaquecido.
¿El que todo lo ve no le miraba?
¡Y esta pereza, sangre del olvido!
¡Oh, sálvame, Señor!
                Su vida entera,
70 su historia irremediable aparecía
escrita en blanda cera.
¿Y ha de borrarte el sol del nuevo día?
Abel tendió su mano
hacia la luz bermeja
75 de una caliente aurora de verano,
ya en el balcón de su morada vieja.
Ciego, pidió la luz que no veía.
Luego llevó, sereno,
el limpio vaso, hasta su boca fría,
80 de pura sombra —¡oh, pura sombra!— lleno.

Cancionero apócrifo
(1926-1936)

48

OTRO CLIMA

¡Oh cámaras del tiempo y galerías
del alma, tan desnudas!,
dijo el poeta. De los claros días
pasan las sombras mudas.
5 Se apaga el canto de las viejas horas
cual rezo de alegrías enclaustradas;
el tiempo lleva un desfilar de auroras
con séquito de estrellas empañadas.
¿Un mundo muere? ¿Nace
10 un mundo? ¿En la marina
panza del globo hace
nueva nave su estela diamantina?
¿Quillas al sol la vieja flota yace?
¿Es el mundo nacido en el pecado,
15 el mundo del trabajo y la fatiga?
¿Un mundo nuevo para ser salvado
otra vez? ¡Otra vez! Que Dios lo diga.
Calló el poeta, el hombre solitario,
porque un aire de cielo aterecido
20 le amortecía el fino estradivario.
Sangrábale el oído.
Desde la cumbre vio el desierto llano
con sombras de gigantes con escudos,
y en el verde fragor del oceano
25 torsos de esclavos jadear desnudos.
Y un *nihil* de fuego escrito
tras de la selva huraña,
en áspero granito,
y el rayo de un camino en la montaña...

Cancionero apócrifo
(1926-1936)

RAMÓN DEL VALLE-INCLÁN
(1866-1936)

Nace en Villanueva de Arosa (Pontevedra) en 1866. Cursa el Bachillerato en los Institutos de Pontevedra y Santiago de Compostela, de 1877 a 1885. Sigue estudios de Derecho en Santiago de 1887 a 1889, pero abandona esta carrera y se traslada a Madrid en 1890. Escribe artículos e historias para el periódico *El Globo*. Durante el año de 1891 concurre asiduamente a tertulias y cenáculos madrileños. En 1892 se embarca en El Havre con rumbo a México. Colabora en los periódicos mexicanos *El Veracruzano* y *El Imparcial*. En 1893 viaja por una breve temporada a Cuba. Retorna a España y se establece por algún tiempo en Pontevedra. A fines de 1896 se radica nuevamente en Madrid. En 1898 se estrena como actor en una de las comedias de Jacinto Benavente. En julio de 1899 sufre la amputación del brazo izquierdo, lesionado en una disputa con Manuel Bueno, en el Café de la Montaña. En 1902 inicia sus tertulias en el Nuevo Café de Levante, donde habrá de centrarse la vida artística y literaria de Madrid por un espacio de doce años. Asiste también en esta época a las reuniones del Teatro Español y a las tertulias del Café Candelas. En 1907 contrae matrimonio con la actriz Josefina Blanco. En 1910 viaja a la América del Sur como director artístico de la compañía García Ortega. Dicta conferencias sobre temas literarios en Buenos Aires. Con la compañía Guerrero-Díaz de Mendoza visita algunas de las capitales de los países suramericanos.

De regreso a España recorre varias ciudades de la Península con la misma compañía teatral. En 1912 se establece en Cambados (Galicia), alternando su estancia allí con temporadas en Madrid. En 1914 pasa a residir en la finca La Merced, cerca de La Puebla del Caramiñal, continuando con sus visitas a Madrid y frecuentando los cafés de la capital. Visita con otros españoles el frente aliado de la guerra europea en mayo de 1916. En 1921 viaja a México para asistir a las fiestas conmemorativas de la Independencia de este país. El presidente Obregón lo declara huésped de honor. De regreso a España vive en La Puebla del Caramiñal. En 1924 retorna a Madrid y ataca vehementemente al gobierno de Primo de Rivera. Con la venida de la República, acude el 14 de abril de 1931 al Ministerio de la Gobernación a pedir al gobierno provisional que el Rey no escape a la «justicia del pueblo». A principios de 1932 es nombrado Conservador General del Patrimonio Artístico Nacional, puesto al que se ve obligado a renunciar poco después. En abril de 1933 viaja a Roma como

Director de la Academia Española de Bellas Artes. Vuelve a España en 1935 e ingresa en el Sanatorio Médico-Quirúrgico de Santiago para curarse de una afección de la cual muere el 5 de enero de 1936.

OBRAS POÉTICAS:

Aromas de leyenda (Madrid: Villavicencio, 1907), *La pipa de Kif* (Madrid: Clásica Española, 1919), *El pasajero. Claves líricas* (Madrid: Tip. Yagües, 1920), *Claves líricas* (contiene los tres libros anteriores) (Madrid: Rivadeneyra, 1930), *Obras completas*, dos volúmenes (Madrid: Rivadeneyra, 1944), *Claves líricas* (Austral) (Madrid: Espasa-Calpe, 1946; 3.ª ed., 1976), *Ramón del Valle-Inclán. Sus mejores poesías*, prólogo de Fernando Gutiérrez (Barcelona: Bruguera, 1955).

OTRAS OBRAS:

TEATRO: *Cenizas* (1899), *El marqués de Bradomín* (1906), *Águila de blasón* (1907), *Romance de lobos* (1908), *El yermo de las almas* (1908), *Cuento de abril* (1910), *La cabeza del dragón* (1910), *Voces de gesta* (1912), *La marquesa Rosalinda* (1912), *El embrujado* (1913), *Farsa y licencia de la reina castiza* (1920), *Farsa italiana de la enamorada del rey* (1920), *Divinas palabras* (1920), *Luces de Bohemia* (1920), *Los cuernos de don Friolera* (1921), *Cara de plata* (1922), *La cabeza del Bautista* (1924), *La rosa de papel* (1924), *Ligazón* (1926), *Sacrilegio* (1926), *Farsa infantil de la cabeza del dragón* (1926), *La hija del capitán* (1927), *Las galas del difunto* (1930). NOVELAS Y RELATOS: *Femeninas* (1895), *Epitalamio* (1897), *Sonata de otoño* (1902), *Jardín umbrío* (1903), *Corte de amor* (1903), *Sonata de estío* (1903), *Sonata de primavera* (1904), *Flor de santidad* (1904), *Sonata de invierno* (1905), *Jardín novelesco* (1905), *Historias perversas* (1907), *Los cruzados de la causa* (1908), *El resplandor de la hoguera* (1908), *Gerifaltes de antaño* (1908), *Una tertulia de antaño* (1908), *Mi hermana Antonia* (1918), *Ecos de Asmodeo* (1926), *El terno del difunto* (1926), *Zacarías el Cruzado o Agüero nigromante* (1926), *Tirano Banderas* (1926), *La corte de los milagros* (1927), *Viva mi dueño* (1928), *Baza de espadas* (1932). ENSAYO: *La lámpara maravillosa* (1916), *La media noche. Visión estelar de un momento de guerra* (1917).

ESTUDIO PRELIMINAR: I, págs. 15, 24.

1

MILAGRO DE LA MAÑANA

Tañía una campana
    en el azul cristal
de la paz aldeana.

Oración campesina
5   que temblaba en la azul
santidad matutina.

Y en el viejo camino
    cantaba un ruiseñor,
y era de luz su trino.

10 La campana de aldea
    le dice con su voz,
al pájaro, que crea.

La campana aldeana
    en la gloria del sol
15 era alma cristiana.

Al tocar esparcía
    aromas del rosal
de la Virgen María.

¡Tes no teu piteiro,
20   *paxariño novo,*
gracia de gaiteiro!

Aromas de leyenda
1907

2

ROSA DE MELANCOLÍA

Era yo otro tiempo un pastor de estrellas,
y la vida, como luminoso canto.
Un símbolo eran las cosas más bellas
para mí: la rosa, la niña, el acanto.

5 Y era la armoniosa voz del mundo, una
onda azul que rompe en la playa de oro,
cantando el oculto poder de la luna
sobre los destinos del humano coro.

Me daba Epicuro sus ánforas llenas,
10 un fauno me daba su agreste alegría,
un pastor de Arcadia, miel de sus colmenas.

Pero hacia el ensueño navegando un día,
escuché lejano canto de sirenas
y enfermó mi alma de Melancolía.

El pasajero
1920

3

MARINA NORTEÑA

Pasa el gato sonando las botellas
de un anaquel de pino por lo alto:
el cielo raso tiene dos estrellas
pintadas, y una luna azul cobalto.

5 ¡Taberna aquella de contrabandeos
con los guisotes bajo sucios tules,
eran allí pictóricos trofeos:
azafrán, pimentón, fuentes azules!

Entra el viento. Revuela la cortina
10 y la vista del mar da a la taberna.
Una negra silueta que bolina
sobre el ocaso, enciende su lucerna.

Con la tristeza de la tarde muerde
una lima el acero. De la fragua
15 brotan las chispas. Tiene una luz verde
ante la puerta, la cortina de agua.

Escruta el mar con la mirada quieta
un marinero desde el muelle. Brilla
con el traje de aguas su silueta
20 entre la boira gris, toda amarilla.

Viento y lluvia del mar. La luna flota
tras el nublado. Apenas se presiente,
lejana, la goleta que derrota
cortando el arco de la luz poniente.

25 Se ilumina el cuartel. Vagas siluetas
cruzan tras las ventanas enrejadas,
y en el gris de la tarde las cornetas
dan su voz como rojas llamaradas.

Su pentágrama el arco policromo
30 proyecta tras los pliegues del chubasco,
y alza en el vano de esmeril su domo
arrecido de cuervos, un peñasco.

Las olas rompen con crestón de espuma
bajo el muelle. Los barcos cabecean
35 y agigantados en el caos de bruma
sus jarcias y sus cruces fantasean.

La triste sinfonía de las cosas
tiene en la tarde un grito futurista:
de una nueva emoción y nuevas glosas
40 estéticas, se anuncia la conquista.

Su escaparate la taberna alumbra,
y del alto anaquel lo acecha el gato:
esmeraldas de luz en la penumbra
los ojos, y la cola un garabato.

45 Vahos de mosto del zaguán terreño,
voces de marineros a la puerta,
y entre rondas de vino que dan sueño,
el tabaco, los naipes, la reyerta...

De un quinqué de latón la luz bisunta
50 el tubo ahumado con un grito raja,
y está en la puerta el hombre que pregunta:
—¿Quién quiere sacar filo a la navaja?

La pipa de Kif
1919

4

GARROTE VIL

¡Tan! ¡Tan! ¡Tan! Canta el martillo.
El garrote alzando están.
Canta en el campo un cuclillo,
y las estrellas se van
5 al compás del estribillo
con que repica el martillo:
   ¡Tan! ¡Tan! ¡Tan!

El patíbulo destaca
trágico, nocturno y gris;
10 la ronda de la petaca
sigue a la ronda de anís;
pica tabaco la faca,
y el patíbulo destaca
sobre el alba flor de lis.

15 Áspera copla remota
que rasguea un guitarrón
se escucha. Grito de jota
del morapio peleón.
El cabileño patriota
20 canta la canción remota
de las glorias de Aragón.

Apicarada pelambre
al pie del garrote vil
se solaza muerta de hambre.
25 Da vayas al alguacil,
y con un rumor de enjambre
acoge hostil la pelambre
a la hostil Guardia Civil.

Un gitano vende churros
30 al socaire de un corral;
asoman flautistas burros

las orejas al bardal;
y en el corro de baturros
el gitano de los churros
35 beatifica al criminal.

El reo espera en capilla,
reza un clérigo en latín,
llora una vela amarilla,
y el sentenciado da fin
40 a la amarilla tortilla
de yerbas. Fue a la capilla
la cena del cafetín.

Canta en la plaza el martillo,
el verdugo gana el pan.
45 Un paño enluta el banquillo.
Como el paño es catalán,
se está volviendo amarillo
al son que canta el martillo:
¡Tan! ¡Tan! ¡Tan!

La pipa de Kif
1919

JOSÉ MORENO VILLA
(1887-1955)

Nace en Málaga en 1887. Cursa sus estudios de Bachillerato en el colegio de los jesuitas de El Palo. Viaja a Alemania en 1904 a hacer estudios de química, carrera que nunca termina, y regresa a su ciudad natal en 1908. Se traslada a Madrid en 1910 donde se licencia en Historia en la Universidad Central. Trabaja en la Sección de Bellas Artes y Arqueología del Centro de Estudios Históricos y en la Editorial Calleja de 1916 a 1921. Su profesión desde 1921 es la de bibliotecario, por oposición, primero en el Instituto Jovellanos de Gijón, de 1921 a 1922, y luego en la Facultad de Farmacia de Madrid hasta 1931. Vive en la Residencia de Estudiantes de 1917 a 1936, en contacto permanente con intelectuales y artistas.

Desde 1924 alterna su vocación literaria con su afición y gusto por la pintura. Dirige la revista *Arquitectura* de 1927 a 1933. En 1927 viaja a Nueva York, donde tiene el incidente sentimental que ha de inspirar sus poemas de *Jacinta la pelirroja*. En 1933 hace la travesía por mar a Buenos Aires como delegado oficial del Gobierno a la Exposición del Libro Español y a dictar conferencias. Viaja por toda España y la mayor parte de los países europeos. En noviembre de 1936 es trasladado a Valencia, sede provisional del Gobierno de la República, donde recibe el puesto de vocal en la recién creada Junta de Cultura y contribuye a la fundación de la revista *Hora de España*. En 1937 viaja a los Estados Unidos como delegado de la Junta de Cultura a dictar conferencias de divulgación artística. En este mismo año es trasladado a México, donde ha de vivir hasta su muerte en 1955. En México forma parte de la Casa de España, instituto de investigación que luego cambiará su nombre por el de Colegio de México. Contrae matrimonio en esta ciudad con la viuda del diplomático y político mejicano Genaro Estrada. Durante su permanencia en México se identifica con las costumbres del país y escribe sobre temas y arte mejicanos.

OBRAS POÉTICAS:

Garba (Madrid: Imprenta F. J. Zabala, 1913), *El pasajero*, con un ensayo de Ortega y Gasset (Madrid, 1914), *Luchas de «Pena» y «Alegría» y su transfiguración* (Madrid: Biblioteca Corona, 1915), *Evoluciones* (Madrid: Calleja, 1918), *Florilegio. Prosa y verso*, selección y prólogo de P. Henríquez Ureña (San José de Costa Rica: El Convivio, 1920), *Colección* (Madrid: Caro Raggio, 1924), *Jacinta la pelirroja* (Málaga: Litoral, 1929; Madrid: Turner, 1977), *Carambas*, 1.ª, 2.ª y 3.ª series (Madrid, 1931), *Puentes que no acaban* (Madrid: Imprenta de Manuel Altolaguirre, 1933), *Salón sin muros* (Madrid:

Héroe, 1936), *Puerta severa* (México: Tierra Nueva, 1941), *La noche del verbo* (México: Tierra Nueva, 1942), *La música que llevaba*, antología, 1913-1947 (Buenos Aires: Losada: 1949), *Voz en vuelo a su cuna*, avance de su libro siguiente (Málaga: El Guadalhorce, 1961), *Voz en vuelo a su cuna*, colección completa (México, 1961).

OTRAS OBRAS:

CRÍTICA DE ARTE: *Velázquez* (Madrid: Calleja, 1920), *Dibujos del Instituto Jovellanos* (Gijón, 1926), *La escultura colonial mexicana* (México: El Colegio de México, 1942), *Lo mexicano en las artes plásticas* (México: El Colegio de México, 1948). ENSAYO: *Locos, enanos, negros y niños palaciegos. Gente de placer que tuvieron los Austrias en la Corte Española desde 1563 a 1700* (México: La Casa de España, 1939), *Doce manos mexicanas (datos para la historia literaria). Ensayo de quirosofía* (México: R. Loera y Chávez, 1941), *Pobretería y locura* (México: Leyenda, 1945), *Lo que sabía mi loro* (México, 1945; Madrid: Alfaguara, 1977), *Leyendo a...* (San Juan de la Cruz y otros autores clásicos y modernos) (México: El Colegio de México, 1944), *Los autores como actores* (México: El Colegio de México, 1951; México, Fondo de Cultura Económica, 1976). LIBROS DE VIAJES: *Pruebas de Nueva York* (Málaga: Sur, 1927), *Cornucopia de México* (México: La Casa de España, 1940). AUTOBIOGRAFÍA: *Vida en claro* (México: El Colegio de México, 1944; México: Fondo de Cultura Económica, 1976). EDICIONES: *Diálogo de la lengua* de Juan de Valdés (Madrid: Calleja, 1919), *Poesías* de Espronceda y *Teatro* de Lope de Rueda, las dos en Clásicos Castellanos de Espasa-Calpe.

ESTUDIO PRELIMINAR: I, págs. 19, 26, 35; II, 18.

1

EL FUEGO

El fuego es cosa celeste,
y cuando se va, la tierra
no es nada, desaparece.

Da la tierra buenos frutos,
5 agua, centeno y albergue;
pero no es el fuego planta
que por la campiña crece.

Lo tenemos de prestado.
El fuego es cosa celeste.

10 Cuando venga a ti, será
mañana triunfal y alegre
dentro del alma. Con mimo,
con mil zalemas reténle,
que de otro modo se irá...

15 que el fuego es cosa celeste,
desconocida, enigmática,
fugaz, como el aire, leve...

Garba
1913

2

HOMBRADA

Esta calleja curva y fresca,
estrecha y larga, contra sol,
borrachuela de tantas flores
y flautillas de ruiseñor;
5 esta calleja de los barrios,
tan rumorosa y oriental,
no es la calleja de otras veces:

un mozo tórrido, juncal,
ha pronunciado su amenaza,
10 que firmará con el puñal.
Y está el azul del cielo, gris,
y los geranios, sin color,
y como cirios, las mejillas,
y mudo el loco ruiseñor.

Garba
1913

3

EN LA SELVA FERVOROSA

x

Rocío, llanto virgen de no sé qué pupilas,
restañador nocturno de mis acres heridas;

las mariposas llevan un polvillo de oro,
tú guardas igualmente un elixir glorioso

5 que me hace amar la vida.
Llanto, ¿dónde estarán los ojos que te envían?

Rocío, tú no eres el de ayer, eres otro.
El rocío no cura los hachazos tan hondos.

¿Qué has puesto en mis heridas?
10 Has puesto, sí, el cariño de tus dueñas pupilas.

Ése es todo el misterio, ¡oh llanto milagroso!,
y por mi corazón fluye un río sonoro

y mi alma se irisa
y el anhelo llamea de nuevo en las heridas.

15 Pero este anhelo tiene un sabor más humano,
con picor de claveles y dulzuras de nardo.

¡Oh, endecha de la carne! ¡Oh, clamores en coro!
¡Oh, cuerna melancólica de la selva! Los potros

siempre sumisos rompen las tiránicas bridas.
20 Decidme: ¿de qué rama pende la fruta viva?

xiv

¡Mujer!, mariposa, en la puerta azul de la vida
tocaste y, abriéndose, estás en regiones soñadas.
¡Mujer!, entorna tus ojos a la luz engañosa,
rasga a la vez los tupidos telones del alma.
25 Sedientas las carnes están de tu espíritu rosa;
tú bosarás como fuente colmada en verano;
yo seco tronco de selva cerril y bravía
seré la esponja que empape tu hiel o tu bálsamo.
Tundir, flagelar quiero muslos de nácar y raso;
30 muslos cálidos, propios de entraña divina;
con el asta más fuerte que tiene mi tronco cenceño
descargaré tu tesoro, porque eres un árbol de olivas.
¡Ven así! Ven a mí como ciega palpante y medrosa.

¿Te sorprende que tenga corteza selvática el cuerpo?
35 ¿Te sorprende que lleve en el alma la fibra roqueña?
Ven a mí, soy el hombre y el árbol, los dos complementos.
Mi canción has oído en tu fondo sellado de virgen;
te sedujo mi voz y mi gesto en los mudos espacios;
yo tendré para ti las ternuras del novio islamita,
40 por lo mismo que estoy de rudezas y fiebre pasado.

El pasajero
1914

4

LUCHAS DE «PENA» Y «ALEGRÍA» Y SU TRANSFIGURACIÓN

x

Pena remueve la lumbre
y pone el mantel de nieve;
ha mudado sus vestidos
y peinado su rodete,
5 dejando al aire la nuca
fresca, suave y transparente.

Cuando pasa por mi lado,
deja en el aire que mueve
una estela de limpieza
10 que mi sentido estremece.

Pena es solícita y fiel,
Pena sin duda me quiere.
—¡Ven, *Pena*, deja las cosas
y bésame hasta la muerte!

*Luchas de «Pena» y «Alegría» y su
transfiguración*
1915

5

RITMO ROTO

He perdido el ritmo
y sólo veo fealdad:
deshechas las arquitecturas;
los colores sin separar;
5 las palabras, vasos
rotos, que cortan la verdad.

He perdido el ritmo
y sólo veo mi maldad.
No entiendo mis palabras viejas
10 ni tampoco lo que es suspirar.
El bien se quebró en mi alma
y no lo pegaré jamás.

¿Son los años?, ¡dime!
Yo sólo supe meditar;

15 y acaso, acaso se deforme
el mundo con el pensar.
¡Dime! ¡Dime! ¿Dónde hallo el ritmo
de dulce y hondo compás?

¿En el mundo de las personas?
20 ¿En la selva montaraz?
¿En el río, en el cielo? ¿En dónde?

Dios me pudiera mandar
un afinador, de su cielo,
para este armonio que anda mal:
25 que decae, disuena y chilla,
y es la avellana de mi mal.

Evoluciones
1918

6

IMPULSO

De prisa, de prisa:
lo que se cayó no lo cojas.
Tenemos más, tenemos más;
tenemos de sobra.

5 ¡De prisa! ¡De prisa!
Lo que nos robaron, no importa.
Tenemos más, tenemos más;
tenemos de sobra.

¡Derechos, derechos!...
10 No te pares: coge la rosa
y a la mendiga del camino
dale la bolsa;
porque, amigo, tenemos más;
tenemos de sobra.

Colección
1924

7

BAILARÉ CON JACINTA LA PELIRROJA

Eso es, bailaré con ella
el ritmo roto y negro
del jazz. Europa por América.
Pero hemos de bailar si se mueve la noria,
5 y cuando los mirlos se suban al chopo de la vecina.

Porque —esto es verdad—
cada rito exige su capilla.
¿No, Jacinta?
Oh, Jacinta, pelirroja, peli-peli-roja
10 pel-pel-peli-pelirrojiza.
Qué bonitos, qué bonitos, oh, qué bonitos
son, sí, son, tus dos, dos, dos, bajo las tiras
de dulce encaje hueso de Malinas.
Oh, Jacinta,
15 bien, bien mayor, bien supremo.
Ya tenemos el mirlo arriba,
y la noria del borriquillo, gira.

Jacinta la pelirroja
1929

8

¡DOS AMORES, JACINTA!

¿Hay un amor español
y un amorzuelo anglo-sajón?
Míralos, Jacinta, en las arenas jugando.
Míralos, encima de la cama, saltando.

⁵ Mira ése, medio heleno y medio gitano.
Mira ése otro con bucles de angelillo intacto.
Uno es un torillo —torillo bravo—
y otro, encaje o capa —lienzo de engaño—.
Mira los ojos negros
¹⁰ y los azules claros.
Mira el amor sangriento
y el amor nevado.
El torillo-amor con su flor de sangre
y el amor-alpino, de choza, nieve y barranco.

Jacinta la pelirroja
1929

9

OBSERVACIONES CON JACINTA

Mira, peliculera Jacinta,
mira bien lo que tiene por nariz el elefante.
Mira lo que necesitamos para sentarnos;
mira la casa inmensa que tiene lo que llamamos rey.
⁵ Mira esto de dormir, levantarse, dormir y levantarse;
mira la mujer y el hombre que contratan no separarse jamás;
mira al canalla, dueño de nuestro globo;
mira cómo la flor tierna sale del suelo duro;
mira que de los palos de los árboles
¹⁰ nacen comestibles aromáticos.
Mira que del cielo puro nos llegan
agua, rayo, luz, frío, calor, piedras, nieves.
Absurdo y misterio en todo, Jacinta.

Jacinta la pelirroja
1929

10

CUADRO CUBISTA

Aquí te pongo, guitarra,
en el fondo de las aguas
marinas, cerca de un ancla.
¿Qué más da
⁵ si aquí no vas a sonar?
Y vas a ser compañera
de mi reloj de pulsera
que tampoco ha de marcar
si es hora de despertar.
¹⁰ Vas a existir para siempre

con la cabra sumergida,
la paloma que no vuela
y el bigote del suicida.

Tiéndete bien, entra enferma,
¹⁵ sostén tu amarillo pálido
y tu severa caoba;
conserva bien las distancias
o busca la transparencia.
Lo demás no me hace falta.

Jacinta la pelirroja
1929

11

CARAMBAS

85

He descubierto en la simetría
la raíz de mucha iniquidad.

Pero están sordos los serenos
y a las dos de la noche es honda la grieta del mundo.

5 ¿A quién acudir?

En este pueblo no hay murciélagos
ni bebedores de limonada.

Por eso los palacios siguen incólumes
y en lo alto de la columna
10 se abanica la desvergüenza.

Carambas, 2.ª serie
1931

12

¿ DÓNDE ?

¿Acaso allí donde el mar y la tierra?
¿Tal vez donde los páramos y los pinares?
¿En el picacho donde el cielo y la roca?
¿O donde la raíz y la fuente?
5 ¿Será donde el navío y los albatros?
¿En un jardincito casero?
¿En un express? En un express silbante,
cohete de metal
en cuya orquesta de metal y ruedas
10 engranan las fugas de los sentimientos?
¿Dónde?
Sábanas, hojas, divanes, rocas, cielos,
mares, cuevas... ¿dónde?
¿Dónde no se ve, ni se oye?
15 ¿Dónde no se hilvanan minutos?
¿Dónde se suicidan los pensamientos?

¿Allí donde las sombras estelares
dibujan pasos de sonámbulo?
¿O donde se embarcan las notas
20 musicales para el viaje sin retorno?

¿Acaso aquí mismo,
donde te tengo,
donde te como los ojos con dientes de corazón
para saber a qué sabe el tuyo?
25 ¿Aquí, sin escenario, sin rito?
¡Sí! Aquí, celda desprendida de la urbe,
cabina, casa de caracol,
seno mágico,
volumen justo para dos combatientes.

Puentes que no acaban
1933

13

SEPARACIÓN

I

Ya no tocan los ángeles sus clarines
y los demonios de la carne se acurrucan medrosos.
Una gran sordera
recorre las galerías de mi alma sin ti.
5 Vanidosamente, pienso que mis gemidos alcanzan alturas bíblicas,
y que mis brazos llenan en aspa el cielo azul hoy turbio.

No gimo, no hablo. En el silencio sin fondo
se propaga mi angustia.
Mis ojos persiguen tu aroma
10 y mi olfato se ciega en tu desaparición.
¿Qué destino dar a estas manos que sostuvieron
la bengala de la felicidad?
¿Cómo volver a los asuntos vulgares
este pensar que vivía de tu presencia?
15 Desencajado y roto voy, miserable carrito,
al paso del asno de la melancolía,
por una cuesta sin vértice,
devorando las hojas del calendario vivido.
Hay un sábado rojo y un domingo de luz,
20 que ya son carne y médula de mis días futuros.
Con ellos, y con la aurora de tus dientes inmaculados,
y con el secreto alentador de tus ojos,
seguirán mis pies más seguros hacia el oriente.
¿Por qué, por quién fue quitada la escalera de mi departamento?

25 ¿Por qué, por quién fueron tapiadas sus ventanas?
¿Por qué, por quién se ordenó mi soledad?
Sólo vosotros, los que camináis indefensos
y desnudos por la selva sin éxito
comprenderéis este desgarrón inefable,
30 que hace querer la vida por encima de todo.

El miserable carrito sin estabilidad,
fue carroza y tren poderoso.
Bendita, bendita tú, ¡ay de mí!
¡Bendita tú por haberme querido!
35 Por haberme conducido a través de la felicidad,
camino de la desventura.

II

Esta felicidad fugitiva,
esto que se me va de las manos,
esto que me devora los días,
40 esto que se llama boca, ojos, pechos, piernas amadas,
corazón alígero, mente como la brisa de amanecer,
pretendo loca y tercamente
fijar de modo
que a tientas en la noche, si despierto,
45 lo encuentre vivo, intacto, invariable.
Ni dormir ni perderse en la neblina
podrán estas inmensas realidades,
lanzas del corazón, fuegos de humanidad
que levantaron la existencia de nuestras almas
50 a donde sólo hay música, sin tiempo ni medida.
Recordarás la noche suprema
en la ciudad de la roca en pie:
Faroles agónicos,
crucificados en las paredes,
55 bajo campanarios de muda escenografía,
nos esperaban siglos y siglos.
Nos aguardaban las piedras duras del suelo,
los recatados bancos de las plazuelas vacías,
los árboles que cobijaron a los moros y a los cristianos.
60 Por encima del suelo corrían oraciones y coplas
como en un imposible río de eternidad.
Derramábanse lentas existencias amantes
por los muros fuertes hacia el foso de los amores.
Estaba el cielo tan a la mano y tan desesperadamente lejos
65 que nos parecía unas veces boca y, otras, alma.
Supimos entonces, para nuestra desesperación,
que el cuerpo es algo más que una fruta;
que no basta morder;
que siempre queda lejos algo intacto.
70 Libres y enlazados por el destino
subíamos y bajábamos,
sin peso, como pájaros
rozando, sin herirnos, todo lo triste y agorero de la existencia.

Después, en un olvido presente,
75 sin otra luz que la embriaguez de la paridad,
vimos venir el nuevo día,
con nuevos montes, árboles, ríos,

caritas humanas, borriquillos de infinita ternura,
torres, caminos, jardines cerrados
80 en donde hubiéramos querido vivir eternamente.

Salón sin muros
1936

14

EL HOMBRE DEL MOMENTO

Botas fuertes, manta recia,
fusil, pistola: es el hombre.
Barba hirsuta, barba intonsa,
salivas e imprecaciones;
5 pisar duro, mirar fijo,
dormir vestido: es el hombre.
Es el hombre de la hora.
No se ve más que este hombre
en calles, trenes, portales,
10 bajo lluvias, bajo soles,
entre sillas derrumbadas
y fenecidos faroles,
entre papeles mugrientos
que el cierzo invernizo corre.
15 Toda la ciudad es suya
y nada le importa dónde
reclinará su cabeza
con fatiga de diez noches.
Parece que no ha tenido
20 ni piaras ni labores
ni familia que lo cuide
ni mujeres en que goce.

Bebe, canta, riñe y cae,
porque caer es de hombres.
25 No sabe de casi nada
(pero ese casi es de hombres).
Sin embargo, quiere cosas
(que este querer es de hombres).
Quiere verse libre, sano
30 (como deben ser los hombres).
Quiere verse dueño y uno
con todos los demás hombres.
Quiere libro, pan, respeto,
cama, labor, diversiones
35 y todas las cosas buenas
que hace el hombre para el hombre,
o da la Naturaleza
para que el hombre las tome.
Bajo la lluvia inverniza
40 y entre los graves cañones,
le veo por la ciudad
devastada, serio y noble,
como un vástago que busca
su raíz. Este es el hombre.

Romances de la guerra civil
1937

15

NOS TRAJERON LAS ONDAS

I

No vinimos acá, nos trajeron las ondas.
Confusa marejada, con un sentido arcano,
impuso el derrotero a nuestros pies sumisos.

Nos trajeron las ondas que viven en misterio.
5 Las fuerzas ondulantes que animan el destino.
Los poderes ocultos en el manto celeste.

Teníamos que hacer algo fuera de casa,
fuera del gabinete y del rincón amado,
en medio de las cumbres solas, altas y ajenas.

10 El corazón estaba aferrado a lo suyo,
alimentándose de sus memorias dormidas,
emborrachándose de sus eternos latidos.

Era dulce vivir en lo amoldado y cierto,
con su vino seguro y su manjar caliente,
15 con su sábana fresca y su baño templado.

El libro iba saliendo; el cuadro iba pintándose;
el intercambio entre nosotros y el ambiente
verificábase como función del organismo.

Era normal la vida: el panadero, al horno;
20 el guardián, en su puesto; en su hato, el pastor;
en su barca el marino y el pintor en su estudio.

¿Por qué fue roto aquello? ¿Quién hizo capitán
al mozo tabernero y juez al hortelano?
¿Quién hizo embajador al pobre analfabeto

25 y conductor de almas a quien no se conduce?
Fue la borrasca humana, sin duda, pero tú,
que buscas lo más hondo, sabes que por debajo

mandaban esas fuerzas, ondulantes y oscuras,
que te piden un hijo donde no lo soñabas,
30 que es pedirte los huesos para futuros hombres.

Poemas escritos en América
La música que llevaba
(1938-1947), 1949

16

OSCURIDAD Y FE

He cerrado la puerta severa.
Quedan los campos allá fuera.

Por un pasillo, largo y oscuro,
voy con el cuervo hacia el futuro.

5 El murciélago, rata volante
y borracha, me da en el semblante.

Pienso en la luz del campo abierto;
en la liebre, el caballo y el huerto,

en el esquema que fue mi vida
10 y la cruz por el dolor torcida.

Un arrebato de humildad
ilumina mi oscuridad.

Pongo mi pie
sobre la roca de la fe,

15 y, desnudo de corazón,
pego en la puerta del perdón.

Puerta severa
1941

17

Por el silencio voy, por su inmensa ladera,
en un fino deslice veloz y sin censura.
Si fuese así la muerte... Un patinar en hielo,
entre tierra y celaje, amodorrado y laxo.

5 Casi pisando voy mi dudoso albedrío.
Los puntos cardinales no me sirven de nada.
Y el tiempo es sólo un vago concepto del espacio
entre las lentas combas del adoptado ritmo.

¿Tengo mi voluntad de la rienda? ¡Quimera!
10 ¿No me será posible dejar algo, un acorde,
un versículo puro en que converjan todos?

Voy en la sorda nube que desdeña el ruido.
No puedo más; dejadme en esta magnitud,
en esta desnutrida esencia del silencio.

                              Voz en vuelo a su cuna
                              (1950-1955), 1961

LEÓN FELIPE
(1884-1968)

Nació en Tábara (Zamora) en 1884. Su nombre completo es León Felipe Camino Galicia. De los dos a los nueve años reside en Sequeros, en la provincia de Salamanca. En 1893 se traslada con su familia a Santander (su padre era notario), donde termina su Bachillerato. Viaja a Madrid en 1900 para hacer estudios de Farmacia, materia en la cual obtiene su licenciatura. En Madrid descubre el mundo del teatro y ve despertarse su vocación poética después de asistir a una representación del *Hamlet* de Shakespeare. En 1908 vuelve a Santander, donde se instala como farmacéutico. Pocos años después se entrega al teatro y recorre, como actor, todos los pueblos y ciudades de la Península. Por incidentes debidos a su falta de sentido práctico en las finanzas, estuvo en la cárcel de Santander por tres años, lugar donde escribió sus primeros versos y se familiarizó con el Quijote y con la Biblia. De regreso a Madrid en 1918, trabaja como farmacéutico parte del año en pueblos de Castilla.

En el retiro de Almonacid de Zorita, en 1919, escribe su primer libro de poesía, cuyos poemas lee en el Ateneo de Madrid y luego publica con el título de *Versos y oraciones de caminante* en 1920, a la edad de 36 años. En este mismo año se embarca para el Africa y reside por dos años en la isla de Fernando Poo, como administrador de hospitales de la Guinea española. Viaja a México en 1923, donde permanece algunos meses. Allí conoce a Berta Gamboa, con la cual contrae matrimonio en Brooklyn a fines del año. Ya en los Estados Unidos se hace amigo de Federico de Onís, el cual le ayuda a inscribirse para ser profesor de español, primero en Columbia University y luego en Cornell, de 1925 a 1929. Conoce a Waldo Frank, cuya obra *España virgen* traduce, y a Federico García Lorca, en Nueva York, a quien introduce en la poesía de Whitman. En 1930 regresa a México y trabaja haciendo traducciones y dando clases. Retorna a España en 1934, donde conoce a Pablo Neruda. En 1936 se traslada a Panamá como profesor de la Universidad y agregado cultural en la Embajada de España. Lee en la radio de Colón su *Good bye, Panamá!* y viaja a Madrid al comenzar la Guerra Civil.

A principios de 1937 pasa a Valencia con otros intelectuales y lee en el teatro Metropolitano de Barcelona su poema de guerra «La insignia». En marzo de 1938 sale de España hacia París y luego a México, desembarcando en La Habana, donde lee su poema «El payaso de las bofetadas y el pescador de caña». En México se incorpora a la Casa de España, institución fundada por el presidente Lázaro Cárdenas y otros intelectuales españoles exiliados, la cual se convierte más tarde en el Colegio de México. En 1942 crea con Jesús Silva Herzog, Bernardo Ortiz de Montellano y Juan Larrea la revista *Cuadernos Americanos*. En 1946 hace una gira, con gran éxito, por todos los países de la América del Sur, con excepción de Paraguay y Honduras, dando conferencias y recitales de su poesía. Desde 1948 permanece en México, interesándose por el cine y el teatro. En 1956 da lectura en el Palacio de las Bellas Artes de México a los poemas que van a componer su libro *El ciervo*. En 1964 lee su extenso poema «La gran aventura» en el Ateneo de México. Muere el 18 de septiembre de 1968 en esta ciudad, a los ochenta y cuatro años de edad.

OBRAS POÉTICAS:

Versos y oraciones de caminante (Madrid: Imprenta Juan Pérez Torres, 1920), *Versos y oraciones de caminante. Libro II* (Nueva York: Instituto de las Españas, 1930), *Drop a Star (Poema)* (México: Imprenta Artística de José Celorio Ortega, 1933), *Antología* (Madrid: Espasa-Calpe, 1935), *La Insignia (Alocución poemática)* (Valencia: Tipografía Moderna, 1937; 2.ª ed., México: Ediciones Insignia, 1938; 3.ª ed., Buenos Aires: Ediciones Imán, 1939), *El payaso de las bofetadas y el pescador de caña (Poema trágico español)* (México: Fondo de Cultura Económica, 1938), *El hacha (Elegía española)* (México: Ediciones Letras de México, 1939), *Español del éxodo y del llanto (Doctrina, elegías y canciones)* (México: La Casa de España, 1939), *El gran responsable (Grito y salmo)* (México: Fondo de Cultura Económica, 1940), *Los lagartos* (Mérida de Yucatán: Editorial Huh, 1941), *Ganarás la luz (Biografía, poesía y destino)* (México: Ediciones Cuadernos Americanos, 1943), *Antología rota* (Buenos Aires: Pleamar, 1947; 2.ª ed. aumentada, Buenos Aires: Losada, 1957; con el título de *Nueva antología rota*, México: Finisterre, 1974), *Llamadme publicano* (México: Almendros y Cía., Editores, 1950), *El ciervo (Poema)* (México: Editorial Grijalbo, 1958), *Cuatro poemas con epígrafe y Colofón* (Madrid-Palma de Mallorca: Papeles de Son Armadans, 1958), *Obras completas*, prólogo de Guillermo de Torre (Buenos Aires: Losada, 1963), *¡Oh, este viejo y roto violín!* (México: Fondo de Cultura Económica, 1965), *Antología y homenaje* (México: Alejandro Finisterre Editor, 1967), *Obra poética escogida*, selección y prólogo de Gerardo Diego (Selecciones Austral) (Madrid: Espasa-Calpe, 1977). Al lado de las ediciones anteriores, existe la *Biblioteca León Felipe*, publicada por un amigo del poeta, don Rafael Giménez Siles, la cual comprende todas las obras poéticas del autor, en tomos individuales y edición de bolsillo (México: Finisterre Editores, 1967-1974).

OTRAS OBRAS:

Hizo traducciones y paráfrasis del *Canto a mí mismo* de Whitman, de varias obras de Shakespeare, y de una comedia de Christopher Fry. Escribió la fábula dramática *La manzana (Poema cinematográfico)* (México: Fondo de Cultura Económica, 1951). Tradujo en prosa varias obras de Waldo Frank.

ESTUDIO PRELIMINAR: I, págs. 27, 28; II, 17, 33, 36.

1

ROMERO SÓLO...

Ser en la vida
romero,
romero sólo que cruza
siempre por caminos nuevos;
5 ser en la vida
romero, sin más oficio, sin otro
y sin pueblo...   [nombre
ser en la vida
romero... romero... sólo romero.
10 Que no hagan callo las cosas
ni en el alma ni en el cuerpo...
pasar por todo una vez,
una vez sólo y ligero, ligero, siem-
                    [pre ligero.

Que no se acostumbre el pie
15 a pisar el mismo suelo,
ni el tablado de la farsa,
ni la losa de los templos,
para que nunca recemos
como el sacristán
20 los rezos,
ni como el cómico
viejo
digamos
los versos.
25 La mano ociosa es quien tiene
más fino el tacto en los dedos,
decía Hamlet a Horacio,
viendo
cómo cavaba una fosa
30 y cantaba al mismo tiempo
un
sepulturero.

—No
sabiendo
35 los oficios
los haremos
con
respeto—.
Para enterrar
40 a los muertos como debemos
cualquiera sirve, cualquiera...
menos un sepulturero.
Un día todos sabemos hacer justicia;
tan bien como el rey hebreo,
45 la hizo
Sancho el escudero
y el villano
Pedro Crespo...
Que no hagan callo las cosas
50 ni en el alma ni en el cuerpo...
pasar por todo una vez,
una vez sólo y ligero, ligero, siem-
Sensibles   [pre ligero.
a todo viento
55 y bajo
todos los cielos,
Poetas,
nunca cantemos
la vida
60 de un mismo pueblo,
ni la flor
de un solo huerto...
Que sean todos
los pueblos
65 y todos
los huertos nuestros.

Versos y oraciones de caminante, 1
1920

2

COMO TÚ ...

Así es mi vida,
piedra,
como tú; como tú,
piedra pequeña;

5 como tú,
piedra ligera;
como tú,
canto que ruedas

por las calzadas
10 y por las veredas;
como tú,
guijarro humilde de las carreteras;
como tú,
que en días de tormenta
15 te hundes
en el cieno de la tierra
y luego
centelleas
bajo los cascos
20 y bajo las ruedas;
como tú, que no has servido

para ser ni piedra
de una Lonja,
ni piedra de una Audiencia,
25 ni piedra de un Palacio,
ni piedra de una Iglesia;
como tú,
piedra aventurera;
como tú,
30 que, tal vez, estás hecha
sólo para una honda,
piedra pequeña
y
ligera...

Versos y oraciones de caminante, I
1920

3

¡Qué solo estoy, Señor;
qué solo y qué rendido
de andar a la ventura
buscando mi destino!...
5 En todos los mesones
he dormido:
en mesones de amor
y en mesones malditos,
sin encontrar jamás
10 mi albergue decisivo...

Y ahora estoy aquí solo...
rendido
de andar a la ventura
por todos los caminos...
15 Ahora estoy aquí solo
en este pueblo de Ávila escondido,
pensando
que no está aquí mi sitio,
que no está aquí tampoco
20 mi albergue decisivo.

Versos y oraciones de caminante, I
1920

4

POETA

Ni de tu corazón,
ni de tu pensamiento,
ni del horno divino de Vulcano
han salido tus alas.
5 Entre todos los hombres las labra-
[ron

y entre todos los hombres en los
de tus costillas las hincaron. [huesos
La mano más humilde
te ha clavado
10 un ensueño...
una pluma de amor en el costado.

Versos y oraciones de caminante, II
1930

5

Sin embargo,
en este mundo nuevo
nada impondrá otras normas
a mi verso.

5 El ruido de las hélices
de ese abejorro enorme
de aluminio y de lienzo
es el zumbido familiar y antiguo

que viene de los sueños
10 de todos los poetas.
Y son *ellos... ellos:*
los motores, las ruedas

y los émbolos
los que marchan al ritmo
15 de mi verso.

Versos y oraciones de caminante, II
1930

6

PIE PARA EL NIÑO DE VALLECAS DE VELÁZQUEZ

Bacía, Yelmo, Halo.
Este es el orden, Sancho...

De aquí no se va nadie.
Mientras esta cabeza rota
del Niño de Vallecas exista,
de aquí no se va nadie. Nadie.
5 Ni el místico ni el suicida.
Antes hay que deshacer este en-
[tuerto,
antes hay que resolver este enigma.
Y hay que resolverlo entre todos,
y hay que resolverlo sin cobardías,
10 sin huir
con unas alas de percalina
o haciendo un agujero
en la tarima.
De aquí no se va nadie. Nadie.
15 Ni el místico ni el suicida.

Y es inútil,
inútil toda huida
(ni por abajo
ni por arriba).
20 Se vuelve siempre. Siempre.
Hasta que un día (¡un buen día!)
el yelmo de Mambrino
—halo ya, no yelmo ni bacía—
se acomode a las sienes de Sancho
25 y a las tuyas y a las mías
como pintiparado,
como hecho a la medida.
Entonces nos iremos Todos
por las bambalinas:
30 Tú, y yo, y Sancho, y el Niño de
y el místico, y el suicida. [Vallecas,

Versos y oraciones de caminante, II
1930

7

SABEMOS

Sabemos que no hay tierra
ni estrella prometidas.
Lo sabemos, Señor, lo sabemos
y seguimos contigo, trabajando.

5 Sabemos que mil veces y mil veces
pararemos de nuevo nuestro carro
y que mil y mil veces en la tierra
alzaremos de nuevo
nuestro viejo tinglado.
10 Sabemos que por ello no tendremos
ni ración ni salario.

Lo sabemos, Señor, lo sabemos
y seguimos contigo trabajando.
Y sabemos
15 que sobre este tinglado
hemos de hacer mil veces y mil ve-
[ces todavía
el mismo viejo truco bufo-trágico
sin elogios
ni aplausos.
20 Lo sabemos, Señor, lo sabemos
y seguimos contigo trabajando...

Versos y oraciones de caminante, II
1930

8

DROP A STAR

¿Dónde está la estrella de los Nacimientos?
La tierra, encabritada, se ha parado en el viento.
Y no ven los ojos de los marineros.
Aquel pez —¡seguidle!—
⁵ se lleva, danzando,
la estrella polar.

El mundo es una *slot-machine*,
con una ranura en la frente del cielo,
sobre la cabecera del mar.
¹⁰ (Se ha parado la máquina,
se ha acabado la cuerda.)
El mundo es algo que funciona
como el piano mecánico de un bar.
(Se ha acabado la cuerda,
¹⁵ se ha parado la máquina...)
    Marinero,
tú tienes una estrella en el bolsillo...
    ¡Drop a star!
Enciende con tu mano la nueva música del mundo,
²⁰ la canción marinera de mañana,
el himno venidero de los hombres...
    ¡Drop a star!
Echa a andar otra vez este barco varado, marinero.
Tú tienes una estrella en el bolsillo...
²⁵ una estrella nueva de paladio, de fósforo y de imán.

Drop a Star
1933

9

EL LLANTO... EL MAR

Y aquéllos... ¿los del norte?
La elegía de la zorra
que la cante la zorra,
el buitre
⁵ la del buitre
y el cobarde
la suya.
Cada raza y cada pueblo
con su lepra y con su llanto.

¹⁰ Yo lloro solamente las hazañas
del rencor
y del polvo...
y la gloria
del hacha.

¹⁵ Luego,
mañana...
¡para todos el mar!

Habrá llanto de sobra para el hom-
y agua amarga 　　　　　　　[bre
20 para las dunas calcinadas...
¡salitre para todos!
Mañana...
¡para todos el mar! 　　　　[cipio,
El mar *solo otra vez*, como al prin-
25 y el hombre *solo, al fin*, con su con-
¡Para todos el mar! 　　　　[ciencia.
y el hombre solo, solo...
sin tribu,
sin obispo
30 y sin espada.
Cada hombre solo, solo,
sin Historia y sin grito,
con el grito partido
y las escalas y las sondas rotas.
35 Cada hombre solo. Yo solo,
solo, sí,
solo,
solo,
flotando sobre el mar,
40 sobre el lecho profundo de mi llanto
y bajo el palio altivo de los cielos...
altivo,
silencioso
y estelar.

45 Si hay una luz que es mía,
aquí ha de reflejarse y rielar,
en el espejo inmenso de mis lágri-
en el mar, 　　　　　　　　[mas,
en el mar.
50 Mañana,
para todos el mar:
el que mece las cunas
y derriba los ciclos,
el que cuenta los pasos de la luna
55 y los de la mula de la noria,
el que rompe los malecones
y los huevecillos,
el eterno comienzo
y el eterno acabar.
60 Mañana
sobre todos el mar...
sobre la zorra y sobre el buitre, el
sobre el cobarde el mar; 　　[mar;
sobre el obispo y su amatista, el
65 sobre mi carne el mar; 　　　[mar;
sobre el desierto, el mar;
y sobre el polvo y sobre el hacha, el
¡El mar, 　　　　　　　　　[mar.
el mar,
70 el mar solo otra vez, como al prin-
¡el llanto... el mar! 　　　　[cipio!

　　　　　　　　　　　El hacha
　　　　　　　　　　　1939

10

ME VOY

Me voy.
Os dejo mi silla
y me voy.
No hay bastantes zapatos para todos
5 y me voy a los surcos.
Me encontraréis mañana
en la avena
y en la rumia del buey
dando vuelta a la ronda.
10 Seguidme la pista, detectives,
seguidme la pista como Hamlet al César.
Anotad:
El poeta murió,
el poeta fue enterrado,
15 el poeta se transformó en estiércol,

el estiércol abonó la avena,
la avena se la comió el buey,
el buey fue sacrificado,
con su piel labraron el cuero,
20 del cuero salieron los zapatos...
Y con estos zapatos en que se ha convertido el poeta,
¿hasta cuándo —yo pregunto, detectives—,
hasta cuándo
seguirá negociando el traficante de calzado?
25 ¿Por qué no hay ya zapatos para todos?

Español del éxodo y del llanto
1939

11

EL POETA PROMETEICO

El poeta prometeico... viene a dar testimonio de la Luz...
Y la Poesía entera del Mundo... tal vez sea la Luz...
Yo pienso que es un Viento *encendido y genésico* que da
    vueltas sin cesar por la gran comba del Universo...
5 Algo tan objetivo, tan material y tan necesario... como la
    Luz... Tal vez sea la Luz...
¡La Luz!
La Luz en una dimensión que nosotros no conocemos todavía.

Luz...
10 Cuando mis lágrimas te alcancen
la función de mis ojos...
ya no será llorar...
sino ver...

Marinero...
15 lágrimas... lágrimas... lágrimas...
la nube... el río... el Mar...
y allá...
más allá del Mar...
al final de mis lágrimas...
20 está la isla que busca el navegante.

¿Por qué están hechos nuestros ojos para llorar y para ver?...
Yo lo pregunto nada más.
¿Por qué de estos dos huevos pequeños y blancuzcos que se
    esconden en nuestras cuencas tenebrosas bajo la frente como
25   dos nidos en las ingles de un árbol, nacen al mismo tiempo
    el llanto y el resplandor?
Yo lo pregunto nada más.
¿Por qué en la gota *amarga de una lágrima* ve el niño, por vez
    primera, cómo se quiebra un rayito de sol... y salen volan-
30   do, igual que siete pájaros, los siete colores del espectro?
Yo lo pregunto nada más.

¿Por qué nace la luz... esta pobre luz que conocemos...
con la primera lágrima del hombre?
Y ¿por qué no ha de nacer la otra... la poética... aquella
35   que buscamos... con la última lágrima del Mundo?

El poeta prometeico
(en *Antología rota*)
1942

12

TAL VEZ ME LLAME JONÁS

Yo no soy nadie:
un hombre con un grito de estopa en la garganta
y una gota de asfalto en la retina.
Yo no soy nadie. ¡Dejadme dormir!
5 Pero a veces oigo un viento de tormenta que me grita:
«Levántate, ve a Nínive, ciudad grande, y pregona contra ella.»
No hago caso, huyo por el mar y me tumbo en el rincón más os-
     curo de la nave
hasta que el Viento terco que me sigue,
10 vuelve a gritarme otra vez:
«¿Qué haces ahí, dormilón? Levántate».
—Yo no soy nadie:
un ciego que no sabe cantar. ¡Dejadme dormir!
Y alguien, ese Viento que busca un embudo de trasvase, dice jun-
15   to a mí, dándome con el pie:
«Aquí está; haré bocina en este hueco y viejo cono de metal;
meteré por él mi palabra y llenaré de vino nuevo la vieja cuba
     del mundo. ¡Levántate!»

—Yo no soy nadie. ¡Dejadme dormir!
20 Pero un día me arrojaron al abismo,
las aguas amargas me rodearon hasta el alma,
la ova se enredó a mi cabeza,
llegué hasta las raíces de los montes,
la tierra echó sobre mí sus cerraduras para siempre...
25 (¿Para siempre?)
Quiero decir que he estado en el infierno...
De allí traigo ahora mi palabra.
Y no canto la destrucción:
apoyo mi lira sobre la cresta más alta de este símbolo...
30 Yo soy Jonás.

Ganarás la luz
1943

13

EL SALTO

Somos como un caballo sin memoria,
somos como un caballo
que no se acuerda ya
de la última valla que ha saltado.

5 Venimos corriendo y corriendo
por una larga pista de siglos y de obstáculos.
De vez en vez, la muerte...
    ¡el salto!
y nadie sabe cuántas
10 veces hemos saltado
para llegar aquí, ni cuántas saltaremos todavía
para llegar a Dios que está sentado
al final de la carrera...
esperándonos.

15 Lloramos y corremos,
caemos y giramos,
vamos de tumbo en tumba
dando brincos y vueltas entre pañales y sudarios.

Ganarás la luz
1943

14

¿CARA O CRUZ? ¿ÁGUILA O SOL?

Filósofos,
para alumbrarnos, nosotros los poetas
quemamos hace tiempo
el azúcar de las viejas canciones con un poco de ron.
5 Y aún andamos colgados de la sombra.
Oíd,
gritan desde la torre sin vanos de la frente:
¿Quién soy yo?
¿Me he escapado de un sueño
10 o navego hacia un sueño?
¿Huí de la casa del Rey
o busco la casa del Rey?
¿Soy el príncipe esperado
o el príncipe muerto?

15 ¿Se enrolla
  o se desenrolla el film?
  Este túnel
  ¿me trae o me lleva?
  ¿Me aguardan los gusanos
20 o los ángeles?
  Mi vida está en el aire dando vueltas.
  ¡Miradla, filósofos, como una moneda que decide! ¿Cara o cruz?
  ¿Quién quiere decirme quién soy?

  ¿Oísteis?
25 Es la nueva canción,
  y la vieja canción,
  ¡nuestra pobre canción!
  ¿Quién soy yo?... ¿Águila o sol?

  —Mirad. Perdí... Filósofos, perdí.

30 Yo no soy nadie.
  Un hombre con un grito de estopa en la garganta
  y una gota de asfalto en la retina.
  Yo no soy nadie.
  Y no obstante, estas manos, mis antenas de hormiga,
35 han ayudado a clavar la lanza en el costado del mundo
  y detrás de la lupa de la luna hay un ojo que me ve como
      a un microbio royendo el corazón de la Tierra.
  Tengo ya cien mil años y hasta ahora no he encontrado
      otro mástil de más fuste que el silencio y la sombra
40   donde colgar mi orgullo;
  tengo ya cien mil años y mi nombre en el cielo se escribe
      con lápiz.
  El agua, por ejemplo, es más noble que yo.
  Por eso las estrellas se duermen en el mar
45 y mi frente romántica es áspera y opaca.
  Detrás de mi frente —filósofos, escuchad esto bien—,
  detrás de mi frente hay un viejo dragón:
  el sapo negro que saltó de la primera charca del mundo
  y está aquí, aquí, aquí,
50 agazapado en mis sesos,
  sin dejarme ver el Amor y la Justicia.
  Yo no soy nadie, nadie.
  Un hombre con un grito de estopa en la garganta
  y una gota de asfalto en la retina... Yo no soy nadie,
55   filósofos...
  Y éste es el solo parentesco que tengo con vosotros.

                                                      Ganarás la luz
                                                      1943

15

ME VOY PORQUE LA TIERRA YA NO ES MÍA

Porque mis pies están cansados,
mis ojos ciegos,
mi boca seca
y mi cuerpo dócil y ligero,
5 para entrar en el aire.
Me voy porque ya no hay caminos para mí en el suelo.
Salí del agua, he vivido en la sangre
y ahora me espera el Viento
para llevarme al sol...
10 Salí del mar... y acabaré en el fuego.

Ganarás la luz
1943

16

SÉ TODOS LOS CUENTOS

Yo no sé muchas cosas, es verdad.
Digo tan sólo lo que he visto.
Y he visto:
que la cuna del hombre la mecen con cuentos,
5 que los gritos de angustia del hombre los ahogan con cuentos,
que el llanto del hombre lo taponan con cuentos,
que los huesos del hombre los entierran con cuentos,
y que el miedo del hombre...
ha inventado todos los cuentos.
10 Yo sé muy pocas cosas, es verdad,
pero me han dormido con todos los cuentos...
y sé todos los cuentos.

Llamadme publicano
1950

17

LA PALABRA

Pero ¿qué están hablando esos poetas ahí de la palabra?
Siempre en discusiones de modisto:
que si desceñida o apretada...
que si la túnica o que si la casaca...
5 La palabra es un ladrillo. ¿Me oísteis?... ¿Me ha oído usted,
    Señor Arcipreste?

Un ladrillo. El ladrillo para levantar la Torre... y la Torre
   tiene que ser alta... alta, alta, alta...
hasta que no pueda ser más alta.
10 Hasta que llegue a la última cornisa
de la última ventana
del último sol
y no pueda ser más alta.
   Hasta que ya entonces no quede más que un ladrillo solo,
15 el último ladrillo... la última palabra,
para tirársela a Dios,
con la fuerza de la blasfemia o la plegaria...
y romperle la frente... A ver si dentro de su cráneo
está la Luz... o está la Nada.

El ciervo
1958

18

A Q U Í

¿De qué me vestiré para morir?
¿Con qué mortaja bajaré a la sombra?
Hay una capa verdinegra, de un untuoso terciopelo
chapeado de herrumbrosos medallones amarillos,
5 con los que se visten los pantanos en la selva,
como el dios camuflado de la lepra.
De aquí salió la mosca de la fiebre
y aquí se esconde el hipopótamo...
Aquí pudo nacer también el hombre...
10 Y aquí puede morir.

El ciervo
1958

19

A U S C H W I T Z

A todos los judíos del mundo,
mis amigos, mis hermanos.

Esos poetas infernales,
Dante, Blake, Rimbaud...
que hablen más bajo...
que toquen más bajo...
5 ¡Que se callen!
Hoy
cualquier habitante de la tierra
sabe mucho más del infierno
que esos tres poetas juntos.

10 Ya sé que Dante toca muy bien el violín...
¡Oh, el gran virtuoso!...
Pero que no pretenda ahora
con sus tercetos maravillosos
y sus endecasílabos perfectos
15 asustar a ese niño judío
que está ahí, desgajado de sus padres...
Y solo.
¡Solo!
aguardando su turno
20 en los hornos crematorios de Auschwitz.
Dante... tú bajaste a los infiernos
con Virgilio de la mano
(Virgilio, «gran cicerone»)
y aquello vuestro de la *Divina Comedia*
25 fue una aventura divertida
de música y turismo.
Esto es otra cosa... otra cosa...
¿Cómo te explicaré?
¡Si no tienes imaginación!
30 *Tú*... no tienes imaginación,
acuérdate que en tu «Infierno»
no hay un niño siquiera...
Y ese que ves ahí...
está solo.
35 ¡Solo! *Sin cicerone*...
esperando que se abran las puertas de un infierno
que tú, ¡pobre florentino!,
no pudiste siquiera imaginar.
Esto es otra cosa... ¿cómo te diré?
40 ¡Mira! Éste es un lugar donde no se puede tocar el violín.
Aquí se rompen las cuerdas de todos
los violines del mundo.
¿Me habéis entendido, poetas infernales?
Virgilio, Dante, Blake, Rimbaud...
45 ¡Hablad más bajo!
¡Tocad más bajo!... ¡Chist!...
¡¡Callaos!!
Yo también soy un gran violinista...
y he tocado en el infierno muchas veces...
50 Pero ahora, aquí...
rompo mi violín... y me callo.

¡Oh, este viejo y roto violín!
1965

20

GENERACIONES

A la tertulia de «El Sorrento», donde tengo
amigos de todas las edades. Y donde alguien
dijo un día: «Nuestra generación vale más
que la vuestra».

Basta.
Basta ya.
Basta de generaciones.
No hay generaciones...
5 Ni mojones ni calendarios.
El tiempo camina sin cesar
y el hombre camina sin pararse.
De Caín a Hitler
no hay más que un río de sangre
10 y de Adán hasta mí
un camino de sombras.
No hay más que un camino y un
Yo soy el caminante   [caminante...
y detrás de mí no hay nadie...
15 y delante tampoco.
El hombre camina y camina...
Hala... hala... hala...
Y se caen las torres
y los muros de hierro

20 y el hombre caminando
hala... hala... hala...
no hay generaciones,
¡degollad las Crónicas!
sólo un camino
25 largo
largo
largo
y un caminante.
(¡Pobre Hombre!
30 ¡qué cansado estás!)
Pero no hay que pararse
hala...
hala...
hala...
35 —¿Adónde vamos?
—Cállate... ya lo sabrás...
¡Camina!

¡Oh, este viejo y roto violín!
1965

GERARDO DIEGO
(1896-   )

Nace en Santander en 1896. Hace el Bachillerato en el colegio de su ciudad natal. Cursa Filosofía y Letras, primero en Deusto (Bilbao) con los padres jesuitas y luego en Salamanca y Madrid, donde obtiene su licenciatura y luego su doctorado. Estudió el piano desde niño. En Madrid encuentra a su amigo Juan Larrea en 1919, y conoce a Cansinos-Asséns y al chileno Vicente Huidobro, quienes contribuyen a despertar su interés por los movimientos de vanguardia y, en particular, el creacionismo de este último. Colabora en las revistas *Cervantes*, *Grecia* y *Ultra*, órganos principales del movimiento ultraísta. Es catedrático de Literatura por oposición en el Instituto de Soria en 1920, donde da su primer recital-concierto, sobre los *Nocturnos* de Chopin.

Hace su primer viaje a París en el verano de 1922, y en este mismo año se traslada al Instituto de Gijón. Vuelve nuevamente a Soria en 1924. Desde allí hace su excursión al Monasterio de Silos que ha de inspirarle el soneto que figura en sus *Versos humanos*, libro por el cual obtiene el Premio Nacional de Literatura en 1925, juntamente con Rafael Alberti. Hace su primer viaje a Andalucía en este año y conoce a Manuel de Falla y García Lorca. En 1927, de nuevo en el Instituto Jovellanos de Gijón, funda la revista *Carmen* y su suplemento *Lola*, las cuales se convierten en instrumentos de expresión de la nueva poesía. En este mismo año interviene activamente en la celebración del centenario de Góngora y contribuye a la serie de ediciones que se proyectan en su honor con la *Antología en honor de Góngora*. Viaja a la Argentina en 1928 y visita el Uruguay y Chile, países en los cuales da conferencias y recitales-conciertos. Vuelve a España en 1929, y en 1931 pasa a enseñar al Instituto de Santander. Se instala en Madrid en 1932 con un nombramiento interino para el Instituto Velázquez, y en 1935 vuelve a Santander. En 1934 contrae matrimonio con Germaine Marin en Toulouse, Francia, a quien había conocido en Burgos desde 1929 como alumna de los cursos para extranjeros. Hace un viaje a las Filipinas en noviembre de 1934, en misión cultural del Ministerio de Estado, y allí da conferencias sobre literatura, música y arte españoles.

Pasa el primer año de la Guerra Civil en Sentaraille, Francia. En 1937 se halla de vuelta en Santander, habiendo enviado antes su adhesión a la Junta de Defensa de Burgos. En 1939 es nombrado catedrático en el Instituto Beatriz Galindo de Madrid, donde permanece hasta su jubilación. Viaja a Italia en 1946 y nuevamente en 1953, dando conferencias, recitales y conciertos en varias ciudades del país. Fue crítico musical, con interrupciones, en diversos periódicos de Madrid, entre otros, *El Imparcial* (1933), *La Libertad* (1934), el *ABC* (1946-1947), *La Tarde* (1948), *Escorial* (1949). Ha colaborado con numerosas notas y comentarios sobre arte, literatura, cine, toros y otros temas en diarios y revistas de toda España, a través de los años. Fue autor de la antología *Poesía española (1915-1931)*, que luego tuvo una segunda edición con el título de *Poesía española (Contemporáneos) (1901-1934)*, la cual dio a conocer los más importantes poetas de la época y sigue teniendo importancia histórica. Fue elegido miembro de la Real Academia Española en 1948. Le fue concedido el Premio March de Letras en 1961. En 1979 recibió el premio Cervantes.

OBRAS POÉTICAS:

El romancero de la novia (Madrid, 1920), *Imagen. Poemas* (1918-1921) (Madrid, 1922), *Soria. Galería de estampas y efusiones* (Valladolid, 1923; 2.ª ed., Santander: El Viento Sur, 1948), *Manual de espumas* (Madrid: La Lectura, 1924), *Versos humanos* (Madrid: Castilla, 1925), *Viacrucis. Verso* (Santander, 1931; 2.ª ed. aumentada, Madrid: Ágora, 1956), *Fábula de Equis y Zeda* (México, 1932; 2.ª ed., Madrid: Editorial Hispánica, 1943), *Poemas adrede* (México, 1932; 1.ª ed. completa, Madrid: Editorial Hispánica, 1943), *Ángeles de Compostela* (Madrid: Patria, 1940; nueva versión completa, Madrid: Giner, 1961; ed. y comentarios de Arturo del Villar [con *Vuelta del peregrino*], Madrid: Narcea, 1976), *Alondra de verdad* (Madrid: Editora Nacional, 1941; 2.ª ed., Madrid: Escorial, 1943), *Primera antología de sus versos (1918-1941)* (Madrid: Espasa-Calpe, 1941; 2.ª ed., 1977), *El romancero de la novia*, juntamente con *Iniciales* (Madrid: Editorial Hispánica, 1944), *La sorpresa (Cancionero de Sentaraille)* (Madrid: CSIC, 1944), *Hasta siempre* (Madrid: Colección Mensajes, 1948), *La luna en el desierto y otros poemas* (Santander, 1948), *Poemas*, prólogo de Manuel Altolaguirre (México: Secretaría de Educación Pública, 1948), *Limbo* (Las Palmas de Gran Canaria: Colec. El Arca, 1951), *Amazona* (Madrid: Ágora, 1955; 2.ª ed., 1956), *Paisaje con figuras* (Palma de Mallorca. Papeles de Son Armadans, 1956), *Biografía incompleta* (Madrid: Cultura Hispánica, 1956; 2.ª ed., 1967), *Égloga de Antonio Bienvenida* (Santander: Ateneo, 1956), *Evasión* (en dos tomos) (Caracas: Lírica Hispana, 1958), *Amor solo* (Madrid: Espasa-Calpe, 1958), *Antología* (Salamanca: Anaya, 1958), *Canciones a Violante* (Madrid: Ediciones Punta Europa, 1959), *Tántalo (Versiones poéticas)* (Madrid: Ágora, 1961), *La rama* (Santander: La Isla de los Ratones, 1961), *Glosa a Villamediana* (Madrid: Taurus, 1961), *Mi Santander, mi cuna, mi palabra* (Santander: Diputación Provincial, 1961), *Sonetos a Violante* (Sevilla: Colección La Muestra, 1962), *La suerte o la muerte* (Madrid: Taurus, 1963), *El Jándalo (Sevilla y Cádiz)* (Madrid: Taurus, 1964), *El cerezo y la palmera*, retablo escénico en forma de tríptico (Madrid: Escelicer, 1964), *Poesía amorosa (1918-1961)* (Barcelona: Plaza & Janés, 1965; 2.ª ed., 1970), *«El Cordobés» dilucidado*, juntamente con *Vuelta del peregrino* (Madrid: Revista de Occidente, 1966), *Odas morales* (Málaga: El Guadalhorce, 1966), *Variación 2* (Santander: Colección Clásicos de Todos los Años, 1966), *Preludio, aria y coda a Gabriel Fauré*, con versión al francés de Edmond Vandercammen (Santander: Ediciones Alimara, 1967), *Segunda antología de sus versos (1941-1967)* (Madrid: Espasa-Calpe, 1967; 3.ª ed., 1977), *Antología poética* (Madrid: Ministerio de Educación y Ciencia, 1969), *Versos escogidos* (Madrid: Gredos, 1970), *La fundación del querer* (Santander: La Isla de los Ratones, 1970), *Versos divinos* (Madrid: Alforjas para la Poesía, 1970), *Cementerio civil* (Barcelona: Plaza & Janés, 1972; 2.ª ed., 1977), *Poesía de creación* (Barcelona: Seix Barral, 1974), *Un jándalo en Cádiz* (Cádiz: Organismos Oficiales, 1974), *Carmen jubilar* (Salamanca: Organismos Oficiales, 1975), *Carmen* (Madrid: Turner, 1977), *Lola* (Madrid, Taurus, 1977), *Soria sucedida* (Barcelona: Plaza & Janés, 1977).

OTRAS OBRAS:

CRÍTICA: Diego es autor de numerosos estudios sobre literatura española, entre los cuales figuran los siguientes: «Música y ritmo en la poesía de San Juan de la Cruz» (*Escorial*, IX, 1942, págs. 163-186), «Salvador Rueda» (*CLC*, II, 1943, págs. 49-68), «Las versiones españolas de *Le Cimetière Marin*» (*Garcilaso*, núm. 28, 1945), «La poesía de Jovellanos» *(BBMP*, XXII, 1946, págs. 209-235), «Cervantes y la poesía» *(RFE*, XXXII, 1948, págs. 213-236), «Los poetas de la Generación del 98» *(Arbor*, XI, 1948, págs. 439-448). Ha publicado también su estudio sobre música, *Diez años de música en España* (Madrid: Espasa-Calpe, 1949), un libro sobre pintores, *Veintiocho pintores españoles contemporáneos vistos por un poeta* (Madrid: Ibérico-Europea de Ediciones, 1975), y los folletos *Nuevo escorzo de Góngora* (Santander: Universidad Internacional Menéndez y Pelayo, 1961) y *Lope y Ramón* (Madrid: Editora Nacional, 1964). EDICIONES: *Antología poética en honor de Góngora* (Madrid: Revista de Occidente, 1927), *Rimas* (con prólogo) de Lope de Vega (Madrid: Gráficas Osca, 1963).

ESTUDIO PRELIMINAR: I, págs. 23, 26, 36; II, 20, 33, 36.

1

SALUDO A CASTILLA

En el agua fría de la palangana
    yo te saludo, Castilla,
en el agua y filo de cristal de la mañana.

Te he conocido, madre, aun sin salir de casa.
5   Te he conocido
por la losa de rosa y la pared bien rasa.

Aprisa los gallos cantan, cantan con petulancia,
    cantan aprisa
como aquellos del Cid en Cardeña la rancia.

10 Y hay en el aire un primoroso olor secular,
    un olor dilatado
sobre el espacio y el tiempo como el ritmo del mar.

Aun sin salir de casa, te conozco, Castilla.
    Madre, te he adivinado
15 en los áureos buñuelos y en la cuerda de la mirilla.
    Y al abrir el balcón,
    ¡qué maravilla!
grito glorioso al descubrirte como un nuevo Colón:
    ¡¡Castilla!!
20   ¡¡Castilla!!

Evasión
(1919)

2

ÁNGELUS

Sentado en el columpio
el ángelus dormita

Enmudecen los astros y los frutos
Y los hombres heridos
5 pasean sus surtidores
como delfines líricos
                    Otros más agobiados
                    con los ríos al hombro
peregrinan sin llamar en las posadas

10 La vida es un único verso interminable

                    Nadie llegó a su fin
            Nadie sabe que el cielo es un jardín
Olvido
                    El ángelus ha fallecido
15   Con la guadaña ensangrentada
                    un segador cantando se alejaba

Imagen
(1918-1921), 1922

3

COLUMPIO

A caballo en el quicio del mundo
un soñador jugaba al sí y al no

Las lluvias de colores
emigraban al país de los amores

5   Bandadas de flores
Flores de sí   Flores de no

              Cuchillos en el aire
              que le rasgan las carnes
              forman un puente
10 Sí   No
              Cabalga el soñador
              Pájaros arlequines
cantan el sí   cantan el no

Imagen
1922

4

REFLEJOS

En este río lácteo
los navíos no sueñan sobre el álveo

Como un guante famélico
el día se me escapa de los dedos
5 me voy quedando exhausto
pero en mi torso canta el mármol

Una rueda lejana
me esconde y me suaviza
las antiguas palabras

10 Cae el líquido fértil de mi estatua
y los navíos cabecean
amarrados al alba

Imagen
1922

5

LOS TEJADOS DE SORIA

Los tejados de Soria,
tejados caprichosos e infantiles
como hechos al azar y de memoria
por manos de arbitrarios poetas albañiles.

5 Para soñar, qué bellos los tejados
peinados y rizados,
todas las chimeneas en actitud orante,
como humildes rebaños de la torre gigante.

Tejados aprendidos en un cuento,
10 como los de Belén niños y acurrucados;
tejados del hospicio, del burdel, del convento,
tejados de las casas con sobrados,
tejados.

Soria
1923

6

ROMANCE DEL DUERO

Río Duero, río Duero,
nadie a acompañarte baja,
nadie se detiene a oír
tu eterna estrofa de agua.

5 Indiferente o cobarde,
la ciudad vuelve la espalda.
No quiere ver en tu espejo
su muralla desdentada.

Tú, viejo Duero, sonríes
10 entre tus barbas de plata,
moliendo con tus romances
las cosechas mal logradas.

Y entre los santos de piedra
y los álamos de magia
15 pasas llevando en tus ondas
palabras de amor, palabras.

Quién pudiera como tú,
a la vez quieto y en marcha,

cantar siempre el mismo verso,
20 pero con distinta agua.

Río Duero, río Duero,
nadie a estar contigo baja,
ya nadie quiere atender
tu eterna estrofa olvidada,

25 sino los enamorados
que preguntan por sus almas
y siembran en tus espumas
palabras de amor, palabras.

Soria
1923

7
C A L L E

Como una puerta de aspas giratorias
            la calle va dando vueltas

Cautamente
hurtan sus sueños blancos las vidrieras

5 Por las chimeneas bajan del cielo
                        suaves polichinelas

Entre un oleaje de música
                        ha pasado el ángel
cuya cabellera riega las calles

10 Cada farol es una herida
Esta noche es más larga que nunca la vida

Limbo
(1921), 1951

8
EL CIPRÉS DE SILOS

Enhiesto surtidor de sombra y sueño
que acongojas el cielo con tu lanza.
Chorro que a las estrellas casi alcanza
devanado a sí mismo en loco empeño.

5 Mástil de soledad, prodigio isleño;
flecha de fe, saeta de esperanza.
Hoy llegó a ti, riberas del Arlanza,
peregrina al azar, mi alma sin dueño.

Cuando te vi, señero, dulce, firme,
10 qué ansiedades sentí de diluirme
y ascender como tú, vuelto en cristales,

como tú, negra torre de arduos filos,
ejemplo de delirios verticales,
mudo ciprés en el fervor de Silos.

Versos humanos
(1918-1924), 1925

9

PRIMAVERA

Ayer   Mañana
Los días niños cantan en mi ventana

Las casas son todas de papel
y van y vienen las golondrinas
5 doblando y desdoblando esquinas

Violadores de rosas
Gozadores perpetuos del marfil de las cosas
Ya tenéis aquí el nido
que en la más ardua grúa se os ha construido

10 Y desde él cantaréis todos
en las manos del viento

Mi vida es un limón
pero no es amarilla mi canción

Limones y planetas
15   en las ramas del sol
Cuántas veces cobijasteis
la sombra verde de mi amor
la sombra verde de mi amor

La primavera nace
20 y en su cuerpo de luz la lluvia pace

El arco iris brota de la cárcel

Y sobre los tejados
mi mano blanca es un hotel
para palomas de mi cielo infiel

Manual de espumas
1924

10

PARAÍSO

Danzar

Cautivos del bar

La vida es una torre
y el sol un palomar
5 Lancemos las camisas tendidas a volar

Por el piano arriba
subamos con los pies frescos de cada día

Hay que dejar atrás
las estelas oxidadas
10 y el humo casi florecido
Hay que llegar sin hacer ruido

Bien saben los remeros
con sus alas de insecto que no pueden cantar
y que su proa no se atrevió a volar

15 Ellos son los pacientes hilanderos de rías
fumadores tenaces de espumas y de días

Danzar

                                        Cautivos del bar
Porque las nubes cantan
20 aunque estén siempre abatidas las alas de la mar

De un lado a otro del mundo
los arcoiris van y vienen
para vosotros todos
los que perdisteis los trenes

25 Y también por vosotros
mi flauta hace girar los árboles
y el crepúsculo alza
los pechos y los mármoles

Las nubes son los pájaros
30 y el sol el palomar

Hurra

                                        Cautivos del bar
La vida es una torre
que crece cada día sobre el nivel del mar

Manual de espumas
1924

11

NOCTURNO

Están todas

También las que se encienden en las noches de moda

Nace del cielo tanto humo
que ha oxidado mis ojos

5 Son sensibles al tacto las estrellas
No sé escribir a máquina sin ellas

Ellas lo saben todo
Graduar el mar febril
y refrescar mi sangre con su nieve infantil

10 La noche ha abierto el piano
y yo las digo adiós con la mano

Manual de espumas
1924

12

PENÚLTIMA ESTACIÓN

He aquí helados, cristalinos,
sobre el virginal regazo,
muertos ya para el abrazo,
aquellos miembros divinos.
5 Huyeron los asesinos.
Qué soledad sin colores.
Oh, Madre mía, no llores.
Cómo lloraba María.
La llaman desde aquel día
10 la Virgen de los Dolores.

¿Quién fue el escultor que pudo
dar morbidez al marfil?
¿Quién apuró su buril
en el prodigio desnudo?
15 Yo, Madre mía, fui el rudo
artífice, fui el profano
que modelé con mi mano
ese triunfo de la muerte
sobre el cual tu piedad vierte
20 cálidas perlas en vano.

Viacrucis
1931

13

FÁBULA DE EQUIS Y ZEDA

BRINDIS

A ti Basilio en igualdad de clima
con los signos más puros del paisaje
a ti que rozas la rebelde cima
con sólo acariciar el fuselaje
5 a ti ante el coto de la reina en veda
en tres tiempos te brindo equis y zeda

EXPOSICIÓN

Sobre el amor del delantal planchado
que en coincidir limítrofe se obstina
cerca del valle donde un puente ha inflado
10 el lomo del calor que se avecina
una torre graduada se levanta
orientada al arbitrio del que canta

Torre virtual que medra al simple tacto
y se deja inclinar si alguno piensa
15 gentil distribuidora del abstracto

óvalo verde de la recompensa
una tarde de esas en que sube
el caracol hermano de la nube

Una tarde de aquellas sin testigo
20 muralla en torno de una llave inversa
en que vuela un color por todo amigo
del olivo al secreto y viceversa
sin saber —emisario a la jineta—
cuál de los polos es el de la meta

25 el viento que de todo hace botellas
y orejas tiernamente desdobladas
recogía su cola de ocho huellas
para entrar previo aviso de palmadas
en el cilindro liso del reducto
30 oloroso a clavel salvoconducto

En la almena más alta un ciervo bueno
alisaba sus cuernos y extendía
y el doble esquí nacido de su seno
con deportiva vocación lamía
35 como si él condujese al misticismo
la rueda en flor del analfabetismo

De punta a punta de arpa un arquitecto
recorriendo su playa infatigable
calculaba el perímetro perfecto
40 a puro arpegio de oro venerable
y obtenido el nivel luego al soslayo
—metro plegable— desplegaba el rayo

Flor de la brisa o fruta agraz del viento
aquí y allá giraba en engranaje
45 empujando con mutuo vaivén lento
mecanismos del peine y del paisaje
paisaje virginal que se desvela
a la dócil caricia paralela

Duchaba el sauce el beneficio verde
50 renovando su llanto meridiano
y el ciprés que de viejo el filo pierde
aprendía el dialecto cortesano
porque es común a sauces y a cipreses
nivelar presupuestos de marqueses

55 El arquitecto en posesión de orla
aplica ya peldaños de incremento
hacia la llama en ave de la borla
múltiple uve de alas en el viento
y con sus dedos —náufragos egregios—
60 de la barba se arranca los arpegios

Desde el sótano así hasta la azotea
en espiral de cláusula ascendente
una oruga dentada se pasea
por disciplina y porque nadie intente
65 aprovechando ausencias de algún verbo
aclimatar dentro del arpa al ciervo

Pero mientras el sol por contrapeso
al sumirse en la bolsa de conciencia
hace ascender al firmamento impreso
70 en ceremonia de correspondencia
y todas las estrellas salvo alguna
en columna gradual miden la luna

Y mientras van glisando los secretos
de confesión por brazos y por ríos
75 e ilumina los triples parapetos
la batería gris de los rocíos
su barba el arquitecto abre y bifurca
y a bordo de ella costas de arpa surca

A bordo de ella góndola en dos puntas
80 góndola barba al viento que se estira
hasta llegar por láminas adjuntas
a limitar al sur con la mentira
a bordo de su barba navegaba
por el jardín de curvatura brava

AMOR

Góngora 1927

85 Era el mes que aplicaba sus teorías
cada vez que un amor nacía en torno
cediendo dócil peso y calorías
cuándo por caridad ya para adorno
en beneficio de esos amadores
90 que hurtan siempre relámpagos y flores

Ella llevaba por vestido combo
un proyecto de arcángel en relieve
Del hombro al pie su línea exacta un rombo
que a armonizar con el clavel se atreve
95 A su paso en dos lunas o en dos frutos
se abrían los espacios absolutos

Amor amor obesidad hermana
soplo de fuelle hasta abombar las horas
y encontrarse al salir una mañana
100 que Dios es Dios sin colaboradoras
y que es azul la mano del grumete
—amor amor amor— de seis a siete

Así con la mirada en lo improviso
barajando en la mano alas remotas
105 iba el galán ladrándole el aviso
de plumas blancas casi gaviotas
por las calles que huelen a pintura
siempre buscando a ella en cuadratura

Y vedla aquí equipando en jabón tierno
110 globos que nunca han visto las espumas
vedla extrayendo de su propio invierno
la nieve en tiras la pasión en sumas
y en margaritas que pacerá el chivo
su porvenir listado en subjuntivo

115 Desde el plano sincero del diedro
que se queja al girar su arista viva
contempla el amador nivel de cedro
la amada que en su hipótesis estriba
y acariciando el lomo del instante
120 disuelve sus dos manos en menguante

«A ti la bella entre las iniciales
la más genuina en tinta verde impresa
a ti imposible y lenta cuando sales
tangente cuando el céfiro regresa
125 a ti envío mi amada caravana
larga como el amor por la mañana

Si tus piernas que vencen los compases
silencioso el resorte de sus grados
si más difícil que los cuatro ases
130 telegrama en tu estela de venados
mis geometrías y mi sed desdeñas
no olvides canjear mis contraseñas

Luna en el horno tibio de aburridas
bien inflada de un gas que silba apenas
135 contempla mis rodillas doloridas
así no estallen tus mejillas llenas
contempla y dime si hay otro infortunio
comparable al desdén y al plenilunio

Y tú inicial del más esbelto cuello
140 que a tu tacto haces sólida la espera
no me abandones no Yo haré un camello
del viento que en tus pechos desaltera
y para perseguir tu fuga en chasis
yo te daré un desierto y un oasis

145 Yo extraeré para ti la presuntuosa
raíz de la columna vespertina
Yo en fiel teorema de volumen rosa
te expondré el caso de la mandolina

Yo peces te traeré —entre crisantemos—
150 tan diminutos que los dos lloremos

Para ti el fruto de dos suaves nalgas
que al abrirse dan paso a una moneda
Para ti el arrebato de las algas
y el alelí de sálvese el que pueda
155 y los gusanos de pasar el rato
príncipes del azar en campeonato

Príncipes del azar Así el tecleo
en ritmo y luz de mecanografía
hace olvidar tu nombre y mi deseo
160 tu nombre que una estrella ama y enfría
Príncipes del azar gusanos leves
para pasar el rato entre las nieves

Pero tú voladora no te obstines
Para cantar de ti dame tu huella
165 La cruzaré de cuerdas de violines
y he de esperar que el sol se ponga en ella
Yo inscribiré en tu rombo mi programa
conocido del mar desde que ama»

Y resumiendo el amador su dicho
170 recogió los suspiros redondeles
y abandonado al humo del capricho
se dejó resbalar por dos rieles
Una sesión de circo se iniciaba
en la constelación decimoctava

DESENLACE

175 Todo es pendiente que al patín convida
Por el plano inclinado de elegancia
resbala de pie el río pierna unida
Y la vida entre un margen de constancia
y otro de arena gris madura corre
180 atando un nudo en torno a cada torre

Todo es pendiente y sin el ciervo ajeno
bello de regadío consumado
no tiñe nuestros dedos el sereno
éxtasis puntiagudo anaranjado
185 ni se detiene libre fija quieta
óptica de la fe la bicicleta

Dónde va con su barba el arquitecto
si de la playa se alejaba el arpa
Dónde voló el arcángel del proyecto
190 y ella —rombo o clavel— a qué hora zarpa
Nuestra mano de azar sus hilos pierde
y sobre el piano olvida el color verde

La luna acecha esbelta sin remedio
el cero ocho de los vendavales
195 y con la muerte se equilibra el tedio
en la pureza de los dos pedales
Pendiente sin opción pendiente en suma
cruel como la conducta de la espuma

Es la hora exacta de los capiteles
200 que pliegan sus follajes convecinos
La historia ya de los amantes fieles
se reduce a muy pocos Apeninos
Uno dos tres tal vez quién lo diría
cuatro no más a fuerza de miopía

205 Quién sabrá río erguido que patinas
juntos los pies unidas tus dos alas
quién adivinará cuándo te inclinas
si aquí en mi pecho —ay— la recta embalas
Mas ya el álamo aguza y silba el pito
210 y el asfalto hacia atrás sube hasta el mito

Árbol filial para el dolor nacido
álamo tierno de vicisitudes
Tú también como el astro arrepentido
sin precisión de brisa no lo dudes
215 tú torcerás también cifras fatales
y el guarismo hilarás de los mortales

Tú solo único ya aunque a nadie avises
despierto entre el dormir de aves y trenes
solo sin madmoaseles y sin mises
220 rondas de adioses brotas de tus sienes
al revés que si piedra el agua sonda
círculos sume y cierra onda tras onda

Piedad de asfalto atardecer de lona
sollozo sin pistola abandonado
225 En mi ciudad trasciende una persona
a imán entre violetas olvidado
Todo el paisaje está si lo sacudes
dulcemente podrido de laúdes

Es el juicio final de los lebreles
230 deliberado al ras de la garganta
Por el plano elegante en desniveles
la bicicleta inmóvil gira y canta
Oh cielo es para ti su rueda y rueda
Equis canta la una la otra zeda

Fábula de Equis y Zeda
(1926-1929), 1932

14

CONDICIONAL

Si cascas como un huevo
un reloj abandonado de las horas
caerá sobre tus rodillas el retrato de tu madre muerta
Si arrancas ese botón umbilical de tu chaleco
5 cuando nadie le observa entre las hojas
verás cerrarse uno a uno los ojos de las esponjas

Si averiguas a fuerza de contemplarla largamente
el oleaje sin espuma de una oreja querida
se te iluminará la mitad más íntima de la vida

10 Si mondas esta tarde una naranja con los dedos enguantados
a la noche la luna sigilosa
paseará por la orilla del río recogiendo
anillos de viudas y proyectos
de lentos crisantemos

15 Si por ventura quieres
gozar del privilegio último
de los reos de muerte y de los corderillos
no olvides cercenarte tus auroras más puras
y tus uñas más fieles No lo olvides

Biografía incompleta
(1925-1941)

15

AZUCENAS EN CAMISA

Venid a oír de rosas y azucenas
la alborotada esbelta risa
Venid a ver las rosas sin cadenas
las azucenas en camisa

5 Venid las amazonas del instinto
los caballeros sin espuelas
aquí al jardín injerto en laberinto
de girasoles y de bielas

Una música en níquel sustentada
10 cabellos curvos peina urgente
y hay sólo una mejilla acelerada
y una oropéndola que miente

Agria sazón la del febril minuto
todo picado de favores
15 cuando al jazmín le recomienda el luto
un ruiseñor de ruiseñores

Cuando el que vuelve de silbar a solas
el vals de «Ya no más Me muero»
comienza a perseguir por las corolas
20   la certidumbre del sombrero

No amigos míos Vuelva la armonía
y el bienestar de los claveles
Mi corazón amigos fue algún día
tierno galope de corceles

25 Quiero vivir La Vida es nuevo estilo
grifo de amor grifo de llanto
Jirafa del vivir Tu cuello en vilo
yo te estimulo y te levanto

Pasad jinetes leves de la aurora
30   hacia un oeste de violetas
Lejos de mí la trompa engañadora
y al ralantí vuestras corvetas

Tornan las nubes a extremar sus bordes
más cada día decisivos
35 Y a su contacto puéblanse de acordes
los dulces nervios electivos

Rozan mis manos dádivas agudas
lunas calientes y dichosas
Sabed que desde hoy andan desnudas
40   las azucenas y las rosas

Poemas adrede
1932

16

RAZÍAS

Ya tu clarín nos disipó las brumas.
Oh grave, agudo azul de coordenadas.
Y hundimos ya las manos sonrosadas
—nueva puericia— en diáfanas espumas.

5 Por ti, Razías, por la nieve y plumas
que esponjas, bates, libras, niveladas
—¡hosanna!— porque en gigas y foliadas
euritmias del Altísimo rezumas.

Rizas en tus cabellos las corolas
10 y del querube mar las caracolas.
Tuya es la gracia, la delicia tuya

y el ángel y la estela del donaire.
Y nuestro en gloria y círculo —¡alleluia!—
el aire, el aire, el aire, el aire, el aire.

Ángeles de Compostela
1936

17

LA ASUNCIÓN DE LA ROSA

Tanto una rosa un ruiseñor eleva
cuando de su garganta abre el paisaje,
que logra que del lazo se desgaje
y suelta salte y auras brinde y beba.

5 Mírala ya en la luz que se renueva,
cristal de aurora en torno de su viaje,
mírala esbelta en éxtasis de encaje,
por el aire ascender que se la lleva.

Al cielo sube ya, libre, sin andas,
10 mecida entre compases ruiseñores
—álzala, gorjeador, alta, en volandas—

en asunción la rosa y resplandores,
ya invisible en la cima, entre educandas,
novicia en la clausura de las flores.

Alondra de verdad
(1928-1936), 1941

18

INSOMNIO

Tú y tu desnudo sueño. No lo sabes.
Duermes. No. No lo sabes. Yo en desvelo,
y tú, inocente, duermes bajo el cielo.
Tú por tu sueño y por el mar las naves.

5 En cárceles de espacio, aéreas llaves
te me encierran, recluyen, roban. Hielo,
cristal de aire en mil hojas. No. No hay vuelo
que alce hasta ti las alas de mis aves.

Saber que duermes tú, cierta, segura
10 —cauce fiel de abandono, línea pura—,
tan cerca de mis brazos maniatados.

Qué pavorosa esclavitud de isleño,
yo insomne, loco, en los acantilados,
las naves por el mar, tú por tu sueño.

Alondra de verdad
(1928-1936)

19

CUMBRE DE URBIÓN

Es la cumbre, por fin, la última cumbre.
Y mis ojos en torno hacen la ronda
y cantan el perfil, a la redonda,
de media España y su fanal de lumbre.

5 Leve es la tierra. Toda pesadumbre
se desvanece en cenital rotonda.
Y al beso y tacto de infinita onda
duermen sierras y valles su costumbre.

Geología yacente, sin más huellas
10 que una nostalgia trémula de aquellas
palmas de Dios palpando su relieve.

Pero algo, Urbión, no duerme en tu nevero,
que entre pañales de tu virgen nieve
sin cesar nace y llora el niño Duero.

Alondra de verdad
(1928-1936)

20

LA GRACIA

Y no valdrán tus fintas, tu hoja prima
ni tu coraza indómita nielada
a desviar el rayo, la estocada
en la tiniebla a fondo de tu sima.

5 ¿No ves centellear allá en la cima
de gracia y luz diamante, ascuas de espada?
No, esquivo burlador, no valdrá nada
careta ni broquel, guardia ni esgrima.

No te cierres rebelde, no le niegues
10 tu soledad. Es fuerza que le entregues
de par en par tu pecho y coyunturas.

Que así vulnera el Diestro, y así elige
—caprichos del deseo— y así aflige
y así mueren de amor las criaturas.

Alondra de verdad
(1928-1936)

21
NUESTRO HUERTO

Nuestro huerto —qué breve— es un pañuelo
pero cómo se estira y se levanta,
    buscando el cielo,
    la patria santa.

5 Crece el magnolio y su florir secreto;
su rizada melena hispe la acacia.
    Sube el abeto
    lleno de gracia.

Ya las islas de sombra en una sola
10 se funden, cariciosa y lenta umbría,
    en la aureola
    que yo quería.

Como el huerto también, nuestro cariño,
de año en año ¿no ves que al cielo crece,
15   que, árbol o niño,
    trepa y florece?

Oh cúpula, oh nivel, oh mediodía.
Gota a gota, el azul destila y suena.
    «Ave María,
20   gratia plena.»

La sorpresa
(1941), 1944

22
EL DOBLE ELEGIDO

Qué raro es ser poeta.
Encontrarse de pronto una mañana
con el mundo feliz, recién creado,
piando, balbuciendo,
5 para que alguien le bese y le descifre.
Y ese alguien, el llamado
—¿es posible?— soy yo.

Qué extraño es ser amante.
Encontrarse una tarde, casi noche,
10 que la luz de unos ojos,
el temblor de una mano dulce y ciega,
que sí, que era verdad.

Y así —como la ola
que al mar le turge, estalla, rompe en dicha
15 de efervescida espuma—
del abismo oceánico del pecho
nos sube, crece, alumbra a flor de labios
un nombre de mujer
y unas alas: «te quiero».

20 Oh maravilla atónita.
Poesía del amor.
Amor de la poesía.
Y yo el doble elegido, regalado.

Amazona
(1949-1952), 1955

23

LA RAMA

La vi en la hierba, abandonada, rota,
y me la traje a casa. Aquí en la mesa
donde trabajo en sueños, duerme o flota
su torso estilizado de princesa.

5 Es una rama tierna y quebradiza
de leñoso peral. La eterna danza
—mitológica fábula— me hechiza
y me incluye en su rueda de esperanza.

La gracia universal torna y retorna,
10 savia de luz y sangre de amor puro.
Un solo ritmo a la razón soborna
cerrándose en anillo alto y maduro.

Con qué nubilidad la rama tuerce
la línea de su escorzo, interrumpida
15 cuando frente a la norma del alerce
creía en la belleza de la vida.

¿Y quién sabrá dónde la muerte empieza?
Líquenes, hongos de escritura rúnica
ya recaman, ya estofan su corteza.
20 Reina de Saba no vistió esa túnica.

Y a trechos la piel abre su ceniza
para mostrar desnuda —quién pudiera
pintar de su rubor el ala huidiza—
la carne angelical de la madera.

25 Todo mi cuerpo al contemplar la rama
en su ser vegetal se corrobora
y un recuerdo magnánimo me llama
de cuando fui ilusión de árbol que llora.

La rama
(1943-1960), 1961

24

TORERILLO EN TRIANA

Torerillo en Triana
    frente a Sevilla.
Cántale a la sultana
    tu seguidilla.

5 Sultana de mis penas
    y mi esperanza.
Plaza de las Arenas
    de la Maestranza.

Arenas amarillas,
10   palcos de oro.
Quién viera a las mulillas
    llevarme el toro.

Relumbrar de faroles
    por mí encendidos.
15 Y un estallido de oles
    en los tendidos.

Arenal de Sevilla,
    Torre del Oro.
Azulejo a la orilla
20   del río moro.

Azulejo bermejo,
    sol de la tarde.
No mientas, azulejo,
    que soy cobarde.

25 Guadalquivir tan verde
    de aceite antiguo.
Si el barquero me pierde
    yo me santiguo.

La puente no la paso,
30   no la atravieso.
Envuelto en oro y raso
    no se hace eso.

Ay, río de Triana,
    muerto entre luces.
35 No embarca la chalana
    los andaluces.

Ay, río de Sevilla,
    quién te cruzase
sin que mi zapatilla
40   se me mojase.

Zapatilla escotada
    para el estribo.
Media rosa estirada
    y alamar vivo.

45 Tabaco y oro. Faja
    salmón. Montera.
Tirilla verde baja
    por la chorrera.

Capote de paseo.
50   Seda amarilla.
Prieta para el toreo
    la taleguilla.

La verónica cruje.
    Suenan caireles.
55 Que nadie la dibuje.
    Fuera pinceles.

Banderillas al quiebro.
    Cose el miura
el arco que le enhebro
60   con la cintura.

Torneados en rueda
    tres naturales.
Y una hélice de seda
    con arrabales.

65 Me perfilo. La espada.
    Los dedos mojo.
Abanico y mirada.
    Clavel y antojo.

En hombros por tu orilla,
70   Torre del Oro.
En tu azulejo brilla
    sangre de toro.

Si salgo en la Maestranza,
te bordo un manto,
75 Virgen de la Esperanza
de Viernes Santo.

Adiós, torero nuevo,
Triana y Sevilla,
que a Sanlúcar me llevo
80 tu seguidilla.

La suerte o la muerte
(1926), 1963

25

ADIÓS A «MANOLETE»

Y te vas recto, recto
¿como el río a la mar?
A la mar de la muerte
tus alamares van.

5 No como el agua dulce
que duda y vuelve atrás
antes del trago amargo
de efervescencia y sal,

sino como la bala
10 que ciega y recta va
al blanco que la hechiza
con pupila fatal,

tú, bala de ti mismo,
vas a la muerte imán,

15 proyectil, línea, héroe,
alma, sin paso atrás.

Tú, matador de toros,
mil siete has de tumbar
e infinito yacente
20 el ocho te abrirá.

La balanza equilibra
la suerte y muerte igual.
«Islero» a Manuel reta.
Manuel a su isla va.

25 Rodeados de sombra
de espesa inmensidad
solos allá en su isla
se entrecruzan en paz.

La suerte o la muerte
(1941-1963), 1963

26

ORMOLA

Salí a buscarte, madre, niña mía,
en la mañana —viento sur— de invierno.
El hálito templado acariciaba
últimas hojas de los robles viejos,
5 castaños despojados, varas altas
de fresnos, barniz y luz de acebos
e hinchaba mis pulmones de pureza.
Versolari imposible hacia mi verso
ascendía impaciente, hacia mi fuente,
10 mi manantial que está sangrando tiempo.

Y me habló Ormola según yo escalaba
sus lajas, sus torrentes y repechos.
—Mira hacia abajo. Ése es tu valle matrio,
tu Azcoitia de ocho años, niño serio,

15 tu villa abuela de nogal vascuence
y de Ángelus de cáñamo y de rezo:
(Resbala por el quieto mediodía
Gabriel, visible a los alpargateros.)
Mira cómo se bañan tus patitos,
20 tus corros que decís allá en los pueblos
de tu natal Montaña, tus delicias
cuando azotan relumbres y aleteos.
Mira el frontón y el porche y la ancha bóveda
—parroquia familiar, órgano, incienso—.
25 Y esa cúpula gris es tu Loyola,
vaticano menor, largo paseo.

Y sigo y trepo arriba, más arriba,
hasta asir con mis manos mi alto empeño.
Ormola al fin, soñando en Cacerneja.
30 Caserío y cabaña: a su amor debo
mi regalo de vida, mi existencia.
Último fruto soy, otoño vuestro.
Casa donde nacisteis y jugasteis,
María Uría, Ángela Cendoya,
35 abuela que gocé, madre del alma.
Y os veo ahora, niñas, niñas siempre
y siempre madres, madrecitas mutuas,
primero tú y yo luego, ésa es la vida.
Y a mis oídos vuelven el «maitía»
40 y el «choriburu» tierno y la suprema
jaculatoria «¡Ángela María!»
juntando en cielo vuestros nombres mismos.

Caserío de Ormola. Contrafuertes
—la planta en desnivel— catedralicios.
45 Y desde el antozano los hastiales
veo robustos y salir el hércules,
miembros de oso, el huésped aitzkolari,
«genius loci», heredero. El tío abuelo
fue también campeón —la raza éuscara—
50 de abrazar, levantar bloques de piedra.
Mas no son ésas —míticas de Ormola—
las glorias de mi sangre y de mi hueso,
mis cariños y orgullos. Son las madres
a la rueca aplicadas, al cultivo
55 del lino, a la magosta, a los manzanos
que maceran en jugo oro de sidra
y vuelven en abril a vestir túnica
cual no ostentó jamás reina de fábula,
redundando de mieles la ladera.

60 Madre de madres, sí, niñas de niñas.
Ya os oigo, te oigo treceañera,
ardilla rubia en salto —gracia y fuego—

inventarme, llamarme, conjurarme,
sintiéndome ya flor en tus entrañas,
65 tu benjamín de octubre y embeleso.
Tú niña, tú doncella, tú ya esposa
en Castilla del mar, abrazo insólito
de dos cumbres cantábricas: Ormola,
Valnera. Padre, Madre. Santa madre,
70 cumplo yo hoy la edad que tú alcanzabas
—noviembre humano ya, cerca el invierno—
cuando Dios te llamó y tú ahogándote
me mirabas tristísima y alegre,
heroica (te ahogabas) sonriendo,
75 desgarrándote, hundiéndote, salvándome
desde tu ultraladera, me mirabas
subiendo azuleándome de cielo.

«El Cordobés»
dilucidado. Vuelta del peregrino
(1965), 1966

27

A LOS VIETNAMESES

La ley de la rapiña
sigue imperando en cerco tenebroso.
Innoble rebatiña:
dragón, águila y oso
5 tras cordero interpuesto entablan coso.

Ese bella entre eses,
curva el país su costa. Horrendo tajo
la hiende. Ay, vietnameses.
Culpa brutal contrajo
10 quien el hacha blandió de arriba a abajo.

Alemanias, Coreas
clamando están. ¿Y a eso llamáis victoria?
Político: no seas.
¿Decíais que la historia
15 maestra es de escarmiento? Oh ciega noria.

Una vez desatado
el blanco, el negro, aceitunado odio,
quién verá cancelado
su último episodio
20 y al ángel del amor volar custodio.

Tiempo fue en que la vida
foliaba en paz calendas y sosiegos.
Al Buda obeso, ardida
por bonzos y por legos,
25 subía la fragancia de los ruegos.

La fresca y honda orquesta,
heridora de pieles y metales,
en ecos de floresta
y gamas virginales
30 desnudaba sus timbres de cristales;

y ondeaba la danza
—flores cabeceando en su cestillo—
y liturgia y balanza
—viso verde, amarillo,
35 naranja— serpeaban el anillo.

Oh paraíso. Helechos,
cañas bambúes, hojas que crecían
del tamaño de lechos
a amantes protegían
40 y en túneles sombríos escondían.

Y ahora buitres hinchados,
abortos de las nubes demenciales,
abrasan los poblados,
desmoronan bancales,
45 ensangrientan espejos de arrozales.

Donde la garza airosa
bajaba a hundir en ciénaga de ría
su pico y sobre rosa
zanca después se erguía
50 y de sus alas el paypay abría,

hoy leve oscila y baja
—hojas van por los vientos impelidas
y otoño las baraja—
llorado por sus bridas,
55 un muerto a tierra en su paracaídas.

Odas morales
1966

28

ADIÓS A PEDRO SALINAS

El cielo se serena
Salinas cuando suena

Cantan los verbos en vacaciones
jaculatorias y conjugaciones

5 Yo seré tú serás él **será**
La imagen de ayer mañana volverá

La imagen duplica el presagio
¿Rezas cuando truena el trisagio?

El mundo se envenena
10 *Salinas cuando no suena*

La música más extremada
es el silencio de la boca amada

Amar amar y siempre amar
haber amado haber de amar

15 Y de la media de la abuela
caen las onzas oliendo a canela

El cielo se enrojece
Salinas cuando te mece

Era tu reino el del rubor
20 Tanta hermosura alrededor

Rosa y azul azul y rosa
Cuidado que no se te rompa

Y por tus ojos la borrasca
y la ventisca y el miedo a las hadas

25 El cielo se aceituna
Salinas cuando te acuna

¿No habéis visto en flor el olivo?
Sí no sí no azar del subjuntivo

¿Nunca visteis el otoño del ciervo
30 no habéis sabido deshojar un verbo?

Llega diciembre y llora el roble
y el cocotero de Puertopobre

El mundo se espanta
Salinas cuando no canta

35 Cantan los verbos en la escuela
Redondo está el cielo a toda vela

¿Pedro Salinas Serrano? Falta
Y los niños de pronto se callan

Unos en otros buscan amparo
40 Todo más claro mucho más claro

El cielo quiere quererme
Salinas cuando te duerme

Biografía incompleta
(1941-1955)

29

JULIO CAMPAL

Íbamos once amigos a tu entierro.
Y tus veintiocho letras de alfabeto,
tus letras, Julio, sueltas,
tan voluntariamente encadenadas.

5 Lanzad letras al aire, como dados:
siempre caerá un poema.
Sembrad huesos descabalados

en esta o en la otra
o en la de más allá parcela:
10 siempre se reunirán hasta el completo
esqueleto.

Tu Mar del Plata o tierra natural,
Julio Campal.
Veintiocho letras velan tu secreto.

Cementerio civil
1972

30

LAS ESTACIONES

Homenaje a Haydn

LA PRIMAVERA

La primavera era
¿cómo era la primavera?
Nadie vio la primera primavera
Duerme duerme No despertéis su sueño
5 Duerme bajo la tierra
la aún indecisa niña
Duerme bajo la orquesta la brisa de la flauta

Duermen bajo la nieve los dedos de la hierba
y a grandes aletazos huyen las pardas nubes

10 La primera flor en la frente de marzo
La primera hoja en los labios de abril
El primer amor en el pecho de mayo

Primer amor
Trepa la escala el insecto violín
15 Primera hoja
Tiembla en la rama la voz que se estrena
Primera flor
Tañe en el aire el aroma a amarillo
El grillo el grillo el grillo
20 Cómo huele a frescor de cueva y élitro
Cómo zumba el pianísimo
del coro en vuelo de los abejorros

Pues cuando mayo llega
se tienen siempre 18 años
25 los primeros los únicos 18 años
y toda primavera es la primera
y todo amor es autobiografía

Misterio de la luz en las ventanas
y desacuerdo de altas disonancias
30 que navegan felices al nordeste
diciendo prometiendo a toda brisa
que sí que sí que sí
y cabecean alzan hunden
los imantados
35 anillados en plata botalones

Sólo por disonancias va lográndose
la cadencia perfecta en ensenada
y no hay más hoy que ayer y que mañana
Todo vive en el fue y en el será
40 y por eso de mesana a bauprés
de la fuga al preludio y al revés
la primavera patina divina
la primavera que nunca es
que siempre volverá
45 que siempre era
la prima del violín la primavera

Biografía continuada
(1971-1972)

31

METAMORFOSIS BIS

A Picasso

Tender un puente sobre el vacío entre mitra y mitra
es menos arriesgado que perseguir las metamorfosis
que conducen a saltos desde la culebra original
hasta el telón bajando en el milagro

5 La culebra se muda en almanaque
el almanaque en mar mediterráneo
el mar mediterráneo en un hombre durmiendo
el hombre durmiendo en un hombre escribiendo
el hombre escribiendo en un hombre pintando
10 el hombre pintando en un cerezo en flor
el cerezo en flor en un pecado con arrepentimiento
el pecado con arrepentimiento en la más pura nieve
la más pura nieve cayendo cayendo
y el caer de la nieve se hizo verso

15 Y el verso se volvió sin saber cómo
leopardo olfateando el estanque de sangre
y la sangre circuló al revés y se hizo amazona
y la amazona minotauro
y el minotauro dijo aquí estoy y se embistió a sí mismo

20 Pero el sí mismo sí que emprendió veloz carrera
espera espera espera y no acaba nunca
y nunca se hizo siempre
y siempre eternidad de noventa años
y noventa años olor de madreselva
25 y el olor de madreselva aparición
del milagro sin fin representado
hasta el telón de lienzo nevando nieve
llorando llanto
sangrando sangre
                    tendiendo un puente sobre el vacío original

Biografía continuada
(1971-1972)

32

1 ENERO, 1974

Un soneto me manda hacer Violante.
Violante es la Academia o tal vez Lope
o su niña de plata, miel y arrope,
o su moza de cántaro pimpante.

5 Por el soneto vamos adelante,
con cabalgar alterno, ya al galope,
ya al trote, al paso, sin piafar, sin tope,
y estamos todos. No. No hubo vacante.

¡No hay vacante! Sabedlo, especialistas
10 de la coba por tabla o por derecho.
Damas y caballeros, quinielistas,

horoscopantes, linces del acecho,
recontadnos a todos, a ojos vistas.
Treinta y seis, uno a uno, y está hecho.

Carmen jubilar
1975

FEDERICO GARCÍA LORCA
(1898-1936)

Nace en Fuente Vaqueros (provincia de Granada) en 1898. Hace sus primeras letras con su madre y en la escuela del pueblo. De niño escuchó el folklore
andaluz y se interesó por juegos teatrales. Comienza sus estudios de Enseñanza
Media en Almería, pero luego se traslada a Granada, donde estudia en el colegio del Sagrado Corazón de Jesús y obtiene el Bachillerato en el Liceo de
dicha ciudad en 1915. Ingresa en la Universidad de Granada, en la cual sigue
a un tiempo las carreras de Filosofía y Letras y de Derecho, licenciándose en
esta última en 1923. Durante sus estudios universitarios hace excursiones por
Andalucía y Castilla que han de dar origen a su primer libro en prosa *Impresiones y paisajes*, e intensifica sus estudios musicales que había comenzado
desde niño. En 1919 marcha a Madrid y se hospeda en la Residencia de Estudiantes, donde ha de permanecer, con interrupciones, hasta 1928 y donde conoce a numerosos intelectuales y artistas.

En Madrid frecuenta el Ateneo y las tertulias de escritores, incluyendo la
de los ultraístas. En 1920 se estrena en Madrid su primera pieza teatral, *El
maleficio de la mariposa*. En 1922 organiza con Manuel de Falla y otros
intelectuales de Granada la Fiesta del Cante Jondo que tiene lugar en esta
ciudad y en una de cuyas sesiones lee su conferencia «El primitivo canto
andaluz» y recita poemas de su futuro libro *Poema del cante jondo*. Con
ocasión de la fiesta de los Reyes Magos, a principios de 1923, organiza una
sesión teatral de marionetas, una de cuyas piezas representadas es *La niña
que riega la albahaca y el príncipe preguntón*, compuesta por él. En Madrid
conoce al pintor Gregorio Prieto. En la primavera de 1925 viaja con Dalí a su
casa de Cadaqués y también a Figueras. En 1926 publica su «Oda a Salvador
Dalí» en la *Revista de Occidente* y continúa con la composición del *Romancero
gitano*, algunos de cuyos poemas ven la luz en revistas. En 1927 estrena su
pieza *Mariana Pineda* en Barcelona, y hace una exposición de dibujos en las
galerías Dalmau de esta ciudad. A fines del año viaja a Sevilla para tomar
parte con otros poetas de la época en la conmemoración de Góngora.

A principios de 1928, funda con otros colaboradores, en Granada, la revista
de vanguardia *Gallo*, que sólo alcanza la publicación de dos números. Dicta
en el Ateneo de esta ciudad la conferencia «Imaginación, inspiración, evasión»
para inaugurar el año académico 1928-1929, y, en Madrid, lee la conferencia
«Las nanas infantiles» en la Residencia de Estudiantes. Da un recital de sus

propias poesías a comienzos de 1929 en el Palacio de la Alhambra. En junio de este año viaja a Nueva York y se instala en uno de los dormitorios de Columbia University. Inicia su amistad con Federico de Onís y con León Felipe, quien lo introduce en la poesía de Walt Whitman. A fines de agosto de este año pasa algún tiempo en Vermont, a orillas del lago Eden Mills, y en las montañas de Catskill con su amigo Ángel del Río. En Nueva York frecuenta los museos, los cines, teatros y el barrio Harlem, donde se familiariza con la vida de los negros y se entusiasma con la música del *jazz*. Escribe los poemas que han de formar su libro *Poeta en Nueva York*.

En abril parte para Cuba invitado por la Institución Hispanocubana de Cultura a dar un ciclo de conferencias que incluyen, fuera de las ya conocidas, «Teoría y juego del duende», «Soto de Rojas» y «Lo que canta una ciudad de noviembre a noviembre». En julio retorna a España y dicta la conferencia «La arquitectura del cante jondo» en San Sebastián. En 1931 se halla en las proclamaciones callejeras que celebran el establecimiento de la República. Dicta conferencias sobre el *Cante jondo* y sobre *Poeta en Nueva York* en varias ciudades de la Península. Con aprobación del Ministerio de Instrucción Pública, establece el teatro ambulante público *La Barraca* y con este motivo recorre, con otros colaboradores, todas las regiones de España entre los años 1932 y 1933, dando representaciones del teatro clásico español. En octubre de 1933 se embarca para Buenos Aires, invitado por la Sociedad de Amigos del Arte para dar conferencias y dirigir algunas de sus obras teatrales que serán representadas por la compañía de Lola Membrives. Viaja a Montevideo a principios de 1934 y allí dicta varias conferencias. De retorno a Buenos Aires participa con el poeta Pablo Neruda en una sesión de diálogo en homenaje a Rubén Darío.

Deja Buenos Aires a fines de marzo y se embarca para España, haciendo escala en Río de Janeiro, donde es recibido por Alfonso Reyes. Ya en España continúa con las representaciones de *La Barraca*. El 11 de agosto de este año muere trágicamente el torero Ignacio Sánchez Mejías, acontecimiento que inspira al poeta su «Llanto por Ignacio Sánchez Mejías». En marzo de 1935 el poeta hace su primera lectura pública de este poema, que será seguida por otras en diversas ciudades del país. Colabora en el primer número de la revista *Caballo Verde para la Poesía*, fundada por Neruda. Da en Barcelona una conferencia-recital sobre el *Romancero gitano*. En junio de 1936 hace la primera lectura de *La casa de Bernarda Alba* a un círculo de amigos en Madrid. El 16 de julio de este año parte para Granada, y el 19 de agosto es ejecutado por las fuerzas nacionalistas que ocupan la ciudad. La New York State University de Brockport publica desde 1973 la *García Lorca Review*.

OBRAS POÉTICAS:

Libro de poemas (Madrid: Maroto, 1921; Buenos Aires: Losada, 1945; 4.ª ed., 1964; Madrid: Espasa-Calpe [Austral, 3.ª ed.], 1977), *Poema del cante jondo* (1921-1922) (Madrid: C.I.A.P., 1931; 2.ª ed. [con prólogo de Pablo Neruda], Madrid: Ulises, 1937; Buenos Aires: Losada, 1944; 6.ª ed., 1967), *Primeras canciones* (1922) (Madrid: Héroe, 1936), *Canciones* (1921-1924) (Málaga: Litoral, 1927; 2.ª ed., Madrid: Revista de Occidente, 1929; Buenos Aires: Sur, 1933; Madrid: Espasa-Calpe, 1935; Santiago de Chile: Editorial Moderna, 1937; Buenos Aires: Losada, 1945; 4.ª ed., 1965), *Primer romancero gitano* (1924-1927) (Madrid: Revista de Occidente, 1928), *Romancero gitano* (Buenos

Aires: Sur, 1933; Madrid: Espasa-Calpe, 1935; Santiago de Chile: Editorial Moderna, 1937; Barcelona: Nuestro Pueblo, 1937 y 1938; Madrid: Autores, 1978; [con *Poema del cante jondo* y *Llanto por Ignacio Sánchez Mejías*] México: Editorial Pax-México, 1940; [con prólogo de Rafael Alberti] Buenos Aires: Schapire, 1942; Buenos Aires: Losada, 1946; [con *Poema del cante jondo*] Madrid: Espasa-Calpe [Austral, 5.ª ed.], 1977; ed. de Juan Caballero, Madrid: Cátedra, 1977), *Seis poemas galegos* (Santiago de Compostela: Editorial Nos, 1936; Madrid: Akal, 1974), *Obras completas*, selección y prólogo de Guillermo de Torre, en siete volúmenes (Buenos Aires: Losada, 1938-1942; 2.ª ed., 1940-1944; 3.ª ed., 1942-1946), *Poeta en Nueva York* (México: Séneca, 1940; [con fotografías de Maspons+Ubiña] Barcelona: Lumen, 1966; col. Palabra menor, 1976; [con *Llanto por Ignacio Sánchez Mejías* y *Divan del Tamarit*] [Austral], Madrid: Espasa-Calpe, 1973), *Antología poética*, selección de Rafael Alberti y Guillermo de Torre (Buenos Aires: Pleamar, 1943; Buenos Aires: Losada, 1957; 4.ª ed., 1969), *Poesías*, prólogo de Luciano Taxonera (Madrid: Alhambra, 1944), *Antología poética*, prólogo de Ismael Edwards Matte (México: Costa-Amic, 1944), *Obras completas*, recopilación y notas de Arturo del Hoyo, prólogo de Jorge Guillén, epílogo de Vicente Aleixandre (Madrid: Aguilar, 1954; 20.ª ed. [2 tomos], 1977), *Obras selectas de Federico García Lorca* (Barcelona: Círculo de lectores, 1968; 21.ª ed., 1978), *Antología poética* (Madrid: Aguilar, 1973), *Canciones y poemas para niños* (Barcelona: Labor, 1975; 3.ª ed., 1976), *Autógrafos. I. Poemas y prosas*, publicación en facsímil con una introducción de Rafael Martínez Nadal (Oxford: The Dolphin Book Co., 1975), *Autógrafos. II. El público*, ed. de Rafael Martínez Nadal (Oxford: The Dolphin Book Co., 1976), *El público y Comedia sin título* (Barcelona: Seix Barral, 1978).

OTRAS OBRAS:

PROSA: *Impresiones y paisajes* (1918). TEATRO: *Mariana Pineda* (1924). *La zapatera prodigiosa* (1930), *Así que pasen cinco años* (1931), *Retablillo de Don Cristóbal. Farsa para Guiñol* (1931), *Amor de Don Perlimplín con Belisa en su jardín* (1933), *Bodas de sangre* (1933), *Yerma* (1935), *Doña Rosita la soltera o El lenguaje de las flores* (1935). EPISTOLARIO: *Cartas a sus amigos*, prólogo de Sebastián Gasch (Barcelona: Ediciones Cobalto, 1950). También en la edición de Antonio Gallego Morell, con introducción y notas, *García Lorca, Cartas, postales, poemas y dibujos* (Madrid: Editorial Moneda y Crédito, 1968). Las cartas a Jorge Guillén se hallan en el libro de este último, *Federico en persona. Semblanza y epistolario* (Buenos Aires: Emecé, 1959). DIBUJOS: *Dibujos de García Lorca*, introducción y notas de Gregorio Prieto (Madrid: Afrodisio Aguado, 1949), Gregorio Prieto, *Lorca en color* (Madrid: Editora Nacional, 1969).

ESTUDIO PRELIMINAR: I, págs. 24, 33.

1

BALADA DE LA PLACETA

Cantan los niños
en la noche quieta;
¡arroyo claro,
fuente serena!

LOS NIÑOS

5 ¿Qué tiene tu divino
corazón en fiesta?

YO

Un doblar de campanas
perdidas en la niebla.

LOS NIÑOS

Ya nos dejas cantando
10 en la plazuela.
¡Arroyo claro,
fuente serena!

¿Qué tienes en tus manos
de primavera?

YO

15 Una rosa de sangre
y una azucena.

LOS NIÑOS

Mójalas en el agua
de la canción añeja.
¡Arroyo claro,
20 fuente serena!

¿Qué sientes en tu boca
roja y sedienta?

YO

El sabor de los huesos
de mi gran calavera.

LOS NIÑOS

25 Bebe el agua tranquila
de la canción añeja.
¡Arroyo claro,
fuente serena!

¿Por qué te vas tan lejos
30 de la plazuela?

YO

¡Voy en busca de magos
y de princesas!

LOS NIÑOS

¿Quién te enseñó el camino
de los poetas?

YO

35 La fuente y el arroyo
de la canción añeja.

LOS NIÑOS

¿Te vas lejos, muy lejos
del mar y la tierra?

YO

Se ha llenado de luces
40 mi corazón de seda,
de campanas perdidas,
de lirios y de abejas,
y yo me iré muy lejos,
más allá de esas sierras,
45 más allá de los mares,
cerca de las estrellas,
para pedirle a Cristo
Señor que me devuelva
mi alma antigua de niño,
50 madura de leyendas,
con el gorro de plumas
y el sable de madera.

LOS NIÑOS

Ya nos dejas cantando
en la plazuela,
55 ¡arroyo claro,
fuente serena!

Las pupilas enormes
de las frondas resecas
heridas por el viento,
60 lloran las hojas muertas.

Libro de poemas
1921

2

LA BALADA DEL AGUA DEL MAR

El mar
sonríe a lo lejos.
Dientes de espuma,
labios de cielo.

5 —¿Qué vendes, oh joven turbia
con los senos al aire?

—Vendo, señor, el agua
de los mares.

—¿Qué llevas, oh negro joven,
10 mezclado con tu sangre?

—Llevo, señor, el agua
de los mares.

—Esas lágrimas salobres
¿de dónde vienen, madre?

15 —Lloro, señor, el agua
de los mares.

—Corazón, y esta amargura
seria, ¿de dónde nace?

—¡Amarga mucho el agua
20 de los mares!

El mar
sonríe a lo lejos.
Dientes de espuma,
labios de cielo.

Libro de poemas
1921

3

BALADILLA DE LOS TRES RÍOS

El río Guadalquivir
va entre naranjos y olivos.
Los dos ríos de Granada
bajan de la nieve al trigo.

5 *¡Ay, amor*
que se fue y no vino!

El río Guadalquivir
tiene las barbas granates.
Los dos ríos de Granada,
10 uno llanto y otro sangre.

¡Ay, amor
que se fue por el aire!

Para los barcos de vela
Sevilla tiene un camino;
15 por el agua de Granada
sólo reman los suspiros.

¡Ay, amor
que se fue y no vino!

Guadalquivir, alta torre
20 y viento en los naranjales.
Dauro y Genil, torrecillas
muertas sobre los estanques.

¡Ay, amor
que se fue por el aire!

25 ¡Quién dirá que el agua lleva
un fuego fatuo de gritos!

¡Ay, amor
que se fue y no vino!

Lleva azahar, lleva olivas,
30 Andalucía, a tus mares.

¡Ay, amor
que se fue por el aire!

Poema del Cante Jondo
(1921-1922), 1931

4

SORPRESA

Muerto se quedó en la calle
con un puñal en el pecho.
No lo conocía nadie.
¡Cómo temblaba el farol!
5 Madre.
¡Cómo temblaba el farolito
de la calle!

Era madrugada. Nadie
pudo asomarse a sus ojos
10 abiertos al duro aire.
Que muerto se quedó en la calle
con un puñal en el pecho
y que no lo conocía nadie.

Poema del Cante Jondo
(1921-1922)

5

LA SOLEÁ

Vestida con mantos negros
piensa que el mundo es chiquito
y el corazón es inmenso.

Vestida con mantos negros.

5 Piensa que el suspiro tierno
y el grito, desaparecen
en la corriente del viento.

Vestida con mantos negros.

Se dejó el balcón abierto
10 y al alba por el balcón
desembocó todo el cielo.

¡Ay yayayayay,
que vestida con mantos negros!

Poema del Cante Jondo
(1921-1922)

6

CAMINO

Cien jinetes enlutados,
¿dónde irán,
por el cielo yacente
del naranjal?
5 Ni a Córdoba ni a Sevilla
llegarán.
Ni a Granada la que suspira
por el mar.

Esos caballos soñolientos
10 los llevarán,
al laberinto de las cruces
donde tiembla el cantar.
Con siete ayes clavados,
¿dónde irán
15 los cien jinetes andaluces
del naranjal?

Poema del Cante Jondo
(1921-1922)

7

ADÁN

Árbol de sangre moja la mañana
por donde gime la recién parida.
Su voz deja cristales en la herida
y un gráfico de hueso en la ventana.

5 Mientras la luz que viene fija y gana
blancas metas de fábula que olvida
el tumulto de venas en la huida
hacia el turbio frescor de la manzana.

Adán sueña en la fiebre de la arcilla
10 un niño que se acerca galopando
por el doble latir de su mejilla.

Pero otro Adán oscuro está soñando
neutra luna de piedra sin semilla
donde el niño de luz se irá quemando.

Primeras canciones
(1922), 1936

8

CAZADOR

¡Alto pinar!
Cuatro palomas por el aire van.

Cuatro palomas
vuelan y tornan.

5 Llevan heridas
sus cuatro sombras.

¡Bajo pinar!
Cuatro palomas en la tierra están.

Canciones
(1921-1924), 1927

9

CANCIÓN DE JINETE

Córdoba.
Lejana y sola.

Jaca negra, luna grande,
y aceitunas en mi alforja.
5 Aunque sepa los caminos
yo nunca llegaré a Córdoba.

Por el llano, por el viento,
jaca negra, luna roja.

La muerte me está mirando
10 desde las torres de Córdoba.

¡Ay qué camino tan largo!
¡Ay mi jaca valerosa!
¡Ay que la muerte me espera,
antes de llegar a Córdoba!

15 Córdoba.
Lejana y sola.

Canciones
(1921-1924)

10

Arbolé, arbolé
seco y verdé.

La niña del bello rostro
está cogiendo aceituna.
5 El viento, galán de torres,
la prende por la cintura.
Pasaron cuatro jinetes,
sobre jacas andaluzas
con trajes de azul y verde,
10 con largas capas oscuras.
«Vente a Córdoba, muchacha.»
La niña no los escucha.
Pasaron tres torerillos
delgaditos de cintura,
15 con trajes color naranja

y espada de plata antigua.
«Vente a Córdoba, muchacha.»
La niña no los escucha.
Cuando la tarde se puso
20 morada, con luz difusa,
pasó un joven que llevaba
rosas y mirtos de luna.
«Vente a Granada, muchacha.»
Y la niña no lo escucha.
25 La niña del bello rostro
sigue cogiendo aceituna,
con el brazo gris del viento
ceñido por la cintura.

Arbolé, arbolé
30 seco y verdé.

Canciones
(1921-1924)

11

ROMANCE DE LA LUNA, LUNA

La luna vino a la fragua
con su polisón de nardos.
El niño la mira mira.
El niño la está mirando.
5 En el aire conmovido
mueve la luna sus brazos
y enseña, lúbrica y pura,
sus senos de duro estaño.
—Huye luna, luna, luna.
10 Si vinieran los gitanos,
harían con tu corazón
collares y anillos blancos.
—Niño, déjame que baile.
Cuando vengan los gitanos,
15 te encontrarán sobre el yunque
con los ojillos cerrados.
—Huye luna, luna, luna,
que ya siento los caballos.
—Niño, déjame, no pises
20 mi blancor almidonado.

El jinete se acercaba
tocando el tambor del llano.
Dentro de la fragua el niño,
tiene los ojos cerrados.

25 Por el olivar venían,
bronce y sueño, los gitanos.
Las cabezas levantadas
y los ojos entornados.

¡Cómo canta la zumaya,
30 ay cómo canta en el árbol!
Por el cielo va la luna
con un niño de la mano.

Dentro de la fragua lloran,
dando gritos, los gitanos.
35 El aire la vela, vela.
El aire la está velando.

Romancero gitano
(1924-1927), 1928

12

PRECIOSA Y EL AIRE

Su luna de pergamino
Preciosa tocando viene
por un anfibio sendero
de cristales y laureles.
5 El silencio sin estrellas,
huyendo del sonsonete,
cae donde el mar bate y canta
su noche llena de peces.
En los picos de la sierra
10 los carabineros duermen
guardando las blancas torres
donde viven los ingleses.
Y los gitanos del agua
levantan por distraerse,
15 glorietas de caracolas
y ramas de pino verde.

*

Su luna de pergamino
Preciosa tocando viene.
Al verla se ha levantado
20 el viento que nunca duerme.
San Cristobalón desnudo,
lleno de lenguas celestes,
mira a la niña tocando
una dulce gaita ausente.

25 —Niña, deja que levante
tu vestido para verte.
Abre en mis dedos antiguos
la rosa azul de tu vientre.

Preciosa tira el pandero
30 y corre sin detenerse.
El viento-hombrón la persigue
con una espada caliente.

Frunce su rumor el mar.
Los olivos palidecen.
35 Cantan las flautas de umbría
y el liso gong de la nieve.

—¡Preciosa, corre, Preciosa,
que te coge el viento verde!
¡Preciosa, corre, Preciosa!
40 ¡Míralo por donde viene!
Sátiro de estrellas bajas
con sus lenguas relucientes.

*

Preciosa, llena de miedo,
entra en la casa que tiene,

45 más arriba de los pinos,
el cónsul de los ingleses.

Asustados por los gritos
tres carabineros vienen,
sus negras capas ceñidas
50 y los gorros en las sienes.

El inglés da a la gitana
un vaso de tibia leche,
y una copa de ginebra
que Preciosa no se bebe.

55 Y mientras cuenta, llorando,
su aventura a aquella gente,
en las tejas de pizarra
el viento, furioso, muerde.

Romancero gitano
(1924-1927)

13

ROMANCE SONÁMBULO

Verde que te quiero verde.
Verde viento. Verdes ramas.
El barco sobre la mar
y el caballo en la montaña.
5 Con la sombra en la cintura
ella sueña en su baranda,
verde carne, pelo verde,
con ojos de fría plata.
Verde que te quiero verde.
10 Bajo la luna gitana,
las cosas la están mirando
y ella no puede mirarlas.

Verde que te quiero verde.
Grandes estrellas de escarcha,
15 vienen con el pez de sombra
que abre el camino del alba.
La higuera frota su viento
con la lija de sus ramas,
y el monte, gato garduño,
20 eriza sus pitas agrias.
¿Pero quién vendrá? ¿Y por dón-
Ella sigue en su baranda,   [de...?
verde carne, pelo verde,
soñando en la mar amarga.

25 —Compadre, quiero cambiar
mi caballo por su casa,
mi montura por su espejo,
mi cuchillo por su manta.
Compadre, vengo sangrando,
30 desde los puertos de Cabra.
—Si yo pudiera, mocito,
ese trato se cerraba.
Pero yo ya no soy yo,
ni mi casa es ya mi casa.
35 —Compadre, quiero morir
decentemente en mi cama.
De acero, si puede ser,
con las sábanas de holanda.
¿No ves la herida que tengo
40 desde el pecho a la garganta?
—Trescientas rosas morenas
lleva tu pechera blanca.
Tu sangre rezuma y huele
alrededor de tu faja.
45 Pero yo ya no soy yo,
ni mi casa es ya mi casa.
—Dejadme subir al menos
hasta las altas barandas,
¡dejadme subir!, dejadme

50 hasta las verdes barandas.
Barandales de la luna
por donde retumba el agua.

Ya suben los dos compadres
hacia las altas barandas.
55 Dejando un rastro de sangre.
Dejando un rastro de lágrimas.
Temblaban en los tejados
farolillos de hojalata.
Mil panderos de cristal,
60 herían la madrugada.

Verde que te quiero verde,
verde viento, verdes ramas.
Los dos compadres subieron.
El largo viento dejaba
65 en la boca un raro gusto
de hiel, de menta y de albahaca.
¡Compadre! ¿Dónde está, dime?
¿Dónde está tu niña amarga?

¡Cuántas veces te esperó!
70 ¡Cuántas veces te esperara,
cara fresca, negro pelo,
en esta verde baranda!

Sobre el rostro del aljibe
se mecía la gitana.
75 Verde carne, pelo verde,
con ojos de fría plata.
Un carámbano de luna
la sostiene sobre el agua.
La noche se puso íntima
80 como una pequeña plaza.
Guardias civiles borrachos
en la puerta golpeaban.
Verde que te quiero verde.
Verde viento. Verdes ramas.
85 El barco sobre la mar.
Y el caballo en la montaña.

Romancero gitano
(1924-1927)

14

ROMANCE DE LA PENA NEGRA

Las piquetas de los gallos
cavan buscando la aurora,
cuando por el monte oscuro
baja Soledad Montoya.
5 Cobre amarillo, su carne,
huele a caballo y a sombra.
Yunques ahumados sus pechos,
gimen canciones redondas.
—Soledad, ¿por quién preguntas
10 sin compaña y a estas horas?
—Pregunte por quien pregunte,
dime: ¿a ti qué se te importa?
Vengo a buscar lo que busco,
mi alegría y mi persona.
15 —Soledad de mis pesares,
caballo que se desboca,
al fin encuentra la mar
y se lo tragan las olas.
—No me recuerdes el mar,
20 que la pena negra, brota
en las tierras de aceituna
bajo el rumor de las hojas.
—¡Soledad, qué penas tienes!
¡Qué pena tan lastimosa!

25 Lloras zumo de limón
agrio de espera y de boca.
—¡Qué pena tan grande! Corro
mi casa como una loca,
mis dos trenzas por el suelo,
30 de la cocina a la alcoba.
¡Qué pena! Me estoy poniendo
de azabache, carne y ropa.
¡Ay mis camisas de hilo!
¡Ay mis muslos de amapola!
35 —Soledad, lava tu cuerpo
con agua de las alondras,
y deja tu corazón
en paz, Soledad Montoya.

Por abajo canta el río
40 volante de cielo y hojas.
Con flores de calabaza,
la nueva luz se corona.
¡Oh pena de los gitanos!
Pena limpia y siempre sola.
45 ¡Oh pena de cauce oculto
y madrugada remota!

Romancero gitano
(1924-1927)

15

ROMANCE DE LA GUARDIA CIVIL ESPAÑOLA

Los caballos negros son.
Las herraduras son negras.
Sobre las capas relucen
manchas de tinta y de cera.
5 Tienen, por eso no lloran,
de plomo las calaveras.
Con el alma de charol
vienen por la carretera.
Jorobados y nocturnos,
10 por donde animan ordenan
silencios de goma oscura
y miedos de fina arena.
Pasan, si quieren pasar,
y ocultan en la cabeza
15 una vaga astronomía
de pistolas inconcretas.

*

¡Oh ciudad de los gitanos!
En las esquinas banderas.
La luna y la calabaza
20 con las guindas en conserva.
¡Oh ciudad de los gitanos!
¿Quién te vio y no te recuerda?
Ciudad de dolor y almizcle,
con las torres de canela.

*

25 Cuando llegaba la noche,
noche que noche nochera,
los gitanos en sus fraguas
forjaban soles y flechas.
Un caballo malherido,
30 llamaba a todas las puertas.
Gallos de vidrio cantaban
por Jerez de la Frontera.
El viento vuelve desnudo
la esquina de la sorpresa,
35 en la noche platinoche,
noche que noche nochera.

*

La Virgen y San José
perdieron sus castañuelas,
y buscan a los gitanos
40 para ver si las encuentran.
La Virgen viene vestida
con un traje de alcaldesa,
de papel de chocolate
con los collares de almendras.
45 San José mueve los brazos
bajo una capa de seda.
Detrás va Pedro Domecq
con tres sultanes de Persia.
La media luna soñaba
50 un éxtasis de cigüeña.
Estandartes y faroles
invaden las azoteas.
Por los espejos sollozan
bailarinas sin caderas.
55 Agua y sombra, sombra y agua
por Jerez de la Frontera.

*

¡Oh ciudad de los gitanos!
En las esquinas banderas.
Apaga tus verdes luces
60 que viene la benemérita.
¡Oh ciudad de los gitanos!
¿Quién te vio y no te recuerda?
Dejadla lejos del mar,
sin peines para sus crenchas.

*

65 Avanzan de dos en fondo
a la ciudad de la fiesta.
Un rumor de siemprevivas
invade las cartucheras.
Avanzan de dos en fondo.
70 Doble nocturno de tela.
El cielo, se les antoja
una vitrina de espuelas.

*

La ciudad, libre de miedo,
multiplicaba sus puertas.
75 Cuarenta guardias civiles
entran a saco por ellas.
Los relojes se pararon,
y el coñac de las botellas
se disfrazó de noviembre
80 para no infundir sospechas.
Un vuelo de gritos largos
se levantó en las veletas.
Los sables cortan las brisas
que los cascos atropellan.
85 Por las calles de penumbra
huyen las gitanas viejas
con los caballos dormidos
y las orzas de monedas.
Por las calles empinadas
90 suben las capas siniestras,
dejando atrás fugaces
remolinos de tijeras.

En el portal de Belén
los gitanos se congregan.
95 San José, lleno de heridas,
amortaja a una doncella.
Tercos fusiles agudos
por toda la noche suenan.
La Virgen cura a los niños

100 con salivilla de estrella.
Pero la Guardia Civil
avanza sembrando hogueras,
donde joven y desnuda
la imaginación se quema.
105 Rosa la de los Camborios,
gime sentada en su puerta
con sus dos pechos cortados
puestos en una bandeja.
Y otras muchachas corrían
110 perseguidas por sus trenzas,
en un aire donde estallan
rosas de pólvora negra.
Cuando todos los tejados
eran surcos en la tierra,
115 el alba meció sus hombros
en largo perfil de piedra.

*

¡Oh ciudad de los gitanos!
La Guardia Civil se aleja
por un túnel de silencio
120 mientras las llamas te cercan.

¡Oh ciudad de los gitanos!
¿Quién te vio y no te recuerda?
Que te busquen en mi frente.
Juego de luna y arena.

Romancero gitano
(1924-1927)

16

VUELTA DE PASEO

Asesinado por el cielo,
entre las formas que van hacia la sierpe
y las formas que buscan el cristal,
dejaré crecer mis cabellos.

5 Con el árbol de muñones que no canta
y el niño con el blanco rostro de huevo.

Con los animalitos de cabeza rota
y el agua harapienta de los pies secos.

Con todo lo que tiene cansancio sordomudo
10 y mariposa ahogada en el tintero.

Tropezando con mi rostro distinto de cada día.
¡Asesinado por el cielo!

Poeta en Nueva York
(1929-1930)

17

ODA AL REY DE HARLEM

Con una cuchara,
arrancaba los ojos a los cocodrilos
y golpeaba el trasero de los monos.
Con una cuchara.

5 Fuego de siempre dormía en los pedernales
y los escarabajos borrachos de anís
olvidaban el musgo de las aldeas.

Aquel viejo cubierto de setas
iba al sitio donde lloraban los negros
10 mientras crujía la cuchara del rey
y llegaban los tanques de agua podrida.

Las rosas huían por los filos
de las últimas curvas del aire,
y en los montones de azafrán
15 los niños machacaban pequeñas ardillas
con un rubor de frenesí manchado.

Es preciso cruzar los puentes
y llegar al rubor negro
para que el perfume de pulmón
20 nos golpee las sienes con su vestido
de caliente piña.

Es preciso matar al rubio vendedor de aguardiente,
a todos los amigos de la manzana y de la arena,
y es necesario dar con los puños cerrados
25 a las pequeñas judías que tiemblan llenas de burbujas,
para que el rey de Harlem cante con su muchedumbre,
para que los cocodrilos duerman en largas filas
bajo el amianto de la luna,
y para que nadie dude de la infinita belleza
30 de los plumeros, los ralladores, los cobres y las cacerolas de las cocinas.

¡Ay Harlem! ¡Ay Harlem! ¡Ay Harlem!
¡No hay angustia comparable a tus rojos oprimidos,
a tu sangre estremecida dentro del eclipse oscuro,
a tu violencia granate sordomuda en la penumbra,
35 a tu gran rey prisionero con un traje de conserje!

Tenía la noche una hendidura y quietas salamandras de marfil.
Las muchachas americanas llevaban niños y monedas en el vientre
y los muchachos se desmayaban en la cruz del desperezo.

Ellos son.
40 Ellos son los que beben el *whisky* de plata junto a los volcanes
y tragan pedacitos de corazón por las heladas montañas del oso.

Aquella noche el rey de Harlem
con una durísima cuchara
arrancaba los ojos a los cocodrilos
45 y golpeaba el trasero de los monos.
Con una cuchara.
Los negros lloraban confundidos
entre paraguas y soles de oro,
los mulatos estiraban gomas, ansiosos de llegar al torso blanco,
50 y el viento empañaba espejos
y quebraba las venas de los bailarines.

Negros, Negros, Negros, Negros.

La sangre no tiene puertas en vuestra noche boca arriba.
No hay rubor. Sangre furiosa por debajo de las pieles,
55 viva en la espina del puñal y en el pecho de los paisajes,
bajo las pinzas y las retamas de la celeste luna de cáncer.

Sangre que busca por mil caminos muertes enharinadas y ceniza de nardo,
cielos yertos, en declive, donde las colonias de planetas
rueden por las playas con los objetos abandonados.

60 Sangre que mira lenta con el rabo del ojo,
hecha de espartos exprimidos, néctares de subterráneos.
Sangre que oxida el alisio descuidado en una huella
y disuelve a las mariposas en los cristales de la ventana.

Es la sangre que viene, que vendrá
65 por los tejados y azoteas, por todas partes,
para quemar la clorofilia de las mujeres rubias,
para gemir al pie de las camas ante el insomnio de los lavabos
y estrellarse en una aurora de tabaco y bajo amarillo.

Hay que huir,
70 huir por las esquinas y encerrarse en los últimos pisos,
porque el tuétano del bosque penetrará por las rendijas
para dejar en vuestra carne una leve huella de eclipse
y una falsa tristeza de guante desteñido y rosa química.

Es por el silencio sapientísimo
75 cuando los camareros y los cocineros y los que limpian con la lengua
las heridas de los millonarios
buscan al rey por las calles o en los ángulos del salitre.

Un viento sur de madera, oblicuo en el negro fango,
escupe a las barcas rotas y se clava puntillas en los hombros;
80 un viento sur que lleva
colmillos, girasoles, alfabetos
y una pila de Volta con avispas ahogadas.

El olvido estaba expresado por tres gotas de tinta sobre el monóculo,
el amor por un solo rostro invisible a flor de piedra.
85 Médulas y corolas componían sobre las nubes
un desierto de tallos sin una sola rosa.

A la izquierda, a la derecha, por el Sur y por el Norte,
se levanta el muro impasible
para el topo, la aguja del agua.
90 No busquéis, negros, su grieta
para hallar la máscara infinita.
Buscad el gran sol del centro
hechos una piña zumbadora.
El sol que se desliza por los bosques
95 seguro de no encontrar una ninfa,
el sol que destruye números y no ha cruzado nunca un sueño,
el tatuado sol que baja por el río
y muge seguido de caimanes.

Negros, Negros, Negros, Negros.

100 Jamás sierpe, ni cebra, ni mula
palidecieron al morir.
El leñador no sabe cuándo expiran
los clamorosos árboles que corta.
Aguardad bajo la sombra vegetal de vuestro rey
105 a que cicutas y cardos y ortigas turben postreras azoteas.

Entonces, negros, entonces, entonces,
podréis besar con frenesí las ruedas de las bicicletas,
poner parejas de microscopios en las cuevas de las ardillas
y danzar al fin, sin duda, mientras las flores erizadas
110 asesinan a nuestro Moisés casi en los juncos del cielo.

¡Ay, Harlem disfrazada!
¡Ay, Harlem, amenazada por un gentío de trajes sin cabeza!
Me llega tu rumor,
me llega tu rumor atravesando troncos y ascensores,
115 a través de lágrimas grises,
donde flotan tus automóviles cubiertos de dientes,
a través de tu gran rey desesperado,
cuyas barbas llegan al mar.

Poeta en Nueva York
(1929-1930)

18

DANZA DE LA MUERTE

Un pájaro de papel en el pecho
dice que el tiempo de los besos no ha llegado.

Vicente Aleixandre

El mascarón. ¡Mirad el mascarón!
¡Cómo viene del Africa a New York!

Se fueron los árboles de la pimienta,
los pequeños botones de fósforo.
5 Se fueron los camellos de carne desgarrada
y los valles de luz que el cisne levantaba con el pico.

Era el momento de las cosas secas,
de la espiga en el ojo y el gato laminado,
del óxido de hierro de los grandes puentes
10 y el definitivo silencio del corcho.

Era la gran reunión de los animales muertos,
traspasados por las espadas de la luz;
la alegría eterna del hipopótamo con las pezuñas de ceniza
y de la gacela con una siempreviva en la garganta.

15 En la marchita soledad sin onda
el abollado mascarón danzaba.
Medio lado del mundo era de arena,
mercurio y sol dormido el otro medio.

El mascarón. ¡Mirad el mascarón!
20 *¡Arena, caimán y miedo sobre Nueva York!*

*

Desfiladeros de cal aprisionaban un cielo vacío
donde sonaban las voces de los que mueren bajo el guano.
Un cielo mondado y puro, idéntico a sí mismo,
con el bozo y lirio agudo de sus montañas invisibles,

25 acabó con los más leves tallitos del canto
y se fue al diluvio empaquetado de la savia,
a través del descanso de los últimos desfiles,
levantando con el rabo pedazos de espejo.

Cuando el chino lloraba en el tejado
30 sin encontrar el desnudo de su mujer
y el director del banco observando el manómetro
que mide el cruel silencio de la moneda,
el mascarón llegaba al Wall Street.

No es extraño para la danza
35 este columbario que pone los ojos amarillos.
De la esfinge a la caja de caudales hay un hilo tenso
que atraviesa el corazón de todos los niños pobres.
El ímpetu primitivo baila con el ímpetu mecánico,
ignorantes en su frenesí de la luz original.
40 Porque si la rueda olvida su fórmula,
ya puede cantar desnuda con las manadas de caballos:
y si una llama quema los helados proyectos,
el cielo tendrá que huir ante el tumulto de las ventanas.

No es extraño este sitio para la danza, yo lo digo.
45 El mascarón bailará entre columnas de sangre y de números,
entre huracanes de oro y gemidos de obreros parados
que aullarán, noche oscura, por tu tiempo sin luces,
¡oh salvaje Norteamérica!, ¡oh impúdica!, ¡oh salvaje,
tendida en la frontera de la nieve!

⁵⁰ *El mascarón. ¡Mirad el mascarón!*
¡Qué ola de fango y luciérnaga sobre Nueva York!

*

Yo estaba en la terraza luchando con la luna.
Enjambres de ventanas acribillaban un muslo de la noche.
En mis ojos bebían las dulces vacas de los cielos.
⁵⁵ Y las brisas de largos remos
golpeaban los cenicientos cristales de Broadway.

La gota de sangre buscaba la luz de la yema del astro
para fingir una muerta semilla de manzana.
El aire de la llanura, empujado por los pastores,
⁶⁰ temblaba con un miedo de molusco sin concha.

Pero no son los muertos los que bailan,
estoy seguro.
Los muertos están embebidos, devorando sus propias manos.
Son los otros los que bailan con el mascarón y su vihuela;
⁶⁵ son los otros, los borrachos de plata, los hombres fríos,
los que crecen en el cruce de los muslos y llamas duras,
los que buscan la lombriz en el paisaje de las escaleras,
los que beben en el banco de lágrimas de niña muerta
o los que comen por las esquinas diminutas pirámides del alba.

⁷⁰ ¡Que no baile el Papa!
¡No, que no baile el Papa!
Ni el Rey,
ni el millonario de dientes azules,
ni las bailarinas secas de las catedrales,
⁷⁵ ni constructores, ni esmeraldas, ni locos, ni sodomitas.
Sólo este mascarón,
este mascarón de vieja escarlatina,
¡sólo este mascarón!

Que ya las cobras silbarán por los últimos pisos,
⁸⁰ que ya las ortigas estremecerán patios y terrazas,
que ya la Bolsa será una pirámide de musgo,
que ya vendrán lianas después de los fusiles
y muy pronto, muy pronto, muy pronto.
¡Ay, Wall Street!

⁸⁵ *El mascarón. ¡Mirad el mascarón!*
¡Cómo escupe veneno de bosque
por la angustia imperfecta de Nueva York!

Poeta en Nueva York
(1929-1930)

19

NIÑA AHOGADA EN EL POZO
(Granada y Newburg)

Las estatuas sufren por los ojos con la oscuridad de los ataúdes,
pero sufren mucho más por el agua que no desemboca.
Que no desemboca.

El pueblo corría por las almenas rompiendo las cañas de los pescadores.
5 ¡Pronto! ¡Los bordes! ¡De prisa! Y croaban las estrellas tiernas.
... que no desemboca.

Tranquila en mi recuerdo, astro, círculo, meta,
lloras por las orillas de un ojo de caballo.
... que no desemboca.

10 Pero nadie en lo oscuro podrá darte distancias,
sin afilado límite, porvenir de diamante.
... que no desemboca.

Mientras la gente busca silencios de almohada
tú lates para siempre definida en tu anillo.
15 ... que no desemboca.

Eterna en los finales de unas ondas que aceptan
combate de raíces y soledad prevista.
... que no desemboca.

¡Ya vienen por las rampas! ¡Levántate del agua!
20 ¡Cada punto de luz te dará una cadena!
... que no desemboca.

Pero el pozo te alarga manecitas de musgo,
insospechada ondina de su casta ignorancia.
... que no desemboca.

25 No, que no desemboca. Agua fija en un punto,
respirando con todos sus violines sin cuerdas
en la escala de las heridas y los edificios deshabitados.

¡Agua que no desemboca!

Poeta en Nueva York
(1929-1930)

20

NOCTURNO DEL HUECO

I

Para ver que todo se ha ido,
para ver los huecos y los vestidos,
¡dame tu guante de luna,
tu otro guante perdido en la hierba,
5 *amor mío!*

Puede el aire arrancar los caracoles
muertos sobre el pulmón del elefante
y soplar los gusanos ateridos
de las yemas de luz o las manzanas.

10 Los rostros bogan impasibles
bajo el diminuto griterío de las yerbas
y en el rincón está el pechito de la rana
turbio de corazón y mandolina.

En la gran plaza desierta
15 mugía la bovina cabeza recién cortada
y eran duro cristal definitivo
las formas que buscaban el giro de la sierpe.

Para ver que todo se ha ido
dame tu mudo hueco, ¡amor mío!
20 *Nostalgia de academia y cielo triste.*
¡Para ver que todo se ha ido!

Dentro de ti, amor mío, por tu carne,
¡qué silencio de trenes bocarriba!
¡cuánto brazo de momia florecido!
25 ¡qué cielo sin salida, amor, qué cielo!

Es la piedra en el agua y es la voz en la brisa
bordes de amor que escapan de su tronco sangrante.
Basta tocar el pulso de nuestro amor presente
para que broten flores sobre los otros niños.

30 *Para ver que todo se ha ido.*
Para ver los huecos de nubes y ríos.
Dame tus manos de laurel, amor.
¡Para ver que todo se ha ido!

Ruedan los huecos puros, por mí, por ti, en el alba
35 conservando las huellas de las ramas de sangre
y algún perfil de yeso tranquilo que dibuja
instantáneo dolor de luna apuntillada.

Mira formas concretas que buscan su vacío.
Perros equivocados y manzanas mordidas.
40 Mira el ansia, la angustia de un triste mundo fósil
que no encuentra el acento de su primer sollozo.

Cuando busco en la cama los rumores del hilo
has venido, amor mío, a cubrir mi tejado.
El hueco de una hormiga puede llenar el aire,
45 pero tú vas gimiendo sin norte por mis ojos.

No, por mis ojos no, que ahora me enseñas
cuatro ríos ceñidos en tu brazo,
en la dura barraca donde la luna prisionera
devora a un marinero delante de los niños.

50 *Para ver que todo se ha ido*
¡amor inexpugnable, amor huido!
No, no me des tu hueco,
¡que ya va por el aire el mío!
¡Ay de ti, ay de mí, de la brisa!
55 *Para ver que todo se ha ido.*

II

Yo.
Con el hueco blanquísimo de un caballo,
crines de ceniza. Plaza pura y doblada.

Yo.
60 Mi hueco traspasado con las axilas rotas.
Piel seca de uva neutra y amianto de madrugada.

Toda la luz del mundo cabe dentro de un ojo.
Canta el gallo y su canto dura más que sus alas.

Yo.
65 Con el hueco blanquísimo de un caballo.
Rodeado de espectadores que tienen hormigas en las palabras.

En el circo del frío sin perfil mutilado.
Por los capiteles rotos de las mejillas desangradas.

Yo.
70 Mi hueco sin ti, ciudad, sin tus muertos que comen.
Ecuestre por mi vida definitivamente anclada.

Yo.

No hay siglo nuevo ni luz reciente.
Sólo un caballo azul y una madrugada.

Poeta en Nueva York
(1929-1930)

21

SON DE NEGROS EN CUBA

Cuando llegue la luna llena iré a Santiago de Cuba,
iré a Santiago,
en un coche de agua negra.
Iré a Santiago.
5 Cantarán los techos de palmera.
Iré a Santiago.
Cuando la palma quiere ser cigüeña.
Iré a Santiago.
Y cuando quiere ser medusa el plátano.
10 Iré a Santiago.
Iré a Santiago,
con la rubia cabeza de Fonseca.
Iré a Santiago.
Y con el rosa de Romeo y Julieta.
15 Iré a Santiago.
Mar de papel y plata de monedas.
Iré a Santiago.
¡Oh Cuba! ¡Oh ritmo de semillas secas!
Iré a Santiago.
20 ¡Oh cintura caliente y gota de madera!
Iré a Santiago.
Arpa de troncos vivos, caimán, flor de tabaco.
Iré a Santiago.
Siempre he dicho que yo iría a Santiago
25 en un coche de agua negra.
Iré a Santiago.
Brisa y alcohol en las ruedas,
Iré a Santiago.
Mi coral en la tiniebla,
30 Iré a Santiago.
El mar ahogado en la arena,
iré a Santiago.
Calor blanco. Fruta muerta.
Iré a Santiago.
35 ¡Oh bovino frescor de cañaveras!
¡Oh Cuba! ¡Oh curva de suspiro y barro!
Iré a Santiago.

Poeta en Nueva York
(1929-1930)

22

LLANTO POR IGNACIO SÁNCHEZ MEJÍAS

I

LA COGIDA Y LA MUERTE

A las cinco de la tarde.
Eran las cinco en punto de la tarde.
Un niño trajo la blanca sábana
a las cinco de la tarde.
5 Una espuerta de cal ya prevenida
a las cinco de la tarde.
Lo demás era muerte y sólo muerte
a las cinco de la tarde.

El viento se llevó los algodones
10 *a las cinco de la tarde.*
Y el óxido sembró cristal y níquel
a las cinco de la tarde.
Ya luchan la paloma y el leopardo
a las cinco de la tarde.
15 Y un muslo con un asta desolada
a las cinco de la tarde.
Comenzaron los sones de bordón
a las cinco de la tarde.
Las campanas de arsénico y el humo
20 *a las cinco de la tarde.*
En las esquinas grupos de silencio
a las cinco de la tarde.
¡Y el toro solo corazón arriba!
a las cinco de la tarde.
25 Cuando el sudor de nieve fue llegando
a las cinco de la tarde,
cuando la plaza se cubrió de yodo
a las cinco de la tarde,
la muerte puso huevos en la herida
30 *a las cinco de la tarde.*
A las cinco de la tarde.
A las cinco en punto de la tarde.

Un ataúd con ruedas es la cama
a las cinco de la tarde.
35 Huesos y flautas suenan en su oído
a las cinco de la tarde.
El toro ya mugía por su frente
a las cinco de la tarde.

El cuarto se irisaba de agonía
⁴⁰ *a las cinco de la tarde.*
A lo lejos ya viene la gangrena ●
a las cinco de la tarde.
Trompa de lirio por las verdes ingles
a las cinco de la tarde.
⁴⁵ Las heridas quemaban como soles
a las cinco de la tarde,
y el gentío rompía las ventanas
a las cinco de la tarde.
A las cinco de la tarde.
⁵⁰ ¡Ay qué terribles cinco de la tarde!
¡Eran las cinco en todos los relojes!
¡Eran las cinco en sombra de la tarde!

II

LA SANGRE DERRAMADA

¡Que no quiero verla!

Dile a la luna que venga,
⁵⁵ que no quiero ver la sangre
de Ignacio sobre la arena.

¡Que no quiero verla!

La luna de par en par.
Caballo de nubes quietas,
⁶⁰ y la plaza gris del sueño
con sauces en las barreras.

¡Que no quiero verla!

Que mi recuerdo se quema.
¡Avisad a los jazmines
⁶⁵ con su blancura pequeña!

¡Que no quiero verla!

La vaca del viejo mundo
pasaba su triste lengua
sobre un hocico de sangres
⁷⁰ derramadas en la arena,
y los toros de Guisando,
casi muerte y casi piedra,
mugieron como dos siglos
hartos de pisar la tierra.
⁷⁵ No.
¡Que no quiero verla!

Por las gradas sube Ignacio
con toda su muerte a cuestas.
Buscaba el amanecer,

⁸⁰ y el amanecer no era.
Busca su perfil seguro,
y el sueño lo desorienta.
Buscaba su hermoso cuerpo
y encontró su sangre abierta.
⁸⁵ ¡No me digáis que la vea!
No quiero sentir el chorro
cada vez con menos fuerza;
ese chorro que ilumina
los tendidos y se vuelca
⁹⁰ sobre la pana y el cuero
de muchedumbre sedienta.
¡Quién me grita que me asome!
¡No me digáis que la vea!

No se cerraron sus ojos
⁹⁵ cuando vio los cuernos cerca,
pero las madres terribles
levantaron la cabeza.
Y a través de las ganaderías,
hubo un aire de voces secretas
¹⁰⁰ que gritaban a toros celestes,
mayorales de pálida niebla.
No hubo príncipe en Sevilla
que comparársele pueda,
ni espada como su espada
¹⁰⁵ ni corazón tan de veras.
Como un río de leones
su maravillosa fuerza,
y como un torso de mármol
su dibujada prudencia.

110 Aire de Roma andaluza
le doraba la cabeza
donde su risa era un nardo
de sal y de inteligencia.
¡Qué gran torero en la plaza!
115 ¡Qué gran serrano en la sierra!
¡Qué blando con las espigas!
¡Qué duro con las espuelas!
¡Qué tierno con el rocío!
¡Qué deslumbrante en la feria!
120 ¡Qué tremendo con las últimas
banderillas de tiniebla!

Pero ya duerme sin fin.
Ya los musgos y la hierba
abren con dedos seguros
125 la flor de su calavera.
Y su sangre ya viene cantando:
cantando por marismas y praderas,
resbalando por cuernos ateridos,
vacilando sin alma por la niebla,
130 tropezando con miles de pezuñas
como una larga, oscura, triste lengua,
para formar un charco de agonía
junto al Guadalquivir de las estrellas.
¡Oh blanco muro de España!
135 ¡Oh negro toro de pena!
¡Oh sangre dura de Ignacio!
¡Oh ruiseñor de sus venas!
No.
¡Que no quiero verla!
140 Que no hay cáliz que la contenga,
que no hay golondrinas que se la beban,
no hay escarcha de luz que la enfríe,
no hay canto ni diluvio de azucenas,
no hay cristal que la cubra de plata.
145 No.
¡¡Yo no quiero verla!!

III

CUERPO PRESENTE

La piedra es una frente donde los sueños gimen
sin tener agua curva ni cipreses helados.
La piedra es una espalda para llevar al tiempo
150 con árboles de lágrimas y cintas y planetas.

Yo he visto lluvias grises correr hacia las olas
levantando sus tiernos brazos acribillados,
para no ser cazadas por la piedra tendida
que desata sus miembros sin empapar la sangre.

155 Porque la piedra coge simientes y nublados,
esqueletos de alondras y lobos de penumbra;
pero no da sonidos, ni cristales, ni fuego,
sino plazas y plazas y otras plazas sin muros.

Ya está sobre la piedra Ignacio el bien nacido.
160 Ya se acabó; ¿qué pasa? Contemplad su figura:
la muerte le ha cubierto de pálidos azufres
y le ha puesto cabeza de oscuro minotauro.

Ya se acabó. La lluvia penetra por su boca.
El aire como loco deja su pecho hundido,
165 y el Amor, empapado con lágrimas de nieve,
se calienta en la cumbre de las ganaderías.

¿Qué dicen? Un silencio con hedores reposa.
Estamos con un cuerpo presente que se esfuma,
con una forma clara que tuvo ruiseñores
170 y la vemos llenarse de agujeros sin fondo.

¿Quién arruga el sudario? ¡No es verdad lo que dice!
Aquí no canta nadie, ni llora en el rincón,
ni pica las espuelas, ni espanta la serpiente:
aquí no quiero más que los ojos redondos
175 para ver ese cuerpo sin posible descanso.

Yo quiero ver aquí los hombres de voz dura.
Los que doman caballos y dominan los ríos;
los hombres que les suena el esqueleto y cantan
con una boca llena de sol y pedernales.

180 Aquí quiero yo verlos. Delante de la piedra.
Delante de este cuerpo con las riendas quebradas.
Yo quiero que me enseñen dónde está la salida
para este capitán atado por la muerte.

Yo quiero que me enseñen un llanto como un río
185 que tenga dulces nieblas y profundas orillas,
para llevar el cuerpo de Ignacio y que se pierda
sin escuchar el doble resuello de los toros.

Que se pierda en la plaza redonda de la luna
que finge cuando niña doliente res inmóvil;
190 que se pierda en la noche sin canto de los peces
y en la maleza blanca del humo congelado.

No quiero que le tapen la cara con pañuelos
para que se acostumbre con la muerte que lleva.
Vete, Ignacio: No sientas el caliente bramido.
195 Duerme, vuela, reposa: ¡También se muere el mar!

IV

ALMA AUSENTE

No te conoce el toro ni la higuera,
ni caballos ni hormigas de tu casa.
No te conoce el niño ni la tarde
porque te has muerto para siempre.

200 No te conoce el lomo de la piedra,
ni el raso negro donde té destrozas.
No te conoce tu recuerdo mudo
porque te has muerto para siempre.

El otoño vendrá con caracolas,
205 uva de niebla y montes agrupados,
pero nadie querrá mirar tus ojos
porque te has muerto para siempre.

Porque te has muerto para siempre,
como todos los muertos de la Tierra,
210 como todos los muertos que se olvidan
en un montón de perros apagados.

No te conoce nadie. No. Pero yo te canto.
Yo canto para luego tu perfil y tu gracia.
La madurez insigne de tu conocimiento.
215 Tu apetencia de muerte y el gusto de su boca.
La tristeza que tuvo tu valiente alegría.

Tardará mucho tiempo en nacer, si es que nace,
un andaluz tan claro, tan rico de aventura.
Yo canto su elegancia con palabras que gimen
220 y recuerdo una brisa triste por los olivos.

Llanto por Ignacio Sánchez Mejías
(1935)

23

GACELA DEL NIÑO MUERTO

Todas las tardes en Granada,
todas las tardes se muere un niño.
Todas las tardes el agua se sienta
a conversar con sus amigos.

5 Los muertos llevan alas de musgo.
El viento nublado y el viento limpio
son dos faisanes que vuelan por las torres
y el día es un muchacho herido.

No quedaba en el aire ni una brizna de alondra
10 cuando yo te encontré por las grutas del vino.
No quedaba en la tierra ni una miga de nube
cuando te ahogabas por el río.

Un gigante de agua cayó sobre los montes
y el valle fue rodando con perros y con lirios.
Tu cuerpo, con la sombra violeta de mis manos,
era, muerto en la orilla, un arcángel de frío.

Divan del Tamarit
(1936)

24

CASIDA DEL HERIDO POR EL AGUA

Quiero bajar al pozo,
quiero subir los muros de Granada,
para mirar el corazón pasado
por el punzón oscuro de las aguas.

5 El niño herido gemía
con una corona de escarcha.
Estanques, aljibes y fuentes
levantaban al aire sus espadas.
¡Ay qué furia de amor, qué hiriente filo,
10 qué nocturno rumor, qué muerte blanca!
¡Qué desiertos de luz iban hundiendo
los arenales de la madrugada!
El niño estaba solo
con la ciudad dormida en la garganta.
15 Un surtidor que viene de los sueños
lo defiende del hambre de las algas.
El niño y su agonía, frente a frente,
eran dos verdes lluvias enlazadas.
El niño se tendía por la tierra
20 y su agonía se curvaba.

Quiero bajar al pozo,
quiero morir mi muerte a bocanadas,
quiero llenar mi corazón de musgo,
para ver al herido por el agua.

Divan del Tamarit
(1936)

25

CASIDA DEL SUEÑO AL AIRE LIBRE

Flor de jazmín y toro degollado.
Pavimento infinito. Mapa. Sala. Arpa. Alba.
La niña finge un toro de jazmines
y el toro es un sangriento crepúsculo que brama.

5 Si el cielo fuera un niño pequeñito,
los jazmines tendrían mitad de noche oscura,
y el toro circo azul sin lidiadores,
y un corazón al pie de una columna.

Pero el cielo es un elefante,
10 y el jazmín es un agua sin sangre
y la niña es un ramo nocturno
por el inmenso pavimento oscuro.

Entre el jazmín y el toro
o garfios de marfil o gente dormida.
15 En el jazmín un elefante y nubes
y en el toro el esqueleto de la niña.

Divan del Tamarit
(1936)

DÁMASO ALONSO
(1898-   )

Nace en Madrid en 1898. Después de terminar el Bachillerato ingresa en la Universidad para estudiar matemáticas, con la idea de hacerse Ingeniero de Caminos, pero abandona estos estudios a causa de una enfermedad de la vista. Se licencia en Derecho en 1919 y en Filosofía y Letras en la Universidad de Madrid en 1921, obteniendo su grado de Doctor en 1928. En 1927 toma parte activa en la celebración del tercer centenario de la muerte de Góngora. Es lector de español en la Universidad de Berlín de 1921 a 1923, en la de Cambridge, Inglaterra, de 1923 a 1925 y de 1928 a 1929. Contrae matrimonio en 1929 con la escritora Eulalia Galvarriato. Desde 1921 hasta 1936 colabora con Menéndez Pidal en el Centro de Estudios Históricos, donde también dicta clases en los Cursos para Extranjeros. Ocupa la cátedra de Lengua y Literatura Española en la Universidad de Valencia de 1929 a 1939, y la de Filología Románica en la Universidad de Madrid desde 1939 hasta su jubilación en 1968.

Ha sido profesor visitante en numerosas universidades extranjeras: la Universidad de Oxford en Inglaterra, la de Leipzig en Alemania, y las de Stanford, Hunter College, Columbia, Yale, Johns Hopkins y Harvard en los Estados Unidos. En 1949 viajó por varios países de Sur América dictando conferencias. Es director de la *Revista de Filología Española* desde 1949. Es miembro de la Real Academia Española desde 1948, de la Real Academia de la Historia desde 1954, y socio extranjero de la Bayerische Akademie der Wissenschaften de Munich, de la Accademia Letteraria Italiana, de la Accademia dei Lincei y de la Arcadia en Roma, de la Crusca en Florencia y de la British Academy de Londres. También es miembro de honor de la Modern Language Association of America y de la American Association of Teachers of Spanish and Portuguese. Fue presidente de la Asociación Internacional de Hispanistas de 1962 a 1965. Ha recibido el grado de Doctor *honoris causa* por las universidades de San Marcos en Lima, Burdeos, Roma, Hamburgo, Oxford, Friburgo, Costa Rica, Massachusetts y Leeds. Fue elegido presidente de la Real Academia en 1968. Como crítico y teorizador de la estilística ha ejercido notable influencia sobre los estudios literarios españoles, uniendo la intuición creadora con los métodos más rigurosos de la erudición y de la historia literaria. Con motivo de su 60º aniversario, sus amigos y discípulos publicaron tres volúmenes de Homenaje con el título de *Studia Philologica* (Madrid: Gredos, 1960-1963). Otro Homenaje es el reunido por los alumnos de filología románica de la universidad de Madrid (curso 1968-1969) con el título de *Homenaje Universitario a Dámaso Alonso* (Madrid: Gredos, 1970). En 1978 recibió el premio Cervantes.

OBRAS POÉTICAS:

Poemas puros. Poemillas de la ciudad (Madrid, 1921), *El viento y el verso* (Madrid: Revista *Sí*, 1925), *Oscura noticia* (Madrid: Hispánica, 1944; 3.ª ed. con *Hombre y Dios*, Madrid: Espasa-Calpe, 1959), *Hijos de la ira (Diario íntimo)* (Madrid: Revista de Occidente, 1944; 5.ª ed., Madrid: Espasa-Calpe, [Austral], 1977; ed. con prólogo y notas de Elias L. Rivers, Barcelona: Labor, 1970; Barcelona: Noguer [5.ª ed.], 1975), *Antología: Creación*, selección y prólogo de Vicente Gaos (Madrid: Escelicer. 1956), *Hombre y Dios* (Málaga: El Arroyo de los Ángeles, 1955; 2.ª ed., juntamente con *Oscura noticia* [colección Austral], Madrid: Espasa-Calpe, 1959), *Gozos de la vista*, inédito y escrito al mismo tiempo que el anterior; poemas publicados en varias revistas, *Poemas escogidos*, incluyendo poemas de *Gozos de la vista* y *Canciones a pito solo* (1919-1967), libro este no publicado aún (Madrid: Gredos, 1969), *Antología poética*, selección y prólogo de José Luis Cano (Barcelona: Plaza & Janés, 1973), *Antología poética*, ed. de Philip W. Silver (Madrid: Alianza, 1979).

OTRAS OBRAS:

CRÍTICA Y ERUDICIÓN: Se destacan sus ensayos gongorinos, *La lengua poética de Góngora*, estudio que le valió el Premio Nacional de Literatura en 1927, pero el cual sólo fue publicado más tarde (Madrid: Anejo XX de la *RFE*, 1935; 2.ª ed., Madrid: CSIC, 1950; 3.ª ed., corregida, 1961), *Estudios y ensayos gongorinos* (Madrid: Gredos, 1955; 3.ª ed., 1970), *Góngora y el «Polifemo»*, texto, estudio, versión en prosa, comentarios y notas (Madrid: Gredos, 1960; 5.ª ed. muy aumentada, en tres volúmenes, 1967), *Para la biografía de Góngora: documentos desconocidos*, con Eulalia Galvarriato de Alonso (Madrid: Gredos, 1962). Sus estudios sobre temas de literatura medieval se hallan en sus libros *De los siglos oscuros al de Oro* (Madrid: Gredos, 1958; 2.ª ed., 1964) y *Primavera temprana de la literatura europea. Lírica. Épica. Novela* (Madrid: Guadarrama, 1961). Sus estudios sobre estilística aplicada a los poetas del Siglo de Oro se encuentran en *Poesía española* (Madrid: Gredos, 1950; 7.ª ed., 1976), y aspectos varios de la técnica poética de las pluralidades en diversos autores españoles en *Seis calas en la expresión literaria española (prosa-poesía-teatro)*, con Carlos Bousoño (Madrid: Gredos, 1951; 4.ª ed., 1969). Entre sus estudios monográficos sobre autores del Siglo de Oro se hallan *La poesía de San Juan de la Cruz* (Madrid: CSIC, 1942; 2.ª ed. Madrid: Aguilar, 1946; 4.ª ed., 1967), *Vida y obra de Medrano* (I, Madrid: CSIC, 1948; II [en colaboración con Stephen Reckert], Madrid: CSIC, 1952), *Dos españoles del Siglo de Oro* (Madrid: Gredos, 1960), *En torno a Lope* (Madrid: Gredos, 1972), *La «Epístola moral a Fabio», de Andrés Fernández de Andrada* (Madrid: Gredos, 1978). En el campo de la poesía del siglo XX figura su colección de estudios *Poetas españoles contemporáneos* (Madrid: Gredos, 1952; 3.ª ed. aumentada, 1965). Sobre poesía versan también sus *Ensayos sobre poesía española* (Madrid: Revista de Occidente, 1944) y *Cuatro poetas españoles* (Madrid: Gredos, 1962). OTROS ENSAYOS: *Del Siglo de Oro a este siglo de siglas* (Madrid: Gredos, 1962; 2.ª ed., 1968), *Menéndez Pelayo, crítico literario. Las palinodias de don Marcelino* (Madrid: Gredos, 1958). EDICIONES: *Erasmo: El Enquiridión* (Madrid: Aguirre, 1932), *Poesías de Gil Vicente* (Madrid: Cruz y Raya, 1934; 2.ª ed., México: Séneca, 1940), *Poesías de don Luis Carrillo* (Madrid: Signo, 1936), *Poesía de la Edad Media y poesía de tipo tradicional* (antología) (Buenos Aires: Losada, 1942), *Tragicomedia de don Duardos* (Madrid: CSIC, 1950), *Antología de la poesía española. Lírica de tipo tradicional*, en colaboración con

José Manuel Blecua (Madrid: Gredos, 1956; 2.ª ed., 1964). El conjunto de su obra crítica y erudita está siendo publicada por la Editorial Gredos con el título de *Obras completas de Dámaso Alonso*, de las cuales ya han salido cinco tomos (1972-1978).

ESTUDIO PRELIMINAR: I, pág. 27; II, 12, 31.

1

CÓMO ERA

> *¿Cómo era, Dios mío, cómo era?*
> Juan R. Jiménez

La puerta, franca.
          Vino queda y suave.
Ni materia ni espíritu. Traía
una ligera inclinación de nave
y una luz matinal de claro día.

5 No era de ritmo, no era de armonía
ni de color. El corazón la sabe,
pero decir cómo era no podría
porque no es forma, ni en la forma cabe.

Lengua, barro mortal, cincel inepto,
10 deja la flor intacta del concepto
en esta clara noche de mi boda,

y canta mansamente, humildemente,
la sensación, la sombra, el accidente,
mientras Ella me llena el alma toda!

Poemas puros, Poemillas de la ciudad
1921

2

FIESTA POPULAR

Todas las almas vienen
con la rosa del sol, y con el lirio
de la sombra se vuelven.

—Es inútil que gires, mamotreto,
5 con tu órgano litúrgico:
no pueden
comprenderte.

—Es inútil, muchacho, que enronquezcas:
«¡De la Fuente del Berro! ¿Quién la quiere?»
10 No pueden comprenderte.

—Es inútil que frías, viejecilla...
No pueden comprenderte.

Las pobres almas tienen hambre y sed.
Pero no pueden
15 comprenderos,
comprenderse.

Todas las almas vienen
con la rosa del sol, y con el lirio
de la sombra se vuelven.

Poemas puros, Poemillas de la ciudad
1921

3

MAÑANA LENTA

Mañana lenta,
cielo azul,
        campo verde,
                tierra vinariega.
5 Y tú, mañana, que me llevas.
Carreta
demasiado lenta,
carreta
demasiado llena
10 de mi hierba nueva,
temblorosa y fresca,
que ha de llegar —sin darme cuenta—
seca
—sin saber cómo—,
15 seca.

Estampas de primavera
(1924)

4

EJEMPLOS

La veleta, la cigarra.
Pero el molino, la hormiga.

Muele pan, molino, muele.
Trenza, veleta, poesía.

5 Lo que Marta laboraba
se lo soñaba María.

Dios, no es verdad, Dios no supo
cuál de las dos prefería.

Porque Él era sólo el viento
10 que mueve y pasa y no mira.

El viento y el verso
(1924)

5

SUEÑO DE LAS DOS CIERVAS

¡Oh terso claroscuro del durmiente!
Derribadas las lindes, fluyó el sueño.
Sólo el espacio.

Luz y sombra, dos ciervas velocísimas,
5 huyen hacia la hontana de aguas frescas,
centro de todo.

¿Vivir no es más que el roce de su viento?
Fuga del viento, angustia, luz y sombra:
forma de todo.

10 Y las ciervas, las ciervas incansables,
flechas emparejadas hacia el hito,
huyen y huyen.

El árbol del espacio. (Duerme el hombre.)
Al fin de cada rama hay una estrella.
15 Noche: los siglos.

Oscura noticia
1944

6

DESTRUCCIÓN INMINENTE

¿Te quebraré, varita de avellano,
te quebraré quizás? Oh tierna vida,
ciega pasión en verde hervor nacida,
tú, frágil ser que oprimo con mi mano.

5 Un chispazo fugaz, sólo un liviano
crujir en dulce pulpa estremecida,
y aprenderás, oh rama desvalida,
cuánto pudo la muerte en un verano.

Mas, no; te dejaré... Juega en el viento,
10 hasta que pierdas, al otoño agudo,
tu verde frenesí, hoja tras hoja.

Dame otoño también, Señor, que siento
no sé qué hondo crujir, qué espanto mudo.
Detén, oh Dios, tu llamarada roja.

Oscura noticia
1944

7

ORACIÓN POR LA BELLEZA DE UNA MUCHACHA

Tú le diste esa ardiente simetría
de los labios, con brasa de tu hondura,
y en dos enormes cauces de negrura,
simas de infinitud, luz de tu día;

5 esos bultos de nieve, que bullía
al soliviar del lino la tersura,
y, prodigios de exacta arquitectura,
dos columnas que cantan tu armonía.

Ay, tú, Señor, le diste esa ladera
10 que en un álabe dulce se derrama,
miel secreta en el humo entredorado.

¿A qué tu poderosa mano espera?
Mortal belleza eternidad reclama.
¡Dale la eternidad que le has negado!

Oscura noticia
1944

8

SUEÑO DE LAS DOS CIERVAS
(Continuación)

... El árbol del espacio. Duerme el hombre.
Al fin de cada rama hay una estrella.
Noche: los siglos.

Duerme y se agita con terror: comprende.
5 Ha comprendido, y se le eriza el alma.
¡Gélido sueño!

Huye el gran árbol que florece estrellas,
huyen las ciervas de los pies veloces,
huye la fuente.

10 ¿Por qué nos huyes, Dios, por qué nos huyes?
Tu veste en rastro, tu cabello en cauda,
¿dónde se anegan?

¿Hay un hondón, bocana del espacio,
negra rotura hacia la nada, donde
15 viertes tu aliento?

Ay, nunca formas llegarán a esencia,
nunca ciervas a fuente fugitiva.
¡Ay, nunca, nunca!

Oscura noticia
1944

9

INSOMNIO

Madrid es una ciudad de más de un millón de cadáveres (según las últimas
estadísticas).
A veces en la noche yo me revuelvo y me incorporo en este nicho en el que
hace 45 años que me pudro,
5 y paso largas horas oyendo gemir al huracán, o ladrar los perros, o
fluir blandamente la luz de la luna.
Y paso largas horas gimiendo como el huracán, ladrando como un perro
enfurecido, fluyendo como la leche de la ubre caliente de una gran
vaca amarilla.
10 Y paso largas horas preguntándole a Dios, preguntándole por qué se pudre
lentamente mi alma,
por qué se pudren más de un millón de cadáveres en esta ciudad de
Madrid,
por qué mil millones de cadáveres se pudren lentamente en el mundo.
15 Dime, ¿qué huerto quieres abonar con nuestra podredumbre?
¿Temes que se te sequen los grandes rosales del día,
las tristes azucenas letales de tus noches?

Hijos de la ira
1944

10

MUJER CON ALCUZA

¿Adónde va esa mujer,
arrastrándose por la acera,
ahora que ya es casi de noche,
con la alcuza en la mano?

5 Acercaos: no nos ve.
Yo no sé qué es más gris,
si el acero frío de sus ojos,
si el gris desvaído de ese chal
con el que se envuelve el cuello y la cabeza,
10 o si el paisaje desolado de su alma.

Va despacio, arrastrando los pies,
desgastando suela, desgastando losa.
pero llevada
por un terror
15 oscuro,
por una voluntad
de esquivar algo horrible.

Sí, estamos equivocados.
Esta mujer no avanza por la acera
20 de esta ciudad,
esta mujer va por un campo yerto,
entre zanjas abiertas, zanjas antiguas, zanjas recientes,
y tristes caballones,
de humana dimensión, de tierra removida,
25 de tierra
que ya no cabe en el hoyo de donde se sacó,
entre abismales pozos sombríos,
y turbias simas súbitas,
llenas de barro y agua fangosa y sudarios harapientos del color
30   de la desesperanza.

Oh, sí, la conozco.
Esta mujer yo la conozco: ha venido en un tren,
en un tren muy largo;
ha viajado durante muchos días
35 y durante muchas noches:
unas veces nevaba y hacía mucho frío,
otras veces lucía el sol y sacudía el viento
arbustos juveniles
en los campos en donde incesantemente estallan extrañas
40   flores encendidas.
Y ella ha viajado y ha viajado,
mareada por el ruido de la conversación,
por el traqueteo de las ruedas
y por el humo, por el olor a nicotina rancia.
45 ¡Oh!:
noches y días,
días y noches,
noches y días,
días y noches,
50 y muchos, muchos días,
y muchas, muchas noches.

Pero el horrible tren ha ido parando
en tantas estaciones diferentes,
que ella no sabe con exactitud ni cómo se llamaban,
55 ni los sitios,
ni las épocas.

Ella
recuerda sólo
que en todas hacía frío,
⁶⁰ que en todas estaba oscuro,
y que al partir, al arrancar el tren
ha comprendido siempre
cuán bestial es el topetazo de la injusticia absoluta,
ha sentido siempre
⁶⁵ una tristeza que era como un ciempiés monstruoso que le colgara
de la mejilla,
como si con el arrancar del tren le arrancaran el alma,
como si con el arrancar del tren le arrancaran innumerables
margaritas, blancas cual su alegría infantil en la fiesta
⁷⁰ del pueblo,
como si le arrancaran los días azules, el gozo de amar a Dios
y esa voluntad de minutos en sucesión que llamamos vivir.
Pero las lúgubres estaciones se alejaban,
y ella se asomaba frenética a las ventanillas,
⁷⁵ gritando y retorciéndose,
sólo
para ver alejarse en la infinita llanura
eso, una solitaria estación,
un lugar
⁸⁰ señalado en las tres dimensiones del gran espacio cósmico
por una cruz
bajo las estrellas.

Y por fin se ha dormido,
sí, ha dormitado en la sombra,
⁸⁵ arrullada por un fondo de lejanas conversaciones,
por gritos ahogados y empañadas risas,
como de gentes que hablaran a través·de mantas bien espesas,
sólo rasgadas de improviso
por lloros de niños que se despiertan mojados a la media noche,
⁹⁰ o por cortantes chillidos de mozas a las que en los túneles les
pellizcan las nalgas,
... aún mareada por el humo del tabaco.

Y ha viajado noches y días,
sí, muchos días,
⁹⁵ y muchas noches.
Siempre parando en estaciones diferentes,
siempre con un ansia turbia de bajar ella también, de quedarse
ella también,
ay,
¹⁰⁰ para siempre partir de nuevo con el alma desgarrada,
para siempre dormitar de nuevo en trayectos inacabables.

... No ha sabido cómo.
Su sueño era cada vez más profundo,
iban cesando,
105 casi habían cesado por fin los ruidos a su alrededor:
sólo alguna vez una risa como un puñal que brilla un instante
en las sombras,
algún chillido como un limón agrio que pone amarilla un momento
la noche.
110 Y luego nada.
Sólo la velocidad,
sólo el traqueteo de maderas y hierro
del tren,
sólo el ruido del tren.

115 Y esta mujer se ha despertado en la noche,
y estaba sola,
y ha mirado a su alrededor,
y estaba sola,
y ha comenzado a correr por los pasillos del tren,
120 de un vagón a otro,
y estaba sola,
y ha buscado al revisor, a los mozos del tren,
a algún empleado,
a algún mendigo que viajara oculto bajo un asiento,
125 y estaba sola,
y ha gritado en la oscuridad,
y estaba sola,
y ha preguntado en la oscuridad,
y estaba sola,
130 y ha preguntado
quién conducía,
quién movía aquel horrible tren.
Y no le ha contestado nadie,
porque estaba sola,
135 porque estaba sola.
Y ha seguido días y días,
loca, frenética,
en el enorme tren vacío,
donde no va nadie,
140 que no conduce nadie.

... Y esa es la terrible,
la estúpida fuerza sin pupilas,
que aún hace que esa mujer
avance y avance por la acera,
145 desgastando la suela de sus viejos zapatones,
desgastando las losas,
entre zanjas abiertas a un lado y otro,
entre caballones de tierra,
de dos metros de longitud,

150 con ese tamaño preciso
de nuestra ternura de cuerpos humanos.
Ah, por eso esa mujer avanza (en la mano, como el atributo
de una semidiosa, su alcuza),
abriendo con amor el aire, abriéndolo con delicadeza exquisita,
155 como si caminara surcando un trigal en granazón,
sí, como si fuera surcando un mar de cruces, o un bosque de cruces,
o una nebulosa de cruces,
de cercanas cruces,
de cruces lejanas.

160 Ella,
en este crepúsculo que cada vez se ensombrece más,
se inclina,
va curvada como un signo de interrogación,
con la espina dorsal arqueada
165 sobre el suelo.
¿Es que se asoma por el marco de su propio cuerpo de madera,
como si se asomara por la ventanilla
de un tren,
al ver alejarse la estación anónima
170 en que se debía haber quedado?
¿Es que le pesan, es que le cuelgan del cerebro
sus recuerdos de tierra en putrefacción,
y se le tensan tirantes cables invisibles
desde sus tumbas diseminadas?
175 ¿O es que como esos almendros
que en el verano estuvieron cargados de demasiada fruta,
conserva aún en el invierno el tierno vicio,
guarda aún el dulce álabe
de la cargazón y de la compañía,
180 en sus tristes ramas desnudas, donde ya ni se posan los pájaros?

Hijos de la ira
1944

11

MONSTRUOS

Todos los días rezo esta oración
al levantarme:

Oh Dios,
no me atormentes más.
5 Dime qué significan
estos espantos que me rodean.
Cercado estoy de monstruos
que mudamente me preguntan,
igual, igual que yo les interrogo a ellos.
10 Que tal vez te preguntan,

lo mismo que yo en vano perturbo
el silencio de tu invariable noche
con mi desgarradora interrogación.
Bajo la penumbra de las estrellas
15 y bajo la terrible tiniebla de la luz solar,
me acechan ojos enemigos,
formas grotescas me vigilan,
colores hirientes lazos me están tendiendo:
¡son monstruos,
20 estoy cercado de monstruos!

No me devoran.
Devoran mi reposo anhelado,
me hacen ser una angustia que se desarrolla a sí misma,
me hacen hombre,
25 monstruo entre monstruos.

No, ninguno tan horrible
como este Dámaso frenético,
como este amarillo ciempiés que hacia ti clama con todos sus
	tentáculos enloquecidos,
30 como esta bestia inmediata
transfundida en una angustia fluyente;
no, ninguno tan monstruoso
como esta alimaña que brama hacia ti,
como esta desgarrada incógnita
35 que ahora te increpa con gemidos articulados,
que ahora te dice:
«Oh Dios,
no me atormentes más,
dime qué significan
40 estos monstruos que me rodean
y este espanto íntimo que hacia ti gime en la noche.»

Hijos de la ira
1944

12

LA MADRE

No me digas
que estás llena de arrugas, que estás llena de sueño,
que se te han caído los dientes,
que ya no puedes con tus pobres remos hinchados, deformados por
5	el veneno del reuma.
No importa, madre, no importa.
Tú eres siempre joven,
eres una niña,
tienes once años.
10 Oh, sí, tú eres para mí eso: una candorosa niña.

Y verás que es verdad si te sumerges en esas lentas aguas, en
    esas aguas poderosas,
que te han traído a esta ribera desolada.
Sumérgete, nada a contracorriente, cierra los ojos,
15 y cuando llegues, espera allí a tu hijo.
Porque yo también voy a sumergirme en mi niñez antigua,
pero las aguas que tengo que remontar hasta casi la fuente,
son mucho más poderosas, son aguas turbias, como teñidas de sangre.
Óyelas, desde tu sueño, cómo rugen,
20 cómo quieren llevarse al pobre nadador.
¡Pobre del nadador que somorguja y bucea en ese mar salobre de la
    memoria!

... Ya ves: ya hemos llegado.
¿No es una maravilla que los dos hayamos arribado a esta prodigiosa
25   ribera de nuestra infancia?
Sí, así es como a veces fondean un mismo día en el puerto de
    Singapoor dos naves,
y la una viene de Nueva Zelanda, la otra de Brest.
Así hemos llegado los dos, ahora, juntos.
30 Y ésta es la única realidad, la única maravillosa realidad:
que tú eres una niña y que yo soy un niño.

¿Lo ves, madre?
No se te olvide nunca que todo lo demás es mentira, que esto sólo
    es verdad, la única verdad.
35 Verdad, tu trenza muy apretada, como la de esas niñas acabaditas
    de peinar ahora,
tu trenza, en la que se marcan tan bien los brillantes lóbulos
    del trenzado,
tu trenza, en cuyo extremo pende, inverosímil, un pequeño lacito
40   rojo;
verdad, tus medias azules, anilladas de blanco, y las puntillas
    de los pantalones que te asoman por debajo de la falda;
verdad tu carita alegre, un poco enrojecida, y la tristeza de
    tus ojos.
45 (Ah, ¿por qué está siempre la tristeza en el fondo de la alegría?)
¿Y adónde vas ahora? ¿Vas camino del colegio?

Ah, niña mía, madre,
yo, niño también, un poco mayor, iré a tu lado,
te serviré de guía,
50 te defenderé galantemente de todas las brutalidades de mis
    compañeros,
te buscaré flores,
me subiré a las tapias para cogerte las moras más negras, las
    más llenas de jugo,
55 te buscaré grillos reales, de esos cuyo cricrí es como un choque
    de campanitas de plata.
¡Qué felices los dos, a orillas del río, ahora que va a ser el
    verano!

A nuestro paso van saltando las ranas verdes,
60 van saltando, van saltando al agua las ranas verdes:
es como un hilo continuo de ranas verdes,
que fuera repulgando la orilla, hilvanando la orilla con el río.
¡Oh qué felices los dos juntos, solos en esta mañana!
Ves: todavía hay rocío de la noche; llevamos los zapatos llenos
65   de deslumbrantes gotitas.

¿O es que prefieres que yo sea tu hermanito menor?
Sí, lo prefieres.
Seré tu hermanito menor, niña mía, hermana mía, madre mía.
¡Es tan fácil!
70 Nos pararemos un momento en medio del camino,
para que tú me subas los pantalones,
y para que me suenes las narices, que me hace mucha falta
(porque estoy llorando; sí, porque ahora estoy llorando).

No. No debo llorar, porque estamos en el bosque.
75 Tú ya conoces las delicias del bosque (las conoces por los cuentos,
porque tú nunca has debido estar en un bosque,
o por lo menos no has estado nunca en esta deliciosa soledad,
    con tu hermanito),
Mira, esa llama rubia, que velocísimamente repiquetea las ramas
80   de los pinos,
esa llama que como un rayo se deja caer al suelo, y que ahora de
    un bote salta a mi hombro,
no es fuego, no es llama, es una ardilla.
¡No toques, no toques ese joyel, no toques esos diamantes!
85 ¡Qué luces de fuego dan, del verde más puro, del tristísimo y
    virginal amarillo, del blanco creador, del más hiriente blanco!
¡No, no lo toques!: es una tela de araña, cuajada de gotas de
    rocío.
Y esa sensación que ahora tienes de una ausencia invisible, como
90   una bella tristeza, ese acompasado y ligerísimo rumor de pies
    lejanos, ese vacío, ese presentimiento súbito del bosque,
es la fuga de los corzos. ¿No has visto nunca corzas en huida?
¡Las maravillas del bosque! Ah, son innumerables; nunca te las
    podría enseñar todas, tendríamos para toda una vida...

95 ... para toda una vida. He mirado, de pronto, y he visto tu bello
    rostro lleno de arrugas,
el torpor de tus queridas manos deformadas,
y tus cansados ojos llenos de lágrimas que tiemblan.
Madre mía, no llores: víveme siempre en sueño.
100 Vive, víveme siempre ausente de tus años, del sucio mundo hostil,
    de mi egoísmo de hombre, de mis palabras duras.
Duerme ligeramente en ese bosque prodigioso de tu inocencia,
en ese bosque que crearon al par tu inocencia y mi llanto.
Oye, oye allí siempre cómo te silba las tonadas nuevas, tu hijo,
105   tu hermanito, para arrullarte el sueño.

No tengas miedo, madre. Mira, un día ese tu sueño cándido se te
    hará de repente más profundo y más nítido.
Siempre en el bosque de la primer mañana, siempre en el bosque
    nuestro.
110 Pero ahora ya serán las ardillas, lindas, veloces llamas,
    llamitas de verdad;
y las telas de araña, celestes pedrerías;
y la huida de corzas, la fuga secular de las estrellas a la busca
    de Dios.
115 Y yo te seguiré arrullando el sueño oscuro, te seguiré cantando.
Tú oirás la oculta música, la música que rige el universo.
Y allá en tu sueño, madre, tú creerás que es tu hijo quien la
    envía. Tal vez sea verdad: que un corazón es lo que mueve el
    mundo.

120 Madre, no temas. Dulcemente arrullada, dormirás en el bosque
    el más profundo sueño.
Espérame en tu sueño. Espera allí a tu hijo, madre mía.

Hijos de la ira
1944

13
DE PROFUNDIS

Si vais por la carrera del arrabal, apartaos, no os inficione mi
    pestilencia.
El dedo de mi Dios me ha señalado: odre de putrefacción quiso que
    fuera este mi cuerpo,
5 y una ramera de solicitaciones mi alma,
no una ramera fastuosa de las que hacen languidecer de amor al
    príncipe,
sobre el cabezo del valle, en el palacete de verano,
sino una loba del arrabal, acoceada por los trajinantes,
10 que ya ha olvidado las palabras de amor,
y sólo puede pedir unas monedas de cobre en la cantonada.
Yo soy la piltrafa que el tablajero arroja al perro del
    mendigo,
y el perro del mendigo arroja al muladar.
15 Pero desde la mina de las maldades, desde el pozo de la miseria,
mi corazón se ha levantado hasta mi Dios,
y le ha dicho: Oh Señor, tú que has hecho también la podredumbre,
    mírame,
yo soy el orujo exprimido en el año de la mala cosecha,
20 yo soy el excremento del can sarnoso,
el zapato sin suela en el carnero del camposanto,
yo soy el montoncito de estiércol a medio hacer, que nadie compra,
y donde casi ni escarban las gallinas.

Pero te amo,
25 pero te amo frenéticamente.
¡Déjame, déjame fermentar en tu amor,
deja que me pudra hasta la entraña,
que se me aniquilen hasta las últimas briznas de mi ser,
para que un día sea mantillo de tus huertos!

Hijos de la ira
1944

14

MI TIERNA MIOPÍA

Disuélveme, mi tierna miopía,
con tu neblina suave, de este mundo
la dura traza, y lábrame un segundo
mundo de deshilada fantasía,

5 tierno más, y más dulce; y todavía
adénsame la noche en que me hundo,
en vuelo hacia el tercer mundo profundo:
exacta luz y clara poesía.

Dios a mí (como a niño que a horcajadas
10 alza un padre, lo aúpa sólo al pecho
antes, porque el gran ímpetu no tema)

me veló la estructura de estas nadas,
para —a través de lo real, deshecho—
auparme a su verdad, a su poema.

Hombre y Dios
1955

15

SEGUNDO COMENTARIO

II

Sagrario de mi mente, con la idea de Dios,
rodeada de un silencio
que ni aun ángeles turban,
ni siquiera una tenue oscilación de llama
5 votiva.
Oh mi idea
de Dios, inmensa soledad,
a solas con mi Dios, allá en las galerías,
en los oscuros arcos
10 del cerebro.

v

Dios es inmenso lago sin orilla,
salvo en un punto tierno,
minúsculo, asustado,
donde se ha complacido limitándose:
15 yo.

Yo, límite de Dios, voluntad libre
por su divina voluntad.
Yo, ribera de Dios, junto a sus olas grandes.

Hombre y Dios
1955

16

CUATRO SONETOS SOBRE LA LIBERTAD HUMANA

I

CREACIÓN DELEGADA

Qué maravilla, libertad. Soy dueño
de mi albedrío. Me forjo (y forjo), obrando.
Yo me esculpo, hombre libre. Paro, ando,
hablo, callo, me río, pongo ceño,

5 yo, Dámaso, cual Dámaso. Pequeño
agente, yo, del Dios enorme, cuando
pienso, obro, río, Creación creando,
le prolongo a mi Dios su fértil sueño.

Dios me sopla en la piel la vaharada
10 creadora. Padre, madre, sonriente,
se mira (¡Vamos! ¡Ea!) en mis pinitos.

Niño de Dios, Creación plasmo de nada,
yo, punto libre, voluntad crujiente,
entre atónitos orbes infinitos.

Hombre y Dios
1955

17

SOLEDAD EN DIOS

Yo estoy a solas con mi Dios, ¡qué espanto,
cámaras de mi mente! Compañía
ni de hombres ni de arcángeles cabría
en tumba-soledad que oprime tanto.

⁵ Él me cruje en el hueso. El amaranto
de mi sangre él desboca. Gritería
me punza en nervio vivo. Pena mía,
a él me saben las sales de mi llanto.

En soledad de Dios: ni amor, ni amigo,
¹⁰ padre ni madre. Acero soy; él polo.
Clavado en él, sin tiempo ya, sin nombre.

Furia y espanto, en soledad, conmigo,
mi duro Dios, mi fuerte Dios, mi solo
Dios, tú la inmensa soledad del hombre.

Hombre y Dios
1955

18

A UN RÍO LE LLAMABAN CARLOS

(Charles River, Cambridge, Massachusetts)

Yo me senté en la orilla:
quería preguntarte, preguntarme tu secreto;
convencerme de que los ríos resbalan hacia un anhelo y viven;
y que cada uno nace y muere distinto (lo mismo que a ti te llaman Carlos).
⁵ Quería preguntarte, mi alma quería preguntarte
por qué anhelas, hacia qué resbalas, para qué vives.
Dímelo, río,
y dime, di, por qué te llaman Carlos.

Ah, loco, yo, loco, quería saber qué eras, quién eras
¹⁰ (género, especie)
y qué eran, qué significaban «fluir», «fluido», «fluente»;
qué instante era tu instante;
cuál de tus mil reflejos, tu reflejo absoluto;
yo quería indagar el último recinto de tu vida:
¹⁵ tu unicidad, esa alma de agua única,
por la que te conocen por Carlos.

Carlos es una tristeza, muy mansa y gris, que fluye
entre edificios nobles, a Minerva sagrados,
y entre hangares que anuncios y consignas coronan.
²⁰ Y el río fluye y fluye, indiferente.
A veces, suburbana, verde, una sonrisilla
de hierba se distiende, pegada a la ribera.
Yo me he sentado allí, sobre la hierba quemada del invierno, para pensar
por qué los ríos
²⁵ siempre anhelan futuro, como tú lento y gris.
Y para preguntarte por qué te llaman Carlos.

Y tú fluías, fluías, sin cesar, indiferente,
y no escuchabas a tu amante extático,
que te miraba preguntándote,
30 como miramos a nuestra primera enamorada para saber si le fluye un
    alma por los ojos,
y si en su sima el mundo será todo luz blanca,
o si acaso su sonreír es sólo eso: una boca amarga que besa.
Así te preguntaba: como le preguntamos a Dios en la sombra de los quince
35   años,
entre fiebres oscuras y los días —qué verano— tan lentos.
Yo quería que me revelaras el secreto de la vida
y de tu vida, y por qué te llamaban Carlos.

Yo no sé por qué me he puesto tan triste, contemplando
40 el fluir de este río.
Un río es agua, lágrimas: mas no sé quién las llora.
El río Carlos es una tristeza gris, mas no sé quién la llora.
Pero sé que la tristeza es gris y fluye.
Porque sólo fluye en el mundo la tristeza.
45 Todo lo que fluye es lágrimas.
Todo lo que fluye es tristeza, y no sabemos de dónde viene la tristeza.
Como yo no sé quién te llora, río Carlos,
como yo no sé por qué eres una tristeza
ni por qué te llaman Carlos.

50 Era bien de mañana cuando yo me he sentado a contemplar el misterio
    fluyente de este río,
y he pasado muchas horas preguntándome, preguntándote.
Preguntando a este río, gris lo mismo que un dios;
preguntándome, como se le pregunta a un dios triste:
55 ¿qué buscan los ríos? ¿qué es un río?
Dime, dime qué eres, qué buscas,
río, y por qué te llaman Carlos.

Y ahora me fluye dentro una tristeza,
un río de tristeza gris,
60 con lentos puentes grises, como estructuras funerales grises.
Tengo frío en el alma y en los pies.
Y el sol se pone.
Ha debido pasar mucho tiempo.
Ha debido pasar el tiempo lento, lento, minutos, siglos, eras.
65 Ha debido pasar toda la pena del mundo, como un tiempo lentísimo.
Han debido pasar todas las lágrimas del mundo, como un río indiferente.
Ha debido pasar mucho tiempo, amigos míos, mucho tiempo
desde que yo me senté aquí en la orilla, a orillas
de esta tristeza, de este
70 río al que le llamaban Dámaso, digo, Carlos.

Hombre y Dios
1955

19

DESCUBRIMIENTO DE LA MARAVILLA

I

Algo se alzaba tierno, jugoso, frente a mí.
Yo era (yo, conciencia). Pero aquello se alzaba
enfrente. Y era todo lo que no era yo: cosas.
Las cosas emanaban unos hilos sutiles:
5 luz, luz variada, luz, con unas variaciones
inexplicables, daba tiernísimos indicios
de variedad externa a mí. Ah, sorprendente:
yo, Dámaso, era único; lo no-Dámaso, vario.

Pero yo, ¿cómo era? Una unicidad lúcida
10 se derramaba en mí. Cuando digo se derramaba, acaso admito... Claro está: un movimiento,
un cambio temporal. Yo vivía, variaba
a cada instante, y siendo sólo un único Dámaso
—misterio—, había infinitos Dámasos en hilera;
15 tantos como latidos dio un corazón.

                                        Las cosas
emanaban sutiles hilos, dardos o tallos
(yo no sé): se juntaban hacia mí, se fundían
en mí (mejor: conmigo). Nunca tapiz más bello
20 se tejió para bodas de lo vario y lo uno.

Tapiz, hilos; o dardos que acribillaban. Roto
mi alcázar (que sería de negrura, imagino,
en vísperas de todo: negrura sobre hondura)
muros se hundían: llamas. ¿Qué llamarada es ésta
25 multicolor?... O tallos, que crecían tenaces,
y en espacio-maraña de lianas, bejucos,
cuajaban selva virgen.

                                        Qué gozos, qué portentos:
yo ardía inextinguible, no en fuego, en luz. Yo, torre,
30 atalaya exquisita, torre de luz; yo, faro,
vitrina de diamantes; yo, porche de una siesta
tropical.

                        ¡Dulce espejo, retina, mi inventora!
Algo exterior te azuza: saetas, hilos, tallos
35 atraes, de amor antena, centro de amor fluido.
Y al Dámaso más pozo, más larva en hondo luto
problemático, cambias en Dámaso-vidriera,
torre de luz, fanal, creándose, creándote,
luz, ¿en qué nervio íntimo?, inventor de los Dámasos,
40 inventor de universos, que grita: «Luz, yo vivo.
Un infinito cabe en la luz de un segundo:
no me habléis ya de muerte».

II

               He mirado mis ojos.
He mirado mis ojos en un espejo: eran
45 oscuros y pequeños. Alguna vez lloraban.
Por eso no eran ojos de cangrejo o de oruga,
sino de hombre: son dos agujeritos negros
y tristes. Mas la luz, que ellos crean, sorbida,
los inunda, marea irreprimible, inmensa,
50 inmensándolos, ojos de un ser total, sin límite.

Y esto que entra en mis ojos, recreándose en ellos,
se une en un marco único. Los dos agujeritos
(no de oruga o de tigre, aunque tristes y fieros)
que en el espejo vi, son ya una gran vidriera
55 de mi tamaño de hombre.
               Mis pies, mi vientre o manos
los miro casi externos a mí, no-yo (tal, cosas).
Pero del pecho arriba me sube una dulzura:
es como si mi cuerpo se me rasgara todo,
60 acristalado: como si mi cabeza, cáscara
ya de luz, ya vitrina, toda se abriera al mundo,
absorbiendo, bebiéndolo. Bebiendo luz, las cosas,
las cosas con la luz, y yo con ellas, Dámaso
amalgamado en luz, absorbiendo, bebiendo
65 el mundo en luz y yo con él. ¡Óvalo ardiente
de mi vista, atalaya, fanal-Dámaso al mundo!

                        Gozos de la vista
                        1955

20

LA INVASIÓN DE LAS SIGLAS
(Poemilla muy incompleto)

            A la memoria de Pedro Salinas, a
            quien en 1948 oí por primera vez la
            troquelación «siglo de siglas».

USA, URSS.

USA, URSS, OAS, UNESCO:
ONU, ONU, ONU.
TWA, BEA, K.L.M., BOAC,
5 ¡RENFE, RENFE, RENFE!

FULASA, CARASA, RULASA,
CAMPSA, CUMPSA, KIMPSA;
FETASA, FITUSA, CARUSA,
¡RENFE, RENFE, RENFE!

10 ¡S.O.S., S.O.S., S.O.S.,
S.O.S., S.O.S., S.O.S.!

Vosotros erais suaves formas:
INRI, de procedencia venerable,
S.P.Q.R., de nuestra nobleza heredada.
15 Vosotros nunca fuisteis invasión.
Hable
al ritmo de las viejas normas
mi corazón,

porque este gris ejército esquelético
20 siempre avanza
(PETANZA, KUTANZA, FUTRANZA):
frenético,
con férreos garfios (TRACA, TRUCA, TROCA)
me oprime,
25 me sofoca
(siempre inventando, el maldito, para que yo rime:
ARAMA, URUMA, ALIME,
KINDO, KONDA, KUNDE).
Su gélida risa amarilla
30 brilla
sombría, inédita, marciana.
Quiero gritar y la palabra se me hunde
en la pesadilla
de la mañana.

35 Legión de monstruos que me agobia,
fríos andamiajes en tropel:
yo querría decir *madre, amores, novia;*
querría decir *vino, pan, queso, miel.*
¡Qué ansia de gritar
40 *muero, amor, amar!*

Y siempre avanza:
USA, URSS, OAS, UNESCO,
KAMPSA, KUMPSA, KIMPSA,
PETANZA, KUTANZA, FUTRANZA...

45 ¡S.O.S., S.O.S., S.O.S.!
Oh, Dios, dime,
¿hasta que yo cese,
de esta balumba
que me oprime,
50 no descansaré?

¡Oh dulce tumba:
una cruz y un R.I.P.!

Canciones a pito solo
(1962)

PEDRO SALINAS
(1891-1951)

Nace en Madrid en 1891. Cursa sus estudios de segunda enseñanza en el Instituto San Isidro de esta ciudad, obteniendo el Bachillerato en 1909. En 1913 se licencia en Letras en la Universidad de Madrid, y se doctora en 1916. Es lector de la Sorbona de 1914 a 1917. En 1915 contrae matrimonio con Margarita Bonmati, de origen alicantino. En sus veraneos en Alicante conoce a Valéry Larbaud y a Gabriel Miró. En 1918 gana por oposición la cátedra de Literatura Española de la Universidad de Sevilla, donde permanece por nueve años. Es lector de la Universidad de Cambridge, en Inglaterra, de 1922 a 1923. En 1928 se traslada a Madrid, donde es director de los Cursos para Extranjeros en el Centro de Estudios Históricos hasta 1936. Es profesor de la Escuela Central de Idiomas de Madrid de 1930 a 1936. En el Centro de Estudios Históricos se hace cargo de la sección de Literatura Contemporánea de 1932 a 1936, y funda allí el *Índice Literario* (1932-1936), en el cual publica numerosas notas y estudios sobre autores contemporáneos. También es profesor de Literatura Moderna Española en la Universidad de Madrid de 1931 a 1936.

Por iniciativa suya fue creada para los veranos la Universidad Internacional de Santander, de la cual él fue su animador y Secretario General de 1933 a 1936. Con motivo de la Guerra Civil pasa como desterrado voluntario a los Estados Unidos, y enseña en Wellesley College de 1936 a 1939. En 1937 es invitado por la Johns Hopkins University a dar las Turnbull Poetry Lectures que luego se convirtieron en su libro *Reality and the Poet in Spanish Poetry*. En 1939 pasa a ocupar la cátedra de Literatura Española en la Universidad de Johns Hopkins hasta su muerte, ocurrida en Boston, 1951. Fue profesor visitante de la Universidad de Puerto Rico de 1942 a 1945. Profesó durante el verano en varias universidades norteamericanas, entre otras la Escuela Española de Middlebury, la cual le confirió el doctorado *honoris causa* en 1937, la Universidad de Southern California en Los Ángeles, y la Universidad de California en Berkeley. Dio numerosas conferencias en Europa, Estados Unidos y Latinoamérica. Por expresa voluntad suya antes de su muerte, sus restos descansan en la isla de Puerto Rico, frente al mar que inspiró sus poemas de *El contemplado*.

OBRAS POÉTICAS:

Presagios (Madrid: Talleres Poligráficos, 1923), *Seguro azar* (Madrid: Revista de Occidente, 1929), *Fábula y signo* (Madrid: Plutarco, 1931), *La voz a ti debida* (Madrid: Signo, 1933), *Razón de amor* (Madrid: Cruz y Raya, 1936), estos dos últimos libros con una introducción y notas de Joaquín González Muela (Madrid: Castalia, 1968), *Poesía junta* (Buenos Aires: Losada, 1942), *El contemplado (Mar, poema)* (México: Stylo, 1946), *Todo más claro y otros poemas* (Buenos Aires: Sudamericana, 1949; Barcelona: Llibres de Sinera, 1971), *Poemas escogidos*, selección de Jorge Guillén, en la Colección Austral (Buenos Aires: Espasa-Calpe, 1953; 5.ª ed., 1977), *Confianza. Poemas inéditos*, prólogo de Jorge Guillén (Madrid: Aguilar, 1954), *Poesías completas* (Madrid: Aguilar, 1955; 3.ª ed., 1961), *Volverse sombra y otros poemas* (Milán: Scheiwiller, 1957), *Poesía* (La Habana: Editora Nacional, 1966?), *Poesía* (Madrid: Alianza, 1971; 2.ª ed., 1974), *Poesías completas* (Barcelona: Barral, 1971).

OTRAS OBRAS:

CRÍTICA: *Reality and the Poet in Spanish Poetry* (Baltimore: Johns Hopkins University Press, 1940; 2.ª ed., con una introducción de Jorge Guillén, 1966; ed. de Soledad Salinas de Marichal, Barcelona: Ariel, 1976), *Literatura española del siglo XX*, libro que recoge sus artículos publicados en el *Índice Literario* (México: Séneca, 1941; 2.ª ed. aumentada, México: Antigua Librería Robredo, 1949; 3.ª ed., Madrid: Alianza Editorial, 1970), *La poesía de Rubén Darío* (México: Séneca, 1946; Barcelona: Seix Barral, 1975), *Jorge Manrique o tradición y originalidad* (Buenos Aires: Sudamericana, 1948; Barcelona: Seix Barral, 1974), *Ensayos de literatura hispánica (Del «Cantar de Mio Cid» a García Lorca)* (Madrid: Aguilar, 1958; 3.ª ed., 1967). ENSAYO: *El defensor*, prólogo de Jaime Ibáñez (Bogotá: Universidad Nacional de Colombia, 1948; 2.ª ed., Madrid: Alianza Editorial, 1967), *La responsabilidad del escritor*, contiene algunos ensayos del libro anterior y otros nuevos, con prólogo de Juan Marichal (Barcelona: Seix Barral, 1961). TEATRO: *Teatro completo*, prólogo de Juan Marichal (Madrid: Aguilar, 1957). NARRACIONES: *Víspera del gozo* (Madrid: Revista de Occidente, 1926; Madrid: Alianza, 1974), *La bomba increíble (Fabulación)* (Buenos Aires: Sudamericana, 1950), *El desnudo impecable y otras narraciones* (México: Fondo de Cultura Económica, 1951), *Narrativa completa* (Barcelona: Seix Barral, 1976). EDICIONES: *Maravilla del mundo* de Fray Luis de Granada (Madrid: Signo, 1936; 2.ª ed., México: Séneca, 1940), *Poesías* de Meléndez Valdés (Madrid: Espasa-Calpe, 1925 y 1941), *Poema de Mio Cid*, puesto en romance vulgar y lenguaje moderno (Madrid: Revista de Occidente, 1925, 1936 y 1967; Buenos Aires: Losada, 1938 y 1940), *Poesías completas* de San Juan de la Cruz (Madrid: Signo, 1936; 2.ª ed., México: Séneca, 1942; 3.ª ed., Santiago de Chile: Cruz del Sur, 1947). TRADUCCIONES: Fue traductor de la obra de Proust, en volúmenes reeditados por Alianza Editorial (Madrid).

ESTUDIO PRELIMINAR: I, págs. 27, 30; II, 19.

1

Agua en la noche, serpiente indecisa,
silbo menor y rumbo ignorado;
¿qué día nieve, qué día mar? Dime.
¿Qué día nube, eco
5 de ti y cauce seco?
Dime.
—No lo diré: entre tus labios me tienes,
beso te doy, pero no claridades.

Que compasiones nocturnas te basten
10 y lo demás a las sombras
déjaselo, porque yo he sido hecha
para la sed de los labios que nunca preguntan.

Presagios
1923

2

El alma tenías
tan clara y abierta,
que yo nunca pude
entrarme en tu alma.
5 Busqué los atajos
angostos, los pasos
altos y difíciles...
A tu alma se iba
por caminos anchos.
10 Preparé alta escala
—soñaba altos muros
guardándote el alma—
pero el alma tuya

estaba sin guarda
15 de tapial ni cerca.
Te busqué la puerta
estrecha del alma,
pero no tenía,
de franca que era,
20 entradas tu alma.
¿En dónde empezaba?
¿Acababa, en dónde?
Me quedé por siempre
sentado en las vagas
25 lindes de tu alma.

Presagios
1923

3

FAR WEST

¡Qué viento a ocho mil kilómetros!
¿No ves cómo vuela todo?
¿No ves los cabellos sueltos
de Mabel, la caballista
5 que entorna los ojos limpios
ella, viento, contra el viento?
¿No ves
la cortina estremecida,
ese papel revolado
10 y la soledad frustrada
entre ella y tú por el viento?

Sí, lo veo.
Y nada más que lo veo.
Ese viento
15 está al otro lado, está

en una tarde distante
de tierras que no pisé.
Agitando está unos ramos
sin dónde,
20 está besando unos labios
sin quién.
No es ya viento, es el retrato
de un viento que se murió
sin que yo le conociera,
25 y está enterrado en el ancho
cementerio de los aires
viejos, de los aires muertos.

Sí le veo, sin sentirle.
Está allí, en el mundo suyo,
30 viento de cine, ese viento.

Seguro azar
1929

4

DON DE LA MATERIA

Entre la tiniebla densa
el mundo era negro: nada.
Cuando de un brusco tirón
—forma recta, curva forma—
5 le saca a vivir la llama.
Cristal, roble, iluminados
¡qué alegría de ser tienen,
en luz, en líneas, ser
en brillo y veta vivientes!
10 Cuando la llama se apaga
fugitivas realidades,
esa forma, aquel color,
se escapan.
¿Viven aquí o en la duda?
15 Sube lenta una nostalgia
no de luna, no de amor,
no de infinito. Nostalgia

de un jarrón sobre una mesa.
¿Están?
20 Yo busco por donde estaban.
Desbrozadora de sombras,
tantea la mano. A oscuras
vagas huellas sigue el ansia.
De pronto, como una llama
25 sube una alegría altísima
de lo negro: luz del tacto.
Llegó al mundo de lo cierto.
Toca el cristal, frío, duro;
toca la madera áspera.
30 ¡Están!
La sorda vida perfecta
sin color se me confirma,
segura, sin luz, la siento:
realidad profunda, masa.

Seguro azar
1929

5

FE MÍA

No me fío de la rosa
de papel,
tantas veces que la hice
yo con mis manos.
5 Ni me fío de la otra
rosa verdadera,

hija del sol y sazón,
la prometida del viento.
De ti que nunca te hice,
10 de ti que nunca te hicieron,
de ti me fío, redondo
seguro azar.

Seguro azar
1929

6

LA OTRA

Se murió porque ella quiso;
no la mató Dios
ni el Destino.

Volvió una tarde a su casa
5 y dijo con voz eléctrica,
por teléfono, a su sombra:

«¡Quiero morirme,
pero sin estar en la cama,
ni que venga el médico,
10 ni nada! ¡Tú cállate!»

¡Qué silbidos de venenos
candidatos se sentían!

Las pistolas en bandadas
cruzaban sobre alas negras
15 por delante del balcón.
Daban miedo los collares
de tanto que se estrecharon.
Pero no. Morirse quería ella.
Se murió a las cuatro y media
20 del gran reloj de la sala,
a las cuatro y veinticinco
de su reloj de pulsera.
Nadie lo notó. Su traje
seguía lleno de ella,
25 en pie, sobre sus zapatos,
hasta las sonrisas frescas
arriba en los labios. Todos

la vieron ir y venir,
como siempre.
30 No se le mudó la voz,
hacía la misma vida
de siempre.
Cumplió diecinueve años
en marzo siguiente: «Está
35 más hermosa cada día»,
dijeron en ediciones
especiales los periódicos.

La heredera sombra cómplice,
prueba rosa, azul o negra,
40 en playas, nieves y alfombras,
los engaños prolongaba.

Fábula y signo
1931

7

RADIADOR Y FOGATA

Se te ve, calor, se te ve.
Se te ve lo rojo, el salto,
la contorsión, el ay, ay.
Se te ve el alma, la llama.
5 Salvaje, desmelenado,
frenesí yergues de danza
sobre ese futuro tuyo
que ya te está rodeando,
inevitable, ceniza.
10 Quemas.
Sólo te puedo tocar
en tu reflejo, en la curva
de plata donde exasperas
en frío
15 las formas de tu tormento.
Chascas: es que se te escapan
suspiros hacia la muerte.

Pero tú no dices nada
ni nadie te ve, ni alzas
20 a tu consunción altares
de llama.
Calor sigiloso. Formas
te da una geometría
sin angustias. Paralelos
25 tubos son tu cuerpo. Nueva
criatura, deliciosa
hija del agua, sirena
callada de los inviernos
que va por los radiadores
30 sin ruido, tan recatada,
que sólo la están sintiendo,
con amores verticales,
los donceles cristalinos,
Mercurios, en los termómetros.

Fábula y signo
1931

8

UNDERWOOD GIRLS

Quietas, dormidas están,
las treinta, redondas, blancas.
Entre todas

sostienen el mundo.
5 Míralas, aquí en su sueño,
como nubes,

redondas, blancas, y dentro
destinos de trueno y rayo,
destinos de lluvia lenta,
10 de nieve, de viento, signos.
Despiértalas,
con contactos saltarines
de dedos rápidos, leves,
como a músicas antiguas.
15 Ellas suenan otra música:
fantasías de metal,
valses duros, al dictado.
Que se alcen desde siglos
todas iguales, distintas

20 como las olas del mar
y una gran alma secreta.
Que se crean que es la carta,
la fórmula, como siempre.
Tú alócate
25 bien los dedos, y las
raptas y las lanzas,
a las treinta, eternas ninfas
contra el gran mundo vacío,
blanco en blanco.
30 Por fin a la hazaña pura,
sin palabras, sin sentido,
ese, zeda, jota, i...

Fábula y signo
1931

9

Tú vives siempre en tus actos.
Con la punta de tus dedos
pulsas el mundo, le arrancas
auroras, triunfos, colores,
5 alegrías; es tu música.
La vida es lo que tú tocas.

De tus ojos, sólo de ellos,
sale la luz que te guía
los pasos. Andas
10 por lo que ves. Nada más.

Y si una duda te hace
señas a diez mil kilómetros,
lo dejas todo, te arrojas
sobre proas, sobre alas,
15 estás ya allí; con los besos,
con los dientes la desgarras:
ya no es duda.
Tú nunca puedes dudar.

Porque has vuelto los misterios
20 del revés. Y tus enigmas,
lo que nunca entenderás,
son esas cosas tan claras:
la arena donde te tiendes,
la marcha de tu reló
25 y el tierno cuerpo rosado
que te encuentras en tu espejo
cada día al despertar,
y es el tuyo. Los prodigios
que están descifrados ya.

30 Y nunca te equivocaste,
más que una vez, una noche
que te encaprichó una sombra
—la única que te ha gustado—.
Una sombra parecía.
35 Y la quisiste abrazar.
Y era yo.

La voz a ti debida
1933

10

Para vivir no quiero
islas, palacios, torres.
¡Qué alegría más alta:
vivir en los pronombres!

5 Quítate ya los trajes,
las señas, los retratos;
yo no te quiero así,
disfrazada de otra,

hija siempre de algo.
10 Te quiero pura, libre,
irreductible: tú.
Sé que cuando te llame
entre todas las gentes
del mundo,
15 sólo tú serás tú.
Y cuando me preguntes

quién es el que te llama,
el que te quiere suya,
enterraré los nombres,
20 los rótulos, la historia.
Iré rompiendo todo
lo que encima me echaron
desde antes de nacer.

Y vuelto ya al anónimo
25 eterno del desnudo,
de la piedra, del mundo,
te diré:
«Yo te quiero, soy yo.»

La voz a ti debida
1933

11

¡Sí, todo con exceso:
la luz, la vida, el mar!
Plural todo, plural,
luces, vidas y mares.
5 A subir, a ascender
de docenas a cientos,
de cientos a millar,
en una jubilosa
repetición sin fin
10 de tu amor, unidad.
Tablas, plumas y máquinas,
todo a multiplicar,
caricia por caricia,
abrazo por volcán.
15 Hay que cansar los números.
Que cuenten sin parar,
que se embriaguen contando,
y que no sepan ya
cuál de ellos será el último:

20 ¡qué vivir sin final!
Que un gran tropel de ceros
asalte nuestras dichas
esbeltas, al pasar,
y las lleve a su cima.
25 Que se rompan las cifras
sin poder calcular
ni el tiempo ni los besos.
Y al otro lado ya
de cómputos, de sinos,
30 entregarnos a ciegas
—¡exceso, qué penúltimo!—
a un gran fondo azaroso
que irresistiblemente
está
35 cantándonos a gritos
fúlgidos de futuro:
«Eso no es nada, aún.
Buscaos bien, hay más.»

La voz a ti debida
1933

12

Horizontal, sí, te quiero.
Mírale la cara al cielo,
de cara. Déjate ya
de fingir un equilibrio
5 donde lloramos tú y yo.
Ríndete
a la gran verdad final,
a lo que has de ser conmigo,
tendida ya, paralela,
10 en la muerte o en el beso.
Horizontal es la noche
en el mar, gran masa trémula
sobre la tierra acostada,
vencida sobre la playa.
15 El estar de pie, mentira:
sólo correr o tenderse.

Y lo que tú y yo queremos
y el día —ya tan cansado
de estar con su luz, derecho—
20 es que nos llegue, viviendo
y con temblor de morir,
en lo más alto del beso,
ese quedarse rendidos
por el amor más ingrávido,
25 al peso de ser de tierra,
materia, carne de vida.
En la noche y la trasnoche,
y el amor y el trasamor,
ya cambiados
30 en horizontes finales,
tú y yo, de nosotros mismos.

La voz a ti debida
1933

13

Perdóname por ir así buscándote
tan torpemente, dentro
de ti.
Perdóname el dolor, alguna vez.
5 Es que quiero sacar
de ti tu mejor tú.
Ése que no te viste y que yo veo,
nadador por tu fondo, preciosísimo.
Y cogerlo
10 y tenerlo yo en alto como tiene
el árbol la luz última
que le ha encontrado al sol.

Y entonces tú
en su busca vendrías, a lo alto.
15 Para llegar a él
subida sobre ti, como te quiero
tocando ya tan sólo a tu pasado
con las puntas rosadas de tus pies,
en tensión todo el cuerpo, ya ascen-
20 de ti a ti misma.   [diendo

Y que a mi amor entonces le con-
                              [teste
la nueva criatura que tú eras.

La voz a ti debida
1933

14

¿Las oyes cómo piden realidades,
ellas, desmelenadas, fieras,
ellas, las sombras que los dos forjamos
en este inmenso lecho de distancias?
5 Cansadas ya de infinidad, de tiempo
sin medida, de anónimo, heridas
por una gran nostalgia de materia,
piden límites, días, nombres.
No pueden
10 vivir así ya más: están al borde
del morir de las sombras, que es la nada.
Acude, ven conmigo.
Tiende tus manos, tiéndeles tu cuerpo.
Los dos les buscaremos
15 un color, una fecha, un pecho, un sol.
Que descansen en ti, sé tú su carne.
Se calmará su enorme ansia errante,
mientras las estrechamos
ávidamente entre los cuerpos nuestros
20 donde encuentren su pasto y su reposo.
Se dormirán al fin en nuestro sueño
abrazado, abrazadas. Y así luego,
al separarnos, al nutrirnos sólo
de sombras, entre lejos,
25 ellas
tendrán recuerdos ya, tendrán pasado
de carne y hueso,
el tiempo que vivieron en nosotros.

Y su afanoso sueño
30 de sombras, otra vez, será el retorno
a esta corporeidad mortal y rosa
donde el amor inventa su infinito.

La voz a ti debida
1933

15

Antes vivías por el aire, el agua,
ligera, sin dolor, vivir de ala,
de quilla, de canción, gustos sin rastros.
Pero has vivido un día
5 todo el gran peso de la vida en mí.
Y ahora,
sobre la eternidad blanda del tiempo
—contorno irrevocable, lo que hiciste—
marcada está la seña de tu ser,
10 cuando encontró su dicha.
Y tu huella te sigue;
es huella de un vivir todo transido
de querer vivir más como fue ella.
No se está quieta, no, no se conforma
15 con su sino de ser señal de vida
que vivió y ya no vive.
Corre tras ti, anhelosa
de existir otra vez, siente la trágica
fatalidad de ser no más que marca
20 de un cuerpo que se huyó, busca su cuerpo.
Sabes ya que no eres,
hoy, aquí, en tu presente,
sino el recuerdo de tu planta un día
sobre la arena que llamamos tiempo.
25 Tú misma, que la hiciste,
eres hoy sólo huella de tu huella,
de aquella que marcaste entre mis brazos.
Ya nuestra realidad, los cuerpos estos,
son menos de verdad que lo que hicieron
30 aquel día, y si viven
sólo es para esperar que les retorne
el don de imprimir marcas sobre el mundo.
Su anhelado futuro
tiene la forma exacta de una huella.

Razón de amor
1936

16

Nadadora de noche, nadadora
entre olas y tinieblas.
Brazos blancos hundiéndose, naciendo,
con un ritmo
5 regido por designios ignorados,
avanzas
contra la doble resistencia sorda
de oscuridad y mar, de mundo oscuro.
Al naufragar el día,
10 tú, pasajera
de travesías por abril y mayo,
te quisiste salvar, te estás salvando,
de la resignación, no de la muerte.
Se te rompen las olas, desbravadas,
15 hecho su asombro espuma,
arrepentidas ya de su milicia,
cuando tú les ofreces, como un pacto,
tu fuerte pecho virgen.
Se te rompen
20 las densas ondas anchas de la noche
contra ese afán de claridad que buscas,
brazada por brazada, y que levanta
un espumar altísimo en el cielo;
espumas de luceros, sí, de estrellas,
25 que te salpica el rostro
con un tumulto de constelaciones,
de mundos. Desafía
mares de siglos, siglos de tinieblas,
tu inocencia desnuda.
30 Y el rítmico ejercicio de tu cuerpo
soporta, empuja, salva
mucho más que tu carne. Así tu triunfo
tu fin será, y al cabo, traspasadas
la mar, la noche, las conformidades,
35 del otro lado ya del mundo negro,
en la playa del día que alborea,
morirás en la aurora que ganaste.

Razón de amor
1936

17
VARIACIÓN II

PRIMAVERA DIARIA

¡Tantos que van abriéndose, jardines,
   celestes, y en el agua!

Por el azul, espumas, nubecillas,
   ¡tantas corolas blancas!

5 Presente, este vergel, ¿de dónde brota,
   si anoche aquí no estaba?

Antes que llegue el día, labradora
   la aurora se levanta,

y empieza su quehacer: urdir futuros.
10   Estrellas rezagadas,

las luces que aún recoge por los cielos
   por el mar va a sembrarlas.

Nacen con el albor olas y nubes.
   ¡Primavera, qué rápida!

15 Esa apenas capullo —nube—, en rosa,
   en oro, en gloria, estalla.

Blancas vislumbres, flores fugacísimas
   florecen por las campas

de otro azul. Si una espuma se deshoja
20   —pétalos por la playa—,

se abren mil, que el rosal de donde suben
   es rosal que no acaba.

De esplendores corona el mediodía
   el trabajo del alba.

25 Ya se ve en brillo, en ola, en pompa, en nube
   la cosecha granada.

Una estación se abrevia: es una hora.
   Lo que la tierra tarda

tanto en llevar a tallos impacientes
30   lo trae una mañana.

¿La aurora? Es la frecuente, la celeste,
   primavera diaria;

por el azul, sin esperar abriles,
   sus abriles desata.

35 ¿De dónde su poder, el velocísimo
   impulso de su savia?

Obediencia. A la luz. Pura obediencia;
   ella, en su cenit, manda.

Espacios a su seña se oscurecen,
40   a su seña se aclaran.

El mar no cría cosa que dé sombra;
   para la luz se guarda.

Y ella le cubre su verdad de mitos:
   la luz, eterna magia.

El contemplado
(1943-1944), 1946

18

VARIACIÓN XI

EL POETA

Hoy te he visto amanecer
tan serenamente espejo,
tan liso de bienestar,
tan acorde con tu techo,
5 como si estuvieses ya
en tu sumo, en lo perfecto.
A tal azul alcanzaste
que te llenan de aleteos
ángeles equivocados.
10 Y el cielo,
el que te han puesto los siglos
desde el día que naciste
por cotidiano maestro,
y te da lección de auroras,
15 de primaveras, de inviernos,
de pájaros —con las sombras
que te presta de sus vuelos—,
al verte tan celestial
es feliz: otra vez sois
20 inseparables iguales,
como erais a lo primero.

Pero tú nunca te quedas
arrobado en lo que has hecho;

apenas lo hiciste y ya
25 te vuelves a lo hacedero.
   ¿No es esta mañana, henchida
de su hermosura, el extremo
de ti mismo, la plenaria
realización de tu sueño?
30 No. Subido en esta cima
ves otro primor, más lejos:
te llama una mejoría
desde tu posible inmenso.
El más que en el alma tienes
35 nunca te deja estar quieto,
y te mueves
como la tabla del pecho:
hay algo que te lo pide
desde adentro.
40 Por la piel azul te corren
undosos presentimientos,
las finas plumas del aire
ya te cubren de diseños,
en las puntas de las olas
45 se te alumbran los intentos.
Ocurrencias son fugaces
las chispas, los cabrilleos.

Curvas, más curvas, se inician,
dibujantes de tu anhelo.
50 La luz, unidad del alba,
se multiplica en destellos,
lo que fue calma es fervor
de innúmeros espejeos
que sobre la faz del agua
55 anuncian tu encendimiento.
Una agitación creciente,
un festivo clamoreo
de relumbres, de fulgores
proclaman que estás queriendo;
60 no era aquella paz la última,
en su regazo algo nuevo
has pensado, más hermoso,
y ante la orilla del hombre
ya te preparas a hacerlo.
65 De una perfección te escapas
alegremente a un proyecto
de más perfección. Las olas
—más, más, más, más— van di-
en la arena, monosílabas,   [ciendo
70 tu propósito al silencio.

Ya te pones a la obra,
convocas a tus obreros:
acuden desde tu hondura,
descienden del firmamento
75 —los horizontes los mandan—
a servirte los deseos.
Luces, sombras, son; celajes,
brisas, vientos;
el cristal es, es la espuma
80 surtidora
por el aire de arabescos,
son fugitivas centellas
rebotando en sus reflejos.
Todo lo que el mundo tiene
85 el día lo va trayendo
y te acarrean las horas
materiales sin estreno.
De las hojas de la orilla
vienen verdes abrileños

90 y en el seno de las olas
todavía son más tiernos.
Llegan tibias por los ríos
las nieves de los roquedos.
Y hasta detrás de la luz,
95 veladamente secretos
aguardan, por si los quieres,
escuadrones de luceros.
En el gran taller del gozo
a los espacios abierto,
100 feliz, de idea en idea,
de cresta en cresta corriendo,
tan blanco como la espuma
trabaja tu pensamiento.
Con estrías de luz haces
105 maravillosos bosquejos,
deslumbradores rutilan
por el agua tus inventos.
Cada vez tu obra se acerca
ola a ola,
110 más y más a sus modelos.
¡Qué gozoso es tu quehacer,
qué apariencias de festejo!
Resplandeciente el afán,
alegrísimo el esfuerzo,
115 la lucha no se te nota.
Velando está en puro juego
ese ardoroso buscar
la plenitud del acierto.
¡El acierto! ¿Vendrá? ¡Sí!
120 La fe te lo está trayendo
con que tú lo buscas. Sí.
Vendrá cuando al universo
se le aclare la razón
final de tu movimiento:
125 no moverse, mediodía
sin tarde, la luz en paz,
renuncia del tiempo al tiempo.
La plena consumación
—al amor, igual, igual—
130 de tanto ardor en sosiego.

El contemplado
(1943-1944)

19

VARIACIÓN XIV

SALVACIÓN POR LA LUZ

Los que ya no te ven sueñan en verte
desde sus soterrados soñaderos
—lindes de tierra por los cuatro lados,
cuna del esqueleto—.
5 Sed tienen, no en las bocas, ni de agua;
sed de visiones, esas que tu cielo
proyecta —azules tenues— en su frente,
y tú realizas en azul perfecto.
Este afán de mirar es más que mío.
10 Callado empuje, se le siente, ajeno,
subir desde tinieblas seculares.
Viene a asomarse a estos
ojos con los que miro. ¡Qué sinfín
de muertos que te vieron
15 me piden la mirada, para verte!
Al cedérsela gano:
soy mucho más cuando me quiero menos.
Que estos ojos les valgan
a los pobres de luz. No soy su dueño.
20 ¿Por cuánto tiempo —herencia— me los fían?
¿Son más que un miradero
que un cuerpo de hoy ofrece a almas de antes?
Siento a mis padres, siento que su empeño
de no cegar jamás,
25 es lo que bautizaron con mi nombre.
Soy yo. Y ahora no ven, pero les quedo
para salvar su sombra de la sombra.
Que por mis ojos, suyos, miren ellos;
y todos mis hermanos anteriores,
30 sepultos por los siglos,
ciegos de muerte: vista les devuelvo.

¡En este hoy mío, cuánto ayer se vive!
Ya somos todos unos en mis ojos,
poblados de antiquísimos regresos.
35 ¡Qué paz, así! Saber que son los hombres,
un mirar que te mira,
con ojos siempre abiertos,
velándote: si un alma se les marcha
nuevas almas acuden a sus cercos.
40 Ahora, aquí, frente a ti, todo arrobado,
aprendo lo que soy: soy un momento

de esa larga mirada que te ojea,
desde ayer, desde hoy, desde mañana,
paralela del tiempo.
45 En mis ojos, los últimos,
arde intacto el afán de los primeros,
herencia inagotable, afán sin término.
Posado en mí está ahora; va de paso.
Cuando de mí se vuele, allá en mis hijos
50 —la rama temblorosa que le tiendo—
hará posada. Y en sus ojos, míos,
ya nunca aquí, y aquí, seguiré viéndote.
Una mirada queda, si pasamos.
¡Que ella, la fidelísima, contemple
55 tu perdurar, oh Contemplado eterno!
Por venir a mirarla, día a día,
embeleso a embeleso,
tal vez tu eternidad,
vuelta luz, por los ojos se nos entre.

60 Y de tanto mirarte, nos salvemos.

El contemplado
(1943-1944)

20

CERO

Y esa Nada ha causado muchos llantos
Y Nada fue instrumento de la Muerte
y Nada vino a ser muerte de tantos.

Francisco de Quevedo

Ya maduró un nuevo cero
que tendrá su devoción.

Antonio Machado

I

Invitación al llanto. Esto es un
ojos, sin fin, llorando,   [llanto,
escombrera adelante, por las ruinas
de innumerables días.
5 Ruinas que esparce un cero —autor
[de nadas,
obra del hombre—, un cero, cuando
[estalla.
Cayó ciega. La soltó,
la soltaron, a seis mil
metros de altura, a las cuatro.
10 ¿Hay ojos que le distingan
a la tierra sus primores
desde tan alto?

¿Mundo feliz? ¿Tramas vidas,
que se tejen, se destejen,
15 mariposas, hombres, tigres,
amándose y desamándose?
No. Geometría. Abstractos
colores sin habitantes,
embuste liso de atlas.
20 Cientos de dedos del viento
una tras otra pasaban
las hojas
—márgenes de nubes blancas—
de las tierras de la tierra,
25 vuelta cuaderno de mapas.
Y a un mapa distante, ¿quién
le tiene lástima? Lástima

da una pompa de jabón
irisada, que se quiebra;
30 o en la arena de la playa
un crujido, un caracol
roto
sin querer, con la pisada.
Pero esa altura tan alta
35 que ya no la quieren pájaros,
le ciega al querer su causa
con mil aires transparentes.
Invisibles se le vuelven
al mundo delgadas gracias:
40 la azucena y sus estambres,
colibríes y sus alas,
las venas que van y vìenen,
en tierno azul dibujadas,
por un pecho de doncella.
45 ¿Quién va a quererlas
si no se las ve de cerca?

Él hizo su obligación:
lo que desde veinte esferas
instrumentos ordenaban,
50 exactamente: soltarla
al momento justo.

       Nada.
Al principio
no vio casi nada. Una
55 mancha, creciendo despacio,
blanca, más blanca, ya cándida.
¿Arrebañados corderos?
¿Vedijas, copos de lana?
Eso sería...
60 ¡Qué peso se le quitaba!

Eso sería: una imagen
que regresa.
Veinte años, atrás, un niño.

   Él era un niño —allá atrás—
65 que en estíos campesinos
con los corderos jugaba
por el pastizal. Carreras,
topadas, risas, caídas
de bruces sobre la grama,
70 tan reciente de rocío
que la alegría del mundo
al verse otra vez tan claro,
le refrescaba la cara.
Sí; esas blancuras de ahora,
75 allá abajo
en vellones dilatadas,
no pueden ser nada malo:
rebaños y más rebaños
serenísimos que pastan
80 en ancho mapa de tréboles.
Nada malo. Ecos redondos
de aquella inocencia doble
veinte años atrás: infancia
triscando con el cordero
85 y retozos celestiales,
del sol niño con las nubes
que empuja, pastora, el alba.
Mientras,
detrás de tanta blancura
90 en la tierra —no era mapa—
en donde el cero cayó
el gran desastre empezaba.

V

¡Y todos, ahora, todos,
qué naufragio total, en este escombro!
No tibios, no despedazados miembros
me piden compasión, desde la ruina:
5 de carne antigua voz antigua, oigo.

Desgarrada blancura, torso abierto,
aquí, a mis pies, informe.
Fuè ninfa geométrica, columna.
El corazón que acaban de matarle,
10 Leuquipo, pitagórìco,
calculador de sueños, arquitecto,
de su pecho lo fue pasando a mármoles.

Y así, edad tras edad, en estas cándidas
hijas de su diseño
15 su vivir se salvó. Todo invisible,
su pálpito y su fuego.
Y ellas abstractos bultos se fingían,
pura piedra, columnas sin misterio.

Más duelo, más allá: serafín trunco,
20 ángel a trozos, roto mensajero.
Quebrada en seis pedazos
sonrisa, que anunciaba, por el suelo.
Entre el polvo guedejas
de rubia piedra, pelo tan sedeño
25 que el sol se lo atusaba a cada aurora
con sus dedos primeros.
Alas yacen usadas a lo altísimo,
en barro acaba su plumaje célico.
(A estas plumas del ángel desalado
30 encomendó su vuelo
sobre los siglos el hermano Pablo,
dulce monje cantero.)

Sigo escombro adelante solo, solo.
Hollando voy los restos
35 de tantas perfecciones abolidas.
Años, siglos, por siglos acudieron
aquí, a posarse en ellas; rezumaban
arcillas o granitos,
linajes de humedad, frescor edénico.
40 No piso la materia; en su pedriza
piso el mayor dolor, tiempo deshecho.
Tiempo divino que llegó a ser tiempo
poco a poco, mañana tras su aurora,
mediodía camino de su véspero,
45 estío que se junta con otoño,
primaveras sumadas al invierno.
Años que nada saben de sus números,
llegándose, marchándose sin prisa,
sol que sale, sol puesto,
50 artificio diario, lenta rueda
que va subiendo al hombre hasta su cielo.
Piso añicos de tiempo.
Camino sobre anhelos hechos trizas
sobre los días lentos
55 que le costó al cincel llegar al ángel;
sobre ardorosas noches,
con el ardor ardidas del desvelo
que en la alta madrugada da, por fin,
con el contorno exacto de su empeño...
60 Hollando voy las horas jubilares:
triunfo, toque final, remate, término

cuando ya, por constancia o por milagro,
obra se acaba que empezó proyecto.
Lo que era suma en un instante es polvo.
65 ¡Qué derroche de siglos, un momento!
No se derrumban piedras, no, ni imágenes;
lo que se viene abajo es esa hueste
de tercos defensores de sus sueños.
Tropa que dio batalla a las milicias
70 mudas, sin rostro, de la nada; ejército
que matando a un olvido cada día
conquistó lentamente los milenios.

Se abre por fin la tumba a que escaparon;
les llega aquí la muerte de que huyeron.
75 Ya encontré mi cadáver, el que lloro.
Cadáver de los muertos que vivían
salvados de sus cuerpos pasajeros.
Un gran silencio en el vacío oscuro,
un gran polvo de obras, triste incienso,
80 canto inaudito, funeral sin nadie.
Yo solo le recuerdo, al impalpable,
al NO dicho a la muerte, sostenido
contra tiempo y marea: ése es el muerto.

Soy la sombra que busca en la escombrera.
85 Con sus siete dolores cada una
mil soledades vienen a mi encuentro.
Hay un crucificado que agoniza
en desolado Gólgota de escombros,
de su cruz separado, cara al cielo.
90 Como no tiene cruz parece un hombre.
Pero aúlla un perro, un infinito perro
—inmenso aullar nocturno ¿desde dónde?—,
voz clamante entre ruinas por su Dueño.

Todo más claro y otros poemas
1949

21

LOS SIGNOS

¿Ya te cansa, mundo, ser
enorme sueño indistinto?
¡Tantos espacios ofreces,
invitación, a los signos!

5 De día y de noche, playas,
páginas de lisa arena.
Las cubren olas y olas,
de curvas coplas concéntricas.

¡Qué cargada de iniciales,
10 de corazones y fechas,
la corteza del aliso,
cronista de amor agraz,
historiador de parejas!

Frescos pliegos, extendidos
15 céspedes, en la pradera.
Sol, ramas, hojas y sombras,

en ellos cuentan historia
de trémulas peripecias.

Pendolista, la mañana
20 sobre lámina de alberca
se inclina, y en trazos finos
de viento marcero, apunta
esdrújulas agudezas.

Áspero riscal, ¡qué blando
25 a escrituras, cuando nieva!
Penígeros, luna y sol
con letras de oro y de plata
lo convierten en leyenda.

A ese cándido papel
30 aun el candor se le aumenta,
si siente posarse el verso
que del vacío le salve
y a la inmortalidad le ascienda.

¿Qué esperanza de ser fábula
35 mantiene al mundo rodando?
Abierto y sin prisa espera,
tan en blanco,
que sus más ocultas glorias
al fin se le vuelvan poema.

Confianza
(1942-1944), 1954

RAFAEL ALBERTI
(1902-   )

Nace en el Puerto de Santa María (Cádiz) en 1902. Cursa los tres primeros años del Bachillerato en el colegio de los Jesuitas. Interrumpe sus estudios y se traslada a Madrid en 1917, donde se dedica a la pintura. Hacia 1921 comienza su vocación literaria. De 1923 a 1924 vive retirado en la Sierra de Guadarrama por motivos de salud, y escribe su primer libro de poesía, por el cual recibe el Premio Nacional de Literatura. En la Residencia de Estudiantes conoce al pintor Dalí, al cineasta Buñuel y a los poetas Moreno Villa, García Lorca y otros que empezaban a escribir. En 1927 interviene activamente en la organización del homenaje a Góngora. En 1929 toma parte en las luchas estudiantiles contra la dictadura de Primo de Rivera. En 1930 conoce a la escritora María Teresa León, con quien se casa poco después.

Viaja a París en 1931, donde reside por algún tiempo. Habiendo recibido una beca de la Junta de Ampliación de Estudios para estudiar el movimiento teatral europeo, recorre Europa y la Unión Soviética, conociendo a numerosos escritores y artistas. En 1933 regresa a España y comienza a ser poeta de agitación política. Traba amistad con Pablo Neruda, sobre cuya poesía había de influir. Funda con su mujer la revista revolucionaria *Octubre* en 1934, y colabora en la revista *Caballo Verde para la Poesía*, publicada por Pablo Neruda. En este mismo año viaja nuevamente a Moscú como invitado al Primer Congreso de Escritores Soviéticos. En 1935 viaja a Nueva York y La Habana y da recitales y conferencias. De regreso a España en 1936 interviene en la campaña del Frente Popular. Durante la Guerra es secretario de la Alianza de Intelectuales Antifascistas y trabaja en la dirección de revistas, en grupos teatrales y escribiendo romances para el frente. Interviene en la organización del II Congreso Internacional de Escritores, que se celebra en Madrid, Valencia y Barcelona.

Con la derrota del gobierno republicano a principios de 1939, sale a Francia y trabaja en la Radio Paris-Mondiale. Se embarca para la Argentina a comienzos de 1940, donde ha de fijar su residencia por muchos años. Viaja extensamente por este país, Uruguay y Chile, dando conferencias y recitales. Dirige la colección de poesía *Mirto* de 1946 a 1949. Se dedica nuevamente a la pintura y celebra numerosas exposiciones a partir de 1947 con obras casi siempre inspiradas en sus propios poemas. En 1950 viaja a Varsovia como delegado al Congreso Mundial de la Paz. Viaja a China y a la Europa Oriental en 1957. En 1960 hace una gira por varios países hispanoamericanos, dando nuevamente recitales y conferencias. En 1963 se traslada a Italia y fija su residencia en Roma. En 1977 retorna a España, donde vive actualmente.

OBRAS POÉTICAS:

Marinero en tierra (Madrid: Biblioteca Nueva, 1924; 2.ª ed., 1968), *La amante, canciones* (1925) (Málaga: Litoral, 1926; 2.ª ed. Madrid: Plutarco, 1929; Madrid: Aguilar, 1977), *El alba del alhelí* (1925-1926) (Santander: Edición para amigos de José María de Cossío, 1927), *Marinero en tierra. La amante. El alba del alhelí*, ed. de Robert Marrast (Madrid: Castalia, 1972), *Cal y canto* (1926-1927) (Madrid: Revista de Occidente, 1929), *Sobre los ángeles* (1927-1928) (Madrid: Compañía Ibero-Americana de Publicaciones, 1929; Barcelona: Barral, 1970; Barcelona: Llibres de Sinera, 1970; Barcelona: Seix Barral, 1977), *Consignas* (Madrid: Ediciones Octubre, 1933), *Poesía* (1924-1930), contiene también *Yo era un tonto y lo que he visto me ha hecho dos tontos*, poemas publicados en 1929, *Sermones y moradas*, serie inédita de 1929-1930, y *Verte y no verte. A Ignacio Sánchez Mejías*, de 1935 (Madrid: Cruz y Raya, 1935), *13 Bandas y 48 Estrellas, poema del Mar Caribe* (Madrid: Manuel Altolaguirre, 1936), *Nuestra diaria palabra* (Madrid: Héroe, 1936), *De un momento a otro (poesía e historia)* (1932-1937) (Madrid: Ediciones Europa-América, 1937), *Poesía* (1924-1937), contiene también *Capital de la Gloria* y *El poeta en la calle* (Madrid: Signo, 1938), *Entre el clavel y la espada* (1939-1940) (Buenos Aires: Losada, 1941), *¡Eh, los toros!* (Buenos Aires: Emecé, 1942), *Antología poética* (1924-1940) (Buenos Aires: Losada, 1942), *Pleamar* (1942-1944) (Buenos Aires: Losada, 1944), *Antología poética* (1924-1944) (Buenos Aires: Losada, 1946), *A la pintura* (Buenos Aires: Losada, 1948; 2.ª ed. aumentada, Buenos Aires: Losada, 1953; Madrid: Aguilar, 1968), *Coplas de Juan Panadero (Libro I)* (Montevideo: Pueblos Unidos, 1949), *Retornos de lo vivo lejano* (1948-1952) (Buenos Aires: Losada, 1952; Barcelona: Llibres de Sinera, 1972; Barcelona: RM, 1977), *Ora marítima* (Buenos Aires: Losada, 1953), *Baladas y canciones del Paraná* (1953-1954) (Buenos Aires: Losada, 1954; Barcelona: Linosa, 1976), *Sonríe China*, con María Teresa León (Buenos Aires: Jacobo Muchnik, 1958), *Antología poética* (1924-1952) (Buenos Aires: Losada, 1958; 5.ª ed., 1969), *Poesías completas* (Buenos Aires: Losada, 1961), *Poemas escénicos (Primera serie)* (Buenos Aires: Losada, 1962), *Abierto a todas horas* (1960-1963) (Madrid: Afrodisio Aguado, 1964), *El poeta en la calle, poesía civil* (1931-1965) (París: Éditions de la Librairie du Globe, 1966; Barcelona: Seix Barral, 1978), *Poemas de amor* (Madrid: Alfaguara, 1967), *Roma, peligro para caminantes* (México: Joaquín Mortiz, 1968; Málaga: Litoral, 1974; Barcelona: Seix Barral, 1977), *Los ocho nombres de Picasso* y *No digo más que lo que no digo* (Barcelona: Kairos, 1970), *Poesía (1924-1967)* (Madrid: Aguilar, 1972; 2.ª ed., 1977), *Canciones del alto valle del Aniene* (Buenos Aires: Losada, 1972), *Numancia* (Madrid: Turner, 1975), *Poemas del destierro y de la espera* (Selecciones Austral) (Madrid: Espasa-Calpe, 1977), *Vida bilingüe de un refugiado en Francia. Coplas de Juan Panadero* (2 vols.) (Madrid: Mayoría, 1977).

OTRAS OBRAS:

TEATRO: *El hombre deshabitado* (1930), *Fermín Galán. Romance de Ciego en tres actos, diez episodios y un epílogo* (1931), *Bazar de la providencia (negocio)*, seguido de *Farsa de los Reyes Magos (Dos farsas revolucionarias)* (1934), *Radio Sevilla, cuadro flamenco* (1938), *Cantata de los héroes y de la fraternidad de los pueblos* (1938), *De un momento a otro (Drama de una familia española, en un prólogo y tres actos, 1938-1939)* (1942), *El adefesio (Fábula del amor y las viejas)* (1944), *El trébol florido* (1950), *La Gallarda* (1950), *Noche de guerra en el Museo del Prado*, aguafuerte en un prólogo y un acto (1956) (Madrid: Cuadernos para el Diálogo, 1975). Sus dramas políticos se hallan recogidos en el volumen *Teatro de agitación política (1933-1939)* (Madrid:

Cuadernos para el Diálogo, 1976). Hizo también adaptaciones teatrales de Cervantes y de Calderón de la Barca. Ediciones: Numerosas ediciones y antologías, publicadas la mayor parte en la Argentina, de García Lorca, Miguel Hernández, Fray Luis de León, Bécquer, Antonio Machado, Salvador Rueda, Lope de Vega, Góngora, Galdós, Garcilaso de la Vega y otros. Hizo la recopilación del *Romancero general de la Guerra española*, con prólogo (Buenos Aires: Patronato Hispano Argentino de Cultura, 1944). Autobiografía: *La arboleda perdida*, Libro primero (México: Séneca, 1942) y *La arboleda perdida*, Libros primero y segundo (Buenos Aires: Compañía General Fabril Editora, 1959; Barcelona: Planeta, 1977; Barcelona: Seix Barral, 1977; Barcelona: Círculo de Lectores, 1978). Crítica: *La poesía popular en la lírica española contemporánea* (Jena-Leipzig: W. Gronau Verlag, 1933), *Imagen primera de...* Federico García Lorca, Juan Ramón Jiménez, Antonio Machado y otros (Buenos Aires: Losada, 1945; Madrid: Turner, 1975). Arte y poesía: *Picasso, el rayo que no cesa*, ed. de George Francé (Barcelona: Poligrafía, 1975), *Maravillas con variaciones acrósticas en el jardín de Miró* (Barcelona: Poligrafía, 1975), *Pablo Picasso* (Madrid: Fundación March, 1977). Una colección de sus prosas se encuentra en *Prosas encontradas (1924-1942)*, ed. de Robert Marrast (Madrid: Ayuso, 1970).

Estudio preliminar: I, págs. 25, 32; II, 16, 32, 35.

1

El mar. La mar.
El mar. ¡Sólo la mar!

¿Por qué me trajiste, padre,
a la ciudad?

5 ¿Por qué me desenterraste
del mar?

En sueños, la marejada
me tira del corazón.
Se lo quisiera llevar.

10 Padre, ¿por qué me trajiste
acá?

Marinero en tierra
1924

2

Branquias quisiera tener,
porque me quiero casar.
Mi novia vive en el mar
y nunca la puedo ver.

5 Madruguera, plantadora,
allá en los valles salinos.

¡Novia mía, labradora
de los huertos submarinos!

¡Yo nunca te podré ver
10 jardinera en tus jardines
albos del amanecer!

Marinero en tierra
1924

3

MALA RÁFAGA

Boyeros del mar decían:
—bueyes rojos, raudas sombras,
ya oscuro, ¿hacia dónde irían?

(¡Fuego en la noche del mar!)

5 Carabineros del viento
tampoco no lo sabían:
—¿Adónde esos bueyes rojos,
raudas sombras, volarían?

(¡Ardiendo está todo el mar!)

Marinero en tierra
1924

4

Sol negro.

De una mar, de una mar muerta,
la empujó un mal viento.

Carabela negra,
⁵ cargada, hundida de huesos.
Mar negro.

Marinero en tierra
1924

5

LA SIRENILLA CRISTIANA

... ¡Aaaa!
¡De los naranjos del mar!

La sirenilla cristiana,
gritando su pregonar

⁵ de tarde, noche y mañana.

... aaa!
¡De los naranjos del mar!

Marinero en tierra
1924

6

Si mi voz muriera en tierra,
llevadla al nivel del mar
y dejadla en la ribera.
Llevadla al nivel del mar
⁵ y nombradla capitana
de un blanco bajel de guerra.

¡Oh mi voz condecorada
con la insignia marinera:
sobre el corazón un ancla
¹³ y sobre el ancla una estrella
y sobre la estrella el viento
y sobre el viento la vela!

Marinero en tierra
1924

7

*De Aranda de Duero
a Peñaranda de Duero.*

¡Castellanos de Castilla,
nunca habéis visto la mar!

¡Alerta, que en estos ojos

del sur y en este cantar
⁵ yo os traigo toda la mar!

¡Miradme, que pasa el mar!

La amante
1925

8

PREGÓN DEL AMANECER

Salas de los Infantes

¡Arriba, trabajadores
madrugadores!

¡En una mulita parda,
baja la aurora a la plaza
5 el aura de los clamores,
trabajadores!

¡Toquen el cuerno los cazadores,
hinquen el hacha los leñadores;
a los pinares el ganadico,
10 pastores!

La amante
1925

9

SAETA
(CATEDRAL)

Burgos

¡Ay qué amargura de piedra,
por las calles encharcadas!

Nadie le ayuda un poquito.
Todos le empujan.
5 ¡Que se desangra!

Ya se ha quedado sin hombros;
partido lleva el aliento.
Las rodillas, desgarradas.

Nadie le ayuda un poquito.
10 Todos le empujan.
¡Que se desangra!

Tan sólo las Tres Marías,
llorando, por las murallas.

La amante
1925

10

MADRUGADA OSCURA

Alguien barre
y canta
y barre
—zuecos en la madrugada—.

5 Alguien
dispara las puertas.
¡Qué miedo,
madre!

(¡Ay, los que en andas del viento,
10 en una barca, a estas horas,
vayan arando los mares!)

Alguien barre
y canta
y barre.

15 Algún caballo, alejándose,
imprime su pie en el eco
de la calle.
¡Qué miedo,
madre!

20 ¡Si alguien llamara a la puerta!
¡Si se apareciera padre
con su túnica talar
chorreando...!
¡Qué horror,
25 madre!

Alguien barre
y canta
y barre.

El alba del alhelí
(1925-1926), 1927

11

EL NIÑO DE LA PALMA

(Chuflillas)

¡Qué revuelo!

¡Aire, que al toro torillo
le pica el pájaro pillo
que no pone el pie en el suelo!

5 ¡Qué revuelo!

Ángeles con cascabeles
arman la marimorena,
plumas nevando en la arena
rubí de los redondeles.
10 La Virgen de los caireles
baja una palma del cielo.

¡Qué revuelo!

—Vengas o no en busca mía,
torillo mala persona,
15 dos cirios y una corona
tendrás en la enfermería.

¡Qué alegría!
¡Cógeme, torillo fiero!
¡Qué salero!

20 De la gloria, a tus pitones,
bajé, gorrión de oro,
a jugar contigo al toro,

no a pedirte explicaciones.
¡A ver si te las compones
25 y vuelves vivo al chiquero!

¡Qué salero!
¡Cógeme, torillo fiero!

Alas en las zapatillas,
céfiros en las hombreras,
30 canario de las barreras,
vuelas con las banderillas.
Campanillas
te nacen en las chorreras.

¡Qué salero!
35 ¡Cógeme, torillo fiero!

Te dije y te lo repito,
para no comprometerte,
que tenga cuernos la muerte
a mí se me importa un pito.
40 Da, toro torillo, un grito
y ¡a la gloria en angarillas!

¡Qué salero!
¡Que te arrastran las mulillas!
¡Cógeme, torillo fiero!

El alba del alhelí
(1925-1926)

12

ARACELI

No si de arcángel triste, ya nevados
los copos, sobre ti, de sus dos velas.
Si de serios jazmines, por estelas
de ojos dulces, celestes, resbalados.

5 No si de cisnes sobre ti cuajados,
del cristal exprimidas carabelas.
Si de luna sin habla cuando vuelas,
si de mármoles mudos, deshelados.

Ara del cielo, dime de qué eres,
10 si de pluma de arcángel y jazmines,
si de líquido mármol de alba y pluma.

De marfil naces y de marfil mueres,
confinada y florida de jardines
lacustres de dorada y verde espuma.

Cal y canto
(1926-1927), 1929

13

EL JINETE DE JASPE

Cuatro vientos de pólvora y platino,
la libre fiera fija encadenada
al sol del dócil mar del sur latino,

por jinete de jaspe cabalgados,
5 incendian y, de pórfido escamada,
tromba múltiple empinan sus costados.

Castillos litorales, las melenas
de yedra y sombra ardidas, una a una,
sangriento el mar, sacuden sus almenas.

10 Náyades segadoras y tritones,
con la guadaña de la media luna
siegan las colas de los tiburones.

Las ánimas en pena de los muertos,
robados a las auras por los mares,
15 zarpan y emergen de los bajos puertos.

Caracolea el sol y entran los ríos,
empapados de toros y pinares,
embistiendo a las barcas y navíos.

Sus cuernos contra el aire la mar lima,
20 enarca el monte de su lomo y, fiera,
la onda más llana la convierte en cima.

Rompe, hirviendo, el Edén, hecha oceano,
cae de espalda en sí misma toda entera...
y Dios desciende al mar en hidroplano.

Cal y canto
(1926-1927)

14

SOLEDAD TERCERA

(PARÁFRASIS INCOMPLETA)

Conchas y verdes líquenes salados,
los dormidos cabellos todavía,
al de una piedra sueño, traje umbroso
vistiendo estaban, cuando desvelados,
5 *cítaras ya, esparcidos,*
por la del viento lengua larga y fría
templados y pulsados
fueron y repetidos,
que el joven caminante su reposo
10 *vio, música segura,*
volar y, estrella pura,
diluirse en la Lira, perezoso.

De cometa, la cola
celeste y trasatlántica, cosida
15 *al hombro por un ártico lucero;*
mitra en la almena de su frente sola;
la barba, derretida,
de doble río helado
y luna azul de enero;
20 *grave, ante el asombrado*
y atento alborear del peregrino,
de su verde cayado
haciendo cortesía,
rudo, se sonreía
25 *el viento de la selva y el camino.*

De troncos que, a columnas semejantes,
sostener parecían la alta esfera
de la noche, sin fin, muralla fiera,
cuyas siempre sonantes
30 *hojas de serafines son el nido,*
al joven le mostraba
el viento y, sin sonido,
a penetrar en ella le invitaba.

Sin orden, escuadrón se retorcía,
35 *monárquico y guerrero,*
luchando, prisionero
en la nocturna cárcel de la umbría,
que, fijo el pie en la tierra,
sus brazos mil movía
40 *con simulada y silenciosa guerra.*

¡Oh de los bosques mago,
soplo y aliento de las verdes frondas,
de las ágiles nieves mudo halago,
al sin estrella, errante
45 nadador de los trigos y las ondas,
los altos, voladores
coturnos de los céfiros vestidos,
conduce, vigilante,
por entre los mentidos
50 de las vírgenes selvas gladiadores!

El viento, ya empinado,
tromba la barba y mar veloz de nieve
la cola, al peregrino extraviado,
haciendo de su asombro puntería,
55 le enseña, al par que la borrasca mueve
de los árboles fría,
la del verde aguacero artillería.

Al pie, dócil ya y muda,
del ileso extranjero,
60 la tierna y no mortífera metralla
de la silvestre, ruda,
mal fingida batalla,
el descendido guardabosque fiero,
sus diez uñas calando bayonetas,
65 hiere, abriendo en la umbría miradores,
las de vidrio cornetas
de la gloria y clamores
del clarín de la luna y ruiseñores.

Las célicas escalas, fugitivas,
70 y al son resbaladoras
de las nocturnas horas,
del verde timbre al despintado y frío,
despiertan de las álgidas, esquivas,
dríadas del rocío,
75 de la escarcha y relente,
su azul inmóvil, su marfil valiente.
Arpas de rayos húmedos, tendidas
las flotantes y arbóreas cabelleras,
de las aves guaridas,
80 de los sueños y fieras
domador y pacífico instrumento,
al joven danzan las entretejidas
esclavas de los troncos, prisioneras
en las móviles cárceles del viento.

85 Celosas ninfas, dulces ya —los brazos,
pórtico y diadema retorcidos—;
bailadoras guirnaldas
—que a los infantes lazos

de sus finas guedejas esmeraldas
90 penden el son y vuelo
de sus libres limones atrevidos,
el campo esmerilado o combo cielo
de las lisas espaldas,
la pierna que, viajera,
95 dispara la cadera
y bebe de los pies el raudo yelo—,
al caminante —sus agrestes voces
el círculo estrechando—
aprisionan, unísonas, girando,
100 fieles al coro, lentas o veloces.

CORO

Huéspedas del estío,
del invierno y bailable primavera,
custodia del otoño verdadera,
del trópico y del frío
105 serás el jefe y nuestro, a tu albedrío,

si al aire, despojada
de su prisión de lino, transfigura,
ya en ónix verde o mármol tu hermosura,
morena o blanqueada,
110 por la que es nuestra sangre acelerada.

Ven, que las oreades,
sirenas de los bosques, te requieren
libre mancebo de la selva, y mueren
por sus virginidades
115 en los claros ceñirte y oquedades.

Tanto ajustar quisieron la sortija
del ruedo a la enclavada
del peregrino, fija,
columna temerosa mal centrada,
120 que, a una señal del viento, el áureo anillo,
veloz, quebrado fue, y un amarillo
de la ira unicornio, desnudada,
orgullo largo y brillo
de su frente, la siempre al norte espada,
125 chispas los cuatro cascos, y las crines,
de mil lenguas eléctrico oleaje,
ciego coral los ojos, el ramaje
rompiendo e incendiando,
raudo, entró declarando
130 la guerra a los eurítmicos jardines
de las ninfas, que, huidas,
en árboles crecieron convertidas.

Cal y canto
(1926-1927)

15

TELEGRAMA

Nueva York.
Un triángulo escaleno
asesina a un cobrador.

El cobrador, de hojalata.
5 Y el triángulo, de prisa,
otra vez a su pizarra.

Nick Carter no entiende nada.

¡Oh!

Nueva York.

Cal y canto
(1926-1927)

16

DESAHUCIO

Ángeles malos o buenos,
que no sé,
te arrojaron en mi alma.

Sola,
5 sin muebles y sin alcobas,
deshabitada.

De rondón, el viento hiere
las paredes,
las más finas, vítreas láminas.

10 Humedad. Cadenas. Gritos.
Ráfagas.

Te pregunto:
¿cuándo abandonas la casa,
dime,
15 que ángeles malos, crueles,
quieren de nuevo alquilarla?

Dímelo.

Sobre los ángeles
(1927-1928), 1929

17

LOS ÁNGELES BÉLICOS
(NORTE, SUR)

Viento contra viento.
Yo, torre sin mando, en medio.

Remolinos de ciudades
bajan los desfiladeros.
5 Ciudades del viento sur,
que me vieron.

Por las neveras, rodando,
pueblos.
Pueblos que yo desconozco,
10 ciudades del viento norte,
que no me vieron.

Gentío de mar y tierra,
nombres, preguntas, recuerdos,
frente a frente.
15 Balumbas de frío encono,
cuerpo a cuerpo.

Yo, torre sin mando, en medio,
lívida torre colgada
de lamas muertas que me vieron,
20 que no me vieron.

Viento contra viento.

Sobre los ángeles
1929

18

EL ÁNGEL DE LOS NÚMEROS

Vírgenes con escuadras
y compases, velando
las celestes pizarras.

Y el ángel de los números,
5 pensativo, volando
del 1 al 2, del 2
al 3, del 3 al 4.

Tizas frías y esponjas
rayaban y borraban
10 la luz de los espacios.

Ni sol, luna, ni estrellas,
ni el repentino verde
del rayo y el relámpago,
ni el aire. Sólo nieblas.

15 Vírgenes sin escuadras,
sin compases, llorando.

Y en las muertas pizarras,
el ángel de los números,
sin vida, amortajado
20 sobre el 1 y el 2,
sobre el 3, sobre el 4...

Sobre los ángeles
1929

19

EL ÁNGEL DE CARBÓN

Feo, de hollín y fango.
¡No verte!

Antes, de nieve, áureo,
en trineo por mi alma.
5 Cuajados pinos. Pendientes.

Y ahora por las cocheras,
de carbón, sucio.
¡Te lleven!

Por los desvanes de los sueños rotos.
10 Telarañas. Polillas. Polvo.
¡Te condenen!

Tiznados por tus manos,
mis muebles, mis paredes.

En todo,
15 tu estampado recuerdo
de tinta negra y barro.
¡Te quemen!

Amor, pulpo de sombra,
malo.

Sobre los ángeles
1929

20

TRES RECUERDOS DEL CIELO

Homenaje a Gustavo Adolfo Bécquer

PRÓLOGO

No habían cumplido años ni la rosa ni el arcángel.
Todo, anterior al balido y al llanto.
Cuando la luz ignoraba todavía
si el mar nacería niño o niña.

⁵ Cuando el viento soñaba melenas que peinar
y claveles el fuego que encender y mejillas
y el agua unos labios parados donde beber.
Todo, anterior al cuerpo, al nombre y al tiempo.

Entonces, yo recuerdo que, una vez, en el cielo...

PRIMER RECUERDO

... una azucena tronchada...
G. A. Bécquer.

¹⁰ Paseaba con un dejo de azucena que piensa,
casi de pájaro que sabe ha de nacer.
Mirándose sin verse a una luna que le hacía espejo el sueño
y a un silencio de nieve, que le elevaba los pies.
A un silencio asomada.
¹⁵ Era anterior al arpa, a la lluvia y a las palabras.
No sabía.
Blanca alumna del aire,
temblaba con las estrellas, con la flor y los árboles.
Su tallo, su verde talle.
²⁰ Con las estrellas mías
que, ignorantes de todo,
por cavar dos lagunas en sus ojos
la ahogaron en dos mares.

Y recuerdo...

²⁵ Nada más: muerta, alejarse.

SEGUNDO RECUERDO

... rumor de besos y batir de alas...
G. A. Bécquer.

También antes,
mucho antes de la rebelión de las sombras,
de que al mundo cayeran plumas incendiadas
y un pájaro pudiera ser muerto por un lirio.
³⁰ Antes, antes que tú me preguntaras
el número y el sitio de mi cuerpo.
Mucho antes del cuerpo.
En la época del alma.
Cuando tú abriste en la frente sin corona, del cielo,
³⁵ la primera dinastía del sueño.
Cuando tú, al mirarme en la nada,
inventaste la primera palabra.

Entonces, nuestro encuentro.

TERCER RECUERDO

> *... detrás del abanico*
> *de plumas y de oro...*
> G. A. Bécquer.

Aún los valses del cielo no habían desposado al jazmín y la nieve,
40 ni los aires pensado en la posible música de tus cabellos,
ni decretado el rey que la violeta se enterrara en un libro.
No.
Era la era en que la golondrina viajaba
sin nuestras iniciales en el pico.
45 En que las campanillas y las enredaderas
morían sin balcones que escalar y estrellas.
La era
en que al hombro de un ave no había flor que apoyara la cabeza.

Entonces, detrás de tu abanico, nuestra luna primera.

Sobre los ángeles
1929

21

LOS ÁNGELES MUERTOS

Buscad, buscadlos:
en el insomnio de las cañerías olvidadas,
en los cauces interrumpidos por el silencio de las basuras.
No lejos de los charcos incapaces de guardar una nube,
unos ojos perdidos,
5 una sortija rota
o una estrella pisoteada.

Porque yo los he visto:
en esos escombros momentáneos que aparecen en las neblinas.
Porque yo los he tocado:
10 en el destierro de un ladrillo difunto,
venido a la nada desde una torre o un carro.
Nunca más allá de las chimeneas que se derrumban
ni de esas hojas tenaces que se estampan en los zapatos.
En todo esto.
15 Mas en esas astillas vagabundas que se consumen sin fuego,
en esas ausencias hundidas que sufren los muebles desvencijados,
no a mucha distancia de los nombres y signos que se enfrían en las paredes.

Buscad, buscadlos:
debajo de la gota de cera que sepulta la palabra de un libro
20 o la firma de uno de esos rincones de cartas
que trae rodando el polvo.

Cerca del casco perdido de una botella,
de una suela extraviada en la nieve,
de una navaja de afeitar abandonada al borde de un precipicio.

Sobre los ángeles
1929

22

ESPANTAPÁJAROS

Ya en mi alma pesaban de tal modo los muertos futuros   [trañas.
que no podía andar ni un solo paso sin que las piedras revelaran sus en-

¿Qué gritan y defienden esos trajes retorcidos por las exhalaciones?
Sangran ojos de mulos cruzados de escalofríos.
5 Se hace imposible el cielo entre tantas tumbas anegadas de setas corrom-
                                                              [pidas.
¿Adónde ir con las ansias de los que han de morirse?
La noche se desploma por un exceso de equipaje secreto.
Alabad a la chispa que electrocuta las huestes y los rebaños.
Un hombre y una vaca perdidos.

10 ¿Qué nuevas desventuras esperan a las hojas para este otoño?
Mi alma no puede ya con tanto cargamento sin destino.
El sueño para preservarse de las lluvias intenta una alquería.
Anteanoche no aullaron ya las lobas.

¿Qué espero rodeado de muertos al filo de una madrugada indecisa?

Sermones y moradas
(1929-1930)

23

HAROLD LLOYD, ESTUDIANTE

¿Tiene usted el paraguas?
Avez-vous le parapluie?

No, señor, no tengo el paraguas.
Non, monsieur, je n'ai pas le parapluie.

5 Alicia, tengo el hipopótamo,
l'hippopotame para ti.
Avez-vous le parapluie?

Oui.
Yes.
10 Sí.

Que, mal, quien, cuyo.
Si la lagarta es amiga mía,
evidentemente el escarabajo es amigo tuyo.
¿Fuiste tú la que tuvo la culpa de la lluvia?
15 Tú no tuviste nunca la culpa de la lluvia.
Alicia, Alicia, yo fui,
yo que estudio por ti
y por esta mosca inconsciente, ruiseñor de mis gafas en flor.

29, 28, 27, 26, 25, 24, 23, 22.
20 $2\pi r$, πr^2
y se convirtió en mulo Nabucodonosor
y tu alma y la mía en un ave real del Paraíso.

Ya los peces no cantan en el Nilo
ni la luna se pone para las dalias del Ganges.

25 Alicia,
¿por qué me amas con ese aire tan triste de cocodrilo
y esa pena profunda de ecuación de segundo grado?

Le printemps pleut sur Les Anges.

La primavera llueve sobre Los Ángeles
30 en esa triste hora en que la policía
ignora el suicidio de los triángulos isósceles
mas la melancolía de un logaritmo neperiano
y el unibusquibusque facial.

En esa triste hora en que la luna viene a ser casi igual
35 a la desgracia integral
de este amor mío multiplicado por X
y a las alas de la tarde que se dobla sobre una flor de acetileno
o una golondrina de gas.

De este puro amor mío tan delicadamente idiota.
40 Quousque tandem abutere Catilina patientia nostra?

Tan dulce y deliberadamente idiota,
capaz de hacer llorar a la cuadratura del círculo
y obligar a ese tonto de D. Nequaqua Schmit a subastar públi-
    camente esas estrellas propiedad de los ríos
45 y esos ojos azules que me abren los rascacielos.

¡Alicia, Alicia, amor mío!
¡Alicia, Alicia, cabra mía!
Sígueme por el aire en bicicleta,
aunque la policía no sepa astronomía,
50 la policía secreta.

Aunque la policía ignore que un soneto
consta de dos cuartetos
y dos tercetos.

Yo era un tonto y lo que he
visto me ha hecho dos tontos
(1929)

24

LOS CAMPESINOS

Se van marchando duros, color de la corteza
que la agresión del hacha repele y no se inmuta.
Como los pedernales, sombría la cabeza,
pero lumbre en su sueño de cáscara de fruta.

5 Huelen los capotones a corderos mojados,
que forra un mal sabor a sacos de patatas,
uncido a los estiércoles y fangales pegados
en las cansinas botas más rígidas que patas.

Sonando a oscura tropa de mulos insistentes,
10 que rebasan las calles e impiden las aceras,
van los hombres del campo como inmensas simientes
a sembrarse en los hondos surcos de las trincheras.

Muchos no saben nada. Mas con la certidumbre
del que corre al asalto de una estrella ofrecida,
15 de sol a sol trabajan en la nueva costumbre
de matar a la muerte, para ganar la vida.

De un momento a otro
1937

25

SONETOS CORPORALES

Huele a sangre mezclada con espliego,
venida entre un olor de resplandores.
A sangre huelen las quemadas flores
y a súbito ciprés de sangre el fuego.

5 Del aire baja un repentino riego
de astro y sangre resueltos en olores,
y un tornado de aromas y colores
al mundo deja por la sangre ciego.

Fría y enferma y sin dormir y aullando,
10 desatada la fiebre va saltando,
como un temblor, por las terrazas solas.

Coagulada la luna en la cornisa,
mira la adolescente sin camisa
poblársele las ingles de amapolas.

Entre el clavel y la espada
(1939-1940), 1941

26

BOTTICELLI

La Gracia que se vuela,
que se escapa en sonrisa,
pincelada a la vela,
brisa en curva deprisa,
5 aire claro de tela
alisada,
concisa,
céfiros blandos en camisa,
por el mar, sobre el mar,
10 todo rizo huidizo,
torneado ondear,
rizado hechizo;
geometría
que el viento que no enfría
15 promueve
a contorno que llueve

pájaro y flor en geometría;
contorno, línea en danza,
primavera bailable
20 en el espacio estable
para la bienaventuranza
del querubín en coro,
del serafín en ronda, de la mano
del arcángel canoro,
25 gregoriano,
que se escapa en sonrisa
tras la gracia que vuela,
brisa en curva deprisa,
aire claro de tela
30 alisada,
concisa,
pálida Venus sin camisa.

A la pintura
1948

27

AL CLAROSCURO

A ti, nocturno, por la luz herido,
luz por la sombra herida de repente;
arrebatado, oscuro combatiente,
claro ofensor de súbito ofendido.

5 A ti, acosado, envuelto, interrumpido,
pero de pie, desesperadamente.
Si el día tiembla, tú, noche valiente;
si la noche, tú, día enardecido.

A ti, contrario en busca de un contrario,
10 adverso que al morder a su adversario
clava la sombra en una luz segura.

Tu duro batallar es el más duro:
claro en la noche y por el día oscuro.
A ti, Rembrandt febril de la Pintura.

A la pintura
1948

28

RETORNOS DEL AMOR TAL COMO ERA

Eras en aquel tiempo rubia y grande,
sólida espuma ardiente y levantada.
Parecías un cuerpo desprendido
de los centros del sol, abandonado
5 por un golpe de mar en las arenas.

Todo era fuego en aquel tiempo. Ardía
la playa en tu contorno. A rutilantes
vidrios de luz quedaban reducidos
las algas, los moluscos y las piedras
10 que el oleaje contra ti mandaba.

Todo era fuego, exhalación, latido
de onda caliente en ti. Si era una mano
la atrevida o los labios, ciegas ascuas,
voladoras, silbaban por el aire.
15 Tiempo abrasado, sueño consumido.

Yo me volqué en tu espuma en aquel tiempo.

Retornos de lo vivo lejano
1952

29

RETORNOS FRENTE A LOS LITORALES ESPAÑOLES

(Desde el «Florida»)

Madre hermosa, tan triste y alegre ayer, me muestras
hoy tu rostro arrugado en la mañana
en que paso ante ti sin poder todavía,
después de tanto tiempo, ni abrazarte.
5 Sales de las estrellas de la noche
mediterránea, el ceño de neblina,
fuerte, amarrada, grande y dolorosa.
Se ve la nieve en tus cabellos altos
de Granada, teñidos para siempre
10 de aquella sangre pura que acunaste
y te cantaba —¡ay sierras!— tan dichosa.
No quiero separarte de mis ojos,
de mi corazón, madre, ni un momento
mientras te asomas, lejos, a mirarme.
15 Te doy vela segura, te custodio
sobre las olas lentas de este barco,

de este balcón que pasa y que me lleva
tan distante otra vez de tu amor, madre mía.
Éste es mi mar, el sueño de mi infancia
20 de arenas, de delfines y gaviotas.
Salen tus pueblos escondidos, rompen
de tus dulces cortezas litorales,
blancas de cal las frentes, chorreados
de heridas y de sombras de tus héroes.
25 Por aquí la alegría corrió con el espanto.
Por ese largo y duro
costado que sumerges en la espuma,
fue el calvario de Málaga a Almería,
el despiadado crimen,
30 todavía —¡oh vergüenza!— sin castigo.
Quisiera me miraras pasar hoy jubiloso
lo mismo que hace tiempo
era dentro de ti,
colegial o soldado,
35 voz de tu pueblo, canto ardiente y libre
de tus ensangrentadas,
verdes y altas coronas conmovidas.
Dime adiós, madre, como yo te digo,
sin decírtelo casi, adiós, que ahora,
40 ya otra vez sólo mar y cielo solos,
puedo vivir de nuevo, si lo mandas,
morir, morir también, si así lo quieres.

Retornos de lo vivo lejano
1952

30

POÉTICA DE JUAN PANADERO

1

Digo con Juan de Mairena:
«Prefiero la rima pobre»,
esa que casi no suena.

2

En lo que vengo a cantar,
5 de diez palabras a veces
sobran más de la mitad.

3

Hago mis economías.
Pero mis pocas palabras,
aunque de todos, son mías.

4

10 Mas porque soy panadero,
no digo como los tontos:
«que hay que hablar en tonto al
[pueblo».

5

Canto, si quiero cantar,
sencillamente, y si quiero
15 lloro sin dificultad.

6

Mi canto, si se propone,
puede hacer del agua clara
un mar de complicaciones.

7

Yo soy como la saeta,
20 que antes de haberlo pensado
ya está clavada en la meta.

8

Flechero de la mañana,
hijo del aire, disparo
que siempre da en la diana.

9

25 Si no hubiera tantos males,

yo de mis coplas haría
torres de pavos reales.

10

Pero a aquél lo están matando,
a éste lo están consumiendo
30 y a otro lo están enterrando.

11

Por eso es hoy mi cantar
canto de pocas palabras...
y algunas están de más.

Coplas de Juan Panadero
(1949-1953)

31

CANCIÓN

Hoy las nubes me trajeron,
volando, el mapa de España.
¡Qué pequeño sobre el río,
y qué grande sobre el pasto
5 la sombra que proyectaba!

Se le llenó de caballos
la sombra que proyectaba.

Yo, a caballo, por su sombra
busqué mi pueblo y mi casa.
10 Entré en el patio que un día
fuera una fuente con agua.
Aunque no estaba la fuente,
la fuente siempre sonaba.
Y el agua que no corría
15 volvió para darme agua.

Baladas y canciones del Paraná
1954

32

CANCIÓN

¡Ay Paraná, si te vieras,
Paraná!

Gran Paraná de Las Palmas,
Paraná.

5 Hoy tienes orillas altas
de mar.

Ya eres algo más que río.
¡Ya eres mar!

Hoy, sobre ti, si pudiera,
10 me haría, alegre, a la mar.

Baladas y canciones del Paraná
1954

33

ROMA, PELIGRO PARA CAMINANTES

Alma ciudad...
Cervantes

Trata de no mirar sus monumentos,
caminante, si a Roma te encaminas.
Abre cien ojos, clava cien retinas,
esclavo siempre de los pavimentos.

5 Trata de no mirar tantos portentos,
fuentes, palacios, cúpulas, ruinas,
pues hallarás mil muertes repentinas
—si vienes a mirar—, sin miramientos.

Mira a diestra, a siniestra, al vigilante,
10 párate al ¡alto!, avanza al ¡adelante!,
marcha en un hilo, el ánimo suspenso.

Si vivir quieres, vuélvete paloma;
si perecer, ven, caminante, a Roma,
alma garage, alma garage inmenso.

Roma, peligro para caminantes
(1964-1967), 1968

34

CUANDO ROMA ES ...

Cuando Roma es cloaca,
mazmorra, calabozo,
catacumba, cisterna,
albañal, inmundicias,
5 ventanas rotas, grietas,
cornisas que se caen,
gente enana, tremendas
barrigas de ocho meses,
explosiones, estruendo,
10 ruidos que te degüellan,
rodados que te aplastan,
monstruos que te apretujan,
sombras que te cohíben,
escombros que te estrechan,
15 mares de ácido úrico,
bocanadas de muertos,
hedores, pesadillas
de siglos barajados,
montón de huesos, piedras,
20 desolados olvidos,
piedras difuntas, piedras...
entonces, oh, sí, entonces,
sueña en los pinos, sueña.

Roma, peligro para caminantes
(1964-1967)

JORGE GUILLÉN
(1893-   )

Nace en Valladolid en 1893. Sigue los estudios de segunda enseñanza en el colegio de San Gregorio y luego en el Instituto de Valladolid, donde obtiene el Bachillerato. Reside en la ciudad de Friburgo en Suiza de 1909 a 1911 y en Alemania de 1913 a 1914. Estudiante de Filosofía y Letras en la Universidad de Madrid, de 1911 a 1913. Durante este tiempo vive en la Residencia de Estudiantes. Se licencia en Letras en la Universidad de Granada en 1913, y se doctora por la Universidad de Madrid en 1924. Desde 1917 hace frecuentes viajes a Francia. En París contrae matrimonio con Germaine Cahen en 1921 y es lector de español en la Sorbona de 1917 a 1923. Pasa a desempeñar, por oposición, la cátedra de Literatura Española en la Universidad de Murcia de 1926 a 1929. Toma parte en la conmemoración de Góngora en 1927. De 1929 a 1931 es lector de español en la Universidad de Oxford en Inglaterra y Profesor de la Universidad de Sevilla de 1931 a 1938.

En septiembre de 1936 es encarcelado en Pamplona y durante el año de 1937 se halla inhabilitado para desempeñar cargos directivos y de confianza. Pasa a los Estados Unidos como exiliado voluntario en 1938, donde fija su residencia. Profesor de Middlebury en 1938 y de McGill University, en Montreal, de 1939 a 1940. Desde 1940 enseña Literatura Española en Wellesley College, hasta 1957, año de su jubilación. Enseñó como profesor visitante en la Universidad de Yale, en la Universidad de California en Berkeley, en la Universidad de Ohio, en el Colegio de México, y más recientemente en la Universidad de los Andes de Bogotá (1961), en la Universidad de Puerto Rico (1962 y 1964), en la Universidad de Pittsburgh (1966), y en la Universidad de California en San Diego (1968). De 1957 a 1958 desempeña la Cátedra de Poesía Charles Eliot Norton en la Universidad de Harvard, que da origen a su libro *Lenguaje y poesía*. Reside en Cambridge, Massachusetts, con frecuentes viajes a Europa.

Le fue adjudicado el Award of Merit de la American Academy of Arts and Letters de Nueva York en 1955, el Premio de Poesía de la ciudad de Florencia en 1957, el Premio de Poesía Etna-Taormina de Sicilia en 1959, el Gran Premio Internacional de Poesía de Bélgica en 1961, y el Premio San Luca de Florencia en 1964. Con motivo de su septuagésimo quinto aniversario, el Departamento de Lenguas Modernas de la Universidad de Oklahoma, en conjunción con la revista *Books Abroad*, organizó un Simposio en su honor, en febrero de 1968, en el cual críticos españoles y norteamericanos discutieron aspectos varios de su poesía, y el cual dio origen al libro *Luminous Reality*. En 1976 le fueron otorgados el Premio Bennet internacional de poesía, creado por la *Hudson Review*, y el Premio Cervantes, instituido en España por el Ministerio de Información y Turismo. En 1978, el Departamento de Español de Wellesley College publicó el *Homenaje a Jorge Guillén. 32 estudios crítico-literarios sobre su obra*, para celebrar su octogésimo quinto aniversario.

OBRAS POÉTICAS:

Cántico (Madrid: Revista de Occidente, 1928. Reimpresión hecha en París por el Centre de Recherches de l'Institut d'Études Hispaniques, 1962), *Cántico*, 2.ª ed. aumentada (Madrid: Cruz y Raya, 1936; ed. y notas de J. M. Blecua, Barcelona: Labor, 1970), *Cántico*, 3.ª ed. aumentada (México: Litoral, 1945), *Cántico*, 4.ª ed. aumentada y 1.ª ed. completa (Buenos Aires: Sudamericana, 1950; 2.ª ed. completa, 1962), *Clamor: I. Maremágnum* (Buenos Aires: Sudamericana, 1957), *Viviendo y otros poemas* (Barcelona: Seix Barral, 1958), *Clamor: II. ...Que van a dar en la mar* (Buenos Aires: Sudamericana, 1960), *Historia natural. Breve antología con versos inéditos* (Madrid-Palma de Mallorca: Papeles de Son Armadans, 1960), *Clamor: III. A la altura de las circunstancias* (Buenos Aires: Sudamericana, 1963), *Tréboles* (Santander: La Isla de los Ratones, 1964), *Selección de poemas* (Madrid: Gredos, 1965; 2.ª ed., 1970), *Homenaje* (Milán: Scheiwiller, 1967), *Aire nuestro: Cántico, Clamor, Homenaje* (Milán: Scheiwiller, 1968; [tres tomos], Barcelona: Seix Barral, 1977-1978), *Guirnalda civil* (Cambridge, Massachusetts: Halty Ferguson, 1970), *Obra poética. Antología*, prólogo de J. Casalduero (Madrid: Alianza Editorial, 1970), *Antología*, ed. de J. M. Blecua (Salamanca: Anaya, 1970), *Al margen* (Madrid: Alberto Corazón, 1972), *Guillén. Opera poetica. (Aire nuestro)* (antología), selección, estudio y traducción al italiano de Oreste Macrí (Florencia: Sansoni, 1972), *Antología de Jorge Guillén*, ed. de Manuel Mantero (Barcelona: Plaza & Janés, 1975; 2.ª ed., 1977), *Y otros poemas* (Buenos Aires: Muchnik, 1973; 2.ª ed., Barcelona: Métodos Vivientes, 1977), *Convivencia* (Madrid: Turner, 1975), *Plaza mayor. Antología civil*, selección de Francisco Abad Nebot (Madrid: Taurus, 1977), *Antología de Jorge Guillén. (Obra completa)*, 2 volúmenes (Barcelona: Plaza & Janés, 1977), *Serie castellana*, selección del autor, con un estudio preliminar de Manuel Alvar (Madrid: Ediciones Caballo Griego para la poesía, 1978).

OTRAS OBRAS:

CRÍTICA: *Language and Poetry* (Cambridge, Massachusetts: Harvard University Press, 1961), publicado en español con el título de *Lenguaje y poesía* (Madrid: Revista de Occidente, 1962; Madrid: Alianza Editorial, 1969; 2.ª ed., 1972), *El argumento de la obra*, explicación de *Cántico* (Milán: All'Insegna del Pesce d'Oro, 1961), publicado con el mismo título, juntamente con otros dos ensayos sobre poesía (Barcelona: Llibres de Sinera, 1969), *En torno a Gabriel Miró. Breve epistolario* (Madrid: Ediciones de Arte y Bibliofilia, 1970), *Estudios*, ed. de Francisco Abad Nebot (Madrid: Narcea, 1977). SEMBLANZA: *Federico en persona*, precede a las *Obras completas* de García Lorca en la ed. de Aguilar desde 1954; independientemente y con un epistolario (Buenos Aires: Emecé, 1959). TRADUCCIÓN: Fue traductor de «El cementerio marino» y otros poemas de Paul Valéry. Una ed. de la traducción del *Cementerio marino* con una introducción de Paul Valéry y una explicación de Gustave Cohen ha sido hecha por Alianza Editorial (Madrid, 1967).

ESTUDIO PRELIMINAR: I, pág. 29; II, 18, 32, 35.

1

MÁS ALLÁ

I

(El alma vuelve al cuerpo,
Se dirige a los ojos
Y choca.) —¡Luz! Me invade
Todo mi ser. ¡Asombro!

5 Intacto aún, enorme,
Rodea el tiempo... Ruidos
Irrumpen. ¡Cómo saltan
Sobre los amarillos

Todavía no agudos
10 De un sol hecho ternura
De rayo alboreado
Para estancia difusa,

Mientras van presentándose
Todas las consistencias
15 Que al disponerse en cosas
Me limitan, me centran!

¿Hubo un caos? Muy lejos
De su origen, me brinda
Por entre hervor de luz
20 Frescura en chispas. ¡Día!

Una seguridad
Se extiende, cunde, manda.
El esplendor aploma
La insinuada mañana.

25 Y la mañana pesa,
Vibra sobre mis ojos,
Que volverán a ver
Lo extraordinario: todo.

Todo está concentrado
30 Por siglos de raíz
Dentro de este minuto,
Eterno y para mí.

Y sobre los instantes
Que pasan de continuo
35 Voy salvando el presente,
Eternidad en vilo.

Corre la sangre, corre
Con fatal avidez.
A ciegas acumulo
40 Destino: quiero ser.

Ser, nada más. Y basta.
Es la absoluta dicha.
¡Con la esencia en silencio
Tanto se identifica!

45 ¡Al azar de las suertes
Únicas de un tropel
Surgir entre los siglos,
Alzarse con el ser,

Y a la fuerza fundirse
50 Con la sonoridad
Más tenaz: sí, sí, sí,
La palabra del mar!

Todo me comunica,
Vencedor, hecho mundo,
55 Su brío para ser
De veras real, en triunfo.

Soy, más, estoy. Respiro.
Lo profundo es el aire.
La realidad me inventa,
60 Soy su leyenda. ¡Salve!

II

No, no sueño. Vigor
De creación concluye
Su paraíso aquí:
Penumbra de costumbre.

65 Y este ser implacable
Que se me impone ahora
De nuevo —vaguedad
Resolviéndose en forma

De variación de almohada,
70 En blancura de lienzo,
En mano sobre embozo,
En el tendido cuerpo

Que aun recuerda los astros
Y gravita bien— este
75 Ser, avasallador
Universal, mantiene

También su plenitud
En lo desconocido:
Un más allá de veras
80 Misterioso, realísimo.

III

¡Más allá! Cerca a veces,
Muy cerca, familiar,
Alude a unos enigmas.
Corteses, ahí están.

85 Irreductibles, pero
Largos, anchos, profundos
Enigmas —en sus masas.
Yo los toco, los uso.

Hacia mi compañía
90 La habitación converge.
¡Qué de objetos! Nombrados,
Se allanan a la mente.

Enigmas son y aquí
Viven para mi ayuda,
95 Amables a través
De cuanto me circunda

Sin cesar con la móvil
Trabazón de unos vínculos
Que a cada instante acaban
100 De cerrar su equilibrio.

IV

El balcón, los cristales,
Unos libros, la mesa.
¿Nada más esto? Sí,
Maravillas concretas.

105 Material jubiloso
Convierte en superficie
Manifiesta a sus átomos
Tristes, siempre invisibles.

Y por un filo escueto,
110 O al amor de una curva
De asa, la energía
De plenitud actúa.

¡Energía o su gloria!
En mi dominio luce
115 Sin escándalo dentro
De lo tan real, hoy lunes.

Y ágil, humildemente,
La materia apercibe
Gracia de Aparición:
120 Esto es cal, esto es mimbre.

V

Por aquella pared,
Bajo un sol que derrama,
Dora y sombrea claros
Caldeados, la calma

125 Soleada varía.
Sonreído va el sol
Por la pared. ¡Gozosa
Materia en relación!

Y mientras, lo más alto
130 De un árbol —hoja a hoja
Soleándose, dándose,
Todo actual— me enamora.

Errante en el verdor
Un aroma presiento,
135 Que me regalará
Su calidad: lo ajeno,

Lo tan ajeno que es
Allá en sí mismo. ¡Dádiva
De un mundo irremplazable:
140 Voy por él a mi alma!

VI

¡Oh perfección! Dependo
Del total más allá,
Dependo de las cosas!
¡Sin mí son y ya están

145 Proponiendo un volumen
Que ni soñó la mano,
Feliz de resolver
Una sorpresa en acto!

¡Dependo en alegría
150 De un cristal de balcón,
De ese lustre que ofrece
Lo ansiado a su raptor,

Y es de veras atmósfera
Diáfana de mañana,
155 Un alero, tejados,
Nubes allí, distancias!

Suena a orilla de abril
El gorjeo esparcido
Por entre los follajes
160 Frágiles. (Hay rocío.)

Pero el día al fin logra
Rotundidad humana
De edificio y refiere
Su fuerza a mi morada.

165 Así va concertando,
Trayendo lejanías,
Que al balcón por países
De tránsito deslizan.

Nunca separa el cielo.
170 Ese cielo de ahora
—Aire que yo respiro—
De planeta me colma.

¿Dónde extraviarse, dónde?
Mi centro es este punto:
175 Cualquiera. ¡Tan plenario
Siempre me aguarda el mundo!

Una tranquilidad
De afirmación constante
Guía a todos los seres,
180 Que entre tantos enlaces

Universales, presos
En la jornada eterna,
Bajo el sol quieren ser
Y a su querer se entregan

185 Fatalmente, dichosos
Con la tierra y el mar
De alzarse a lo infinito:
Un rayo de sol más.

Es la luz del primer
190 Vergel, y aun fulge aquí,
Ante mi faz, sobre esa
Flor, en ese jardín.

Y con empuje henchido
De afluencias amantes
195 Se ahínca en el sagrado
Presente perdurable

Toda la creación,
Que al despertarse un hombre
Lanza la soledad
200 A un tumulto de acordes.

Cántico
1936

2

LOS NOMBRES

Albor. El horizonte
Entreabre sus pestañas
Y empieza a ver. ¿Qué? Nombres.
Están sobre la pátina

5 De las cosas. La rosa
Se llama todavía
Hoy rosa, y la memoria
De su tránsito, prisa,

Prisa de vivir más.
10 ¡A largo amor nos alce

Esa pujanza agraz
Del Instante, tan ágil

Que en llegando a su meta
Corre a imponer Después!
15 ¡Alerta, alerta, alerta,
Yo seré, yo seré!

¿Y las rosas? Pestañas
Cerradas: horizonte
Final. ¿Acaso nada?
20 Pero quedan los nombres.

Cántico
1928

3

NATURALEZA VIVA

¡Tablero de la mesa
Que, tan exactamente
Raso nivel, mantiene
Resuelto en una idea

5 Su plano: puro, sabio,
Mental para los ojos
Mentales! Un aplomo,
Mientras, requiere al tacto,

Que palpa y reconoce
10 Cómo el plano gravita

Con pesadumbre rica
De leña, tronco, bosque

De nogal. ¡El nogal
Confiado a sus nudos
15 Y vetas, a su mucho
Tiempo de potestad

Reconcentrada en este
Vigor inmóvil, hecho
Materia de tablero
20 Siempre, siempre silvestre!

Cántico
1936

4

ADVENIMIENTO

¡Oh luna, cuánto abril,
Qué vasto y dulce el aire!
Todo lo que perdí
Volverá con las aves.

5 Sí, con las avecillas
Que en coro de alborada
Pían y pían, pían
Sin designio de gracia.

La luna está muy cerca,
10 Quieta en el aire nuestro.

El que yo fui me espera
Bajo mis pensamientos.

Cantará el ruiseñor
En la cima del ansia.
15 Arrebol, arrebol
Entre el cielo y las auras.

¿Y se perdió aquel tiempo
Que yo perdí? La mano
Dispone, dios ligero,
20 De esta luna sin año.

Cántico
1928

5

CIMA DE LA DELICIA

¡Cima de la delicia!
Todo en el aire es pájaro.
Se cierne lo inmediato
Resuelto en lejanía.

5 ¡Hueste de esbeltas fuerzas!
¡Qué alacridad de mozo
En el espacio airoso,
Henchido de presencia!

El mundo tiene cándida
10 Profundidad de espejo.
Las más claras distancias
Sueñan lo verdadero.

¡Dulzura de los años
Irreparables! ¡Bodas

15 Tardías con la historia
Que desamé a diario!

Más, todavía más.
Hacia el sol, en volandas,
La plenitud se escapa.
20 ¡Ya sólo sé cantar!

Cántico
1928

6

VIDA URBANA

Calles, un jardín,
Césped —y sus muertos.
Morir, no, vivir.
¡Qué urbano lo eterno!

5 Losa vertical,
Nombres de los otros.
La inmortalidad
Preserva su otoño.

¿Y aquella aflicción?
10 Nada sabe el césped

De ningún adiós.
¿Dónde está la muerte?

Hervor de ciudad
En torno a las tumbas.
15 Una misma paz
Se cierne difusa.

Juntos, a través
Ya de un solo olvido,
Quedan en tropel
20 Los muertos, los vivos.

Cántico
1945

7

SALVACIÓN DE LA PRIMAVERA

I

Ajustada a la sola
Desnudez de tu cuerpo,
Entre el aire y la luz
Eres puro elemento.

5 ¡Eres! Y tan desnuda,
Tan continua, tan simple
Que el mundo vuelve a ser
Fábula irresistible.

En torno, forma a forma,
10 Los objetos diarios
Aparecen. Y son
Prodigios, y no mágicos.

Incorruptibles dichas,
Del sol indisolubles,

15 A través de un cristal
La evidencia difunde

Con todo el esplendor
Seguro en astro cierto.
Mira cómo esta hora
20 Marcha por esos cielos.

II

Mi atención, ampliada,
Columbra. Por tu carne
La atmósfera reúne
Términos. Hay paisaje.

25 Calmas en soledad
Que pide lejanía
Dulcemente a perderse
Muy lejos llegarían,

Ajenas a su propia
30 Ventura sin testigo,
Si ya tanto concierto
No convirtiese en íntimos

Esos blancos tan rubios
Que sobre su tersura
35 La mejor claridad
Primaveral sitúan.

Es tuyo el resplandor
De una tarde perpetua.
¡Qué cerrado equilibrio
40 Dorado, qué alameda!

III

Presa en tu exactitud,
Inmóvil regalándote,
A un poder te sometes,
Férvido, que me invade.

45 ¡Amor! Ni tú ni yo,
Nosotros, y por él
Todas las maravillas
En que el ser llega a ser.

Se colma el apogeo
50 Máximo de la tierra.
Aquí está: la verdad
Se revela y nos crea.

¡Oh realidad, por fin
Real, en aparición!
55 ¿Qué universo me nace
Sin velar a su dios?

Pesa, pesa en mis brazos,
Alma, fiel a un volumen.
Dobla con abandono,
60 Alma, tu pesadumbre.

IV

Y los ojos prometen
Mientras la boca aguarda.
Favorables, sonríen.
¡Cómo intima, callada!

65 Henos aquí. Tan próximos,
¡Qué oscura es nuestra voz!
La carne expresa más.
Somos nuestra expresión.

De una vez paraíso,
70 Con mi ansiedad completo,
La piel reveladora
Se tiende al embeleso.

¡Todo en un solo ardor
Se iguala! Simultáneos
75 Apremios me conducen
Por círculos de rapto.

Pero más, más ternura
Trae la caricia. Lentas,
Las manos se demoran,
80 Vuelven, también contemplan.

V

¡Sí, ternura! Vosotros,
Soberanos, dejadme
Participar del orden:
Dos gracias en contraste,

85 Valiendo, repartiéndose.
¿Sois la belleza o dos
Personales delicias?
¿Qué hacer, oh proporción?

Aunque... Brusco y secreto,
90 Un encanto es un orbe.
Obsesión repentina
Se centra, se recoge.

Y un capricho celeste
Cándidamente luce,
95 Improvisa una gloria,
Se va. Le cercan nubes.

Nubes por variación
De azares se insinúan,
Son, no son, sin cesar
100 Aparentes y en busca.

Si de pronto me ahoga,
Te ciega un horizonte
Parcial, tan inmediato
Que se nubla y se esconde,

105 La plenitud en punto
De la tan ofrecida
Naturaleza salva
Su comba de armonía.

¡Amar, amar, amar,
110 Ser más, ser más aún!
¡Amar en el amor,
Refulgir en la luz!

Una facilidad
De cielo nos escoge
115 Para lanzarnos hacia
Lo divino sin bordes.

Y acuden, se abalanzan
Clamando las respuestas.
¿Ya inminente el arrobo?
120 ¡Durase la inminencia!

¡Afán, afán, afán
A favor de dulzura,
Dulzura que delira
Con delirio hacia furia,

125 Furia aún no, más afán,
Afán extraordinario,
Terrible, que sería
Feroz, atroz o...! Pasmo.

¿Lo infinito? No. Cesa
130 La angustia insostenible.
Perfecto es el amor:
Se extasía en sus límites.

¡Límites! Y la paz
Va apartando los cuerpos.
135 Dos yacen, dos. Y ceden,
Se inclinan a dos sueños.

¿Irá cruzando el alma
Por limbos sin estorbos?
Lejos no está. La sombra
140 Se serena en el rostro.

VI

El planeta invisible
Gira. Todo está en curva.
Oye ahora a la sangre.
Nos arrastra una altura.

145 Desde arriba, remotos,
Invulnerables, juntos,
A orillas de un silencio
Que es abajo murmullos,

Murmullos que en los fondos
150 Quedan bajo distancias
Unidas en acorde
Sumo de panorama.

Vemos cómo se funden
Con el aire y se ciernen
155 Y ahondan, confundidos,
Lo eterno, lo presente.

A oscuras, en reserva
Por espesor y nudo,
Todo está siendo cifra
160 Posible, todo es justo.

VII

Nadie sueña y la estancia
No resurge habitual.
¡Cuidado! Todavía
Sigue aquí la verdad.

165 Para siempre en nosotros
Perfección de un instante,
Nos exige sin tregua
Verdad inacabable.

¿Yo querré, yo? Querrá
170 Mi vida. ¡Tanto impulso
Que corre a mi destino
Desemboca en tu mundo!

Necesito sentir
Que eres bajo mis labios,
175 En el gozo de hoy,
Mañana necesario.

Nuestro mañana apenas
Futuro y siempre incógnito:
Un calor de misterio
180 Resguardado en tesoro.

VIII

Inexpugnable así
Dentro de la esperanza,
Sintiéndote alentar
En mi voz si me canta,

185 Me centro y me realizo
Tanto a fuerza de dicha
Que ella y yo por fin somos
Una misma energía,

La precipitación
190 Del ímpetu en su acto
Pleno, ya nada más
Tránsito enamorado,

Un ver hondo a través
De la fe y un latir
195 A ciegas y un velar
Fatalmente —por ti—

Para que en ese júbilo
De suprema altitud,
Allí donde no hay muerte,
200 Seas la vida tú.

IX

¡Tú, tú, tú, mi incesante
Primavera profunda,
Mi río de verdor
Agudo y aventura!

205 ¡Tú, ventana a lo diáfano:
Desenlace de aurora,

Modelación del día:
Mediodía en su rosa,

Tranquilidad de lumbre:
210 Siesta del horizonte,
Lumbres en lucha y coro:
Poniente contra noche,

Constelación de campo,
Fabulosa, precisa,
215 Trémula hermosamente,
Universal y mía!

¡Tú más aún: tú como
Tú, sin palabras toda
Singular, desnudez
220 Única, tú, tú sola!

Cántico
1936

8

MESA Y SOBREMESA

El sol aumenta
Su íntima influencia
RUBÉN DARÍO

... energía de normalidad
ALFONSO REYES

Luce sobre el mantel, más blanco ahora,
El cristal —más desnudo.
Yo al amarillo ruboroso acudo.
Para mí se colora.

5 Fruta final. Un rayo se recrea
Dentro de nuestro juego,
íntimo se perfila. Yo me entrego.
¡Color, perfil, idea!

En más placer la idea se nos muda,
10   Y de amigo en amigo
Rebota hacia la dicha que persigo:
Normalidad aguda.

¡Tanto verano generoso lanza
Sus fuerzas al concierto
15 De este sabor total! Mi mundo es cierto.
Casa con mi esperanza.

¡Oh diálogo ocurrente, de improviso
Luz en la luz vacante,

Punto de irisación en el instante
20   De gracia: Dios lo quiso!

A través de un cristal más sol nos llama.
¡Suprema compañía!
Tan solar es el vaso de alegría
Que nos promete fama.

25 Humo hacia el sol. El aire se concreta:
Jirón gris que yo esbozo.
Calladamente se insinúa el gozo
De una gloria discreta.

El tiempo se disuelve en la delicia
30   De un humo iluminado
Por ocio de amistad. ¿No es el dechado
Que el más sutil codicia?

Se redondea el borde de la taza
También para la mente.
35 Lúcida ante el café, se da al presente,
Y a la verdad se abraza.

¡Posesión de la vida, qué dulzura
Tan fuerte me encadena!
¿Adónde se remonta el alma plena
40   De la tarde madura?

Cántico
1945

9

DESNUDO

Blancos, rosas. Azules casi en veta,
Retraídos, mentales.
Puntos de luz latente dan señales
De una sombra secreta.

5 Pero el color, infiel a la penumbra,
Se consolida en masa.
Yacente en el verano de la casa,
Una forma se alumbra.

Claridad aguzada entre perfiles,
10   De tan puros tranquilos,

Que cortan y aniquilan con sus filos
Las confusiones viles.

Desnuda está la carne. Su evidencia
Se resuelve en reposo.
15 Monotonía justa, prodigioso
Colmo de la presencia.

¡Plenitud inmediata, sin ambiente,
Del cuerpo femenino!
Ningún primor: ni voz ni flor. ¿Des-
20   ¡Oh absoluto Presente!   [tino?

Cántico
1928

10

BEATO SILLÓN

¡Beato sillón! La casa
Corrobora su presencia
Con la vaga intermitencia
De su invocación en masa
5 A la memoria. No pasa

Nada. Los ojos no ven,
Saben. El mundo está bien
Hecho. El instante lo exalta
A marea, de tan alta,
10 De tan alta, sin vaivén.

Cántico
1928

11

PERFECCIÓN

Queda curvo el firmamento,
Compacto azul, sobre el día.
Es el redondeamiento
Del esplendor: mediodía.
5 Todo es cúpula. Reposa,

Central sin querer, la rosa,
A un sol en cenit sujeta.
Y tanto se da el presente
Que el pie caminante siente
10 La integridad del planeta.

Cántico
1936

12

ARIADNA, ARIADNA

¿Nubes serán pendientes hacia frondas
Que yo soñase, cómplice dormido?
Despierto voy por cúmulos de olvido
Que resucitan de sus muertas ondas.

5 ¿Adónde me aventuro? Veo mondas
Algunas ramas y colmado el nido,
Y no sé si de Octubre me despido,
O algún Abril me envuelve con sus rondas.

Por ti me esfuerzo, forma de ese mundo
10 Posible en la palabra que lo alumbre,
Rica de caos sin cesar fecundo.

¿No habré de merecer, si aún vacilo,
La penumbra de un rayo o su vislumbre?
Ariadna, Ariadna, por favor, tu hilo.

Cántico
1945

13

MUERTE A LO LEJOS

Je soutenais l'éclat de la mort toute pure
Valéry

Alguna vez me angustia una certeza,
Y ante mí se estremece mi futuro.
Acechándole está de pronto un muro
Del arrabal final en que tropieza

5 La luz del campo. ¿Mas habrá tristeza
Si la desnuda el sol? No, no hay apuro
Todavía. Lo urgente es el maduro
Fruto. La mano ya le descorteza.

... Y un día entre los días el más triste
10 Será. Tenderse deberá la mano
Sin afán. Y acatando el inminente

Poder diré sin lágrimas: embiste,
Justa fatalidad. El muro cano
Va a imponerme su ley, no su accidente.

Cántico
1936

14

LOS JARDINES

Tiempo en profundidad: está en jardines.
Mira cómo se posa. Ya se ahonda.
Ya es tuyo su interior. ¡Qué transparencia
De muchas tardes, para siempre juntas!
5 Sí, tu niñez, ya fábula de fuentes.

Cántico
1928

15

LOS BALCONES DEL ORIENTE

*Mas apenas comenzó a descubrirse
el día por los balcones del Oriente...*
«Quijote», I, 13

Madrugada.
Emerge contra la nada
Luchando el ser —de mal ceño.

Se embrollan entre dos luces
5 Torpes cruces
Del amanecer y el sueño.

Amanece
Turbio.
¿Todo resurge en suburbio,
10 En un martes, en un trece?

Puerta de vinos. ¡Tan pobre,
Sorprendida
Por la vida!
Sonará ya el retintín
15 De algún cobre
Sobre
Tanta lámina de zinc
Que al madrugador conforta.
¡No es tan corta
20 Para un hombre esa jornada
De lucha contra la nada!

A deshora,
Noche en ventana. Bombilla
Vela humilde: calderilla
25 De la luz trabajadora.
¿Y la aurora? ¿Dónde mora
La doncella que es Aurora?

Con una luz casi fea,
El sol —triste
30 De afrontar una jornada
Tan burlada—
Principia mal su tarea.
Y tanta sombra persiste
Que la luz se siente rea
35 De traición al nuevo día.
¿Quién se fía
De este sol de barrio aparte,
Si con ninguna alegría
Nada universal reparte?
40 Mas la bruma soñolienta
Que se inventa
Como un soñador sin arte
La ciudad medio dormida,
Con suerte muy desigual
45 Mezclándose al cielo bajo,
Parece al humo señal
De acogida:
¡Honda bruma de trabajo!
Humo a los aires horada
50 Por chimenea valiente.
¡Brío, brío
Contra el posible vacío
Que hasta una Nada presiente!

No es, no será la Nada.
55 ¿Sin ser nos va a dominar
Con auxilio de ese azar
Hostil a toda figura?
Tentativa:
Mundo en formación. Paciente,
60 De mano en mano se activa
La madrugada. No hay gente
Que oiga mejor las sirenas.
Gente oscura:
Carbón sobre azul. Apenas
65 Cielo
Pende sobre los talleres:
Multitud. ¿Y el propio anhelo
Continuo de tantos seres?
Triste el sol,
70 Tras nubes sin arrebol,
Columbra tierra en montones
De un amargo amanecer.
¿Así, ciudad, te dispones
A llegar del todo a ser?
75 Valla. Solar. Campos viejos
En espera
De un amor que los ahonde.
Siempre aurora es primavera
Que jamás está muy lejos.
80 Pero ¿dónde?

Anuncios. A los carteles
Aquí, por el barrio, se les
Destiñe el color: olvido
Ya dulcemente llovido
85 Sobre Ayer.
¡Es tan corta
Para el mundo una jornada!
Mas no importa.
Luchará contra la nada
90 Todo el ser.

Amanece
Turbio.
¿Todo resurge en suburbio,
En un martes, en un trece?

95 Tejados. Queda evidente
La pizarra pavonada:
Terso gris,
Aunque insidioso el relente.
¿Siempre la vida en un tris?
100 Lucha el ser contra la nada.

Cántico
1945

16

VIDA EXTREMA

I

Hay mucha luz. La tarde está suspensa
Del hombre y su posible compañía.
Muy claro el transeúnte siente, piensa
Cómo a su amor la tarde se confía.

5 ... Y pasa un hombre más. A solas nunca,
Atentamente mira, va despacio.
No ha de quedar aquella tarde trunca.
Para el atento erige su palacio.

¿Todo visto? La tarde aún regala
10 Su variación: inmensidad de gota.
Tiembla siempre otro fondo en esa cala
Que el buzo más diario nunca agota.

¡Inextinguible vida! Y el atento
Sin cesar adentrándose quisiera,
15 Mientras le envuelve tanto movimiento,
Consumar bien su tarde verdadera.

¡Ay! Tiempo henchido de presente pasa,
Quedará atrás. La calle es fugitiva
Como el tiempo: futura tabla rasa.
20 ¿Irá pasando todo a la deriva?

II

Humilde el transeúnte. Le rodea
La actualidad, humilde en su acomodo.
¡Cuántas verdades! Sea la tarea.
Si del todo vivir, decir del todo.

25 Una metamorfosis necesita
Lo tan vivido pero no acabado,
Que está exigiendo la suprema cita:
Encarnación en su perenne estado.

¡Sea el decir! No es sólo el pensamiento
30 Quien no se aviene a errar como un esbozo.
Quiere ser más el ser que bajo el viento
De una tarde apuró su pena o gozo.

¿Terminó aquella acción? No está completa.
Pensada y contemplada fue. No basta.
35 Más ímpetu en la acción se da y concreta:
Forma de plenitud precisa y casta.

Forma como una fuerza en su apogeo,
En el fulgor de su dominio justo.
El final es —ni hermoso ya ni feo.
40 Por sí se cumple, más allá del gusto.

Atraído el vigía. Ved: se expresa.
¿Cómo no ha de encontrar aquella altura
Donde se yergue un alma en carne presa
Cuando el afán entero al sol madura?

45 Ámbito de meseta. La palabra
Difunde su virtud reveladora.
Clave no habrá mejor que hasta nos abra
La oscuridad que ni su dueño explora.

Disputas, vocerío con descaro,
50 Muchedumbre arrojada por la esquina.
Lo oscuro se dirige hacia lo claro.
¿Quién tu sentido, Globo, te adivina?

Revelación de la palabra: cante,
Remóntese, defina su concierto,
55 Palpite lo más hondo en lo sonante,
Su esencia alumbre lo ya nunca muerto.

Más vida imponga así la vida viva
Para siempre, vivaz hasta su extrema
Concentración, incorruptible arriba
60 Donde un coro entre lumbres no se quema.

Llegó a su fin el ciclo de aquel hecho,
Que en sus correspondencias se depura,
Despejadas y limpias a despecho
De sus colores, juntos en blancura.

65 ¡Alma fuera del alma! Fuera, libre
De su neblina está como una cosa
Que tiende un espesor en su calibre
Material: con la mano se desposa.

Trascendido el sentir. Es un objeto.
70 Sin perder su candor, ante la vista
Pública permanece, todo prieto
De un destino visible por su arista.

El orbe a su misterio no domeña.
Allí está inexpugnable y fabuloso,
75 Pero allí resplandece. ¡Cuánta seña
De rayo nos envía a nuestro foso!

El tiempo fugitivo no se escapa.
Se colmó una conducta. Paz: es obra.
El mar aquel, no un plano azul de mapa,
80 ¡Cuánto oleaje en nuestra voz recobra!

Y es otro mar, es otra espuma nueva
Con un temblor ahora descubierto
Que arrebata al espíritu y le lleva
Por alta mar sin rumbo a fácil puerto.

85 Y la voz va inventando sus verdades,
Última realidad. ¿No hay parecido
De rasgos? Oh prudente: no te enfades
Si no asiste al desnudo su vestido.

Palmaria así, la hora se serena
90 Sin negar su ilusión o su amargura.
Ya no corre la sangre por la vena,
Pero el pulso en compás se trasfigura.

Ritmo de aliento, ritmo de vocablo,
Tan hondo es el poder que asciende y canta.
95 Porque de veras soy, de veras hablo:
El aire se armoniza en mi garganta.

¡Oh corazón ya música de idioma,
Oh mente iluminada que conduce
La primavera misma con su aroma
100 Virgen a su central cenit de cruce!

La brisa del follaje suena a espuma:
Rumor estremecido en movimiento
De oscilación por ondas. ¡Cuánta suma
Real aguarda el paso del atento!

105 La materia es ya magia sustantiva.
Inefable el secreto —con su estilo.
¿Lo tan informe duele? Sobreviva
Su fondo y sin dolor. ¡Palabra en vilo!

¡Palabra que se cierne a salvo y flota,
110 Por el aire palabra con volumen
Donde resurge, siempre albor, su nota
Mientras los años en su azar se sumen!

Todo hacia la palabra se condensa.
¡Cuánta energía fluye por tan leve
115 Cuerpo! Postrer acción, postrer defensa
De este existir que a persistir se atreve.

Aquellas siestas cálidas de estío
Lo son con sus fervores más intensos.
Se acumula más frío en ese frío
120 De canción que en los tácitos inviernos.

No finge la hermosura: multiplica
Nuestro caudal. No es un ornato el mundo
De nuestra sed: un vino está en barrica.
¿Es más de veras el brebaje inmundo?

125 Poesía forzosa. De repente,
Aquella realidad entonces santa,
A través de la tarde trasparente,
Nos desnuda su esencia. ¿Quién no canta?

He aquí. Late un ritmo. Se le escucha.
130 Ese comienzo en soledad pequeña
Ni quiere soledad ni aspira a lucha.
¡Ah! Con una atención probable sueña.

Atención nada más de buen amigo.
Nació ya, nacerá. ¡Infiel, la gloria!
135 Mejor el buen silencio que consigo
Resguarda los minutos sin historia.

Minutos en un tren, por alamedas,
Entre doctores no, sin duda en casa.
Allí, lector, donde entregarte puedas
140 A ese dios que a tu ánimo acompasa.

Entonces crearás otro universo
—Como si tú lo hubieras concebido—
Gracias a quien estuvo tan inmerso
Dentro de su quehacer más atrevido.

145 ¿El hombre es ya su nombre? Que la obra
—Ella— se ahínque y dure todavía
Creciendo entre virajes de zozobra.
¡Con tanta luna en tránsito se alía!

Eso pide el gran Sí: tesón paciente
150 Que no se rinda nunca al No más serio.
Huelga la vanidad. Correctamente,
El atentado contra el cementerio.

—Se salvará mi luz en mi futuro.
Y si a nadie la muerte le perdona,
155 Mis términos me valgan de conjuro.
No morirá del todo la persona.

En la palpitación, en el acento
De esa cadencia para siempre dicha
Quedará sin morir mi terco intento
160 De siempre ser. Allí estará mi dicha.

III

Sí, perdure el destello soberano
A cuyo hervor la tarde fue más ancha.
Refulja siempre el haz de aquel verano.
Hubo un testigo del azul sin mancha.

165 El testigo va ahora bajo el cielo
Como si su hermosura le apuntase
—Con una irradiación que es ya un consuelo—
El inicial tesoro de una frase.

Colaborando la ciudad atiza
170 Todos sus fuegos y alza más ardores
Sobre el gris blanquecino de ceniza.
Chispean deslumbrados miradores.

Cal de pared. El día está pendiente
De una suerte que exalte su carrera.
175 ¡Algo más, algo más! Y se presiente
Con mucha fe: será lo que no era.

Impulso hacia un final, ya pulso pleno,
Se muda en creación que nos confía
Su inagotable atmósfera de estreno.
180 ¡Gracia de vida extrema, poesía!

Cántico
1950

17

PLAZA MAYOR

Calles me conducen, calles.
¿Adónde me llevarán?

A otras esquinas suceden
Otras como si el azar
5 Fuese un alarife sabio
Que edificara al compás
De un caos infuso dentro
De esta plena realidad.

Calles, atrios, costanillas
10 Por donde los siglos van

Entre hierros y cristales,
Entre más piedra y más cal.

Decid, muros de altivez,
Tapias de serenidad,
15 Grises de viento y granito,
Ocres de sol y de pan:
¿Adónde aún, hacia dónde
Con los siglos tanto andar?

De pronto, cuatro son uno.
20 Victoria: bella unidad.

Cántico
1945

18

ARDOR

Ardor. Cornetines suenan,
Tercos, y en las sombras chispas
Estallan. Huele a un metal
Envolvente. Moles. Vibran
5 Extramuros despoblados
En torno a casas henchidas
De reclusión y de siesta.

En sí la luz se encarniza.
¿Para quién el sol? Se juntan
10 Los sueños de las avispas.
¿Quedará el ardor a solas
Con la tarde? Paz vacía,
Cielo abandonado al cielo,
Sin un testigo, sin línea.

15 Pero sobre un redondel
Cae de repente y se fija,
Redonda, compacta, muda,
La expectación. Ni respira.
¡Qué despejado lo azul,
20 Qué gravitación tranquila!
Y en el silencio se cierne
La unanimidad del día,
Que ante el toro estupefacto
Se reconcentra amarilla.
25 Ardor: reconcentración
De espíritus en sus dichas.
Bajo Agosto van los seres

Profundizándose en minas.
¡Calientes minas del ser,
30 Calientes de ser! Se ahíncan,
Se obstinan profundamente
Masas en bloques. ¡Canícula
De bloques iluminados,
Plenarios, para más vida!
35 —Todo en el ardor va a ser,
Amor, lo que más sería.
¡Ser más, ser lo más y ahora,
Alzarme a la maravilla
Tan mía, que está aquí ya,
40 Que me rige! La luz guía.

Cántico
1936

19

EL ACORDE

I

La mañana ha cumplido su promesa.
Árboles, muros, céspedes, esquinas,
Todo está ya queriendo ser la presa
Que nos descubra su filón: hay minas.

5 Rumor de transeúntes, de carruajes,
Esa mujer que aporta su hermosura,
Niños, un albañil, anuncios: viajes
Posibles... Algo al aire se inaugura.

Libre y con paz, nuestra salud dedica
10 Su involuntario temple a este momento
—Cualquiera— de una calle así tan rica
Del equilibrio entre el pulmón y el viento.

Historia bajo el sol ocurre apenas.
Ocurre que este viento respiramos
15 A compás de la sangre en nuestras venas.
Es lo justo y nos basta. Sobran ramos.

Modestamente simple con misterio,
—Nada resuena en él que no se asorde—
Elemental, robusto, sabio, serio,
20 Nos ajusta al contorno el gran acorde:

Estar y proseguir entre los rayos
De tantas fuerzas de la amparadora
Conjunción, favorable a más ensayos
Hacia más vida, más allá de ahora.

25 No hay gozo en el acorde ni se siente
Como un hecho distinto de la escueta
Continuación de nuestro ser viviente:
Gracia inmediata en curso de planeta.

II

Acorde primordial. Y sin embargo,
30 Sucede, nos sucede... Lo sabemos.
El día fosco llega a ser amargo,
Al buen remero se le van los remos,

Y el dolor, por asalto, con abuso,
Nos somete a siniestro poderío,
35 Que desgobierna al fin un orbe obtuso
De hiel, de rebelión, de mal impío,

Origen de la náusea con ira,
Ira creciente. Polvo de una arena
Cegadora nos cubre, nos aspira.
40 Y la mañana duele, no se estrena.

Surge el ceño del odio y nos dispara
Con su azufre tan vil un arrebato
Destructor de sí mismo, de esa cara
Que dice: más a mí yo me combato.

45 ¡Turbas, turbas! Y el mal se profundiza,
Nos lo profundizamos, sombra agrega
De claroscuro a grises de ceniza,
Alza mansión con pútrida bodega.

¿Es venenoso el mundo? ¿Quién, culpable?
50 ¿Culpa nuestra la Culpa? Tan humana,
Del hombre es quien procede aún sin cable
De tentador, sin pérfida manzana.

Entre los males y los bienes, libre,
Carga Adán, bien nacido, con su peso
55 —Con su amor y su error— de tal calibre
Que le deja más claro o más obseso.

Sin cesar escogiendo nuestra senda
—Mejor, peor, según, posible todo—
Necesitamos que se nos entienda:
60 Nuestro vivir es nuestro, sol por lodo.

Y se consuma el hombre todo humano.
Rabia, terror, humillación, conquista.
Se convence al hostil pistola en mano.
Al sediento más sed: que la resista.

65 Escuchad. Ya no hay coros de gemidos.
Al cómitre de antigua o nueva tralla
No le soportan ya los malheridos.
Y con su lumbre la erupción estalla.

Una chispa en un brinco se atraviesa
70 Desbaratando máquina y cortejo.
Mugen toros. El mundo es su dehesa.
Más justicia, desorden, caos viejo.

III

Pero el caos se cansa, torpe, flojo,
Las formas desenvuelven su dibujo,
75 Acomete el amor con más arrojo.
Equilibrada la salud. No es lujo.

La vida, más feroz que toda muerte,
Continúa agarrándose a estos arcos
Entre pulmón y atmósfera. Lo inerte
80 Vive bajo los cielos menos zarcos.

Si titubea tu esperanza, corta,
Y tus nervios acrecen la maraña
De calles y de tráfagos, no importa.
El acorde a sí mismo no se engaña.

85 Y cuando más la depresión te oprima
Y más condenes tu existencia triste,
El gran acorde mantendrá en tu cima
Propia luz esencial. Así te asiste.

Con el sol nuestro enlace se renueva.
90 Robustece el gentío a su mañana.
Esa mujer es inmortal, es Eva.
La Creación en torno se devana.

Cierto, las horas de caricia amante,
Y mientras nos serena su rosario,
95 Trazan por las arrugas del semblante
Caminos hacia el Fin, ay, necesario.

Nuestra muerte vendrá, la viviremos.
Pero entonces, no ahora, buen minuto
Que no infectan los débiles extremos.
100 Es todavía pronto para el luto.

Al manantial de creación constante
No lo estancan fracaso ni agonía.
Es más fuerte el impulso de levante,
Triunfador con rigores de armonía.

105 Hacia el silencio del astral concierto
El músico dirige la concreta
Plenitud del acorde, nunca muerto,
Del todo realidad, principio y meta.

Clamor
1957

20

VIERNES SANTO

«Este cáliz apártalo de mí.
Pero si es necesario...»
Y el cáliz, de amargura necesaria,
Fue llevado a la boca, fue bebido.
5 La boca, todo el cuerpo,
El alma del más puro
Aceptaron el mal sin resistencia.

Y el mal era injusticia,
Dolor
10 —Un dolor infligido
Con burla—
Y sangre derramada.
Todo era necesario
Para asumir aquella hombría atroz.
15 Era el Hijo del Hombre.
Hijo con sus apuros, sus congojas
Porque el Padre está lejos o invisible,
Y le deja ser hombre, criatura
De aflicción y de gozo,
20 De viernes y de sábado
Sobre cuestas y cuestas.

¿Por qué le abandonaste si es tu Hijo?
Y los cielos se nublan,
La tierra se conmueve,
25 Hay fragor indignado:
Todo ve la injusticia. ¿Necesaria?
También sufren los justos que condenan
El mal
Y rechazan su ayuda.
30 Pero el Hijo del Hombre sí la quiere.
Él es
Quien debe allí, sobre la cuesta humana,
cargar con todo el peso de su hombría,
Entre los malos, colaboradores,
35 Frente a los justos que al horror se niegan.

Culminación de crisis,
A plenitud alzada.
Esta vida suprema exige muerte.

Ha de morir el Hijo.
40 Tiene que ser el hombre más humano.
También
Los minutos serenos transcurrieron.
Hubo días hermosos con parábolas.
Es viernes hoy con sangre:
45 Sangre que a la verdad ya desemboca.
Y entonces...
Gemido clamoroso de final.
Un centurión ya entiende.
Lloran las tres Marías. Hombre sacro.
50 La Cruz.

Maremágnum
1957

21

UN PASILLO

Con fatal sencillez el dormitorio se ha convertido
en cámara mortuoria. Flores. Alguien de paso.
Nadie.

El recién difunto lo es, y ya muy lejos, tras su másca-
5 ra cérea: frente impersonal, dura nariz, dos pozos
los ojos.

La habitación ni deshabitada ni habitada, la habitación ahora inhabitable solía quedar muy cerca, extremo de un pasillo. ¡Pasillo corto!

10 En el extremo opuesto, la cocina, el comedor, los
gabinetes suenan a vida tan normal que no se la
descubre reanudada. ¡Pasillo largo!

Los íntimos del difunto, y sólo ellos en este aparte de
intimidad privilegiada, están congregados: comen,
15 beben, ríen, discuten, gritan.

Ya libres, sobre todo de la angustiosa incertidumbre,
anulan tranquilamente, ferozmente a quien yace
en el otro cabo del pasillo.

Maremágnum
1957

22

LUGAR DE LÁZARO

I

Terminó la agonía. Ya descansa.
Le dijo adiós el aire. Ya no hay soplo
Que pudiese empañar algún espejo.
No, no hay combate respirando apenas
5 Para guardar el último vestigio
De aquella concordancia venturosa
Del ser con todo el ser.
                 Vencido el cuerpo:
A solas su materia abandonada,
Carne tan triste como un triste bulto
10 Que bajo el sol no sabe ni sabrá
—Tan opaco— de luz penetradora.
Sin la perduración arisca de la piedra,
En una piedra el cuerpo va trocándose.
¡Ay! Se relajará, montón futuro,
15 Montón indiferente y disgregado,
Tierra en la tierra o en el aire. Muerto.
De repente, lejano. ¿Dónde, dónde?
El cerco doloroso de los vivos
A un ausente rodea. Yace alguno
20 Que ya no es él: traición involuntaria.
A través de la muerte no hay posible
Fidelidad. El cuerpo todavía
Mantiene una figura que se aleja,
Que así no es de ninguno. Sola, sola.
25 Hay que cerrar los ojos sin mirada.
¡Oh cadáver, oh siempre el más extraño,
Tan inmediatamente extraño a todos!
El inmóvil se sume en su fijeza,
Muy dura la nariz y sin memoria
30 Todo el semblante que aun vibraba
Cuando... No hay medida común para esa
Calma sin tiempo y la inquietud variable
De estas horas —las únicas— en curso,
Trémulas entre manos de viviente.
35 ¿Qué es el orbe ante un Lázaro partido?
El alma a solas va.
                 Se despereza,
Gris, un refugio de temblor cansado.
Le preside la paz en sombra de una
Lejanía que intuye acaso el muerto.
40 Nubes serán... No, no lo son. ¡Jirones

Suaves! Pero ¿son suaves? No se palpa
Nada. ¿Qué existe fuera? Fuera, ahora,
Alcanzar el espacio es muy difícil.
¡Si se determinase una presencia!
45 Entre los bastidores más borrosos
Flota mal el presente de aquel mundo.
¿Presente? Se insinúan los presagios
De no se sabe qué ulteriores fondos.
Algo sigue: conciencia sí se salva,
50 Conciencia de algún término imposible
De eludir o negar.
                              ¿Y quién, consciente?
Alguien —Lázaro— sabe. ¡Qué sorpresa,
Llegar hasta sí mismo en ese apuro
Catastróficamente a solas simple,
55 A solas sin los huesos, sin la piel,
Sin compañía corporal, sin habla,
Nada más un espíritu en su espíritu!
Soledad. Monstruosa, ¿daña, duele?
No habrá dolor así.
                              Perdido, todo.
60 Y perdura —perdura todavía—
Este no recobrarse hacia su forma,
Lázaro apenas siendo y recordándose
Para sentirse mínimo en un borde,
Harapiento despojo de un pasado.
65 El difunto afirmándose principia
Por descubrir carencia. ¡Soledad
Hacia dentro del alma inhabitante!
Inhabitante ahora —si es «ahora»—
De su propio reducto, yerra, busca
70 Sin límite ni signo, sin oriente.
En su nombre se busca el que fue Lázaro,
Y entre las nieblas, entre las tinieblas
—¡Oh seno de Abraham!— se identifica,
Informe, tan ex-Lázaro por Limbo,
75 Morada de neutrales y de justos,
Y anulado, resiste: pura sombra
De ningún sol. El muerto vivo asciende
—O desciende, ni rumbo ni altitud—
Por aquella región desmemoriada.
80 ¿Qué le importan a Lázaro la Tierra,
Los hombres?
                              Tan ajeno es ya lo ajeno
Que se hunde, se extingue en el olvido.
Fatal naufragio oscuro. Nadie llora.
Todo queda entre zarzas corporales.
85 Todo falló entre el polvo y las pasiones.
¡Más Acá inasequible! Ni querencia.
La Eternidad devora los recuerdos,

Las raíces manchadas de mantillo,
Toda huella de tráfagos, de pasos:
90 Muertos quizá los vivos para el muerto,
Espíritu entre espíritus de justos,
Hombres ya no, potencias preparadas
A plenitud celeste. Sobre el suelo
Del Globo —diminuto, sin matices,
95 Sin relieve asidero ni horizonte—
Discurren las hormigas, los parlantes
Que ignoran casi siempre a los ausentes,
Muy poco entretejidos a las mallas
De este afán, esta luz, este follaje.
100 ¡Oh vida y su desliz entre suspiros
De los que transcurriendo se entreviven!
Lázaro se conforma.

          ¡Qué pureza
Terrible, qué sosiego permanente,
Espíritu en la paz que aguarda al Hijo!
105 El Hijo va a venir. ¿Le espera Lázaro?

        II

El Señor decidió entonces
Asistir al tan borroso.
        —Mucho duerme nuestro Lázaro.
        Yo despertaré a mi amigo.
110 Al Hijo del Hombre siguen
Los que le siguen en todo,
Y también los errabundos
Sin fe, compasión ni arrojo.
A Betania se dirigen,
115 Donde Lázaro está solo
Por entre fajas y vendas
Que le pusieron los otros,
Libres en aire con luz,
Luz desde aflicción a lloro.
120 Marta se aproxima, fiel,
A quien preside el reposo
—O la inquietud— de los muertos,
Y se le esclarece el rostro.
—Señor, lo que a Dios rogares
125 Dios te lo dará en su colmo.
        —Resucitará tu hermano.
        Hacia ti vendrá conmigo.
        Yo soy la resurrección.
        Quien crea en Mí con ahínco
130   No morirá para siempre.
        Soy vida, verdad, camino.
Habla al corazón el Hombre,
Y los pies remueven polvo

De una carretera blanca
135 De caliza y tarde a plomo.
María llegando está
Con los viejos y los mozos
Y ese grupo de gemidos
Que fortalecen el fondo
140 De un duelo a punto de ser
Convertido en gran asombro.
Marta, María, las gentes
Lloran entre sus sollozos,
Y el Hijo del Hombre llora
145 Con un llanto silencioso.
—Cómo le amaba, se dicen,
Conmovidos, todos prójimos.
—Ven, Señor, murmura un viejo.
El Señor domina el corro
150 De la expectación y avanza
Lentamente hacia el ahogo
De aquella cueva en que dura
Lázaro el que fue, ya poco
Lázaro, forma sin alma,
155 Apenas forma en acoso.
El Hijo del Hombre pide
Que se destape aquel hosco
Recinto nauseabundo.
Cuatro días va en los hombros
160 De la tierra ese cadáver,
Rumbo a su final destrozo.
Y exclama el Hijo del Hombre,
Al cielo alzando los ojos:
      —Gracias, Padre. Tú lo eres.
165   Gracias porque me has oído.
Y clamando hacia el sepulcro:
      —Levántate. Ven tú mismo.
Entonces el sepultado
Sale de su propio horror,
170 Prieto de cabeza a pies
Entre blancuras, en pos
De la sagrada palabra
Que exige resurrección.
Palabra que eternamente
175 Lanzando está aquella Voz
—Eternamente suprema
Sobre deidad y varón—
A los hijos de los hombres
Necesitados de amor.
180 Amor tan ineludible
Como el resplandor del sol
En mediodía más fuerte
Que la desesperación

Del hombre a caza del hombre,
185 Sin vislumbrarte, Señor:
Para todos esperanza
De plena consumación.

III

Lázaro está ya siendo el nuevo Lázaro
Después de su aventura.
190 Con modestia sonríe entre los suyos,
A quienes nada tiene que contar.
¿Supo? ¿Qué supo? ¿Sabe?
Lo sabe sin palabras,
Sin referencias a comunes términos
195 Humanos.
¿Preguntan? Nada dice.

Trastorna regresar de los peligros,
Emerger de catástrofes.
Pero vivir es siempre cotidiano,
200 Y volver a vivir se aprende pronto.
Volver a respirar
Es la delicia humilde.

En la ventana Lázaro
No representa su papel de ex-muerto.
205 Aquí está, natural,
Entre Marta y María,
Sin palidez sublime,
Lázaro de trabajos y ajetreos
En este hogar que le conoce mucho,
210 Que le aclara y sostiene con dulzura
De apoyo y compañía.
No hay mayor entereza:
Ser en pleno —con todas las raíces—
Por entre los vocablos que son patria:
215 Estas calles y calles de rumor
Que es música.

Y la voz de María,
Y el silencio de Marta,
Que se escucha también,
220 Y pesa.
Todo es sencillo y tierno
Cuando las dos mujeres
Dirigen al hermano una atención
Quizá ya distraída entre costumbres.
225 La casa,
Y en la casa la mesa,
Y a la mesa los tres ante su pan:

Volumen de alegría
Común sobre manteles
230 O madera de pino.

Ni solo está a menudo nuestro Lázaro
Ni busca soledad para su alma,
Dichosa de sentirse dependiente
Del prójimo.
235 Con él se le revela
Su corazón de Lázaro,
Así se reconoce. Conviviendo
Con figuras amadas
Se le ahonda su hombría:
240 Hombre en esta Betania de su amor.

Gozo de estar allí,
Allí, sobre aquel suelo recorrido
Por los pies y los ojos que recuerdan,
Bajo el árbol en sombra,
245 Sombra tan conversable,
Frente a la flor que desde lejos huele.
Aquel olmo de abrazo mantenido,
El ciprés por su fila,
Sosiego siempre del contemplador.
250 Y como una sorpresa los ataques
De jazmín, de azahar:
Aroma con un fondo palpitado,
Tan íntimo,
De tardes con jazmín, con azahar,
255 Vivas en emisiones instantáneas.

Sin ninguna conciencia de placer
—Continua operación, la más diaria—
Lázaro se abandona a la corriente
Del vivir incesante,
260 Y siempre al despertar
Se le renueva la viril frescura
De un sol en viento sobre un agua en curso.
Es persuasivo el trato
Con esas sucesiones
265 De caudal transparente.
Y Lázaro circula
Según
Su justeza espontánea,
Humildemente a gusto:
270 Interior al rincón que le dio el Padre.

En el rincón, el suelo
De arcilla
Que, roja, tanto alegra al caminante,
O a quien la siente sin pasar camino

275 Como Lázaro ahí,
    Sentado sobre un poyo
    De piedra,
    Amiga de su dueño fatigado,
    O nada más tranquilo,
280 A orillas de la hora que transcurre.

    Hora que, por fortuna,
    También se escapa al que resucitó,
    Buen navegante por su propio río,
    Acomodado con su ser fugaz
285 Al modo pasajero,
    Ondas, canas, adioses.
    Y este raudo crepúsculo,
    Actual y ya extinguiéndose
    Por los espesos rayos que se exaltan,
290 Se esfuman
    Ante Lázaro erguido.

    Todo es diario con prodigio oculto.
    Inquietud no suscita aquel viviente
    Que estuvo en sepultura,
295 Ni él mismo se amanera
    Porque él es quien ha vuelto
    De la profundidad.
    Lázaro, sin asombro perceptible,
    Asume
300 Fatalmente un vivir
    Donde Lázaro es Lázaro
    Sobre días y días
    Terrestres, fugitivos.

    Días a salvo entre las dos hermanas:
305 Esa ternura que jamás se expresa,
    Que los retiene juntos.
    Sin pompa,
    Con los tan habituales compañeros,
    El Hijo,
310 Su decir, su callar,
    Su Gracia.
    Todo va entretejiéndose en la red
    De arrugas
    Adonde va a parar
315 El tiempo de aquel hombre:
    Tiempo bien esculpido,
    El semblante de Lázaro
    Paciente.

    Y Lázaro, tan próximo,
320 A pesar de aquel lúgubre descenso,
    Lázaro sin leyenda

Visible,
Ya poco recordada,
Saluda, se detiene,
325 Acaricia a ese chucho
Que de pronto le atrae,
Labora,
Reza en el templo, canta.
Así del todo Lázaro:
330 Terrenal criatura de su Dios.

A veces,
En una suspensión de la faena
Dialogando consigo,
Sin dormir sobre el lecho
335 De sus noches, a veces largas, claras,
Lázaro va hacia atrás,
Se hunde.

De paz no goza el hombre que recuerda
Para sí, para dentro, lo indecible.
340 Único en el retorno de ultratumba,
Se interroga, compara, sufre, teme,
Se encomienda a su Dios,
Suplica.

IV

LÁZARO

A tu grandeza rendido,
345 Aquí tienes a tu siervo
Siempre atónito, Señor,
Ante el milagro: lo veo
Como lumbre que no acaba
De causar deslumbramiento.
350 Aunque no lo advierta el mundo,
Privilegiado me yergo
Frente a ese mundo que ignora
Cuánto me enseñó un silencio.
¡Silencio atroz! Estos ruidos
355 En mi vecindad dispersos
Para mí suenan ahora
Sobre aquel fondo secreto
Con relieve de nublado,
Que sin cesar considero,
360 Titubeante.

Señor:
El tumulto de esta feria
Va por el oído al alma
De tu siervo y se me alegra
Todo el ser cuando la aurora

365 Vuelve a descubrir la tierra,
Y en el rocío del prado
La niñez más frágil tiembla.
Si el viento de la mañana
Sopla entre el sol y la hierba,
370 Mi alegría asciende a Ti,
A Ti que todo lo inventas.
Eres Tú quien me regalas
Rebullicios de riberas,
Y bajo móviles sombras
375 Amor a esta vida entera.
Yo debo a los caminantes
Atezados muchas nuevas
De los países que Tú,
Señor, a la vez contemplas.
380 Pero sólo aquí me ahínco.
Mi centro es esta calleja
Donde tu siervo, tu Lázaro
Pobre es Lázaro de veras.
Entre la mente y la piel,
385 Mi fervor y mis flaquezas,
Y gracias a tantas formas

Firmes que se me demuestran,
Soy —porque estoy.

         Yo aquí soy
Yo, yo mismo: carne y hueso.
390 Nada perderé ¿verdad?
Cuando realice de nuevo
—¡Segunda vez!— el gran viaje,
Para mí ya de regreso,
A patria definitiva.
395 Del Hijo todo lo espero.
Habré de resucitar
Con mi espíritu y mi cuerpo:
La promesa ha de cumplirse.
Y si quieres, en el cielo
400 Donde al fin...

         Perdóname.
Un pecado, sí, cometo,
Y en este mismo segundo
Me punza el remordimiento.
Señor, lo sé. No es aquí,
405 Es Allí donde está el reino
Que Tú reservas al hombre
Destinado a ser perfecto
Gozador de la visión
Divina. Yo la deseo,
410 Yo.
    ¿Yo? ¿Quién?
         ¿Este Lázaro
De esperanzas y de esfuerzos
Que entre suspiro y suspiro
Respira con un aliento
Forzosamente apegado
415 Sin opción al aire, dentro
De una atmósfera con ríos,
Y con montes y con brezos,
Y —pareciéndose a mí—
Con muchachos y con viejos
420 Que saben resucitar
Cada mañana?

        Si fuera
Yo habitante de Tu Gloria,
A mí dámela terrena,
Más estíos y más bosques,
425 Y junto al mar sus arenas,
Y en los pasos inclementes

Fuego: que chasque la leña.
Si por tu misericordia
Quedara de Ti suspensa
430 Mi dicha, Señor, y el tiempo
No me hiciera y deshiciera,
¿Qué impulsaría a mis manos,
A mi carne resurrecta,
Cómo sería yo aún
435 Este que contigo sueña,
Mortal? ¿Mi ser inmortal
Sería mío? Vergüenza
Me aflige porque no puedo
Ni pensar tu Vida Eterna,
440 Y humillado ya me acuso
De ofuscación, de impotencia.
Que la sacra excelsitud
Como una Betania sea,
Y la bienaventuranza
445 Salve las suertes modestas
En que un hombre llega a ser
El hombre que Tú, Tú creas
Tan humano.

        Me equivoco,
Señor. Yo no columbré
450 Con suficiente despejo
Sino lo que tu Israel
Va atesorando en las cámaras
Profundas de nuestra fe.
Jamás remoto, perdido,
455 Tu siervo sigue a merced
De tu diestra, de tu rayo.
Sólo creo en tu poder,
Y no quisiera fiarme
De mi ansiedad, de mi sed,
460 De esa torpísima angustia
Que esconde mi pequeñez,
Muy desgarrada. Mi sitio...
Es este donde soy quien
Soy mientras hacia los cielos
465 Me empuja, casi cruel,
Una exigencia de cumbre,
Sumo lugar, sumo bien,
La revelación del Hijo,
Y el alma se va tras Él.
470 Que su luz sea mi guía.
Quiero en su verdad creer.

        ... Que van a dar en la mar
        1960

23

ALBA DEL CANSADO

Un día más. Y cansancio.
O peor, vejez.
　　　　Tan viejo
Soy que yo, yo vi pintar
5 En las paredes y el techo
De la cueva de Altamira.
No hay duda, bien lo recuerdo.
¿Cuántos años he vivido?
No lo sabe ni mi espejo.
10 ¡Si sólo fuese en mi rostro
Donde me trabaja el viento!
A cada sol más se ahondan
Hacia el alma desde el cuerpo
Los minutos de un cansancio
15 Que yo como siglos cuento.
Temprano me desperté.
Aun bajo la luz, el peso
De las últimas miserias
Oprime.
20 　　　¡No! No me entrego.
Despacio despunta el alba
Con fatiga en su entrecejo,
Y levantándose, débil,
Se tiende hacia mi desvelo:
25 Esta confusa desgana
Que desemboca a un desierto
Donde la extensión de arena

No es más que cansancio lento
Con una monotonía
30 De tiempo inmerso en mi tiempo,
El que yo arrastro y me arrastra,
El que en mis huesos padezco.
Verdad que abruma el embrollo
De los necios y soberbios,
35 Allá abajo removidos
Por el mal, allá misterio,
Sólo tal vez errabundos
Torpes sobre sus senderos
Extraviados entre pliegues
40 De repliegues, y tan lejos
Que atrás me dejan profunda
Vejez.
　　　¡No! No la merezco.
Día que empieza sin brío,
45 Alba con grises de Enero,
Cansancio como vejez
Que me centuplica el tedio...
Tedio ¿final? Me remuerde
La conciencia, me avergüenzo.
50 Los prodigios de este mundo
Siguen en pie, siempre nuevos,
Y por fortuna a vivir
Me obligan también.
　　　　　　　Acepto.

... Que van a dar en la mar
1960

24

TRÉBOLES

Amanece. Siento frío.
Temprano llega el otoño.
Corre al mar, al mar mi río.

Incienso a Dios, soñar de suerte
5 Que sea camino el aroma,
Ir finamente hacia la muerte.

... Y vuelve de pronto el frío,
Y está la noche más sola,
Y yo paso con el río.

10 El amanecer. Yo y la escarcha.
Frío el día, corto el vivir.
¡Ay, mi edad, mi labor en marcha!

Vida bárbara y deliciosa,
Que nos duele desde los átomos,
15 Que nos seduce hasta la fosa.

Noche. Silencio de espada.
Y me acostumbro a la idea:
Noche, sueño, muerte, nada.

... Que van a dar en la mar
1960

25

NUESTRA GALAXIA

Pálida, nuestra galaxia:
Tantos y tantos luceros
Por su camino de mesta
Parecen y son borregos.
5 Con sus polvaredas manchan
Noches perdidas muy lejos.

Qué importa a la Creación
Galaxia de más o menos
Si la soledad es tan
10 Densa como el universo.

Soledades fogueadas,
Ruidillos de recovecos,
En un rincón de fortuna
Seres ya de pensamiento,
15 Que entre esperanza y temor
Llegan a sentirse eternos.

Ayudadnos, oh deidades,
A urbanizar el modesto,
Modestísimo suburbio
20 De los hombres.
                    Y querednos.

... Que van a dar en la mar
1960

26

DESPERTAR ESPAÑOL

¡Oh blanco muro de España!
FEDERICO GARCÍA LORCA

I

¿Dónde estoy?
            Me despierto en mis palabras,
Por entre las palabras que ahora digo,
A gusto respirando
Mientras con ellas soy, del todo soy
5 Mi nombre,
Y por ellas estoy con mi paisaje:
Aquellos cerros grises de la infancia,
O ese incógnito mar, ya compañero
Si mi lengua le nombra, le somete.

10 No estoy solo. ¡Palabras!

Y merced a sus signos
Puedo acotar un trozo de planeta
Donde vivir tratando de entenderme
Con prójimos más próximos
15 En la siempre difícil tentativa
De gran comunidad.

A través de un idioma
¿Yo podría llegar a ser el hombre
Por fin humano a que mi esfuerzo tiende
20 Bajo este sol de todos?

II

Ay patria,
Con malos padres y con malos hijos,
O tal vez nada más desventurados
En el gran desconcierto de una crisis
25 Que no se acaba nunca,
Esa contradicción que no nos deja
Vivir nuestro destino,
A cuestas cada cual
Con el suyo en un ámbito despótico.
30 Ay, patria,
Tan anterior a mí,
Y que yo quiero, quiero
Viva después de mí —donde yo quede
Sin fallecer en frescas voces nuevas
35 Que habrán de resonar hacia otros aires,
Aires con una luz
Jamás, jamás anciana.
Luz antigua tal vez sobre los muros
Dorados
40 Por el sol de un octubre y de su tarde:
Reflejos
De muchas tardes que no se han perdido,
Y alumbrarán los ojos de otros hombres
—Quién sabe— y sus hallazgos.

III

45 ¡Fluencia!
Y nunca se interrumpe,
Y nunca llega al mar
Ni sabe de traiciones.
Río de veras fiel a su mandato,
50 A su fatal avance sesgo a sesgo,
Rumbo a la primavera con su estío,
Y en las agudas barcas
Las eternas parejas
De nuevo amor.
                    Y no hay más mundo que ése.

55 Un mundo bajo soles
Y nuestra voluntad.

Paso ha de abrirse por las nuevas sangres
Incógnito futuro
Libérrimo.

60 ¿Vamos a él? Él es quien nos arrastra
Rehaciendo el presente
Fugaz
Mientras confluye todo por su curso
De cambio y permanencia,
65 España, España, España.

IV

Nuestra invención y nuestro amor, España,
Pese a los pusilánimes,
Pese a las hecatombes —bueyes muertos—
Sobre las tierras yermas,
70 Entre ruinas y fábulas
Con luces de ponientes
Hacia noches y auroras.

Y todo, todo en vilo,
En aire
75 De nuestra voluntad.

Queremos más España.

Esa incógnita España no más fácil
De mantener en pie
Que el resto del planeta.
80 Atractiva entre manos escultoras
Como nunca lo es bajo los odios,
Creación sobre un trozo de universo
Que vale más ahondado que dejado.

¿Península? No basta geografía.
85 Queremos un paisaje con historia.

V

Errores y aflicciones.
                    ¡Cuántas culpas!

Gran historia es así:
Realidad hay, compacta.

En el recuerdo veo un muro blanco,
90 Un sol que se recrea
Difundiéndose en ocio
Para el contemplativo siempre en obra.

¡Blanco muro de España!
No quiero saber más.
95 Se me agolpa la vida hacia un destino,
Ahí,
Que el corazón convierte en voluntario.

¡Durase junto al muro!

Y no me apartarán vicisitudes
100 De la fortuna varia.
¡Tierno apego sin término!
Blanco muro de España, verdadera:
Nuestro pacto es enlace en la verdad.

A la altura de las circunstancias
1963

27

FORMA EN TORNO

La ventana me ofrece el cuadro
        [sumo:
Un trozo de enmarcada
Realidad, que no aíslo pero asumo
    Completa en la mirada.

5 Aire libre, luz libre lucen dentro
    Del íntimo recinto
Que delimita silencioso centro,
    Rumor de fuera extinto.

Esas columnas grises, puro el arco,
10   Capitel sin empaque,

Brindan estilo para que me aplaque
    Su lujo el cielo zarco.

Se serena la hora entre estos muros
    Que acogen a los días
15 Como si fuesen ápices maduros
    De nuestras energías.

Pájaro en vuelo cruza. Las ventanas
    Oponen sus cristales.
Me edifica este patio. Sus mañanas
20   Se me ahondan, cabales.

A la altura de las circunstancias
1963

28

DIMISIÓN DE SANCHO

VII

El Rucio, casi alegre,
Trota ya bajo un hombre,
A pesar de sus lágrimas dichoso.
Sancho ha tocado tierra,
5 Tan evidente y simple. Sancho es Sancho,
Y en su puesto, ceñido por sus límites:
Realidad entrañada,
De veras plenitud bien asumida.
El ser se abraza al ser, su ser, el único
10 Factible:
Salud y salvación. No habrá más gloria.
—Heme aquí. Sancho soy.

Allí, desde ese punto
Que le es propio en su patria, su universo,
15 Frente al perenne fondo
Que también para Sancho se articula
Como una Creación.

Es donde está de veras situado:
Un simple acorde justo,
20 Más allá de la fácil complacencia
Pasiva,
Sin atenerse a lazos pasajeros,
Y dispuesto a la acción que a él le aguarda,
Aunque siempre abocado a un porvenir
25 Ignoto.

No armonía arcangélica,
No hermosura celeste.
Menos y más: ajuste verdadero,
Partícipe del mundo,
30 Partícula de veras insertada.
Mirando el horizonte
La vista es siempre centro
De círculo,
Y gracias a sus límites
35 Sancho es Sancho con fuerza
De perfil y destino,
Con tranquila adhesión.

El universo entonces,
O la divinidad,
40 Traza en torno el gran círculo perenne.
Conmovedor instante.
La criatura acepta:
Humilde criatura.

Maravilla rarísima
45 De la humildad. ¡Oh Sancho!

A la altura de las circunstancias
1963

29

POLILLA

Docta polilla dibujante
Que ornamentas el gran infolio
Con bien profundizadas curvas
—Oh latín de San Isidoro—
5 Y minando muchos renglones

Sin más que arabescos viciosos
—Capricho por sinuosidad—
Ilustras saber y decoro:
Eres en tus juegos mortales
10 La invasión de vida que adoro.

A la altura de las circunstancias
1963

30

TRÉBOLES

No hay vida si no se trasciende.
Yo debo llegar a ser hombre.
Este sumo aquende es mi allende.
Tierra bajo el pie se me alfombre.

5 Un bichito surca esa miel,
Enorme —como Vía Láctea
Para mí, más incierto que él.

Gran poeta: gran calamar
Que por el agua arroja tinta
10 Soñando con ser todo el mar.

¡Cuánto menudo hormiguero
Se asoma a la primavera
Como si el campo quisiera
Ser laberinto ligero!

15 ¡Si yo no soy puro en nada,
Y menos en poesía,
Si ser hombre es todavía
La flor de nuestra jornada!

El calor abre las ventanas:
20 Cuartos en su luz encendida.
Más estrellas menos lejanas.

A la altura de las circunstancias
1963

31

GATOS DE ROMA

Los gatos,
No vagabundos pero sin un dueño,
Al sol adormecidos
En calles sin aceras,
5 O esperando una mano dadivosa
Tal vez por entre ruinas,
Los gatos,
Inmortales de modo tan humilde,
Retan al tiempo, duran
10 Atravesando las vicisitudes,
Sin saber de la Historia
Que levanta edificios
O los deja abismarse entre pedazos

Bellos aún, ahora apoyos nobles
15 De esas figuras: libres.
Mirada fija de unos ojos verdes
En soledad, en ocio y luz remota.
Entrecerrados ojos,
Rubia la piel y calma iluminada.
20 Erguido junto a un mármol,
Superviviente resto de columna,
Alguien feliz y pulcro
Se atusa con la pata relamida.
Gatos. Frente a la Historia,
25 Sensibles, serios, solos, inocentes.

A la altura de las circunstancias
1963

32

EMAÚS

A dos peatones se junta
—¡Buenas tardes!— otro, camino
De Emaús. Ninguna pregunta
Le dirigen: un peregrino.

5 En casa, de noche, la mesa
Reúne a los tres amigados
Caminantes, y nunca cesa
Cada voz de inspirar agrado.

Sobre el mantel aguarda el pan,
10 Y el desconocido lo parte

Con tanta sencillez que es arte.
Sólo en el Único se dan.

Y los discípulos «Maestro»
Exclaman. Sí, resucitado
15 Le reconocen. Es el diestro
Reconstructor sobre el pecado.

«¡Tú, tú!»... Ya ha desaparecido.
Emaús, un lugar cualquiera.
Cotidianos, modo y vestido.
20 No se ve nada. ¡Si Él quisiera!

A la altura de las circunstancias
1963

33

AL MARGEN DE LUCRECIO

EL MAYOR ESCÁNDALO

> *Nam certe neque consilio primordia rerum*
> *Ordine se suo quaeque sagaci mente locarunt*
> I, 1021-1022 y V, 419-420

¿En el principio fue la causa clara?
Frente a mí va cambiando poco a poco
La materia exquisita que se alumbra
Y se transforma con su propio tino
5 Como si ya supiese lo que quiere.
Movimiento lentísimo recorre
Bien previstas etapas forma a forma.
¿Cómo y por quién previstas? La simiente
Implacable, tenaz, a ciegas pasa
10 De su mínimo ser a sus futuras
Hermosuras: botón, capullo, rosa,
Triunfante flor perfecta con su nombre.
Yo la vi. Relaciones en su cúspide...
¿Es el azar quien me regala pétalos
15 A cada instante misteriosos? Rosa,
Incomprensible rosa irracional:
Admiro tu belleza, no la entiendo.
¿Al buen tuntún, sin luz de una conciencia
Se logran los primores, todos únicos,
20 De un clavel, un jazmín, una celinda,
O el grupo astral que ilustra el firmamento,
O el invisible para nuestros ojos
Que se esconde en el átomo y sus astros
Con recóndita fuerza de catástrofe?
25 ¿Y de azar en azar, azar seguro
Siempre a tientas, feliz a trompicones,
Palos de ciego sobre ciego fondo,
Esa inhumana realidad —escándalo—
Ha sido y será siempre irracional?
30 La vida empuja hacia más lejos, larga,
Y en un segundo rompe sus contornos,
Prolonga sus tentáculos de ensayo
A tontas si no a locas, vida estúpida
Que acierta así, maravillosamente.
35 ¿Serás, seguro azar, tal vez divino,
Tendrás algo de un dios? Callada máscara:
¿No eres alguien, a solas energía,
Absurda por rebelde a la razón

De los hombres? Ser hombre es no entenderte,
40 Misterio universal. Tu luz deslumbra:
Espantosos espacios sin un centro
De intención, sin sentido, tan desnudos
Salvajes en la selva de las selvas,
Abismo abandonado al despropósito,
45 Y así, con tal escándalo, gran éxito.
¿Y cómo no aplaudir la gran proeza?
Razón o sinrazón propone mundo.
¿En el principio fue la causa clara?
No sé, perdido estoy, no sé, Lucrecio.
50 Dichoso tú, Lucrecio, que lo entiendes.

Homenaje
(1949-1966), 1967

34

LOPE DE VEGA

Aún desde la Corte, mundo estrecho,
El panorama del vivir atruena
Los oídos como una batahola
—Que un hombre, sin embargo,
5 Convierte en ritmo y rima.
Todo, todo es verdad
Durante ese relato en verso justo.

Vital sustancia absorbe aquel poeta
Con empeño que ignora la fatiga.
10 Gran avidez, amante
Conjunción, el espasmo hasta el gran pasmo.
Una ráfaga inunda los pulmones.
Cosas existen y se traban, duran
Para morir y renacer: prodigio
15 Sin comienzo ni fin. Lope lo sabe
Con su cuerpo y su alma, que laboran
Y conquistan y entienden
Eso mismo que opone resistencia
De hostil alrededor.

20 Sano, con la salud
De un Hércules sin énfasis,
Abraza realidad
En un juego que es lucha,
Logra a fuerza de puños su armonía:
25 Casi ya el equilibrio
De un vencedor, precario.
Con amplitud y variedad enormes
—Nada es ajeno a este varón de pluma—

Quedará en la palabra
30 Tanto vivir. ¡Poeta!
Si dice su dolor,
No confunde los tráfagos en curso
Con el trance mortal,
Y sin la deficiencia del enfermo,
35 No acusa al horizonte,
Manchado acaso ya por quien lo mira.
Luchador, vencedor, poeta sumo,
Dentro de su jardín
Va alumbrando a diario,
40 Ni monstruo ni titán, el universo,
Nuestro universo de contradicciones,
Y bajo la mirada de su Cristo
La Creación culmina en la figura
Del hombre pecador. Entre esas lástimas,
45 Ese Pulso: la vida. Fulgurante,
A Lope deslumbró.
Y nos deslumbra Lope.

Homenaje
(1949-1966)

35

MAR JÓNICO

Mar Jónico de invierno con pájaros y espumas
Que, fríos, numerosas, crispan esa extensión
Verdiazul —por allá, conforme va alejándose,
Robustamente azul— mar griego para siempre:
5 Tu historia me refresca, vivaz, como tu brisa.

Homenaje
(1949-1966)

36

LA EDAD

¿Cuál es mi edad? ¿Con cifras se la expresa?
¿No es un cálculo ajeno a la inmediata
Sensación de vivir? No, no se trata
De imitar el balance de una empresa,

5 Fulano y Compañía, no soy presa
Del número que forma una reata
De tantos, tantos años. ¿Quién acata
Ley del tiempo según la letra impresa?

Sé ahora de mi edad por el dorado
10 Rayo que en esta tarde me ilumina
Mi fuerza de fervor, mi afán maduro.

Un benévolo duende está a mi lado.
Es ya bella en la rosa hasta la espina.
Contra la edad se alza mi futuro.

Homenaje
(1949-1966)

37

UNA MUERTE SERENA

Campaña contra el bárbaro.
Corre una peste por el campamento,
Y ya entre los dolientes
Yace el Emperador.
5 ¿Quién no se aflige en torno al moribundo?
Él, Marco Aurelio, nunca se contrista.
Naturaleza universal lo quiere.
Así su ley le arrastra a nuevas formas,
Nuevas transformaciones
10 Que jamás se detienen. Todo es justo.
El hombre está sereno:
Va a disolverse en tierra o en la brisa,
Torna la parte a su conjunto máximo.
¿Y el Imperio? Fugaz,
15 Fugaz. Allí está el hijo.
Señalándole dice Marco Aurelio
A quien su voz de mando espera, firme:
«¡El sol naciente! Mira.
Yo soy el que se pone.»
20 Se tapa con un manto la cabeza,
Hacia el muro se vuelve.
Silencioso, tranquilo agonizante,
Aguarda aquel final tan preparado
Por su guía interior: la ley se cumpla.

Homenaje
(1949-1966)

38

MADRUGADOR EN CIUDAD

El cielo gris y blanco de este día,
Que acaba de nacer sin arreboles,
Recibe con deleite algunas luces
Eléctricas, las públicas, gozadas
5 Ya también por alguno, matutino
Sonriendo, sensible a una magnífica
Sensación de acto heroico. Soleda-
[des
Con su resto esquelético de noche
Afronta a paso firme el transeúnte,
10 Insigne en la ciudad, su vencedor.

Y otros poemas
1973

39
NOCTURNOS

11

En el fondo de la noche
Suena un zumbido continuo
De metales que desfilan,
Carros, carros infinitos
5 Entre fricciones de espadas.

Y así, remoto destino,
La noche sigue rodando
Sin cesar ante el oído
Perplejo a la vez que cierto
10 De oír y soñar lo mismo.

Y otros poemas
1973

40
DE SENECTUTE

7

Esta anciana que ha sido tan hermosa
—Hermosura ya envuelta en su leyenda—
Es hoy un personaje de otro imperio
Con la más natural metamorfosis.
5 Degradación no altera tal decoro.
La voz mantiene su poder intacto.
Luce en ojos serenos la mirada
Con una autoridad de señorío.
Fue Venus.

Y otros poemas
1973

41
EN ESTOS AÑOS DE TORMENTAS

1

Los villorrios emergen de la tierra
Con su paz de misérrimos pasivos.
Lo sabe Dios.

         Villorrios inocentes
Arderán bajo cielos impasibles.
5 Todo es abstracto. Sangre por la tierra.

        No hay batalla.

        Crimen.

2

No tengáis miedo. No es el fin del mundo.
Los hombres son aún preliminares.

10 Esas bombas son piezas neolíticas.
No existe nunca Régimen
Sin sus asesinatos aplaudidos.
Somos un torpe esbozo en la galaxia.
No tengáis miedo. No es el fin del mundo.

Y otros poemas
1973

42

EXEQUIAS

Ha fallecido un grave dignatario.
Ceremoniosamente
Brilla con gran ostentación la His-
Allí, junto al sarcófago,　　[toria.
5 Se reúnen los cómplices.

Son mílites y prestes y ministros,
Oros de tiranía
Que ser eterna quiere.
Algún pájaro cruza por el atrio.
10 Se ilumina fugaz eternidad.

Y otros poemas
1973

43

CLAVE DE MISTERIO

En la noche los búhos abren ojos
Con interrogación parada. ¿Quieren
Algo? ¿Preguntan, fijas, esas luces,
Alma de aquella incógnita sin límites?
5 Un búho se ha lanzado de repente,
Torvo tino veloz, rasgar de un vuelo,
Tras su meta, su presa al fin: un gato.
Gato que no se rinde, salta y lucha
Para a veces caer; triunfante el búho,
10 El misterioso búho de Minerva.

Y otros poemas
1973

44

TALLER

I

Por un negro agujero el universo
Desaparecerá, preveen sabios.
¿No es eso lo que ocurre a cada uno?
Por el negro agujero de mi muerte
5 Se acabará en silencio mi universo.

II

«Al cabo de millones y millones
De centurias se habrá extinguido todo.»
No en la imaginación
Del pobre ser viviente,
10 Incapaz de asumir durante el lapso
De un minuto la nada catastrófica.

III

Volvamos a soñar con los orígenes,
El dios, el ser, el átomo, la fuerza
Más allá siempre de la absurda nada,
15 Creación, creación en obras, obras
Por donde van pasando los fugaces.

Y otros poemas
1973

45

AIRE NUESTRO

1

Aire que yo respiro ya es un soplo:
Inspiración, expiración, el alma,
Psique, si no deidad alado genio,
Trasparencia en la luz del aire-espíritu.
5 Aire y luz me proponen, me regalan
Vida difícil en difícil mundo.
Yo acepto, sí. Respiro con vosotros.

2

El amor, la amistad, la admiración
Son círculos concéntricos.
                                    Persisten
10 Durante un gran fenómeno: la estancia
Sobre un astro
                    Merece una visita.

3

«Cántico» pero «Clamor».
Y sin embargo, «Homenaje».
En uno tres. Y el lector.

Y otros poemas
1973

VICENTE ALEIXANDRE
(1898-   )

Nació en Sevilla en 1898. De niño vive en Málaga hasta la edad de once años, y luego en Madrid, donde fija su residencia y hace sus estudios de Bachillerato. Simultáneamente cursa en esta ciudad la carrera de Derecho y la Mercantil. En 1917 conoce a Dámaso Alonso, quien lo inicia en el mundo de la poesía. En 1920, después de terminar sus dos carreras, pasa a ser, por dos años, profesor ayudante en la Escuela de Intendentes Mercantiles de Madrid, en la cual dicta la cátedra de Legislación Mercantil. Publicó algunos artículos sobre temas ferroviarios en una revista de economía. Fue empleado de una compañía de ferrocarriles desde 1921 hasta 1925, al mismo tiempo que hace lecturas intensas sobre poesía y escribe sus primeros versos. Una enfermedad lo obliga a separarse de la capital por dos años, incidente que le permite, en la soledad del campo, dedicarse completamente a la literatura. Durante esta época escribe los poemas de su primer libro, *Ambito*.

Desde 1927 se instala en su casa de Wellingtonia, en Madrid. Pasa sus veranos, desde entonces, en el pueblo de Miraflores de la Sierra, no lejos de la capital. Descubre a Freud en 1928, quien había de influir sobre su poesía. En traducciones francesas lee a los románticos alemanes Novalis y Tieck y a los autores ingleses Keats, Shelley, Shakespeare y Wordsworth. Durante la Guerra Civil recae en su enfermedad y es obligado a pasar dos años de completo reposo. Terminada la Guerra vuelve a las actividades literarias con toda intensidad. Fue elegido miembro de la Real Academia Española en 1949. Su poesía ejerce considerable influencia en la posguerra, tanto en España como en Hispanoamérica. Obtuvo el Premio Nacional de Literatura en 1933 y el Premio de la Crítica en 1963 y en 1969. Ha sido objeto de homenajes poéticos constituidos por libros de poemas, cuyo tema es el hombre Aleixandre o su propia poesía, como el dedicado por la Colección de Poesía El Bardo con el título de *Homenaje a Vicente Aleixandre* (Barcelona: El Bardo, 1964); el publicado por la Editorial Insula, *Homenaje a Vicente Aleixandre* (Madrid, 1968), con motivo de su septuagésimo aniversario, y el preparado por un grupo de poetas de Granada con el título de *Ambito del paraíso* (Granada, 1978), con motivo de su octogésimo aniversario. En 1977 le fue otorgado el Premio Nobel de Literatura.

OBRAS POÉTICAS:

Ámbito (Málaga: Litoral, 1928; 2.ª ed., Madrid: Col. Raíz, 1950; Madrid: Alberto Corazón, 1976), *Espadas como labios* (Madrid: Espasa-Calpe, 1932), *Pasión de la tierra* (1928-1929) (edición incompleta, México: Fábula, 1932; edición completa, Madrid: Rialp, 1946), estudio, notas y comentarios de texto por Luis Antonio de Villena (Madrid: Narcea, 1976), *La destrucción o el amor* (Madrid: Signo, 1935; 2.ª ed., Madrid: Alhambra, 1945), *Espadas como labios. La destrucción o el amor,* introducción y notas de José Luis Cano (Madrid: Castalia, 1972; 2.ª ed., 1977), *Sombra del paraíso* (Madrid: Adán, 1944; 2.ª ed., Buenos Aires, 1947), introducción y notas de Leopoldo de Luis (Madrid: Castalia, 1976, 2.ª ed., 1977), *Mundo a solas* (1934-1936) (Madrid: Clan, 1950; 2.ª ed., Zaragoza: Javalambre, 1970), *Nacimiento último* (Madrid: Insula, 1953), *Historia del corazón* (Madrid: Espasa-Calpe, 1954; 4.ª ed., 1977), *Mis poemas mejores* (Madrid: Gredos, 1956; 3.ª ed. aumentada, 1968; 5.ª ed., 1977), *Poemas amorosos (Antología)* (Buenos Aires: Losada, 1960), *Poesías completas,* prólogo de Carlos Bousoño (Madrid: Aguilar, 1960), *En un vasto dominio* (Madrid: Revista de Occidente, 1962), *Retratos con nombre* (Barcelona: El Bardo, 1965), *Presencias (Poesías),* antología personal (Barcelona: Seix Barral, 1965), *Obras completas,* incluyendo la prosa y con prólogo de Carlos Bousoño (Madrid: Aguilar, 1968; 2.ª ed., 1977), *Poemas de la consumación* (Barcelona: Plaza & Janés, 1968; 6.ª ed., 1977), *Antología del mar y la noche,* selección y prólogo de Javier Lostalé (Madrid: Al-Borak, 1971), *Poesía superrealista. Antología* (Barcelona: Seix Barral, 1971; 2.ª ed., 1977), *Diálogos del conocimiento* (Barcelona: Plaza & Janés, 1974; 5.ª ed., 1977), *Antología total,* edición y prólogo de Pere Gimferrer (Barcelona: Seix Barral, 1975; 2.ª ed., 1977), *Antología poética,* estudio, selección y notas de Leopoldo de Luis (Madrid: Alianza, 1977), *Poemas escogidos* (Valencia: Círculo de Lectores, 1978), *Poemas paradisíacos,* ed. de José Luis Cano (Madrid: Cátedra, 1978).

OTRAS OBRAS:

RETRATOS: *Los encuentros* (Madrid: Guadarrama, 1958; 2.ª ed., Barcelona: Labor, 1977), estampas líricas de escritores y artistas. CRÍTICA: *Vida del poeta: el amor y la poesía,* discurso de entrada en la Academia (Madrid: Real Academia, 1950), *Algunos caracteres de la nueva poesía española* (Madrid: Imprenta Góngora, 1955), *Discurso de recepción del Premio Nobel, Insula,* núm. 378 (1978).

ESTUDIO PRELIMINAR: I, págs. 27, 34; II, 20, 32, 35.

1

CINEMÁTICA

Venías cerrada, hermética,
a ramalazos de viento
crudo, por calles tajadas
a golpe de rachas, seco.
5 Planos simultáneos —sombras:
abierta, cerrada—. Suelos.
De bocas de frío, el frío.

Se arremolinaba el viento
en torno tuyo, ya a pique
10 de cercenarte fiel. Cuerpo

diestro. De negro. Ceñida
de cuchillas. Solo, escueto,
el perfil se defendía
rasado por los aceros.
15 Tubo. Calle cuesta arriba.
Gris de plomo. La hora, el tiempo.
Ojos metidos, profundos,
bajo el arco firme, negro.
Veladores del camino
20 —ángulos, sombras— siniestros.

Te pasan ángulos —calle,
calle, calle, calle—. Tiemblos.
Asechanzas rasan filos
por ti. Dibujan tu cuerpo
25 sobre el fondo azul profundo
de ti misma, ya postrero.

Meteoro de negrura.
Tu bulto. Cometa. Lienzos
de pared limitan cauces
30 hacia noche solo abiertos.

Cortas luces, cortas agrios
paredones de misterio,
haces camino escapada
de la tarde, frío el gesto,
35 contra cruces, contra luces,
amenazada de aceros
de viento. Pasión de noche
enciende, farol del pecho,
el corazón, y derribas
40 sed de negror y silencios.

Ámbito
(1924-1927), 1928

2

POSESIÓN

Negros de sombra. Caudales
de lentitud. Impaciente
se esfuerza en armar la luna
sobre la sombra sus puentes.

5 (¿De plata? Son levadizos
cuando, bizarro, de frente,
de sus puertos despegado
cruzar el día se siente.)

Ahora los rayos desgarran
10 la sombra espesa. Reciente,
todo el paisaje se muestra
abierto y mudo, evidente.

Húmedos pinceles tocan
las superficies, se mueven
15 ágiles, brillantes, tersos
brotan a flor los relieves.

Extendido ya el paisaje
está. Su mantel no breve
flores y frutos de noche
20 en dulce peso sostiene.

La noche madura toda
gravita sobre la nieve
hilada. ¿Qué zumos densos
dará en mi mano caliente?

25 Su pompa rompe la cárcel
precisa, y la pulpa ardiente,
constelada de pepitas
iluminadas, se vierte.

Mis rojos labios la sorben.
30 Hundo en su yema mis dientes.
Toda mi boca se llena
de amor, de fuegos presentes.

Ebrio de luces, de noche,
de brillos, mi cuerpo extiende
35 sus miembros, ¿pisando estrellas?,
temblor pisando celeste.

La noche en mí. Yo la noche.
Mis ojos ardiendo. Tenue,
sobre mi lengua naciendo
40 un sabor a alba creciente.

Ámbito
(1924-1927)

3

LA MUERTE O ANTESALA DE CONSULTA

Iban entrando uno a uno y las paredes desangradas no
eran de mármol frío. Entraban innumerables y se saluda-
ban con los sombreros. Demonios de corta vista visita-

ban los corazones. Se miraban con desconfianza. Estro-
5 pajos yacían sobre los suelos y las avispas los ignoraban.
Un sabor a tierra reseca descargaba de pronto sobre las
lenguas y se hablaba de todo con conocimiento. Aquella
dama, aquella señora argumentaba con su sombrero y los
pechos de todos se hundían muy lentamente. Aguas. Nau-
10 fragio. Equilibrio de las miradas. El cielo permanecía a
su nivel, y un humo de lejanía salvaba todas las cosas. Los
dedos de la mano del más viejo tenían tanta tristeza que
el pasillo se acercaba lentamente, a la deriva, recargado
de historias. Todos pasaban íntegramente a sí mismos y
15 un telón de humo se hacía sangre todo. Sin remediarlo,
las camisas temblaban bajo las chaquetas y las marcas de
ropa estaban bordadas sobre la carne. «¿Me amas, di?» La
más joven sonreía llena de anuncios. Brisas, brisas de
abajo resolvían toda la niebla, y ella quedaba desnuda,
20 irisada de acentos, hecha pura prosodia. «Te amo, sí» —y
las paredes delicuescentes casi se deshacían en vaho. «Te
amo, sí, temblorosa, aunque te deshagas como un helado». La abrazó como a música. Le silbaban los oídos.
Ecos, sueños de melodía se detenían, vacilaban en las
25 gargantas como un agua muy triste. «Tienes los ojos tan
claros que se te transparentan los sesos.» Una lágrima.
Moscas blancas bordoneaban sin entusiasmo. La luz de
percal barato se amontonaba por los rincones. Todos los
señores sentados sobre sus inocencias bostezaban sin des-
30 confianza. El amor es una razón de Estado. Nos hacemos
cargo de que los besos no son de *biscuit glacé*. Pero si ahora se abriese esa puerta todos nos besaríamos en la boca.
¡Qué asco que el mundo no gire sobre sus goznes! Voy
a dar media vuelta a mis penas para que los canarios flau-
35 tas puedan amarme. Ellos, los amantes, faltaban a su
deber y se fatigaban como los pájaros. Sobre las sillas las
formas no son de metal. Te beso, pero tus pestañas... Las
agujas del aire estaban sobre las frentes: qué oscura misión la mía de amarte. Las paredes de níquel no consen-
40 tían el crepúsculo, lo devolvían herido. Los amantes vola-
ban masticando la luz. Permíteme que te diga. Las viejas
contaban muertes, muertes y respiraban por sus encajes.
Las barbas de los demás crecían hacia el espanto: la hora
final las segará sin dolor. Abanicos de tela paraban, aca-
45 riciaban escrúpulos. Ternura de presentirse horizontal.
Fronteras.

La hora grande se acercaba en la bruma. La sala cabe-
ceaba sobre el mar de cáscaras de naranja. Remaríamos
sin entrañas si los pulsos no estuvieran en las muñecas.
50 El mar es amargo. Tu beso me ha sentado mal al estó-
mago. Se acerca la hora.

La puerta, presta a abrirse, se teñía de amarillo lóbrego lamentándose de su torpeza. Dónde encontrarte, oh
sentido de la vida, si ya no hay tiempo. Todos los seres
55 esperaban la voz de Jehová refulgente de metal blanco.
Los amantes se besaban sobre los nombres. Los pañuelos
eran narcóticos y restañaban la carne exangüe. Las siete
y diez. La puerta volaba sin plumas y el ángel del Señor
anunció a María. Puede pasar el primero.

Pasión de la tierra
(1928-1929), 1946

4

EL SILENCIO

Esa luz amarilla que la luna me envía es una historia
larga que me acongoja más que un brazo desnudo. ¿Por
qué me tocas, si sabes que no puedo responderte? ¿Por
qué insistes nuevamente, si sabes que contra tu azul pro-
5 fundo, casi líquido, no puedo más que cerrar los ojos,
ignorar las aguas muertas, no oír las músicas sordas de
los peces de arriba, olvidar la forma de su cuadrado estanque? ¿Por qué abres tu boca reciente, para que yo
sienta sobre mi cabeza que la noche no ama más que mi
10 esperanza, porque espera verla convertida en deseo? ¿Por
qué el negror de los brazos quiere tocarme el pecho y me
pregunta por la nota de mi bella caja escondida, por esa
cristalina palidez que se sucede siempre cuando un piano
se ahoga, o cuando se escucha la extinguida nota del beso?
15 Algo que es como un arpa que se hunde.

Pero tú, hermosísima, no quieres conocer este azul frío
de que estoy revestido y besas la helada contracción de
mi esfuerzo. Estoy quieto como el arco tirante, y todo
para ignorarte, oh noche de los espacios cardinales, de
20 los torrentes de silencio y de lava. ¡Si tú vieras qué esfuerzo me cuesta guardar el equilibrio contra la opresión
de tu seno, contra ese martillo de hierro que me está
golpeando aquí, en el séptimo espacio intercostal, preguntándome por el contacto de dos epidermis! Lo ignoro
25 todo. No quiero saber si el color rojo es antes o es después, si Dios lo sacó de su frente o si nació del pecho del
primer hombre herido. No quiero saber si los labios son
una larga línea blanca.

De nada me servirá ignorar la hora que es, no tener
30 noción de la lucha cruel, de la aurora que me está naciendo entre mi sangre. Acabaré pronunciando unas palabras relucientes. Acabaré destellando entre los dientes
tu muerte prometida, tu marmórea memoria, tu torso de-

rribado, mientras me elevo con mi sueño hasta el ama-
35 necer radiante, hasta la certidumbre germinante que me
cosquillea en los ojos, entre los párpados, prometiéndoos
a todos un mundo iluminado en cuanto yo me despierte.

Te beso, oh, pretérita, mientras miro el río en que te
vas copiando, por último, el color azul de mi frente.

                                                Pasión de la tierra
                                                   (1928-1929)

5

DEL COLOR DE LA NADA

Se han entrado ahora mismo una a una las luces del
verano, sin que nadie sospeche el color de sus manos.
Cuando las almas quietas olvidaban la música callada,
cuando la severidad de las cosas consistía en un frío color
5 de otro día. No se reconocían los ojos equidistantes, ni
los pechos se henchían con ansia de saberlo. Todo estaba
en el fondo del aire con la misma serenidad con que las
muchachas vestidas andan tendidas por el suelo imitan-
do graciosamente al arroyo. Pero nadie moja su piel, por-
10 que todos saben que el sol da notas altas, tan altas que
los corazones se hacen cárdenos y los labios de oro, y los
bordes de los vestidos florecen todos de florecillas moradas. En las coyunturas de los brazos duelen unos niños
pequeños como yemas. Y hay quien llora lágrimas del co-
15 lor de la ira. Pero solo por equivocación, porque lo que hay
que llorar son todas esas soñolientas caricias que al borde
de los lagrimales esperan solo que la tarde caiga para
rodar al estanque, al cielo de otro plomo que no nota las
puntas de las manos por fina que la piel se haga al tacto,
20 al amor que está invadiendo con la noche.

Pero todos callaban. Sentados como siempre en el límite de las sillas, húmedas las paredes y prontas a secarse tan pronto como sonase la voz del zapato más antiguo,
las cabezas todas vacilaban entre las ondas de azúcar, de
25 viento, de pájaros invisibles que estaban saliendo de los
oídos virginales. De todos aquellos seres de palo. Quería
existir un denso crecimiento de nadas palpitantes, y el
ritmo de la sangre golpeaba sobre la ventana pidiendo
al azul del cielo un rompimiento de esperanza. Las muje-
30 res de encaje yacían en sus asientos, despedidas de su
forma primera. Y se ignoraba todo, hasta el número de los
senos ausentes. Pero los hombres no cantaban. Inútil que
cabezas de níquel brillasen a cuatro metros sobre el suelo,
sin alas, animando con sus miradas de ácidos el muerto
35 calor de las lenguas insensibles. Inútil que los maniquíes

derramados ofreciesen, ellos, su desnudez al aire circundante, ávido de sus respuestas. Los hombres no sabían cuándo acabaría el mundo. Ni siquiera conocían el área de su cuarto, ni tan siquiera si sus dedos servirían para
40 hacer el signo de la cruz. Se iban ahogando las paredes. Se veía venir el minuto en que los ojos, salidos de su esfera, acabarían brillando como puntos de dolor, con peligro de atravesarse en las gargantas. Se adivinaba la certidumbre de que las montañas acabarían reuniéndose fa-
45 talmente, sin que pudieran impedirlo las manos de todos los niños de la tierra. El día en que se aplastaría la existencia como un huevo vacío que acabamos de sacarnos de la boca, ante el estupor de las aves pasajeras.

Ni un grito. Ni una lluvia de ceniza. Ni tan solo un dedo
50 de Dios para saber que está frío. La nada es un cuento de infancia que se pone blanco cuando le falta el respiro. Cuando ha llegado el instante de comprender que la sangre no existe. Que si me abro una vena puedo escribir con su tiza parada: «En los bolsillos vacíos no preten-
55 dáis encontrar un silencio.»

Pasión de la tierra
(1928-1929)

6

FÁBULA QUE NO DUELE

Al encontrarse el pájaro con la flor se saludaron con el antiguo perfume que no es pluma, pero que sonríe en redondo, con el alivio blanco para el cansancio del camino. Echaron de menos al pez, al entero pez de lata que
5 tan graciosamente bordaba preguntas, enhebrándose en todos los cantos, dejándolos colgados de guirnaldas, mientras la rosa abierta crecía hasta hacerse más grande que su alma. Estaba tan alto el cielo que no hubieran llegado los suspiros, así es que optaron por amarse en si-
10 lencio. Tienes una cadencia tan fina, que ensordecen los pétalos de doloroso esfuerzo para conservar sus colores. Tienes tú, en cambio, un color en los ojos, que la luz no me duele, a pesar del cariño tan tierno con que tus dedos vuelan por el perfume. Ámame. Ámamc. El pája-
15 ro sonreía ocultando la gracia de su pico, con todas las palpitaciones temblando en las puntas de sus alas. Flor, flor, flor. Tu caramelo agreste es la reina de las hadas que olvida su túnica, para envolver con su desnudez la armoniosa música de los troncos pulsados. Flor, recórre-
20 me con tu escala de sonrisa, llegando al rojo, al amarillo, al decisivo «sí» que emerge su delgadez cimera, sintiendo en su cúspide la esbelta savia olvidadiza del ba-

rro que le sube por la garganta. Canta, pájaro sin fuego
que tienes de nieve las puntas de tus dedos para marcar
25 la piel con tu ardiente guitarra breve, que hormiguea en
los ojos para las primeras lágrimas de la niñez. Si cantas
te prometo que la noche se hará de repente pecho, suspiro, cadencia de los dientes que recuerden en la sonrisa la luz que no dañaba, pero que iluminaba la frente,
30 sospechando el desvestido ardiente. Si cantas te prometo
la castidad final, una imagen del monte último donde se
quema la cruz de la memoria contra el cielo, que aprieta
en sus convulsiones el perdón de las culpas que no se
pronunciaron, que latían bajo la tierra. ¡Flor, flor, flor,
35 aparenta una sequedad que no posees! Cúbrete de hojas
duras, que se vuelven mintiendo un desdén por la forma,
mientras el aire cae comprendiendo la inutilidad de su
insistencia, abandonando sus alturas. El ruiseñor en lo
alto no parlamenta ya con la luna, sino que busca aguas,
40 no espejos, recogidas sombras donde ocultar el temblor de
su ala, que no resiste, no, el agudo resplandor que la ha
traspasado. La verdad es una sola. La verdad no es perdón, es evidencia, es destino que ilumina las letras sin
descarga, de las que no se pueden apartar los ojos. Al fin
45 comprendes, cuando ya es tarde para salvar la vida a ese
ruiseñor que agoniza. Cuando la flor te ha dicho adiós,
ultimando la postura de su corola ante la indiferencia de
tu frente encerrada. Cuando el perfume te ha rondado sin
que las yemas de los dedos acariciasen su altura, que no
50 ascendía más que a las rodillas. Cuando tú solo eres un
tronco mutilado donde tu pensamiento falta, decapitado
por el hacha de aquel suspiro tenue que te rozó sin que
tú lo supieras.

Pasión de la tierra
(1928-1929)

7

LA PALABRA

Esas risas, esos otros cuchillos, esa delicadísima penumbra...
Abre las puertas todas.
Aquí al oído voy a decir.
(Mi boca suelta humo.)
5 Voy a decir.
(Metales sin saliva.)
Voy a hablarte muy bajo.
Pero estas dulces bolas de cristal,
estas cabecitas de niño que trituro,
10 pero esta pena chica que me impregna
hasta hacerme tan negro como un ala.
Me arrastro sin sonido.

Escúchame muy pronto.
En este dulce hoyo no me duermo.
15 Mi brazo, qué espesura.
Este monte que aduzco en esta mano,
este diente olvidado que tiene su último brillo
bajo la piedra caliente,
bajo el pecho que duerme.
20 Este calor que aún queda, mira ¿lo ves?, allá más lejos,
en el primer pulgar de un pie perdido,
adonde no llegarán nunca tus besos.
Escúchame. Más, más.
Aquí en el fondo hecho un caracol pequeñísimo,
25 convertido en una sonrisa arrollada,
todavía soy capaz de pronunciar el nombre,
de dar sangre.
Y...
Silencio.
30 Esta música nace de tus senos.
No me engañas,
aunque tomes la forma de un delantal ondulado,
aunque tu cabellera grite el nombre de todos los horizontes.
Pese a este sol que pesa sobre mis coyunturas más graves.

35 Pero tápame pronto;
echa tierra en el hoyo;
que no te olvides de mi número,
que sepas que mi madera es carne,
que mi voz no es la tuya
40 y que cuando solloces tu garganta
sepa distinguir todavía
mi beso de tu esfuerzo
por pronunciar los nombres con mi lengua.

Porque yo voy a decirte todavía,
45 porque tú pisas caracoles
que aguardaban oyendo mis dos labios.

Espadas como labios
1932

8

EL VALS

Eres hermosa como la piedra,
oh difunta;
oh viva, oh viva, eres dichosa como la nave.
Esta orquesta que agita
5 mis cuidados como una negligencia,
como un elegante biendecir de buen tono,
ignora el vello de los pubis,
ignora la risa que sale del esternón como una gran batuta.

Unas olas de afrecho,
10 un poco de serrín en los ojos,
o si acaso en las sienes,
o acaso adornando las cabelleras;
unas faldas largas hechas de colas de cocodrilos;
unas lenguas o unas sonrisas hechas con caparazones de cangrejos.
15 Todo lo que está suficientemente visto
no puede sorprender a nadie.

Las damas aguardan su momento sentadas sobre una lágrima,
disimulando la humedad a fuerza de abanico insistente.
Y los caballeros abandonados de sus traseros
20 quieren atraer todas las miradas a la fuerza hacia sus bigotes.

Pero el vals ha llegado.
Es una playa sin ondas,
es un entrechocar de conchas, de tacones, de espumas o de dentaduras pos-
Es todo lo revuelto que arriba.   [tizas.

25 Pechos exuberantes en bandeja en los brazos,
dulces tartas caídas sobre los hombros llorosos,
una languidez que revierte,
un beso sorprendido en el instante que se hacía «cabello de ángel»,
un dulce «sí» de cristal pintado de verde.
30 Un polvillo de azúcar sobre las frentes
da una blancura cándida a las palabras limadas,
y las manos se acortan más redondeadas que nunca,
mientras fruncen los vestidos hechos de esparto querido.

Las cabezas son nubes, la música es una larga goma,
35 las colas de plomo casi vuelan, y el estrépito
se ha convertido en los corazones en oleadas de sangre,
en un licor, si blanco, que sabe a memoria o a cita.

Adiós, adiós, esmeralda, amatista o misterio;
adiós, como una bola enorme ha llegado el instante,
40 el preciso momento de la desnudez cabeza abajo,
cuando los vellos van a pinchar los labios obscenos que saben.
Es el instante, el momento de decir la palabra que estalla,
el momento en que los vestidos se convertirán en aves,
las ventanas en gritos,
45 las luces en ¡socorro!
y ese beso que estaba (en el rincón) entre dos bocas
se convertirá en una espina
que dispensará la muerte diciendo:
Yo os amo.

Espadas como labios
1932

9

REPOSO

Una tristeza del tamaño de un pájaro.
Un aro limpio, una oquedad, un siglo.
Este pasar despacio sin sonido,
esperando el gemido de lo oscuro.
5 Oh tú, mármol de carne soberana.
Resplandor que traspasas los encantos,
partiendo en dos la piedra derribada.
Oh sangre, oh sangre, oh ese reloj que pulsa
los cardos cuando crecen, cuando arañan
10 las gargantas partidas por el beso.

Oh esa luz sin espinas que acaricia
la postrer ignorancia que es la muerte.

Espadas como labios
1932

10

MUDO DE NOCHE

Las ventanas abiertas.
Voy a cantar doblando.
Canto con todo el cuerpo,
moviendo músculos de bronce
5 y sosteniendo el cielo derrumbado como un sollozo retenido.

Con mis puños de cristal lúcido quiero ignorar las luces,
quiero ignorar tu nombre, oh belleza diminuta.
Entretenido en amanecer,
en expulsar esta clarividencia que me rebosa,
10 siento por corazón un recuerdo, acaso una pluma,
acaso ese navío frágil olvidado entre dos ríos.
Voy a virar en redondo.
¿Cómo era sonreír, cómo era?
Era una historia sencilla, fácil de narrar, olvidada
15 mientras la luz se hacía cuerpo y se la llevaban las sangres.

Qué fácil confundir un beso y un coágulo.

Oh, no torzáis los rostros como si un viento los doblase,
acordaos que el alba es una punta no afilada
y que su suavidad de pluma es propicia a los sueños.
20 Un candor, una blancura, una almohada ignorante de las cabezas,

reposa en otros valles donde el calor está quieto,
donde ha descendido sin tomar cuerpo
porque ignora todavía el bulto de las letras,
esos lingotes de carne que no pueden envolverse con nada.

25 Esta constancia, esta vigencia, este saber que existe,
que no sirve cerrar los ojos y hundir el brazo en el río,
que los peces de escamas frágiles no destellan como manos,
que resbalan todas las dudas al tiempo que la garganta se obstruye.

Pero no existen lágrimas.
30 Vellones, lana vivida, límites bien tangibles
descienden por las laderas para recordarme los brazos.
¡Oh, sí!, la tierra es abarcable y los dedos lo saben.
Ellos ciegos de noche se buscan por los antípodas,
sin más guía que la fiebre que reina por otros cielos,
35 sin más norte, oh caricia, que sus labios cruzados.

Espadas como labios
1932

11

LA SELVA Y EL MAR

Allá por las remotas
luces o aceros aún no usados,
tigres del tamaño del odio,
leones como un corazón hirsuto,
5 sangre como la tristeza aplacada,
se baten con la hiena amarilla que toma la forma del poniente insaciable.

Oh la blancura súbita,
las ojeras violáceas de unos ojos marchitos,
cuando las fieras muestran sus espadas o dientes
10 como latidos de un corazón que casi todo lo ignora,
menos el amor,
al descubierto en los cuellos allá donde la arteria golpea,
donde no se sabe si es el amor o el odio
lo que reluce en los blancos colmillos.

15 Acariciar la fosca melena
mientras se siente la poderosa garra en la tierra,
mientras las raíces de los árboles, temblorosas,
sienten las uñas profundas
como un amor que así invade.

20 Mirar esos ojos que sólo de noche fulgen,
donde todavía un cervatillo ya devorado
luce su diminuta imagen de oro nocturno,
un adiós que centellea de póstuma ternura.

El tigre, el león cazador, el elefante que en sus colmillos lleva
25   algún suave collar,
la cobra que se parece al amor más ardiente,
el águila que acaricia a la roca como los sesos duros,
el pequeño escorpión que con sus pinzas sólo aspira a oprimir
   un instante la vida,
30 la menguada presencia de un cuerpo de hombre que jamás podrá
   ser confundido con una selva,
ese piso feliz por el que viborillas perspicaces hacen su nido
   en la axila del musgo,
mientras la pulcra coccinela
35 se evade de una hoja de magnolia sedosa...
Todo suena cuando el rumor del bosque siempre virgen
se levanta como dos alas de oro,
élitros, bronce o caracol rotundo,
frente a un mar que jamás confundirá sus espumas con las
40   ramillas tiernas.

La espera sosegada,
esa esperanza siempre verde,
pájaro, paraíso, fasto de plumas no tocadas,
inventa los ramajes más altos,
45 donde los colmillos de música,
donde las garras poderosas, el amor que se clava,
la sangre ardiente que brota de la herida,
no alcanzará, por más que el surtidor se prolongue,
por más que los pechos entreabiertos en tierra
50 proyecten su dolor o su avidez a los cielos azules.

Pájaro de la dicha,
azul pájaro o pluma,
sobre un sordo rumor de fieras solitarias,
del amor o castigo contra los troncos estériles,
55 frente al mar remotísimo que como la luz se retira.

La destrucción o el amor
1935

12

UNIDAD EN ELLA

Cuerpo feliz que fluye entre mis manos,
rostro amado donde contemplo el mundo,
donde graciosos pájaros se copian fugitivos,
volando a la región donde nada se olvida.

5 Tu forma externa, diamante o rubí duro,
brillo de un sol que entre mis manos deslumbra,
cráter que me convoca con su música íntima,
con esa indescifrable llamada de tus dientes.

Muero porque me arrojo, porque quiero morir,
10 porque quiero vivir en el fuego, porque este aire de fuera
no es mío, sino el caliente aliento
que si me acerco quema y dora mis labios desde un fondo.

Deja, deja que mire, teñido del amor,
enrojecido el rostro por tu purpúrea vida,
15 deja que mire el hondo clamor de tus entrañas
donde muero y renuncio a vivir para siempre.

Quiero amor o la muerte, quiero morir del todo,
quiero ser tú, tu sangre, esa lava rugiente
que regando encerrada bellos miembros extremos
20 siente así los hermosos límites de la vida.

Este beso en tus labios como una lenta espina,
como un mar que voló hecho un espejo,
como el brillo de un ala,
es todavía unas manos, un repasar de tu crujiente pelo,
25 un crepitar de la luz vengadora,
luz o espada mortal que sobre mi cuello amenaza,
pero que nunca podrá destruir la unidad de este mundo.

La destrucción o el amor
1935

13

VEN SIEMPRE, VEN

No te acerques. Tu frente, tu ardiente frente, tu encendida frente,
las huellas de unos besos,
ese resplandor que aun de día se siente si te acercas,
ese resplandor contagioso que me queda en las manos,
5 ese río luminoso en que hundo mis brazos,
en el que casi no me atrevo a beber, por temor después a ya una dura vida
[de lucero.
No quiero que vivas en mí como vive la luz,
con ese ya aislamiento de estrella que se une con su luz,
a quien el amor se niega a través del espacio
10 duro y azul que separa y no une,
donde cada lucero inaccesible
es una soledad que, gemebunda, envía su tristeza.

La soledad destella en el mundo sin amor.
La vida es una vívida corteza,
15 una rugosa piel inmóvil
donde el hombre no puede encontrar su descanso,
por más que aplique su sueño contra un astro apagado.

Pero tú no te acerques. Tu frente destellante, carbón encendido que me
   arrebata a la propia conciencia,
20 duelo fulgúreo en que de pronto siento la tentación de morir,
   de quemarme los labios con tu roce indeleble,
   de sentir mi carne deshacerse contra tu diamante abrasador.

No te acerques, porque tu beso se prolonga como el choque imposible de
   como el espacio que súbitamente se incendia,   [las estrellas,
25 éter propagador donde la destrucción de los mundos
   es un único corazón que totalmente se abrasa.

Ven, ven, ven como el carbón extinto oscuro que encierra una muerte;
   ven como la noche ciega que me acerca su rostro;
   ven como los dos labios marcados por el rojo,
30 por esa línea larga que funde los metales.

Ven, ven, amor mío; ven, hermética frente, redondez casi rodante
   que luces como una órbita que va a morir en mis brazos;
   ven como dos ojos o dos profundas soledades,
   dos imperiosas llamadas de una hondura que no conozco.

35 ¡Ven, ven, muerte, amor; ven pronto, te destruyo;
   ven, que quiero matar o amar o morir o darte todo;
   ven, que ruedas como liviana piedra,
   confundida como una luna que me pide mis rayos!

La destrucción o el amor
1935

14

A TI, VIVA

Es tocar el cielo, poner el dedo
sobre un cuerpo humano.
NOVALIS

Cuando contemplo tu cuerpo extendido
como un río que nunca acaba de pasar,
como un claro espejo donde cantan las aves,
donde es un gozo sentir el día cómo amanece.

5 Cuando miro a tus ojos, profunda muerte o vida que me llama,
canción de un fondo que sólo sospecho;
cuando veo tu forma, tu frente serena,
piedra luciente en que mis besos destellan,
como esas rocas que reflejan un sol que nunca se hunde.

10 Cuando acerco mis labios a esa música incierta,
a ese rumor de lo siempre juvenil,
del ardor de la tierra que canta entre lo verde,

cuerpo que húmedo siempre resbalaría
como un amor feliz que escapa y vuelve...

15 Siento el mundo rodar bajo mis pies,
rodar ligero con siempre capacidad de estrella,
con esa alegre generosidad del lucero
que ni siquiera pide un mar en que doblarse.

Todo es sorpresa. El mundo destellando
20 siente que un mar de pronto está desnudo, trémulo,
que es ese pecho enfebrecido y ávido
que solo pide el brillo de la luz.

La creación riela. La dicha sosegada
transcurre como un placer que nunca llega al colmo,
25 como esa rápida ascensión del amor
donde el viento se ciñe a las frentes más ciegas.

Mirar tu cuerpo sin más luz que la tuya,
que esa cercana música que concierta a las aves,
a las aguas, al bosque, a ese ligado latido
30 de este mundo absoluto que siento ahora en los labios.

> *La destrucción o el amor*
> 1935

15

HUMANA VOZ

Duele la cicatriz de la luz,
duele en el suelo la misma sombra de los dientes,
duele todo,
hasta el zapato triste que se lo llevó el río.

5 Duelen las plumas del gallo,
de tantos colores
que la frente no sabe qué postura tomar
ante el rojo cruel del poniente.

Duele el alma amarilla o una avellana lenta,
10 la que rodó mejilla abajo cuando estábamos dentro del agua
y las lágrimas no se sentían más que al tacto.

Duele la avispa fraudulenta
que a veces bajo la tetilla izquierda
imita un corazón o un latido,
15 amarilla como el azufre no tocado
o las manos del muerto a quien queríamos.

Duele la habitación como la caja del pecho,
donde palomas blancas como sangre
pasan bajo la piel sin pararse en los labios
20 a hundirse en las entrañas con sus alas cerradas.

Duele el día, la noche,
duele el viento gemido,
duele la ira o espada seca,
aquello que se besa cuando es de noche.

25 Tristeza. Duele el candor, la ciencia,
el hierro, la cintura,
los límites y esos brazos abiertos, horizonte
como corona contra las sienes.

Duele el dolor. Te amo.
30 Duele, duele. Te amo.
Duele la tierra o uña,
espejo en que estas letras se reflejan.

La destrucción o el amor
1935

16

LA DICHA

No. ¡Basta!
Basta siempre.
Escapad, escapad; solo quiero,
solo quiero tu muerte cotidiana.

5 El busto erguido, la terrible columna,
el cuello febricente, la convocación de los robles,
las manos que son piedra, luna de piedra sorda
y el vientre que es el sol, el único extinto sol.

¡Hierba seas! Hierba reseca, apretadas raíces,
10 follaje entre los muslos donde ni gusanos ya viven,
porque la tierra no puede ni ser grata a los labios,
a esos que fueron, sí, caracoles de lo húmedo.

Matarte a ti, pie inmenso, yeso escupido,
pie masticado días y días cuando los ojos sueñan,
15 cuando hacen un paisaje azul cálido y nuevo
donde una niña entera se baña sin espuma.

Matarte a ti, cuajarón redondo, forma o montículo,
materia vil, vomitadura o escarnio,
palabra que pendiente de unos labios morados
20 ha colgado en la muerte putrefacta o el beso.

No. ¡No!
Tenerte aquí, corazón que latiste entre mis dientes larguísimos,
en mis dientes o clavos amorosos o dardos,
o temblor de tu carne cuando yacía inerte
25 como el vivaz lagarto que se besa y se besa.

Tu mentira catarata de números,
catarata de manos de mujer con sortijas,
catarata de dijes donde pelos se guardan,
donde ópalos u ojos están en terciopelos,
30 donde las mismas uñas se guardan con encajes.

Muere, muere como el clamor de la tierra estéril,
como la tortuga machacada por un pie desnudo,
pie herido cuya sangre, sangre fresca y novísima,
quiere correr y ser como un río naciente.

35 Canto el cielo feliz, el azul que despunta,
canto la dicha de amar dulces criaturas,
de amar a lo que nace bajo las piedras limpias,
agua, flor, hoja, sed, lámina, río o viento,
amorosa presencia de un día que sé existe.

La destrucción o el amor
1935

17

EL FRÍO

Viento negro secreto que sopla entre los huesos,
sangre del mar que tengo entre mis venas cerradas,
océano absoluto que soy cuando, dormido,
irradio verde o fría una ardiente pregunta.

5 Viento de mar que ensalza mi cuerpo hasta sus cúmulos,
hasta el ápice aéreo de sus claras espumas,
donde ya la materia cabrillea, o lucero,
cuerpo que aspira a un cielo, a una luz propia y fija.

Cuántas veces de noche rodando entre las nubes, o acaso bajo tierra,
10 o bogando con forma de pez vivo,
o rugiendo en el bosque como fauce o marfil;
cuántas veces arena, gota de agua o voz solo,
cuántas, inmensa mano que oprime un mundo alterno.

Soy tu sombra, camino que me lleva a ese límite,
15 a ese abismo sobre el que el pie osaría,
sobre el que acaso quisiera volar como cabeza,
como solo una idea o una gota de sangre.

Sangre o sol que se funden en el feroz encuentro,
cuando el amor destella a un choque silencioso,
²⁰ cuando amar es luchar con una forma impura,
un duro acero vivo que nos refleja siempre.

Matar la limpia superficie sobre la cual golpeamos,
bruñido aliento que empañan los besos, no los pájaros,
superficie que copia un cielo estremecido,
²⁵ como ese duro estanque donde no calan piedras.

Látigo de los hombres que se asoma a un espejo,
a ese bárbaro amor de lo impasible o entero,
donde los dedos mueren como láminas siempre,
suplicando, gastados, un volumen perdido.

³⁰ ¡Ah maravilla loca de hollar el frío presente,
de colocar los pies desnudos sobre el fuego,
de sentir en los huesos el hielo que nos sube
hasta notar ya blanco el corazón inmóvil!

Todavía encendida una lengua de nieve
³⁵ surte por una boca, como árbol o unas ramas.
Todavía las luces, las estrellas, el viso,
mandan luz, mandan aire, mandan amor o carne.

La destrucción o el amor
1935

18

COBRA

La cobra toda ojos,
bulto echado la tarde (baja, nube),
bulto entre hojas secas,
rodeada de corazones de súbito parados.

⁵ Relojes como pulsos
en los árboles quietos son pájaros cuyas gargantas cuelgan,
besos amables a la cobra baja
cuya piel es sedosa o fría o estéril.

Cobra sobre cristal
¹⁰ chirriante como navaja fresca que deshace a una virgen,
fruta de la mañana,
cuyo terciopelo aún está por el aire en forma de ave.

Niñas como lagunas,
ojos como esperanzas,
¹⁵ desnudos como hojas
cobra pasa lasciva mirando a su otro cielo.

Pasa y repasa el mundo,
cadena de cuerpos o sangres que se tocan,
cuando la piel entera ha huido como un águila
20 que oculta el sol. ¡Oh cobra, ama, ama!

Ama bultos o naves o quejidos,
ama todo despacio, cuerpo a cuerpo,
entre muslos de frío o entre pechos
del tamaño de hielos apretados.

25 Labios, dientes o flores, nieves largas;
tierra debajo convulsa derivando.
Ama el fondo con sangre donde brilla
el carbunclo logrado.
                    El mundo vibra.

                              La destrucción o el amor
                                         1935

19

SE QUERÍAN

Se querían.
Sufrían por la luz, labios azules en la madrugada,
labios saliendo de la noche dura,
labios partidos, sangre, ¿sangre dónde?
5 Se querían en un lecho navío, mitad noche, mitad luz.

Se querían como las flores a las espinas hondas,
a esa amorosa gema del amarillo nuevo,
cuando los rostros giran melancólicamente,
giralunas que brillan recibiendo aquel beso.

10 Se querían de noche, cuando los perros hondos
laten bajo la tierra y los valles se estiran
como lomos arcaicos que se sienten repasados:
caricia, seda, mano, luna que llega y toca.

Se querían de amor entre la madrugada,
15 entre las duras piedras cerradas de la noche,
duras como los cuerpos helados por las horas,
duras como los besos de diente a diente solo.

Se querían de día, playa que va creciendo,
ondas que por los pies acarician los muslos,
20 cuerpos que se levantan de la tierra y flotando...
Se querían de día, sobre el mar, bajo el cielo.

Mediodía perfecto, se querían tan íntimos,
mar altísimo y joven, intimidad extensa,
soledad de lo vivo, horizontes remotos
25 ligados como cuerpos en soledad cantando.

Amando. Se querían como la luna lúcida,
como ese mar redondo que se aplica a ese rostro,
dulce eclipse de agua, mejilla oscurecida,
donde los peces rojos van y vienen sin música.

30 Día, noche, ponientes, madrugadas, espacios,
ondas nuevas, antiguas, fugitivas, perpetuas,
mar o tierra, navío, lecho, pluma, cristal,
metal, música, labio, silencio, vegetal,
mundo, quietud, su forma. Se querían, sabedlo.

La destrucción o el amor
1935

20

NO EXISTE EL HOMBRE

Sólo la luna sospecha la verdad.
Y es que no existe el hombre.

La luna tantea por los llanos, atraviesa los ríos,
penetra por los bosques.
5 Modela las aún tibias montañas.
Encuentra el calor de las ciudades erguidas.
Fragua una sombra, mata una oscura esquina,
inunda de fulgurantes rosas
el misterio de las cuevas donde no huele a nada.

10 La luna pasa, sabe, canta, avanza y avanza sin descanso.
Un mar no es un lecho donde el cuerpo de un hombre puede tenderse a
Un mar no es un sudario para una muerte lúcida.   [solas.
La luna sigue, cala, ahonda, raya las profundas arenas.
Mueve fantástica los verdes rumores aplacados.
15 Un cadáver en pie un instante se mece,
duda, ya avanza, verde queda inmóvil.
La luna miente sus brazos rotos,
su imponente mirada donde unos peces anidan.
Enciende las ciudades hundidas donde todavía se pueden oír
20 (qué dulces) las campanas vividas;
donde las ondas postreras aún repercuten sobre los pechos neutros,
sobre los pechos blandos que algún pulpo ha adorado.

Pero la luna es pura y seca siempre.
Sale de un mar que es una caja siempre,
25 que es un bloque con límites que nadie, nadie estrecha,
que no es una piedra sobre un monte irradiando.
Sale y persigue lo que fuera los huesos,
lo que fuera las venas de un hombre,
lo que fuera su sangre sonada, su melodiosa cárcel,

30 su cintura visible que a la vida divide,
o su cabeza ligera sobre un aire hacia oriente.

Pero el hombre no existe.
Nunca ha existido, nunca.
Pero el hombre no vive, como no vive el día.
35 Pero la luna inventa sus metales furiosos.

Mundo a solas
(1934-1936), 1950

21

PÁJAROS SIN DESCENSO

Un pelo rubio ondea.
Se ven remotas playas, nubes felices, un viento así dorado
que enlazaría cuerpos sobre la arena pura.
Pájaros sin descenso por el azul se escapan.
5 Son casi los deseos, son casi sus espumas.
Son las hojas de un cielo radiante de belleza,
en el que mil gargantas cantan la luz sin muerte.

Un hombre ve, presencia. Un hombre vive, duerme.
Una forma respira como la mar sacude,
10 un pecho ondula siempre casi azul a sus playas.

No, no confundáis ya el mar, el mar inerte, con un corazón agitado.
No mezcléis nunca sangre con espumas tan libres.
El color blanco es ala, es agua, es nube, es vela;
pero no es nunca rostro.
15 Pero no es nunca, nunca, un latido de sangre,
un calor delicado que por un cuerpo corre.

Por eso,
tirado ahí, en la playa.
Tirado allá después en el duro camino.
20 Tirado más allá, en la enorme montaña,
un hombre ignora el verde piadoso de los mares,
ignora su vaivén melodioso y vacío
y desconoce el canon eterno de su espuma.

Sobre la tierra yace como la pura hierba.
25 Un huracán lo peina como a los grandes robles.
Sus brazos no presencian la llegada de pájaros.
Pájaros sin descenso son blancos bajo el cielo.

Mundo a solas
(1934-1936)

22

YA NO ES POSIBLE

No digas tu nombre emitiendo tu música
como una yerta lumbre que se derrama,
como esa luna que en invierno reparte
su polvo pensativo sobre el hueso.

5 Deja que la noche estruje la ausencia de la carne,
la postrera desnudez que alguien pide;
deja que la luna ruede por las piedras del cielo
como un brazo ya muerto sin una rosa encendida.

Alguna luz ha tiempo olía a flores.
10 Pero no huele a nada.
No digáis que la muerte huele a nada,
que la ausencia del amor huele a nada,
que la ausencia del aire, de la sombra huelen a nada.

La luna desalojaba entonces, allá, remotamente, hace mucho,
15 desalojaba sombras e inundaba de fulgurantes rosas
esa región donde un seno latía.

Pero la luna es un hueso pelado sin acento.
No es una voz, no es un grito celeste.
Es su dura oquedad, pared donde sonaban,
20 muros donde el rumor de los besos rompía.

Un hueso todavía por un cielo de piedra
quiere rodar, quiere vencer su quietud extinguida.
Quiere empuñar aún una rosa de fuego
y acercarla a unos labios de carne que la abrasen.

Mundo a solas
(1934-1936)

23

EL FUEGO FINAL

Pero tú ven aquí, óyeme y calla.
Eres pequeña como un jazmín menudo.
El mundo se abrasa, ¿no sientes cómo cruje?
Pero tú eres mínima. Apenas abultas más que un corazón dormido.
5 Tu pelo rubio quiere todavía ondear en el viento.
Quiere en el aire o plomo ser imagen de brisas,
ignorando las llamas que crepitan ya próximas.

Amor, amor, el mundo va a acabarse.
Eres hermosa como la esperanza de vivir todavía.
10 Como la certidumbre de quererte un día y otro día.
Tierna, como ese dulce abandono de las noches de junio,
cuando un verano empieza seguro de sus cielos.

Niña pequeña o dulce que eres amor o vida,
promesa cuando el fuego se acerca,
15 promesa de vivir, de vivir en los mayos,
sin que las llamas que van quemando el mundo
te reduzcan a nada, oh mínima entre lumbres.

Vas a morir quizá como muere la luz,
esa débil candela que las llamas asumen.
20 Vas a morir como alas no de pájaro,
sino de débil luz que unos dedos sujetan.

Bajo los besos últimos otra luz se despide.
No te pido el amor, ni tu vida te pido.
Me quedo aquí contigo. Somos la luz unida,
25 esa espada en la sombra que inmóvil va a abrasarse,
va a derretirse unida cuando las llamas lleguen.

Mundo a solas
(1934-1936)

24

EL POETA

Para ti, que conoces cómo la piedra canta,
y cuya delicada pupila sabe ya del peso de una montaña sobre un ojo dulce,
y cómo el resonante clamor de los bosques se aduerme suave un día en
    nuestras venas;

para ti, poeta, que sentiste en tu aliento
5 la embestida brutal de las aves celestes,
y en cuyas palabras tan pronto vuelan las poderosas alas de las águilas
como se ve brillar el lomo de los calientes peces sin sonido:

oye este libro que a tus manos envío
con ademán de selva,
10 pero donde de repente una gota fresquísima de rocío brilla sobre una rosa,
o se ve batir el deseo del mundo,
la tristeza que como párpado doloroso
cierra el poniente y oculta el sol como una lágrima oscurecida,
mientras la inmensa frente fatigada
15 siente un beso sin luz, un beso largo,
unas palabras mudas que habla el mundo finando.

Sí, poeta: el amor y el dolor son tu reino.
Carne mortal la tuya, que, arrebatada por el espíritu,
arde en la noche o se eleva en el mediodía poderoso,

20 inmensa lengua profética que lamiendo los cielos
ilumina palabras que dan muerte a los hombres.

La juventud de tu corazón no es una playa
donde la mar embiste con sus espumas rotas,
dientes de amor que mordiendo los bordes de la tierra,
25 braman dulce a los seres.

No es ese rayo velador que súbitamente te amenaza,
iluminando un instante tu frente desnuda,
para hundirse en tus ojos e incendiarte, abrasando
los espacios con tu vida que de amor se consume.

30 No. Esa luz que en el mundo
no es ceniza última,
luz que nunca se abate como polvo en los labios,
eres tú, poeta, cuya mano y no luna
yo vi en los cielos una noche brillando.

35 Un pecho robusto que reposa atravesado por el mar
respira como la inmensa marea celeste
y abre sus brazos yacentes y toca, acaricia
los extremos límites de la tierra.

¿Entonces?
40 Sí, poeta; arroja este libro que pretende encerrar en sus páginas un destello
y mira a la luz cara a cara, apoyada la cabeza en la roca,   [del sol,
mientras tus pies remotísimos sienten el beso postrero del poniente
y tus manos alzadas tocan dulce la luna,
y tu cabellera colgante deja estela en los astros.

Sombra del paraíso
(1939-1943), 1944

25

EL RÍO

Tú eres, ligero río,
el que miro de lejos, en ese continente que rompió con la tierra.
Desde esta inmensa llanura donde el cielo aboveda
a la frente y cerrado brilla puro, sin amor, yo diviso
5 aquel cielo ligero, viajador, que bogaba
sobre ti, río tranquilo que arrojabas hermosas
a las nubes en el mar, desde un seno encendido.

Desde esta lisa tierra esteparia veo la curva
de los dulces naranjos. Allí libre la palma,
10 el albérchigo, allí la vid madura,
allí el limonero que sorbe al sol su jugo agraz en la mañana virgen;
allí el árbol celoso que al humano rehúsa su flor, carne solo,
magnolio dulce, que te delatas siempre por el sentido que de ti se enajena.

Allí el río corría, no azul, no verde o rosa, no amarillo, río ebrio,
15 río que matinal atravesaste mi ciudad inocente,
ciñéndola con una guirnalda temprana, para acabar desciñéndola,
dejándola desnuda y tan confusa al borde de la verde montaña,
donde siempre virginal ahora fulge, inmarchita en el eterno día.

Tú, río hermoso que luego, más liviano que nunca, entre bosques felices
20 corrías hacia valles no pisados por la planta del hombre.
Río que nunca fuiste suma de tristes lágrimas,
sino acaso rocío milagroso que una mano reúne.
Yo te veo gozoso todavía allá en la tierra que nunca fue
    del todo separada de estos límites en que habito.

Mira a los hombres, perseguidos no por tus aves,
25 no por el cántico de que el humano olvidóse por siempre.
Escuchándoos estoy, pájaros imperiosos,
que exigís al desnudo una planta ligera,
desde vuestras reales ramas estremecidas,
mientras el sol melodioso templa dulce las ondas
30 como rubias espaldas, de ese río extasiado.

Ligeros árboles, maravillosos céspedes silenciosos,
blandos lechos tremendos en el país sin noche,
crepusculares velos que dulcemente afligidos
    desde el poniente envían un adiós sin tristeza.
35 Oyendo estoy a la espuma como garganta quejarse.
Volved, sonad, guijas que al agua en lira convertís.
Cantad eternamente sin nunca hallar el mar.
Y oigan los hombres con menguada tristeza
el son divino. ¡Oh río que como luz hoy veo,
40 que como brazo hoy veo de amor que a mí me llama!

Sombra del paraíso
(1939-1943)

26

LAS MANOS

Mira tu mano, que despacio se mueve,
transparente, tangible, atravesada por la luz,
hermosa, viva, casi humana en la noche.
Con reflejo de luna, con dolor de mejilla, con vaguedad de sueño
5 mírala así crecer, mientras alzas el brazo,
búsqueda inútil de una noche perdida,
ala de luz que cruzando en silencio
toca carnal esa bóveda oscura.

No fosforece tu pesar, no ha atrapado
10 ese caliente palpitar de otro vuelo.
Mano volante perseguida: pareja.
Dulces oscuras, apagadas, cruzáis.

Sois las amantes vocaciones, los signos
que en la tiniebla sin sonido se apelan.
15 Cielo extinguido de luceros que, tibio,
campo a los vuelos silenciosos te brindas.

Manos de amantes que murieron, recientes,
manos con vida que volantes se buscan
y cuando chocan y se estrechan encienden
20 sobre los hombres una luna instantánea.

Sombra del paraíso
(1939-1943)

27

PRIMAVERA EN LA TIERRA

Vosotros fuisteis,
espíritus de un alto cielo,
poderes benévolos que presidisteis mi vida,
iluminando mi frente en los feraces días de la alegría juvenil.

5 Amé, amé la dichosa Primavera
bajo el signo divino de vuestras alas levísimas,
oh poderosos, oh extensos dueños de la tierra.
Desde un alto cielo de gloria,
espíritus celestes, vivificadores del hombre,
10 iluminasteis mi frente con los rayos vitales de un sol que
llenaba la tierra de sus totales cánticos.

Todo el mundo creado
resonaba con la amarilla gloria
de la luz cambiante.
15 Pájaros de colores,
con azules y rojas y verdes y amatistas,
coloreadas alas con plumas como el beso,
saturaban la bóveda palpitante de dicha,
batiente como seno, como plumaje o seno,
20 como la piel turgente que los besos tiñeran.

Los árboles saturados colgaban
densamente cargados de una savia encendida.
Flores pujantes, hálito repentino de una tierra gozosa,
abrían su misterio, su boca suspirante,
25 labios rojos que el sol dulcemente quemaba.

Todo abría su cáliz bajo la luz caliente.

Las grandes rocas, casi de piedra o carne,
se amontonaban sobre dulces montañas,
que reposaban cálidas como cuerpos cansados
30 de gozar una hermosa sensualidad luciente.

Las aguas vivas, espumas del amor en los cuerpos,
huían, se atrevían, se rozaban, cantaban.
Risas frescas los bosques enviaban, ya mágicos;
atravesados sólo de un atrevido viento.

35 Pero vosotros, dueños fáciles de la vida,
presidisteis mi juventud primera.
Un muchacho desnudo, cubierto de vegetal alegría,
huía por las arenas vívidas del amor
hacia el gran mar extenso,
40 hacia la vasta inmensidad derramada
que melodiosamente pide un amor consumado.

La gran playa marina,
no abanico, no rosa, no vara de nardo,
pero concha de un nácar irisado de ardores,
45 se extendía vibrante, resonando, cantando,
poblada de unos pájaros de virginal blancura.

Un rosa cándido por las nubes remotas
evocaba mejillas recientes donde un beso
ha teñido purezas de magnolia mojada,
50 ojos húmedos, frente salina y alba
y un rubio pelo que en el ocaso ondea.

Pero el mar se irisaba. Sus verdes cambiantes,
sus azules lucientes, su resonante gloria
clamaba erguidamente hasta los puros cielos,
55 emergiendo entre espumas su vasta voz amante.

En ese mar alzado, gemidor, que dolía
como una piedra toda de luz que a mí me amase,
mojé mis pies, herí con mi cuerpo sus ondas,
y dominé insinuando mi bulto afiladísimo,
60 como un delfín que goza las espumas tendidas.

Gocé, sufrí, encendí los agoniosos mares,
los abrazados mares,
y sentí la pujanza de la vida cantando,
ensalzado en el ápice del placer a los cielos.

65 Siempre fuisteis, oh dueños poderosos,
los dispensadores de todas las gracias,
tutelares hados eternos que presidisteis la fiesta de la vida
que yo viví como criatura entre todas.

Los árboles, las espumas, las flores, los abismos,
70 como las rocas y aves y las aguas fugaces,
todo supo de vuestra presencia invisible
en el mundo que yo viví en los alegres días juveniles.

Hoy que la nieve también existe bajo vuestra presencia,
miro los cielos de plomo pesaroso

75 y diviso los hierros de las torres que elevaron los hombres
como espectros de todos los deseos efímeros.

Y miro las vagas telas que los hombres ofrecen,
máscaras que no lloran sobre las ciudades cansadas,
mientras siento lejana la música de los sueños
80 en que escapan las flautas de la Primavera apagándose.

Sombra del paraíso
(1939-1943), 1944

28

LA LLUVIA

La cintura no es rosa.
No es ave. No son plumas.
La cintura es la lluvia,
fragilidad, gemido
5 que a ti se entrega. Ciñe,
mortal, tú con tu brazo
un agua dulce, queja
de amor. Estrecha, estréchala.
Toda la lluvia un junco
10 parece. ¡Cómo ondula,
si hay viento, si hay tu brazo,
mortal que, hoy sí, la adoras!

Sombra del paraíso
(1939-1943)

29

CABELLERA NEGRA

¿Por qué te miro, con tus ojos oscuros,
terciopelo viviente en que mi vida lastimo?
Cabello negro, luto donde entierro mi boca,
oleaje doloroso donde mueren mis besos,
5 orilla en fin donde mi voz al cabo se extingue y moja
tu majestad, oh cabellera que en una almohada derramada reinas.

En tu borde se rompen,
como en una playa oscura, mis deseos continuos.
¡Oh inundada: aún existes, sobrevives, imperas!
10 Toda tú victoriosa como un pico en los mares.

Sombra del paraíso
(1939-1943)

30

PADRE MÍO

Lejos estás, padre mío, allá en tu reino de las sombras.
Mira a tu hijo, oscuro en esta tiniebla huérfana,
lejos de la benévola luz de tus ojos continuos.

Allí nací, crecí; de aquella luz pura
5 tomé vida, y aquel fulgor sereno
se embebió en esta forma, que todavía despide,
como un eco apagado, tu luz resplandeciente.

Bajo la frente poderosa, mundo entero de vida,
mente completa que un humano alcanzara,
10 sentí la sombra que protegió mi infancia. Leve, leve,
resbaló así la niñez como alígero pie sobre una hierba noble,
y si besé a los pájaros, si pude posar mis labios
sobre tantas alas fugaces que una aurora empujara,
fue por ti, por tus benévolos ojos que presidieron mi nacimiento
15 y fueron como brazos que por encima de mi testa cernían
la luz, la luz tranquila, no heridora a mis ojos de niño.

Alto, padre, como una montaña que pudiera inclinarse,
que pudiera vencerse sobre mi propia frente descuidada
y besarme tan luminosamente, tan silenciosa y puramente
20 como la luz que pasa por las crestas radiantes
donde reina el azul de los cielos purísimos.

Por tu pecho bajaba una cascada luminosa de bondad, que tocaba
luego mi rostro y bañaba mi cuerpo aún infantil, que emergía
de tu fuerza tranquila como desnudo, reciente,
25 nacido cada día de ti, porque tú fuiste padre
diario, y cada día yo nací de tu pecho, exhalado
de tu amor, como acaso mensaje de tu seno purísimo.
Porque yo nací entero cada día, entero y tierno siempre,
y débil y gozoso cada día hollé naciendo
30 la hierba misma intacta: pisé leve, estrené brisas,
henchí también mi seno, y miré el mundo
y lo vi bueno. Bueno tú, padre mío, mundo mío, tú solo.

Hasta la orilla del mar condujiste mi mano.
Benévolo y potente tú como un bosque en la orilla,
35 yo sentí mis espaldas guardadas contra el viento estrellado.
Pude sumergir mi cuerpo reciente cada aurora en la espuma,
y besar a la mar candorosa en el día,
siempre olvidada, siempre, de su noche de lutos.

Padre, tú me besaste con labios de azul sereno.
40 Limpios de nubes veía yo tus ojos,
aunque a veces un velo de tristeza eclipsaba a mi frente
esa luz que sin duda de los cielos tomabas.
Oh padre altísimo, oh tierno padre gigantesco
que así, en los brazos, desvalido, me hubiste.

45 Huérfano de ti, menudo como entonces, caído sobre una hierba triste,
heme hoy aquí, padre, sobre el mundo en tu ausencia,
mientras pienso en tu forma sagrada, habitadora acaso de una sombra amo-
por la que nunca, nunca tu corazón me olvida.   [rosa,

Oh padre mío, seguro estoy que en la tiniebla fuerte
50 tú vives y me amas. Que un vigor poderoso,
un latir, aún revienta en la tierra.
Y que unas ondas de pronto, desde un fondo, sacuden
a la tierra y la ondulan, y a mis pies se estremece.

Pero yo soy de carne todavía. Y mi vida
55 es de carne, padre, padre mío. Y aquí estoy,
solo, sobre la tierra quieta, menudo como entonces, sin verte,
derribado sobre los inmensos brazos que horriblemente te imitan.

Sombra del paraíso
1944

31

CIUDAD DEL PARAÍSO

Siempre te ven mis ojos, ciudad de mis días marinos.
Colgada del imponente monte, apenas detenida
en tu vertical caída a las ondas azules,
pareces reinar bajo el cielo, sobre las aguas,
5 intermedia en los aires, como si una mano dichosa
te hubiera retenido, un momento de gloria, antes de hundirte para siempre
en las olas amantes.

Pero tú duras, nunca desciendes, y el mar suspira
o brama por ti, ciudad de mis días alegres,
ciudad madre y blanquísima donde viví, y recuerdo,
10 angélica ciudad que, más alta que el mar, presides sus espumas.

Calles apenas, leves, musicales. Jardines
donde flores tropicales elevan sus juveniles palmas gruesas.
Palmas de luz que sobre las cabezas, aladas,
mecen el brillo de la brisa y suspenden
15 por un instante labios celestiales que cruzan
con destino a las islas remotísimas, mágicas,
que allá en el azul índigo, libertadas, navegan.

Allí también viví, allí, ciudad graciosa, ciudad honda.
Allí, donde los jóvenes resbalan sobre la piedra amable,
20 y donde las rutilantes paredes besan siempre
a quienes siempre cruzan, hervidores, en brillos.

Allí fui conducido por una mano materna.
Acaso de una reja florida una guitarra triste
cantaba la súbita canción suspendida en el tiempo;
25 quieta la noche, más quieto el amante,
bajo la luna eterna que instantánea transcurre.

Un soplo de eternidad pudo destruirte,
ciudad prodigiosa, momento que en la mente de un Dios emergiste.

Los hombres por un sueño vivieron, no vivieron,
30 eternamente fúlgidos como un soplo divino.

Jardines, flores. Mar alentando como un brazo que anhela
a la ciudad voladora entre monte y abismo,
blanca en los aires, con calidad de pájaro suspenso
que nunca arriba. ¡Oh ciudad no en la tierra!

35 Por aquella mano materna fui llevado ligero
por tus calles ingrávidas. Pie desnudo en el día.
Pie desnudo en la noche. Luna grande. Sol puro.
Allí el cielo eras tú, ciudad que en él morabas.
Ciudad que en él volabas con tus alas abiertas.

                                        Sombra del paraíso
                                        1944

32

MANO ENTREGADA

Pero otro día toco tu mano. Mano tibia.
Tu delicada mano silente. A veces cierro
mis ojos y toco leve tu mano, leve toque
que comprueba su forma, que tienta
5 su estructura, sintiendo bajo la piel alada el duro hueso
insobornable, el triste hueso adonde no llega nunca
el amor. Oh carne dulce, que sí se empapa del amor hermoso.

Es por la piel secreta, secretamente abierta, invisiblemente entreabierta,
por donde el calor tibio propaga su voz, su afán dulce;
10 por donde mi voz penetra hasta tus venas tibias,
para rodar por ellas en tu escondida sangre,
como otra sangre que sonara oscura, que dulcemente oscura te besara
por dentro, recorriendo despacio como sonido puro
ese cuerpo, que ahora resuena mío, mío, poblado de mis voces profundas,
15 oh resonado cuerpo de mi amor, oh poseído cuerpo, oh cuerpo sólo sonido
    de mi voz poseyéndole.

Por eso, cuando acaricio tu mano, sé que sólo el hueso rehúsa
mi amor —el nunca incandescente hueso del hombre—.
Y que una zona triste de tu ser se rehúsa,
mientras tu carne entera llega un instante lúcido
20 en que total flamea, por virtud de ese lento contacto de tu mano,
de tu porosa mano suavísima que gime,
tu delicada mano silente, por donde entro
despacio, despacísimo, secretamente en tu vida,
hasta tus venas hondas totales donde bogo,
25 donde te pueblo y canto completo entre tu carne.

                                        Historia del corazón
                                        (1945-1953), 1954

33

EN LA PLAZA

Hermoso es, hermosamente humilde y confiante, vivificador y profundo,
sentirse bajo el sol, entre los demás, impelido,
llevado, conducido, mezclado, rumorosamente arrastrado.

No es bueno
5 quedarse en la orilla
como el malecón o como el molusco que quiere calcáreamente imitar a la
Sino que es puro y sereno arrasarse en la dicha   [roca.
de fluir y perderse,
encontrándose en el movimiento con que el gran corazón de los hombres
    palpita extendido.

10 Como ése que vive ahí, ignoro en qué piso,
y le he visto bajar por unas escaleras
y adentrarse valientemente entre la multitud y perderse.
La gran masa pasaba. Pero era reconocible el diminuto corazón afluido.
Allí, ¿quién lo reconocería? Allí con esperanza, con resolución o con fe, con
    temeroso denuedo,
15 con silenciosa humildad, allí él también
transcurría.

Era una gran plaza abierta, y había olor de existencia.
Un olor a gran sol descubierto, a viento rizándolo,
un gran viento que sobre las cabezas pasaba su mano,
20 su gran mano que rozaba las frentes unidas y las reconfortaba.

Y era el serpear que se movía
como un único ser, no sé si desvalido, no sé si poderoso,
pero existente y perceptible, pero cubridor de la tierra.

Allí cada uno puede mirarse y puede alegrarse y puede reconocerse.
25 Cuando, en la tarde caldeada, solo en tu gabinete,
con los ojos extraños y la interrogación en la boca,
quisieras algo preguntar a tu imagen,

no te busques en el espejo,
en un extinto diálogo en que no te oyes.
30 Baja, baja despacio y búscate entre los otros.
Allí están todos, y tú entre ellos.
Oh, desnúdate y fúndete, y reconócete.

Entra despacio, como el bañista que, temeroso, con mucho amor y recelo
al agua, introduce primero sus pies en la espuma,
35 y siente el agua subirle, y ya se atreve, y casi ya se decide.
Y ahora con el agua en la cintura todavía no se confía.
Pero él extiende sus brazos, abre al fin sus dos brazos y se entrega completo.

Y allí fuerte se reconoce, y crece y se lanza,
y avanza y levanta espumas, y salta y confía,
40 y hiende y late en las aguas vivas, y canta, y es joven.

Así, entra con pies desnudos. Entra en el hervor, en la plaza.
Entra en el torrente que te reclama y allí sé tú mismo.
¡Oh pequeño corazón diminuto, corazón que quiere latir
para ser él también el unánime corazón que le alcanza!

Historia del corazón
1954

34

EL VIEJO Y EL SOL

Había vivido mucho.
Se apoyaba allí, viejo, en un tronco, en un gruesísimo tronco, muchas tardes
    cuando el sol caía.
Yo pasaba por allí a aquellas horas y me detenía a observarle.
Era viejo y tenía la faz arrugada, apagados, más que tristes, los ojos.
5 Se apoyaba en el tronco, y el sol se le acercaba primero, le mordía suave-
    mente los pies
y allí se quedaba unos momentos como acurrucado.
Después ascendía e iba sumergiéndole, anegándole,
tirando suavemente de él, unificándole en su dulce luz.
¡Oh el viejo vivir, el viejo quedar, cómo se desleía!
10 Toda la quemazón, la historia de la tristeza, el resto de las arrugas, la miseria
    de la piel roída,
¡cómo iba lentamente limándose, deshaciéndose!
Como una roca que en el torrente devastador se va dulcemente desmoro-
    nando,
rindiéndose a un amor sonorísimo,
así, en aquel silencio, el viejo se iba lentamente anulando, lentamente entre-
    gando.
15 Y yo veía el poderoso sol lentamente morderle con mucho amor y adormirle
para así poco a poco tomarle, para así poquito a poco disolverle en su luz,
como una madre que a su niño suavísimamente en su seno lo reinstalase.

Yo pasaba y lo veía. Pero a veces no veía sino un sutilísimo resto. Apenas
    un levísimo encaje del ser.
Lo que quedaba después que el viejo amoroso, el viejo dulce había pasado
    ya a ser la luz
20 y despaciosísimamente era arrastrado en los rayos postreros del sol,
como tantas otras invisibles cosas del mundo.

Historia del corazón
1954

35

EL SUEÑO

Hay momentos de soledad
en que el corazón reconoce, atónito, que no ama.
Acabamos de incorporarnos, cansados: el día oscuro.
Alguien duerme, inocente, todavía sobre ese lecho.
5 Pero quizá nosotros dormimos... Ah, no: nos movemos.
Y estamos tristes, callados. La lluvia, allí insiste.
Mañana de bruma lenta, impiadosa. ¡Cuán solos!
Miramos por los cristales. Las ropas, caídas;
el aire, pesado; el agua, sonando. Y el cuarto,
10 helado en este duro invierno que, fuera, es distinto.

Así te quedas callado, tu rostro en tu palma.
Tu codo sobre la mesa. La silla, en silencio.
Y solo suena el pausado respiro de alguien,
de aquella que allí, serena, bellísima, duerme
15 y sueña que no la quieres, y tú eres su sueño.

Historia del corazón
1954

36

LA CERTEZA

No quiero engañarme.
A tu lado, cerrando mis ojos, puedo pensar otras cosas.
Ver la vida; ese cielo... La tierra; aquel hombre...
Y entonces mover esta mano,
5 y tentar, tentar otra cosa.
Y salir al umbral, y mirar. Mirar, ver, oler, penetrar, comulgar,
    escuchar. Ser, ser, estarme.
Pero aquí, amor, quieta estancia silenciosa, olor detenido;
aquí, por fin, realidad que año tras año he buscado.
Tú, rumor de presente quietísimo, que musicalmente me llena.
10 Resonado me hallo. ¿Cómo dejarte?
¿Cómo abandonarte, quietud de mi vida que engolfada se abre,
se recrea, espejea, se vive? Cielo, cielo en su hondura.

Por eso tú, aquí con tu nombre, con tu pelo gracioso, con tus ojos
    tranquilos,
con tu fina forma de viento,
15 con tu golpe de estar, con tu súbita realidad realizada en mi hora.
Aquí, acariciada, tentada, reída, escuchada,
misteriosamente aspirada.
Aquí en la noche: en el día; en el minuto: en el siglo.

Jugando un instante con tu cabello de oro,
20 o tentando con mis dedos la piel delicada,
la del labio, la que levísima vive.

Así, marchando por la ciudad: «¡Ten cuidado: ese coche!...»
O saliendo a los campos: «No es la alondra: es un mirlo...»
Penetrando en una habitación, agolpada de sombras, hombres, vestidos.
25 Riéndonos gozosamente entre rostros borrados.
Encendiendo una luz mientras tu carcajada se escucha,
tu retiñir cristalino.
O saliendo a la noche: «Mira: estrellas». O: «¿qué brilla?»
«Sí; caminemos.»

30 Todo en su hora, diario, misterioso, creído.
Como una luz, como un silencio, como un fervor
que apenas se mueve. Como un estar donde llegas.

Por eso... Por eso callo cuando te acaricio,
cuando te compruebo y no sueño.
35 Cuando me sonrío con los dientes más blancos, más limpios, que besas.
Tú, mi inocencia,
mi dicha apurada,
mi dicha no consumida.

Por eso no cierro los ojos.
40 Y si los cierro es dormido,
dormido a tu lado, tendido, sonreído, escuchado, más besado, en tu sueño.

Historia del corazón
1954

37

EL NIÑO RARO

Aquel niño tenía extrañas manías.
Siempre jugábamos a que él era un general
que fusilaba a todos sus prisioneros.

Recuerdo aquella vez que me echó al estanque
5 porque jugábamos a que yo era un pez colorado.

Qué viva fantasía la de sus juegos.
Él era el lobo, el padre que pega, el león, el hombre del largo cuchillo.

Inventó el juego de los tranvías,
y yo era el niño a quien pasaban por encima las ruedas.

10 Mucho tiempo después supimos que, detrás de unas tapias lejanas,
miraba a todos con ojos extraños.

Historia del corazón
1954

38
ANTE EL ESPEJO

Como un fantasma que de pronto se asoma
y entre las cortinas silenciosas adelanta su rostro y nos mira,
y parece que mudamente nos dijera...

Así tú ahora, mientras sentada ante el vidrio elevas tus brazos,
5 componiendo el cabello que, sin brillo, organizas.
Desde tu espalda te he mirado en el espejo.
Cansado rostro, cansadas facciones silenciosas
que parecen haberse levantado tristísimas como después
     de un largo esfuerzo que hubiese durado el quedar de los años.
Como un cuerpo que un momento se distendiese
10 después de haber sufrido el peso de la larguísima vida,
y un instante se mirase en el espejo y allí se reconociera...,

así te he visto a ti, cansada mía, vivida mía,
que día a día has ido llevando todo el peso de tu vivir.
A ti, que sonriente y ligera me mirabas cada mañana como
     reciente, como si la vida de los dos empezase.
15 Despertabas, y la luz entraba por la ventana, y me mirabas
y no sé qué sería, pero todos los días amanecías joven y dulce.
Y hoy mismo, esta mañana misma, me has mirado riente,
serena y leve, asomándote y haciéndome la mañana gra-
     ciosamente desconocida.
Todos los días nuevos eran el único día. Y todos
20 los días sin fatigarte tenías tersa la piel, sorprendidos los ojos,
fresca la boca nueva y mojada de algún rocío la voz que
     se levantaba.

Y ahora te miro. De pronto a tu espalda te he mirado.
Qué larga mirada has echado sobre el espejo donde te haces.
Allí no estabas. Y una sola mujer fatigada, cansada como
     por una larga vigilia que durase toda la vida,
25 se ha mirado al espejo y allí se ha reconocido.

Historia del corazón
1954

39
EL VIENTRE

El vientre tiene
una hondura de tierra,
y allí el cuerpo se nutre como el árbol.
La térrea condición del hombre nunca,
5 nunca más clara.

Allí hay raíces, arroyos que pasan invisibles,
piedras oscuras, limos.
Y plantado está el hombre.
Allí se moja o nutre, de allí crece.

10 Externamente piénsase
que la materia se concentra aunándose
para dar en cintura.
Tirante, oculta el fango;
de todo, menos fuego:
15 todo arde frío y pasa, y todo queda,
revuelto en craso origen.

Aquí muy lento crece
el tronco. Surtió, surtió despacio
con un esfuerzo unánime.
20 ¡Distinto!, y sus raíces
resuelta vida toman, y trastornadas muestran
la suavidad oreada, donde el azul en viento las comprueba.
Verdad, verdad creciente.
Y el vientre envía vida.
25 Y sube en savia clara
y es savia colorida, y se hace pecho,
y allí es aire, girando.
Y más, y aún más envía,
y es son, rumor de voz: viento armonioso.
30 Y aún del vientre más vida,
y sube más y es luz: sus ojos puros.
Y al fin ya sumo acaba:
cielo que le corona suavemente.

Y todo, vientre oscuro,
35 tenaces raíces, piedras, masa oculta.
Materia no distinta: tierra enorme.

En un vasto dominio
1962

40

MANO DEL POETA VIEJO

(Lope de Vega)

Febrilmente aún escribes.
Dices, con esa mano desnudada,
del bien o el mal, con un trazo finísimo.
Dubitativo a veces, firme o suave.
5 Con un temblor de luz: tinta oscurísima.

El hueso casi asoma.
Se ve tu piel, más fina
que nunca, denunciarlo.

Tiembla sutil, se adapta.
10 Él late, casi aéreo.
Poroso, está vecino
del aire, y casi tócalo.
Sólo un beso o materia
separa hueso y aire,
15 y allí están prometidos, casi viéndose.
Oh el amor unitario
de la materia, o luces.
Y aquí el hueso se agrega
y aúna; coge y toma
20 y empuña, y traza: escribe.

La luz, la luz derrama.

En un vasto dominio
1962

41

EL ÁLAMO

En el centro del pueblo
quedaba el árbol grande.
Era una plaza mínima,
pero el árbol viejísimo
5 la desbordaba entera.
Las casas bajas como animales tristes
a su sombra dormían. Creeríase
que a veces levantaban una cabeza, alzasen
una noble mirada y viesen aquel cielo de verdor
10 que hacía música o sueño.
Todo dormía, y vigilante alzaba
su grandeza el gran álamo.
Diez hombres no rodearían su tronco.
¡Con cuánto amor lo abrazarían midiéndolo!
15 Pero el árbol, si fue en su origen (¿quién lo sabría ya?)
una enorme ola de tierra que desde un fondo reventó, y quedóse,
hoy es un árbol vivo. Abuelo siempre vivo del pueblo, augusto
por edad y presencia.
A su sombra yacen las casas, viven,
20 se despiertan, se abren: salen los hombres, luchan,
trabajan, vuelven, póstranse. Descansan.
A veces vuelven y allí cobijan su postrer aliento.
Bajo el árbol se acaban.

El pueblo está en la escarpa de una sierra.
25 Arriba la Najarra.
Abajo la llanura, como una sed enorme de perderse.
Despeñado, colgante, quedó el pueblo agrupado bajo el árbol.

Quizá contenido por él sobre el abismo.
Y sus hombres se asoman
30 en su materia pobre desde siglos
y echan sus verdes ojos, sus miradas azules,
sus dorados reflejos, sus limpios ojos claros u oscurísimos,
ladera abajo, hasta rodar en la llanura insomne
y perderse a lo lejos, hasta el confín sin límites que brilla
35 y finge un mar, un puro mar sin bordes.

El árbol:
un álamo negro, un negrillo, como allí se nombra.
El álamo: «Vamos al álamo». «Estamos en el álamo.» Todo es álamo.
Y no hay ya más que álamo, que es el único cielo de estos hombres.

En un vasto dominio
1962

42

EL PROFESOR

Se ha visto al docto profesor que no entiende
hablar largamente de lo que no entiende.
Y se le ha visto sonreír con la elegancia de la marioneta
mientras movía cadenciosamente sus brazos.
5 El bello discurso, la paloma ligeramente pronunciada,
el acento picudo dejado concienzudamente caer un poquito más allá de la vocal,
el dibujo de la martingala, el fresco vapor desprendido
de cada uno de sus ademanes,
todo, todo conjugaba decididamente con su sonrisa.
Porque el docto profesor que no entiende
10 sonríe cordialmente por las mañanas,
golpea a la tarde con gozo sobre los omoplatos,
y por la noche, vestido con sus más delicadas jerarquías,
sabe decir con finura: «Oh, no, todos somos iguales.»

Igual la paloma que el cántaro, el necio que el sabihondo,
15 el simpático que el asesinado,
el sabio que el agasajado con todo dolor,
el yo y el tú,
y sobre todo igual, igual el refrescado profesor de ignorancia
que el pedantículo inconfundible que esculpe o escupe concienzudamente todos sus sinsaberes.

20 Oh, miradle en lo sumo.
Él flota y sonríe.
Él adiestra y sondea.
Él opone su duro caparazón lo mismo para las ideas que
para los sentimientos.

Pero, oh, él es el duro, el durísimo, el riguroso, el cono-
    cedor y el erguido.
25 Y cuando su dedo índice os amenaza,
cuando lo esgrime como el polo remoto de su majestad el trueno,
se abate la sociedad, se lamentan los hombres,
 el mar se embravece,
recorre un crujido los cimientos de los edificios,
30 la literatura abre sus grandes alas de paloma derruida,
y el profesor se adelanta.

Todo está a punto: el cataclismo entre sus dedos se exhibe.
El profesor lo señala:
«He aquí el viaje de lo que va a suceder.
35 Aquí está la desembocadura.
He aquí sus meandros, los arroyuelos; aquí afluentes y cauces.
Aquí la patata sembrada, el olivo, la cebolla o la rosa.»
Y su dedo lo va estimulando.
«Todo está ya compuesto. He aquí el ramo de mi cataclismo.
40 He aquí el ramo perfecto.
Yo os lo ofrezco, señores, como la perfecta manifestación
    de mí mismo.
He aquí el ramo dichoso en mi mano para vuestra ilustración y disfrute.»

Y su mano alarga un sobre vacío.

Y todos desfilan. «Oh, el profesor, el profesor.
45 Cómo se le nota sobre todo su rubia guedeja,
sus coruscantes, sus vertiginosos ojos azules,
y cómo le brilla antes que nada su deslumbradora sonrisa
entre unos labios de humo.»

                         En un vasto dominio
                                  1962

43

IDEA DEL ÁRBOL

Como la corteza misma de un árbol.
Rugosa en su materia paciente,
acumulada con severidad pero con indefectible perseverancia,
no hay sino la materia, la encarnizada materia, que no se-
    ría como llamarada,
5 sino como lo que queda tras el desconocido ardimiento.
La combustión se origina
en las primitivas exhalaciones, cuando la tierra se abre y respira
con fuegos sobre los cráteres de la llanura.
Fuegos misteriosos que azuzados por la transfiguración
    geológica como unas lenguas pululan.
10 Mejor, suplican o se lamentan, mejor, increpan o, más,
    denuncian, y con fatigado resuello se extinguen.

Todos los aceites del mundo, los oleosos minerales como
    una sangre circulan y se asoman y espiran, y respiran,
    y callan.
Azules lenguas silenciosas, que en filas sobre el gran de-
    sierto la transustanciación profundísima están figu-
    rando.
Pero allí la materia es un aire, un resplandor, un velo
    quemador, solo un viento.
Y cuando el simún receloso se estira y cubre su dominio
    tenaz, se oscurecen.
15 Y las delgadas lenguas instantáneas dimiten y el negror
    se restaura,
sólo interrumpido o, mejor, coronado
por la abrasada noche de las estrellas.

Pero un árbol no es lengua, aunque también trabajosa-
    mente se yergue.
No es hombre, aunque casi es humano. La fantasía del
    hombre no podría inventar la materia del árbol.
20 Su vida tenaz y su inmovilidad rigurosa. Y su movimien-
    to sin tregua.
Y su desafiante fuerza rendida.
Aquí sin posible comparación, la madera
no es carne, aunque puede ser herida y ser muerta.
No agua, aunque su savia mane con sufrimiento, en
    transparentes gotas hialinas.
25 Ni es sangre, aunque pueda correr hacia el mar y teñirlo
como un río que hunde su espada al morir,
que es dar vida.

Pero el árbol es una idea y es anterior a la idea.
Una idea concéntrica que como un pensamiento demora-
    do va geométricamente conformándose desde un nú-
    cleo.
30 Una idea lentísima, precisa en su salvación, y ahí ex-
    puesta.
Una palabra no la diría: la palabra es humana.
La traduce ese ser. Él la expresa y la configura.
Y él es una precisa definición, en su neto lenguaje: «Es
    el árbol».

En un vasto dominio
1962

44

MATERIA ÚNICA

Esa materia tientas
cuando, carmín, repasas
la sonrisa de un niño.
Más: grosezuela, carne,
5 pierna o rosa exhalándose.
La materia fresquísima,
cuán repentina emerge
en esa pierna o luces.
Oh, cómo tiembla el iris:
10 suspenso ahora en el rosa,
escala suave o masa
que es un montón fragante.
Materia inmensa dura...
Cuán infinita empieza
15 cuando el tiempo, y vibrante
es una red que tocas.
Aquí, aquí está en sus bordes.
No más, no más distintos
que allí su origen: tiéntase
20 sin fin. Y un niño canta.
Y en él quizá Tiberio,
remoto. Oh, Capri. Espumas;
las carpas. Huele el viento.
Pero hoy el niño corre.
25 Madrid. El aro es gayo.
Y llega y mira. Vese
en él el ojo lóbrego,
la barba rubia, exangüe
la mano: allí la esfera.
30 Felipe Dos. Silencio...
La virgen hoy nos dice.
En la materia misma
la cortesana antigua
hoy late, y se adereza.
35 Su faz cansada vuelve.
¿No oyes la voz?: la Santa.
Desde esa masa única
alza sus ojos: siente
la flecha suave ardiendo.
40 Y aquí descansa el hombre,
respira el monje, y nada:

solo es un mar, el mismo.
¿Quién del bajel saltase?
Cipango ilustre intacto.
45 Son gritos, no: saludos.
¡Pisan el mar los indios!
Su flecha va en el viento,
y vibra hoy en el pecho,
amor, amor, y lleva
50 su mano allí esa joven...

Ardiendo, la materia
sin consunción desborda
el tiempo, y de él se abrasa.
Indemne en sus orígenes.
55 Entre las lumbres únicas,
con su corona trágica,
si Calderón altísimo,
María hoy arde humilde.
La veis subir despacio,
60 sirviente: el cesto, y sigue.
Silencio. Es la madera
que cruje. El pan. Y llama.

A siglos, le abriría
aquel guerrero. Y tocas,
65 y Atila pasa; insistes,
y en él nos mira el bardo;
y más, y en sus ropajes
está el tirano, y lucen
sus ojos. ¿Mira el niño?
70 Oh, virgen: llega y pasa.

Todo es materia: tiempo,
espacio; carne y obra.
Materia sola, inmensa,
jadea o suspira, y late
75 aquí en la orilla. Moja
tu mano, tienta, tienta
allí el origen único,
allí en la infinitud
que da aquí, en ti, aún espumas.

En un vasto dominio
1962

45

EN LA MESETA
(JORGE GUILLÉN)

Si le miráis de cerca sentiréis cómo luce
una frente desnuda —apenas pelo breve en cima fina.
Erguido aún, porque, delgado siempre, puja hacia arriba, hacia luz, y medra.
Y sobre el fondo ilustre de meseta, el cielo
5 coronador, el viento fiel, la norma
hecha de sol en puridad, y soplos
—oh maravilla— de esta luz completa.

Yo recuerdo algún día verle, después, cuando la tarde duda
—mas dudar no es posible. Cuando la tarde, afirmación cumplida,
10 se hundía despacio, ciertamente grave,
medida, hasta cejar al horizonte: cierre
cabal, cuando la noche, avergonzada, herédala.
Pero recuerdo más. Los ojos libres,
también para la noche
15 supieron un instante después alzar sus filos
y resolver la sombra en ciencia, en fuerza,
en certeza y poder de estrellas claras.
El firmamento absuelto, más, resuelto
en bóveda completa, era ya el orbe,
20 el silencioso mundo no celeste,
mas humano, porque mirado está del hombre esbelto.

¡Qué pesadumbre las estrellas graves
sobre la frente rutilada, y horas
y minutos! El ser, el ser sin tiempo,
25 y un río pasa, y las estrellas tiemblan.

Composición, armonía, la lengua
humana aquí rozó un cenit, correspondiente
al mediodía, en la esfera que no se aflige y rueda
sobre los ojos, donde entero se copia el son profundo.

30 Ved:
esa frente
mojada amanecía, o su humedad bebía el sol, templándola,
tomándola, como a la piedra viva —siempre el hombre—,
sobre extensión total, en orden último.

Retratos con nombre
(1958-1965), 1965

46

EN EL VIENTO

Aquellos son muy jóvenes.
Algunos pasan, cuerpos ligeros en el aire.
Unos van en volandas con un destino alegre.
En un campo detiénense, extenso y hay jardines.
5 Edificios enormes, aulas, pizarras, voces.
Otros van incluidos en un viento más bajo,
más lento, y se detienen donde el viento los deja.
Un instante en la boca
de una mina, o aquel sobre la jarcia
10 de una barca en la ola.
Y más allá aquel otro junto a la puerta férrea
de un horno alto, o queda
en tal pueblín, sentado, con una lezna chica
entre sus dedos. Siguen,
15 pues el viento va largo. Ahí pasan las mujeres.
Yo las he visto un día quedar sobre los campos,
arrodilladas, el pecho casi a tierra. ¿Rezaban?
Rebuscaban
la oliva. Enero. El viento
20 seguía. E iban ahí los mudos, también los afligidos,
los siempre incomprendidos, como los que, dolientes,
ahí siguen esperando.

Vi volantes casacas, espadas finas, filos,
y era el brillo fugaz como un relámpago.
25 Después pasaban lienzos
ligeros o gastados,
las mantas transparentes, por mucho amor usadas,
los pañuelos llovidos, quizás aún el trasunto
de voces, ¿dónde, cuándo? El viento nunca liso
30 que ondula, crece, silba:
un mundo ahí palpitando.

Son horas o son vidas.
Pero el destino mezcla los hombres. Hay miradas,
lamentos —son más lágrimas—, la lluvia aquí reunida,
35 mejillas y, arrasado,
el brillo de unos ojos, más ojos, aún más ojos,
que en ese viento cruzan y siguen, y ahí besados.

Algunos son más jóvenes, y el viento hay un momento
que en un borde los deja, muy suave. Oh, sí, sé: es un instante.
40 Otros van de muy lejos, y aún pasan ahí volando.

Mas si firmes miráis el horizonte, a veces
caen cuerpos, sigue el viento. Más cuerpos. Siempre joven.
Pero el viento, completo, se pierde, sigue. Dentro
se escucha: van cantando.

Retratos con nombre
(1958-1965)

47

FRANCISCO LÓPEZ

Este albañil subiera a algunas obras;
trepó ligero casi con sus alas,
alas de cal volando pobremente.
Un aire en polvo cae, y es un silencio.
5 Francisco López, en la noche en sombra,
duerme o descansa. Urgida el alba llega.
Él se levanta opaco en zona oscura,
y cuando el sol despierta él está arriba.
Arriba en el tablón que vuela incierto,
10 o un pie a disgusto que se posa en blanco.
Mientras los brazos altos ahora enlucen
esa pared o límite a una vida.
Agua sin sueño, en cubo, pesa. El filo...
El pie es su yerro. El cuerpo, brusco, abátese.
15 ¿Las alas? Ah, las alas. No se abrieron.
El cuerpo en tierra, en rojo y blanco, queda.

Retratos con nombre
(1958-1965)

48

SIN NOMBRE

La historia a veces calla
los nombres. El que prendió aquel fuego.
La niña que se murió
en la ciudad desierta.
5 Aquel viejo gastado,
afligido, que lo dio todo,
pero acabó como un pabilo oscuro.
—Ni el humo viose entonces—.
El de la pana triste. O aquella gallarda muchacha,
10 con la flor en el pelo, negros los ojos, la canción abriéndose;
natural de aquel pueblo:
andaluza. Fue en Palma.
Palma del Río o Alhaurín, o fue en Arcos.

Lo mismo se diría del que creció y fue joven,
15 y joven se quedó. Era claro, muy rubio,
muy azules los ojos.
Porque nació de lo que fue colonia
germana. (Ay Olavide, español de las «luces».)
Un pueblo con un nombre
20 de mujer: La Carolina, bella, cual muchacha, y muy rubia.
Pero andaluza aldea, al cabo. Hoy madre de andaluces
con ojos claros y pestaña oscura.
Carolina dramática, y al costado la sierra.
Piedra valiente, y sobre el aire el cielo
25 solitario. Van nubes
en el aire invisible.

Ese niño entre velas
que no medró. O el que engendró cien veces
entre olivos, y al campo
30 echóse un día. El «Vivillo»,
el «Pernales». Terrible
historia equivocada,
denuncia al cabo triste.
Esa muchacha loca
35 —tal la dicen— que en la ventana espera,
tras la reja florida,
que él pase, furtivo y cierto en noche.
Un sombrero redondo, la capa, el brillo mudo
de la espuela. Y se allega.
40 Y entre la flor el beso. Y él escapa firmísimo.
Ella queda, y erguida. Errada heroína joven
del valor dadivoso, sin fin, mas con objeto.

No, no quedan los nombres.
Unos tienen leyenda. Otros son solo el viento,
45 y en él el polvo mismo que se incorpora un día
en nuevos cuerpos bellos, o en el mar va a perderse.

Estos los solitarios, aquellos los unidos en una voz o un cántico.
Los que mueren mirando
por vez primera el orbe,
50 apenas una boca: la de la madre, o un pecho:
el seno que ellos toman para vivir, y mueren.
Y el que muere ancianísimo,
que es apenas, también, recién llegado e ido.
La vieja de haldas fuertes.
55 La de la espuma en ropas,
volante; el aire es ella, y también cual el aire.
El recio trabajando
con su mano de tierra, un instante hecha humana,
para pronto sembrarse.

60 El anónimo puro
que al morir se diría
que se reintegra al seno
de los demás, que siguen.

Seguir. Mas todos siguen. Continuidad sin meta.
65 Ella, la fiel muchacha,
el niño ido, el héroe
por vivir, el fiel muerto.
La luz, la luz borrando los nombres, más piadosa
que la memoria humana.

70 La historia a veces calla
los nombres. El que prendió aquel fuego.
Quien lo apagó. El amante.
Quien nunca amó. Aquel viento.
En él, siempre invisible, las nubes van volando.

Retratos con nombre
(1958-1965)

49

COMO MOISÉS ES EL VIEJO

Como Moisés en lo alto del monte.

Cada hombre puede ser aquél
y mover la palabra y alzar los brazos
y sentir cómo barre la luz, de su rostro,
5 el polvo viejo de los caminos.

Porque allí está la puesta.
Mira hacia atrás: el alba.
Adelante: más sombras. ¡Y apuntaban las luces!
Y él agita los brazos y proclama la vida,
10 desde su muerte a solas.
Porque como Moisés, muere.
No con las tablas vanas y el punzón, y el rayo en las alturas,
sino rotos los textos en la tierra, ardidos
los cabellos, quemados los oídos por las palabras terribles,
15 y aún aliento en los ojos, y en el pulmón la llama,
y en la boca la luz.

Para morir basta un ocaso.
Una porción de sombra en la raya del horizonte.
Un hormiguear de juventudes, esperanzas, voces.
20 Y allá la sucesión, la tierra: el límite.
Lo que verán los otros.

Poemas de la consumación
1968

50

COMO LA MAR, LOS BESOS

No importan los emblemas
ni las vanas palabras que son un soplo sólo.
Importa el eco de lo que oí y escucho.
Tu voz, que muerta vive, como yo que al pasar
5 aquí aún te hablo.

Eras más consistente,
más duradera, no porque te besase,
ni porque en ti asiera firme a la existencia.
Sino porque como la mar
10 después que arena invade temerosa se ahonda.
En verdes o en espumas la mar, feliz, se aleja.
Como ella fue y volvió tú nunca vuelves.
Quizá porque, rodada
sobre playa sin fin, no pude hallarte.
15 La huella de tu espuma,
cuando el agua se va, queda en los bordes.

Sólo bordes encuentro. Sólo el filo de voz que en mí quedara.
Como un alga tus besos.
Mágicos en la luz, pues muertos tornan.

Poemas de la consumación
1968

51

CANCIÓN DEL DÍA NOCHE

Mi juventud fue reina.
Por un día siquiera. Se enamoró de un Norte.
Brújula de la Rosa. De los vientos. Girando.
Se enamoró de un día.

5 Se fue, reina en las aguas. Azor del aire. Pluma.
Se enamoró de noche. Bajo la mar, las luces.

Todas las hondas luces de luceros hondísimos.
En el abismo estrellas. Como los peces altos.
Se enamoró del cielo, donde pisaba luces.
10 Y reposó en los vientos, mientras durmió en las olas.

Mientras cayó en cascada, y sonrió, en espumas.

Se enamoró de un orden. Y subvertió sus gradas.
Y si ascendió al abismo, se despeñó a los cielos.

Ay unidad del día en que, en amor, fue noche.

Poemas de la consumación
1968

52

SUPREMO FONDO

Hemos visto
rostros ilimitados, perfección de otros límites,
una montaña erguida con su perfil clarísimo
y allá la mar, con un barco tan sólo,
5 bogando en las espinas como olas.

Pero si el dolor de vivir como espumas fungibles
se funda en la experiencia de morir día a día,
no basta una palabra para honrar su memoria,
que la muerte en relámpagos como luz nos asedia.
10 Pájaros y clamores, soledad de más besos,
hombres que en la muralla como signos imploran.
Y allá la mar, la mar muy seca, cual su seno, y volada.
Su recuerdo son peces putrefactos al fondo.

Lluevan besos y vidas que poblaron un mundo.
15 Dominad vuestros ecos que repiten más nombres.
Sin memoria las voces nos llamaron, y sordos
o dormidos miramos a los que amar ya muertos.

Poemas de la consumación
1968

53

EL COMETA

La cabellera larga es algo triste.
Acaso dura menos
que las estrellas, si pensadas. Y huye.
Huye como el cometa.
5 Como el cometa «Haléy» cuando fui niño.
Un niño mira y cree.
Ve los cabellos largos
y mira, y ve la cauda
de un cometa que un niño izó hasta el cielo.
10 Pero el hombre ha dudado.
Ya puede él ver el cielo
surcado de fulgores.
Nunca creerá, y sonríe.
Sólo más tarde vuelve
15 a creer y ve sombras.
Desde sus blancos pelos ve negrores,
y cree. Todo lo ciego es ciego,
y él cree. Cree en el luto entero que él tentase.

Así, niños y hombres
20 pasan. El hombre duda.
El viejo sabe. Sólo el niño conoce.
Todos miran correr la cola vívida.

Poemas de la consumación
1968

54

LLUEVE

En esta tarde llueve, y llueve pura
tu imagen. En mi recuerdo el día se abre. Entraste.
No oigo. La memoria me da tu imagen sólo.
Sólo tu beso o lluvia cae en recuerdo.
5 Llueve tu voz, y llueve el beso triste,
el beso hondo,
beso mojado en lluvia. El labio es húmedo.
Húmedo de recuerdo el beso llora
desde unos cielos grises
10 delicados.
Llueve tu amor mojando mi memoria,
y cae y cae. El beso
al hondo cae. Y gris aún cae
la lluvia.

Poemas de la consumación
1968

55

CUEVA DE NOCHE

Míralo. Aquí besándote, lo digo. Míralo.
En esta cueva oscura, mira, mira
mi beso, mi oscuridad final que cubre en noche
definitiva
5 tu luminosa aurora
que en negro
rompe, y como sol dentro de mí me anuncia
otra verdad. Que tú, profunda, ignoras.
Desde tu ser mi claridad me llega toda
10 de ti, mi aurora funeral que en noche se abre.
Tú, mi nocturnidad que, luz, me ciegas.

Poemas de la consumación
1968

56
PERMANENCIA

Demasiado triste para decirlo.
Los árboles engañan. Mientras en brillo sólo van las aguas.
Sólo la tierra es dura.

Pero la carne es sueño
5 si se la mira, pesadilla si se la siente.
Visión si se la huye.
Piedra si se la sueña.

Calla junto a la roca, y duerme.

Poemas de la consumación
1968

57
NOMBRE O SOPLO

Mi nombre fue un sonido
por unos labios. Más que un soplo de aire fue su sueño.
¿Sonó? Como un beso pensado ardió, y quemóse.

¡Qué despacio, sin humos, pasa el viento!

Poemas de la consumación
1968

58
LOS AMANTES VIEJOS

ÉL

No es el cansancio lo que a mí me impele
al silencio. La tarde es bella, y dura.

ELLA

Se ve en la noche el ruiseñor. No escucho.
El viento estos cabellos desordena. Mas no los míos.
5 Y la luna es fría.

ÉL

Oye la tierra
cómo gime larga. Son pasos, o su idea. No consigo
decir aún lo que en el pecho vive.
Vive tu sueño y mira tus cabellos. ¿Son ellos los que ondulan
10 cuando los pienso? ¿O es la noche a solas?
Oh tú la nunca vista y siempre hallada.
La no escuchada —y siempre ensordecido.
De tu rumor continuo voy viviendo.
Cumplí los años, oh, no, cumplí las luces.
15 Cumplí tus luces misteriosas, y heme
ciego de ti. Mis ojos fatigados
no ven. Mis brazos no te alcanzan.
Después que te cumplí, como una vida, solo
debo de estar, pues miro y tiento, y nadie,
20 nada. El ojo ciego un cosmos ve. ¡No viera!

ELLA

Sé bien que es una voz lo que oigo. Cerca,
aquí a mi lado. Dime. Canta
el bosque. El ruiseñor invita. El viento pasa.
¿Son ésos mis cabellos? Ramas siempre.
25 El viento es alto. Ralo el pelo pende.
Tómame, viento claro, toma y huye.

ÉL

El mar me dice que hay una presencia.
La soledad del hombre no es su beso.
Quien vive amó, quien sabe ya ha vivido.
30 Esas espumas que en mi rostro azotan
¿son ellas, son mi sueño? Extiendo un brazo
y siento helada la verdad. No engañas
tú, pensamiento solo
que eres toda
35 mi compañía. La soledad del hombre está en los besos.
¿Fueron, o he sido? ¿soy, o nunca fueron? Soy quien duda.

ELLA

Yo me sonrío, pues mis dientes son,
aún, eco y espejo, y da la luz en ellos.
Existir es brillar. Soy quien responde.
40 No importa que este bosque nunca atienda.
Mis estrellas, sus ramas, fieles cantan.

ÉL

El pensamiento vive más que el hombre.
Quien vive, muere. Quien murió, aún respira.
La pesadumbre no es posible, y crece.
45 Así la frente entre las manos dura.
Ah, frente sola. Tú sola ya, la vida entera.

ELLA

Pero el pájaro alegra su pasaje. Escucho,
purísimo cantor. Por mí has volado
y aquí en el bosque comunión te llamas.
50 Me llamo tú. Soy tú, pájaro mío.

ÉL

Qué soledad de lumbres apagadas.
La lengua viva no la veo, aún siento
su ceniza en la piel, y lame, y miente.
No: Verdad decide y expresión confía.
55 Su lengua fría aquí me habla, y, muda,
es ella quien me dice: «amor», y existo.

ELLA

La noche es joven. Son las horas breves,
por bellas. Son estrellas puras
las que lo dicen. Las que proclamaron
60 que el mundo no envejece. Su luz bella
perpetua es en mis ojos: también brillan.

ÉL

Qué insistencia en vivir. Sólo lo entiendo
como formulación de lo imposible: el mundo
real. Aquí en la sombra entiendo
65 definitivamente que si amé no era.
Ser no es amar, y quien se engaña muere.

ELLA

¡Qué larga espera! Ya me voy cansando.
Aquí quedó en volver. Años o días,
quizá un minuto. Pero qué larguísimo.
70 Ya me voy cansando. Las estrellas lo dicen: «Ya es tu hora.
¿Cómo dudas?»
Yo no dudo. Yo canto. Hermosa he sido;
soy, digo, pues lo fui. Lo soy, pues, siéndolo.
Y aguardo. Aquí quedamos, junto al bosque.
75 Se fue, le espero. Oh, llega.

ÉL

Nadie se mueve, si camina, y fluye
quien se detuvo. Aquí la mar corroe,
o corroyó, mi fe. La vida. Veo...
Nada veo, nada sé. Es pronto, o nunca.

ELLA

80 Con ropas claras me compuse. ¡Vuelve,
vuelve pronto! Así le oí. La primavera estaba
en su esplendor. Oh, cuántas primaveras
aquí esperando. ¡Por qué, por qué ha tardado
tanto! La vida inmóvil, como inmóvil siempre
85 la luz más fija de la estrella, dice
que joven es la luz, y en ella sigo.
El bosque huyó. Pero, otro bosque nace.
Y, clara estrella mía, yo te canto,
yo te reflejo. Somos... Esperamos.

ÉL

90 La majestad de este silencio augura
que el pensamiento puede ser el mundo.
Vivir, pensar. Sentir es diferente.
El sentimiento es luz,
la sangre es luz. Por eso el día se apaga.
95 Pero la oscuridad puede pensar, y habita
un cosmos como un cráneo. Y no se acaba;
como la piedra. Piensa, luego existe.
Oh pensamiento, en piedra; tú, la vida.

ELLA

Era ligero, como viento, y vino
100 y me habló: «Soy quien te ama, soy quien te ha sentido.
Nunca te olvidaré. Amarte es vida,
sentirte es vida.» Así me dijo, y fuese.
Pero lo sé. Como un relámpago durable
está, y él vino, y si pasó, se queda.
105 Aquí le espero. Soy vieja... Ah, no, joven me digo,
joven me soy, pues siento. Quien siente vive, y dura.

ÉL

Concibo sólo tu verdad. La mía
no la conozco. A ti te hablo, e ignoro
si estoy diciendo. A quien
110 digo no importa. Como tampoco importa lo que digo
o lo que muero. Si amo o si he vivido.

ELLA

No viviré. El alba está naciendo.
¿Es noche? ¿El bosque está? ¿Es la luna
o eres tú, estrella mía, la que tiendes
115 a desaparecer? El día apunta. La claridad
me hace a mí oscuridad. ¿Soy yo quien nace
o quien tiembla? ¿Quien espera o quien duerme?
Hablo, y la luz avanza. Las estrellas
se apagan. Ah, no me veo.

ÉL

120 La oscuridad es toda
ella verdad, sin incidentes
que la desmientan. Aquí viví, y he muerto.
Calla: Conocer es amar. Saber, morir.
Dudé. Nunca el amor es vida.

ELLA

125 Está al llegar, y acabo. Tanto esperé, y he muerto.
Supe lo que es amar porque viví a diario.
No importa. Ya ha llegado. Y aquí tendida digo
que vivir es querer, y siempre supe.

ÉL

Calla. Quien habla escucha. Y quien calló ya ha hablado.

Diálogos del conocimiento
1974

59

DESPUÉS DE LA GUERRA

EL VIEJO

Aquí descanso. La noche inmensa ha caído
sobre mis pasos. Qué soledad horrible. Sólo un humo
era el aire. Con mis ojos cansados nada veo.
Nada escucho
5 con mis oídos. Si el mundo fue, idea es ya
y en ella, solo, aliento.
Qué grandeza terrible así pensado
el mundo, como esta idea muerta en que giramos.

LA MUCHACHA

No sé, despierto a solas. Qué noche transparente.
¹⁰ Aquí en la selva me dormí, con flores:
las que llevaba. Su perfume aspiré. Estalló un fragor. Dormíme.
Ahora de noche, lenta, me despierto.
La sombra suave brilla, con estrellas.
Los pájaros, sin duda, están dormidos.

EL VIEJO

¹⁵ En este cauce seco brilló el agua.
No sé quién soy. Mi edad, la de la tierra.
Tierra a solas me siento, sin humanos.
¿Dónde la voz que ayer me dijo: Escapa?
Sentí que el trueno no era humano. Y supe.
²⁰ Dormí. No sé si siglos. Y llamé. Estoy solo.

LA MUCHACHA

La soledad también pueden ser flores.
Aquí en mi mano las llevaba; olores
daba el color. Azules, amarillas,
rosas, moradas, y mi rostro hundióse
²⁵ en el seno fragante. Y alcé el labio
hacia la luz y abrí mi boca y sola
canté. Con todo. El agua, arpegios,
espumas, ruiseñor. Conmigo hermosos,
hermanos, musicales. Todo a una,
³⁰ éramos voces bajo las estrellas.

EL VIEJO

Estrellas hay que quieren ser pensadas,
pues sólo si las piensan ellas viven.
Ahora el mundo vacío está vacante
y un pensamiento es, pero no humano.

LA MUCHACHA

³⁵ De prisa marcho. No encuentro a nadie. Hermoso
es, sin embargo, el cielo. Cruza el aire.
No huelo flores, pero yo respiro.
Como una flor me siento y vida esparzo.
Larga es la noche, pero ya ha cedido.
⁴⁰ Dulce será nacer en la luz viva.
Nací con ella y naceré en su seno.
Como una luz muy dulce ahora es mi carne.

EL VIEJO

Toco mi frente. Un hueso solo o piedra.
Piedra caída, como estas piedras mismas.
45 ¿Rodó de dónde? Y aquí quedó, parada.
Tiento mi barba, dolorosa, un río
que cae y no llega, pende, y tiembla
como un pavor. ¿De quién? Pues no lo reconozco.
Si solo estoy, no tiemblo. Y el temblor
50 es él, no yo. Es él, y en sí consiste.
Toco mi pecho y suena. ¿Quién lo escucha?
Y hablo. Y no se oye. Y miro, y ciego
soy como el árbol, en la noche. Y toco
su rama venerable, y pongo sólo
55 mi mejilla en su tronco y oigo apenas
una memoria, pues no hay hojas, ni alas.

LA MUCHACHA

Parece que se escucha
ahora el primer rumor. Todo es oscuro, pero
cómo siento latir a las estrellas
60 en mi mejilla. Sin duda me interrogan
y yo respondo, y su luz es carne,
como ésta mía donde tiemblan, donde besan
con labios dulces, como mis hermanas.
Ellas me dicen que la vida es bella.

EL VIEJO

65 No puedo responder al cielo inmenso.
Sólo la voz humana tiene límites.
Tentarlos es saber. Quien sabe toca
su fin. Y es inútil que bese, pues ha muerto.

LA MUCHACHA

Algo me dice que yo vivo, y
70 si vivo existe
el mundo. Oh, sí, la flor está
en la luz, y su perfume
nacerá con la luz. Son mis sentidos
los que nacen, los que amanecen. Toda la luz
entre mis labios cruje.

EL VIEJO

75 La soledad del mineral es sólo
un pensamiento. Pero

sin el hombre no vive. Sólo el cielo
persiste. Y en su bóveda
la luz es mineral. Luz inhumana
80 que a mí me aplasta y matará mi idea.
Su idea, pues no existo. Nadie existe
que ya me piense. Solo estoy, y no es ello
soledad. Pues la absoluta soledad la mancho.
El alba nace. Horrible alba, sin orden.
85 Desnuda de la carne, el alba ha muerto.

LA MUCHACHA

En los labios la luz, en mi lengua la luz sabe a dulzuras.
Cómo germina el día entre mis senos.
El cielo existe como yo, y lo siento
todo sobre mis labios tibiamente.

EL VIEJO

90 No puede ser; no soy, y no hay ya luces.
No existe el ojo o claridad. Voy ciego,
como ciega es el alba. Cubro en noche
mi frente. A tientas voy. No oigo.

LA MUCHACHA

Oigo a la luz sonar. Miro, y muy lejos
95 veo algo, un bulto... ¡Vida, vida hermosa!
Vida que propagada me sorprende.
Pues está en mí y en ella yo estoy viva.
En ti, bulto distinto que adivino
no como nube, sino en permanencia.
100 Oh, mi futuro, ahí, tentable, existes.

EL VIEJO

Me alejo. Ya no veo. Este sayal
ceniza es en mi frente, y voy muriendo,
pues corro apenas. Luz, ya nada puedes.

LA MUCHACHA

La vida puede ser tocada y veo
105 que entre luces sus límites se ofrecen.
Ese bulto es un bien. Te llamo, y pura
soy, e impura, como la realidad. Real, despierto.

EL VIEJO

Ayer viví. Mañana ya ha pasado.

LA MUCHACHA

Este grito es mi luz. El hombre existe.
110 Tú y yo somos el hombre. Sí, ha vivido,
pues vivirá. Mañana ya ha nacido,
pues aquí estoy. Mañana, y hoy, y ayer.

EL VIEJO

Lejos estoy. Muy lejos. No en espacios,
sino en tiempo. Ayer murió.
115 Mañana ya ha pasado.

EL VIENTO

Pues todo el hombre ha muerto.

Diálogos del conocimiento
1974

60

QUIEN BAILA SE CONSUMA

EL BAILARÍN

Es demasiado ligero. No sé, difícil es optar
qué está más escondido, si el puñal o la rosa.
Algo embriaga el aire. ¿Plata sólo? O aromas
de los pétalos que machacados por unos pies desnudos
5 llegan a mis sentidos, los descubren e incitan.
Rompen más poderosamente los enigmas
y al fin se ven los montes, como cuerpos tumbados,
allí en el horizonte, mientras sigue el misterio.

EL DIRECTOR DE ESCENA

Si quieres decir que la bambalina oscila,
10 no cuidas las palabras. Tu pie en el aire imita
la irrupción de la aurora, pero cuán pobremente.
¿La orquesta? Mientras ensaya la madera a dormirse,
el son a su mudez y el farol a crujir cada vez más rosado,
yo duermo o leo, y me despierto y callo.
15 La ciencia es un dominio donde el hombre se pierde.
Un bosque que levanto con mis órdenes puede
a los espectadores darles verdor, no vida.
Por eso me sonrío cuando el telón se alza
y el bailarín ondea como un árbol y aduzco
20 su pie, su pie en sigilo como una duda intensa.

EL BAILARÍN

Yo soy quien soy, pero quien soy es sólo
una proposición concreta en sus colores.
Nunca un concepto. Bailo, vacilo, a veces puedo
afirmarme hecho un arco, con mi cuerpo, y los aires
25 bajo él cruzan como deseos. No los siento. La piedra
del puente nunca siente
a las aguas veloces, como a las quietas: sueño,
y el soñar no hace ruido.
Mi cuerpo es la ballesta en que la piedra yérguese;
30 y el arco, y soy la flecha: un pensamiento huyendo.

EL DIRECTOR DE ESCENA

Solo estoy y no confío en lo que hice, ni hago
mención de lo que puse o propuse: una idea.
La escena es una idea, y el pensamiento abrasa.
Con colores o turnos de ira o fe erguí tu nombre.
35 En lienzo el bermellón, el amarillo híspido, la rosa, el pie desnudo
y todo el cuerpo erguido del bailarín creciente,
pura mentira o veste, mas la verdad ahí arde.
Bajo la malla un grito corporal es el ritmo
y con mi mano tomo la forma y ahí se quema
40 para todos. Y todos, consumados, aplauden.

EL BAILARÍN

Suena la música y ondea como una mar salobre
donde mi cuerpo indaga temeroso y brillante.
Soy la espuma primera que entre las ondas álzase
y en la cresta aquí irísase, revelándoos un mundo.
45 Su nombre, o son sus hechos, en los labios ardidos.
Mientras cantan las cuerdas y los óboes se quejan
como oscuros principios frustrados, y hay la flauta
como una lengua fina por una piel huyendo.

EL DIRECTOR DE ESCENA

No es el son, son mis manos. ¡Basta! Todo el mundo ahí erguido.
50 Concebir nunca es fácil. Coro o tristeza inmunda
que cual rosas marchitas desfila sordamente.
¿Aún bailan o aún engañan? Una onda a aromas pútridos
que divaga y oscila mientras callan las liras.
Rostros para esa ardiente juventud que es un hombre.
55 La perdición completa yo la vi y la presento.
Los negros gemebundos, los amarillos glaucos, los finales más grises,
como cuerpos dormidos.

Un montón de lujuria, pero extinto, en la sombra.
O es un vals lastimero que en polvo lento absuélvese.

EL BAILARÍN

⁶⁰ Es el fin. Yo he dormido mientras bailaba, o sueño.
Soy leve como un ángel que unos labios pronuncian.
Con la rosa en la mano adelanto mi vida
y lo que ofrezco es oro o es un puñal, o un muerto.

Diálogos del conocimiento
1974

EMILIO PRADOS
(1899-1962)

Nace en Málaga en 1899. Hizo los primeros estudios en su ciudad natal. En 1915 se traslada a Madrid para completar su segunda enseñanza en el grupo experimental de niños de la Residencia de Estudiantes. En 1918 se inscribe en la Universidad para seguir los cursos de Ciencias Naturales, estudios que abandona después de algún tiempo. En la Residencia de Estudiantes, donde vive, conoce a García Lorca, quien le despierta su vocación poética. A fines de 1920 cae gravemente enfermo y debe pasar un año en el sanatorio de Davos, en Suiza. Regresa a España y luego viaja por un año a Alemania a estudiar filosofía. Al volver a España en 1922, se instala en Málaga, donde funda con Manuel Altolaguirre la imprenta Sur, en la cual se publican la revista *Litoral* (1926-1929) y los libros más importantes de la poesía española de entonces.

En 1930 colabora en la organización del Sindicato de Artes Gráficas de Málaga y comienza a escribir poesía revolucionaria. Pasa largas temporadas en el campo y en conversaciones con los trabajadores y pescadores de Málaga. Con motivo de la Guerra Civil, se traslada a Madrid en agosto de 1936, donde forma parte de la Alianza de Intelectuales Antifascistas y escribe romances de guerra que lee por la radio. En noviembre de este mismo año pasa con otros intelectuales a Valencia. Colabora en esta ciudad en la dirección de la revista *Hora de España* y se encarga de la selección de los romances que han de ser incluidos en el *Romancero General de la Guerra de España*, publicado en 1937. Al terminarse la guerra a principios de 1939, sale con muchos otros españoles como exiliado a Francia, y de allí se embarca para México, donde fija su residencia. En la ciudad de México trabaja en la editorial Séneca, participa en la labor de *Cuadernos Americanos* y da clases en un instituto. Muere el 24 de abril de 1962.

OBRAS POÉTICAS:

Tiempo (Málaga: Imprenta Sur, 1925), *Canciones del farero* (Málaga: Litoral, 1927), *Vuelta* (Málaga: Litoral, 1927), *El llanto subterráneo* (Madrid: Héroe, 1936), *Llanto en la sangre* (Valencia: Ediciones Españolas, 1937), *Cancionero menor para los combatientes (1936-1938)* (Barcelona: Ediciones Españolas, 1939; Madrid: Autores, 1977), *Memoria del olvido* (México: Séneca, 1940), *Mínima muerte* (México: El Colegio de México,

1942), *Jardín cerrado* (México: Cuadernos Americanos, 1946; 2.ª ed., Buenos Aires: Losada, 1960), *Dormido en la yerba* (Málaga: Editorial El Arroyo de los Ángeles, 1953), *Antología* (1923-1953) (Buenos Aires: Losada, 1954), *Río natural* (Buenos Aires: Losada, 1957), *Circuncisión del sueño* (México: Fondo de Cultura Económica, 1957), *La piedra escrita* (México: Universidad Nacional, 1961), *Signos del ser* (Palma de Mallorca: Papeles de Son Armadans, 1962), *Últimos poemas*, edición de Miguel Prados (Málaga: El Guadalhorce, 1965), *Cuerpo perseguido*, ed., prólogo y notas de Carlos Blanco-Aguinaga, con la colaboración de Antonio Carreira (Barcelona: Labor, 1971), *Poesías completas* (2 vols.), ed. y prólogo de Carlos Blanco-Aguinaga y Antonio Carreira (Madrid-México: Aguilar, 1975 y 1976), *Antología poética*, estudio previo, selección y notas de José Sanchís-Banús (Madrid: Alianza, 1978).

ESTUDIO PRELIMINAR: I, págs. 27, 36; II, 16, 33.

1

INSCRIPCIÓN EN LA ARENA

Duerme el cielo, duerme el mar
y, en medio, mi corazón:
barco de mi soledad...

Soledad que voy siguiendo
5 a través de mi esperanza,
no de mi conocimiento.

Tiempo
1925
Antología, 1954

2

TRÁNSITO EN EL JARDÍN

Junto al árbol, la luz se pliega en mansas ondas,
mientras tanto el reflejo se hilvana en el ocaso...
Prendido aún del cielo el pañuelo del día
vierte, sobre el mar limpio, sus fáciles desmayos.

5 Toda la tarde es lirio de porcelana blanca;
cálida y desvaída piel de lucero en cierne;
voz de una despedida sin mano y sin campana,
abanico caído sobre el agua luciente...

La baranda pintada del balcón de los vientos
10 sostiene a la bandera pálida de la luna,
mientras, lacia la noche, como un gran manto flojo,
se descuelga en la sombra, deshecha por la espuma.

La estrella necesaria brilla tranquila y fría
—sello eterno del paso siempre nuevo y el mismo
15 que, fuera y en mi alma, da la rueda infinita,
dejando un campo abierto frutar sobre el vacío—...

Puente y palma del mundo, hueca esfera del miedo,
la noche —negra pluma del pájaro del aire—,
en su caja serena de cristal y de escama,
20 guarda igual que una rosa mi pensamiento exánime.

Y otra vez vuelve el día terso y bien enquillado,
como nadador joven que arribara a la playa...
Y otra vez queda el árbol en pie sobre mi espíritu
con la fruta madura sin cortar en su rama.

25 ¡Pero el día ha nacido!...

      (¿Adónde va mi cuerpo?...)
¡Pisa la luz mi orilla y huye mi sombra al sueño!

Tiempo
1925

3

NIVEL DEL PUERTO

Palma, cristal y piedra.

El nácar del perfil
puro del gesto,
enérgico en el agua.
5 Extractada la brújula,
sostiene al equilibrio
vertical sobre el viento...

(El imán se detiene.)

Palma, cristal y piedra.

10 Por el muelle, despacio,
la memoria, indolente,
se apoya en la baranda
de un crepúsculo fácil.

El sueño se devana
15 y se humedece el tiempo
al entregar su cinta...

(Se rinde el movimiento.)

Palma, cristal y piedra.

Por el muelle del día,
20 pierde pie la memoria...
La mirada, se vierte
líquida, en el olvido.

(El alma se separa
y la flor sube al cielo...)

25 ¡Palma, cristal y piedra!

Vuelta
1927

4

ALBA RÁPIDA

¡Pronto, de prisa, mi reino,
que se me escapa, que huye,
que se me va por las fuentes!
¡Qué luces, qué cuchilladas
5 sobre sus torres enciende!
Los brazos de mi corona,
¡qué ramas al cielo tienden!
¡Qué silencios tumba el alma!
¡Qué puertas cruza la Muerte!
10 ¡Pronto, que el reino se escapa!
¡Que se derrumban mis sienes!
¡Qué remolino en mis ojos!

¡Qué galopar en mi frente!
¡Qué caballos de blancura
15 mi sangre en el cielo vierte!
Ya van por el viento, suben,
saltan por la luz, se pierden
sobre las aguas...

     Ya vuelven
redondos, limpios, desnudos...
20 ¡Qué primavera de nieve!

Sujetadme el cuerpo, ¡pronto!
¡que se me va!, ¡que se pierde

su reino entre mis caballos!,
¡que lo arrastran!, ¡que lo hieren!,
25 ¡que lo hacen pedazos, vivo,
bajo sus cascos celestes!
¡Pronto, que el reino se acaba!
¡Ya se le tronchan las fuentes!

¡Ay, limpias yeguas del aire!
30 ¡Ay, banderas de mi frente!
¡Qué galopar en mis ojos!

Ligero, el mundo amanece.

Cuerpo perseguido
(1927-1928), 1954

5

SUEÑO

Te llamé. Me llamaste.
Brotamos como ríos.
Alzáronse en el cielo
los nombres confundidos.

5 Te llamé. Me llamaste.
Brotamos como ríos.

Nuestros cuerpos, quedaron
frente a frente vacíos.

Te llamé. Me llamaste.
10 Brotamos como ríos.
Entre nuestros dos cuerpos,
¡qué inolvidable abismo!

Cuerpo perseguido
(1927-1928)

6

TRANCE Y VIDA

Si entrar en la muerte fuera
subir desde el sueño al viento
y otra vez quedar dormido
arriba en la noche: entero
5 igual que la sombra pasa
a la tarde, mi cuerpo
subiéndose por mis pulsos,
vivo, temblando, por ellos,
desnudo, saldría de mí
10 golpe tras golpe ascendiendo
conmigo al hombro, descalzo,
su alta escala de silencios,
hasta dejarme en la cumbre
oscura y honda del cielo,
15 dentro del limpio sepulcro
del aire, dormir de nuevo.
Si así pudiera quedarme
en medio del viento, quieto

bajo sus trémulos cirios,
20 flotando en el sueño, muerto...
¡Qué urna sobre mi descanso
la noche pondría en mi cuerpo!
Pero... ¡qué golpe de tierra
será mi muerte! ¡Qué negro
25 árbol tenderá en el suelo,
seco!
¡Qué martillazo de sombra
hundirá sordo en el tiempo!

Desde mi sangre ¡qué clavos,
30 como gusanos de hierro
arrastrando por mis venas
vendrán a mis ojos, lentos,
para podrirlos! ¡Qué fríos
el pájaro y la raíz
35 desclavarán sus espejos!...

Mi carne, como agua turbia,
los sostendrá, hasta que ciego
el límite se deshaga
y, libres, desde mi cuerpo
40 —recuerdo ya de mi paso—,

vuelvan al árbol y al viento.
¡Qué dolor de desprendido
me irá clavando el silencio!
Pero ¡qué luz me hará, firme,
45 pájaro y árbol ya eterno!

Cuerpo perseguido
(1927-1928)

7

INVOCACIÓN AL FUEGO

Ancha lengua que subes.
Destructora conciencia aguda dura que no perdona:
trabaja, lame, pule y edifica
tu ardiente vasallaje.

5 Ábrete segura, hoja, cabellera que tu voluntad grita,
ataca, punza, desmorona la carne,
el canto y el cemento.
Sube, enróllate, aprieta con tu asfixiante estrago,
la cal y la mentira,
10 la fibrosa entraña
del caño de la vida,
la madera y el yeso...

¡Gubias por el aire!

Cruje, crujan, que crujan
15 abajo, arriba, en el blando costado.
Húndete en las profundas negras galerías.
Te hundas en las tronchadas aguas descendentes,
en el papel más blanco,
en el turbio secreto.
20 Salta.
Cruje, crujan, que crujan:
¡no descanses!

¡Oh espeso manto de tu ardiente aliento
asciende,
25 revuélvete en el suelo,
que agoniza!

Ancha lengua que subes.
Tela que sin memoria, enloquecida,
devastas cuerpos, ríos y ciudades:
30 vuelve,
que vuelvas,
vuelva,
que te llaman las torres,

las crujientes venas,
35 la piedra en la campana...
¡Ven,
que vengas,
que vuelvas,
rompedora de sombras!..
40 ¡Oh!
¡Clávate en los pechos!
Tus buriles se pierdan por la sangre.
¡Más hondo!
¡Más arriba!
45 ¡Libértala!
¡Liberta su edificio!
¡Oh luz desmelenada!
¡Destructora conciencia!
¡Ancha lengua que subes por el viento!

La voz cautiva
(1933-1934), 1954

8

HAY VOCES LIBRES...

Hay voces libres
y hay voces con cadenas
y hay piedra y leño y despejada llama que consume,
hombres que sangran contra el sueño
5 y témpanos que se derrumban sobre las calles sin gemido.
Hay límites en lo que no se mueve entre las manos
y en lo que corre corre y huye como una herida,
en la arena intangible cuando el sol adormece
y en esa inconfundible precisión de los astros...

10 Hay límites en la conversación tranquila que no pretende
y en el vientre estancado que se levanta y gira como una
peonza.
Hay límites en ese líquido que se derrama intermitentemente
mientras los ojos de los niños preguntan y preguntan a
15 una voz que no llama...
En la amistad hay límites
y en esas flores enamoradas que nada escuchan.
Hay límites
y hay cuerpos.
20 Hay voces libres
y hay voces con cadenas.
Hay barcos que cruzan lentos sobre los lentos mares y barcos
que se hunden medio podridos en el cieno profundo.

Hay manteles tendidos a la luz de la luna
25 y cuerpos que tiritan sin sombra bajo la oscuridad de la miseria...

Hay sangre:
sangre que duerme y que descansa
y sangre que baila y grita al compás de la muerte;
sangre que se escapa de las manos cantando
30 y sangre que se pudre estancada en sus cuencos.
Hay sangre que inútilmente empaña los cristales
y sangre que pregunta y camina y camina;
sangre que enloquecida se dispara
y sangre que se ordena gota a gota para nunca entregarse.
35 Hay sangre que no se dice y sí se dice
y sangre que se calla y se calla...
Hay sangre que rezuma medio seca bajo las telas sucias
y sangre floja bajo las venas que se para y no sale.

Hay voces libres
40 y hay voces con cadenas
y hay palabras que se funden al chocar contra el aire
y corazones que golpean en la pared como una llama.

Hay límites
y hay cuerpos
45 y hay sangre que agoniza separada bajo las duras cruces de unos hierros
y sangre que pasea dulcemente bajo la sombra de los árboles.

Hay hombres que descansan sin dolor contra el sueño
y témpanos que se derrumban sobre las piedras sin gemido.

Andando, andando por el mundo
(1934-1935), 1954

9

CANCIÓN

Si el hombre debe callar,
cállese y cumpla su sino
que, lo que importa, es andar...
Andar es sembrar camino
5 y morir es despertar.

Quien no ponga el pie en el suelo
por temor a verlo herido,

por su propio desconsuelo
siempre estará perseguido.

10 El pájaro está en su vuelo,
como el hombre está en su andar...

... y siga tejiendo el hilo
la mano sobre el telar
que, morir, es despertar.

Llanto en la sangre
1937

10

LA ROSA DESDEÑADA

Estaba la rosa en nieve.

¡Ay rosa,
la rosa fría!

La rosa sin cuerpo:
5 el hueco de la rosa
ya sin vida...

Pasaba un hombre...
La rosa de hielo
se deshacía.

10 El hombre no la miraba:
iba pensando en su dicha.

La memoria de la rosa,
sin nombre, el olvido hundía...

Y el hombre no la miraba:
15 iba pensando en su dicha.

Todo el dolor de la rosa
se fue cuajando en el día.

Todo el olor de la rosa
sonaba a tierra perdida.

20 Estaba la rosa muerta.

¡Ay rosa,
la rosa fría!

La rosa sin viento:
el sueño de la hermosura,
25 sin vida...

Y el hombre no la miraba:
iba pensando en su dicha.

Estaba la rosa abierta.

¡Ay rosa,
30 la rosa viva!

Todo el color de la rosa
se hizo razón de su huida...

Mínima muerte
(1939-1940), 1942

11

RINCÓN DE LA SANGRE

Tan chico el almoraduj
y... ¡cómo huele!
Tan chico.

De noche, bajo el lucero,
5 tan chico el almoraduj
y, ¡cómo huele!

Y... cuando en la tarde llueve,
¡cómo huele!

Y cuando levanta el sol,
10 tan chico el almoraduj
¡cómo huele!

Y, ahora, que del sueño vivo
¡cómo huele,
tan chico, el almoraduj!
15 ¡Cómo duele!...
Tan chico.

Jardín cerrado
1946

12

DORMIDO EN LA YERBA

Todos vienen a darme consejo.
Yo estoy dormido junto a un pozo.

Todos se acercan y me dicen:
—La vida se te va,
⁵ y tú te tiendes en la yerba,
bajo la luz más tenue del crepúsculo,
atento solamente
a mirar cómo nace
el temblor del lucero
¹⁰ o el pequeño rumor
del agua, entre los árboles.

Y tú te tiendes sobre la yerba:
cuando ya tus cabellos
comienzan a sentir
¹⁵ más cerca y fríos que nunca,
la caricia y el beso
de la mano constante
y sueño de la luna.

Y tú te tiendes sobre la yerba:
²⁰ cuando apenas si puedes
sentir en tu costado
el húmedo calor
del grano que germina
y el amargo crujir
²⁵ de la rosa ya muerta.

Y tú te tiendes sobre la yerba:
cuando apenas si el viento
contiene su rigor,
al mirar en ruina
³⁰ los muros de tu espalda,
y, el sol, ni se detiene
a levantar tu sangre del silencio.

Todos se acercan y me dicen:
—La vida se te va.
³⁵ Tú, vienes de la orilla
donde crece el romero y la alhucema
entre la nieve y el jazmín, eternos,
y, es un mar todo espumas
lo que aquí te ha traído
⁴⁰ porque nos hables...
Y tú te duermes sobre la yerba.

Todos se acercan para decirme:
—Tú duermes en la tierra
y tu corazón sangra
45 y sangra, gota a gota,
ya sin dolor, encima de tu sueño,
como en lo más oculto
del jardín, en la noche,
ya sin olor, se muere la violeta.

50 Todos vienen a darme consejo.
Yo estoy dormido junto a un pozo.

Sólo, si algún amigo
se acerca, y, sin pregunta
me da un abrazo entre las sombras:
55 lo llevo hasta asomarnos
al borde, juntos, del abismo,
y, en sus profundas aguas,
ver llorar a la luna y su reflejo,
que más tarde ha de hundirse
60 como piedra de oro,
bajo el otoño frío de la muerte.

Jardín cerrado
1946

13

TRES TIEMPOS DE SOLEDAD

[1]

Soledad, noche a noche te estoy edificando,
noche a noche te elevas de mi sangre fecunda
y a mi supremo sueño curvas fiel tus murallas
de cúpula intangible como el propio Universo.

5 Dolorosa y precisa como la piel del hombre
donde vive la estatua por la que el cuerpo obtienes,
tu entraña hueca ajustas al paso de la estrella,
a la piedra y los labios y al sabor de los ríos.

Hija, hermana y amante del barro de mi origen,
10 que al más lejano hueso de mi angustia te acercas:
¿quién no sabrá que huirte es perderse en el tiempo
y en desgracia inocente desmoronar su historia?

Tenga valor la carne que se desgrana herida,
pues su fuga prepara la próxima presencia,
15 igual que en el olvido prepara la memoria
su forma insospechada de la verdad más pura.

Sepa guardar su cauce la arteria que escondida
pone Dios bajo el pecho de quien le dio su imagen.
En ella marcha el oro, el papel, la saliva
20 y el sol, junto al misterio que da vida a la sombra.

Ni al derribarse el árbol, ni la indecisa piedra,
ni al perderse los pueblos sin flor y sin palabra,
se pierde lo que sueña el hombre que agoniza
sobre la cruz en ríos de su sangre en pedazos.

25 Lo que no quiere el viento, en la tierra germina
y más tarde hasta el cielo se levanta hecho abrazo.
Así, con la manzana, vemos junto a la aurora
elevarse el olvido y el amor de los hombres.

Soledad infalible más pura que la muerte,
30 noche a noche en la linfa del tiempo te levanto,
sin querer complicada igual que el pensamiento
que nace en mi memoria sin temor y huye al mundo.

Huye al mundo y cobija sus pequeños fantasmas
dolorosos y agudos como espinas de sangre
35 que el fruto de la vida feliz le defendieran:
¡soledad ya madura bajo mi amor doliente!

Soledad, noble espera de mi llanto infecundo,
hoy te elevan mis brazos como a un niño o a un muerto,
como a una gran semilla que en el cielo clavara
40 junto a esta misma luna con que alumbras mi insomnio.

Yo que te elevo, abajo quedo absorto e inmóvil
viendo crecer la imagen de mi propia existencia,
el mapa que se exprime de mi fiera dulzura
y el doméstico embargo que mi crimen contiene.

45 A ti yo vivo atado, invisible y activo,
como el tallo del aire que sostiene tus torres.
Bajo mis pies contemplo tus cuadernos en tierra
y arriba la imprecisa concavidad del cielo.

Hoy te quiero y te busco como a una gran herida
50 fuente y tumba en el tiempo de mi olvido sin causa.
¿Quién me dará la forma que una nuestras figuras
y me muestre en tu cuerpo como un solo edificio?

Húndeme en tu bostezo: tu mudo laberinto
me enseñe lo que el viento no dejó entre mis ramas...
55 Los granados se mecen bajo el sol que los dora
y mi paladar virgen desconoce el lucero.

Soledad, noche a noche te elevas de mi sangre
y piedra a piedra asciende tu templo a lo infinito.
Yo conozco el lejano misterio de tus ojos...
60 Pero mientras te elevas:

                    ¡Mírame, diminuto!

                                        Jardín cerrado
                                        1946

                              14

                    CUERPOS DE UN NOMBRE

    ¡Perdí mi fuente! El agua soy naciendo
    arrancada de mí para mí misma
    y no acabo ni quedo en mí ni estoy...
    ¡Fuente soy! ¡Fuente fui! ¡Fuente es mi arroyo!

5   «Agua de libertad sueño en mi fuente
    —la fuente que por mí nació cautiva—
    y agua en la fuente he sido y fuente soy»,
    canta por mí la fuente que me canta.

    Adiós monte, adiós fuente, adiós espuma
10 y ¡este sabor de juncos en mis labios!...
    ¡Adiós calmada sed!: agua te brindo,
    porque me voy, porque me voy del agua.

    Porque me fui, porque me voy he sido...
    ¡Adiós monte, adiós valle, adiós cañada!
15 ¡Mimbre de luz y juncia en mí deshago
    porque me voy! ¡Mastranzo, en ti me quedo!...

    ¡Contigo estuve!
                    (¿Estoy?)
                            ¡Adiós mastranzo!:
    ¿tu flor morada vio el jaral en nieve?...
    Romero, junto a ti mi arisca aulaga:
20 ¿clava en oros su flor en verde espina?

    ¡Adiós aulaga! ¡Adiós flor del romero!
    Perdí mi arroyo y nazco sin memoria,
    porque me voy, porque me voy del agua
    bajo el culantro oscuro sin semillas.

25 ¡Adiós: bajé tan rápida, que el sueño
    atrás se me quedó y hoy me persigue!...
    (Abejaruco: ¿bajo tierra anidas,
    secreto al cielo, el cielo que he soñado?

Tu azul se oculta en sombras del saúco.
30 ¡Me quedo en ti!)
                    ¿Me voy?...
                                De mí me escapo..
Lloro en la piedra y caigo transparente,
sobre la poza en llanto que me espera.

Espuma, espuma soy —¡golpes del agua!—:
árbol de espuma en ramos de corriente...
35 ¡Adiós gayomba en llamas de mi arroyo!
¡Vientos del llano al monte te libertan!

¿Bajé de ti? ¡Me voy! ¡Me vuelvo al cielo!
Plumas de nube en pájaro me cantan:
«¡Agua, por ti, contigo iré a la muerte;
40 porque me voy de ti, de ti me salgo!...»

¿Gayomba ardí?: retama he renacido,
botón de oro en su flor me abrocha el agua
—agua que voy que soy que me derramo—:
agua de nido y pájaro de fuente.

45 ¡Arroyo fui y arroyo he sido y soy!
Arroyo claro en mí, fuente serena...
Y nazco y nazco más: que soy el agua
y porque estoy porque me voy la vivo.

¿El agua soy tendida en mí que duerme?...
50 (¡Qué profundo está Dios, qué alto su cuerpo!)
Remanso soy de lágrimas y estrellas
y porque fui me quedo: porque soy.

Agua en el agua, escucho en mí su sueño:
«¿Por qué me voy, por qué me voy del alba?...»
55 ¡Vuelvo a escuchar!... (El sol mi pecho aprieta.)
Caigo del sol para cantarle al río:

«¡Duerme por ti mi brazo derramado!
¡Mi sueño duerme en tu alameda fría!...»
(Despacio el río en mí sus aguas tiende
60 y, en él, reposo el agua que en mí vive.)

Viendo a la roca, el cielo a mí se abraza
y, con el cielo en mí, llego a la roca:
cubro a la roca y sigo con el cielo,
roca del cielo y cuerpo en mí del río.

65 ¡Mi río es Dios! ¡El agua ha despertado!
¡Sueño en el agua el agua por que he sido
y bebo al cielo en mí que al cielo subo,
porque me voy, porque me voy del agua!

Y llega al cielo el mar; porque agua soy
70 que siendo el mar que he sido el mar no dejo...

Y desemboco al cielo por mis ojos,
puentes del mar que al cielo le dan vida.

¡Llórame Dios! ¡Vuelve a llover en tierra!
Cubre de sombra en lágrimas mi muerte;
75 porque me voy, porque me fui y me llamo:
agua en tu cielo y cuerpos que la lloran.

Cuerpos que un nombre han de vivir constantes
bajo el cuerpo de huida que es mi nombre:
porque me voy, porque me voy del agua
80 y agua soy por nacer del agua misma.

¿Y sueño el agua y lloro?...
                                    ¿Estoy viviendo?...
¡Y vive el agua en mí que soy su fuente!

Río natural
(1952-1953), 1957

15

NOMBRES DEL MAR

III

¡Dormido estoy! La espuma me acompaña...
Su caricia me cubre y me desnuda.
¡Entra por mí! (Mi tiempo se deshace.)
¡La soledad me rompe todo el cuerpo!

5 (¿En tanta soledad vivió dormido
—roca de mí— mi cuerpo aprisionado
que, soledad de roca, es todo el sueño
de mar y libertad que hoy lo despierta?...)

¡Desnudo estoy! —Tendido en mí cantando.
10 La espuma viene y va sin ver mi nombre.
Tampoco sé la voz que por mí canta
—cuerpo del mar— mi soledad que ha roto.

Y el mar azul mis venas atiranta,
arrancando de mí sólo gemidos:
15 «¡Como el mar! ¡Como el mar!»..., vibra en mi cuerpo
la soledad del mar que me ha pulsado.

v

Mar de mi soledad, mar de mi vida,
soy mar del mar y al mar sigo esperando.
¡Mar de mi vida el mar sin mí se llama!
20 ¡Nombres del mar mi voz tan sólo encuentra!

El mar viví, sin ser el mar que soy...
¿Tanto esperé del mar que el mar no he sido?
«¡Llego del mar! ¡Llego del mar! ¡Me quema!...»
vuelve a cantarme el sol.
                                   ... ¡Y al sol me duermo!
²⁵ ¡Nazco otra vez, del mar tan deseado!

Río natural
(1952-1953)

16

CANCIONES

I

Me asomé, lejos, a un abismo...
(Sobre el espejo que perdí he nacido.)

Clavé mis manos en mis ojos...
(Manando estoy en mí desde mi rostro.)

⁵ Tiré mi cuerpo, hueco, al aire...
(Abren su voz los ojos de mi sangre.)

Rodé en el llanto de una herida...
(Nazco en la misma luz que me ilumina.)

Se coaguló mi llanto en sombra...
¹⁰ (Carne es la luz y el nácar de mi boca.)

Dentro de mí se hundió mi lengua...
(Siembro en mi cielo el cuerpo de una estrella.)

Se pudrió el tiempo en que habitaba...
(Brota en mi espejo un cielo de dos caras.)

¹⁵ Huyó mi cuerpo por mi cuerpo...
(Bebo en el agua limpia de mi espejo.)

¡A mi existencia uno mi vida!
(Espejo sin cristal es mi alegría.)

Circuncisión del sueño
1957

17

TORRE DE SEÑALES

I

Se asoma el día a lo infinito.
(¿Pájaro y vuelo y piedra en dos caminos?)

¡Aire —¿se cruza?— está naciendo!...
(Guarda el olvido un alma en dos reflejos.)

5 ¿Arriba? ¿Abajo? ¿En quién la orilla?
(En lo intangible la unidad es vida.)

¿En dos valores heredados?
(Múltiple es la unidad en su regazo.)

¿Interna? ¿Externa? ¿En medio aislada?
10 (Engendrando el lugar que, al serlo, cambia.)

¡Total presencia! ¿Y quién la escoge?...
(El valor de la herencia que repone.)

¿Pájaro y piedra en dos caminos?
(Distinta acción de un vuelo en dos unido.)

15 ¿Y el día? ¿El aire lo liberta?
(Dentro de lo infinito el día empieza.)

Quieto está el día. En su pupila
de intangible unidad, sin nacer, gira.

Pájaro y piedra en dos caballos
20 compiten por el día, en cruz clavados.

Se une el olvido en el olvido
sobre campo en laurel de solo un ritmo.

¡Gloria! ¡Gloria! ¿El laurel escapa?...
(Piedra y pájaro —inversos— lo cabalgan.)

25 Fuente redonda. ¿Hacia qué cumbre,
herencia de un laurel, el día sube?

(Fuente redonda. Lo infinito
se asoma al día y cruza lo infinito.)

La piedra escrita
1961

18

TRANSFIGURACIÓN DE LO INVISIBLE

Ancha llanura. Pensamiento en círculo.
(Principio y fin se unen a un solo abismo.)

Todo es centro, unidad, vida en barbecho.
(La luz labra el vacío de un silencio.)

5 La palabra no existe. Existe el acto.
(Golpe a golpe la luz lo está tallando.)

Piedra sin ser, la vida rompe el límite
del símbolo interior que la concibe.

¡Oleadas de azul! ¡Flechas sin norte!
10 ¡Gime la luz vencida por la noche!

¿Naufraga el mundo?...
                        (Salva al mundo un símbolo.
Une el silencio al mundo redivivo.)

¡El mundo es acto! ¿Y el silencio?...
                              (¡Nombre!)
La luz golpea al círculo que esconde.

15 ¡Alta llanura!...
                   (¿El valle es pensamiento?...)
La luz germina su esmeralda en vuelo.

La piedra escrita
1961

19

Abierto estoy frente a mi historia.
Como se asoma un niño a un muro
que rasgó el tiempo, están mis ojos
por delante de mí mirando:
5 quieren verme y, por querer verme,
miran y miran ya tan cerca
—de fuera a dentro—, que han perdido
la relación que los llamaba
hacia mí, como de extraños límites.
10 No se admiran. No se deslumbran.
Nada ven. No están ciegos. Viven.
Se acercan más...
                Y de otro abismo
ajeno a mí —y en mí—, dos ojos
descargados de sombra suben
15 de dentro a fuera y van seguros
a su mitad —la mía—: ¡encajan!
¡Ya son los ojos que me miran!

Asomados al muro, y frente
a frente al tiempo: al mismo muro
20 —el muro huyó, pero mis ojos
a un lado y otro de él, mirando,
centran y ven—: pasa mi historia.

Aquí y allí pregunto: ¿eh?...
Y entre sus páginas, mis ojos
25 sangran —sin ver— en cuerpo ajeno.
Despacio y dolorosamente,

sin voluntad —de ella sacado,
constante impulso a nueva acción—,
colmado siempre de otras vidas
30 cierro mis ojos: cierro un libro.

Signos del ser
1962

20

Abro los ojos, nada veo.
Andando va mi cuerpo sostenido
—el cuerpo que entregué cuando fui tiempo—
y me sostiene igual que si viviera.
5 Cruzo: ¿hacia dónde? No lo sé.
Me llaman. Voy externo. No hay puntos cardinales
ni pie que me sostenga el peso que me asignan.
Mi cuerpo no es tamaño de mí.
Puente fue de sentidos que hoy no entiendo.
10 Si llaman, si me llaman, voy.
Pero no vivo interno. La llamada,
como una garza cruza sobre un lago,
vuela y pasa por mí sin resistencia.
Algo que aún no comprendo
15 —algo que igual me da si comprendiera—
sale —dije que externo y no lo es—
y acude —aunque ya en mí no hay puntos cardinales—
comprimiéndome al sitio que ha llamado.
Como expandido llego a él.
20 ¿Me necesita? ¿Sí? ¿Qué doy?...
¡No lo sé!
Mi cuerpo vuelve a mí,
mi cruz —sin puntos cardinales—
vuelve a perder sus límites: interna.
25 En su centro sumido, soportado,
soy conciencia —unidad
de la llamada a la que fui—:
¿soy vida opuesta? Una esperanza,
como una garza cruza sobre un lago,
30 vuela y penetra en mí sin resistencia.
¡Llama! ¿Me acabo? Pulsátil voy
—dije que externo y no lo es—:
concéntrico a lo mínimo; me salgo.
Como expandiéndome, comprimo
35 —ya vida en libertad— a mi esperanza.
Abro los ojos, nada veo.
Presiento que una garza vuela en mí...
que cruza un lago.

Últimos poemas
(1961-1962), 1965

MANUEL ALTOLAGUIRRE
(1905-1959)

Nació en Málaga en 1905. Hizo el Bachillerato en el colegio de los Jesuitas de El Palo. Se licenció en Derecho. En 1923 apareció su primera revista *Ambos* que hizo con José María Souvirón. En 1925 fundó con Emilio Prados y Álvaro Disdier la imprenta Sur, que iba a tener importancia en la difusión de la nueva poesía española y en la cual fue publicada la revista *Litoral* (1926-1929), dirigida por él. En 1930 funda la revista *Poesía*, viaja a París, y a su regreso a España se instala en Madrid. En 1932 funda la revista *Héroe*, y contrae matrimonio con la poetisa Concha Méndez. En 1933 viaja a Londres, donde funda la revista hispanoinglesa *1616*, en homenaje a Cervantes y a Shakespeare. Dicta conferencias en las Universidades de Oxford y Cambridge. Después de la Guerra Civil viaja a La Habana y luego se instala en la ciudad de México. En 1950 hace un breve viaje a España. En México continúa con la imprenta, en la que siempre había trabajado como artista y artesano, y se dedica al cine, escribiendo numerosos guiones cinematográficos y él mismo dirigiendo la película *El cantar de los cantares*, que llevaba para su estreno a España en 1959. Su muerte ocurre en este año en Burgos, como resultado de un accidente de automóvil. Altolaguirre sobresalió como impresor de poesía, por la calidad de sus publicaciones. Recibió el Premio Nacional de Literatura en 1933.

OBRAS POÉTICAS:

Las islas invitadas y otros poemas (Málaga: Imprenta Sur, 1926), *Ejemplo* (Málaga: Litoral, 1927), *Soledades juntas* (Madrid: Editorial Plutarco, 1931), *La lenta libertad* (Madrid: Héroe, 1936), *Las islas invitadas* (Madrid: Imprenta Manuel Altolaguirre, 1936; ed., introducción y notas de Margarita Smerdou, Madrid: Castalia, 1973), *Nube temporal* (La Habana: El Ciervo, 1940), *Poemas de las islas invitadas* (México: Secretaría de Educación, 1944), *Fin de un amor* (México: Isla, 1949; Madrid: Seminarios y Ediciones, 1974), *Poemas en América* (Málaga: Dardo, antes Sur, 1955), *Poesías completas (1926-1959)* (México: Fondo de Cultura Económica, 1960).

OTRAS OBRAS:

TEATRO: *Entre dos públicos* (1934), *Tiempo a vista de pájaro* (1935), *Ni un solo muerto* (1938), *Las maravillas* (1958). BIOGRAFÍA: *Garcilaso de la Vega* (Madrid: Espasa-Calpe, 1933). EDICIÓN: *Antología de la poesía romántica española* (Madrid: Espasa-Calpe, 1941; 3.ª ed., 1965; Barcelona: Salvat, 1973).

ESTUDIO PRELIMINAR: I, págs. 27, 36; II, 18.

1

PLAYA

Las barcas de dos en dos,
como sandalias del viento
puestas a secar al sol.

Yo y mi sombra, ángulo recto.
5 Yo y mi sombra, libro abierto.

Sobre la arena tendido
como despojo del mar
se encuentra un niño dormido.

Yo y mi sombra, ángulo recto.
10 Yo y mi sombra, libro abierto.

Y más allá, pescadores
tirando de las maromas
amarillas y salobres.

Yo y mi sombra, ángulo recto.
15 Yo y mi sombra, libro abierto.

Las islas invitadas
1926

2

CÍRCULOS DE SOLEDAD

Círculos de soledad
dibujados por mi espera.
Girando sobre mis pies,
impaciente, arrastro y doblo
5 las puntas de mis miradas
sobre lo inútil perpetuo.

Sendero abrirá, llegando
a mi centro permanente;
radio de circunferencia,
10 minutero de reloj
señalando con sus huellas.

Y quedará en mí, o se irá
marcando nuevo camino
perpendicular al otro,
15 en ángulo al de llegada:
gráfico cuarto de hora.

Impaciente espera larga.

Entero horizonte ciñe
la estatua de mi ansiedad:
20 faro en islote perdido,
monumento a la inquietud
en una plaza redonda.

Ejemplo
1927

3

SEPARACIÓN

Mi soledad llevo dentro,
torre de ciegas ventanas.

Cuando mis brazos extiendo
abro sus puertas de entrada
5 y doy camino alfombrado
al que quiera visitarla.

Pintó el recuerdo los cuadros
que decoran sus estancias.

Allí mis pasadas dichas
10 con mi pena de hoy contrastan.

¡Qué juntos los dos estábamos!
¿Quién el cuerpo? ¿Quién el alma?
Nuestra separación última,
¡qué muerte fue tan amarga!

15 Ahora dentro de mí llevo
mi alta soledad delgada.

Ejemplo
1927

4

YO Y LA LUZ

Yo y la luz te inventamos,
ciudad que ahora en un alba
de fantasía y de sol
naces al mundo;
5 ciudad aún imprecisa,
con sangre, luz y ensueño
en tus blancas fachadas.

No sé qué madrugada
sobre los edificios voy dejando,
10 ni qué sol mañanero
ilumina la vega, el mar, las calles,
interiores de mí.
Hemos cambiado
mundo y yo nuestras luces.

Poesía
(1930-1931)

5

ERA MI DOLOR TAN ALTO

Era mi dolor tan alto,
que la puerta de la casa
de donde salí llorando
me llegaba a la cintura.

5 ¡Qué pequeños resultaban
los hombres que iban conmigo!
Crecí como una alta llama
de tela blanca y cabellos.

Si derribaran mi frente
10 los toros bravos saldrían,
luto en desorden, dementes,
contra los cuerpos humanos.

Era mi dolor tan alto,
que miraba al otro mundo
15 por encima del ocaso.

Poesía
(1930-1931)

6

YO JUNTO AL MUNDO

Yo junto al mundo y el mundo
comunicando conmigo.
El mundo y la carne juntos
como salones contiguos,
5 salones desamueblados
y sin ventanas, con frío,
donde viven separados
la soledad y el olvido.

Al abrir mis ojos grandes
10 son dos salones corridos,
y mis miradas, alfombras
pisadas por lo entrevisto.
Yo junto al mundo y el mundo
comunicando conmigo,
15 que mis ojos son las puertas
de dos salones contiguos.

Poesía
(1930-1931)

7

ANTES

A mi madre

Hubiera preferido
ser huérfano en la muerte,
que me faltaras tú
allá, en lo misterioso,
5 no aquí, en lo conocido.

Haberme muerto antes
para sentir tu ausencia

en los aires difíciles.

Tú, entre grises aceros,
10 por los verdes jardines,
junto a la sangre ardiente,
continuarías viviendo,
personaje continuo
de mi sueño de muerto.

Soledades juntas
1931

8

NOCHE A LAS ONCE

Éstas son las rodillas de la noche.
Aún no sabemos de sus ojos.
La frente, el alba, el pelo rubio,
vendrán más tarde.
5 Su cuerpo recorrido lentamente
por las vidas sin sueño,
en las naranjas de la tarde,
hunde los vagos pies, mientras las manos
amanecen tempranas en el aire.
10 En el pecho la luna.
Con el sol en la mente.
Altiva. Negra. Sola.
Mujer o noche. Alta.

Soledades juntas
1931

9

MALDAD

El silencio eres tú.
Pleno como lo oscuro,
incalculable
como una gran llanura
5 desierta, desolada,
sin palmeras de música,
sin flores, sin palabras.
Para mi oído atento

eres noche profunda
10 sin auroras posibles.
No oiré la luz del día,
porque tu orgullo terco,
rubio y alto, lo impide.
El silencio eres tú:
15 cuerpo de piedra.

Soledades juntas
1931

10

MI VIDA

Roca maternal, te olvido
buscando el mar de la muerte,
dibujando un largo río
de recuerdos transparentes.

5 Agua primera de vida,
voy con un blanco torrente
detrás, que me empuja y brama
vida de nubes y nieves.

Mi vida riega los campos,
10 mi vida vuela celeste,
mi vida se queda blanca
sobre las cumbres, perenne.

Quienes se vieron en mí
me llegan por tal corriente,
15 asaltan mi corazón
como legiones de peces
y forman espumas blancas
que se agolpan en mis sienes.

La vejez irá delante,
20 hacia el mar, sin detenerse.
Mi vida está enamorada,
su prometida es la muerte.

La lenta libertad
1936

11

A UN OLMO

¡Qué lenta libertad vas conquistando
con un silencio lleno de verdores!

Apenas si se nota en ti la vida
y nada hay muerto en ti, olmo gigante.
5 Tus hojas tan pequeñas me enternecen,
te aniñan, te disculpan
de los brutales troncos de tus ramas.

Las hojas que resbalan por tu rostro
parecen el espejo de mi llanto,
10 parecen las palabras cariñosas
que me sabrías decir si fueras hombre.

¡Quién como tú pudiera ser tan libre,
con esa libertad lenta y tranquila
con la que así te vas formando!
15 Tú permaneces, pero te renuevas,
estás bien arraigado, pero creces,
y conquistas el cielo sin derrota,
dueño de tu comienzo y de tus fines.

Si yo tuviera comunicaciones
20 con las duras raíces ancestrales;
si mis antepasados retorcidos
me retuvieran firmes desde el suelo;
si mis hijos, mis versos y las aves
brotaran de mis brazos extendidos,
25 como un hermano tuyo me sintiera.

Olmo, dios vegetal, bajo tu sombra,
bajo el rico verdor de tus ideas,
amo tu libertad, que lentamente
sobrepasa los duros horizontes,
30 y me quejo de mí, tan engañado,
andando suelto para golpearme
contra muros de cárcel y misterio.
Las tinieblas son duras para el hombre.

Nuevos poemas de las islas invitadas
1936

12

UN RELOJ

Un reloj inteligente
mueve en el cielo sus brazos,
y sus dos flechas cautivas
descorren celajes blancos,
5 mostrando glorias posibles
alrededor de sus ángulos.

Velocidades de hélices
enturbian el centro opaco,
pero claridades lentas,
10 en los bordes del horario,
constelaciones y números
marcan de mi tiempo el paso.

Nuevos poemas de las islas invitadas
1936

13

EL OLMO RENACE

Si ya no puedo verme,
si de mí quedan sólo las raíces,
si los pájaros buscan vanamente
el lugar de sus nidos
5 en las tristes ausencias de mis
no hay que llorar por eso. [brazos,

Con el silencio de una primavera,

brotarán de la tierra como llanto
insinuaciones de verdor y vida.

10 Seré esa multitud de adolescentes,
esa corona de laurel que ciñe
el tronco quebrantado por el hacha.

Multiplicada vida da la muerte.
Múltiples son los rayos de la aurora.

Nube temporal
(1939), 1940

14

M I F E

Voy buscando los ojos de una torre
alzada con oscuros pensamientos,
pues quiero darle fronda de miradas
a la columna altiva de mis sueños.

5 La quieren derribar vientos de duda,
la asedian nubes que le son coronas,
como césped le besa el pie mi fuego.

Dentro me elevo, sin que nunca acabe
de escalar por su médula esa cima,
10 en donde he de gozar de una presencia
por la que crece, se dilata y sube
este confuso y vertical anhelo.

A veces dudo si hallará sus flores
tanto secreto humor aprisionado:
15 linfa que quiere pétalos, no puede
entre cortezas conformarse muda.

Bajo el azul derramará verdores
tan obstinada aspiración de cielo
y, a cada canto de ave, en la espesura
20 responderá una estrella con su brillo.

Aves, lunas, manzanas y luceros
llenarán de sonrisas los cristales
de las cintas del agua que, en el prado,
murmuran y equivocan sus caminos.

25 La sierpe abrazará de nuevo el tronco,
hombre y mujer se sentirán desnudos,
ángeles guardarán con sus espadas
los dinteles de luz y, otra vez fuera,
amargo llanto para los mortales.

Más poemas de las islas invitadas
(en *Poesías completas*)
1944

15

LAMENTO

Como de una semilla nace un bosque,
de mi pequeño corazón hundido
creció una selva de dolor y llanto.

Humo y clamor oscurecían el cielo,
5 que se alejaba de mi triste fronda,
cuando negó la tierra a mis raíces
linfas para el verdor oscurecido.

¿Cómo pudo secarse una esperanza,
hasta su queja dar con tanto fuego?

10 La pequeñez de mi secreta herida
me hace llorar aún más que la hermosura
del incendio que de ella se dilata.

Más poemas de las islas invitadas
1944

16

CENTRO DEL ALMA

De ojos que ya nada ven
brotan lágrimas tan negras
que se olvidan de su oficio
de ser en la noche estrellas.

5 Dolor sin luz. Hoy el alma
se hunde más en sus tinieblas
porque la vida y la noche
—un mismo mar— hacen que ella
por su propio peso caiga
10 en oscuridad completa.

Ya su desnudo en la noche
nadie lo ve, que atraviesa
profundidades que sólo
a Dios, su centro, la acercan.

15 Hace tiempo que no miro
sino hacia adentro. Me llevan
por las calles lazarillos
que me toman y me dejan.

¡Ojalá tenga mi vida
20 luces, aunque no las vea!

Fin de un amor
1949

17

LAS RAÍCES

Siempre dentro de casa, maternales,
afanosas, oscuras, olvidadas,
sosteniendo a la luz hijos hermosos,
cumpliendo en ellos un deber de entraña.
5 Madres con tantos labios como fuentes
puedan brotar delgadas por el duro
cielo interior en donde están hundidas.
Madres con manos firmes, que no dejan
de ser sostén y de encontrar sustento,
10 a través de durísimas regiones,
para el hijo que elevan en los aires.

Fin de un amor
1949

18

CORRIENTE OCULTA

Agua desnuda la lluvia,
qué libremente se esconde
hasta verse presa en tallos
cielo arriba, hasta las flores.

5 Amar es hundirse, huir,
perderse en oscura noche,
ser corriente oculta, ser
agua enterrada que corre,
sales robando a la tierra,
10 agua ciega que no opone
su limpio cristal al cielo.

¡Cómo se mueve en las hojas
el agua diciendo adioses
a las fugitivas nubes
15 que van por el horizonte!

¡Qué nuevo encuentro si en ellas
delicadamente pone
astros breves el rocío,
estrellas en verde noche!

20 Amar es hundirse, huir,
perderse en profunda noche.

Fin de un amor
1949

19

COPA DE LUZ

Antes de mi muerte, un árbol
está creciendo en mi tumba.

Las ramas llenan el cielo,
las estrellas son sus frutas
5 y en mi cuerpo siento el roce
de sus raíces profundas.

Estoy enterrado en penas,
y crece en mí una columna
que sostiene el firmamento,
10 copa de luz y amargura.

Si está tan triste la noche
está triste por mi culpa.

Poemas en América
(1955)

20

SIN LIBERTAD

Ya que no puedo ser libre
agrandaré mis prisiones.
Cambiaré los tristes muros
por alegres horizontes.
5 No pisaré ningún suelo
sino abismos de la noche.

Techos que a mí me cobijen
cielos serán los mejores.

Ya que no puedo ser libre
10 agrandaré mis prisiones.

Últimos poemas
(1955-1959)

LUIS CERNUDA
(1902-1963)

Nace en Sevilla en 1902, donde hace sus estudios y vive hasta 1928. Se inscribe en la Facultad de Filosofía y Letras de la Universidad de 1919 a 1920, y en la de Derecho, de 1920 a 1925, en la que saca la licenciatura, sin ejercer la profesión. En la Facultad de Filosofía conoce a Pedro Salinas, quien habrá de guiarlo en su vocación literaria. En 1928 deja Sevilla y va a Madrid. Pasa en la Universidad de Toulouse un año como lector, de 1928 a 1929, y visita a París. De regreso a Madrid trabaja en la librería Sánchez Cuesta y se hace amigo de Aleixandre, Altolaguirre y Lorca. En 1933 contribuye a la revista *Octubre*, fundada por Rafael Alberti. En 1934 viaja por España con las Misiones Pedagógicas.

Después de una corta permanencia en París como secretario de la Embajada Española en aquella ciudad al comienzo de la Guerra Civil, retorna a Madrid y escribe para los diarios de la capital y para la revista *Hora de España*. En 1938 viaja a Inglaterra donde vivirá hasta 1947. Enseña en la Cranleigh School de Surrey de 1938 a 1939, es lector de la Universidad de Glasgow hasta 1943, y de la Universidad de Cambridge hasta 1945. Trabaja luego por dos años en el Instituto Español de Londres. En 1947 se traslada a los Estados Unidos para ser profesor de Mount Holyoke College, haciendo visitas a México durante los veranos. En 1952 renuncia a su puesto de Mount Holyoke y fija su residencia en México. Enseña en la Universidad de Southern California en el verano de 1960. Muere en México en noviembre de 1963.

OBRAS POÉTICAS:

Perfil del aire (Málaga: Litoral, 1927), *La invitación a la poesía*, poemas entresacados de las obras del autor (Madrid: La Tentativa Literaria, 1933), *Donde habite el olvido* (Madrid: Signo, 1934), *El joven marino* (Madrid: Héroe, 1936), *La realidad y el deseo* (contiene: I. *Primeras poesías*, 1924-1927; II. *Égloga, elegía, oda*, 1927-1928; III. *Un río, un amor*, 1929; IV. *Los placeres prohibidos*, 1931; V. *Donde habite el olvido*, 1932-1933; VI. *Invocaciones*, 1934-1935) (Madrid: Cruz y Raya, 1936), *La realidad y el deseo* (2.ª ed. aumentada con VII. *Las nubes*) (México: Séneca, 1940), *Las nubes* (Buenos Aires: Rama de Oro, 1943), *Como quien espera el alba* (Buenos Aires: Losada, 1947), *Poemas para un cuerpo* (Málaga: Imprenta Dardo, 1957), *La realidad y el deseo* (3.ª ed. corregida y aumentada con VIII. *Como quien espera el alba*, 1941-1944; IX. *Vivir sin estar viviendo*, 1944-1949; X. *Con las horas contadas*, 1950-1956) (México: Fondo de

Cultura Económica, 1958), *Desolación de la Quimera* (México: Joaquín Mortiz, 1962), *La realidad y el deseo* (1924-1962) (4.ª ed. aumentada con XI. *Desolación de la Quimera)* (México: Fondo de Cultura Económica, 1964), *La realidad y el deseo* (La Habana: Consejo Nacional de Cultura, 1965), *Antología poética*, introducción de Rafael Santos Torroella (Barcelona: Plaza & Janés, 1970; 4.ª ed., 1977), *Perfil del aire con obras olvidadas e inéditas, documentos y epistolario*, ed. y estudio de Derek Harris (Londres: Támesis, 1971), *Poesía completa*, ed. de Derek Harris y Luis Maristany (Barcelona: Barral, 1974), *Antología poética*, ed. de Philip Silver (Madrid: Alianza, 1975; 2.ª ed., 1977), *Invitación a la poesía*, antología por Carlos Otero Peregrín (Barcelona: Seix Barral, 1975).

OTRAS OBRAS:

CRÍTICA: *Estudios sobre poesía española contemporánea* (Madrid: Guadarrama, 1957; 2.ª ed., 1969), *Pensamiento poético en la lírica inglesa* (México: Universidad Nacional Autónoma, 1958), *Poesía y literatura* (I, Barcelona: Seix Barral, 1960; II, 1964), *Crítica, ensayos y evocaciones*, prólogo y notas de Luis Maristany (Barcelona: Seix Barral, 1970). PROSA LÍRICA: *Ocnos* (Londres: The Dolphin Press, 1942; 2.ª ed., Madrid: Insula, 1949; 3.ª ed. aumentada, Xalapa, México: Universidad Veracruzana, 1963; ed. de D. Musacchio, Barcelona: Seix Barral, 1978). Otras obras en prosa son sus *Tres narraciones* (Buenos Aires: Imán, 1948; Barcelona: Seix Barral, 1974), *Variaciones sobre un tema mexicano* (México: Porrúa, 1952), *Ocnos, seguido de Variaciones sobre un tema mexicano*, prólogo de Jaime Gil de Biedma (Madrid: Taurus, 1977), *Prosa completa*, ed. de Derek Harris y Luis Maristany (Barcelona: Seix Barral, 1975).

ESTUDIO PRELIMINAR: I, págs. 27, 35; II, 18, 33.

1

Desengaño indolente
Y una calma vacía,
Como flor en la sombra,
El sueño fiel nos brinda.

5 Los sentidos tan jóvenes
Frente a un mundo se abren
Sin goces ni sonrisas,
Que no amanece nadie.

El afán, entre muros
10 Debatiéndose aislado,

Sin ayer ni mañana
Yace en un limbo extático.

La almohada no abre
Los espacios risueños;
15 Dice sólo, voz triste,
Que alientan allá lejos.

El tiempo en las estrellas.
Desterrada la historia.
El cuerpo se adormece
20 Aguardando su aurora.

Primeras poesías
1927

2

En soledad. No se siente
El mundo, que un muro sella;
La lámpara abre su huella
Sobre el diván indolente.
5 Acogida está la frente

Al regazo del hastío.
¿Qué ausencia, qué desvarío
A la belleza hizo ajena?
Tu juventud nula, en pena
10 De un blanco papel vacío.

Primeras poesías
1927

3

ÉGLOGA

Tan alta, sí, tan alta
En revuelo sin brío,
La rama el cielo prometido anhela,
Que ni la luz asalta
5 Este espacio sombrío
Ni su divina soledad desvela.
Hasta el pájaro cela
Al absorto reposo
Su delgada armonía.
10 ¿Qué trino colmaría,
En irisado rizo prodigioso
Aguzándose lento,
Como el silencio solo y sin acento?

Sólo la rosa asume
15 Una presencia pura
Irguiéndose en la rama tan altiva,
O equívoca se sume
Entre la fronda oscura,
Adolescente, esbelta, fugitiva.
20 Y la rama no esquiva
La gloria que la viste
Aunque el peso la enoja;
Ninguna flor deshoja,
Sino ligera, lánguida resiste,
25 Con airoso desmayo,
Los dones que la brinda el nuevo mayo.

Si la brisa estremece
En una misma onda
El abandono de los tallos finos,
30 Ágil tropel parece
Tanta rosa en la fronda
De cuerpos fabulosos y divinos;
Rosados torbellinos
De ninfas verdaderas
35 En fuga hacia el boscaje.
Aún trémulo el ramaje,
Entre sus vueltas luce, prisioneras
De resistente trama,
Las que impidió volar con tanta rama.

40 Entre las rosas yace
El agua tan serena,
Gozando de sí misma en su hermosura;

Ningún reflejo nace
Tras de la onda plena,
45 Fría, cruel, inmóvil de tersura.
Jamás esta clausura
Su elemento desata;
Sólo copia del cielo
Algún rumbo, algún vuelo
50 Que vibrando no burla tan ingrata
Plenitud sin porfía.
Nula felicidad; monotonía.

Se sostiene el presente,
Olvidado en su sueño,
55 Con un ágil escorzo distendido.
Delicia. Dulcemente,
Sin deseo ni empeño,
El instante indeciso está dormido.
¿Y ese son atrevido
60 Que desdobla lejano
Alguna flauta impura?
Con su lluvia tan dura
Ásperamente riega y torna cano
Al aire de esta umbría
65 Esa indecisa, vana melodía.

Acaso de algún eco
Es riqueza mentida
Ese vapor sonoro; fría vena
Que en un confuso hueco
70 Sus hielos liquida
Y a la fronda tan muda así la llena.
Esta música ajena
Entre las cañas yace,
Y el eco, con su ala,
75 Del labio que la exhala,
Adonde clara, puramente nace,
Hurtándola, la cede
Al aire que tan vano le sucede.

Idílico paraje
80 De dulzor tan primero,
Nativamente digno de los dioses.
Mas ¿qué frío celaje
Se levanta ligero,
En cenicientas ráfagas veloces?
85 Unas secretas voces
Este júbilo ofenden
Desde gris lontananza;
Con estéril pujanza
Otras pasadas primaveras tienden,
90 Hasta la que hoy respira,
Una tierna fragancia que suspira.

Y la dicha se esconde;
Su presencia rehúye
La plenitud total ya prometida.
95 Infiel de nuevo, ¿adónde
Turbadamente huye,
Impaciente, entrevista, no rendida?
Está otra vez dormida,
En promesa probable
100 De inminente futuro.
Y deja yerto, oscuro,
Este florido ámbito mudable,
A quien la luz asiste
Con un dejo pretérito tan triste.

105 Sobre el agua benigna,
Melancólico espejo
De congeladas, pálidas espumas,
El crepúsculo asigna
Un sombrío reflejo
110 En donde anega sus inertes plumas.
Cuánto acercan las brumas
El infecundo hastío;
Tanta dulce presencia
Aún próxima, es ausencia
115 En este instante plácido y vacío,
Cuando, elevado monte,
La sombra va negando el horizonte.

Silencio. Ya decrecen
Las luces que lucían.
120 Ni la brisa ni el viento al aire oscuro
Vanamente estremecen
Con sus ondas, que abrían
Surcos tan indolentes de azul puro.
¿Y qué invisible muro
125 Su frontera más triste
Gravemente levanta?
El cielo ya no canta,
Ni su celeste eternidad asiste
A la luz y a las rosas,
130 Sino al horror nocturno de las cosas.

Égloga, elegía, oda
(1927-1928), 1936

4

QUISIERA ESTAR SOLO EN EL SUR

Quizá mis lentos ojos no verán más el sur
De ligeros paisajes dormidos en el aire,
Con cuerpos a la sombra de ramas como flores
O huyendo en un galope de caballos furiosos.

5 El sur es un desierto que llora mientras canta,
Y esa voz no se extingue como pájaro muerto;
Hacia el mar encamina sus deseos amargos
Abriendo un eco débil que vive lentamente.

En el sur tan distante quiero estar confundido.
10 La lluvia allí no es más que una rosa entreabierta;
Su niebla misma ríe, risa blanca en el viento.
Su oscuridad, su luz son bellezas iguales.

Un río, un amor
(1929), 1936

5

DECIDME ANOCHE

La presencia del frío junto al miedo invisible
Hiela a gotas oscuras la sangre entre la niebla,
Entre la niebla viva, hacia la niebla vaga
Por un espacio ciego de rígidas espinas.

5 Con vida misteriosa quizá los hombres duermen
Mientras desiertos blancos representan el mundo;
Son espacios pequeños como tímida mano,
Silenciosos, vacíos bajo una luz sin vida.

Sí, la tierra está sola, bien sola con sus muertos,
10 Al acecho quizá de inerte transeúnte
Que sin gestos arrostre su látigo nocturno;
Mas ningún cuerpo viene ciegamente soñando.

El dolor también busca, errante entre la noche,
Tras la sombra fugaz de algún gozo indefenso;
15 Y sus pálidos pasos callados se entrelazan,
Incesante fantasma con mirada de hastío.

Fantasma que desfila prisionero de nadie,
Falto de voz, de manos, apariencia sin vida,
Como llanto impotente por las ramas ahogado
20 O repentina fuga estrellada en un muro.

Sí, la tierra está sola; a solas canta, habla,
Con una voz tan débil que no la alcanza el cielo;

Canta risas o plumas atravesando espacio
Bajo un sol calcinante reflejado en la arena.

25 Es íntima esa voz, sólo para ella misma;
Al exterior la sombra presta asilo inseguro.
Un grito acaso pasa disfrazado con luces,
Luchando vanamente contra el miedo y el frío.

¿Dónde palpita el hielo? Dentro, aquí, entre la vida,
30 En un centro perdido de apagados recuerdos,
De huesos ateridos en donde silba el aire
Con un rumor de hojas que se van una a una.

Sus plumas moribundas va extendiendo la niebla
Para dormir en tierra un ensueño harapiento.
35 Ensueño de amenazas erizado de nieve,
Olvidado en el suelo, amor menospreciado.

Se detiene la sangre por los miembros de piedra
Como al coral sombrío fija el mar enemigo,
Como coral helado en el cuerpo deshecho,
40 En la noche sin luz, en el cielo sin nadie.

Un río, un amor
1929

6

TODO ESTO POR AMOR

Derriban gigantes de los bosques para hacer un durmiente,
Derriban los instintos como flores,
Deseos como estrellas,
Para hacer sólo un hombre con su estigma de hombre.

5 Que derriben también imperios de una noche,
Monarquías de un beso,
No significa nada;
Que derriben los ojos, que derriben las manos como estatuas vacías,
Acaso dice menos.

10 Mas este amor cerrado por ver sólo su forma,
Su forma entre las brumas escarlata,
Quiere imponer la vida, como otoño ascendiendo tantas hojas
Hacia el último cielo,
Donde estrellas
15 Sus labios dan a otras estrellas,
Donde mis ojos, estos ojos,
Se despiertan en otros.

Un río, un amor
1929

7

SI EL HOMBRE PUDIERA DECIR

Si el hombre pudiera decir lo que ama,
Si el hombre pudiera levantar su amor por el cielo
Como una nube en la luz;
Si como muros que se derrumban,
5 Para saludar la verdad erguida en medio,
Pudiera derrumbar su cuerpo, dejando sólo la verdad de su amor,
La verdad de sí mismo,
Que no se llama gloria, fortuna o ambición,
Sino amor o deseo,
10 Yo sería aquel que imaginaba;
Aquel que con su lengua, sus ojos y sus manos
Proclama ante los hombres la verdad ignorada,
La verdad de su amor verdadero.

Libertad no conozco sino la libertad de estar preso en alguien
15 Cuyo nombre no puedo oír sin escalofrío;
Alguien por quien me olvido de esta existencia mezquina,
Por quien el día y la noche son para mí lo que quiera,
Y mi cuerpo y espíritu flotan en su cuerpo y espíritu
Como leños perdidos que el mar anega o levanta
20 Libremente, con la libertad del amor,
La única libertad que me exalta,
La única libertad por que muero.

Tú justificas mi existencia:
Si no te conozco, no he vivido;
25 Si muero sin conocerte, no muero, porque no he vivido.

Los placeres prohibidos
(1931), 1936

8

PARA UNOS VIVIR

Para unos vivir es pisar cristales con los pies desnudos; para otros vivir es mirar el sol frente a frente.
La playa cuenta días y horas por cada niño que
muere. Una flor se abre, una torre se hunde.
5 Todo es igual. Tendí mi brazo, no llovía. Pisé cristales; no había sol. Miré la luna; no había playa.
Qué más da. Tu destino es mirar las torres que levantan, las flores que abren, los niños que mueren; aparte, como naipe cuya baraja se ha perdido.

Los placeres prohibidos
1931

9

Donde habite el olvido,
En los vastos jardines sin aurora;
Donde yo sólo sea
Memoria de una piedra sepultada entre ortigas
5 Sobre la cual el viento escapa a sus insomnios.

Donde mi nombre deje
Al cuerpo que designa en brazos de los siglos,
Donde el deseo no exista.

En esa gran región donde el amor, ángel terrible,
10 No esconda como acero
En mi pecho su ala,
Sonriendo lleno de gracia aérea mientras crece el tormento.

Allá donde termine este afán que exige un dueño a imagen suya,
Sometiendo a otra vida su vida,
15 Sin más horizonte que otros ojos frente a frente.

Donde penas y dichas no sean más que nombres,
Cielo y tierra nativos en torno de un recuerdo;
Donde al fin quede libre sin saberlo yo mismo,
Disuelto en niebla, ausencia,
20 Ausencia leve como carne de niño.

Allá, allá lejos;
Donde habite el olvido.

Donde habite el olvido
(1932-1933), 1936

10

MI ARCÁNGEL

No solicito ya ese favor celeste, tu presencia;
Como incesante filo contra el pecho,
Como el recuerdo, como el llanto,
Como la vida misma vas conmigo.

5 Tú fluyes en mis venas, respiras en mis labios,
Te siento en mi dolor;
Bien vivo estás en mí, vives en mi amor mismo,
Aunque a veces
Pesa la luz, la soledad.

10 Vuelto en el lecho, como niño sin nadie frente al muro,
Contra mi cuerpo creo,
Radiante enigma, el tuyo;
No ríes así ni hieres,
No marchas ni te dejas, pero estás conmigo.

15 Estás conmigo como están mis ojos en el mundo,
   Dueños de todo por cualquier instante;
   Mas igual que ellos, al hacer la sombra, luego vuelvo,
   Mendigo a quien despojan de su misma pobreza,
   Al yerto infierno de donde he surgido.

Donde habite el olvido
(1932-1933)

11

POR UNOS TULIPANES AMARILLOS

Tragando sueño tras un vidrio impalpable,
Entre las dobles fauces,
Tuyas, pereza, de ti también, costumbre,
Vivía en un país del claro sur
5 Cuando a mí vino, alegre mensaje de algún dios,
No sé qué aroma joven,
Hálito henchido de tibieza prematura.

No se advertía el eco de un remoto clima celeste
En la figura del etéreo visitante,
10 Veíamos tan sólo
Una luz virgen, pétalo voluptuoso toda ella,
Que ondulaba en sus manos bajo la sonrisa insegura,
Como si temiera a la tierra.

Con gesto enamorado
15 Me adelantó los tiernos fulgores vegetales,
Sosteniendo su goteante claridad,
Forma llena de seducción terrestre,
En unos densos tulipanes amarillos
Erguidos como dichas entre verdes espadas.

20 Por un aletear de labio a labio
Sellé el pacto, unidos el cielo con la tierra,
Y entonces la vida abrió los ojos sin malicia,
Con absorta delicadeza, como niño reciente.

Tendido en la yacija del mortal más sombrío
25 Tuve tus alas, rubio mensajero,
En transporte de ternura y rencor entremezclado;
Y mordí duramente la verdad del amor, para que no pasara
Y palpitara fija
En la memoria de alguien,
30 Amante, dios o la muerte en su día.

Arrastrado en la ráfaga,
Al cobrar pie entre los mirtos misteriosos
Que sustentan la tierra con su terco alimento de sombras,
El claro visitante ya no estaba,
35 Sólo una ligera embriaguez por la casa vacía.

Mas todavía, sobre el cristal acuoso,
Con esos bajos rayos que vierte un sol aterido,
Los tulipanes de bordes requemados
Dejaban escapar el terso espíritu.

40 Dura melancolía,
No en vano nos has criado con venenosa leche,
Siempre tu núcleo seco
Tropiezan nuestros dientes en la elástica carne de la dicha,
Como semilla en la pulpa coloreada de algún fruto.
45 ¿Dónde ocultar mi vida como un remordimiento?

Tú, lluvia que entierras este día primero de la ausencia,
Como si nada ni nadie hubiera de amar más,
Dame tierra, una llama, que traguen puramente
Esas flores borrosas,
50 Y con ellas
El peso de una dicha hurtada al rígido destino.

Invocaciones
1936

12

EL JOVEN MARINO

El mar, y nada más.

Insaciable, insaciable.
Con pie desnudo ibas sobre la olvidadiza arena,
Dulcemente trastornado, como el hombre cuando un placer espera,
5 Tu cabello seguía la invocación frenética del viento;
Todo tú vuelto apasionado albatros,
A quien su trágico desear brotaba en alas,
Al único maestro respondías:
El mar, única criatura
10 Que pudiera asumir tu vida poseyéndote.

Tuyo sólo en los ojos no te bastaba,
Ni en el ligero abrazo del nadador indiferente;
Lo querías aún más:
Sus infalibles labios transparentes contra los tuyos ávidos.
15 Tu quebrada cintura contra el argénteo escudo de su vientre,
Y la vida escapando,
Como sangre sin cárcel,
Desde el fatal olvido en que caías.

Ahí estás ya.
20 No puedes recordar.
Porque ahora tú mismo eres quieto recuerdo;
Y aquella remota belleza,
En tu cuerpo cifrada como feliz columna,

Hoy sólo alienta en mí,
25 En mí que la revivo bajo esta oscura forma,
Que cuando tú vivías
Sobre un ara invisible te adivinaba erguido.

No te bastaba
El sol de lengua ardiente sobre el negro diamante de tu piel,
30 A lo largo de tantas lentas mañanas, ganadas en ocio celeste,
Llenas de un áureo polen, igual que la corola de alguna flor feliz,
De reposo divino, divina indiferencia;
Caído el cuerpo flexible y seguro, como un arma mortal,
Ante la gran criatura enigmática, el mar inexpresable,
35 Sin deseo ni pena, igual a un dios,
Que sin embargo hubiera conocido, a semejanza del hombre,
Nuestros deseos estériles, nuestras penas perdidas.

Mira también hacia lo lejos
Aquellas oscuras tardes, cuando severas nubes,
40 Denso enjambre de negras alas,
Silencio y zozobra vertían sobre el mar;
Y en tanto las gaviotas encarnaban la angustia del aire invadido por la
tormenta,
Recuérdale agitado, al mar, sacudiendo su entraña,
Como demente que quisiera arrancar en la luz
45 El núcleo secreto de su mal,
Torciendo en olas su pálido cuerpo,
Su inagotable cuerpo dolido,
Trastornado ante tu amor, también inagotable,
Sin que pudieras llevar sobre su frente atormentada
50 La concha protectora de una mano.

Las gracias vagabundas de abril
Abrieron sus menudas hojas sobre la arena perezosa,
Una juventud nueva corría por las venas de los hombres invernales;
Escapaban timideces, escalofríos, pudores
55 Ante el puñal radiante del deseo,
Palabra ensordecedora para la criatura dolida en cuerpo y espíritu
Por las terribles mordeduras del amor,
Porque el deseo se yergue sobre los despojos de la tormenta
Cuando arde el sol en las playas del mundo.

60 Mas ¿qué importan a mi vida las playas del mundo?
Es ésta solamente quien clava mi memoria,
Porque en ella te vi cruzar, sombrío como una negra aurora,
Arrastrando las alas de tu hermosura
Sobre su dilatada curva, semejante a una pomposa rama
65 Abierta bajo la luz,
Con su armadura de altas rocas
Caída hacia las dunas de adelfas y de palmas,
En lánguido paraje del perezoso sur.

Aún ven mis ojos las salinas de sonrosadas aguas,
70 Los leves molinos de viento

Y aquellos menudos cuerpos oscuros,
Parsimoniosamente movibles,
Junto a los bueyes fulvos,
Transportando los lunáticos bloques de sal
75 Sobre las vagonetas, tristes como todo lo que pertenece a los trabajos de la
     tierra,
Hasta las anchas barcas resbaladizas sobre el pecho del mar.
Quién podría vivir en la tierra
Si no fuera por el mar.

Cuántas veces te vi,
80 Acariciados los ligeros tobillos por el ancho círculo de tu pantalón marino,
El pecho y los hombros dilatados sobre la armoniosa cintura,
Cubierto voluptuosamente de lana azul como de yedra,
El desdén esculpido sobre los duros labios,
Anegarte frente al mar en una contemplación
85 Más honda que la del hombre frente al cuerpo que ama.

Cambiantes sentimientos nos enlazan con este o aquel cuerpo,
Y todos ellos no son sino sombras que velan
La forma suprema del amor, que por sí mismo late,
Ciego ante las mudanzas de los cuerpos,
90 Iluminado por el ardor de su propia llama invencible.

Yo te adoraba como cifra de todo cuerpo bello,
Sin velos que mudaran la recóndita imagen del amor;
Más que al mismo amor, más, ¿me oyes?,
Insaciable como tú mismo,
95 Inagotable como tú mismo;
Aun sabiendo que el mar era el único ser de la creación digno de ti
Y tu cuerpo el único digno de su inhumana soberbia.

Era el atardecer. Las aves del día
Huyeron ante el furtivo pensamiento de la sombra.
100 Los hombres descansaban en sus cabañas,
Entre la mujer y los hijos,
Desnudos los pies bajo la luz funeral del acetileno,
Acechando el sueño en sus yacijas junto al mar;
Como si no pudieran dormir lejos de lo que les hace vivir
105 Y de lo que les hace morir.

Un gran silencio, una gran calma
Daba con su presencia el mar;
Pero también latía por el aire adormecido y fresco del letal anochecer
Un miedo oscuro
110 A no se sabe qué pálidos gigantes,
Dueños de grisáceas serpientes y negros hipocampos,
Abriendo las sombrías aguas,
En lucha sus miembros retorcidos con rebeldes potencias animales del
     abismo.

Las barcas, como leves espectros,
115 Surgían lentamente desde la arena soñolienta,
Voluptuosos cuerpos tibios,

Con la gracia del animal que sabe volver los ojos implorantes
Hacia las manos de su dueño, dispensadoras de protección y de caricias,
Y piensa tristemente que se alejan sin poder retenerlas.

120 No a estas horas,
No a estas horas de tregua cobarde,
Al amanecer es cuando debías ir hacia el mar, joven marino,
Desnudo como una flor;
Y entonces es cuando debías amarle, cuando el mar debía poseerte,
125 Cuerpo a cuerpo,
Hasta confundir su vida con la tuya
Y despertar en ti su inmenso amor
El breve espasmo de tu placer sometido,
Desposados el uno con el otro,
130 Vida con vida, muerte con muerte.

Y una vez, como rosa dejada,
Flotó tu cuerpo, apenas deformado por las nupciales caricias del mar,
Más pálidos los labios, lo mismo que si hubieran dado paso
A toda su pasión, el ave de la vida;
135 Igualmente hermoso así, joven marino,
Desgarradoramente triste con tu belleza inhabitada,
Como cuando tornasolaba la vida tus miembros melodiosos.

Cambian las vidas, pero la muerte es única.
Aún oigo aquella voz exangüe, que en su vago delirio
140 Llegó hasta mí, a través de las velas caídas en la arena, como alas arran-
cadas;
Alguien que conocía tu ausencia, porque sus ojos te vieron muerto, tal una
rosa abandonada sobre el mar.
Decía lentamente: «Era más ligero que el agua.»

Qué desiertos los hombres,
Cómo chocan sin verse unos a otros sus frentes de vergüenza.
145 Y cuán dulce será rodar, igual que tú, del otro lado, en el olvido.
Así tu muerte despierta en mí el deseo de la muerte,
Como tu vida despertaba en mí el deseo de la vida.

Invocaciones
1936

13

A LAS ESTATUAS DE LOS DIOSES

Hermosas y vencidas soñáis,
Vueltos los ciegos ojos hacia el cielo,
Mirando las remotas edades
De titánicos hombres,
5 Cuyo amor os daba ligeras guirnaldas
Y la olorosa llama se alzaba
Hacia la luz divina, su hermana celeste.

Reflejo de vuestra verdad, las criaturas
Adictas y libres como el agua iban;
10 Aún no había mordido la brillante maldad
Sus cuerpos llenos de majestad y gracia.
En vosotros creían y vosotros existíais;
La vida no era un delirio sombrío.

La miseria y la muerte futuras,
15 No pensadas aún, en vuestras manos
Bajo un inofensivo sueño adormecían
Sus venenosas flores bellas,
Y una y otra vez el mismo amor tornaba
Al pecho de los hombres,
20 Como ave fiel que vuelve al nido
Cuando el día, entre las altas ramas,
Con apacible risa va entornando los ojos.

Eran tiempos heroicos y frágiles,
Deshechos con vuestro poder como un sueño feliz.
25 Hoy yacéis, mutiladas y oscuras,
Entre los grises jardines de las ciudades,
Piedra inútil que el soplo celeste no anima,
Abandonadas de la súplica y la humana esperanza.

La lluvia con la luz resbalan
30 Sobre tanta muerte memorable,
Mientras desfilan a lo lejos muchedumbres
Que antaño impíamente desertaron
Vuestros marmóreos altares,
Santificados en la memoria del poeta.

35 Tal vez su fe os devuelva el cielo.
Mas no juzguéis por el rayo, la guerra o la plaga
Una triste humanidad decaída;
Impasibles reinad en el divino espacio.
Distraiga con su gracia el copero solícito
40 La cólera de vuestro poder que despierta.

En tanto el poeta, en la noche otoñal,
Bajo el blanco embeleso lunático,
Mira las ramas que el verdor abandona
Nevarse de luz beatamente,
45 Y sueña con vuestro trono de oro
Y vuestra faz cegadora,
Lejos de los hombres,
Allá en la altura impenetrable.

Invocaciones
1936

14

A LARRA, CON UNAS VIOLETAS

[1837-1937]

Aún se queja su alma vagamente,
El oscuro vacío de su vida.
Mas no pueden pesar sobre esa sombra
Algunas violetas,
5 Y es grato así dejarlas,
Frescas entre la niebla,
Con la alegría de una menuda cosa pura
Que rescatara aquel dolor antiguo.

Quien habla ya a los muertos,
10 Mudo le hallan los que viven.
Y en este otro silencio, donde el miedo impera,
Recoger esas flores una a una
Breve consuelo ha sido entre los días
Cuya huella sangrienta llevan las espaldas
15 Por el odio cargadas con una piedra inútil.

Si la muerte apacigua
Tu boca amarga de Dios insatisfecha,
Acepta un don tan leve, sombra sentimental,
En esa paz que bajo tierra te esperaba,
20 Brotando en hierba, viento y luz silvestres,
El fiel y último encanto de estar solo.

Curado de la vida, por una vez sonríe,
Pálido rostro de pasión y de hastío.
Mira las calles viejas por donde fuiste errante,
25 El farol azulado que te guiara, carne yerta,
Al regresar del baile o del sucio periódico,
Y las fuentes de mármol entre palmas:
Aguas y hojas, bálsamo del triste.

La tierra ha sido medida por los hombres,
30 Con sus casas estrechas y matrimonios sórdidos,
Su venenosa opinión pública y sus revoluciones
Más crueles e injustas que las leyes,
Como inmenso bostezo demoníaco;
No hay sitio en ella para el hombre solo,
35 Hijo desnudo y deslumbrante del divino pensamiento.

Y nuestra gran madrastra, mírala hoy deshecha,
Miserable y aún bella entre las tumbas grises
De los que como tú, nacidos en su estepa,
Vieron mientras vivían morirse la esperanza,

⁴⁰ Y gritaron entonces, sumidos por tinieblas,
A hermanos irrisorios que jamás escucharon.

Escribir en España no es llorar, es morir,
Porque muere la inspiración envuelta en humo,
Cuando no va su llama libre en pos del aire.
⁴⁵ Así, cuando el amor, el tierno monstruo rubio,
Volvió contra ti mismo tantas ternuras vanas,
Tu mano abrió de un tiro, roja y vasta, la muerte.

Libre y tranquilo quedaste en fin un día,
Aunque tu voz sin ti abrió un dejo indeleble.
⁵⁰ Es breve la palabra como el canto de un pájaro,
Mas un claro jirón puede prenderse en ella
De embriaguez, pasión, belleza fugitivas,
Y subir, ángel vigía que atestigua del hombre,
Allá hasta la región celeste e impasible.

Las nubes
(1937-1940), 1940

15

TRISTEZA DEL RECUERDO

Por las esquinas vagas de los sueños,
Alta la madrugada, fue conmigo
Tu imagen bien amada, como un día
En tiempos idos, cuando Dios lo quiso.

⁵ Agua ha pasado por el río abajo,
Hojas verdes perdidas llevó el viento
Desde que nuestras sombras vieron quedas
Su afán borrarse con el sol traspuesto.

Hermosa era aquella llama, breve
¹⁰ Como todo lo hermoso: luz y ocaso.
Vino la noche honda, y sus cenizas
Guardaron el desvelo de los astros.

Tal jugador febril ante una carta,
Un alma solitaria fue la apuesta
¹⁵ Arriesgada y perdida en nuestro encuentro;
El cuerpo entre los hombres quedó en pena.

¿Quién dice que se olvida? No hay olvido.
Mira a través de esta pared de hielo
Ir esa sombra hacia la lejanía
²⁰ Sin el nimbo radiante del deseo.

Todo tiene su precio. Yo he pagado
El mío por aquella antigua gracia;
Y así despierto, hallando tras mi sueño
Un lecho solo, afuera yerta el alba.

Las nubes
(1937-1940)

16

VIOLETAS

Leves, mojadas, melodiosas,
Su oscura luz morada insinuándose
Tal perla vegetal tras verdes valvas,
Son un grito de marzo, un sortilegio
5 De alas nacientes por el aire tibio.

Frágiles, fieles, sonríen quedamente
Con muda incitación, como sonrisa
Que brota desde un fresco labio humano.
Mas su forma graciosa nunca engaña:
10 Nada prometen que después traicionen.

Al marchar victoriosas a la muerte
Sostienen un momento, ellas tan frágiles,
El tiempo entre sus pétalos. Así su instante alcanza,
Norma para lo efímero que es bello,
15 A ser vivo embeleso en la memoria.

Las nubes
(1937-1940)

17

URANIA

Es el bosque de plátanos, los troncos altos, lisos,
Como columnas blancas pautando el horizonte
Que el sol de mediodía asiste y dora,
Al pie del agua clara, a cuyo margen
5 Alientan dulcemente violetas esquivas.

Ella está inmóvil. Cubre aéreo
El ropaje azulado su hermosura virgen;
La estrella diamantina allá en la frente
Arisca tal la nieve, y en los ojos
10 La luz que no conoce sombra alguna.

La mano embelesada que alza un dedo
Atenta a la armonía de los astros,
El silencio restaura sobre el mundo

Domando el corazón, y la tormenta
15 No turba el cielo augusto de su frente.

Musa la más divina de las nueve,
Del orden bello virgen creadora,
Radiante inspiradora de los números,
A cuyo influjo las almas se levantan
20 De abandono mortal en un batir de alas.

Conforta el conocer que en ella mora
La calma vasta y lúcida del cielo
Sobre el dolor informe de la vida,
Sosegando el espíritu a su acento
25 Y al concierto celeste suspendido.

Si en otros días di curso enajenado
A la pasión inútil, su llanto largo y fiebre,
Hoy busco tu sagrado, tu amor, a quien modera
La mano sobre el pecho, ya sola musa mía,
30 Tú, rosa del silencio, tú, luz de la memoria.

Como quien espera el alba
(1941-1944), 1947

18

TIERRA NATIVA

Es la luz misma, la que abrió mis ojos
Toda ligera y tibia como un sueño,
Sosegada en colores delicados
Sobre las formas puras de las cosas.

5 El encanto de aquella tierra llana,
Extendida como una mano abierta,
Adonde el limonero encima de la fuente
Suspendía su fruto entre el ramaje.

El muro viejo en cuya barda abría
10 A la tarde su flor azul la enredadera,
Y al cual la golondrina en el verano
Tornaba siempre hacia su antiguo nido.

El susurro del agua alimentando,
Con su música insomne en el silencio,
15 Los sueños que la vida aún no corrompe,
El futuro que espera como página blanca.

Todo vuelve otra vez vivo a la mente.
Irreparable ya con el andar del tiempo,
Y su recuerdo ahora me traspasa
20 El pecho tal puñal fino y seguro.

Raíz del tronco verde, ¿quién la arranca?
Aquel amor primero, ¿quién lo vence?
Tu sueño y tu recuerdo, ¿quién lo olvida,
Tierra nativa, más mía cuanto más lejana?

Como quien espera el alba
(1941-1944), 1947

19

EL ARPA

Jaula de un ave invisible,
Del agua hermana y del aire,
A cuya voz solicita
Pausada y blanda la mano.

5 Como el agua prisionera
Del surtidor, tiembla, sube
En una fuga irisada,
Las almas adoctrinando.

Como el aire entre las hojas,
10 Habla tan vaga, tan pura,
De memorias y de olvidos
Hechos leyenda en el tiempo.

¿Qué frutas del paraíso,
Cuáles aljibes del cielo
15 Nutren tu voz? Dime, canta,
Pájaro del arpa, oh lira.

Como quien espera el alba
(1941-1944)

20

VEREDA DEL CUCO

Cuántas veces has ido en otro tiempo
Camino de esta fuente,
Buscando por la senda oscura
Adonde mana el agua,
5 Para quedar inmóvil en su orilla,
Mirando con asombro mudo
Cómo allá, entre la hondura,
Con gesto semejante aunque remoto,
Surgía otra apariencia
10 De encanto ineludible,
Propicia y enemiga,
Y tú la contemplabas,
Como aquel que contempla
Revelarse el destino
15 Sobre la arena en signos inconstantes.

Un desear atávico te atrajo
Aquí, madura la mañana,
Niño ya no, ni hombre todavía,
Con nostalgia y pereza
20 De la primera edad lenta en huirnos;

E indeciso tu paso se detuvo,
Distante la corriente,
Mas su rumor cercano,
Hablando ensimismada,
25 Pasando reticente,
Mientras por esa pausa tímida aprendías
A conocer tu sed aún inexperta,
Antes de que los labios la aplacaran
En extraño dulzor y en amargura.

30 Vencido el niño, el hombre que ya eras
Fue al venero, cuyo fondo insidioso
Recela la agonía,
La lucha con la sombra profunda de la tierra
Para alcanzar la luz, y bebiste del agua,
35 Tornándose tu sed luego más viva,
Que la abstinencia supo
Darle fuerza mayor a aquel sosiego
Líquido, concordante
De tu sed, tan herido
40 De ella como del agua misma,
Y entonces no pudiste
Desertar la vereda
Oscura de la fuente.

Tal si fuese la vida
45 Lo que el amante busca,
Cuántas veces pisaste
Este sendero oscuro
Adonde el cuco silba entre los olmos,
Aunque no puede el labio
50 Beber dos veces de la misma agua,
Y al invocar la hondura
Una imagen distinta respondía,
Evasiva a la mente,
Ofreciendo, escondiendo
55 La expresión inmutable,
La compañía fiel en cuerpos sucesivos,
Que el amor es lo eterno y no lo amado.

Para que sea perdido,
Para que sea ganado
60 Por su pasión, un riesgo
Donde el que más arriesga es que más ama,
Es el amor fuente de todo;
Hay júbilo en la luz porque brilla esa fuente,
Encierra al dios la espiga porque mana esa fuente,
65 Voz pura es la palabra porque suena esa fuente,
Y la muerte es de ella el fondo codiciable.
Extático en su orilla,
Oh tormento divino,

Oh divino deleite,
70 Bebías de tu sed y de la fuente a un tiempo,
Sabiendo a eternidad tu sed y el agua.

No importa que la vida
Te desterrara de esa orilla verde,
Su silencio sonoro,
75 Su soledad poblada;
Lo que el amor te ha dado
Contigo ha de quedar, y es tu destino,
En el alba o la noche,
En olvido o memoria;
80 Que si el cuerpo de un día
Es ceniza de siempre,
Sin ceniza no hay llama,
Ni sin muerte es el cuerpo
Testigo del amor, fe del amor eterno,
85 Razón del mundo que rige las estrellas.

Como flor encendidas,
Como el aire ligeras,
Mira esas otras formas juveniles
Bajo las ramas donde silba el cuco,
90 Que invocan hoy la imagen
Oculta allá en la fuente,
Como tú ayer; y dudas si no eres
Su sed hoy nueva, si no es tu amor el suyo,
En ellos redivivo,
95 Aquel que desde el tiempo inmemorable,
Con un gesto secreto,
En su pasión encuentra
Rescate de la muerte,
Aceptando la muerte para crear la vida.

100 Aunque tu día haya pasado,
Eres tú, y son los idos,
Quienes por estos ojos nuevos buscan
En la haz de la fuente
La realidad profunda,
105 Íntima y perdurable;
Eres tú, y son los idos,
Quienes por estos cuerpos nuevos vuelven
A la vereda oscura,
Y ante el tránsito ciego de la noche
110 Huyen hacia el oriente,
Dueños del sortilegio,
Conocedores del fuego originario,
La pira donde el fénix muere y nace.

Como quien espera el alba
(1941-1944)

21

EL PRISIONERO

Atrás quedan los muros
Y las rejas, respira
La libertad ahora,
A solas con tu vida.

5 Como nube en el aire,
Como luz en el alba,

Mira la tierra toda
Abierta ante tu planta.

Mas libertad sin nadie
10 Ganaste, y te parece
Victoria desolada,
Figura de la muerte.

Vivir sin estar viviendo
(1944-1949), 1958

22

EL POETA

La edad tienes ahora que él entonces,
Cuando en el tiempo de la siembra y la danza,
Hijos de anhelo moceril que se despierta,
Tu sueño, tu esperanza, tu secreto,
5 Aquellos versos fueron a sus manos
Para mostrar y hallar signo de vida.

Mucho nos dicen, desde el pasado, voces
Ilustres, ascendientes de la palabra nuestra,
Y las de lengua extraña, cuyo acento
10 Experiencia distinta nos revela. Mas las cosas,
El fuego, el mar, los árboles, los astros,
Nuevas siempre aparecen.

Nuevas y arcanas, hasta que al fin traslucen
Un día en la expresión de aquel poeta
15 Vivo de nuestra lengua, en el contemporáneo
Que infunde por nosotros,
Con su obra, la fe, la certidumbre
Maga de nuestro mundo visible e invisible.

Con reverencia y con amor así aprendiste,
20 Aunque en torno los hombres no curen de la imagen
Misteriosa y divina de las cosas,
De él, a mirar quieto, como
Espejo, sin el cual la creación sería
Ciega, hasta hallar su mirada en el poeta.

25 Aquel tiempo pasó, o tú pasaste,
Agitando una estela temporal ilusoria,
Adonde estaba él, cuando tenía

La misma edad que hoy tienes:
Lo que su fe sabía y la tuya buscaba,
30 Ahora has encontrado.

Agradécelo pues, que una palabra
Amiga mucho vale
En nuestra soledad, en nuestro breve espacio
De vivos, y nadie sino tú puede decirle,
35 A aquel que te enseñara adónde y cómo crece:
Gracias por la rosa del mundo.

Para el poeta hallarla es lo bastante,
E inútil el renombre u olvido de su obra,
Cuando en ella un momento se unifican,
40 Tal uno son amante, amor y amado,
Los tres complementarios luego y antes dispersos:
El deseo, la rosa y la mirada.

Vivir sin estar viviendo
(1944-1949)

23

FIN DE LA APARIENCIA

Sin querer has deshecho
Cuanto mi vida era,
Menos el centro inmóvil
Del existir: la hondura
5 Fatal e insobornable.

Muchas veces temía
En mí y deseaba
El fin de esa apariencia
Que da valor al hombre
10 Para el hombre en el mundo.

Pero si deshiciste
Todo lo en mí prestado,
Me das así otra vida;

Y como ser primero
15 Inocente, estoy solo
Con mí mismo y contigo.

Aquel que da la vida,
La muerte da con ella.
Desasido del mundo
20 Por tu amor, me dejaste
Con mi vida y mi muerte.

Morir parece fácil,
La vida es lo difícil:
Ya no sé sino usarla
25 En ti, con este inútil
Trabajo de quererte,
Que tú no necesitas.

Con las horas contadas
(1950-1956), 1958

24

DESOLACIÓN DE LA QUIMERA

Todo el ardor del día, acumulado
En asfixiante vaho, el arenal despide.
Sobre el azul tan claro de la noche

Contrasta, como imposible gotear de un agua,
5 El helado fulgor de las estrellas,
Orgulloso cortejo junto a la nueva luna
Que, alta ya, desdeñosa ilumina
Restos de bestias en medio de un osario.
En la distancia aúllan los chacales.

10 No hay agua, fronda, matorral ni césped.
En su lleno esplendor mira la luna
A la Quimera lamentable, piedra corroída
En su desierto. Como muñón, deshecha el ala;
Los pechos y las garras el tiempo ha mutilado;
15 Hueco de la nariz desvanecida y cabellera,
En un tiempo anillada, albergue son ahora
De las aves obscenas que se nutren
En la desolación, la muerte.

Cuando la luz lunar alcanza
20 A la Quimera, animarse parece en un sollozo,
Una queja que viene, no de la ruina,
De los siglos en ella enraizados, inmortales
Llorando el no poder morir, como mueren las formas
Que el hombre procreara. Morir es duro,
25 Mas no poder morir, si todo muere,
Es más duro quizá. La Quimera susurra hacia la luna
Y tan dulce es su voz que a la desolación alivia.

«Sin víctimas ni amantes. ¿Dónde fueron los hombres?
Ya no creen en mí, y los enigmas que yo les propusiera
30 Insolubles, como la Esfinge, mi rival y hermana,
Ya no les tientan. Lo divino subsiste,
Proteico y multiforme, aunque mueran los dioses.
Por eso vive en mí este afán que no pasa,
Aunque pasó mi forma, aunque ni sombra soy;
35 Afán que se concreta en ver rendido al hombre
Temeroso ante mí, ante mi tentador secreto indescifrable.

«Como animal domado por el látigo,
El hombre. Pero, qué hermoso; su fuerza y su hermosura,
Oh dioses, cuán cautivadoras. Delicia hay en el hombre;
40 Cuando el hombre es hermoso, en él cuánta delicia.
Siglos pasaron ya desde que desertara el hombre
De mí y a mis secretos desdeñoso olvidara.
Y bien que algunos pocos a mí acudan,
Los poetas, ningún encanto encuentro en ellos,
45 Cuando apenas les tienta mi secreto ni en ellos veo hermosura.

«Flacos o fláccidos, sin cabellos, con lentes,
Desdentados. Esa es la parte física
En mi tardío servidor; y, semejante a ella,
Su carácter. Aun así, no muchos buscan mi secreto hoy,
50 Que en la mujer encuentran su personal triste Quimera.

Y bien está ese olvido, porque ante mí no acudan
Tras de cambiar pañales al infante
O enjugarle nariz, mientras meditan
Reproche o alabanza de algún crítico.

55 «¿Es que pueden creer en ser poetas
Si ya no tienen el poder, la locura
Para creer en mí y en mi secreto?
Mejor les va sillón en academia
Que la aridez, la ruina y la muerte,
60 Recompensas que generosa di a mis víctimas,
Una vez ya tomada posesión de sus almas,
Cuando el hombre y el poeta preferían
Un miraje cruel a certeza burguesa.

«Bien otros fueron para mí los tiempos
65 Cuando feliz, ligera, hollaba el laberinto
Donde a tantos perdí y a tantos otros los dotaba
De mi eterna locura: imaginar dichoso, sueños de futuro,
Esperanzas de amor, periplos soleados.
Mas, si prudente, estrangulaba al hombre
70 Con mis garras potentes, que un grano de locura
Sal de la vida es. A fuerza de haber sido,
Promesas para el hombre ya no tengo.»

Su reflejo la luna deslizando
Sobre la arena sorda del desierto,
75 Entre sombras a la Quimera deja,
Calla en su dulce voz la música cautiva.
Y como el mar en la resaca, al retirarse
Deja a la playa desnuda de su magia,
Retirado el encanto de la voz, queda el desierto
80 Todavía más inhóspito, sus dunas
Ciegas y opacas, sin el miraje antiguo.

Muda y en sombra, parece la Quimera retraerse
A la noche ancestral del Caos primero;
Mas ni dioses, ni hombres, ni sus obras,
85 Se anulan si una vez son: existir deben
Hasta el amargo fin, perdiéndose en el polvo.
Inmóvil, triste, la Quimera sin nariz olfatea
Frescor de alba naciente, alba de otra jornada
Que no habrá de traerle piadosa la muerte,
90 Sino que su existir desolado prolongue todavía.

Desolación de la Quimera
(1956-1962), 1962

25

PEREGRINO

¿Volver? Vuelva el que tenga,
Tras largos años, tras un largo viaje,
Cansancio del camino y la codicia
De su tierra, su casa, sus amigos,
5 Del amor que al regreso fiel le espere.

Mas ¿tú? ¿Volver? Regresar no piensas,
Sino seguir libre adelante,
Disponible por siempre, mozo o viejo,
Sin hijo que te busque, como a Ulises,
10 Sin Ítaca que aguarde y sin Penélope.

Sigue, sigue adelante y no regreses,
Fiel hasta el fin del camino y tu vida,
No eches de menos un destino más fácil,
Tus pies sobre la tierra antes no hollada,
15 Tus ojos frente a lo antes nunca visto.

Desolación de la Quimera
(1956-1962)

BIBLIOGRAFÍA

I. ANTOLOGÍAS

Alberti, Rafael, *Romancero general de la Guerra española* (Buenos Aires: Patronato Hispano Argentino de Cultura, 1944).

Albi, José de, y Fuster, Joan, *Antología del surrealismo español* (Alicante: *Verbo*, números 23-25, 1952).

Alonso, Dámaso, y Blecua, José Manuel, *Antología de la poesía española. Poesía de tipo tradicional* (Madrid: Gredos, 1956; 2.ª ed., vol. I: *Lírica de tipo tradicional*, 1964).

Alonso Schökel, Luis, *Poesía española (1900-1950)* (Madrid: Afrodisio Aguado, 1950).

Antología de Adonais, prólogo de Vicente Aleixandre (Madrid: Rialp, 1953).

Antología de poetas onubenses (Huelva: Diputación Provincial, 1976).

Antología parcial de la poesía española (1936-1946) (León: Espadaña, 1946).

Armiño, Mauro, *Antología de la poesía surrealista* (Madrid: Alberto Corazón, 1971).

Asís, María Dolores de, *Antología de poetas españoles contemporáneos (1900-1970)*, 2 volúmenes (Madrid: Narcea, 1977).

Azcoaga, Enrique, *Panorama de la poesía moderna española* (Buenos Aires: Periplo, 1953).

Barnatán, Marcos, y García Sánchez, Jesús, *Antología de la poesía erótica española* (Madrid: Júcar, 1975).

Batlló, José, *Antología de la nueva poesía española* (Madrid: Ciencia Nueva, 1968), *Seis poetas catalanes* (Madrid: Taurus, 1969), *Poetas españoles postcontemporáneos* (Barcelona: Lumen, 1974; 2.ª ed., Barcelona: Libros de Enlace, 1977).

Becco, Horacio, y Svanascini, Osvaldo, *Poetas libres de la España peregrina en América* (Buenos Aires: Ollantay, 1947).

Blecua, José Manuel, *Floresta de lírica española*, 2 vols. (Madrid: Gredos, 1957; 2.ª ed. corregida y aumentada, 1968).

Bodini, Vittorio, *I poeti surrealisti spagnoli* (Turín: Einaudi, 1963).

Brissa, J., *Parnaso español contemporáneo* (Barcelona: Casa Editorial Maucci, 1914).

Busco, J. Pascual, *La generación del 98. Antología poética* (México: Universidad Nacional, 1956).

Caffarena Such, A., *Antología de la poesía malagueña contemporánea* (Málaga: El Guadalhorce, 1960).

Campos, Jorge, *Poesía española. Antología* (Madrid: Taurus, 1959).

Cano, José Luis, *Antología de la lírica española actual* (Salamanca: Anaya, 1964), *Antología de la nueva poesía española* (Madrid: Gredos, 1958; 3.ª ed., 1968), *Antología de poetas andaluces contemporáneos* (Madrid: Cultura Hispánica, 1952; 2.ª ed., 1968), *El tema de España en la poesía contemporánea* (Madrid: Revista de Occidente, 1964), *Lírica española de hoy* (Madrid: Cátedra, 1974).

Caro Romero, Joaquín, *Antología de la poesía erótica española de nuestro tiempo* (París: Ruedo Ibérico, 1973).

Castellet, José María, *Nueve novísimos* (Barcelona: Barral Editores, 1970), *Veinte años de poesía española (1939-1959)* (Barcelona: Seix Barral, 1960; 4.ª ed., *Un cuarto de siglo de poesía española* [1939-1964], 1966).

Cohen, John Michael, *The Penguin Book of Spanish Verse* (Harmondsworth, Middlesex: Penguin Books, 1956 y 1960).

Conde, Carmen, *Antología de la poesía amorosa contemporánea* (Barcelona: Bruguera, 1969), *Poesía femenina española (1939-1950)* (Barcelona: Bruguera, 1967), *Poesía femenina española (1950-1960)* (Barcelona: Bruguera, 1971).

Corbalán, Pablo, *Poesía surrealista en España*, antología, reportaje y notas (Madrid: Ediciones del Centro, 1974).

Corrales Egea, J., y Darmangeat, P., *Poesía española (Siglo XX)* (París: Librería Española, 1966).

Crespo, Angel, *Antología de la nueva poesía portuguesa* (Madrid: Rialp, 1961).

Crusat, Paulina, *Antología de poetas catalanes contemporáneos* (Madrid: Rialp, 1952).

Diego, Gerardo, *Antología de la poesía española (1915-1931)* (Madrid: Signo, 1932), *Poesía española (contemporáneos)* (Madrid: Signo, 1934); las dos ediciones de 1932 y 1934 han sido presentadas conjuntamente con el título de *Poesía española contemporánea (1901-1934)* (Madrid: Taurus, 1959; 7.ª ed., 1974).

Domenchina, Juan José, *Antología de la poesía española contemporánea (1900-1936)*, epílogo de E. Díez-Canedo (México: Atlante, 1941; 3.ª ed., 1947).

Gaos, Vicente, *Antología del grupo poético de 1927* (Madrid: Cátedra, 1975); *Cuatro poetas de la generación de 1940* (Madrid: Cátedra, 1977).

García Barrón, Carlos, *Cancionero del 98* (Madrid: Edicusa, 1974).

García Prada, Carlos, *Poesía de España y América*, 2 vols. (Madrid: Cultura Hispánica, 1958).

Giner de los Ríos, Francisco, *Las cien mejores poesías españolas del destierro* (México: Signo, 1945).

González, Ángel, *El grupo poético de 1927*, con un prólogo (Madrid: Taurus, 1976).

González Alegre, Ramón, *Antología de la nueva poesía gallega* (Madrid: Rialp, 1959).

González Garcés, Miguel, *Poesía gallega de posguerra*, 2 vols. (La Coruña: Castro, 1976).

González Martín, J. P., *Poesía hispánica, 1939-1969. Estudio y antología* (Barcelona: El Bardo, 1970).

González Muela, Joaquín, y Rozas, Juan Manuel, *La generación poética de 1927* (Madrid: Alcalá, 1966).

González Ruano, C., *Antología de poetas españoles contemporáneos en lengua castellana* (Barcelona: Gili, 1946).

Goytisolo, José Agustín, *Poetas catalanes contemporáneos* (Barcelona: Seix Barral, 1968).

Grossmann, Rudolf, *Spanische Gedichte* (Bremen: Carl Schunemann, 1960).

Ifach, María de Gracia, *Cuatro poetas de hoy: José Luis Hidalgo, Gabriel Celaya, Blas de Otero, José Hierro* (Madrid: Taurus, 1960; 3.ª ed., 1969).

Jiménez Martos, Luis, *Antología de poesía española*. Serie anual de la Editorial Aguilar, comenzada en 1955. Los tres primeros tomos, 1954-1955, 1955-1956 y 1956-1957 fueron recopilados por Rafael Millán. A partir del cuarto tomo, 1957-1958, han sido recopilados por Luis Jiménez Martos, con la excepción del año 1960-1961, el cual fue recopilado por A. Caballero y R. Fuente. A partir del año 1967, la Antología lleva el título de *Poesía hispánica* (Madrid: Aguilar, 1968), *Antología general de Adonais (1943-1968)* (Madrid: Rialp, 1969), *Nuevos poetas españoles* (Madrid: Ágora, 1961), *Poetas del Sur* (Arcos de la Frontera: Col. Alcaraván, 1963), *La generación poética de 1936* (Barcelona: Plaza & Janés, 1972), *Tercera antología de Adonais* (Madrid: Rialp, 1973).

Kirsch, Hans Christian, *Coplas, Spanische Gedichte, Lieder und Romanzen* (Munich, 1963).

Krolow, Karl, *Spanische Gedichte des XX. Jahrhunderts* (Frankfurt am Main: Insel Verlag, 1962).

Lechner, J., *El compromiso en la poesía española del siglo XX*, 2 vols.; II, *Antología* (Leiden: Universitaire pers Leiden, 1968).

López Anglada, Luis, *Panorama poético español. Historia y antología, 1939-1964* (Madrid: Editora Nacional, 1965), *Antología de los poetas gaditanos del siglo XX* (Madrid: Oriens, 1972).

López Gorgé, Jacinto, *Poesía amorosa. Antología (1939-1964)* (Madrid: Ediciones Alfaguara, 1967).

Luis, Leopoldo de, *Poesía social. Antología (1939-1964)* (Madrid: Ediciones Alfaguara, 1965; 2.ª ed. [*1939-1968*], 1969).

Macrí, Oreste, *Poesia spagnola del novecento* (Parma: Guanda, 1952; 2.ª ed., Bologna: Guanda, 1961; 3.ª ed., 2 vols., Milán: Garzanti, 1974).

Machado y Álvarez, Antonio, *Colección de cantos flamencos* (Sevilla: Imprenta de El Porvenir, 1881). Colección Austral N.º 745, *Cantares flamencos* (Buenos Aires: Espasa-Calpe, 1947).

Mantero, Manuel, *Poesía española contemporánea. Estudio y antología (1939-1965)* (Barcelona: Plaza & Janés, 1966), *Los derechos del hombre en la poesía hispánica contemporánea* (Madrid: Gredos, 1973).

Martín Pardo, Enrique, *Antología de la joven poesía española* (Madrid: Pájaro Cascabel, 1967), *Nueva poesía española* (Madrid: Scorpio, 1970).

Martínez Ruiz, Florencio, *La nueva poesía española. Antología crítica* (Madrid: Biblioteca Nueva, 1971).

Millán, Rafael, *Veinte poetas españoles* (Madrid: Ágora, 1955; 2.ª ed., 1962).

Molina, Antonio, *Poesía cotidiana. Antología (1939-1966)* (Madrid: Ediciones Alfaguara, 1966).

Molina, Manuel, *Antología de la poesía alicantina actual* (Alicante: Caja de Ahorros Provincial, 1973).

Molina, Ricardo, *Cante flamenco. Antología* (Madrid: Taurus, 1965).

Monteil, V., *Anthologie bilingue de la poésie hispanique contemporaine. Espagne-Amérique* (París: Klincksieck, 1959).

Montero Alonso, J., *Cancionero de guerra* (Madrid: Ediciones Españolas, 1939).

Montesinos, J. F., *Die moderne spanische Dichtung. Studie und erläuterte Texte* (Leipzig: Teubner, 1927).

Montesinos, R., *Poesía taurina contemporánea. Antología* (Barcelona: Edit. R. M., 1961).

Morales, Ana María, *Antología de la poesía aragonesa* (Madrid: Ediciones Caballo Griego para la Poesía, 1978).

Morales, José Ricardo, *Poetas en el destierro* (Santiago de Chile: Cruz del Sur, 1943).

Moreno, Alfonso, *Poesía española actual* (Madrid: Editora Nacional, 1946).

Moreno Márquez, María Victoria, *Novísimos de la poesía gallega* (Madrid: Akal, 1973).

Murciano González, Antonio, *Poesía flamenca* (Madrid: Dante, 1976).

Onís, Federico de, *Antología de la poesía española e hispanoamericana (1882-1932)* (Madrid: Hernando, 1934; ed. facsímil, New York: Las Americas Publishing Co., 1961).

Palm, Erwin Walter, *Rose aus Asche. Spanische und Spanisch-Amerikanische Lyrik seit 1900* (Munich: R. Piper, 1955).

Paz, Octavio, *Voces de España. Breve antología de poetas españoles contemporáneos* (México: Letras de México, 1940).

Pemán, José María, *Poesía nueva de jesuitas*, con un estudio preliminar (Madrid: CSIC, 1946).

Peralto Vicario, Francisco, *Antología de la poesía malagueña contemporánea* (Málaga: Autores, 1975).

Pereda Valdés, I., *Cancionero de la guerra civil española* (Montevideo: C. García & Cía., 1937).

Pérez Gutiérrez, Francisco, *La generación de 1936* (Madrid: Taurus, 1976).

Poetas en la España leal, edición anónima (Madrid-Valencia: Ediciones Españolas, 1937).

Pomès, Mathilde, _Poètes espagnols d'aujourd'hui_ (Bruselas, 1934).
Prados, Emilio, y Rodríguez Moñino, A. R., _Romancero general de la guerra de España_ (Madrid-Valencia: Ediciones Españolas, 1937; reimpresión por Feltrinelli, Milán, 1966).
Prat, Ignacio, _Antología de la poesía modernista_ (Madrid: Cupsa, 1977).
Ribes, Francisco, _Antología ̄consultada de la joven poesía española_ (Santander: Hermanos Bedia, 1952), _Poesía última_ (Madrid: Taurus, 1963; 2.ª ed., 1969).
Rodríguez Marín, Francisco, _El alma de Andalucía en sus mejores coplas amorosas_ (Madrid: Tipografía de la Revista de Archivos, 1929).
Romancero de la guerra civil, Serie I (Madrid: Ministerio de Instrucción Pública y Bellas Artes, 1936).
Romancero de los voluntarios de la libertad, edición anónima (Madrid: Ediciones del Comisariado de las Brigadas Internacionales, 1937).
Romero, Amelia, _Doce jóvenes poetas españoles_ (Barcelona: El Bardo, 1967).
Rosenthal, Marily, _Poetry of the Spanish Civil War_ (Nueva York: New York University Press, 1975).
Sahagún, Carlos, _Siete poetas españoles_ (A. Machado, Alberti, Salinas, Guillén, Aleixandre, J. R. Jiménez, García Lorca) (Madrid: Taurus, 1959; 5.ª ed., 1973).
Sainz de Robles, Federico Carlos, _Historia y antología de la poesía española (en lengua castellana). Del siglo X al XX_ (Madrid: Aguilar, 1948; 4.ª ed., 1964).
Sala Valldaura, Josep Maria, _Antologia de la poesia eròtica catalana del segle XX_ (Barcelona: Ayma, 1977).
Scarpa, Roque Esteban, _Poesía española contemporánea_ (Santiago de Chile: Zig-Zag, 1953).
Segunda antología de Adonais, prólogo de Vicente Aleixandre (Madrid: Rialp, 1962).
Segura de la Garmilla, R., _Poetas españoles del siglo XX. Antología_ (Madrid: Fe, 1922).
Souvirón, José María, _Antología de poetas españoles contemporáneos_ (Santiago de Chile, Nascimiento, 1947).
Turnbull, Eleanor, _Contemporary Spanish Poetry_ (Baltimore: Johns Hopkins, 1945).
Valverde, José María, _Antología de la poesía española e hispanoamericana_, 2 vols. (México: Renacimiento, 1962).
Vandercammen, E., y Verhesen, F., _Poésie espagnole d'aujourd'hui_ (París: Silvaire, 1956).
Vázquez Cuesta, Pilar, _Poesía portuguesa actual_ (Madrid, Editora Nacional, 1976).
Vela, R., _Ocho poetas españoles. Generación del realismo social_ (Buenos Aires: Ediciones Dead Weight, 1965).
Villaurrutia, Xavier, y otros, _Laurel: antología de la poesía moderna en lengua española_ (México: Séneca, 1941).
Villén, Jorge, _Antología poética del Alzamiento_ (Madrid, 1940).
Ynduráin, F., _Antología de la Magdalena. Poesía española. 1969_ (Santander: Universidad Internacional Menéndez y Pelayo, 1969).

II. OBRAS DE CONSULTA

1. MÉTRICA Y VERSIFICACIÓN

Baehr, Rudolf, _Manual de versificación española_, traducción y adaptación de K. Wagner y F. López Estrada (Madrid: Gredos, 1970).
Balaguer, Joaquín, _Apuntes para una historia prosódica de la métrica castellana_ (Madrid: CSIC, 1954).
Balbín, Rafael de, _Sistema de rítmica castellana_, 2.ª ed. (Madrid: Gredos, 1968).

Carballo Picazo, Alfredo, *Métrica española* (Madrid: Instituto de Estudios Madrileños, 1956).
Clarke, Dorothy Clotelle, *A Chronological Sketch of Castilian Versification together with a List of Its Metric Terms* (Berkeley: University of California Press, 1952).
Díez de Revenga, Francisco Javier, *La métrica de los poetas del 27* (Murcia: Universidad, 1973).
Díez-Echarri, Emiliano, *Teorías métricas del Siglo de Oro* (Madrid: CSIC, 1949; reimpresión, 1970).
García Gómez, Emilio, *Métrica de la moaxaja y métrica española* (Madrid: Maestre Concepción, 1975).
Henríquez-Ureña, Pedro, *Estudios de versificación española* (Buenos Aires: Universidad, 1961).
López Estrada, Francisco, *Métrica española del siglo XX* (Madrid: Gredos, 1969).
Macrí, Oreste, *Ensayo de métrica sintagmática* (Madrid: Gredos, 1969).
Navarro Tomás, Tomás, *Métrica española. Reseña histórica descriptiva* (New York: Las Américas Publishing Co., 1966).
Quilis, Antonio, *Métrica española* (Madrid: Alcalá, 1969).

2. HISTORIAS DE LA LITERATURA Y DICCIONARIOS

Barja, César, *Libros y autores contemporáneos* (Madrid: V. Suárez, 1935).
Bell, Aubrey F., *Contemporary Spanish Literature* (New York: Russell & Russell, 1966).
Blanco Aguinaga, Carlos; Rodríguez Puértolas, Julio, y Zavala, Iris M., *Historia social de la literatura española*, tres vols. (Madrid: Castalia, 1978).
Bleiberg, Germán, y Marías, Julián, *Diccionario de literatura española*, 3.ª ed. (Madrid: Revista de Occidente, 1964).
Brenan, Gerald, *The Literature of the Spanish People* (Cambridge, Inglaterra: University Press, 1962).
Cansinos-Asséns, Rafael, *La nueva literatura*, 4 vols. (Madrid: V. H. de Sanz Calleja, 1917-1927).
Castro y Calvo, José María, *Historia de la literatura española*, 2 vols. (Barcelona: Credsa, 1965).
Cossío, José María de, *Cincuenta años de poesía española (1850-1900)*, 2 vols. (Madrid: Espasa-Calpe, 1960).
Chabás, Juan, *Literatura española contemporánea (1898-1950)* (La Habana: Cultural, 1952).
Descola, Jean, *Histoire littéraire de l'Espagne. De Senèque à García Lorca* (París: Fayard, 1966; trad. esp. *Historia literaria de España. De Séneca a García Lorca*, Madrid: Gredos, 1969).
Díaz-Plaja, Guillermo, *Historia de la poesía lírica española*, 2.ª ed. (Madrid: Labor, 1948).
Diccionario de la literatura española (Barcelona: Planeta, 1975).
Díez-Echarri, E., y Roca Franquesa, J. M., *Historia de la literatura española e hispanoamericana* (Madrid: Aguilar, 1960).
Gallo, Ugo, *Storia della letteratura spagnola* (Milán: Casa Editrice «Academia», 1952).
García López, José, *Historia de la literatura española*, 8.ª ed. (New York: Las Américas Publishing Co., 1964).
Historia general de las literaturas hispánicas publicada bajo la dirección de Guillermo Díaz-Plaja, con una Introducción de Ramón Menéndez Pidal, 6 vols. (1949-1967). Volumen VI, *Literatura contemporánea* (Barcelona: Editorial Vergara, 1967).
Lázaro Carreter, Fernando, y Correa Calderón, E., *Literatura española contemporánea*, 5.ª ed. revisada (Salamanca: Anaya, 1965).
Mancini Giancarlo, Guido, *Storia della letteratura Spagnola* (Milán: Feltrinelli, 1961).

Mérimée, Ernest, *A History of Spanish Literature*, translated by Griswold Morley (New York: Holt, 1930).
Newmark, Maxim, *Dictionary of Spanish Literature* (New York: Philosophical Library, 1956).
Peers, Edgar Allison, *Spain. A Companion to Spanish Studies*, 5th ed. revised and enlarged by R. F. Brown (Londres: Methuen, 1956).
Río, Ángel del, *Historia de la literatura española*, ed. revisada, 2 vols. (New York: Holt, Rinehart and Wiston, 1963).
Sainz de Robles, Federico Carlos, *Ensayo de un diccionario de la literatura*, 2.ª ed. corregida y aumentada, 3 vols. (Madrid: Aguilar, 1953-1956), *El espíritu y la letra. Cien años de literatura española: 1860-1960* (Madrid: Aguilar, 1966).
Torrente Ballester, Gonzalo, *Panorama de la literatura española contemporánea*, 4.ª edición, con una bibliografía de Jorge Campos (Madrid: Guadarrama, 1969).
Valbuena Prat, Ángel, *Historia de la literatura española*, 8.ª ed., 4 vols. (parte del volumen III y todo el vol. IV se hallan dedicados al siglo XX) (Barcelona: Gustavo Gili, 1968), *La poesía española contemporánea* (Madrid: C. I. A. P., 1930), *Literatura española en sus relaciones con la universal* (Madrid: Sociedad Anónima Española de Traductores y Autores, 1965).
Valverde, José María, *Breve historia de la literatura española* (Madrid: Guadarrama, 1969).

3. MEMORIAS, CRÓNICAS, RETRATOS

Alberti, Rafael, *La arboleda perdida. Libros I y II de memorias* (Buenos Aires: Compañía General Fabril Editora, 1959; Barcelona: Seix Barral, 1977).
Aleixandre, Vicente, *Los encuentros* (Madrid: Guadarrama, 1958).
Díaz Cañabate, Antonio, *Historia de una tertulia* (Valencia: Castalia, 1953).
Gómez de la Serna, Ramón, *Automoribundia (1888-1948)* (Buenos Aires: Sudamericana, 1948), *Nuevos retratos contemporáneos* (Buenos Aires: Sudamericana, 1945), *Pombo. Biografía del célebre café y de otros cafés famosos* (Barcelona: Juventud, 1941), *Retratos contemporáneos* (Buenos Aires: Sudamericana, 1941).
Gómez Santos, Marino, *Crónica del Café Gijón* (Madrid: Biblioteca Nueva, 1955).
Jiménez, Juan Ramón, *Españoles de tres mundos, Viejo mundo, nuevo mundo, otro mundo (Caricatura lírica) (1914-1940)*, ed. y estudio preliminar de Ricardo Gullón, con tres apéndices de retratos inéditos (Madrid: Aguilar, 1969).
Machado, Manuel, *La guerra literaria* (Madrid: Hispano-Alemana, 1913).
Maeztu, Ramiro de, *Las letras y la vida en la España de entreguerras* (Madrid: Editora Nacional, 1958).
Moreno Villa, José, *Vida en claro* (México: El Colegio de México, 1944; México: Fondo de Cultura Económica, 1976).
Reyes, Alfonso, *Tertulia de Madrid*, 2.ª ed. (Buenos Aires: Espasa-Calpe, 1950).
Salaverría, José María, *Retratos* (Madrid: Espasa-Calpe, 1926), *Nuevos retratos* (Madrid: Renacimiento, 1930).

4. BIBLIOGRAFÍAS Y DOCUMENTOS

Agulló y Cobo, Mercedes, *Cuadernos bibliográficos VIII. La poesía española en 1961* (Madrid: CSIC, 1963), *Cuadernos bibliográficos XVII. La poesía española en 1962* (Madrid: CSIC, 1965).
Ilie, Paul, *Documents of the Spanish Vanguard* (Chapel Hill: The University of North Carolina Press, 1969).
Poesía Española, Nos. 140-141 (1964). Número extraordinario dedicado a las revistas de poesía.
Santos Torroella, Rafael, *Medio siglo de publicaciones de poesía en España. Catálogo de Revistas* (Segovia-Madrid: Gráficas Uguina, 1952).

Serís, Homero, *Manual de bibliografía de la literatura española*, 2 vols. (Syracuse, New York: Centro de Estudios Hispánicos, 1948-1949).

Simón Díaz, José, *Bibliografía de la literatura hispánica*, 11 vols. publicados (Madrid: CSIC, 1949-1977), *Manual de bibliografía de la literatura española* (Barcelona: Gustavo Gili, 1963). *Suplemento* (1966). *Suplemento II* (1972).

5. Historia política, social y cultural

Brenan, Gerald, *The Spanish Labyrinth. An Account of the Social and Political Background of the Civil War* (Cambridge: The University Press, 1943). Traducción española por L. Cano Ruiz, *El laberinto español. Antecedentes sociales y políticos de la Guerra Civil* (París: Ruedo Ibérico, 1962).

Carr, Raymond, *Spain 1808-1939* (Oxford: The Clarendon Press, 1966).

Diccionario de historia de España, bajo la dirección de Germán Bleiberg, con numerosos colaboradores, 2.ª ed., 2 vols. (Madrid: Revista de Occidente, 1969).

Díaz, Elías, *Notas para una historia del pensamiento español actual* (Madrid: Edicusa, 1974).

Fernández Almagro, Melchor, *Historia política de la España contemporánea*, 2 vols. (Madrid: Ediciones Pegaso, 1956-1959).

Franco, Dolores, *España como preocupación. Antología*, presentación de Azorín (Madrid: Guadarrama, 1960).

García Venero, Maximiano, *La Falange en la guerra de España, la unificación y Hedilla* (París: Ruedo Ibérico, 1967).

Payne, Stanley G., *Falange. A History of Spanish Fascism* (Stanford: Stanford University Press, 1961).

Río, Angel del, y Benardete, M. J., *El concepto contemporáneo de España. Antología de ensayos, 1895-1931* (Buenos Aires: Losada, 1945).

Smith, Rhea Marsh, *Spain. A Modern History* (Ann Arbor: The University of Michigan Press, 1965).

Thomas, Hugh, *The Spanish Civil War*, revised ed. (Londres: Penguin Books, 1965).

Tuñón de Lara, Manuel, *Medio siglo de cultura española* (Madrid: Editorial Tecnos, 1970).

III. OBRAS Y ESTUDIOS GENERALES Y DE ÉPOCA: LENGUAJE, FILOSOFÍA, TEORÍA ESTÉTICA, CRÍTICA LITERARIA

1. Lingüística y teoría del lenguaje

Alarcos Llorach, Emilio, *Gramática estructural*, 1.ª reimpresión (Madrid: Gredos, 1969).

Alonso, Amado, *Estudios lingüísticos (Temas españoles)*, 3.ª ed. (Madrid: Gredos, 1967).

Alonso, Amado, y Lida, Raimundo, *El impresionismo en el lenguaje* (Buenos Aires: Instituto de Filología, 1942).

Catalán Menéndez-Pidal, Diego, *La escuela lingüística española y su concepción del lenguaje* (Madrid: Gredos, 1955).

Cohen, Jean, *Estructura del lenguaje poético* (Madrid: Gredos, 1970).

Chomsky, Noam, *Syntactic Structures* (La Haya: Mouton, 1964).

Gleason, Henry A., *An Introduction to Descriptive Linguistics* (New York: Holt, Rinehart and Wiston, 1961; trad. esp. *Introducción a la lingüística descriptiva*, Madrid: Gredos, 1975).

Greimas, A. J., *Semántica estructural* (Madrid: Gredos, 1971).

Hadlich, Roger L., *Gramática transformativa del español* (Madrid: Gredos, 1973).
Hjelmslev, Louis, *El lenguaje* (Madrid: Gredos, 1969).
Jakobson, Roman, y Halle, Morris, *Fundamentals of Language* (Gravenhage: Mouton, 1956).
Lázaro Carreter, Fernando, *Diccionario de términos filológicos*, 3.ª ed. (Madrid: Gredos, 1968).
Martínez García, José Antonio, *Propiedades del lenguaje poético* (Oviedo: Universidad, 1975).
Menéndez Pidal, Ramón, *Mis páginas preferidas (Temas lingüísticos e históricos)* (Madrid: Gredos, 1957).
Mounin, Georges, *Historia de la lingüística (Desde los orígenes al siglo XX)* (Madrid: Gredos, 1968).
Porzig, Walter, *El mundo maravilloso del lenguaje (Problemas, métodos y resultados de la lingüística moderna)* (Madrid: Gredos, 1964).
Pottier, Bernard, *Lingüística moderna y filología hispánica* (Madrid: Gredos, 1968).
Rodríguez Adrados, Francisco, *Lingüística estructural*, 2 vols. (Madrid: Gredos, 1969).
Saussure, Ferdinand de, *Curso de lingüística general* (Buenos Aires: Losada, 1945).
Snell, Bruno, *La estructura del lenguaje* (Madrid: Gredos, 1966).
Ullmann, Stephen, *Semántica. Introducción a la ciencia del significado* (Madrid: Aguilar, 1965).
Urban, Wilbur Marshall, *Lenguaje y realidad. La filosofía del lenguaje y los principios del simbolismo* (México: Fondo de Cultura Económica, 1952).
Valverde, José María, *Guillermo de Humboldt y la filosofía del lenguaje* (Madrid: Gredos, 1955).
Vossler, Karl, *Filosofía del lenguaje* (Buenos Aires: Losada, 1943).

2. FILOSOFÍA

Barret, William, *Irrational Man. A Study in Existential Philosophy* (New York: Doubleday, 1958).
Cassirer, Ernst, *The Philosophy of Symbolic Forms*, 3 vols. (New Haven: Yale University Press, 1953-1957). Vol. I: *Language*, Vol. II: *Mythical Thought*, Vol. III: *Phenomenology of Knowledge*.
Ferrater Mora, José, *Diccionario de filosofía*, 4.ª ed. (Buenos Aires: Editorial Sudamericana, 1958).
Hanna, Thomas (editor), *The Bergsonian Heritage* (New York: Columbia University Press, 1962).
Heidegger, Martin, *Being and Time*, translated by John Macquarrie and Edward Robinson (New York: Harper & Row, 1962).
Hodges, Herbert A., *The Philosophy of Wilhelm Dilthey* (London: Routledge & Paul, 1952).
Husserl, Edmund, *Ideas relativas a una fenomenología pura y una filosofía fenomenológica*, traducción de J. Gaos (México: Fondo de Cultura Económica, 1963), *Investigaciones lógicas*, traducción de M. G. Morente y J. Gaos, 4 vols. (Madrid: Revista de Occidente, 1929).
Jaspers, Karl, *Man in the Modern Age* (Garden City, New York: Doubleday, 1957).
Laín Entralgo, Pedro, *La espera y la esperanza. Historia y teoría del esperar humano* (Madrid: Revista de Occidente, 1957).
Marcel, Gabriel, *Mystery of Being*, 2 vols. (Chicago: Gateway, 1960). Vol. I: *Reflection and Mystery*, Vol. II: *Faith and Reality*.
Marías, Julián, *Obras*, 8 vols. (Madrid: Revista de Occidente, 1959-1970).
Ortega y Gasset, José, *Obras completas*, 9 vols. (Madrid: Revista de Occidente, 1946-1962).

Sartre, Jean-Paul, *Being and Nothingness. An Essay on Phenomenological Ontology*, translated by Hazel E. Barnes (New York: Philosophical Library, 1956).

Unamuno, Miguel de, *Del sentimiento trágico de la vida en los hombres y en los pueblos* (Madrid: Renacimiento, 1913).

Zubiri, Xavier, *Naturaleza, historia, Dios* (Madrid: Editora Nacional, 1959).

3. Teoría estética

Frutos Cortés, Eugenio, *Creación filosófica y creación poética* (Barcelona: Juan Flors, editor, 1958).

Greene, Theodore Meyer, *The Arts and the Art of Criticism* (Princeton: Princeton University Press, 1952).

Heidegger, Martin, «El origen de la obra de arte», traducción de Francisco Soler Grimma, *Cuadernos Hispanoamericanos*, Nos. 25, 26 y 27 (1952), págs. 1-21, 259-273, 339-357, *Hölderlin y la esencia de la poesía*, traducción de J. D. García Bacca (México: Séneca, 1944).

Langer, Susanne, *Feeling and Form. A Theory of Art* (New York: Charles Scribner's Sons, 1957).

Onimus, Jean, *La connaissance poétique* (París: Desclée de Brouwer, 1966).

Orsini, Gian N. G., *Benedetto Croce. Philosopher of Art and Literary Critic* (Carbondale: Southern Illinois University Press, 1961).

Paz, Octavio, *El arco y la lira*, 2.ª ed. corregida y aumentada (México: Fondo de Cultura Económica, 1967), *Los hijos del limo* (Barcelona: Seix Barral, 1975), *Los signos en rotación* (Barcelona: Círculo de Lectores, 1974).

Poggioli, Renato, *The Theory of the Avant-Garde* (Cambridge, Massachusetts: Harvard University Press, 1968).

Sadzik, Joseph, *Esthétique de Martin Heidegger* (París: Éditions Universitaires, 1963).

Sartre, Jean-Paul, *Literature and Existentialism* (título original: *¿Qu'est-ce que la littérature?*) (New York: The Citadel Press, 1964).

Staiger, Emil, *Grundbegriffe der Poetik* (Zurich: Atlantis Verlag, 1961), traducción española de Jaime Ferreiro, con un estudio preliminar, *Conceptos fundamentales de poética* (Madrid: Rialp, 1966).

4. Teoría, historia, temas y métodos de crítica literaria

Adler, Mortimer Jerome, *Poetry and Politics* (Pittsburgh: Duquesne University Press, 1965).

Alarcos Llorach, Emilio, *et al.*, *Elementos formales en la lírica actual* (Madrid: Edición de la Universidad Nacional Menéndez Pelayo, 1967).

Alonso, Amado, *Materia y forma en poesía*, 3.ª ed. (Madrid: Gredos, 1965).

Alonso, Dámaso, *Poesía española. Ensayo de métodos y límites estilísticos*, 5.ª ed. (Madrid: Gredos, 1967).

Alonso, Dámaso, y Bousoño, Carlos, *Seis calas en la expresión literaria española (Prosa-Poesía-Teatro)*, 4.ª ed. (Madrid, Gredos, 1969).

Anderson Imbert, Enrique, *La crítica literaria contemporánea* (Buenos Aires: Gure, 1957; 2.ª ed., *Métodos de crítica literaria*, Madrid: Revista de Occidente, 1969).

Aranguren, José Luis, *Crítica y meditación* (Madrid: Taurus, 1955).

Battistessa, Ángel, *El poeta en su poema* (Buenos Aires: Nova, 1965).

Borges, Jorge Luis, *Otras inquisiciones* (Buenos Aires: Emecé Editores, 1968).

Bousoño, Carlos, *Teoría de la expresión poética*, 5.ª ed., 2 vols. (Madrid: Gredos, 1970), *El irracionalismo poético (El símbolo)* (Madrid: Gredos, 1978), *Superrealismo poético y simbolización* (Madrid: Gredos, 1978).

Bowra, Cecil M., *Poetry and Politics, 1900-1960* (Cambridge: University Press, 1966), *Primitive Song* (Cleveland: World Publishing Co., 1962), *The Heritage of Symbolism* (New York: Schocken Books, 1963).

Buckley, Vincent, *Poetry and the Sacred* (New York: Barnes & Noble, 1968).

Cambours Ocampo, Arturo, *Teoría y técnica de la creación literaria. Materiales para una estética del escritor* (Buenos Aires: A. Peña Lillo, 1966).

Celaya, Gabriel, *Poesía y verdad* (Pontevedra: Colección de Ensayos Huguin, 1960).

Cirlot, Juan Eduardo, *A Dictionary of Symbols* (New York: Philosophical Library, 1962).

Claudel, Paul, *Reflexions sur la poésie* (París: Gallimard, 1966).

Correa, Gustavo, «Últimas tendencias de la crítica literaria española», *Symposium* VII (1953), págs. 213-231.

Davison, Ned J., *The Concept of Modernism in Hispanic Criticism* (Boulder, Colorado: Pruett Press, 1966).

Díaz-Plaja, Guillermo, *El reverso de la belleza* (Barcelona: Editorial Barna, 1956).

Díez del Corral, Luis, *La función del mito clásico en la literatura contemporánea* (Madrid: Gredos, 1957).

Dilthey, Wilhelm, *Literatura y fantasía*. Versión de Emilio Uranga y Carlos Gerhard (México: Fondo de Cultura Económica, 1963).

Eliot, T. S., *The Sacred Wood. Essays on Poetry and Criticism* (New York: Barnes & Noble, 1967), *On Poetry and Poets* (New York: The Noonday Press, 1966).

Ferraté, Juan, *Dinámica de la poesía. Ensayos de explicación, 1952-1966* (Barcelona: Seix Barral, 1968), *Teoría del poema (Ensayos)* (Barcelona: Seix Barral, 1957).

Friedrich, Hugo, *Estructura de la lírica moderna*, traducción de Juan Petit (Barcelona: Seix Barral, 1959).

Gaos, Vicente, *La poética de Campoamor*, 2.ª ed. (Madrid: Gredos, 1969).

Garnier, Pierre, *Spatialisme et poésie concrète* (París: Gallimard, 1968).

Gilman, Margaret, *The Idea of Poetry in France* (Cambridge, Massachusetts: Harvard University Press, 1958).

González Muela, Joaquín, *Gramática de la poesía* (Barcelona: Planeta, 1976).

Guillén, Jorge, *Lenguaje y poesía* (Madrid: Revista de Occidente, 1962).

Hamburger, Michael, *The Truth of Poetry* (New York: Harcourt Brace Jovanovich, 1969).

Hatzfeld, Helmut A., *A Critical Bibliography of the New Stylistics, Applied to the Romance Literatures, 1900-1952* (Chapel Hill: University of North Carolina Press, 1953), traducción española (Madrid: Gredos, 1955), *A Critical Bibliography of the New Stylistics, Applied to the Romance Literatures, 1953-1965* (Chapel Hill: University of North Carolina Press, 1966).

Kayser, Wolfgang, *Interpretación y análisis de la obra literaria*, 4.ª ed. (Madrid: Gredos, 1965, 4.ª reimpresión, 1976).

Lázaro Carreter, Fernando, *Estudios de poética (La obra en sí)* (Madrid: Taurus, 1977).

Levin, Samuel R., *Estructuras lingüísticas en la poesía* (Madrid: Cátedra, 1974).

Machado, Antonio, *De un cancionero apócrifo. Abel Martín*, en *Obras completas* (Buenos Aires: Losada, 1964), págs. 293-328, *Juan de Mairena. Sentencias, donaires, apuntes y recuerdos de un profesor apócrifo*, en *Obras completas*, págs. 349-522.

Maritain, Jacques, *The Situation of Poetry. Four Essays on the Relations between Poetry, Mysticism, Magic, and Knowledge* (New York: Philosophical Library, 1955).

Menéndez Pidal, Ramón, *Romancero hispánico (Hispano-portugués, americano y sefardí). Teoría e historia*, 2 vols. (Madrid: Espasa-Calpe, 1953).

Meyerhoff, Hans, *Time in Literature* (Berkeley: University of California Press, 1968).

Mounin, Georges, *Poésie et société* (París: Presses Universitaires de France, 1962).

Naudin, Marie, *Évolution parallèle de la poésie et de la musique en France: rôle unificateur de la chanson* (París: A. G. Nizet, 1968).

Noon, William T., *Poetry and Prayer* (New Brunswick, N. J.: Rutgers University Press, 1967).

Paraíso de Leal, Isabel, *Teoría del ritmo de la prosa* (Barcelona: Planeta, 1976).

Perry, John Oliver (editor), *Approaches to the Poem, Modern Essays in the Analysis and Interpretation of Poetry* (San Francisco: Chandler Publishing Co., 1965).

Pfeiffer, Johannes Sierich, *La poesía. Hacia la comprensión de lo poético* (México: Fondo de Cultura Económica, 1951).

Preminger, Alex (editor), *Encyclopedia of Poetry and Poetics* (Princeton: Princeton University Press, 1965).

Quasimodo, Salvatore, *The Poet and the Politician, and Other Essays* (Carbondale, Illinois: University Press, 1964).

Reyes, Alfonso, *El deslinde. Apuntes para la teoría literaria* (México: Fondo de Cultura Económica, 1963).

Salinas, Pedro, *Reality and the Poet in Spanish Poetry*, 2.ª ed., con una introducción de Jorge Guillén (Baltimore: The Johns Hopkins Press, 1966).

Shipley, Joseph T., *Dictionary of World Literature* (New York: Philosophical Library, 1953).

Spitzer, Leo, *Lingüística e historia literaria*, 2.ª ed. (Madrid: Gredos, 1961, 1.ª reimpresión, 1968).

Torner, Eduardo M., *Lírica hispánica. Relaciones entre lo popular y lo culto* (Madrid: Castalia, 1960).

Torre, Guillermo de, *Doctrina y estética literaria* (Madrid: Guadarrama, 1970), *Historia de las literaturas de vanguardia* (Madrid: Guadarrama, 1965), *La aventura estética de nuestra edad y otros ensayos* (Barcelona: Seix Barral, 1962), *Nuevas direcciones de la crítica literaria* (Madrid: Alianza Editorial, 1970).

Ullmann, Stephen, *Language and Style* (Oxford: Basil Blackwell, 1964).

Vigée, Claude, *Les artistes de la faim* (París: Calmann-Lévy, 1960).

Wellck, René, *A History of Modern Criticism: 1750-1950*, 4 vols. publicados (New Haven: Yale University Press, 1955-1965). (El vol. V versará exclusivamente sobre el siglo XX), *Concepts of Criticism* (New Haven: Yale University Press, 1963), *Discriminations: Further Concepts of Criticism* (New Haven: Yale University Press, 1970).

Wellek, René, y Warren, Austin, *Theory of Literature* (New York: Harcourt Brace, 1949), traducción española, *Teoría literaria*, 4.ª ed. (Madrid: Gredos, 1966).

Wimsatt, William K., *The Verbal Icon. Studies in the Meaning of Poetry* (New York: The Noonday Press, 1965).

Wimsatt, William K., y Brooks, Cleanth, *Literary Criticism. A Short History* (New York: Alfred A. Knopf, 1957).

Zuleta, Emilia de, *Historia de la crítica española* (Madrid: Gredos, 1966).

5. CRÍTICA DE ARTE

Finch, Christopher, *Pop Art. Object and Image* (New York: E. P. Dutton and Co., 1968).

Francastel, Pierre, *Art et technique aux XIXᵉ et XXᵉ siècles* (París: Éditions de Minuit, 1956).

Geldzahler, Henry, *New York Painting and Sculpture: 1940-1970* (New York: E. P. Dutton and Co., 1969).

Gómez de la Serna, Ramón, *Ismos* (Buenos Aires: Editorial Poseidón, 1943).

Haftmann, Werner, *Painting in the Twentieth Century*, 2 vols. (New York: Frederick A. Praeger, 1965).

Hauser, Arnold, *The Social History of Art*, 4 vols. (New York: Vintage Books, 1951).

Hautecoeur, Louis, *Historia del arte*, 6 vols. (Madrid: Guadarrama, 1965-1966).

Jacquot, Jean, *Entretiens d'Arras. Visage et perspectives de l'art moderne: Peinture, poésie, musique*. Études réunies et présentées par Jean Jacquot. Préface d'Étienne Souriau (París: Centre National de la Recherche Scientifique, 1956).

Janson, H. W., *History of Art* (Englewood Cliffs, N. J.: Prentice-Hall, 1966).

Klingender, Francis D., *Art and the Industrial Revolution* (London: N. Carrington, 1947).

Mondrian, Piet, *Plastic Art and Pure Plastic Art* (New York: Wittenborn and Co., 1945).

Robb, David M., *History of Painting. The Occidental Tradition* (New York: Harper & Brothers, 1951).

Souriau, Étienne, *La correspondencia de las artes. Elementos de estética comparada* (México: Fondo de Cultura Económica, 1965).

Sypher, Wylie, *Rococo to Cubism in Art and Literature* (New York: Vintage Books, 1960).

IV. CRÍTICA Y ANTOLOGÍAS DE AUTORES EXTRANJEROS E HISPANOAMERICANOS

1. OBRAS DE CRÍTICA

Abril, Xavier, *César Vallejo o la teoría poética* (Madrid: Taurus, 1962).

Adereth, M., *Commitment in Modern French Literature. Politics and Society in Péguy, Aragon, and Sartre* (New York: Schocken Books, 1967).

Alegría, Fernando, *Walt Whitman en Hispanoamérica* (México: Studium, 1954).

Alonso, Amado, *Poesía y estilo de Pablo Neruda* (Buenos Aires: Sudamericana, 1951).

Arrom, José Juan, *Esquema generacional de las letras hispanoamericanas. Ensayo de un método* (Bogotá: Instituto Caro y Cuervo, 1963).

Balakian, Anna, *Surrealism: The Road to the Absolute* (New York: Noonday Press, 1959).

Bates, Scott, *Guillaume Apollinaire* (New York: Twayne Publishers, 1967).

Bird, Edward A., *L'univers poétique de Stéphane Mallarmé* (París: A. G. Nizet, 1962).

Bollnow, Otto F., *Rilke, poeta del hombre* (Madrid: Taurus, 1969).

Bowra, Cecil M., *Poetry and the First World War* (Oxford: Clarendon Press, 1961).

Carmody, Francis James, *The Evolution of Apollinaire's Poetics, 1901-1914* (Berkeley: University of California Press, 1963).

Cirlot, Juan Eduardo, *Introducción al surrealismo* (Madrid: Revista de Occidente, 1953).

Cohen, J. M., *Poetry of This Age (1908-1958)* (London: Arrow Books, 1960).

Cohn, Robert Greer, *Mallarmé's Masterwork* (La Haya, París: Mouton, 1966).

Curtius, Ernst R., *Ensayos críticos acerca de literatura europea* (Barcelona: Seix Barral, 1959).

Debicki, Andrew, *Poetas hispanoamericanos contemporáneos* (Madrid: Gredos, 1977).

Faurie, Marie-Joseph, *Le modernisme hispanoaméricain et ses sources françaises* (París: Centre de Recherches de l'Institut d'Études Hispaniques, 1966).

Fowlie, Wallace, *Mallarmé* (Chicago: University of Chicago Press, 1953).

Frohock, Wilbur M., *Rimbaud's Poetic Practice: Image and Theme in the Major Poems* (Cambridge: Harvard University Press, 1963).

Greene, Robert W., *The Poetic Theory of Pierre Reverdy* (Berkeley: University of California Press, 1967).

Grubbs, Henry Alexander, *Paul Valéry* (New York: Twayne Publishers, 1968).

Guiney, Mortimer, *La poésie de Pierre Reverdy* (Genève: Georg, 1966).

Guyard, Marius François, *Recherches claudéliennes. Autour des cinq grandes odes* (París: Klincksieck, 1963).

Hackett, Cecil, *Autour de Rimbaud* (París: Klincksieck, 1967).

Holthusen, Hans, *Rainer Maria Rilke: A Study of His Later Poetry* (New Haven: Yale University Press, 1952).

Ince, Walter Newcomb, *The Poetic Theory of Paul Valéry, Inspiration and Technique* (Leicester: Leicester University Press, 1961).

Jiménez, José O. (recopilador), *Estudios críticos sobre la prosa modernista hispanoamericana* (New York: Eliseo Torres, 1975).

Johansen, Svend, *Le symbolisme. Étude sur le style des symbolistes français* (Copenhague: E. Munksgaard, 1945).

Kostelanetz, Richard (editor), *On Contemporary Literature. An Anthology of Critical Essays on the Major Movements and Writers of Contemporary Literature* (New York: Avon Books, 1964).

LeSage, Laurent, y Yon, André, *Dictionnaire des critiques littéraires: Guide de la critique française du XXᵉ siècle* (University Park, Pennsylvania: The Pennsylvania State University Press, 1969).

Lorenz, Erika, *Rubén Darío: «bajo el divino imperio de la música». Estudio sobre la significación de un principio estético*, traducción y notas de Fidel Coloma González (Managua: Ediciones Lengua, 1960).

MacNeice, Louis, *The Poetry of W. B. Yeats* (Oxford: University Press, 1941).

Mandelbaum, Allen (editor and translator), *The Selected Writings of Salvatore Quasimodo* (New York: The Noonday Press, 1960).

Marasso, Arturo, *Rubén Darío y su creación poética*, 3.ª ed. (Buenos Aires: Kapelusz, 1954).

Matthews, J. H., *An Introduction to Surrealism* (University Park, Pennsylvania: The Pennsylvania State University Press, 1965).

Matthiessen, F. O., *The Achievement of T. S. Eliot* (Oxford: University Press, 1958).

Monguió, Luis, *César Vallejo (1892-1938)* (New York: Hispanic Institute, 1952).

Nagy, Niclas Christoph de, *Ezra Pound's Poetics and Literary Tradition* (Bern: Francke, 1966).

Pacifici, Sergio, *A Guide to Contemporary Italian Literature* (New York: The World Publishing Co., 1962).

Raymond, Marcel, *From Baudelaire to Surrealism* (New York: Wittenborn Schult, 1950), traducción española por Juan José Domenchina, *De Baudelaire al surrealismo* (México: Fondo de Cultura Económica, 1960).

Reyes, Alfonso, *Mallarmé entre nosotros* (Buenos Aires: Editorial Destiempo, 1938).

Robinet de Clery, Adrien, *Rainer Maria Rilke. Sa vie, son oeuvre, sa pensée* (París: Presses Universitaires de France, 1958).

Rodríguez Monegal, Emir, *El viajero inmóvil. Introducción a Pablo Neruda* (Buenos Aires: Losada, 1966).

Rosenthal, M. L., *The Modern Poets. A Critical Introduction* (New York: Oxford University Press, 1965), *The New Poets. American and British Poetry since World War II* (New York: Oxford University Press, 1967).

Salinas, Pedro, *La poesía de Rubén Darío* (Buenos Aires: Losada, 1948).

St. Aubyn, Frederic Chase, *Stéphane Mallarmé* (New York: Twayne Publishers, 1969).

Schulman, Ivan A., *Génesis del modernismo* (México: El Colegio de México, 1966).

Sewell, Elizabeth, *Paul Valéry, the Mind in the Mirror* (New Haven: Yale University Press, 1952).

Silva Castro, Raúl, *El modernismo y otros ensayos literarios* (Santiago, Chile: Nascimiento, 1965).

Sucre, Guillermo, *La máscara, la transparencia: ensayos sobre poesía hispanoamericana* (Caracas: Monte Ávila, 1975).

Thibaudet, A., *La poésie de Stéphane Mallarmé* (París: Gallimard, 1926).

Undurraga, Antonio de, «Teoría del creacionismo», en *Vicente Huidobro. Poesía y prosa. Antología* (Madrid: Aguilar, 1957).

Williamson, George, *A Reader's Guide to T. S. Eliot* (New York: Noonday Press, 1953).

Yeats, William Butler, *The Autobiography of William Butler Yeats* (New York: Macmillan, 1938).

Zimmermann, Éléonore M., *Magies de Verlaine, étude de l'évolution poétique de Paul Verlaine* (París: J. Corti, 1967).

2. Antologías

Álvarez Ortega, Manuel, *Poesía francesa contemporánea (1915-1965). Antología bilingüe* (Madrid: Taurus, 1967).

Allen, Donald M., *The New American Poetry* (New York: Grove Press, 1960).

Antología de poetas ingleses modernos, introducción de Dámaso Alonso (Madrid: Gredos, 1963).

Arbeláez, Fernando, *Panorama de la nueva poesía colombiana* (Bogotá: Imprenta Nacional, 1964).

Baciu, Stefan, *Antología de la poesía latinoamericana 1950-1970,* 2 vols. (Albany: State University of New York Press, 1974), *Antología de la poesía surrealista latinoamericana* (México: Joaquín Mortiz, 1974).

Bowra, Cecil M., *A Book of Russian Verse* (London: Macmillan, 1943), *A Second Book of Russian Verse* (London: Macmillan, 1948).

Bridgwater, Patrick, *Twentieth Century German Verse,* with plain prose translations of each poem (Baltimore: Penguin Books, 1963).

Browning, Robert M., *German Poetry. A Critical Anthology* (New York: Appleton-Century-Crofts, 1962).

Burnshaw, Stanley (editor), *The Poem Itself: 45 Modern Poets in a New Presentation, the French, German, Spanish, Portuguese, Italian Poems, Each Rendered Literally in an Interpretative Discussion* (New York: Reinhart and Winston, 1960).

Crespo, Angel, *Antología de la poesía brasileña. Desde el Romanticismo a la generación del cuarenta y cinco* (Barcelona: Seix Barral, 1973).

Debicki, Andrew, *Antología de la poesía mexicana moderna,* introducción, comentario y notas (London: Támesis, 1977).

Dudek, Louis, *An Introduction to Twentieth Century Poetry, Including Modern Canadian Poetry* (Toronto: Macmillan, 1966).

Falqui, Enrico, *La giovane poesia. Saggio e repertorio* (Roma: Colombo, 1956).

Florit, Eugenio, y Jiménez, José Olivio, *La poesía hispanoamericana desde el modernismo* (New York: Appleton-Century-Crofts, 1968).

Foster, Leonard, *The Penguin Book of German Verse* (Baltimore: Penguin Books, 1959).

García Moral, Concepción, *Antología de la poesía mejicana* (Madrid: Editora Nacional, 1974).

Golino, Carlo L., *Contemporary Italian Poetry* (Berkeley: University of California Press, 1962).

Goytisolo, José Agustín, *Nueva poesía cubana* (Barcelona: Ediciones Península, 1970).

Hackett, Cecil A., *Anthology of Modern French Poetry* (New York: Macmillan, 1963).

Hartly, Anthony, *The Penguin Book of French Verse* (Baltimore: Penguin Books, 1959).

Holguín, Andrés, *Antología de la poesía colombiana,* 2 vols. (Bogotá: Banco de Colombia, 1974).

Hollander, John, *Poems of Our Moment* (New York: Pegasus, 1968).

Jiménez, José O., *Antología de la poesía hispanoamericana contemporánea 1914-1970,* prólogo y notas (Madrid: Alianza, 1971; 2.ª ed., 1973).

Medina, José Ramón, *Antología venezolana (Verso)* (Madrid: Gredos, 1962).

Onís, Federico de, *Antología de la poesía española e hispanoamericana (1882-1932)* (New York: Las Américas Publishing Co., 1961).

Padgett, Ron, and Shapiro, David, *An Anthology of New York Poets* (New York: Vintage Books, 1970).

Paris, Jean, *Anthologie de la poésie nouvelle* (Monaco: Éditions Du Rocher, 1956).

Paz, Octavio, Chumacero, Alí, Pacheco, José Emilio, y Aridjis, Homero, *Poesía en movimiento* (México: Siglo Veintiuno Editores, 1966).

Pellegrini, Aldo, *Antología de la poesía surrealista de lengua francesa* (Buenos Aires: Compañía General Fabril Editora, 1961).

Río, Emilio del, *Antología de la poesía católica del siglo XX* (Madrid: A. Vassallo, 1964).

Rosenthal, M. L., *The New Modern Poetry. British and American Poetry since World War II. Anthology* (New York: The Macmillan Co., 1967).

Scarpa, Roque Esteban, y Montes, Hugo, *Antología de la poesía chilena contemporánea* (Madrid: Gredos, 1968).

Solt, Mary Ellen, *Concrete Poetry: A World View*, edited with an introduction by M. E. S., and Willis Barnstone (Bloomington: Indiana University Press, 1968).

Spagnoletti, Giacinto, *Poesia italiana contemporanea (1909-1959)*, 6.ª ed. (Parma: Guanda, 1964).

Strand, Mark, *The Contemporary American Poets: American Poetry since 1940* (New York: The World Publishing Co., 1969).

Tarn, Nathaniel, *Con Cuba. An Anthology of Cuban Poetry of the Last Sixty Years* (London: Cape Goliard Press, in Association with Grossman Publishers in ' New York, 1969).

Tavares-Bastos, António Dias, *La poésie brésilienne contemporaine* (París: Seghers, 1966).

Untermeyer, Louis, *Modern American Poetry. A Critical Anthology*, 5th revised ed. (New York: Harcourt, Brace and Co., 1936).

Williams, Emmett, *An Anthology of Concrete Poetry* (New York: Something Else Press, 1967).

Williams, Oscar, *A Little Treasury of Modern Poetry. English and American*, revised ed. (New York: Charles Scribner's Sons, 1952).

Yanover, Héctor, *Antología consultada de la joven poesía argentina* (Buenos Aires: Compañía General Fabril Editora, 1968).

V. ESTUDIOS MONOGRÁFICOS SOBRE GRUPOS DE AUTORES, TEMAS, PERÍODOS Y MOVIMIENTOS

Abellán, José L., *Sociología del 98* (Barcelona: Península, 1973).

Abellán, José L., y otros, *El año literario español, 1974* (Madrid: Castalia, 1975). Publicado también para los años 1975, 1976, 1977.

Alberti, Rafael, *Imagen primera de Federico García Lorca, et al.* (Buenos Aires: Losada, 1945), *La poesía popular en la lírica española contemporánea* (Jena-Leipzig: Gronau, 1953), *Lope de Vega y la poesía española contemporánea, seguido de la pájara pinta*, prólogo de R. Marrast (París: Centre de Recherches de l'Institut d'Études Hispaniques, 1964).

Alcántara, M., «Lo religioso en la poesía española contemporánea», *Bol*, No. 36 (1955), páginas 37-54.

Aleixandre, Vicente, *Algunos caracteres de la nueva poesía española* (Madrid: Imprenta Góngora, 1955).

Alonso, Dámaso, *Cuatro poetas españoles* (Madrid: Gredos, 1962), *Del siglo de oro a este siglo de siglas. (Notas y artículos a través de 350 años de letras españolas)* (Madrid: Gredos, 1962), *Ensayos sobre poesía española* (Madrid: Revista de Occidente, 1946), «Góngora entre sus dos centenarios (1927-1961)», en *Cuatro poetas españoles*, págs. 47-77, «Góngora y la literatura contemporánea», en *Estudios y ensayos gongorinos* (Madrid: Gredos, 1955), págs. 532-579, *Poetas españoles contemporáneos*, 4.ª ed. (Madrid: Gredos, 1970).

Alvar, Manuel, y otros, *Poesía*, reunión de Málaga de 1974 (Málaga: Diputación Provincial, 1976).

Aub, Max, *La poesía española contemporánea* (México: Imprenta Universitaria, 1957).

Bajarlía, Juan Jacobo, *El vanguardismo poético en América y España* (Buenos Aires: Editorial Perrot, 1957).

Balbín, Rafael de, *Poética becqueriana* (Madrid: Editorial Prensa Española, 1969).

Baquero, Gastón, *Darío, Cernuda y otros temas poéticos* (Madrid: Editora Nacional, 1969).

Baquero Goyanes, Mariano, *Perspectivismo y contraste* (Madrid: Gredos, 1963).

Baranguán, Juana María, «Poesia spagnola contemporanea», *Convivium*, XXXVI (1968), páginas 563-583.

Bary, David, «Sobre el nombrar poético en la poesía española contemporánea», *PSA*, XLIV (1967), págs. 161-189, *Larrea: Poesía y transfiguración* (Barcelona: Planeta, 1976).

Baumgart, Hildegard, *Der Engel in der modernen spanischen Literatur* (París: Minard, 1958).

Bécarud, Jean, *Cruz y Raya (1933-1936)* (Madrid: Taurus, 1969).

Bellveser, Ricardo, *Un siglo de poesía en Valencia* (Valencia: Prometeo, 1975).

Blanch, Antonio, *La poesía pura española (Conexiones con la cultura francesa)* (Madrid: Gredos, 1976).

Bleiberg, Germán, «Algunas revistas literarias hacia 1898», *Arbor*, XI (1948), págs. 465-480.

Bodini, Vittorio, *Los poetas surrealistas españoles*, traducción del prólogo a la antología *I poeti surrealisti spagnoli* (Barcelona: Tusquets, 1971).

Böhmer, Ursula, *Die Romanze in der spanischen Dichtung der Gegenwart* (Bonn: Romanisches Seminar der Universität, 1965).

Bosch, Rafael, «La nueva poesía inconformista», *Hispania*, XLVI (1963), págs. 71-76.

Bousoño, Carlos, «La sugerencia en la poesía contemporánea», *RO*, VII (1964), páginas 188-208, «Poesía contemporánea y poesía postcontemporánea», *PSA*, XXXIV (1964), páginas 121-184, «Una época en sus personajes», *PSA*, LIII (1969), págs. 143-172, *El irracionalismo poético (El símbolo)* (Madrid: Gredos, 1978). Véase Bibliografía III, 4.

Bowra, Cecil M., «Poetry in Europe, 1900-1950», *Diogenes*, No. 1 (1953), págs. 8-24, *The Creative Experiment* (Londres: Macmillan, 1949).

Cano, José L., *El escritor y su aventura* (Buenos Aires: Plaza & Janés, 1966), «Historia de una colección de poesía» (Adonais), *CHA*, No. 8 (1949), págs. 345-352, *Poesía española del siglo XX. De Unamuno a Blas de Otero* (Madrid: Guadarrama, 1960). Capítulos de este libro, ampliados con un estudio global de la generación de 1927 y una bibliografía, se hallan en *La poesía de la generación del 27* (Madrid: Guadarrama, 1970), «Revistas españolas de poesía, 1939-1945», *Insula*, No. 11 (1946), pág. 4, *Poesía española contemporánea. Generaciones de la posguerra* (Madrid: Guadarrama, 1974).

Cano Ballesta, Juan, *La poesía española entre pureza y revolución (1930-1936)* (Madrid: Gredos, 1972).

Cantarellas, Bartolomé, & Gené, Emilio, «Caballo verde para la poesía», *PSA*, LXXXVI (1977), págs. 5-28.

Cañas Baños, José María, *La generación del hambre* (Barcelona: Producciones Editoriales, 1977).

Carbonell, Reyes, *Espíritu de llama: Estudios sobre poesía hispánica contemporánea* (Pittsburgh: Duquesne University Press, 1962).

Cardona, Rodolfo, *Ramón. A Study of Gómez de la Serna and His Works* (New York: Eliseo Torres & Sons, 1957).

Carnero, Guillermo, *El grupo «Cántico» de Córdoba. Un episodio clave de la historia de la poesía española de postguerra. Estudio y antología* (Madrid: Editora Nacional, 1976).

Carranza, Eduardo, *La poesía del heroísmo y la esperanza* (Madrid: Editora Nacional, 1967).

Casalduero, Joaquín, *Estudios de literatura española*, 2.ª ed. (Madrid: Gredos, 1967).

Castellet, José María, «Introducción» a *Veinte años de poesía española (1939-1959)* (Barcelona: Seix Barral, 1960), págs. 25-105, *Notas sobre literatura española contemporá-*

nea (Barcelona: Laye, 1955), «Prólogo» a *Nueve novísimos* (Barcelona: Barral Editores, 1970), págs. 15-47.

Castelltort, Ramón, *La poesía lírica española del siglo XX* (Barcelona: Spica, 1957).

Castillo, Homero, *Estudios críticos sobre el modernismo*, selección y bibliografía general por H. C. (Madrid: Gredos, 1968).

Caudet, Francisco, «La hora de las revistas del 36», *SinN*, VI, No. 1 (1975), págs. 45-55.

Cernuda, Luis, *Crítica, ensayos y evocaciones*, prólogo y notas de Luis Maristany (Barcelona: Seix Barral, 1970), *Estudios sobre poesía española contemporánea* (Madrid: Guadarrama, 1957), *Poesía y literatura* (Barcelona: Seix Barral, 1960), *Poesía y literatura II* (Barcelona: Seix Barral, 1964).

Ciplijauskaité, Biruté, *El poeta y la poesía. (Del romanticismo a la poesía social)* (Madrid: Insula, 1966), *La soledad y la poesía española contemporánea* (Madrid: Insula, 1962).

Cirre, José F., *Forma y espíritu de una lírica española (1920-1935)* (México: Gráfica Panamericana, 1950).

Clavería, Carlos, *Cinco estudios de literatura española moderna* (Salamanca: CSIC, 1945).

Cobb, Carl W., *Contemporary Spanish Poetry (1898-1963)* (New York: Twayne, 1976).

Cohen, J. M., «Since the Civil War: New Currents in Spanish Poetry», *Encounter*, XII, ii.

Concha, Víctor G. de la, «*Espadaña* (1944-1951): Biografía de una revista de poesía y crítica», *CHA*, No. 236 (1969), págs. 380-397, «*Alfar*. Historia de dos revistas literarias: 1920-1927», *CHA*, No. 255 (1971), págs. 500-534, *La poesía española de posguerra. Teoría e historia de sus movimientos* (Madrid: Prensa Española, 1973).

Conde, Carmen, «Poesía femenina española, viviente», *Arbor*, No. 294 (1970), págs. 73-84.

Correa, Gustavo, «El simbolismo del mar en la poesía española del siglo XX», *RHM*, XXXII (1966), págs. 63-87.

Cossío, José María de, «Recuerdos de una generación poética», en *Homenaje universitario a Dámaso Alonso* (Madrid: Gredos, 1970), págs. 189-202.

Costa Clavel, Javier, *Rosalía de Castro* (Barcelona: Plaza & Janés, 1967).

Debicki, Andrew P., *Estudios sobre poesía española contemporánea. La generación de 1924-1925* (Madrid: Gredos, 1968).

Deheninn, Elsa, *La résurgence de Góngora et la génération poétique de 1927* (París: Didier, 1962).

Díaz, Janet W., «Main Currents in Twentieth Century Spanish Poetry», *RomN*, IX (1968), páginas 194-200.

Díaz, José Pedro, *Gustavo Adolfo Bécquer. Vida y poesía*, 2.ª ed. (Madrid: Gredos, 1964).

Díaz-Plaja, Guillermo, *La creación literaria en España. Primera bienal de crítica: 1966-1967* (Madrid: Aguilar, 1968), *La dimensión culturalista en la poesía castellana del siglo XX*, discurso de recepción en la Real Academia (Madrid: Real Academia Española, 1967), *Memoria de una generación destruida (1930-1936)*, prólogo de Julián Marías (Barcelona: Editora Delos-Aymá, 1966), *Modernismo frente a noventa y ocho* (Madrid: Espasa-Calpe, 1951), *Estructura y sentido del novecentismo español* (Madrid: Alianza, 1975).

Diego, Gerardo, «La última poesía española», *Arbor*, VIII (1947), págs. 415-422, «Los poetas de la generación del 98», *Arbor*, XI (1948), págs. 439-448.

Díez-Canedo, Enrique, *Estudios de poesía española contemporánea* (México: Joaquín Mortiz, 1965).

Díez Echarri, Emiliano, «Métrica modernista: Innovaciones y renovaciones», *RLit*, XI (1957), págs. 102-120.

Dupuich da Silva y Sánchez Diana, José María, «Historia de una revista: consideraciones sobre *Escorial*», *Boletín de la Institución Fernán González*, XVI (1965).

Durán, Manuel, *El superrealismo en la poesía española contemporánea* (México: Universidad Nacional, 1950), «La generación del 36 vista desde el exilio», *CA*, CXLVIII (1966), págs. 222-233, «Spanish Literature since the War», en *On Contemporary Literature*, edited by Kostelanetz, págs. 193-203. Véase Bibliografía IV, 1.

Earle, Peter G., y Gullón, Germán (recopiladores), *Surrealismo/Surrealismos: Latino-américa y España* (Philadelphia: University of Pennsylvania Press, 1977).

Fernández Almagro, Melchor, *En torno al 98. Política y literatura* (Madrid: Jordán, 1948).

Fernández Alonso, María del Rosario, *Una visión de la muerte en la lírica española* (Madrid: Gredos, 1972).

Ferrán, Jaime, & Testa, Daniel P. (recopiladores), *Spanish Writers of 1936. Crisis and Commitment in the Poetry of the Thirties and Forties. An Anthology of Literary Studies and Essays* (London: Támesis, 1973).

Ferreres, Rafael, *Los límites del modernismo y del 98* (Madrid: Taurus, 1964), «Sobre la generación poética de 1927», *PSA*, XI (1958), págs. 301-314, *Verlaine y los modernistas españoles* (Madrid: Gredos, 1975).

Flys, Michael J., «Problemas de interpretación en la poesía contemporánea española», *Hispanófila*, No. 2 (1958), págs. 31-40.

Fogelquist, Donald F., *Españoles de América y americanos de España* (Madrid: Gredos, 1968), *The Literary Collaboration and the Personal Correspondence of Rubén Darío and J. R. Jiménez* (Coral Gables, Florida: University of Miami, 1956).

Gaos, Vicente, *Temas y problemas de literatura española* (Madrid: Guadarrama, 1959).

García Tejedor, Electo, *La última generación de poetas españoles* (Santa Fe, Argentina: Universidad Nacional del Litoral, 1952).

Garciasol, Ramón de, «Cincuenta años de poesía española (1850-1900)», artículo-reseña sobre el libro de J. M. de Cossío, *CHA*, No. 138 (1961), págs. 333-350, «Notas sobre la nueva poesía española (1939-1950)», *RNC*, No. 119 (1958), págs. 48-64.

Gicovate, Bernardo, *Ensayos sobre poesía hispánica, del modernismo a la vanguardia* (México: Ediciones de Andrea, 1967).

Giménez Marcos, L., «Veinte años de poesía española», *EstLit*, No. 164 (1959), páginas 8-12.

González, Ángel (recopilador), *El grupo poético de 1927* (Madrid: Taurus, 1976).

González Muela, Joaquín, *El lenguaje poético en la generación Guillén-Lorca* (Madrid: Insula, 1954), «La poesía de la generación del 27», en *Spanish Thought and Letters in the Twentieth Century*, págs. 247-256. Véase Bibliografía VI, Unamuno.

Goytisolo, José Agustín, «Poesía catalana contemporánea», *CA*, CXXXVI (1964), páginas 268-273.

Grande, Félix, *Apuntes sobre poesía española de posguerra* (Madrid: Taurus, 1970).

Granjel, Luis S., *Panorama de la generación del 98* (Madrid: Guadarrama, 1959).

Guillén, Jorge, «Lenguaje de poema: Una generación», en *Lenguaje y poesía*, págs. 233-254. Véase Bibliografía III, 4.

Gullón, Ricardo, *Balance del surrealismo* (Santander: La Isla de los Ratones, 1961), *Direcciones del modernismo* (Madrid: Gredos, 1963), «España, 1959: La generación de 1936», *Asomante*, XV, No. 1 (1959), págs. 64-69, *La invención del 98 y otros ensayos* (Madrid: Gredos, 1969), *Pitagorismo y modernismo* (Santander: Taller de Artes Gráficas de Gonzalo Bedia, 1967).

Hempel, Wido, «Homenaje. Über eine Eigentümlichkeit der modernen Spanischen Lyrik», *RJ*, XXII (1971), págs. 347-375.

Henríquez Ureña, Max, *Breve historia del modernismo*, 2.ª ed. (México: Fondo de Cultura Económica, 1962).

Hernández, Antonio (recopilador), *Una promoción desheredada: La poética del 50* (Madrid: Zero-Syx, 1978).

Hernández Fernández, Miguel Ángel, *La Gaceta Literaria (1927-1932). (Biografía y valoración)* (Valladolid: Universidad, 1974).

Hierro, José, «La huella de Rubén en los poetas de la posguerra española», *CHA*, números 212-213 (1967), págs. 347-367.

Hottinger, Arnold, *Das volkstümliche Element in der modernen spanischen Lyrik* (Zurich: Atlantis Verlag, 1962).

Ilie, Paul, «Futurism in Spain», *Criticism*, VI (1964), págs. 201-211, *Los surrealistas españoles*, traducción de Juan Carlos Curuchet (Madrid: Taurus, 1972).

Insula, No. 337 (1974). Número dedicado al surrealismo.

Insula, Nos. 368-369 (1977). Número de celebración del cincuentenario de la generación del 27.

Jeschke, Hans, *La generación de 1898 en España*, 2.ª ed. española (Madrid: Editora Nacional, 1954).

Jiménez, José O., *Cinco poetas del tiempo* (Madrid: Insula, 1964; 2.ª ed., aumentada, 1972), «Medio siglo de poesía española (1917-1967)», *Hispania*, L (1967), págs. 931-946, *Diez años de poesía española (1960-1970)* (Madrid: Insula, 1972).

Jiménez, José O. (recopilador), *El simbolismo* (Madrid: Taurus, 1979).

Jiménez, Juan Ramón, *El modernismo. Notas de un curso (1953)*, edición, prólogo y notas de R. Gullón y E. Fernández Méndez (Madrid: Aguilar, 1962), *La corriente infinita*, prólogo de F. Garfias (Madrid: Aguilar, 1963).

Jiménez Martos, Luis, *Informaciones sobre poesía española (Siglo XX)* (Madrid: Magisterio Español, 1976).

Kellermann, Wilhelm, «Die Welt der Dinge in der spanischen Lyrik des 20. Jahrhunderts», *DVLG*, XXVII (1953), págs. 102-136.

Krolow, Karl, «Zur spanischen Lyrik zwischen den Weltkriegen», *NDH*, No. 53 (1958), páginas 828-834.

Kulp, Kathleen K., *Manner and Mood in Rosalía de Castro. A Study of Themes and Style* (Madrid: Ediciones José Porrúa Turanzas, 1968).

«La Generación de 1936». Actas del simposio que se celebró en honor de don Homero Serís en la Universidad de Syracuse, en noviembre de 1967, *Symposium*, XXII (1968), págs. 101-192.

«La Generación Española de 1936», con la colaboración de varios autores, *Insula*, números 224-225 (1965).

Laffranque, Marie, «Aux sources de la poésie espagnole contemporaine: La querelle du 'créationisme'», en *Mélanges à Marcel Bataillon* (1964), págs. 479-489.

Laín Entralgo, Pedro, «El espíritu de la poesía española contemporánea», *CHA*, números 5-6 (1948), págs. 51-86, *España como problema*, 2.ª ed. (Madrid: Aguilar, 1957), *La generación del noventa y ocho* (Buenos Aires: Espasa-Calpe, 1947).

Lamet, P. M., *El Dios sin Dios de la poesía contemporánea* (Bilbao: Mensajero, 1970).

Lechner, J., *El compromiso en la poesía española del siglo XX*. Parte primera, De la generación de 1898 a 1939 (Leiden: Universitaire Pers, 1968).

Ley, Charles D., *Spanish Poetry since 1939* (Washington: The Catholic University of America Press, 1962).

Litvak, Lily, *A Dream of Arcadia: Anti-Industrialism in Spanish Literature, 1895-1905* (Austin: University of Texas Press, 1975).

Litvak, Lily (recopilador), *El modernismo* (Madrid: Taurus, 1975).

Lorenz, Erika, *Der metaphorische Kosmos der modernen spanischen Lyrik (1936-1956)* (Hamburgo: Universität, 1967).

Luis, Leopoldo de, «El tema de España en la poesía española contemporánea», *PSA*, XXXV (1964), págs. 192-200, «Prólogo» a la *Antología de la poesía social*, págs. 9-61. Véase Bibliografía I. *La poesía aprendida. Los poetas españoles contemporáneos* (Valencia: Bello, 1975).

Madariaga, Salvador de, *De Galdós a Lorca* (Buenos Aires: Sudamericana, 1960).

Mainer, José Carlos, «La revista *Escorial* en la vida literaria de su tiempo (1941-1950)», *Insula*, No. 271 (1969), págs. 3-4, y Nos. 275-276 (1969), pág. 3. *La edad de plata (1902-1931). Ensayo de interpretación de un proceso cultural* (Barcelona: Los Libros de la Frontera, 1975).

Mainer, José Carlos (recopilador), *Falange y literatura* (Barcelona: Labor, 1971).

Manrique de Lara, José Gerardo, *Poetas sociales españoles* (Madrid: Epesa, 1974).

Mantero, Manuel, *La poesía del yo al nosotros. Introducción a la poesía contemporánea* (Madrid: Guadarrama, 1971).

Marías, Julián, *Al margen de estos clásicos. Autores españoles del siglo XX* (Madrid: Afrodisio Aguado, 1966).

Marichal, Juan, «La 'generación de los intelectuales' y la política (1909-1914)», *RO*, No. 140 (1974), págs. 166-180.

Marín, Diego, «La naturaleza en la poesía española actual», *CHA*, Nos. 314-315 (1976), páginas 249-282, «El paisaje urbano en poesía española de hoy», *REH*, VIII (1974), páginas 437-472.

Mayoral, Marina, *Poesía española contemporánea. Análisis de textos* (Madrid: Gredos, 1977).

Mesa, Carlos E., «El sentido religioso en la poesía española contemporánea», *UPB*, XXII (1958), págs. 287-319.

Miranda, Julio, «Poesía concreta española. Jalones de una aventura», *CHA*, No. 273 (1973), págs. 512-533.

Molas, Joaquín, *La literatura de postguerra* (Barcelona: Dalmau, 1966), «Sobre la poesía española de la segunda mitad del siglo XIX», *BHS*, XXXIX (1962), págs. 96-101.

Molina, Antonio F., *La generación del 98* (Barcelona: Labor, 1968).

Molina, Ricardo, «Introducción al cante flamenco», en *Cante flamenco. Antología*, páginas 11-99. Véase Bibliografía I.

Molina, Ricardo, y Mairena, Antonio, «El cante flamenco y las letras españolas contemporáneas», *CHA*, Nos. 163-164 (1963), págs. 108-123, *Mundo y formas del cante flamenco* (Madrid: Revista de Occidente, 1963).

Monterde, Alberto, *La poesía pura en la lírica española* (México: Imprenta Universitaria, 1953).

Montes, H., *Poesía actual de Chile y España* (Barcelona: Sayma, 1963).

Moreno Villa, José, *Leyendo a...* (México: El Colegio de México, 1956), *Los autores como actores* (México: El Colegio de México, 1951).

Morris, C. B., *A Generation of Spanish Poets, 1920-1936* (Cambridge: University Press, 1969), *Surrealism and Spain, 1920-1936* (Cambridge: University Press, 1972).

Muñiz Romero, Carlos, *Seis poetas granadinos posteriores a García Lorca* (Granada: Miguel Sánchez, 1973).

Murciano, Antonio, *Poesía flamenca* (Madrid: Dante, 1976).

Navarro, J. M., «La nueva poesía española», *RNC*, Nos. 156-157 (1963), págs. 110-119.

Neira, Julio, «*Litoral*». *La revista de una generación* (Santander: La Isla de los Ratones, 1978).

Nogales de Muñiz, María Antonia, *Irradiación de Rosalía de Castro. Palabra viva, tradicional y precursora* (Barcelona: Talleres Gráficos Ángel Estrada, 1966).

Olmos, Francisco, «Una antología de poetas españoles de hoy», *CA*, CXXXIII (1964), páginas 191-233.

Onís, Carlos de, *El surrealismo y cuatro poetas de la generación del 27* (Madrid: Porrúa, 1974).

Pablos, Salvador, «El 'postismo' treinta años después», *EstLit*, No. 561 (1975), págs. 9-11.

Paniagua, Domingo, *Revistas culturales contemporáneas. I. De Germinal a Prometeo* (Madrid: Ediciones Punta Europa, 1964).

Pemartín, Julián, *El cante flamenco. Guía alfabética* (Madrid: Afrodisio Aguado, 1966).

Pérez Gutiérrez, Francisco, *La generación de 1936* (Madrid: Taurus, 1976).

Petroccione, Alfredo, *La poesía lírica española anterior a 1936* (Santa Fe, Argentina: Universidad del Litoral, 1952).

Poesía. Revista ilustrada de información poética (Madrid: Dirección General de Difusión Cultural, 1.er No., marzo, 1978). Sustituye a *Poesía Hispánica*, antes *Poesía Española*.

Quiñones, Fernando, *Últimos rumbos de la poesía española* (Buenos Aires: Columba, 1966).

Raffucci de Lockwood, Alicia, *Cuatro poetas de la «Generación del 36»* (Río Piedras, P. R.: Universidad, 1974).

Ramírez de Arellano, Diana, *Poesía contemporánea en lengua española* (Madrid: Biblioteca Aristarco de Erudición y Crítica, 1961).

Río, Ángel del, *Estudios sobre literatura española contemporánea* (Madrid: Gredos, 1966).

Rivas, Andrés V., «El sentido religioso en la lírica española actual», *HuC*, II (1950), páginas 59-73; III (1951), págs. 80-95.

Rodríguez Alcalde, Leopoldo, *Vida y sentido de la poesía actual* (Madrid: Editora Nacional, 1956).

Rodríguez Puértolas, J., «La generación de 1898 frente a la juventud española de hoy», en *Spanish Thought and Letters in the Twentieth Century*, págs. 429-438. Véase Bibliografía VI, Unamuno.

Rosales, Luis, *El sentimiento del desengaño en la poesía barroca* (Madrid: Cultura Hispánica, 1966), *Lírica española* (Madrid: Editora Nacional, 1972).

Rosúa, Mercedes, *La generación del gran recuerdo* (Madrid: Cupsa, 1977).

Rozas, Juan Manuel, *La generación del 27 desde dentro* (Madrid: Alcalá, 1974), *El 27 como generación* (Santander: La Isla de los Ratones, 1978).

Rubio, Fanny, *Las revistas poéticas españolas (1939-1975)* (Madrid: Turner, 1976).

[Rueda, Salvador], *Cuadernos de Literatura Contemporánea*, No. 7, dedicado especialmente a Salvador Rueda (Madrid, 1943).

Salinas, Pedro, *Ensayos de literatura hispánica. (Del «Cantar de Mio Cid» a García Lorca)* (Madrid: Aguilar, 1961), *Literatura española siglo XX*, 2.ª ed. (México: Antigua Librería Robredo, 1949).

Sánchez Gijón, Ángel, «Le riviste letterarie nella guerra civile spagnola: *Hora de España*», *Carte Segrete* I (1967), págs. 121-138.

Sánchez-Trigueros, Antonio, *El modernismo en la poesía andaluza. La obra del malagueño José Sánchez Rodríguez y los comienzos de Juan Ramón Jiménez y Francisco Villaespesa*, resumen de tesis doctoral (Granada: Universidad, 1974).

Shaw, Donald L., *La generación del 98*, traducción de Carmen Hierro (Madrid: Cátedra, 1977).

Siebenmann, Gustav, «Reinterpretación del modernismo», en *Spanish Thought and Letters in the Twentieth Century*, págs. 497-511. Véase Bibliografía, VI, Unamuno. *Los estilos poéticos en España desde 1900* (Madrid: Gredos, 1973).

Silver, Philip W., «New Spanish Poetry: The Rodríguez Brines Generation», *BA*, XLII (1968), págs. 211-214.

Sobejano, Gonzalo, *El epíteto en la lírica española*, 2.ª ed. revisada (Madrid: Gredos, 1970).

Solís, Ramón, *Flamenco y literatura* (Madrid: Dante, 1975).

Souvirón, José M., *La nueva poesía española* (Santiago, Chile: Nascimiento, 1932).

Spitzer, Leo, «La enumeración caótica en la poesía moderna», en *Lingüística e historia literaria* (1968), págs. 274-291. Véase Bibliografía III, 4.

The Texas Quarterly, IV (Austin: University of Texas, 1961). *Image of Spain*. A Special Issue (edited by Ramón Martínez López).

Tijeras, Eduardo, «De la imposibilidad del poema y sobre los jóvenes poetas», *CHA*, No. 236 (1969), págs. 282-306.

Torre, Guillermo de, «Contemporary Spanish Poetry», *The Texas Quarterly*, IV (1961), páginas 55-78, *El fiel de la balanza* (Madrid: Taurus, 1961), «El 98 y el modernismo en sus revistas», en *Del 98 al barroco* (Madrid: Gredos, 1969), págs. 12-70, *La difícil universalidad española* (Madrid: Gredos, 1965), *Las metamorfosis de Proteo* (Buenos Aires: Losada, 1956).

Valente, José Ángel, *Las palabras de la tribu* (Madrid: Siglo XXI, 1971).

Valverde, José M., *Estudios sobre la palabra poética* (Madrid: Rialp, 1952).

Videla, Gloria, *El ultraísmo. Estudios sobre movimientos poéticos de vanguardia* (Madrid: Gredos, 1963).

Vigée, Claude, *Révolte et louanges* (París: J. Corti, 1962).

Villamar, Pablo Antonio de, *La generación del «63» y El generacionismo* (Madrid: Ediciones de Conferencias y Ensayos, 1964).

Villar, Arturo del, «La poesía experimental española», *Arbor*, No. 330 (1973), págs. 43-64.

Vivanco, Luis Felipe, *Introducción a la poesía española contemporánea* (Madrid: Guadarrama, 1957).

Yglesias, José, «Four Poets of Spain», *MR*, III (1962), págs. 397-409.

Ynduráin, Francisco, *Clásicos modernos* (Madrid: Gredos, 1969).
Young, Howard T., *The Victorious Expression* (Madison: University of Wisconsin Press, 1964).
Zardoya, Concha, *Poesía española del siglo XX. Estudios temáticos y estilísticos*, 4 volúmenes (Madrid: Gredos, 1974), «El poeta político (En torno a España)», *CA*, CCVI (1976), págs. 139-273.
Zavala, Iris M., *La angustia y la búsqueda del hombre en la literatura* (Xalapa, México: Universidad Veracruzana, 1965).
Zuleta, Emilia de, *Cinco poetas españoles (Salinas, Guillén, Lorca, Alberti, Cernuda)* (Madrid: Gredos, 1971).

VI. BIBLIOGRAFÍA ESPECIAL SOBRE AUTORES INDIVIDUALES

Miguel de Unamuno

LIBROS

Albérès, René-Marill, *Miguel de Unamuno* (París: Éditions Universitaires, 1957).
Alvar, Manuel, *Unidad y evolución en la lírica de Unamuno* (Ceuta: Aula Magna, Instituto Nacional de Enseñanza Media, 1960).
Barea, Arturo, *Unamuno* (Buenos Aires: Sur, 1960).
Basdekis, Demetrius, *Unamuno and the Novel* (Madrid: Castalia, 1974).
Batchelor, R. F., *Unamuno Novelist. A European Perspective* (Oxford: Dolphin, 1972).
Blanco Aguinaga, Carlos, *El Unamuno contemplativo* (México: El Colegio de México, 1959, Barcelona: Lara, 1975), *Unamuno, teórico del lenguaje* (México: El Colegio de México, 1954).
Bleiberg, Germán, y Fox, E. Inman (editors), *Spanish Thought and Letters in the Twentieth Century*. An International Symposium held at Vanderbilt University to Commemorate the Centenary of the Birth of Miguel de Unamuno (1864-1964) (Nashville, Tennessee: Vanderbilt University Press, 1966).
Cancela, Gilberto, *El sentimiento religioso de Unamuno* (Nueva York: Plaza Mayor, 1972).
Clavería, Carlos, *Temas de Unamuno*, 2.ª ed. (Madrid: Gredos, 1970).
Chaves, Julio César, *Unamuno y América* (Madrid: Cultura Hispánica, 1970).
De Tommaso, Vincenzo, *Il pensiero e l'opera di Miguel de Unamuno* (Bolonia: Cappelli, 1967).
Delgado Criado, Buenaventura, *Unamuno educador* (Madrid: Magisterio Español, 1973).
Díaz, Elías, *Revisión de Unamuno, análisis crítico de su pensamiento político* (Madrid: Tecnos, 1968).
Díaz Peterson, Rosendo, *Unamuno: El personaje en busca de sí mismo* (Madrid: Playor, 1975).
Díez, Ricardo: *El desarrollo estético de la novela de Unamuno* (Madrid: Playor, 1976).
Earle, Peter G., *Unamuno and English Literature* (New York: Hispanic Institute, 1960).
Fagoaga, Isidoro de, *Unamuno a orillas del Bidasoa* (San Sebastián: Auñamendi, 1964).
Farré, Luis, *Unamuno, William James y Kierkegaard y otros ensayos* (Buenos Aires: Editorial La Aurora, 1967).
Feal Deibe, Carlos, *Unamuno: «El otro» y don Juan* (Madrid: Cupsa, 1976).
Fernández, Pelayo H., *Bibliografía crítica de Miguel de Unamuno (1888-1975)* (Madrid: Porrúa, 1976).
Fernández González, Ángel R., *Unamuno en su espejo* (Valencia: Bello, 1975).
Fernández Turienzo, F., *Unamuno, ansia de Dios y creación literaria* (Madrid: Alcalá, 1966).

Ferrater Mora, José, *Unamuno: A Philosophy of Tragedy* (Berkeley: University of California Press, 1962).

Franco, Andrés, *El teatro de Unamuno* (Madrid: Insula, 1971).

Galbis, Ignacio, *Unamuno: tres personajes existencialistas* (Barcelona: R. M. Editorial, 1975).

García Blanco, Manuel, *Don Miguel de Unamuno y sus poesías. Estudio y antología de poemas inéditos o no incluidos en sus libros* (Salamanca: Universidad, 1954).

García Morejón, Julio, *Unamuno y el Cancionero: La salvación por la palabra* (São Paulo: Faculdade de Filosofia, Ciências e Letras de Assis, 1966), *Unamuno y Portugal* (Madrid: Gredos, 1971).

Gómez Molleda, María Dolores, *Unamuno, 'Agitador de espíritus', y Giner de los Ríos* (Madrid: Narcea, 1977).

Granjel, Luis, *Retrato de Unamuno* (Madrid: Guadarrama, 1957).

Ilie, Paul, *Unamuno: An Existential View of Self and Society* (Madison: University of Wisconsin Press, 1967).

Jiménez Hernández, Adolfo, *Unamuno y la filosofía del lenguaje* (Río Piedras, P. R.: San Juan, 1973).

Kock, Josse de, *Introducción al Cancionero de Miguel de Unamuno* (Madrid: Gredos, 1968).

Lacy, Allen, *Miguel de Unamuno. The Rhetoric of Existence* (La Haya: Mouton, 1967).

Laín, Milagro, *La palabra en Unamuno* (Caracas: Ediciones de la Universidad Central de Venezuela, 1964).

Malvido Miguel, Eduardo, *Unamuno a la busca de la inmortalidad* (Madrid: Instituto Pontificio San Pío X, 1977).

Manya, Joan B., *La teología de Unamuno* (Barcelona: Vergara, 1960).

Marías, Julián, *Miguel de Unamuno*, 3.ª ed. (Madrid: Espasa-Calpe, 1960).

Marrero, V., *El Cristo de Unamuno* (Madrid: Rialp, 1960).

Martínez-López, Ramón (editor), *Unamuno Centennial Studies* (Austin: University of Texas, 1966).

Meyer, François, *La ontología de Miguel de Unamuno* (Madrid: Gredos, 1962).

Nozick, Martin, *Miguel de Unamuno* (Nueva York: Twayne, 1971).

Nuez, Sebastián de la, *Unamuno en Canarias* (Madrid: CSIC, 1964).

Oromí, Miguel, *El pensamiento filosófico de Miguel de Unamuno* (Madrid: Espasa-Calpe, 1943).

Ouimette, Víctor, *Reason Aflame. Unamuno and the Heroic World* (New Haven: Yale, 1975).

París, Carlos, *Unamuno, Estructura de su mundo intelectual* (Barcelona: Roma, 1968).

Pérez de la Dehesa, Rafael, *Política y sociedad en el primer Unamuno* (Barcelona: Ariel, 1973).

Pérez-Lucas, María D., *Un agónico español. Unamuno. Su vida, su obra, su tiempo* (Madrid: Martín Macías, 1977).

Regalado, Antonio, *El siervo y el señor. (La dialéctica agónica de Miguel de Unamuno)* (Madrid: Gredos, 1968).

Ribbans, Geoffrey, *Niebla y soledad. Aspectos de Unamuno y Machado* (Madrid: Gredos, 1971).

Rudd, Margaret Thomas, *The Lone Heretic. A Biography of Miguel de Unamuno* (Austin: University of Texas, 1963).

Salcedo, Emilio, *Vida de Don Miguel. Unamuno en su tiempo, en su España, en su Salamanca. Un hombre en lucha con su leyenda* (Salamanca: Anaya, 1964).

Sánchez Barbudo, Antonio, *Estudios sobre Galdós, Unamuno y Machado*, 2.ª ed. (Madrid: Guadarrama, 1968).

Sánchez Barbudo, Antonio (recopilador), *Miguel de Unamuno* (Madrid: Taurus, 1974).

Serrano Poncela, S., *El pensamiento de Unamuno* (México: Fondo de Cultura Económica, 1953).

Turiel, Pedro, *Unamuno: El pensador, el creyente, el hombre* (Madrid: Bibliografía Española, 1970).

Turner, David G., *Unamuno's Webs of Fatality* (London: Támesis, 1975).
Valdés, Mario J., *Death in the Literature of Unamuno* (Urbana: University of Illinois Press, 1964).
Wyers, Frances, *Miguel de Unamuno: The Contrary Self* (London: Támesis, 1976).

ARTÍCULOS Y ESTUDIOS

Altolaguirre, Manuel, «Don Miguel de Unamuno», *RHM*, VI (1940), págs. 19-40.
Alvar, Manuel, «Símbolo y mito en la oda *Salamanca*», *CCMU*, XXIII (1973), págs. 49-70.
Aranguren, José Luis, «Personalidad y religiosidad de Unamuno», *Torre*, Nos. 35-36 (1961), págs. 239-250.
Asomante, XVII, No. 4 (1961). Número dedicado a Unamuno.
Balseiro, José A., «El *Cancionero* y un intermedio semipersonal», en *Blasco Ibáñez, Unamuno, Valle Inclán, Baroja. Cuatro individualistas de España* (Chapel Hill: The University of North Carolina Press, 1949), págs. 77-119.
Bustos Tovar, Eugenio de, «Miguel de Unamuno, 'poeta de dentro a fuera': Análisis sémico del poema 'Castilla'», *CCMU*, XXIII (1973), págs. 71-137.
Cannon, Calvin, «The Miltonic Rhythm of Unamuno's *El Cristo de Velázquez*», *Hispania*, XLIV (1961), págs. 95-98, «The Mythic Cosmology of Unamuno's *El Cristo de Velázquez*», *HR*, XXVIII (1960), págs. 28-39.
Cano, José L., «Unamuno y Rubén Darío», y «El *Cancionero* de Unamuno», en *Poesía española del siglo XX*, págs. 15-37.
Castro y Castro, Antonio, *Unamuno, testigo del hombre* (Zaragoza: Litho, 1976).
Catalán Menéndez-Pidal, Diego, «'Aldebarán', de Unamuno. De la noche serena a la noche oscura», *CCMU*. IV (1953), págs. 43-70.
Ciplijauskaité, Biruté, «La soledad existencial de Unamuno», en *La soledad y la poesía española contemporánea*, págs. 23-73.
Clavileño, No. 23 (1953). Número dedicado a Miguel de Unamuno.
Correa, Gustavo, «El mar en la poesía española del siglo XX», págs. 63-67.
Cuadernos de la cátedra Miguel de Unamuno. Los publica la Facultad de Filosofía y Letras de la Universidad de Salamanca. Veintitrés números publicados, 1948-1973.
Curtius, Ernst R., «Miguel de Unamuno 'excitator Hispaniae', *CHA*, No. 60 (1954), páginas 248-264.
Chicharro de León, J., «El arte de Unamuno en el *Rosario de sonetos líricos*», *CCMU*, X (1960), págs. 29-68.
Díaz Janet, W., «Socio-Religious Context for a Poem of Unamuno», *RomN*, XV (1973), páginas 18-24.
Díaz-Plaja, Guillermo, «Martí y Unamuno», *Insula*, No. 89 (1953), pág. 1.
Diego, Gerardo, «Unamuno, poeta», *BRAE*, XLV (1965), págs. 7-17.
Durán, Manuel, «Unamuno y su 'Elegía en la muerte de un perro'», *Insula*, Nos. 216-217 (1964), págs. 3, 32.
Echávarri, L., «La Castilla de Unamuno», *Nosotros*, LXVI (1929), págs. 342-351.
Feal Deibe, Carlos, «Símbolos de renacimiento en la obra de Unamuno: La 'Oda a Salamanca'», *HR*, XXXIX (1971), págs. 395-414.
Foresta, Gaetano, «Mazzini nella vita e nella poesia di Unamuno», *BDM*, XVII (1971), páginas 58-72.
Foster, D. W., «Adiciones y suplementos a la bibliografía de Unamuno», *Torre*, No. 48 (1964), págs. 166-172, «Estructura poética en tres poemas de Unamuno, Machado y García Lorca», *DHR*, VI (1967), págs. 1-13.
Gaos, Vicente, «Los géneros literarios en la obra de Unamuno», en *Temas y problemas de literatura española*, págs. 225-234.
García Blanco, Manuel, «Notas de estética unamuniana», *RIE*, No. 49 (1955), págs. 3-26, «Poetas ingleses en la obra de Unamuno», *BHS*, XXXVI (1959), págs. 88-106 y 146-165.

Gil, Alfonso M., «La muerte personal en la poesía de Miguel de Unamuno», *CHA*, número 291 (1974), págs. 598-613.

González López, Emilio, «La poesía de Unamuno: El relato poético 'Teresa'», *Torre*, LXVI (1969), págs. 84-89.

Gullón, Ricardo, «Unamuno y su *Cancionero*», *Torre*, No. 53 (1966), págs. 69-92.

Hammit, Gene M., «Poetic Antecedents of Unamuno's Philosophy», *Hispania*, XLV (1962), páginas 679-682.

Huarte Morton, Fernando, «El ideario lingüístico de Miguel de Unamuno», *CCMU*, V (1954), págs. 5-183.

Ibáñez de García Blanco, Leo, «Bibliografía unamuniana», *CCMU*, XIX (1969), páginas 105-107; XXI (1971), págs. 165-171; XXII (1972), págs. 207-13.

Insula, No. 181 (1961). Número dedicado a Unamuno.

Insula, Nos. 216-217 (1964). *Homenaje a Unamuno*.

Jiménez, María del C., «Poesía y religión en Unamuno», *Abside*, XXXVI (1973), páginas 58-76.

Kock, Josse de, «Lengua y poesía en el *Cancionero* de Miguel de Unamuno», *LA*, I (1967), págs. 31-104; II (1968), págs. 115-176.

Krause, Anna, «Unamuno and Tennyson», *CL*, VIII (1956), págs. 122-135.

Labordeta, J. A., «Unamuno: Diario poético», *PSA*, XXXVIII (1965), págs. 121-132.

Laín, Milagro, «Aspectos estilísticos y semánticos del vocabulario poético de Unamuno», *CCMU*, IX (1959), págs. 77-115.

Laín Entralgo, Pedro, «Miguel de Unamuno o la desesperación esperanzada», en *La espera y la esperanza*, págs. 382-419.

La Torre, Nos. 35-36 (1961), *Homenaje a Miguel de Unamuno*, bibliografía por Federico de Onís, págs. 601-636.

Letras de Deusto, No. 14 (1977). Número extraordinario dedicado a Miguel de Unamuno.

Marichal, Juan, «Aldebarán y sus poetas: Hugo, Flammarion y Unamuno», *PSA*, XXXVII (1965), págs. 9-22.

Metzidakis, Philip, «Unamuno frente a la poesía de Rubén Darío», *RIA*, No. 50 (1960), páginas 229-249.

Moeller, Charles, «Miguel de Unamuno y la esperanza desesperada», en *Literatura del siglo XX y cristianismo*, IV (Madrid: Gredos, 1960), págs. 55-175.

Morón Arroyo, Ciriaco, «Unamuno y Hegel», en *Miguel de Unamuno* (ed. Antonio Sánchez Barbudo), págs. 151-179.

Mota, Jorge C., «A presença do Corão no Cancionero de Miguel de Unamuno», *RdH*, LXXXVI (1971), págs. 351-372.

Negre Rigol, J., «La oración de Unamuno a Jesús Crucificado», *CCMU*, XVI-XVII (1966-1967), págs. 135-181.

Pagés Larraya, Antonio, «Unamuno, poeta lírico», *Atenea*, LXX (1942), págs. 246-272.

Priestly, F. E. L., «Twenty-five Years of Unamuno Criticism», *UTQ*, XXXVIII (1969), páginas 207-212.

Revista de Occidente, VII (1964). Número extraordinario dedicado a Miguel de Unamuno.

Ribbans, Geoffrey, «Unamuno and the Younger Writers in 1904», *BHS*, XXXV (1958), páginas 83-100.

Río, Ángel del, «Miguel de Unamuno: Vida y obra», *RHM*, I (1934), págs. 12-39.

Rubio Latorre, Rafael, *Educación y educador en el pensamiento de Unamuno* (Salamanca: Instituto Pontificio San Pío X, 1974).

Salvador, G., «Análisis connotativo de un soneto de Unamuno», *Archivum*, XIV (1964), páginas 18-39.

Scott, Nina M., «Unamuno y el Cristo de Velázquez», *RL*, XXXVIII (1970), págs. 119-137.

Schürr, Friedrich, «Die Bekenntnislyrik», capítulo VI del libro *Miguel de Unamuno. Der Dichterphilosoph des tragischen Lebensgefühls* (Berna y Munich: Francke Verlag, 1962).

Semprún Donahue, Moraima, «El amor como tema de la eternidad en las rimas de *Teresa* de Unamuno», *CCMU*, XXII (1972), págs. 23-32.
Senabre Sampere, Ricardo, «En torno a un soneto de Unamuno», *CCMU*, XIII (1963), páginas 33-40.
Theo, G., «Religieuze Poësie. Lyriek», en *Miguel de Unamuno* (Bruges: Desclée de Brouwer, 1962).
Torre, Guillermo de, «Triedro de Unamuno», en *La difícil universalidad española*, páginas 200-256.
Trives, Estanislao Ramón, «Praxis metalingüística e hipóstasis semio-fónica (a propósito de un soneto de don Miguel de Unamuno)», en *Estudios literarios dedicados al profesor Mariano Baquero Goyanes*, ed. de Victorino Polo García (Murcia: Universidad, 1974).
Valdés, Mario J., «Archetype and Recreation: A Comparative Study of William Blake and Miguel de Unamuno», *UTQ*, XL (1971), págs. 58-72.
Valverde, José M., «Notas sobre la poesía de Unamuno», *Bolívar*, No. 23 (1953), páginas 375-388.
Villar, Arturo del, «La poesía de Unamuno», *Insula*, Nos. 216-217 (1964), págs. 17, 24.
Vinuesa, José, *Unamuno: persona y sociedad* (Madrid: Zero, 1970).
Vivanco, Luis F., «El mundo hecho hombre en el *Cancionero* de Unamuno», *Torre*, Nos. 35-36 (1961), págs. 361-386, «Poesía lírica e intrahistoria», en *Introducción a la poesía española contemporánea*, págs. 9-32, «Unamuno, poeta lírico», *Insula*, Nos. 216-217 (1964), pág. 11.
Ynduráin, Francisco, «Unamuno en su poética y como poeta», en *Clásicos modernos*, páginas 59-215.
Young, Howard T., «Miguel de Unamuno», en *The Victorious Expression*, págs. 1-31.
Zambrano, María, «La religión poética de Unamuno», *Torre*, Nos. 35-36 (1961), págs. 213-238.
Zardoya, Concha, «La 'humanización' en la poesía de Unamuno», en *Poesía española del siglo XX*, I, págs. 15-103, «Los caminos poéticos de Miguel de Unamuno», en *Poesía española del siglo XX*, I, págs. 115-184.
Zavala, Iris M., «Desde Unamuno a Unamuno. Seis ensayos de interpretación», en *La angustia y la búsqueda del hombre en la literatura*, págs. 87-224.

Juan Ramón Jiménez

LIBROS

Bo, Carlo, *La poesía de Juan Ramón Jiménez* (Madrid: Editorial Hispánica, 1943).
Campoamor González, Antonio, *Vida y poesía de Juan Ramón Jiménez* (Madrid: Sedmay, 1976).
Cardwell, Richard A., *Juan Ramón Jiménez: The Modernist Apprenticeship, 1895-1900* (Berlín: Colloquium Verlag, 1977).
Cole, Leo R., *The Religious Instinct in the Poetry of Juan Ramón Jiménez* (Oxford: Dolphin, 1967).
Crespo, Ángel, *Juan Ramón Jiménez y la pintura* (Mayagüez, P. R.: Universidad, 1974).
Díaz-Plaja, Guillermo, *Juan Ramón Jiménez en su poesía* (Madrid: Aguilar, 1958).
Díez-Canedo, Enrique, *Juan Ramón Jiménez en su obra* (México: El Colegio de México, 1944).
Figueira, Gastón, *Juan Ramón Jiménez. Poeta de lo inefable*, 2.ª ed. (Montevideo: Biblioteca Alfar, 1948).
Fogelquist, Donald F., *Juan Ramón Jiménez* (Boston: Twayne, 1976).
Font, María Teresa, *Espacio: Autobiografía lírica de Juan Ramón Jiménez* (Madrid: Insula, 1972).
Garfias, Francisco, *Juan Ramón Jiménez* (Madrid: Taurus, 1958).

Gicovate, Bernardo, *La poesía de Juan Ramón Jiménez* (Barcelona: Ariel, 1974).

González, Ángel, *Juan Ramón Jiménez. Estudio* (Madrid: Júcar, 1973).

Goulard, Matica, *Juan Ramón Jiménez y la crítica en Escandinavia* (Gotemburgo: Instituto Iberoamericano, 1963).

Guerrero Ruiz, Juan, *Juan Ramón de viva voz* (Madrid: Insula, 1961).

Gullón, Ricardo, *Conversaciones con Juan Ramón Jiménez* (Madrid: Taurus, 1958), *El último Juan Ramón Jiménez* (Madrid: Alfaguara, 1963), *Estudios sobre Juan Ramón Jiménez* (Buenos Aires: Losada, 1960).

Hispano González, Mariano, *Juan Ramón Jiménez* (Barcelona: Semic, 1972).

Neddermann, Emmy, *Die symbolistischen Stilelemente im Werke von Juan Ramón Jiménez* (Hamburgo: Seminar für romanische Sprachen, 1935).

Olson, Paul R., *Circle of Paradox. Time and Essence in the Poetry of Juan Ramón Jiménez* (Baltimore: Johns Hopkins Press, 1967).

Pablos, Basilio de, *El tiempo en la poesía de Juan Ramón Jiménez* (Madrid: Gredos, 1965).

Palau de Nemes, Graciela. *Vida y obra de Juan Ramón Jiménez*, 2 vols. (Madrid: Gredos, 1974).

Paraíso de Leal, Isabel, *Juan Ramón Jiménez. Vivencia y palabra* (Madrid: Alhambra, 1976).

Predmore, Michael P., *La obra en prosa de Juan Ramón Jiménez* (Madrid: Gredos, 1966), *La poesía hermética de Juan Ramón Jiménez. El «Diario» como centro de su mundo poético* (Madrid: Gredos, 1973).

Salgado, María Antonia, *El arte polifacético de las «caricaturas líricas» juanramonianas* (Madrid: Insula, 1968).

Sánchez Barbudo, Antonio, *La segunda época de Juan Ramón Jiménez* (Madrid: Gredos, 1962).

Santos Escudero, Ceferino, *Símbolos y Dios en el último Juan Ramón Jiménez. (El influjo oriental en «Dios deseado y deseante»)* (Madrid: Gredos, 1975).

Saz-Orozco, Carlos del, *Desarrollo del concepto de Dios en el pensamiento religioso de Juan Ramón Jiménez* (Madrid: Editorial Razón y Fe, 1966).

Schonberg, Jean Louis, *Juan Ramón Jiménez ou le chant d'Orphée* (Neuchâtel: À la Baconnière, 1961).

Ulibarrí, Sabine R., *El mundo poético de Juan Ramón* (Madrid: Edhigar, 1962).

ARTÍCULOS Y ESTUDIOS

Aguirre, Ángel M., «Viaje de Juan Ramón Jiménez a la Argentina», *CHA*, No. 231 (1969), págs. 655-675, «Juan Ramón Jiménez and the French Symbolist Poets: Influences and Similarities», *RHM*, XXXVI (1970-71), págs. 212-223.

Aguado-Andreut, Salvador, «En torno a un poema de la *Antología poética*», *PMLA*, LXXVII (1962), págs. 459-470.

Allen, Rupert C., «Juan Ramón and the World Tree: A Symbolical Analysis of Mysticism in the Poetry of Juan Ramón Jiménez», *RHM*, XXXV (1969), págs. 306-322.

Asomante, XIII, No. 2 (1957). Número dedicado a Juan Ramón Jiménez.

Babín, María Teresa, «El animal en la poesía de Juan Ramón Jiménez», *Asomante*, XIII, No. 2 (1957), págs. 72-84, «Juan Ramón Jiménez en América (1936-1956)», *Torre*, números 19-20 (1957), págs. 163-179.

Bertrand de Muñoz, Maryse, «Almoradú del monte», *Torre*, No. 69 (1970), págs. 115-127.

Bleiberg, Germán, «El lírico absoluto: Juan Ramón Jiménez», *Clavileño*, No. 10 (1951), páginas 33-38.

Blondet, Olga, y Fogelquist, D. F., «J. R. Jiménez. Bibliografía», *RHM*, XXIV (1958), páginas 177-195.

Bousoño, Carlos, «El impresionismo poético de Juan Ramón Jiménez (Una estructura cosmovisionaria)», *CHA*, Nos. 280-282 (1973), págs. 508-540.

Campoamor González, Antonio, «Bibliografía fundamental de Juan Ramón Jiménez»,

Torre, No. 62 (1968), págs. 177-231; No. 64 (1969), págs. 113-145; No. 65 (1969), páginas 145-179; No. 66 (1969), págs. 131-168.

Camprubí de Jiménez, Zenobia, *Juan Ramón y yo y Ríos que se van* (Madrid: Gráf. Luis Pérez, 1971).

Cano, José L., «Juan Ramón Jiménez y la revista *Helios*», *Clavileño*, No. 42 (1956), páginas 28-34, «Juan Ramón Jiménez y Rubén Darío», *Torre*, Nos. 19-20 (1957), páginas 119-136, «Salvador Rueda y Juan Ramón Jiménez», «Juan Ramón Jiménez y la poesía norteamericana», y «Juan Ramón y las nubes», en *Poesía española del siglo XX*, págs. 133-162.

Caracola, No. 60 (1957). Homenaje a Juan Ramón Jiménez.

Ciplijauskaité, Biruté, «La soledad anhelada y conquistada de Juan Ramón Jiménez», en *La soledad y la poesía española contemporánea*, págs. 105-153.

Clavileño, No. 42 (1956). Número dedicado a Juan Ramón Jiménez.

Concha, Víctor G. de la, «La forja poética de Juan Ramón Jiménez», *PSA*, LXXXVIII (1978), págs. 7-35.

Correa, Gustavo, «El mar en la poesía española del siglo XX», págs. 77-87, «'El otoñado' de Juan Ramón Jiménez», *HR*, XLI (1973), págs. 215-230.

Díaz-Plaja, Guillermo, «Juan Ramón Jiménez y Rubén Darío», *Clavileño*, No. 42 (1956), páginas 9-16.

Doreste, Ventura, «Juan Ramón o lo espiritual luciente», *Torre*, Nos. 19-20 (1957), páginas 311-322.

Fernández Almagro, Melchor, «Juan Ramón Jiménez y algunos poetas andaluces de su juventud», en *Studia Philologica. Homenaje a Dámaso Alonso*, I (Madrid: Gredos, 1960), págs. 493-507.

Fernández Méndez, Eugenio, «Juan Ramón Jiménez, el niñodiós de los niños», *Torre*, números 19-20 (1957), págs. 137-149.

Florit, Eugenio, «La poesía de Juan Ramón Jiménez», *Torre*, Nos. 19-20 (1957), págs. 301-310, «La presencia de España en la poesía de Juan Ramón», *CCLC*, No. 32 (1958), páginas 29-34.

Fogelquist, Donald F., «Juan Ramón Jiménez. Vida y obra», *RHM*, XXIV (1958), páginas 105-177, *The Literary Collaboration and the Personal Correspondence of Rubén Darío and Juan Ramón Jiménez*. Hispanic American Studies, No. 13 (Coral Gables: University of Miami, 1956).

García Blanco, Manuel, «Juan Ramón Jiménez y la revista *Vida Nueva* (1899-1900)», en *Studia Philologica. Homenaje a Dámaso Alonso*, II (Madrid: Gredos, 1961), páginas 31-72.

Garfias, Francisco, «El paisaje de Moguer en la obra de Juan Ramón Jiménez», *Clavileño*, No. 42 (1956), págs. 66-71, «Juan Ramón Jiménez en lo permanente», *CHA*, número 235 (1969), págs. 13-24.

Gallego Morell, Antonio, «Tres revistas poéticas de Juan Ramón Jiménez», *Insula*, números 128-129 (1957), pág. 16.

Gicovate, Bernardo, «En torno a un soneto de Juan Ramón Jiménez», *RHM*, XXIII (1957), págs. 314-316.

Guillén, Jorge, «Poeta y mar», *Insula*, Nos. 128-129 (1957).

Gullón, Ricardo, «Cartas de Antonio Machado a Juan Ramón Jiménez. Con un estudio preliminar y Prosa y Verso de Antonio Machado y Juan Ramón Jiménez», *Torre*, número 25 (1959), págs. 159-215, «El dios poético de Juan Ramón Jiménez», *CHA*, número 14 (1950), págs. 343-349, «Juan Ramón Jiménez y Norteamérica», en *La invención del 98 y otros ensayos*, págs. 41-55, «Monumento de amor» (cartas de Juan Ramón Jiménez a Zenobia Camprubí, con una introducción), *Torre*, No. 27 (1959), páginas 151-246, «Plenitudes de Juan Ramón Jiménez», *Hispania*, XL (1957), páginas 270-286, *Relaciones amistosas entre Juan Ramón Jiménez y los Martínez Sierra* (Río Piedras: Edición de La Torre, 1961), «Relaciones literarias entre Juan Ramón y Villaespesa», *Insula*, No. 149 (1959), págs. 1, 13, «Vivir en poesía», *Clavileño*, No. 42 (1956), págs. 17-27.

Hierro, José, «La *Nueva antología* de Juan Ramón Jiménez», *CHA*, No. 284 (1974), páginas 387-399.

Insula, Nos. 128-129 (1957). Número dedicado a Juan Ramón Jiménez.

Johnson, Robert, «Juan Ramón Jiménez, Rabindranath Tagore, and 'La poesía desnuda'», *MLR*, LX (1965), págs. 534-546.

La Torre, Nos. 19-20 (1957). *Homenaje a Juan Ramón Jiménez*.

Lida, Raimundo, «Palabras de Juan Ramón», *NRFH*, XV (1961), págs. 617-624, «Sobre el estilo de Juan Ramón Jiménez», en *Letras hispánicas* (México: Fondo de Cultura Económica, 1958), págs. 165-178.

Litvak, Lily, «La mujer serpiente y la novia de nieve: Dos arquetipos femeninos en *Jardines lejanos* de Juan Ramón Jiménez», en *The Analysis of Hispanic Texts: Current Trends in Methodology* (Jamaica, N. Y.: Bilingual Press, 1976), págs. 58-73.

Macrí, Oreste, «El segundo tiempo de la poesía de Juan Ramón Jiménez», *Torre*, números 19-20 (1957), págs. 283-300, «Metafisica e lingua poetica di Juan Ramón Jiménez», *Palatina*, II (1958), págs. 39-57.

Murciano, Carlos, «Notas en torno a la obra en prosa de Juan Ramón Jiménez», *Est-Lit*, núm. 458 (1970), págs. 11-15.

Navarro Tomás, Tomás, «Juan Ramón Jiménez y la lírica tradicional», *Torre*, No. 59 (1968), págs. 121-145.

Neddermann, Emmy, «Juan Ramón Jiménez. Sus vivencias y sus tendencias simbolistas», *Nosotros*, I (1936), págs. 16-25.

Palau de Nemes, Graciela, «La elegía desnuda de Juan Ramón Jiménez: 'Ríos que se van'», *PSA*, L (1968), págs. 101-111, «Prosa prosaica y prosa poética en la obra de Juan Ramón Jiménez», *PMLA*, LXXIV (1959), págs. 153-156.

Paraíso de Leal, Isabel, «El verso libre de Juan Ramón Jiménez en 'Dios deseado y deseante'», *RFE*, LIV (1972), págs. 253-269.

Peña Labra, No. 20 (verano, 1976). Número homenaje a Juan Ramón Jiménez.

Pérez Delgado, Rafael, «Primicias de Juan Ramón Jiménez», *PSA*, LXXIII (1974), páginas 13-49.

Poesía española, No. 60 (1956). Número dedicado a Juan Ramón Jiménez.

Prat, Ignacio, «Arnold Böcklin y Juan Ramón Jiménez», *Insula*, No. 376 (1978), páginas 3, 10.

Predmore, Michael P., «The Structure of the *Diario de un poeta recién casado*: A Study of Hermetic Poetry», *ConL*, XIII (1972), págs. 53-105.

Riis Owre, J., «Juan Ramón and Zenobia: Random Reminiscences», *REH*, II (1968), páginas 193-203.

Río, Ángel del, «Notas sobre crítica y poesía en Juan Ramón Jiménez: El modernismo», *Torre*, Nos. 19-20 (1957), págs. 27-50.

Sánchez Robayna, Andrés, «J. R. Jiménez y *En el otro costado*», *Insula*, No. 350 (1976), páginas 1, 12.

Sánchez Romeralo, Antonio, «Juan Ramón Jiménez en su fondo de aire», *RHM*, XXVII (1962), págs. 299-319.

Santos, Ceferino, «Proceso evolutivo de interiorización lírica en Juan Ramón Jiménez», *HuC*, IX (1957), págs. 79-103.

Santos Torroella, Rafael, «La muerte, norma vocativa en la poesía de Juan Ramón Jiménez», *Torre*, Nos. 19-20 (1957), págs. 323-340.

Senabre Sampere, Ricardo, «El proceso creador en Juan Ramón Jiménez», *PSA*, XXXVIII (1965), págs. 135-146.

Sobejano, Gonzalo, «Juan Ramón Jiménez a través de la crítica, I», *RJ*, VIII (1957), páginas 341-366, «Juan Ramón Jiménez a través de la crítica, II», *RJ*, IX (1958), páginas 299-330.

Stevens, Harriet S., «Emily Dickinson y Juan Ramón Jiménez», *CHA*, No. 166 (1963), páginas 29-49.

Torre, Guillermo de, «Cuatro etapas de Juan Ramón Jiménez», *Torre*, Nos. 19-20 (1957), páginas 51-62, «Juan Ramón Jiménez y América», *CA*, CI (1958), págs. 217-228, «Juan Ramón Jiménez y su estética», *RNC*, No. 70 (1948), págs. 36-47.

Tudisco, Antonio, «El agua en la poesía de Juan Ramón Jiménez», *RHM*, V (1939), páginas 222-230.

Vandercammen, Edmond, «Realidad y abstracción en la obra de Juan Ramón Jiménez», *Torre*, Nos. 19-20 (1957), págs. 63-87.

Verdevoye, Paul, «Coloripoesía de Juan Ramón Jiménez», *Torre*, Nos. 19-20 (1957), páginas 245-282.

Verhesen, Fernand, «Tiempo y espacio en la obra de Juan Ramón Jiménez», *Torre*, números 19-20 (1957), págs. 89-118.

Villar, Arturo del, «La muerte, obsesión y tema total en Juan Ramón Jiménez», *Arbor*, Nos. 355-356 (1975), págs. 91-109, «La poesía poética de Juan Ramón Jiménez», en *La obra desnuda* (Sevilla: María Auxiliadora, 1976).

Vivanco, Luis F., «La palabra en soledad de Juan Ramón Jiménez», en *Introducción a la poesía española contemporánea*, págs. 35-71, «La plenitud de lo real en la poesía de Juan Ramón», *Insula*, Nos. 128-129 (1957), págs. 1, 4.

Ynduráin, Francisco, «De la sinestesia a la poesía de Juan Ramón», *Insula*, Nos. 128-129 (1957).

Young, Howard, «Génesis y forma de 'Espacio' de Juan Ramón Jiménez», *RHM*, XXXIV (1968), págs. 462-470, *Juan Ramón Jiménez* (New York: Columbia University Press, 1967). «Two Poems on Death by Juan Ramón Jiménez», *MLN*, LXXV (1960), páginas 221-237.

Zardoya, Concha, «El dios deseado y deseante de Juan Ramón Jiménez», en *Poesía española del siglo XX*, II, págs. 9-31.

Manuel Machado

LIBROS

Brotherston, Gordon, *Manuel Machado*, traducción de Nuño Aguirre de Cárcer (Madrid: Taurus, 1976).

Carballo Picazo, Alfredo, *Alma, Apolo. Estudio y edición* (Madrid: Alcalá, 1967).

Carrión Gútiez, Manuel (recopilador), *Bibliografía machadiana: bibliografía para un centenario* (Madrid: Ministerio de Educación y Ciencia, 1976).

Diego, Gerardo, *Manuel Machado, poeta* (Madrid: Editora Nacional, 1974).

Gayton, Gillian, *Manuel Machado y los poetas simbolistas franceses* (Valencia: Bello, 1975).

Guerra, Manuel H., *El teatro de Manuel y Antonio Machado* (Madrid: Mediterránea, 1966).

López Estrada, Francisco, *Los «Primitivos» de Manuel y Antonio Machado* (Barcelona: Planeta, 1977).

López Estrada, Francisco (recopilador), *Doce comentarios a la poesía de Manuel Machado* (Sevilla: Universidad, 1975).

Pérez Ferrero, Miguel, *Vida de Antonio Machado y Manuel* (Austral) (Buenos Aires: Espasa-Calpe, 1952).

ARTÍCULOS Y ESTUDIOS

Alonso, Dámaso, «Ligereza y gravedad en la poesía de Manuel Machado», en *Poetas españoles contemporáneos*, págs. 50-102.

Alonso Seoane, María José, «'El jardín gris' de Manuel Machado», en *Doce comentarios a la poesía de Manuel Machado*, págs. 15-32.

Álvarez, Dictino, «Cartas inéditas de Manuel Machado a Rubén Darío», *IAL*, No. 118 (1958), pág. 14.

Barrera López, Trinidad, «El lenguaje de la fuente en Manuel Machado», en *Doce comentarios*, págs. 209-219.

Brotherston, Gordon, «Manuel Machado y la pintura», *Boletín de la Institución Fernán González* (Burgos), XLI, No. 158 (1962), págs. 117-119.

Cansinos-Asséns, Rafael, *La nueva literatura*, I (1917), págs. 185-192.

Capote Benot, José María, «Un aspecto del andalucismo de Manuel Machado», en *Doce comentarios*, págs. 111-121.

Carballo Picazo, Alfredo, «Notas para un comentario de textos. 'Castilla' de Manuel Machado», *RE*, No. 149 (1962), págs. 124-132.

Carbonell, Reyes, «Textura de un verso de Manuel Machado», *RomN*, III (1961), páginas 9-12.

Casquete, Julia, «La metáfora en la obra de Manuel Machado», *BFE*, Nos. 46-49 (1973), páginas 85-103.

Collantes de Terán, Juan, «La significación subjetiva del paisaje en un poema de *Ars Moriendi*, de Manuel Machado», en *Doce comentarios*, págs. 165-179.

Cossío, José María de, *Cincuenta años de poesía española*, I, págs. 614-620, *Los toros en la poesía castellana* (Madrid: C.I.A.P., 1931), I, págs. 295-305, II, págs. 337-345.

Cózar Sievert, Rafael de, «Tres sonetos impresionistas sobre el verano en la obra de Manuel Machado», en *Doce comentarios*, págs. 123-146.

Cuadernos de Ágora, Nos. 73-74 (1962). Número dedicado a Manuel Machado.

Cuadernos Hispanoamericanos, Nos. 304-307 (1975-1976). *Homenaje a Manuel y Antonio Machado.*

Chabás, Juan, «Manuel Machado», en *Literatura española contemporánea*, págs. 218-231, «Manuel Machado», en *Vuelo y estilo. Estudios de literatura contemporánea*, I (Madrid: Sociedad General Española de Librería, 1934), págs. 97-125, «Manuel Machado: *Poesías. Opera omnia lyrica*», *RO*, VI (1924), págs. 286-296.

Diego, Gerardo, «Manuel Machado (1874-1947)», *RInd*, Nos. 33-34 (1948), págs. 1165-1172, «Los poetas de la generación del 98», *Arbor*, XI (1948), págs. 439-448, *El poeta Manuel Machado* (Madrid: Fundación Universitaria Española, 1975).

Fernández Almagro, Melchor, «Juan Ramón Jiménez y algunos poetas andaluces de su juventud», *Studia Philologica. Homenaje a Dámaso Alonso*, I (Madrid: Gredos, 1960), páginas 493-507.

García Viñó, M., «Una poesía indudablemente andaluza: la flamenca», *EstLit* (febrero, 15, 1962).

Gómez de la Serna, Ramón, «Manuel Machado», en *Nuevos retratos contemporáneos*, páginas 29-39.

González Blanco, Andrés, «Manuel Machado», en *Los contemporáneos. Apuntes para una historia de la literatura hispano-americana a principios del siglo XX* (París: Garnier, 1909), II, págs. 83-124.

González Ruiz, Nicolás, «Manuel Machado y el lirismo polifónico», *CLC*, II (1942), páginas 63-78.

Gullón, Ricardo, «Relaciones amistosas y literarias entre Juan Ramón Jiménez y Manuel Machado», *CHA*, No. 127 (1960), págs. 115-139.

Jiménez, Juan Ramón, «Alma y capricho de Manuel Machado», en *La corriente infinita*, págs. 41-46.

La Estafeta Literaria, No. 549 (1974). Número especial dedicado a Manuel Machado.

Laín Entralgo, Pedro, «La intimidad del hombre en la poesía de Manuel Machado», *BRAE*, LV (1975), págs. 241-256.

Lepiorz, Gerhard, «Manuel Machado (1874-1947)», *RF*, LXI (1948), págs. 388-392.

López Bueno, Begoña, «Los caminos del mar en Manuel Machado», en *Doce comentarios*, págs. 33-54.

López Estrada, Francisco, «Comentario de tres sonetos prerrafaelistas de Manuel Machado», en *Doce comentarios*, págs. 71-90.

Marchesi, Samuele, «Storia ed arte di Spagna nella poesia di Manuel Machado», en *Studi di letteratura, storia e filosofia in onore di Bruno Revel* (Florencia: Olschki, 1965), págs. 385-392.

Márquez González, María del Pilar, «Una estampa rococó en la poesía de Manuel Machado», en *Doce comentarios*, págs. 91-110.

Miró, Emilio, «Primera aparición de *El mal poema*», *EstLit*, No. 549 (1974), págs. 8-15.
Mora Valcárcel, Carmen de, «Manuel Machado: Un motivo histórico», en *Doce comentarios*, págs. 55-70.
Moreno Villa, José, «Manuel Machado, la manolería y el cambio», en *Los autores como actores*, págs. 102-125.
Orozco Díaz, Emilio, «Poesía juvenil y juventud poética en la obra de Manuel Machado», *NT*, No. 16 (1955), págs. 17-29.
Pemán, José María, «Don Manuel Machado», *BRAE*, XXVI (1947), págs. 7-17.
Pérez Ferrero, Miguel, «El París de Manuel Machado», *Insula*, No. 15 (1947).
Reyes Cano, Rogelio, «El poema 'Regreso' o el sentido de lo 'literario' en la poesía de Manuel Machado», en *Doce comentarios*, págs. 181-208.
Reyes Peña, María de las Mercedes, «El invierno en la poesía de Manuel Machado», en *Doce comentarios*, págs. 147-164.
Rodríguez Almodóvar, Antonio, «Análisis estructural de 'Prólogo-Epílogo' (contribución a una semiótica literaria)», en *Doce comentarios*, págs. 221-240.
Romo Arregui, J., «Manuel Machado. Bibliografía», *CLC*, No. 2 (1942), págs. 79-81.
Souvirón, J. M., «Popularismo y aristocracia de Manuel Machado», *CI*, No. 11 (1969), páginas 5-24.
Unamuno, Miguel de, «El 'Alma' de Manuel Machado», en *Obras completas*, V (Madrid: Afrodisio Aguado, 1952), págs. 194-202.
Villena, Luis Antonio de, «Relectura de *El mal poema*, de Manuel Machado», *Insula*, número 362 (1977), págs. 1, 11, «Simbolismo y decadentismo en *Alma* de Manuel Machado», *Insula*, No. 377 (1978), págs. 1, 12.
Vivanco, Luis F., «El poeta de 'Adelfos'», *Escorial*, III (1941).

Antonio Machado

LIBROS

Aguirre, José María, *Antonio Machado, poeta simbolista* (Madrid: Taurus, 1973).
Albornoz, Aurora de, *La presencia de Miguel de Unamuno en Antonio Machado* (Madrid: Gredos, 1968).
Álvarez Molina, Rodrigo, *Variaciones sobre Antonio Machado: el hombre y su lenguaje* (Madrid: Insula, 1973).
Ángeles, José (recopilador), *Estudios sobre Antonio Machado* (Barcelona: Ariel, 1977).
Aranda, A., y otros, *La experiencia del tiempo en la poesía de Antonio Machado* (Sevilla: Universidad, 1975).
Baamonde, Miguel Ángel, *La vocación teatral de Antonio Machado* (Madrid: Gredos, 1976).
Barjau, Eustaquio, *Antonio Machado. Teoría y práctica del apócrifo* (Barcelona: Ariel, 1975).
Bustos, Eugenio de (recopilador), *Curso en homenaje a Antonio Machado* (Salamanca: Universidad, 1977).
Campoamor González, Antonio, *Antonio Machado (1875-1939)* (Madrid: Sedmay, 1976).
Cano, José Luis, *Antonio Machado (Biografía ilustrada)* (Barcelona: Destino, 1975).
Caravaggi, Giovanni, *I paesaggi emotivi di Antonio Machado (Appunti sulla genesi dell'intimismo)* (Bolonia: Pàtron, 1969).
Carpintero, H., y Pérez-Rioja, J. A. (recopiladores), *Antonio Machado y Soria. Homenaje en el primer centenario de su nacimiento* (Soria: CSIC, 1976).
Carrión Gútiez, Manuel (recopilador), *Bibliografía machadiana: Bibliografía para un centenario* (Madrid: Biblioteca Nacional, 1976).
Carvalho Neto, Paulo de, *La influencia del folklore en Antonio Machado* (Madrid: Demófilo, 1975).

Cerezo Galán, P., *Palabra en el tiempo. Poesía y filosofía en Antonio Machado* (Madrid: Gredos, 1975).

Cobb, Carl, *Antonio Machado* (New York: Twayne, 1971).

Cobos, Pablo de A., *Humor y pensamiento de Antonio Machado en la metafísica poética* (Madrid: Insula, 1963), *Humorismo de Antonio Machado y sus apócrifos* (Madrid: ANCOS, 1970), *Sobre la muerte en Antonio Machado* (Madrid: Insula, 1973).

Chaves, Julio César, *Itinerario de don Antonio Machado. De Sevilla a Collioure* (Madrid: Editora Nacional, 1968).

Delgado Fito, C., *Antonio Machado. El hombre y el poeta* (Buenos Aires: Mavegui, 1962).

Espina de Serna, Concha, *De Antonio Machado a su grande y secreto amor* (Madrid: Lifesa, 1950).

Gil Novales, Alberto, *Antonio Machado* (Madrid: Fontanella, 1966).

Gil Novales, A., y otros, *Homenaje a Antonio Machado* (Salamanca: Sígueme, 1977).

Gómez Burón, Joaquín, *Exilio y muerte de Antonio Machado* (Madrid: Sedmay, 1975).

González Ruiz, José María, *Teología de Antonio Machado* (Barcelona: Fontanella, 1975).

Gullón, Ricardo, *Una poética para Antonio Machado* (Madrid: Gredos, 1969).

Gullón, Ricardo, y Phillips, Allen W. (recopiladores), *Antonio Machado* (Madrid: Taurus, 1973).

Gutiérrez-Girardot, Rafael, *Poesía y prosa en Antonio Machado* (Madrid: Guadarrama, 1969).

Hutman, Norma Louise, *Machado: A Dialogue with Time. Nature as an Expression of Temporality in the Poetry of Antonio Machado* (Albuquerque: University of New Mexico Press, 1969).

Laitenberger, Hugo, *Antonio Machado: Sein Versuch einer Selbstinterpretation in seinen Apokryphen Dichterphilosophen* (Wiesbaden: Steiner Verlag, 1972).

López Estrada, Francisco, *Los «Primitivos» de Manuel y Antonio Machado* (Barcelona: Planeta, 1977).

López Estrada, Francisco, y otros, *Antonio Machado, verso a verso: Comentarios a la poesía de Antonio Machado* (Sevilla: Universidad, 1975).

Luis, Leopoldo de, *Antonio Machado, ejemplo y lección* (Madrid: Sociedad General Española de Librería, 1975).

Machado, José, *Últimas soledades del poeta Antonio Machado* (Soria: Imprenta Provincial, 1972).

Manrique de Lara, José G., *Antonio Machado* (Madrid: Unión Editorial, 1968).

Marco Ibáñez, Angel, *Machado, Soria y Leonor*, 3.ª ed. (Soria: Autores, 1975).

Orozco Díaz, Emilio, *Antonio Machado en el camino. Notas a un tema central de su poesía* (Granada: Universidad, 1962).

Paoli, Roberto, *Antonio Machado* (Florencia: Nuova Italia).

Pérez Ferrero, Miguel, *Vida de Antonio Machado y Manuel* (Austral) (Buenos Aires: Espasa-Calpe, 1952).

Pérez Zalabardo, María Concepción, *Antonio Machado, poeta de Soria* (Soria: Diputación provincial, 1960).

Pino, F., *El simbolismo en la poesía de Antonio Machado* (Madrid: Castalia, 1978).

Ribbans, Geoffrey, *Niebla y soledad. Aspectos de Unamuno y Machado* (Madrid: Gredos, 1971).

Rodríguez, Marta, *El intimismo en Antonio Machado* (Madrid: Santibáñez, 1971).

Rodríguez Aguilar, Cesáreo, *Antonio Machado en Baeza* (Barcelona: Ediciones A. P., 1968).

Rojas, Carlos, *Picasso y Machado. Vida y muerte en el exilio* (Barcelona: Dirosa, 1977).

Rosselli, Ferdinando, *Contributo a una tematica generale della poesia di Antonio Machado* (Pisa: Università, 1970).

Ruiz de Conde, Justina, *Antonio Machado y Guiomar* (Madrid: Insula, 1964).

Sánchez Barbudo, Antonio, *Los poemas de Antonio Machado. Los temas. El sentimiento y la expresión* (Barcelona: Lumen, 1967), *Estudios sobre Galdós, Unamuno y Macha-*

do, 2.ª ed. (Madrid: Guadarrama, 1968), *El pensamiento de Antonio Machado* (Madrid: Guadarrama, 1974).

Serrano Poncela, Segundo, *Antonio Machado. Su mundo y su obra* (Buenos Aires: Losada, 1954).

Sesé, Bernard, *Antonio Machado (1875-1939). El hombre. El poeta. El pensador.* Prólogo de Jorge Guillén. Trad. esp. de Soledad García Mouton (Madrid: Gredos, 1980).

Socrate, Mario, *Il linguaggio filosofico della poesia di Antonio Machado* (Padua: Marsilio, 1972).

Tuñón de Lara, Manuel, *Antonio Machado, poeta del pueblo* (Barcelona: Nova Terra, 1967).

Valverde, José María, *Antonio Machado* (Madrid: Siglo XXI, 1975).

Ynduráin, Domingo, *Ideas recurrentes en Antonio Machado* (Madrid: Turner, 1975).

Zubiría, Ramón de, *La poesía de Antonio Machado*, 3.ª ed. (Madrid: Gredos, 1966).

ARTÍCULOS Y ESTUDIOS

Albornoz, Aurora de, «Bibliografía de Antonio Machado», *Torre*, Nos. 45-46 (1964), páginas 505-553. También en Antonio Machado, *Obras. Poesía y prosa* (Buenos Aires: Losada, 1964), págs. 991-1043, «Cartas y documentos de Antonio Machado», *Torre*, números 45-46 (1964), págs. 241-256, «De un árbol sonoro a un olmo seco», *Archivum*, XI (1961), págs. 430-438.

Alonso, Dámaso, «Fanales de Antonio Machado», en *Cuatro poetas españoles*, páginas 137-178, «Poesías olvidadas de Antonio Machado», en *Poetas españoles contemporáneos*, págs. 103-159, «Muerte y trasmuerte en la poesía de Antonio Machado», *RO*, números 5-6 (1976), págs. 11-24.

Alonso Seoane, María J., «Comentario al poema VI 'Fue una clara tarde, triste y soñolienta'», en *Antonio Machado, verso a verso*, págs. 27-45.

Ángeles, José, «El mar en la poesía de Antonio Machado», *HR*, XXXIV (1966), páginas 27-48, «*Soledades* primeras de Antonio Machado», en *Homenaje a Sherman H. Eoff* (ed. José Schreibman) (Madrid: Castalia, 1970), págs. 9-38.

Aranguren, José Luis, «Esperanza y desesperanza de Dios en la experiencia de la vida de Antonio Machado», *CHA*, Nos. 11-12 (1949), págs. 383-397.

Arbeleche, Jorge, *Los caminos de Antonio Machado* (Montevideo: Fundación de Cult. Universitaria, 1973).

Baker, Armand F., «Antonio Machado y las galerías del alma», *CHA*, Nos. 304-307 (1975-1976), págs. 647-678.

Barnstone, Willis, «Sueño y paisaje en la poesía de Antonio Machado», *Torre*, números 45-46 (1964), págs. 127-139.

Bartra, Agustí, «Los temas de la vida y de la muerte en la poesía de Antonio Machado, García Lorca y Miguel Hernández», *CA*, CXXIV (1963), págs. 191-212.

Beceiro, Carlos, «La tierra de Alvargonzález», *Clavileño*, No. 41 (1956), págs. 36-46.

Blanco Aguinaga, Carlos, «Sobre la 'autenticidad' de la poesía de Machado», *Torre*, números 45-46 (1964), págs. 387-408.

Blanco Garzón, Manuel, *Gloria y pasión de Antonio Machado* (Buenos Aires: Publicaciones del Patronato Hispano-Argentino de Cultura, 1942).

Cano, José L., «Machado y la generación poética del 25», *Torre*, Nos. 45-46 (1964), páginas 483-504, «Notas sobre Antonio Machado», en *Poesía española del siglo XX*, páginas 73-130, *Antonio Machado, su vida, su obra* (Madrid: Ministerio de Educación Nacional, 1976), «El símbolo de la primavera en la poesía de Antonio Machado», *CHA*, Nos. 304-307 (1975-1976), págs. 698-715.

Caracola, Nos. 84-87 (1960). *Homenaje a Antonio Machado*.

Caravaggi, Giovanni, «Sulla genesi degli apocrifi di A. Machado», *SPCT*, X (1975), páginas 183-215.

Carbonell, Reyes, «Más notas estilísticas sobre la poesía de Antonio Machado», *DHR*, I (1962), págs. 11-23.

Carilla, Emilio, «La poesía de Antonio Machado», *RHM*, XXX (1964), págs. 245-256, «Antonio Machado y Rubén Darío», en *Homenaje a Arturo Marasso (1890-1970)* (Bahía Blanca, Argentina: Universidad, 1972), págs. 150-164.

Carpintero, Heliodoro, «Soria en la vida y en la obra de Antonio Machado», *Escorial*, XII (1943), págs. 111-127.

Carreño, Antonio, «Antonio Machado o la poética de la 'otredad'», *CHA*, Nos. 304-307 (1975-1976), págs. 527-536.

Casalduero, Joaquín, «Machado, poeta institucionista y masón», *Torre*, Nos. 45-46 (1964), páginas 99-110.

Casamayor, Enrique, «Antonio Machado, profesor de literatura», *CHA*, Nos. 11-12 (1949), páginas 481-498, «Prólogo» al *Cuaderno de literatura. Baeza, 1915*, de Antonio Machado (Bogotá: Prensas de la Universidad Nacional, 1952).

Cernuda, Luis, «Antonio Machado», en *Estudios sobre poesía española contemporánea*, páginas 103-118, «Antonio Machado y la actual generación de poetas», *BHS*, XVII (1940), págs. 139-143.

Ciplijauskaité, Biruté, «Antonio Machado, el solitario saudadoso», en *La soledad y la poesía española contemporánea*, págs. 75-104, «Las sub-estructuras en *Campos de Castilla*», en *Estudios sobre Antonio Machado*, págs. 97-120.

Clavería, Carlos, «Notas sobre la poética de Antonio Machado», en *Cinco estudios de literatura española moderna*, págs. 95-118.

Collantes de Terán, Juan, «'Las ciudades muertas'. Hacia una topografía urbana en la poesía de Antonio Machado», *ArH*, Nos. 48-49 (1968), págs. 109-119.

Correa, Gustavo, «Mágica y poética de Antonio Machado», *CHA*, Nos. 304-307 (1975-1976), págs. 462-492, «Una 'lira inmensa': El ritmo de la muerte y de la resurrección en la poesía de Antonio Machado», en *Estudios sobre Antonio Machado*, págs. 121-162.

Cortés Vázquez, L., «Ronsard y Machado. Del 'aubépin verdissant' al 'olmo seco'», en *Strenae*. Estudios dedicados al profesor Manuel García Blanco (Salamanca: Universidad, 1962), págs. 121-130.

Cowes, Hugo W., «El 'Homo viator' en la poesía de Antonio Machado», *Sur*, No. 245 (1957), págs. 58-74, «Poema XIII de Antonio Machado», *CurConf*, L (1957), págs. 51-73.

Cuadernos Hispanoamericanos, Nos. 11-12 (1949). *A la memoria de Antonio Machado*.

Cuadernos Hispanoamericanos, Nos. 304-307 (1975-1976). Homenaje a Manuel y Antonio Machado.

Cuadernos para el Diálogo (Noviembre, 1975). Tomo dedicado a Antonio Machado.

Curry, Richard A., «A Stylistic Analysis of Antonio Machado's 'El hospicio'», *JSSTC*, I (1973), págs. 85-94.

Chabás, Juan, «Antonio Machado», en *Literatura española contemporánea*, págs. 158-200.

Chamorro, José, *Antonio Machado en la provincia de Jaén* (Jaén: Diputación Provincial, 1966).

Damián Perona, José, «El Dios ibero: Estudio de un poema de *Campos de Castilla*», en *Homenaje al Prof. Muñoz Cortés* (Murcia: Universidad, 1977), págs. 507-521.

Darmangeat, Pierre, «El hombre y lo real en Antonio Machado», en *Antonio Machado, Pedro Salinas, Jorge Guillén* (Madrid: Insula, 1969), págs. 17-108, «A propos de 'La tierra de Alvargonzález'», *BLN*, No. 133 (1955), págs. 1-19.

David-Peyre, Yvonne, «El *Eclesiastés* en la obra poética de Antonio Machado», *CHA*, número 232 (1969), págs. 122-137.

Debicki, Andrew, «La perspectiva y el punto de vista en poemas descriptivos machadianos», en *Estudios sobre Antonio Machado*, págs. 167-176.

Diego, Gerardo, «Los poetas de la generación del 98», *Arbor*, XI (1948), págs. 439-448, «'Tempo' lento en Antonio Machado», *CHA*, Nos. 11-12 (1949), págs. 421-426.

Durán, Manuel, «Antonio Machado y la máquina de trovar», en *Estudios sobre Antonio Machado*, págs. 183-194.

Enjuto, Jorge, «Apuntes sobre la metafísica de Antonio Machado», *Torre*, Nos. 45-46 (1964), págs. 209-220.

Fernández Moreno, César, «Análisis de un soneto de Antonio Machado: 'Rosa de fuego'», *RHM*, XXVI (1960), págs. 108-115.

Ferreres, Rafael, «Etapas de la poesía de Antonio Machado», *CHA*, No. 177 (1964), páginas 303-319, «El castellanismo de Antonio Machado: Azorín», *PSA*, LX (1973), páginas 5-26.

Foster, David William, «'La tierra de Alvargonzález': Una contribución machadiana al romance español», *DHR*, IV (1965), págs. 65-77.

Frutos, Eugenio, «El primer Bergson en Antonio Machado», *RFM*, XIX (1960), páginas 117-168.

Gaos, Vicente, «Antonio Machado», en *Temas y problemas de literatura española*, páginas 309-319.

García Blanco, Manuel, «Cartas inéditas de Antonio Machado a Unamuno», *RHM*, XXII (1956), págs. 98-114.

Gicovate, Bernardo, «El testamento poético de Antonio Machado», *PMLA*, LXXI (1956), páginas 42-50, «La evolución poética de Antonio Machado», *Torre*, Nos. 45-46 (1964), páginas 321-328.

Giusti, R. F., «Antonio Machado: De *Soledades* a *Campos de Castilla*», *Nosotros*, X (1939), págs. 5-16.

Glendinning, Nigel, «The Philosophy of Henry Bergson in the Poetry of Antonio Machado», *RLC*, XXXVI (1962), págs. 53-70.

González, Ángel & Rodríguez, Alfredo, «La elegía como forma poética en Machado», *PSA*, LXXXVII (1977), págs. 23-51.

Grant, Helen F., «Ángulos de enfoque en la poesía de Antonio Machado», *Torre*, números 45-46 (1964), págs. 455-481, «La tierra de Alvargonzález», *Celtiberia*, No. 5 (1953).

Grigor'ev, V. P., *Antonio Mačado: 1875-1939* (Moscú: Vysšaja Škola, 1971).

Guereña, Jacinto-Luis, «Antonio Machado en realidades y dominantes», *CHA*, Nos. 304-307 (1975-1976), págs. 761-791.

Guerrero Ruiz, Juan, y Casamayor, Enrique, «Bibliografía de Antonio Machado», *CHA*, números 11-12 (1949), págs. 703-720.

Guillén, Claudio, «Estilística del silencio. En torno a un poema de Antonio Machado», *RHM*, XXIII (1957), págs. 260-291, «Proceso y orden inminente en *Campos de Castilla*», en *Estudios sobre Antonio Machado*, págs. 195-216.

Gullón, Ricardo, «Distancia en Antonio Machado», *RHM*, XXXIV (1968), págs. 313-329, «Espacios de Antonio Machado», *MN*, No. 20 (1968), págs. 75-83; No. 21 (1968), páginas 46-51, *Las secretas galerías de Antonio Machado* (Santander: La Isla de los Ratones, 1967), «Lenguaje, humanismo y tiempo en Antonio Machado», *CHA*, números 11-12 (1949), págs. 567-581, «Mágicos lagos de Antonio Machado: Machado y Juan Ramón», *PSA*, XXIV (1962), págs. 26-61, «Simbolismo en la poesía de Antonio Machado», *Clavileño*, No. 22 (1953), págs. 44-50, «Simbolismo y modernismo en Antonio Machado», *Torre*, Nos. 45-46 (1964), págs. 329-347, «Simbolismo en Antonio Machado», *JSSTC*, IV (1976), págs. 9-27.

Herrero, Javier, «El sistema poético de la obra temprana de Machado», *CHA*, números 304-307 (1975-1976), págs. 559-583.

Horányi, Mátyás, «Simbología de la doble eternidad en las *Soledades* de Antonio Machado», *CHA*, Nos. 280-282 (1973), págs. 662-668.

Ilie, Paul, «Antonio Machado and the Grotesque», *JAAC*, XXII (1963), págs. 209-216.

Informaciones. Suplemento Literario (julio 26, 1975), dedicado a Antonio Machado.

Insula, No. 158 (1960). Número de homenaje a Antonio Machado.

Insula, Nos. 212-213 (1964). Número dedicado a Antonio Machado.

Insula, Nos. 344-345 (1975). Homenaje a Antonio Machado y a la Institución Libre de Enseñanza.

Jiménez, José O., «La presencia de Antonio Machado en la poesía española de la posguerra», *CHA*, Nos. 304-307 (1975-1976), págs. 870-903.

La Estafeta Literaria, Nos. 569-570 (1975). Número dedicado a Antonio Machado.

Laín Entralgo, Pedro, «Tiempo, recuerdo y esperanza en la poesía de Antonio Machado», en *La espera y la esperanza*, págs. 420-436.

Lapesa, Rafael, «Bécquer, Rosalía y Machado», *Insula*, Nos. 100-101 (1954), pág. 6, «Las 'Últimas lamentaciones' y 'La muerte de Abel Martín' de Antonio Machado», en *Homenaje al Prof. Muñoz Cortés*, págs. 313-332.

La Torre, Nos. 45-46 (1964). *Homenaje a Antonio Machado.*

López Bueno, Begoña, «Estudio del soncto de Antonio Machado 'Por qué, decísme, hacia los altos llanos'», en *Antonio Machado, verso a verso*, págs. 299-344.

López-Morillas, Juan, «Antonio Machado: ética y poesía», *Insula*, No. 256 (1968), páginas 1, 12, «Antonio Machado's Temporal Interpretation of Poetry», *JAAC*, VI (1947), páginas 161-171.

Luis, Leopoldo de, «El último Machado», *Insula*, No. 355 (1974), págs. 3, 10.

Macrí, Oreste, «Algunas adiciones y correcciones a mi edición de las poesías de Antonio Machado», *Torre*, Nos. 45-46 (1964), págs. 409-424, «Studi introduttivi», en *Poesie, di Antonio Machado*, 2.ª ed. completa (Milán: Lerici Editori, 1961), págs. 17-207.

Machado, José, «Gli ultimi anni di Antonio Machado. Con nota di Oreste Macrí. Versione di Elisa Aragone», *Letteratura*, XXV (1961), págs. 10-35.

Mallo, Jerónimo, «La ideología religiosa y política del poeta Antonio Machado», *Symposium*, IX (1955), págs. 339-347, «Sobre el 'grande y secreto amor' de Antonio Machado», *CA*, LXI (1952), págs. 214-236.

Marías, Julián, «Antonio Machado y su interpretación poética de las cosas», *CHA*, números 11-12 (1949), págs. 307-321, «Machado y Heidegger», *Insula*, No. 94 (1953), página 1, «La experiencia de la vida en Antonio Machado», *BRAE*, LV (1975), páginas 227-239.

Medina, Ángel, & Schneider, Jane F., «Personification and the Poetics of Soledad in Antonio Machado», *JSSTC*, V (1977), págs. 221-247.

Mora Valcárcel, Carmen de, «En torno a 'Del pasado efímero' de Antonio Machado», en *Antonio Machado, verso a verso*, págs. 163-180.

Navarro Tomás, Tomás, «La versificación de Antonio Machado», *Torre*, Nos. 45-46 (1964), págs. 425-442.

Newton, Nancy A., «Structures of Cognition: Antonio Machado and the *Via negativa*», *MLN*, XC (1975), págs. 231-251.

Nora, Eugenio de, «Antonio Machado ante el futuro de la poesía lírica», *CHA*, números 11-12 (1949), págs. 583-592.

O'Kane, Sister Eleanor, C. S. C., «Antonio Machado, 'Aprendiz de saber popular'», *MLN*, LXXXVII (1972), págs. 232-252.

Ortega y Gasset, José, «Los versos de Antonio Machado», en *Obras completas*, I (Madrid: Revista de Occidente, 1957), págs. 570-574.

Palley, Julián, «Las secretas galerías de Antonio Machado», *CA*, CC (1957), págs. 210-226.

Peers, E. Allison, *Antonio Machado* (Oxford: Clarendon Press, 1940).

Pemán, José María, «El tema del limonero y la fuente en Antonio Machado», *BRAE*, XXXII (1952), págs. 171-191.

Peña Labra (1975). Número dedicado a Antonio Machado.

Pérez Delgado, Rafael, «Ida y vuelta a los clásicos con Antonio Machado y contraluz de Unamuno», *PSA*, XLVI (1967), págs. 11-93.

Phillips, Allen W., «'La tierra de Alvargonzález': verso y prosa», *NRFH*, IX (1955), páginas 129-148, «Antonio Machado y Rubén Darío», *SinN*, II, No. 2 (1971), págs. 36-47.

Piccioto, Robert S., «Meditaciones rurales de una mentalidad urbana: El tiempo, Bergson y Manrique en un poema de Antonio Machado», *Torre*, Nos. 45-46 (1964), páginas 141-150.

Pradal-Rodríguez, Gabriel, «Antonio Machado (1875-1939). Bibliografía. Antología. Obra inédita», *RHM*, XV (1949), págs. 1-98, 153-247.

Predmore, Michael P., «The Nostalgia of Paradise and the Dilemma of Solipsism in the Early Poetry of Antonio Machado», *RHM*, XXXVIII (1975), págs. 30-52.

Predmore, Richard, «El tiempo en la poesía de Antonio Machado», *PMLA*, LXI (1946), páginas 696-711.

Ramírez, Alejandro, «La tierra en la poesía de Antonio Machado», *RHM*, XXVIII (1962), páginas 276-286.

Reyes Cano, Rogelio, «El reencuentro de Machado con el paisaje andaluz: Comentario del poema 'En estos campos de la tierra mía', de *Campos de Castilla*», en *Antonio Machado, verso a verso*, págs. 135-162.

Ribbans, Geoffrey, «Antonio Machado's *Soledades*», *HR*, XXX (1962), págs. 194-215, «La influencia de Verlaine en Antonio Machado», *CHA*, Nos. 91-92 (1957), págs. 180-201, «Unamuno and Antonio Machado», *BHS*, XXXIV (1957), págs. 10-28, «The Unity of Antonio Machado's *Campos de Soria*», *HR*, XLI (1973), págs. 285-296.

Rodríguez Puértolas, J., «Los niños en la poesía de Antonio Machado», *NRFH*, XIX (1970), págs. 110-118.

Rosales, Luis, «Muerte y resurrección de Antonio Machado», *CHA*, Nos. 11-12 (1949), páginas 435-479, «Un antecedente de 'Yo voy soñando caminos'», *CHA*, Nos. 304-307 (1975-1976), págs. 1029-1041.

Ruiz de Conde, Justina, «La crisis de Antonio Machado hacia 1926», *Torre*, Nos. 45-46 (1964), págs. 111-126.

Ruiz Ramón, F., «El tema del camino en la poesía de Antonio Machado», *CHA*, número 151 (1962), págs. 52-76, «Algunas aproximaciones al problematismo del tema de la muerte en la poesía de Antonio Machado», en *Estudios sobre Antonio Machado*, págs. 231-258.

Sánchez Barbudo, Antonio, «El pensamiento de Abel Martín y Juan de Mairena y su relación con la poesía de Antonio Machado», *HR*, XXII (1954), págs. 32-74 y 109-165.

Senabre, Ricardo, «Amor y muerte en Antonio Machado. (El poema 'A José María Palacio')», *CHA*, Nos. 304-307 (1975-1976), págs. 944-971.

Serrano Poncela, Segundo, «Borrosos laberintos», *Torre*, Nos. 45-46 (1964), págs. 265-284.

Siebenmann, Gustav, «Qué es un poema típicamente machadiano», *PSA*, LIII (1969), páginas 31-49, «Antonio Machado (1875-1939): Der Mensch und der Dichter», *Ibero*, III (1971), págs. 285-301.

Sister Katherine Elaine, «Man in the Landscape of Antonio Machado», en *Spanish Thought and Letters in the Twentieth Century*, págs. 272-286.

Sito Alba, Manuel, «Claves francesas de Antonio Machado», *QIA*, Nos. 47-48 (1975-1976), págs. 352-371.

Sobejano, Gonzalo, «Notas tradicionales en la lírica de Antonio Machado», *RF*, LXVI (1954), págs. 112-151, «La verdad en la poesía de Antonio Machado: De la ruina al proverbio», *JSSTC*, IV (1976), págs. 47-73.

Tejada, José F., «Yo voy soñando caminos», en *Antonio Machado, verso a verso*, páginas 47-73.

Titone, Virgilio, «Antonio Machado», en *Machado e García Lorca* (Nápoles: Giannini, 1967), págs. 117-142.

Torre, Guillermo de, «Antonio Machado», en *La difícil universalidad española*, páginas 257-282, «Poesía y ejemplo de Antonio Machado», en *La aventura estética de nuestra edad*, págs. 288-310, «Teorías literarias de Antonio Machado», *Torre*, números 45-46 (1964), págs. 297-312.

Trend, J. B., *Antonio Machado* (Oxford: Dolphin, 1953).

Tudela, José, «Textos olvidados de Antonio Machado», *Insula*, No. 279 (1970), págs. 1, 12.

Urrutia, Jorge, «Bases comprensivas para un análisis del poema 'Retrato'», *CHA*, números 304-307 (1975-1976), págs. 920-943.

Valverde, José María, «Evolución del sentido espiritual de la obra de Antonio Machado», *CHA*, Nos. 11-12 (1949), págs. 399-414.

Varela, José Luis, «Antonio Machado ante España», *HR*, XLV (1977), págs. 117-145.

Vega Díaz, Francisco, «A propósito de unos documentos autobiográficos inéditos de Antonio Machado», *PSA*, LIV (1969), págs. 49-99.

Vivanco, Luis F., «Comentario a unos pocos poemas de Antonio Machado», *CHA*, números 11-12 (1949), págs. 541-565, «Retrato en el tiempo, un poema inédito de Antonio Machado», *PSA*, II (1956), págs. 249-268.

Ynduráin, Domingo, «Tres símbolos en la poesía de Machado», *CHA*, No. 223 (1968), páginas 117-149.
Young, Howard, «Antonio Machado», en *The Victorious Expression*, págs. 33-73.
Zambrano, María, «Antonio Machado y Unamuno, precursores de Heidegger», *Sur*, número 42 (1938), págs. 85-87.
Zardoya, Concha, «El cristal y el espejo en la poesía de Antonio Machado», en *Poesía española del siglo XX*, I, págs. 295-330, «El 'yo' en las *Soledades y Galerías* de Antonio Machado», en *Poesía española del siglo XX*, I, págs. 263-294, «Los caminos poéticos de Antonio Machado», en *Poesía española del siglo XX*, I, págs. 205-239, «Los autorretratos de Antonio Machado», en *Estudios sobre Antonio Machado*, páginas 309-353.

Ramón del Valle-Inclán

LIBROS

Borelli, Mary, *Sulla poesia di Ramón del Valle-Inclán* (Turín: Edizioni Palatine, 1961).
Díaz-Plaja, Guillermo, *Las estéticas de Valle-Inclán* (Madrid: Gredos, 1965).
Fernández Almagro, Melchor, *Vida y literatura de Valle-Inclán*, 2.ª ed. (Madrid: Taurus, 1966).
Gil, Ildefonso Manuel, *Valle-Inclán, Azorín y Baroja* (Madrid: Seminarios y Ediciones, 1975).
Gómez de la Serna, Ramón, *Don Ramón del Valle-Inclán*, 3.ª ed. (Buenos Aires: Espasa-Calpe, 1959).
Gómez Marín, José Antonio, *La idea de la sociedad en Valle-Inclán* (Madrid: Taurus, 1967).
González López, Emilio, *El arte dramático de Valle-Inclán. Del decadentismo al expresionismo* (New York: Las Américas Publishing Co., 1967).
Guerrero, Obdulia, *Valle-Inclán y el novecientos* (Madrid: Magisterio Español, 1977).
Gullón, Ricardo, *Valle-Inclán, Centennial Studies*, ed. de R. G. (Austin: University of Texas Press, 1968).
Lima, Robert, *An Annotated Bibliography of Ramón del Valle-Inclán* (University Park: Pennsylvania State University, 1972).
Lloréns, Eva, *Valle-Inclán y la plástica* (Madrid: Insula, 1975).
Madrid, Francisco, *La vida altiva de Valle-Inclán* (Buenos Aires: Poseidón, 1943).
Paz-Andrade, Valentín, *La anunciación de Valle-Inclán* (Buenos Aires: Losada, 1967).
Pérez, María Esther, *Valle-Inclán, su ambigüedad modernista* (Madrid: Playor, 1977).
Pérez Fernández, José, *Valle-Inclán. (Humanismo, política, justicia)* (Alcoy, Alicante: Marfil, 1976).
Ramón del Valle-Inclán, 1866-1966. (Estudios reunidos en conmemoración del centenario) (La Plata: Universidad Nacional, 1967).
Risco, Antonio, *La estética de Valle-Inclán en los esperpentos y en «El ruedo ibérico»* (Madrid: Gredos, 1967).
Ruiz de Galarreta, Juan, *Ensayo sobre el humorismo en las «Sonatas» de Ramón del Valle-Inclán* (La Plata: Ediciones de la Municipalidad de La Plata, 1962).
Saz, Agustín del, *El teatro de Valle-Inclán* (Barcelona: Industrial Gráfica, 1950).
Sender, Ramón J., *Valle-Inclán y la dificultad de la tragedia* (Madrid: Gredos, 1965).
Speratti-Piñero, Emma Susana, *De «Sonata de otoño» al esperpento. (Aspectos del arte de Valle-Inclán)* (London: Támesis Books, 1968), *La elaboración artística en «Tirano Banderas»* (México: El Colegio de México, 1957), *El ocultismo en Valle-Inclán* (London: Támesis, 1974).
Umbral, Francisco, *Valle-Inclán* (Madrid: Unión Editorial, 1968).
Zahareas, Anthony, Rodolfo Cardona y Sumner Greenfield, *Ramón del Valle-Inclán: An appraisal of His Life and Works* (New York: Las Américas Publishing Co., 1968).

Zamora Vicente, Alonso, *De Garcilaso a Valle-Inclán* (Buenos Aires: Sudamericana, 1950), *La realidad esperpéntica. Aproximación a «Luces de bohemia»* (Madrid: Gredos, 1969), *Las sonatas de Valle-Inclán,* 2.ª ed. (Madrid: Gredos, 1966).

ARTÍCULOS Y ESTUDIOS

Alberti, Rafael, *Imagen primera de...,* págs. 77-82.

Alonso, Amado, «La musicalidad de la prosa en Valle-Inclán», en *Materia y forma en poesía,* págs. 268-314.

Amor y Vázquez, José, «Los galaicismos en la estética valleinclanesca», *RHM,* XXIV (1958), págs. 1-26.

Azaña, Manuel, «El secreto de Valle-Inclán», en *La invención del «Quijote» y otros ensayos* (Madrid: Espasa-Calpe, 1934), págs. 245-261.

Balseiro, José A., «Ramón del Valle-Inclán», en *Blasco Ibáñez, Unamuno, Valle-Inclán, Baroja. Cuatro individualistas de España* (Chapel Hill: University of North Carolina Press, 1949), págs. 123-193.

Barja, César, «Ramón del Valle-Inclán», en *Libros y autores contemporáneos,* páginas 360-421.

Bary, David, «La 'inaccesible categoría estética' de Valle-Inclán», *PSA,* LII (1969), páginas 221-238.

Battistessa, A. J., «Son de muñeira: Notas sobre la lírica de Valle-Inclán», *Nosotros,* I (1936), págs. 126-138, «Un aspecto de la evocación poética en Valle-Inclán», en *Poetas y prosistas españoles* (Buenos Aires: Instituto Cultural Español, 1943), págs. 33-51.

Benítez Claros, R., «Metricismo en las 'Comedias bárbaras'», *RLit,* III (1953), páginas 247-291.

Borelly, Mary, «Valle-Inclán: Poet of Sarcasm», *Hispania,* XLIV (1961), págs. 266-268.

Brooks, J. L., «Valle-Inclán and the Esperpento», *BHS,* XXXIII (1956), págs. 152-164.

Calvo, Salvador, «Vanguardistas de antaño: En torno a Valle-Inclán», *Insula,* Nos. 236-237 (1966), pág. 20.

Campos, Jorge, «'La noche americana de los poetas': Valle-Inclán y la poesía hispanoamericana», *Insula,* Nos. 236-237 (1966), pág. 21.

Cano, José L., «Valle-Inclán y la crítica», *Insula,* No. 22 (1947), pág. 3.

Carballo Calero, R., «A temática galega na obra de Valle-Inclán», *Grial,* No. 3 (1964), páginas 1-16.

Casalduero, Joaquín, «Observaciones sobre el arte de Valle-Inclán», en *Ramón del Valle-Inclán: An Appraisal of His Life and Works,* págs. 151-158.

Casares, Julio, «Ramón del Valle-Inclán», en *Crítica profana* (Buenos Aires: Espasa-Calpe, 1944), págs. 13-84.

Cela, Camilo José, «Valle-Inclán y Unamuno», en *Cuatro figuras del 98 y otros retratos y ensayos españoles* (Barcelona: Aedos, 1961), págs. 17-26.

Correa Calderón, Emilio, «La terrible infancia de Valle-Inclán», *RO,* XV (1966), páginas 343-366.

Cuadernos de Literatura Contemporánea, No. 18 (1946). Número dedicado a Valle-Inclán.

Cuadernos Hispanoamericanos, Nos. 199-200 (1966). Número dedicado a Valle-Inclán.

Díaz-Plaja, Guillermo, «La estética de Valle-Inclán: Simbología y síntesis», en *Actas del Segundo Congreso Internacional de Hispanistas* (Nimega: Instituto Español de la Universidad de Nimega, 1967).

Díez-Canedo, E., «Valle-Inclán, lírico», *LP,* No. 32 (1923), págs. 15-18.

Durán, Manuel, «La pipa de Kif: Del modernismo al esperpento», en *Ramón del Valle-Inclán: An Appraisal of His Life and Works,* págs. 467-478, «Renovaciones temáticas y estilísticas (Origen y función del esperpento)», en *Ramón del Valle-Inclán: An Appraisal of His Life and Works,* págs. 69-77, *De Valle-Inclán a León Felipe* (México: Finisterre, 1974), págs. 11-127.

Fernández del Riego, Francisco, *Galicia y Valle-Inclán* (Madrid: Ediciones de Conferencias y Ensayos, 1959).

Fichter, William, «Introducción», en *Publicaciones periodísticas de don Ramón del Valle-Inclán anteriores a 1895* (México: El Colegio de México, 1952).

Gamallo Fierros, Dionisio, «Aportaciones al estudio de Valle-Inclán», *RO*, XV (1966), páginas 343-366.

García Girón, Edmundo, «Valle-Inclán, Modernist Poet», *Hispania*, XXXIX (1956), páginas 257-260.

Gómez de la Serna, Ramón, «Don Ramón del Valle-Inclán», en *Retratos contemporáneos*, págs. 271-340.

González Alegre, Ramón, «Aportación para un entendimiento de Valle-Inclán poeta», en *Ramón M. del Valle-Inclán, 1866-1966 (Estudios reunidos en conmemoración del centenario)*, págs. 314-323.

González López, Emilio, «La poesía simbolista de Valle-Inclán», *Grial*, No. 23 (1969), páginas 27-36.

Greenfield, Sumner, y Zahareas, Anthony, «The Development of Valle-Inclán's Work», en *Ramón del Valle-Inclán: An Appraisal of His Life and Works*, págs. 35-39.

Gutiérrez, Fernando, «Prólogo», en Ramón del Valle-Inclán, *Sus mejores poesías* (Barcelona: Bruguera, 1955), págs. 7-10.

Iglesias, Carmen, «El 'esperpento' en la obra de Valle-Inclán», *CA*, CIV (1959), páginas 247-263; CV, págs. 212-233.

Ilie, Paul, «The Grotesque in Valle-Inclán», en *Ramón del Valle-Inclán: An Appraisal of His Life and Works*, págs. 493-539.

Indice de Artes y Letras, Nos. 74-75 (1954). Número dedicado a Valle-Inclán.

Insula, Nos. 176-177 (1961). Número dedicado a Valle-Inclán.

Insula, Nos. 236-237 (1966). Número dedicado a Valle-Inclán.

Jiménez, Juan Ramón, «Ramón del Valle-Inclán (Castillo de quema)», en *La corriente infinita* (Madrid: Aguilar, 1961), págs. 91-106.

La Pluma, No. 32 (1923). Número dedicado a Valle-Inclán.

Mallo, Antonio, «El símbolo de la rosa en Valle-Inclán», *Grial*, No. 25 (1969), págs. 287-307.

Maravall, José A., «La imagen de la sociedad arcaica en Valle-Inclán», *RO*, XV (1966), páginas 225-256.

Marías, Julián, *Valle-Inclán en «El ruedo ibérico»* (Buenos Aires: Columba, 1967).

Meregalli, Franco, *Studi su Ramón del Valle-Inclán* (Venecia: Libreria Universitaria, 1958).

Miguélez, Hersilia, «Inventario elemental de la lírica de Valle-Inclán», en *Ramón M. del Valle-Inclán, 1866-1966. (Estudios reunidos en conmemoración del centenario)*, páginas 247-268.

Miró, Emilio, «Valle-Inclán, poeta», *Insula*, Nos. 236-237 (1966), págs. 12, 33.

Montesinos, José F., «Modernismo, esperpentismo o las dos evasiones», *RO*, XV (1966), páginas 146-165.

Morón Arroyo, Ciriaco, «La lámpara maravillosa y la ecuación estética», en *Ramón del Valle-Inclán: An Appraisal of His Life and Works*, págs. 443-459.

Odriozola, Antonio, «Bibliografía sobre Valle-Inclán», *Insula*, Nos. 236-237, pág. 14.

Otero Seco, Antonio, «Sobre Valle-Inclán y el esperpento», *Asomante*, XX, No. 2 (1964), páginas 15-27.

Papeles de Son Armadans, XLII (1966). Número dedicado a Valle-Inclán.

Phillips, Allen W., «Estudio preliminar», en la edición de las *Sonatas* (México: Porrúa, 1969), págs. vii-lx.

Ramírez, Manuel D., «Valle-Inclán's Use of Imagery and Figurative Vocabulary», *Hispania*, XLIV (1961), págs. 260-265.

Revista de Occidente, XV, Nos. 44-45 (1966). Número dedicado a Valle-Inclán.

Revista Hispánica Moderna, II (1936). El No. 4 dedicado a Valle-Inclán.

Rosenbaum, Sidonia C., y Guerrero Ruiz, Juan, «Ramón del Valle-Inclán: Bibliografía», *RHM*, II (1936), págs. 307-314.

Rubia Barcia, J. A., *A Bibliography and Iconography of Valle-Inclán, 1866-1936* (Berkeley and Los Angeles: University of California Press, 1960), «A Synoptic View of Valle-Inclán's Life and Works», en *Ramón del Valle-Inclán: An Appraisal of His Life and Works*, págs. 3-34, «El esperpento: Su signo universal», *CA*, CLVII (1968), págs. 215-237, «Valle-Inclán y la literatura gallega», *RHM*, XXI (1955), págs. 5-60.

Russell, Dora I., «El penacho lírico de Valle-Inclán», *Asomante*, XIX, No. 2 (1963), páginas 30-40.

Salinas, Pedro, «Significación del esperpento o Valle-Inclán, hijo pródigo del 98», en *Literatura española siglo XX*, págs. 115-122.

Sanz Cuadrado, María A., «*Flor de Santidad* y *Aromas de leyenda*», *CLC*, No. 18 (1946), páginas 503-539.

Seeleman, Rosa, «Folkloric Elements in Valle-Inclán», *HR*, III (1935), págs. 103-118.

Sobejano, Gonzalo, «Valle-Inclán frente al realismo español», en *Ramón del Valle-Inclán: An Appraisal of His Life and Works*, págs. 159-171.

Torre, Guillermo de, «Ángulos de Valle-Inclán», *PSA*, XXII (1961), págs. 9-28, «Valle-Inclán o el rostro y la máscara», en *La difícil universalidad española*, págs. 113-162.

Trabazo, Luis, «El mundo poético de Valle-Inclán», *IAL*, Nos. 74-75 (1954), págs. 25-26.

Urmeneta, Fermín de, «Actualidad de la estética inclaniana», *RIE*, XX (1962), págs. 246-249.

Varela Jácome, Benito, «Análisis de *La pipa de Kif*», *CEG*, XXV (1970), págs. 101-118.

Ynduráin, Francisco, *Valle-Inclán. Tres estudios* (Santander: La Isla de los Ratones, 1969).

Zahareas, Anthony, «The Absurd, the Grotesque, and the Esperpento», en *Ramón del Valle-Inclán: An Appraisal of His Life and Works*, págs. 78-108.

Zamora Vicente, Alonso, *Valle-Inclán, novelista por entregas* (Madrid: Taurus, 1973).

José Moreno Villa

LIBROS

Cirre, José Francisco, *La poesía de José Moreno Villa* (Madrid: Insula, 1963).

ARTÍCULOS Y ESTUDIOS

Aub, Max, «José Moreno Villa», en *La poesía española contemporánea*, págs. 107-109.

Bermejo, José M., «Vida en claro de un retraído: José Moreno Villa», *CHA*, No. 331 (1978), págs. 115-125.

Caracola (octubre de 1946). Número homenaje dedicado a José Moreno Villa.

Cardona Peña, Alfredo, «José Moreno Villa y su poesía», en *Pablo Neruda y otros ensayos* (México: Andrea, 1955), págs. 125-133.

Carnero, Guillermo, «Recuperación de Moreno Villa», *Insula*, No. 368 (1977), pág. 12.

Cernuda, Luis, «José Moreno Villa», en *Estudios sobre poesía española contemporánea*, páginas 153-163, «Reflejo de México en la obra de José Moreno Villa», *Universidad de México*, IX, No. 8 (1955).

Chabás, Juan, «Moreno Villa», en *Literatura española contemporánea*, págs. 397-404.

Díez-Canedo, Enrique, «José Moreno Villa», en *Estudios de poesía española contemporánea*, págs. 145-152.

Domínguez Bardona, J., «Recuerdo de Moreno Villa», *Insula*, No. 184 (1962), pág. 12.

Izquierdo, Luis, «El vanguardismo innato de Moreno Villa», *Insula*, No. 382 (1978), página 3.

Machado, Antonio, «Reflexiones sobre la lírica. El libro *Colección* del poeta andaluz José Moreno Villa», *RO*, VIII (1926), págs. 359-377.

Moreno Villa, José, «Autocrítica», *RO*, VI (1924), págs. 435-440, *Vida en claro* (1944), páginas 189-218. (El autor examina en varios capítulos —en particular del XVI al XXI— la relación existente entre las circunstancias personales de su vida y su propia poesía).

Ortega y Gasset, José, «Ensayo de estética a manera de prólogo» (prólogo al libro *El pasajero*, 1914), en *Obras completas*, VI (1958), págs. 247-264.

Sánchez Trincado, J. L., «La autobiografía de un poeta», *El Universal* (Caracas, febrero 18, 1945), «Panorama de la literatura española contemporánea», *El Universal* (Caracas, mayo 28, 1944).

Torre, Guillermo de, «Más allá del modernismo. Los poetas de 1915 e inmediatos» (José Moreno Villa), en *Historia de las literaturas de vanguardia*, págs. 513-514.

Torrente Ballester, Gonzalo, «Moreno Villa», en *Panorama de la literatura española contemporánea*, págs. 283-284.

Valbuena Prat, Ángel, «De la transición al 'vanguardismo'» (José Moreno Villa), *Historia de la literatura española*, III (1968), págs. 607-609.

Villar, Arturo del, «De cómo el poeta malagueño José Moreno Villa conoció y se enamoró de una joven neoyorkina, pelirroja por más señas», *EstLit*, No. 617 (1977), páginas 4-7.

León Felipe

LIBROS

Capella, María Luisa, *La huella mexicana en León Felipe* (México: Finisterre, 1975).

Murillo González, Margarita, *León Felipe, sentido religioso de su poesía* (México: Colección Málaga, 1968).

Rius, Luis, *León Felipe, poeta de barro (Biografía)* (México: Colección Málaga, 1968).

ARTÍCULOS Y ESTUDIOS

Alegría, Fernando, «*Canto a mí mismo*. Variaciones de León Felipe sobre un tema de Walt Whitman», *Atenea*, CVI (1953), págs. 240-258.

Arenal de Rodríguez, Electa, «Bibliografía de León Felipe», *CA*, CXXXI (1963), páginas 274-291.

Aub, Max, «La poesía española fuera de España: León Felipe», en *La poesía española contemporánea*, págs. 206-216.

Blajot, J., «Dos textos de León Felipe», *RyF*, No. 737 (1959), págs. 635-645.

Cardona Peña, Alfredo, «León Felipe y el viento», en *Pablo Neruda y otros ensayos* (México: Andrea, 1955), págs. 117-124.

Cela, Camilo J., «León Felipe no ha muerto», *PSA*, XIV (1959), págs. 227-230.

Cernuda, Luis, «León Felipe», en *Estudios sobre poesía española contemporánea*, páginas 141-150.

Cirre, José F., «León Felipe», en *Forma y espíritu de una lírica española*, págs. 140-144.

Cuadernos Americanos, CXXXI (1963). *Homenaje a León Felipe*.

Chabás, Juan, «León Felipe», en *Literatura española contemporánea*, págs. 404-408.

Díez-Canedo, E., «Un poeta español trashumante: León Felipe», en *Estudios de poesía española contemporánea*, págs. 153-157.

Durán, Manuel, «Notas sobre León Felipe», *Diálogos*, No. 33 (1970), págs. 27-30, «Reflexiones melancólicas sobre León Felipe», en *De Valle-Inclán a León Felipe*, páginas 283-295.

Embeita, María, «Entrevista con León Felipe», *Insula*, No. 254 (1968), págs. 1, 12-13.

Imaz, Eugenio, «Grito a mí mismo» (sobre *Ganarás la luz*), *CA*, II (1943), págs. 231-242.

Insula, No. 265 (1968). *Homenaje a León Felipe*.

Litoral, Nos. 67-69 (Málaga, 1977). Homenaje a León Felipe.

Little, William, «Los motivos de Dios y la profecía en la prosa de León Felipe», *JSSTC,* VII (1979), págs. 187-205.

Martínez Chacón, Elena, «Presencia de León Felipe», *Atenea,* LXXXVI (1947), páginas 165-172.

Merino Reyes, Luis, «León Felipe, profeta de España», *Atenea,* LXXXVI (1947), páginas 258-260.

Miró, Emilio, «León Felipe, en España», *Insula,* No. 354 (1976), pág. 6.

Negro, Juan, «León Felipe, poeta español», *Atenea,* LIX (1940), págs. 17-25.

Obregón, Antonio de, «La ruta de León Felipe», *RO,* XLVII (1935), págs. 337-346.

Paz, Octavio, «El mar (elegía y esperanza)» (sobre *El hacha), Taller,* I, No. 3 (1939), páginas 1-44.

Rius, Luis, «La nueva poesía de León Felipe», *CA,* CLXIV (1967), págs. 199-211.

Sánchez Barbudo, Antonio, «El español del éxodo y del llanto», *Taller,* II, Nos. 8-9 (1940), págs. 58-61.

Scuderi, María, «Goya, León Felipe y la nueva poesía española», *CCLC,* No. 64 (1962), páginas 43-48.

Selva, Mauricio de la, «Otra vez León Felipe», *CA,* CXCVIII (1975), págs. 213-228, «Recordación de León Felipe», *CA,* CXCV (1974), págs. 179-192.

Silva Herzog, Jesús, *et al., León Felipe. Antología y homenaje* (México: Alejandro Finisterre Editor, 1967).

Torre, Guillermo de, «Prólogo» a *Obras completas* (Buenos Aires: Losada, 1963), páginas 9-26, «León Felipe, poeta del tiempo agónico», en *La aventura y el orden* (Buenos Aires: Losada, 1943), págs. 221-229, «Poesía del éxodo y el llanto», *Sur,* No. 76 (1941), págs. 100-106.

Villar, Arturo del, «Los testamentos de León Felipe», *EstLit,* No. 584 (1976), págs. 10-12.

Villatoro Ortega, Ángel, *León Felipe. Mi último encuentro con el poeta* (Valencia: Prometeo, 1975).

Villavicencio, Laura, «Estructura, ritmo e imaginería en *Ganarás la luz,* de León Felipe», *CA,* CLXXXIII (1972), págs. 167-191.

Vivanco, Luis F., «León Felipe y su ritmo combativo», en *Introducción a la poesía española contemporánea,* págs. 143-173.

Wolfe, Bertram D., «León Felipe: Poet of Spain's Tragedy», *American Scholar,* XII (1943), págs. 330-338, «León Felipe: Poet of Spain's Exodus and Tears», *TriQ,* XVI (1970), págs. 21-39.

Zardoya, Concha, «León Felipe y sus símbolos parabólicos», en *Poesía española del siglo XX,* II, págs. 35-105.

Gerardo Diego

LIBROS

D'Arrigo, Miledda C., *Gerardo Diego. Il poeta di «Versos humanos»* (Turín: Università, 1955).

Gallego Morell, Antonio, *Vida y poesía de Gerardo Diego,* con una bibliografía (Barcelona: Aedos, 1956).

Manrique de Lara, José G., *Gerardo Diego* (Madrid: Ediciones y Publicaciones Españolas, 1970).

ARTÍCULOS Y ESTUDIOS

Alonso, Dámaso, «La poesía de Gerardo Diego», en *Poetas españoles contemporáneos,* páginas 233-255.

Berbenni, Gino, «La situación poética de Gerardo Diego», *Clavileño,* No. 25 (1954), páginas 61-63.

Blajot, J., «Lírica asuncionista en la Exposición de Arte Misional», *RyF*, CXLIV (1951), páginas 118-126.

Cano, José Luis, «Dos notas sobre Gerardo Diego», en *Poesía española del siglo XX*, páginas 227-232, «Gerardo Diego. *Poemas adrede*», *Corcel*, No. 7 (1944), pág. 128.

Carpintero, Heliodoro, «Soria y Gerardo Diego», *Insula*, No. 46 (1949), pág. 3.

Cassou, Jean, «*Manual de espumas* de Gerardo Diego», *MdF*, CLXXXI (1925), págs. 534-535.

Cirre, José F., «Creacionismo y superrealismo», en *Forma y espíritu de una lírica española*, págs. 103-114.

Claver, José M., «El pianista Gerardo Diego», *Escorial*, XIX, No. 60 (1949), págs. 1237-1244.

Cossío, José María de, «La poesía de Gerardo Diego», *Escorial*, V (1941), págs. 440-451, *Los toros en la poesía castellana*, I (1931), págs. 336-339.

Cuadernos de Ágora, Nos. 37-38 (1959). Número dedicado a Gerardo Diego.

Chabás, Juan, «Gerardo Diego», en *Literatura española contemporánea*, págs. 534-540.

D'Arrigo, Miledda C., «*Biografía incompleta* de Gerardo Diego», *PEsp*, No. 39 (1955), páginas 17-22.

Debicki, Andrew, «Temas íntimos salvados por el arte: algunos poemas de Gerardo Diego», en *Estudios sobre poesía española contemporánea*, págs. 262-284.

Dehennin, Elsa, «Gerardo Diego», en *La résurgence de Góngora et la génération poétique de 1927*, págs. 187-205.

Díaz-Plaja, Guillermo, «*El 'Cordobés' dilucidado*, de Gerardo Diego», en *La creación literaria en España* (1968), págs. 5-8.

Dittmeyer, Hannelore, «Gerardo Diego: Dichtung und Welthaltung. *Manual de espumas* als Ausdruck einer Dichterpersönlichkeit», *RJ*, IX (1959), págs. 331-353.

Durán, Manuel, «Gerardo Diego y la sorpresa poética», *RHM*, XXVII (1961), págs. 33-36.

Entrambasaguas, Joaquín de, «Las dos alondras de Gerardo Diego», *CLC*, I (1942), páginas 32-37.

Gallego Morell, Antonio, «Un ciprés en la poesía española», *CHA*, No. 30 (1952), páginas 305-316.

Gullón, Ricardo, «Aspectos de Gerardo Diego», *Insula*, No. 137 (1958), págs. 1, 4; números 138-139, págs. 3, 20, «La veta aventurera de Gerardo Diego», *Insula*, No. 90 (1953), pág. 3, «Gerardo Diego y el creacionismo», *Insula*, No. 354 (1976), págs. 1, 10.

Hernández Valcárcel, María del Carmen, «Música y poesía en los *Nocturnos de Chopin* de Gerardo Diego», en *Estudios literarios dedicados al Prof. Mariano Baquero Goyanes* (Murcia: Universidad, 1974), págs. 199-209.

La Estafeta Literaria, Nos. 594-595 (1976). Número dedicado a Gerardo Diego.

Manrique de Lara, José, «Gerardo Diego, desde sus versos vividos», *CHA*, No. 284 (1974), págs. 407-415.

Montes, H., «Vicente Huidobro y Gerardo Diego», en *Poesía actual de Chile y España* (Barcelona: Sayma, 1963), págs. 125-143.

Morris, C. B., «The Game of Poetry» (Gerardo Diego), en *A Generation of Spanish Poets*, págs. 93-94.

Nora, Eugenio de, «La obra de Gerardo Diego a través de su primera *Antología*», *CHA*, No. 4 (1948), págs. 135-149.

Peña Labra, No. 4 (verano, 1972). Homenaje a Gerardo Diego.

Salinas, Pedro, «Una antología de la poesía española contemporánea», en *Literatura española siglo XX*, págs. 199-212.

Suárez Campos, J. M., «Las imágenes visuales en la poesía de Gerardo Diego», *NE*, número 19 (1960), págs. 51-56.

Torre, Guillermo de, *Historia de las literaturas de vanguardia*, págs. 504-507, 554-560.

Valbuena Prat, Ángel, «Gerardo Diego, creacionista y humano», en *Historia de la literatura española*, IV (1968), págs. 640-647.

Verbo, Nos. 19-20 (1950). Homenaje a Gerardo Diego.

Villar, Arturo del, «Una 'rima' creacionista de Gerardo Diego», *Insula*, Nos. 368-369 (1977), pág. 11.

Vivanco, Luis F., «La palabra artística y en peligro de Gerardo Diego», en *Introducción a la poesía española contemporánea*, págs. 177-220.

Zardoya, Concha, «Una insistencia temática: Castilla, en la obra de Gerardo Diego», en *Poesía española del siglo XX*, II, págs. 273-294.

Zubiaurre, Antonio de, «Sobre Gerardo Diego retratista, y de un retrato ejemplar», *EstLit*, No. 594 (1976), págs. 12-16.

Federico García Lorca

LIBROS

Adams, Mildred, *García Lorca: Playwright and Poet* (Nueva York: G. Braziller, 1977).

Allen, Rupert C., *Psyche and Symbol in the Theater of Federico García Lorca* (Austin: University of Texas Press, 1974), *The Symbolic World of Federico García Lorca* (Albuquerque: University of New Mexico Press, 1972).

Auclair, Marcelle, *Enfances et mort de García Lorca* (París: Éditions du Seuil, 1968).

Babín, María Teresa, *El mundo poético de Federico García Lorca* (San Juan: Biblioteca de Autores Portorriqueños, 1954).

Barea, Arturo, *Lorca. El poeta y su pueblo* (Buenos Aires: Losada, 1957).

Belamich, A., *Lorca* (París: Gallimard, 1962).

Berenguer Carisomo, Arturo, *Las máscaras de Federico García Lorca* (Buenos Aires: Talleres Gráficos Ruiz Hermanos, 1941).

Busette, Cedric, *Obra dramática de García Lorca. Estudio de su configuración* (New York: Las Américas, 1971).

Campbell, Roy, *Lorca. An Appreciation of His Poetry* (New Haven: Yale University Press, 1959).

Cano, José L., *García Lorca. Biografía ilustrada* (Barcelona: Destino, 1962).

Castro, Eduardo, *Muerte en Granada. La tragedia de Federico García Lorca* (Madrid: Akal, 1975).

Cobb, Carl W., *Federico García Lorca* (New York: Twayne Publishers, 1967).

Colecchia, Francesca, *García Lorca: A Selectively Annotated Bibliography of Criticism* (New York: Garland, 1979).

Comincioli, Jacques, *Federico García Lorca. Textes inédits et documents critiques* (Lausanne: Éditions Rencontre, 1971).

Correa, Gustavo, *La poesía mítica de Federico García Lorca* (Eugene: University of Oregon Publications, 1957; 3.ª ed., Madrid: Gredos, 1975).

Couffon, Claude, À *Grenade sur les pas de García Lorca* (París: Seghers, 1962).

Craige, Betty Jean, *Lorca's Poet in New York. The Fall into Consciousness* (Lexington: The University Press of Kentucky, 1977).

Crow, John A., *Federico García Lorca* (Los Angeles: University of California, 1945).

Díaz-Plaja, Guillermo, *Federico García Lorca. Su obra e influencia en la poesía española*, 3.ª ed. (Madrid: Espasa-Calpe, 1961).

Díaz-Plaja Contesti, Aurora, *Federico García Lorca* (Barcelona: Hisma, 1976).

Durán, Manuel (recopilador), *A Collection of Critical Essays* (Englewood Cliffs, N. J.: Prentice-Hall, 1962).

Durán Medina, Trinidad, *Federico García Lorca y Sevilla* (Sevilla: Diputación Provincial, 1974).

Eich, Christoph, *Federico García Lorca, poeta de la intensidad*, 3.ª ed. (Madrid: Gredos, 1976).

Eisenberg, Daniel, *«Poeta en Nueva York»: Historia y problemas de un texto de Lorca* (Barcelona: Ariel, 1976).

Feal Deibe, Carlos, *Eros y Lorca* (Barcelona: Edasa, 1973).

Flecniakoska, J. L., *L'univers poétique de Federico García Lorca* (París-Burdeos: Bière, 1952).

Flys, Miguel Jaroslaw, *El lenguaje poético de Federico García Lorca* (Madrid: Gredos, 1955).

Fusero, Clemente, *García Lorca* (Milán: Dall'Oglio, 1969).

García-Posada, Miguel, *García Lorca* (Madrid: *EDAF*, 1979).

Gibson, Ian, *La represión nacionalista de Granada en 1936 y la muerte de Federico García Lorca* (París: Ruedo Ibérico, 1971).

Gil, Ildefonso Manuel (recopilador), *Federico García Lorca* (Madrid: Taurus, 1973).

Gorman, John, *The Reception of Federico García Lorca in Germany* (Göppingen: Kümmerle, 1973).

Guardia, Alfredo de la, *García Lorca, persona y creación* (Buenos Aires: Schapiro, 1952).

Guillén, Jorge, *Federico en persona. Semblanza y epistolario* (Buenos Aires: Emecé, 1959).

Henry, Albert, *Les grands poèmes andalous de Federico García Lorca. Traductions françaises, études et notes* (Gante: Romanica Gandensia, 1958).

Higginbotham, Virginia, *The Comic Spirit of Federico García Lorca* (Austin: The University of Texas Press, 1975).

Honig, Edwin, *García Lorca* (Norfolk: Connecticut: New Directions, 1944; Barcelona: Laia, 1974).

Huber, Egon, *García Lorca. Weltbild und metaphorische Darstellung* (Munich: Wilhelm Fink Verlag, 1967).

Iglesias Ramírez, Manuel, *Federico García Lorca, el poeta universal* (Barcelona: Dux, 1955).

Laffranque, Marie, *Les idées esthétiques de Federico García Lorca* (París: Presses de l'Imprimerie Folloppe, 1967).

Lara Pozuelo, Antonio, *El adjetivo en la lírica de Federico García Lorca* (Barcelona: Ariel, 1973).

Laurenti, Joseph, & Siracusa, Joseph (recopiladores), *Federico García Lorca y su mundo. Ensayo de una bibliografía general* (Metuhen, N. J.: Scarecrow Press, 1974).

Lima, Robert, *The Theater of García Lorca* (New York: Charles Press, 1963).

Lorenz, Günther, *Federico García Lorca* (Karlsruhe: Stahlberg, 1961).

Loughran, David K., *Federico García Lorca. The Poetry of Limits* (London: Támesis, 1978).

Marcilly, C., *Ronde et fable de la solitude à New York* (París: Éditions Hispano-Américaines, 1962).

Martínez Nadal, Rafael, *«El público». Amor, teatro y caballos en la obra de Federico García Lorca* (Oxford: Dolphin, 1970).

Melis, Antonio, *García Lorca* (Florencia: La Nuova Italia, 1976).

Menarini, Piero, *«Poeta en Nueva York» di Federico García Lorca: Lettura critica* (Florencia: La Nuova Italia, 1975).

Miller, Norman C., *García Lorca's «Poema del Cante jondo»* (London: Támesis, 1979).

Monleón García, José, *García Lorca. Vida y obra de un poeta* (Barcelona: Ayma, 1974).

Mora Guarnido, José, *Federico García Lorca y su mundo* (Buenos Aires: Losada, 1958).

Morelli, Gabriele, *Lorca. La vita, l'opera, i testi esemplari* (Milán: Edizione Academia, 1975).

Morla Lynch, Carlos, *En España con Federico García Lorca. Páginas de un diario íntimo, 1928-1936* (Madrid: Aguilar, 1957).

Parrot, Louis, y Guibert, Armand, *Federico García Lorca* (París: Seghers, 1966).

Pollin, Alice M. (recopilador), *A Concordance to the Plays and Poems of Federico García Lorca* (Ithaca, N. Y.: Cornell University Press, 1975).

Prieto, Gregorio (recopilador), *Lorca y la generación del 27* (Madrid: Biblioteca Nueva, 1977).

Ramos Gil, Carlos, *Claves líricas de García Lorca. Ensayos sobre la expresión y los climas poéticos lorquianos* (Madrid: Aguilar, 1967).

Río, Ángel del, *Vida y obra de Federico García Lorca* (Zaragoza: Heraldo de Aragón, 1952).

Rodrigo, Antonina, *García Lorca en Cataluña* (Barcelona: Planeta, 1975).
Sánchez, Roberto, *García Lorca. Estudio sobre su teatro* (Madrid: Ediciones Jura, 1950).
Scarpa, Roque E., *El dramatismo en la poesía de Federico García Lorca* (Santiago de Chile: Editorial Universitaria, 1961).
Schonberg, Jean, *A la recherche de Lorca*, (Neuchâtel: La Baconnière, 1966), *Federico García Lorca. L'homme. L'oeuvre* (París: Plon, 1956).
Stanton, Edward, *The Tragic Myth: Lorca and «Cante Jondo»* (Lexington: University of Kentucky Press, 1978).
Trend, J. B., *Lorca and the Spanish Poetic Tradition* (Oxford: Basil Blackwell, 1956).
Umbral, Francisco, *Lorca, poeta maldito* (Madrid: Biblioteca Nueva, 1968).
Vázquez Ocaña, Fernando, *García Lorca. Vida, cántico y muerte* (México: Biografías Gandesa, 1957).
Vicent, Manuel, *García Lorca* (Madrid: Ediciones y Publicaciones Españolas, 1969).
Vila San-Juan, José, *García Lorca, asesinado: toda la verdad* (Barcelona: Planeta, 1975).
Zdenek, Joseph W. (editor), *The World of Nature in the Works of Federico García Lorca* (Rock Hill: Winthrop College, South Carolina, 1980).

ARTÍCULOS Y ESTUDIOS

Aguirre, J. M., «El sonambulismo de Federico García Lorca», *BHS*, XLIV (1967), páginas 267-285.
Alberti, Rafael, *García Lorca* (Buenos Aires: Centro Editor de América Latina, 1968).
Alonso, Dámaso, «Federico García Lorca y la expresión de lo español», en *Poetas españoles contemporáneos*, págs. 257-266.
Álvarez de Miranda, A., *La metáfora y el mito* (Madrid: Taurus, 1963).
Allen, Rupert, «An Analysis of Narrative and Symbol in Lorca's 'Romance sonámbulo'», *HR*, XXXVI (1968), págs. 338-352, «Una explicación simbológica de 'Iglesia abandonada' de Lorca», *Hispanófila*, No. 26 (1966), págs. 33-34.
Allué y Morer, Fernando, «Federico García Lorca y los *Romances gitanos*», *RO*, XXXII (1971), págs. 229-239.
Asomante, XVIII, No. 1 (1962). Número dedicado a García Lorca.
Babín, María Teresa, «Narciso y la esterilidad en la obra de García Lorca», *RHM*, XI (1954), págs. 48-51, «La poesía gallega de García Lorca», *SinN*, V, No. 2 (1974), páginas 21-42.
Bardi, Ubaldo, «Matériaux pour une bibliographie italienne de Federico García Lorca», *BHi*, LXIII (1961), págs. 88-97.
Barea, Arturo, «Las raíces del lenguaje poético de Lorca», *BHS*, XXII (1945), páginas 3-15.
Blanquat, Josette, «La lune manichéenne dans la mythologie du *Romancero gitano*», *RLC*, XXXVIII (1965), págs. 376-399.
Bodini, Vittorio, *I poeti surrealisti spagnoli*, págs. lxv-lxxx.
Bordier, Roger, «Whitman et Lorca», *Europe*, Nos. 483-484 (1969), págs. 188-191.
Bosch, Rafael, «Los poemas paralelísticos de García Lorca», *RHM*, XXVIII (1962), páginas 36-44.
Bottin-Fourchotte, Colette, «Le Bestiaire dans *Poeta en Nueva York*, de Federico García Lorca», en *Démarches linguistiques et poétiques* (Saint-Étienne: Centre Interdisciplinaire d'Étude et de Recherche sur l'expression contemporaine, 1977), páginas 261-276.
Bowra, Cecil, «Federico García Lorca. *Romancero gitano*», en *The Creative Experiment*, págs. 189-219.
Buero Vallejo, Antonio, *Tres maestros ante el público (Valle-Inclán, Velázquez, Lorca)* (Madrid: Alianza, 1973).
Cannon, Calvin, «Lorca's *Llanto por Ignacio Sánchez Mejías* and the Elegiac Tradition», *HR*, XXXI (1963), págs. 229-236.

Cano Ballesta, J., «Una veta reveladora en la poesía de García Lorca», *RF*, LXXVII (1965), págs. 75-107.

Cernuda, Luis, «Federico García Lorca», en *Estudios sobre poesía española contemporánea*, págs. 207-220.

Cirre, José F., «El caballo y el toro en la poesía de García Lorca», *CA*, LXVI (1952), páginas 231-245, «Sublimación de elementos populares» (Federico García Lorca), en *Forma y espíritu de una lírica española*, págs. 84-102.

Cobb, Carlos, «Federico García Lorca and Juan Ramón Jiménez: The Question of Influences», *TSL*, XV (1970), págs. 177-188.

Comincioli, J., «En torno a García Lorca. Sugerencias. Documentos. Bibliografía», *CHA*, No. 130 (1960), págs. 25-36.

Correa, Gustavo, «El simbolismo de la luna en la poesía de García Lorca», *PMLA*, XXII (1957), págs. 1060-1084, «El simbolismo del sol en la poesía de Federico García Lorca», *NRFH*, XIV (1960), págs. 110-119, «El simbolismo religioso en la poesía de Federico García Lorca», *Hispania*, XXXIX (1956), págs. 41-48, «Significado de *Poeta en Nueva York* de Federico García Lorca», *CA*, CII (1959), págs. 224-233, «The Mythification of Nature in the Poetry of Federico García Lorca», en *The World of Nature in the Works of Federico García Lorca*, págs. 1-7.

Crow, J. A., «Bibliografía hispanoamericana de Federico García Lorca», *RIA*, I (1939), páginas 307-319.

Cruz Rosón, M. Francisca, «Il neopopolarismo nell'opera di Federico García Lorca», *Ausonia*, XXXI, Nos. 1-2 (1976), págs. 51-64.

Debicki, Andrew, «Federico García Lorca: estilización y visión de la poesía», en *Estudios sobre poesía española contemporánea*, págs. 202-223.

DeLong, Beverly, «Sobre el desarrollo lorquiano del romance tradicional», *Hispanófila*, No. 35 (1969), págs. 51-62.

Devoto, Daniel, «Lecturas de García Lorca», *RLC*, XXXIII (1958), págs. 518-528, «Notas sobre el elemento tradicional en la obra de García Lorca», *Filología*, II (1950), páginas 292-341.

Eisenberg, Daniel, «Cuatro pesquisas lorquianas», *Thesaurus*, XXX (1975), págs. 520-538, «A Chronology of Lorca's Visit to New York and Cuba», *KRQ*, XXIV (1977), páginas 233-250.

Feal Deibe, Carlos, «Los *Seis poemas gallegos* de Lorca y sus fuentes Rosalianas», *RF*, LXXXIII (1971), págs. 555-587.

Federiko Garsia Lorka: Bibliografičeskij ukazatel (Moscú: Kniga, 1971).

Ferraresi, Alicia C. de, «Federico y su doble: Una constante arquetípica en la poesía juvenil de Federico García Lorca», *SinN*, IV, No. 3 (1974), págs. 57-77.

Foster, David William, «Reiterative Formulas in García Lorca's Poetry», *Lang & S*, IX (1976), págs. 171-191, «Toward an Analysis of Poetic Structure in García Lorca», *HR*, XLIII (1975), págs. 49-78, «Two Syntactic Approaches to the Poetry of García Lorca», *LNL*, I, No. 3 (1976), págs. 55-131.

Foster, Jeremy C., «Aspects of Lorca's Saint Christopher», *BHS*, XLIII (1966), páginas 109-116.

Franco Grande, José, y Landeira Yrago, José, «Cronología gallega de Federico García Lorca y datos sincrónicos», *Grial*, No. 45 (1974), págs. 28-307.

García Álvarez, César, «'Reyerta', un poema de creación visionaria», *BFC*, XXIII-XXIV (1972-1973), págs. 77-102.

García Lorca, Francisco, «Córdoba lejana y sola», *CA*, XXXIV (1947), págs. 232-244.

Gibson, Ian K., «Lorca's *Balada triste:* Children's Songs and the Theme of Sexual Disharmony in *Libro de poemas*», *BHS*, XLVI (1969), págs. 21-38.

Gómez de Salazar, Carmen, «Cinco Odas de Federico García Lorca», *REH-PR*, Nos. 1-4 (1972), págs. 129-141.

González, Yara, «Los ojos en Lorca a través de 'Santa Lucía y San Lázaro'», *HR*, XL (1972), págs. 145-161.

González Carballo, José, *Vida, obra y muerte de Federico García Lorca* (Santiago de Chile: Ercilla, 1938).

Gullón, Ricardo, «Lorca en Nueva York», *Torre*, No. 18 (1957), págs. 161-170.

Hall, J. B., «Lorca's *Romancero gitano* and the Traditional *Romances viejos*, with Especial Reference to *San Rafael* (Córdoba)», en *Studies of the Spanish and Portuguese Ballad* (ed. N. D. Shergold) (London: Támesis, 1972), págs. 141-164.

Harris, D. R., «The Religious Theme in Lorca's *Poeta en Nueva York*», *BHS*, LIV (1977), págs. 315-326.

Hernández, Mario, «Huellas árabes en el *Diván del Tamarit*», *Insula*, No. 370 (1977), páginas 3, 5.

Hierro, José, «El primer Lorca», *CHA*, Nos. 224-225 (1968), págs. 437-462.

Higginbotham, Virginia, «Lorca's Apprenticeship in Surrealism», *RR*, LXI (1970), páginas 109-122, «Reflejos de Lautréamont en *Poeta en Nueva York*», *Hispanófila*, número 46 (1972), págs. 59-68.

Homenaje al poeta Federico García Lorca (Valencia: Ediciones Españolas, 1937).

Ilie, Paul, «The Aseptic Garden», «The Georgics of Technology», y «Biocultural Prehistory», en *The Surrealist Mode in Spanish Literature*, págs. 57-104.

Jackson, Richard, «La presencia de la greguería en la obra de García Lorca», *Hispanófila*, No. 25 (1965), págs. 51-55.

Jiménez, Juan Ramón, «Federico García Lorca», en *Españoles de tres mundos*, páginas 136-137.

Laffranque, Marie, «Pour l'étude de Federico García Lorca. Bases chronologiques», *BHi*, LXV (1963), págs. 333-377, «Puertas abiertas y cerradas en la poesía y el teatro de García Lorca», en *Federico García Lorca* (ed. Ildefonso Manuel Gil).

Leighton, Charles, «The Treatment of Time and Space in the *Romancero gitano*», *Hispania*, XLIII (1960), págs. 378-383.

López Morillas, Juan, «García Lorca y el primitivismo lírico: reflexiones sobre el *Romancero gitano*», *CA*, LIII (1950), págs. 238-250.

Los estudiantes de ciencias a Federico García Lorca (Granada: Universidad, 1969).

Loughran, David, «Myth, the Gypsy, and Two 'Romances históricos'», *MLN*, LXXXVII (1972), págs. 253-271.

Marcilly, C., *Essai d'interprétation de la 'Burla de don Pedro a caballo'* (París: Librairie des Éditions Espagnoles, 1957), «Note pour l'étude de la pensée religieuse de Federico García Lorca: 'Crucifixión'», en *Mélanges à Marcel Bataillon* (Bordeaux: Feret et Fils, 1962), págs. 507-526.

Marcos, Balbino, «El *Libro de poemas* de Federico García Lorca. Apreciaciones sobre diversos sentidos trascendentes del mundo inanimado y vegetal», *LdD*, VI, No. 11 (1976), págs. 33-68.

Morris, C. B., *A Generation of Spanish Poets*, págs. 45-54, 59-69, 100-104, 217-232.

Muñoz Cortés, Manuel, y Gimeno Casalduero, Joaquín, «Notas sobre el diminutivo en García Lorca», *Archivum*, IV (1954), págs. 277-304.

Navarro Tomás, Tomás, «La intuición rítmica en Federico García Lorca», *RHM*, XXXIV (1968), págs. 363-375.

Ortega, José, «García Lorca: poeta social. 'Los negros' *(Poeta en Nueva York)*», *CHA*, números 320-321 (1977), págs. 407-419.

Paepe, Christian de, «García Lorca: Posiciones, oposiciones, proposiciones y contraposiciones. (Apostillas a la documentación lorquiana)», *CHA*, No. 269 (1972), páginas 271-299.

Palm, Erwin Walter, «Kunst jenseits der Kunst. Federico García Lorcas Theorie vom *Duende*», *Akzente*, XIII (1966), págs. 255-270.

Peña, Cecilio, *Lorca, su lírica: texto y comentario del «Llanto»* (Montevideo: La Casa del Estudiante, 1977).

Phillips, Allen, «Sobre la poética de García Lorca», *RHM*, XXIV (1958), págs. 36-48.

Pradal, Gabriel, «Las cosas de Federico», *CA*, LXXI (1953), págs. 271-280.

Predmore, Richard L., «Nueva York y la conciencia social de Federico García Lorca», *RHM*, XXXVI (1973), págs. 32-40.

Profeti, Maria Grazia, «Repertorio simbolico e codice nel *Poema del cante jondo*», *LeS*, XII (1977), págs. 267-317.

Revista de las Indias (Bogotá), I, No. 5 (1937). *Homenaje a Federico García Lorca.*

Río, Ángel del, «Introduction» a *Poet in New York by Federico García Lorca*. Complete Spanish Text with a New Translation by Ben Belitt (New York: Grove Press, 1955), págs. ix-xxxix. También en *Estudios sobre literatura contemporánea española*, páginas 251-293, «A los sesenta años del nacimiento de un poeta que no llegó a cumplirlos», en *Estudios sobre literatura contemporánea española*, págs. 236-250.

Rizzo, Gil, «Poesía de Federico García Lorca y poesía popular», *Clavileño*, No. 36 (1955), páginas 44-51.

Roberts, Gemma, «La intuición poética del tiempo finito en las *Canciones* de Federico García Lorca», *RHM*, XXXIII (1967), págs. 250-261.

Rosales, Luis, «La Andalucía del llanto (Al margen del *Romancero gitano*)», *CyR*, número 14 (1934), págs. 39-70.

Rosenbaum, Sidonia C., «Federico García Lorca. Bibliografía», en *RHM*, VI (1940), páginas 263-279.

Rozik, Eli, «A Structural Approach to Lorca's Metaphorics in the *Romancero gitano*», en *Studies in Hispanic History and Literature* (ed. B. Jozef) (Jerusalem: Hebrew U. P., 1974), págs. 174-198.

Sáez, Richard, «The Ritual Sacrifice in Lorca's *Poet in New York*», en *A Collection of Critical Essays*, págs. 108-129.

Salinas, Pedro, «García Lorca y la cultura de la muerte», en *Ensayos de literatura hispánica*, págs. 374-377.

Serrano Poncela, S., «Lorca y los unicornios», *Insula*, No. 221 (1965), pág. 3.

Siebenmann, Gustav, «Elevación de lo popular en la poesía de Lorca», en *Actas del Segundo Congreso Internacional de Hispanistas* (Nimega: Instituto Español de la Universidad de Nimega, 1967), págs. 599-609.

Solotorevsky, Myrna, «Vida y muerte en García Lorca y Pablo Neruda», en *Studies in Hispanic History and Literature* (ed. B. Jozef) (Jerusalem: Hebrew U. P., 1974), páginas 226-257.

Speratti-Piñero, E. S., «Los niños en la obra de Federico García Lorca», *RFHum*, I (1959), págs. 339-357.

Terracini, Lore, «Acerca de dos romances gitanos», *QIA*, No. 22 (1958), págs. 429-443.

Titone, Virgilio, «Federico García Lorca», en *Machado e García Lorca* (Nápoles: Giannini, 1967), págs. 117-142.

Torre, Guillermo de, «Presencia de Federico García Lorca», en *La aventura estética de nuestra edad*, págs. 265-288.

Trece de Nieve. Segunda Época, Nos. 1-2 (diciembre, 1976). Homenaje a Federico García Lorca.

Umbral, Francisco, «Análisis y síntesis de Lorca», *RO*, XXXII (1971), págs. 221-229.

Vajsbord, M., *Federico Garsia Lorca—Muzykant* (Moscú: Sovetskij kompositor, 1970).

Vivanco, Luis F., «Federico García Lorca, poeta dramático de copla y estribillo», en *Introducción a la poesía española contemporánea*, págs. 385-456.

Wardropper, Bruce, «The Modern Spanish Elegy: Antonio Machado's Lament for Federico García Lorca», *Symposium*, XIX (1965), págs. 162-170.

Xirau, Ramón, «La relación *metal-muerte* en los poemas de García Lorca», *NRFH*, VII (1952), págs. 364-371.

Yahni, Robert, «Algunos rasgos formales en la lírica de García Lorca: Función del paréntesis», *BHi*, LXVI (1964), págs. 106-124.

Young, Howard T., «Federico García Lorca. The Magic of Reality», en *The Victorious Expression*, págs. 137-216.

Zardoya, Concha, «La técnica metafórica de Federico García Lorca», en *Poesía española del siglo XX*, III, págs. 9-74, «Los espejos de Federico García Lorca», en *Poesía española del siglo XX*, III, págs. 75-119.

Dámaso Alonso

LIBROS

Alvarado de Ricord, Elsie, *La obra poética de Dámaso Alonso* (Madrid: Gredos, 1968).

Báez San José, Valerio, *La estilística de Dámaso Alonso* (Sevilla: Universidad, 1971).

Debicki, Andrew, *Dámaso Alonso* (New York: Twayne Publishers, 1970; Madrid: Cátedra, 1974).

Ferreres, Rafael, *Aproximaciones a la poesía de Dámaso Alonso* (Valencia: Bello, 1976).

Flys, Miguel Jaroslaw, *La poesía existencial de Dámaso Alonso* (Madrid: Gredos, 1969), *Tres poemas de Dámaso Alonso. (Comentario estilístico)* (Madrid: Gredos, 1974).

Zorita, Ángel, *Dámaso Alonso* (Madrid: Ediciones y Publicaciones Españolas, 1976).

ARTÍCULOS Y ESTUDIOS

Alarcos Llorach, Emilio, «*Hijos de la ira* en 1944», *Insula*, Nos. 138-139 (1958), pág. 7.

Alborg, Juan Luis, «Dámaso Alonso and Contemporary Criticism», *BA*, XLVIII (1974), páginas 307-318.

Alvar, Manuel, *La estilística de Dámaso Alonso, herencias e instrucciones* (Salamanca: Universidad, 1977), «La 'noche oscura' de Dámaso Alonso», *CHA*, Nos. 280-282 (1973), páginas 112-135.

Ballesteros, Rafael, «Algunos recursos rítmicos de *Hijos de la ira*», *CHA*, No. 215 (1967), págs. 371-380, «*Hijos de la ira* en la revista *Garcilaso*», *Torre*, Nos. 70-71 (1970-1971), págs. 283-300.

Belchior, María de Lourdes, «Podredumbre y esperanza en *Hijos de la ira*», *Insula*, Nos. 138-139 (1958), pág. 8.

Bermejo, José, «Caza de amor (Dámaso Alonso y San Juan de la Cruz),» *CHA*, Nos. 280-282 (1973), págs. 356-371.

Blanco, Antonio, *La poesía de Dámaso Alonso* (Tijuana, México: Atenea, 1963).

Bleiberg, Germán, «Dámaso Alonso, *Hijos de la ira*. América», *RO*, XXV (1969), páginas 231-237.

Books Abroad (marzo, 1973). Homenaje a Dámaso Alonso.

Bousoño, Carlos, «La poesía de Dámaso Alonso», *PSA*, XI (1958), págs. 256-300.

Cano, José L., «Poesía y fervor de Dámaso Alonso», en *Poesía española del siglo XX*, páginas 243-260.

Coddou, Marcelo, «Notas para otra crítica: ¿Por qué los 'monstruos' de Dámaso Alonso?», *CHA*, Nos. 280-282 (1973), págs. 142-161.

Cuadernos Hispanoamericanos, Nos. 280-282 (octubre-diciembre, 1973). Homenaje a Dámaso Alonso.

Debicki, Andrew, «Dámaso Alonso's View on Poetry», en *HR*, XXXIV (1966), páginas 111-120, «El tema y el símbolo en la poesía de Dámaso Alonso, 1921-1944», y «Hombre y Dios», en *Estudios sobre poesía española contemporánea*, págs. 150-210, «*Hijos de la ira* y la poesía temprana de Dámaso Alonso», *RomN*, XII (1971), págs. 274-281, «Satire and Dramatic Monologue in Several Poems of Dámaso Alonso», *BA*, XLVIII (1974), págs. 276-285.

De Gennaro, Giuseppe, «L'itinerario poetico di Dámaso Alonso», *Letture*, XVIII (1963), páginas 83-96.

Díaz Marqués, Luis, «La temática en la poesía de Dámaso Alonso» *CHA*, No. 209 (1967), págs. 231-265.

Di Franco, Ralph, «Continuidad y autenticidad de temas y actitudes existenciales en la poesía de Dámaso Alonso», *CHA*, Nos. 280-282 (1973), págs. 263-273.

Diego, Gerardo, «Presentación de Dámaso Alonso en la tertulia de la Asociación cultural iberoamericana», *Insula*, Nos. 138-139 (1958), págs. 1, 5.

Dust, Patrick H., «Dos poemas de Dámaso Alonso», *CHA*, Nos. 280-282 (1973), páginas 189-200.

Ferreres, Rafael, «La poesía de Dámaso Alonso (Apuntes)», *Escorial*, No. 54 (1947), páginas 192-203, «La poesía inicial de Dámaso Alonso», *CHA*, Nos. 280-282 (1973), páginas 92-111.

Forradellas Figueras, Joaquín, «Madrid, cementerio (Larra y Dámaso Alonso)», en *Strenae*. Estudios dedicados al profesor Manuel García Blanco (Salamanca: Universidad, 1962), págs. 193-199.

Gaos, Vicente, «Itinerario poético de Dámaso Alonso», en *Temas y problemas de literatura española*, págs. 321-337.

García Yebra, Valentín, «Tres viajes dialectológicos con Dámaso Alonso», *CHA*, Nos. 280-282 (1973), págs. 239-248.

Ghertman, Sharon, «Syntactic Patterning in Dámaso Alonso's 'La obsesión'. A Linguistic Approach to Style», en *The Analysis of Hispanic Texts* (eds. Lisa E. Davis & Isabel Tarán) (Jamaica, N. Y.: Bilingual Press, 1976), págs. 177-205.

Gómez Bedate, Pilar, «La obra poética de Dámaso Alonso», *RevL*, I (1969), págs. 57-98.

Guereña, Jacinto-Luis, «Dámaso Alonso, con poetas y poesía», *CHA*, Nos. 280-282 (1973), págs. 230-245.

Guillén, Jorge, «Jardines españoles: Antonio Machado, Pedro Salinas, Dámaso Alonso y Federico García Lorca», *UNC*, No. 6 (1946), págs. 153-165.

Gullón, Ricardo, «El otro Dámaso Alonso», *PSA*, XXXVI (1965), págs. 167-196.

Horst, August, «Nachwort», en Dámaso Alonso, *Söhne des Zorns* (Berlín y Francfort: Suhrkamp, 1954), págs. 99-124.

Huarte, Fernando, «Bibliografía de Dámaso Alonso», en *Homenaje universitario a Dámaso Alonso* (Madrid: Gredos, 1970), págs. 295-332.

Insula, Nos. 138-139 (1958). Número dedicado a Dámaso Alonso.

Jiménez, José O., «Diez años en la poesía de Dámaso Alonso (de *Hijos de la ira* a *Hombre y Dios)*», *BACL*, VII, Nos. 1-2 (1958), págs. 78-101.

Laín Entralgo, Pedro, «Una carta a Dámaso Alonso», *RO*, XXXVI (1972), págs. 76-85.

Lapesa, Rafael, «Dámaso Alonso, humano maestro de humanidades», en *Homenaje universitario a Dámaso Alonso* (Madrid: Gredos, 1970), págs. 9-17.

Luis, Leopoldo de, «La poesía de Dámaso Alonso», *CHA*, No. 234 (1969), págs. 723-733.

Macrí, Oreste, «Estructura y significado de *Hombre y Dios*», *Insula*, Nos. 138-139 (1958), págs. 9, 11, «Introduzione» a *Uomo e Dio* (Milán: Scheiwiller, 1962), págs. 1-33, «La poesia di Dámaso Alonso», *Il Verri*, No. 3 (1958), págs. 26-40.

Mañach, Jorge, «Dámaso Alonso», en *Visitas españolas* (Madrid: Revista de Occidente, 1960), págs. 238-254.

Martinengo, Alessandro, «Dámaso Alonso fra stilistica e critica», *SMV*, VI-VIII (1959), páginas 113-134.

Meshon, Steve P., «Spain: The Stylistics of Dámaso Alonso», en *Current Trends in Stylistics* (eds. Braj B. Kachru y Herbert F. W. Stahlke) (Edmonton, Alberta: Linguistic Research, 1972), págs. 49-65.

Morris, C. B., «'Visión' and 'mirada' in the Poetry of Salinas, Guillén and Dámaso Alonso», *BHS*, XXXVIII (1961), págs. 103-112.

Muñoz Cortés, Manuel, «Problemas y métodos de la filología en la obra de Dámaso Alonso», *CHA*, Nos. 280-282 (1973), págs. 291-322.

Palau de Nemes, Graciela, «The Wind in the Poetry of Dámaso Alonso. The Spanish and the Modern Myths», *BA*, XLVIII (1976), págs. 297-306.

Panero, Leopoldo, «Dámaso Alonso en su montaña», *PSA*, XI (1958), págs. 364-369.

Papeles de Son Armadans, XI, Nos. 32-33 (1958). Número dedicado a Vicente Aleixandre y Dámaso Alonso.

Pérez Firmat, Gustavo, «Cosmology and the Poem: Dámaso Alonso's 'Sueño de las dos ciervas'», *HR*, XLVI (1978), págs. 141-171.

Rincón, Carlos, «Lectura y ciencia literaria en Dámaso Alonso», *BHi*, LXXIV (1972), páginas 61-91.

Rivers, Elias L., «Prólogo» a *Hijos de la ira* (Barcelona: Labor, 1970).

Rodríguez Padrón, Jorge, «'Mujer con alcuza'. Ensayo de una interpretación», *CHA*, Nos. 280-282 (1973), págs. 201-215.

Romero, Héctor R., «El método estilístico de Dámaso Alonso y la interpretación de Góngora», *KRQ*, XIX (1972), págs 211-221.

Ruiz Peña, Juan, «La idea de Dios en la poesía de Dámaso Alonso», *Insula*, Nos. 138-139 (1958), pág. 11.

Sánchez Barbudo, Antonio, «Dámaso Alonso and the Three Phases of Understanding Poetry», *BA*, XLVIII (1974), págs. 265-275.

Santiago Rodríguez, Miguel de, «La muerte en la poesía de Dámaso Alonso», *CHA*, números 280-282 (1973), págs. 162-188, «Los gozos de la vista en la poesía de Dámaso Alonso», *Arbor*, No. 360 (1975), págs. 59-74.

Silver, Philip, «Tradition as originality in *Hijos de la ira*», *BHS*, XLVII (1970), páginas 124-130, «Un comentario sobre 'En la sombra'», *PSA*, LVIII (1970), págs. 185-190.

Sobejano, Gonzalo, «On the Interpretative Style of Dámaso Alonso. The Art of Definition», *BA*, XLVIII (1974), págs. 255-265.

Varela, José L., «Ante la poesía de Dámaso Alonso», *Arbor*, XLV (1960), págs. 488-500.

Vivanco, Luis F., «La poesía existencial de Dámaso Alonso», en *Introducción a la poesía española contemporánea*, págs. 261-291.

Zardoya, Concha, «Dámaso Alonso y sus *Hijos de la ira*», en *Poesía española del siglo XX*, III, págs. 205-221, «Juan Ramón Jiménez y Dámaso Alonso: Dos sonetos contemporáneos», en *Poesía española del siglo XX*, III, págs. 194-204.

Pedro Salinas

LIBROS

Baader, Horst, *Pedro Salinas: Studien zu seinem dichterischen und kritischen Werk* (Colonia: Kölner Romanistische Arbeiten, 1955).

Costa Viva, Olga, *Pedro Salinas frente a la realidad* (Madrid: Alfaguara, 1969).

Cowes, Hugo, *Relación yo-tú y trascendencia en la obra dramática de Pedro Salinas* (Buenos Aires: Universidad, 1965).

Crispin, John, *Pedro Salinas* (New York: Twayne, 1974).

Debicki, Andrew (recopilador), *Pedro Salinas* (Madrid: Taurus, 1976).

Dehennin, Elsa, *Passion d'absolu et tension expressive dans l'oeuvre poétique de Pedro Salinas* (Gante: Romanica Gandensia, 1957).

Feal Deibe, Carlos, *La poesía de Pedro Salinas* (Madrid: Gredos, 1965).

Marichal, Juan, *Tres voces de Pedro Salinas* (Madrid: Taller, 1976).

Martins, Hélcio, *Pedro Salinas: ensaio sôbre uma poesia amorosa* (Rio de Janeiro: Ministério de Educação, 1956).

Palley, Julián, *La luz no usada. La poesía de Pedro Salinas* (México: Andrea, 1966).

Ramírez de Arellano, Diana, *Caminos de la creación poética de Pedro Salinas* (Madrid: Biblioteca Aristarco, 1956).

Stixrude, David L., *The Early Poetry of Pedro Salinas* (Madrid: Castalia, 1975).

Vila Selma, José, *Pedro Salinas* (Madrid: Epesa, 1972).

Zubizarreta, Alma de, *Pedro Salinas: El diálogo creador* (Madrid: Gredos, 1969).

ARTÍCULOS Y ESTUDIOS

Aleixandre, Vicente, «En casa de Pedro Salinas», *Los encuentros*, en *Obras completas*, páginas 1186-1188.

Alonso, Dámaso, «Con Pedro Salinas», en *Poetas españoles contemporáneos*, páginas 189-200, «La poesía de Pedro Salinas, desde *Presagios* hasta *La voz a ti debida*», y «España en las cartas de Pedro Salinas», en *Del siglo de oro a este siglo de siglas*, págs. 126-162, «Un poeta y un libro (*Fábula y signo*, de Pedro Salinas)», *RO*, XXXIII (1931), págs. 239-246.

Arce, Margot, y Rosenbaum, Sidonia C., «Pedro Salinas: Bibliografía», *RHM*, VII (1941), páginas 69-73.

Arce de Vázquez, M., «Mar, poeta y realidad en *El contemplado* de Pedro Salinas», *Asomante*, III, No. 2 (1947), págs. 90-97.

Asomante, VIII, No. 2 (1952). Número dedicado a Pedro Salinas.

Baader, Horst, «Symbol und Metapher in Salinas' *El contemplado*», *RF*, LXVII (1955). páginas 252-273.

Babín, María T., «Sentido y estructura de *El Contemplado*», *SinN*, IX, No. 1 (1978), páginas 44-59.

Baeza Betancourt, Felipe, *La amada más distante: «La voz a ti debida» de Pedro Salinas* (Las Palmas: El Museo Canario, 1967).

Bell, Alan S., «Pedro Salinas en América: su correspondencia con Eleanor Turnbull», *Insula*, No. 307 (1972), págs. 1, 12-13, «Pedro Salinas' challenge to T. S. Eliot's Concept of Tradition», *REH*, XI (1977), págs. 3-25.

Berbenni, Gino, *La poesía de Pedro Salinas* (Padua: Rebellato, 1967).

Bertini, Giovanni Maria, «Pedro Salinas, poeta interior», en *Homenaje. Estudios de filología e historia de la Universidad de Utrecht* (Valencia: Artes Gráficas Soler, 1966).

Bravo Villasante, Carmen, «La poesía de Pedro Salinas», *Clavileño*, No. 21 (1953), páginas 44-52.

Buenos Aires Literaria, No. 13 (1953). Número dedicado a Pedro Salinas.

Cabrera, Vicente, «El desarrollo metafórico en Salinas», en *Tres poetas a la luz de la metáfora*, págs. 75-117.

Cano, José L., «La poesía de Pedro Salinas», y «El teatro de Pedro Salinas», en *Poesía española del siglo XX*, págs. 199-210.

Cernuda, Luis, «Pedro Salinas», en *Estudios sobre poesía española contemporánea*, páginas 199-206.

Ciplijauskaité, Biruté, «Los puentes de Pedro Salinas», *SinN*, IX, No. 1 (1978), páginas 18-28.

Cirre, José F., «Pedro Salinas y su poética», en *Homenaje a Rodríguez Moñino* (Madrid: Castalia, 1966), I, págs. 91-97.

Correa, Gustavo, «El símbolo del mar en la poesía española del siglo XX», págs. 71-77.

Costa Viva, Olga, «Pedro Salinas, exaltación de la realidad», *RUBA*, V (1960), págs. 347-358, «Rebelión contra la realidad», *Torre*, No. 34 (1962), págs. 139-159.

Crispin, John, «Metáfora y mito en la generación de 1927: El caso de Pedro Salinas», *JSSTC*, VI (1978), págs. 107-122.

Chabás, Juan, «Pedro Salinas», en *Literatura española contemporánea*, págs. 518-528.

Darmangeat, Pierre, «Pedro Salinas y *La voz a ti debida*», en *Antonio Machado, Pedro Salinas, Jorge Guillén* (Madrid: Insula, 1969), págs. 110-197.

Davi, Hans Leopold, «Der Dichter Pedro Salinas», en *Spanish Thought and Letters in the Twentieth Century*, págs. 153-178.

Debicki, Andrew, «La visión de la realidad en la poesía temprana de Pedro Salinas», y «La poesía como tema: tres libros de Salinas», en *Estudios sobre poesía española contemporánea*, págs. 56-110.

Díez de Revenga, Francisco Javier, «Los tres sonetos de Pedro Salinas», en *Homenaje al Prof. Muñoz Cortés* (Murcia: Universidad, 1977), págs. 135-150.

Doreste, Ventura, «Claridad y rigor en la poesía de Pedro Salinas», *Insula*, No. 74 (1952), pág. 3.

Durán, Manuel, «Pedro Salinas y su 'Nocturno de los avisos'», *Insula*, Nos. 300-301 (1971), págs. 1, 21.

Feldbaum, Judith, «El trasmundo en la obra poética de Pedro Salinas», *RHM*, XXII (1956), págs. 48-54.

Frutos, Eugenio, «Ser y decir en la poesía de Salinas», en *Creación filosófica y creación poética*, págs. 167-176.

Gicovate, Bernardo, «Pedro Salinas y Marcel Proust: seducción y retorno», *Asomante*, XVI, No. 3 (1960), págs. 7-16.

Gilman, Stephen, «El proemio a *La voz a ti debida*», *Asomante*, XIX, No. 3 (1963), páginas 7-15.

Gómez Paz, Julieta, «El amor en la poesía de Pedro Salinas», *Buenos Aires Literaria*, II, No. 13 (1953), págs. 55-68.

González Muela, Joaquín, «Introducción biográfica y crítica», en su ed. de *La voz a ti debida y Razón de amor* (Madrid: Castalia, 1968), págs. 9-45.

Guillén, Jorge, «Pedro Salinas», Prólogo a la 2.ª ed. de *Reality and the Poet in Spanish Poetry* (1966), págs. ix-xxx, «Profesión y oficio», *Número*, No. 18 (1952), págs. 5-10.

Gullón, Ricardo, «La poesía de Pedro Salinas», *Asomante*, VIII, No. 2 (1952), páginas 232-241.

Helman, Edith, «Pedro Salinas y la crítica desde dentro», *RHM*, XXXI (1965), páginas 222-229, «A Way of Seeing: 'Nube en la mano' by Pedro Salinas», *HR*, XLV (1977), págs. 359-384.

Hispania, XXXV (Mayo, 1952). Homenaje a Pedro Salinas.

Insula, No. 74 (1952). Número dedicado a Pedro Salinas.

Insula, Nos. 300-301 (1971). Homenaje a Pedro Salinas.

Jiménez, Juan Ramón, «Pedro Salinas», en *Españoles de tres mundos* (1958), págs. 89-90.

Lewis de Galanes, Adriana, «El contemplado: El infinito poseído por Pedro Salinas», *RHM*, XXXIII (1967), págs. 33-54.

Lida, Raimundo, «Camino del poema *Confianza* de Pedro Salinas», *Filología*, V (1959), páginas 95-117.

Lloréns, Vicente, «El desterrado y su lengua. Sobre un poema de Pedro Salinas», *Asomante*, No. 2 (1951), págs. 46-53.

Marías, Julián, «Una forma de amor: la poesía de Pedro Salinas», en *Al margen de estos clásicos*, págs. 315-323.

Marichal, Juan, «Pedro Salinas: la voz a la confidencia debida», *RO*, IX (1965), páginas 154-170, «Pedro Salinas y los valores humanos de la literatura hispánica», *CCLC*, No. 21 (1956), págs. 48-54, «Pedro Salinas y su *Contemplado*», en *Studia Philologica. Homenaje a Dámaso Alonso*, II (1961), págs. 435-442.

Milessi, Ugo, «Segrete ricchezze dell'anima in Pedro Salinas», *Letture*, XIX (1964), páginas 483-496.

Morello-Frosch, Marta, «El tema de la luz en la poesía de Pedro Salinas», *Hispania*, XLIV (1961), págs. 552-555, «Salinas y Guillén: dos formas de esencialidad», *RHM*, XXVII (1961), págs. 16-22.

Morris, C. B., «The Game of Poetry», y «The Closed Door», en *A Generation of Spanish Poets*, págs. 112-117, «*Visión* and *Mirada* in the Poetry of Salinas, Guillén and Dámaso Alonso», *BHS*, XXXVIII (1961), págs. 103-112, «Pedro Salinas and Marcel Proust», *RLC*, XLIV (1970), págs. 195-214.

Murciano, Carlos, *Las sombras en la poesía de Pedro Salinas* (Santander: La Isla de los Ratones, 1962).

Número, No. 18 (1952). *Homenaje a Pedro Salinas*.

Pane, Remigio, «A Bibliography of Salinas' Works in English Translation», *Hispania*, XXXV (1952), págs. 159-160.

Prat, Ignacio, «'Construcción' y 'Composición' en la poesía de Pedro Salinas», *Insula*, Nos. 368-369 (1977), pág. 9.

Quiroga Pla, José María, «El espejo ardiendo», *Cruz y Raya*, No. 11 (1934), págs. 99-117.

Ramo Viñolo, Alicia, «La relación yo-tú en la poesía de Pedro Salinas», *CHA*, Nos. 263-264 (1972), págs. 241-282.

Revista Hispánica Moderna, VII, Nos. 1-2 (1941). Número dedicado a Pedro Salinas.

Río, Ángel del, «Pedro Salinas. Vida y obra», *RHM*, VII (1941), págs. 1-32, también en *Estudios sobre literatura contemporánea española*, págs. 178-235.

Rodríguez Monegal, Emir, «La obra en prosa de Pedro Salinas», *Número*, No. 18 (1952), págs. 66-92.

Rodríguez Richart, J., «Introducción al mundo poético de Pedro Salinas», *BSCC*, XXXVI (1960), págs. 397-427, «Sobre el teatro de Pedro Salinas», *BBMP*, XXXVI (1960), págs. 397-427.

Rosales, Luis, «Dulce sueño donde hay luz», *Cruz y Raya*, No. 11 (1934), págs. 118-127.

Sáenz, Pilar, «En torno al último poema de Pedro Salinas», *Insula*, No. 243 (1967), páginas 1, 13.

Spitzer, Leo, «Adiciones a 'Camino del poema *Confianza*' de Pedro Salinas», *NRFH*, XIV (1960), págs. 33-340, «El conceptismo interior de Pedro Salinas», en *Lingüística e historia literaria* (1955), págs. 227-294.

Stixrude, David L., «El *Largo lamento* de Pedro Salinas», *PSA*, LXXVIII (1975), páginas 9-36.

Torre, Guillermo de, «La obra poética de Pedro Salinas», *Sur*, No. 9 (1934), págs. 175-182, «Presencia de Pedro Salinas», *CHA*, No. 52 (1954), págs. 32-38.

Villegas, Juan, «El amor y la salvación existencial en dos poemas de Pedro Salinas», *PMLA*, LXXXV (1970), págs. 205-211.

Vivanco, Luis F., «Pedro Salinas, fluyendo intemporal en su palabra», en *Introducción a la poesía española contemporánea*, págs. 105-139.

Young, Howard T., «Pedro Salinas y los Estados Unidos, o la nada y las máquinas», *CHA*, No. 145 (1962), págs. 5-13.

Zardoya, Concha, «La 'otra' realidad de Pedro Salinas», en *Poesía española del siglo XX*, II, págs. 106-148.

Zuleta, Ignacio M., «Releyendo El Contemplado», *SinN*, IX, No. 1 (1978), págs. 29-43.

Rafael Alberti

LIBROS

Arniz, Francisco M. (recopilador), *Del corazón de mi pueblo: Homenaje a Rafael Alberti* (Barcelona: Península, 1977).

Bayo, Manuel, *Sobre Alberti* (Madrid: CVS Ediciones, 1974).

Couffon, Claude, *Rafael Alberti* (París: Seghers, 1966).

Delogu, Ignazio, *Rafael Alberti* (Florencia: La Nuova Italia, 1972).

Durán, Manuel (recopilador), *Rafael Alberti* (Madrid: Taurus, 1975).

Manteiga, Robert C., *The Poetry of Rafael Alberti: A Visual Approach* (London: Támesis, 1979).

Marichal, Solita Salinas de, *El mundo poético de Rafael Alberti* (Madrid: Gredos, 1968).

May, B. Dale, *El dilema de la nostalgia en la poesía de Alberti* (Salt Lake City: University of Utah Press, 1978).

Morris, C. B., *Rafael Alberti's «Sobre los ángeles»: Four Major Themes* (Hull: University, 1966).

Ophey, Bernhard, *Rafael Alberti als Dichter des verlorenen Paradieses* (Frankfurt a. M.: Klostermann, 1972).

Spang, Kurt, *Inquietud y nostalgia: La poesía de Rafael Alberti* (Pamplona: Universidad de Navarra, 1973).

Tejada, José Luis, *Rafael Alberti, entre la tradición y la vanguardia. (Poesía primera: 1920-1926)*, prólogo de F. López Estrada (Madrid: Gredos, 1977).

Velloso, José Miguel, *Mis conversaciones con Rafael Alberti* (Madrid: Sedmay, 1977).

ARTÍCULOS Y ESTUDIOS

Alonso, Dámaso, «Rafael entre su arboleda», en *Poetas españoles contemporáneos*, páginas 179-187.

Areau, Carlos, «La imagen pictórica en la poesía de Alberti», *CHA*, Nos. 289-290 (1974), páginas 198-209.

Baumgart, Hildegard, «Der Engel als modernes Seelenwesen. *Sobre los ángeles* von Rafael Alberti», en *Der Engel in der modernen spanischen Literatur*, págs. 116-138.

Becco, Horacio Jorge, «Bibliografía de Rafael Alberti», en *Poesías completas* (Buenos Aires: Losada, 1961), págs. 1109-1127.

Bellver, C. G., «Rafael Alberti frente al destierro», *CA*, CCIV (1976), págs. 181-197, «Rafael Alberti y el pasado que vuelve», *REH*, XI (1977), págs. 55-76.

Bodini, Vittorio, *I poeti surrealisti spagnoli*, págs. lviii-lxv.

Bowra, Cecil M., «Rafael Alberti, *Sobre los ángeles*», en *The Creative Experiment*, páginas 220-253.

Cirre, José F., «Sublimación de elementos populares», (Alberti), en *Forma y espíritu de una lírica española*, págs. 71-83.

Cohen, J. M., *Poetry of This Age*, págs. 190-196.

Connell, G. W., «A Recurrent Theme in the Poetry of Rafael Alberti», *RMS*, III (1959), páginas 95-110, «The Autobiographical Element in *Sobre los ángeles*», *BHS*, XL (1963), páginas 160-173, «The End of a Quest: Alberti's *Sermones y moradas* and Three Uncollected Poems», *HR*, XXXIII (1965), págs. 290-309.

Correa, Gustavo, «El simbolismo del mar en la poesía española del siglo XX», páginas 67-71.

Crespo, Ángel, «Realismo y pitagorismo en el libro de Alberti *A la pintura*», *PSA*, XXX (1963), págs. 93-126.

Cuadernos de Agora, Nos. 59-60 (1961). Número dedicado a Rafael Alberti.

Cuadros, Juan José, «En torno a una elegía: 'Verte y no verte' de Rafael Alberti», *CHA*, No. 202 (1966), págs. 180-189.

Debicki, Andrew, «El 'correlativo objetivo' en la poesía de Rafael Alberti», en *Estudios sobre poesía española contemporánea*, págs. 224-261.

Dehennin, Elsa, «Rafael Alberti», en *La résurgence de Góngora et la génération poétique de 1927*, págs. 143-179.

De Mielesi, Ugo, «I miti del mare in Rafael Alberti», *Letture*, XXIV (1969), págs. 181-194.

Dennis, Nigel, «Rafael Alberti y José Bergamín (amistad y literatura)», *Insula*, número 379 (1978), pág. 4.

Díez de Revenga, Francisco Javier, «Dos poetas, dos ciudades (Lorca-Alberti: Nueva York-Roma)», en *Estudios dedicados al profesor Mariano Baquero Goyanes* (Murcia: Universidad, 1974), págs. 55-68.

Doreste, Ventura, «Sobre el teatro de Alberti», *PSA*, XXX (1963), págs. 81-90.

Durán, Manuel, «Rafael Alberti y su 'Palabra acelerada y vestida de luces'», *Insula*, números 368-369 (1977), págs. 1, 22.

Europe, Nos. 447-448 (1966), págs. 187-206. Homenaje a Rafael Alberti.

Fuente, Pablo de la, «Rafael Alberti en Roma», *SeN*, XLIV (1965), págs. 180-191.

González Lanuza, Eduardo, «Homenaje a Rafael Alberti», *Sur*, No. 281 (1963), págs. 50-62.

González Martín, Jerónimo Pablo, «Alberti y la pintura», *Insula*, No. 305 (1972), páginas 1, 12-13, «La prosa de Rafael Alberti», *Insula*, No. 310 (1972), pág. 5, «La 'prehistoria poética' de Rafael Alberti», *Insula*, No. 313 (1972), págs. 12-14, «Significación de la poesía de Rafael Alberti durante la guerra civil», *SinN*, V, No. 3 (1975), páginas 28-41.

Gullón, Ricardo, «Alegrías y sombras de Rafael Alberti (Primer momento)», *Insula*, número 198 (1963), págs. 1, 5, «Alegrías y sombras de Rafael Alberti (Segundo momento)», *Asomante*, XXI, No. 1 (1965), págs. 22-35.

Horst, R. ter, «The Angelic Prehistory of *Sobre los ángeles*», *MLN*, LXXXI (1966), páginas 174-194.

Ilie, Paul, «Surrealist Rhetoric», en *The Surrealist Mode in Spanish Literature*, páginas 121-130.

Insula, No. 198 (1963). Número dedicado a Rafael Alberti.

Lorenzo-Rivero, Luis, «Similaridades estilístico-temáticas entre Alberti y Neruda (En homenaje a Alberti en su setenta onomástico)», *Reflexión 2*, Nos. 2-4 (1973), páginas 65-74.

Marichal, Solita Salinas de, «Los paraísos perdidos de Rafael Alberti», *Insula*, No. 198 (1963), págs. 4, 10.

Marrast, Robert, «Essai de bibliographie de Rafael Alberti», BHi, LVII (1955), páginas 147-177, y LIX (1957), págs. 430-435.

Miró, Emilio, «Espera y esperanza de Rafael Alberti», *Insula*, Nos. 368-369 (1977), página 30.

Morris, C. B., «Las imágenes claves de *Sobre los ángeles*», *Insula*, No. 198 (1963), páginas 12, 14, «Parallel Imagery in Quevedo and Alberti», *BHS*, XXXVI (1959), páginas 135-145, «*Sobre los ángeles*: A Poet's Apostasy», *BHS*, XXXVII (1960), páginas 222-231, «The Game of Poetry», y «The Broken Rhythm», en *A Generation of Spanish Poets*, págs. 104-111 y 201-217.

Papeles de Son Armadans, XXX, No. 88 (1963). Número dedicado a Rafael Alberti.

Pérez Carlos, A., «Rafael Alberti: sobre los tontos», *RHM*, XXXII (1966), págs. 206-216.

Prieto, Gregorio, «Arboleda encontrada de una adolescencia perdida», *PSA*, XXX (1963), páginas 129-142.

Proll, Eric, «Popularismo and Barroquismo in the Poetry of Rafael Alberti», *QIA*, número 13 (1953), págs. 59-83, «The Surrealist Element in Rafael Alberti», *BHS*, XXI (1944), págs. 70-82.

Sabella, Andrés, «La poesía de Rafael Alberti», *Atenea*, LXI (1940), págs. 273-285.

Salinas, Pedro, «La poesía de Rafael Alberti», en *Literatura española siglo XX*, páginas 277-288.

Senabre, Ricardo, *La poesía de Rafael Alberti* (Salamanca: Universidad, 1977).

Sieber, Harry, «Alberti's *Botticelli*», *KRA*, XVI (1969), págs. 329-337.

Sobejano, Gonzalo, «El epíteto surrealista: Alberti, Lorca, Aleixandre», en *El epíteto en la lírica española*, págs. 459-478.

The Malahat Review, No. 97 (Victoria, British Columbia, Canada, julio, 1978). Número homenaje a Rafael Alberti.

Vivanco, Luis F., «Rafael Alberti en su palabra acelerada y vestida de luces», en *Introducción a la poesía española contemporánea*, págs. 223-258.

Warner, I. R., «Subjective Time and Space in Alberti's *Baladas y canciones de la quinta del mayor loco*», *BHS*, L (1973), 374-384.

Winkelmann, Ana María, «Pintura y poesía en Rafael Alberti», *PSA*, XXX (1963), páginas 147-162.

Zardoya, Concha, «El mar en la poesía de Rafael Alberti», en *Poesía española del siglo XX*, III, págs. 446-478, «La técnica metafórica albertiana», en *Poesía española del siglo XX*, III, págs. 396-445, «Rafael Alberti y sus primeras *Poesías completas*», en *Poesía española del siglo XX*, III, págs. 479-499.

Jorge Guillén

LIBROS

Alvar, Manuel, *Visión en claridad. Estudios sobre «Cántico»* (Madrid: Gredos: 1976).
Bobes Naves, María del Carmen, *Gramática de «Cántico». Análisis semiológico* (Barcelona: Planeta, 1975).
Caro Romero, Joaquín, *Jorge Guillén* (Madrid: Epesa, 1974).
Casalduero, Joaquín, *Cántico de Jorge Guillén* (Madrid: Victoriano Suárez, 1953, Madrid: Gredos, 1974).
Ciplijauskaité, Biruté, *Deber de plenitud: la poesía de Jorge Guillén* (México: SepSetentas, 1973).
Ciplijauskaité, Biruté (recopilador), *Jorge Guillén* (Madrid: Taurus, 1975).
Debicki, Andrew, *La poesía de Jorge Guillén* (Madrid: Gredos, 1973).
Dehennin, Elsa, *Cántico de Jorge Guillén* (Bruselas: Presses Universitaires de Bruxelles, 1969).
Gil de Biedma, Jaime, *Cántico: El mundo y la poesía de Jorge Guillén* (Barcelona: Seix Barral, 1960).
González Muela, Joaquín, *La realidad y Jorge Guillén* (Madrid: Insula, 1962).
Gullón, Ricardo, y Blecua, José Manuel, *La poesía de Jorge Guillén* (Dos ensayos) (Zaragoza: Heraldo de Aragón, 1949).
Ivask, Ivar, y Marichal, Juan (recopiladores), *Luminous Reality. The Poetry of Jorge Guillén* (Norman, Oklahoma: University of Oklahoma Press, 1969).
Lind, Georg Rudolf, *Jorge Guillén's «Cántico»: Eine Motivstudie* (Frankfurt a. M.: Klostermann, 1955).
Macrí, Oreste, *La obra poética de Jorge Guillén* (Barcelona: Ariel, 1976).
Pleak, Frances A., *The Poetry of Jorge Guillén* (Princeton: Princeton University Press, 1942).
Polo de Bernabé, José Manuel, *Conciencia y lenguaje en la obra de Jorge Guillén* (Madrid: Editora Nacional, 1977).
Prat, Ignacio, *Aire nuestro de Jorge Guillén* (Barcelona: Planeta, 1974).
Rodríguez, Israel, *La metáfora en las estructuras poéticas de Jorge Guillén y Federico García Lorca* (Madrid: Hispanova, 1977).
Ruiz de Conde, Justina, *El canto americano de Jorge Guillén* (Madrid: Turner, 1973).
Ruiz de Conde, Justina, y otros (presentación), *Homenaje a Jorge Guillén. 32 estudios crítico-literarios sobre su obra* (Madrid: Insula, 1978). Wellesley College. Department of Spanish.

ARTÍCULOS Y ESTUDIOS

Alarcos Llorach, Emilio, «La lengua de Jorge Guillén: ¿Unidad?, ¿evolución?», *RO*, XLIV (1974), págs. 39-57.
Aleixandre, Vicente, «Jorge Guillén, en la ciudad», *Los encuentros*, en *Obras completas*, págs. 1182-1185.
Alonso, Amado, «Jorge Guillén poeta esencial», en *Materia y forma en poesía*, páginas 370-377.
Alonso, Dámaso, «Los impulsos elementales en la poesía de Jorge Guillén», en *Poetas españoles contemporáneos*, págs. 201-232.
Alvar, Manuel, *Cántico. Teoría literaria y realidad poética* (Madrid: Autores, 1975).
Aranguren, José L., «La poesía de Jorge Guillén ante la actual crisis de los valores», *RO*, XLIV (1974), págs. 21-38.

Aub, Max, «Apunte de Jorge Guillén, con Max Aub al fondo, por éste», *PSA*, XLIX (1968), págs. 309-314.

Barnstone, Willis, «The Greeks, San Juan, and Guillén», en *Luminous Reality*, páginas 10-34.

Books Abroad, XLII, No. 1 (1968), págs. 7-60. «An International Symposium in Honor of Jorge Guillén at 75».

Boves Naves, María del Carmen, «Procedimientos de unificación en 'Muerte a lo lejos'», en *Homenaje a Jorge Guillén. 32 estudios*, págs. 59-72.

Cabrera, Vicente, «El desarrollo metafísico en Guillén», en *Tres poetas a la luz de la metáfora* (Madrid: Gredos, 1975), págs. 164-208.

Cano, José L., «*A la altura de las circunstancias*, de Jorge Guillén», *Insula*, No. 205 (1963), págs. 8-9, «Dos notas sobre Jorge Guillén», en *Poesía española del siglo XX*, páginas 213-224.

Casalduero, Joaquín, «The Voice of the Poet: *Aire nuestro*», en *Luminous Reality*, páginas 3-18.

Cassou, Jean, «La poésie de Jorge Guillén», *RdP* (Marzo, 1961), págs. 80-86.

Ciplijauskaité, Biruté, «*Clamor* a la altura de las circunstancias», *RHM*, XXIX (1963), páginas 290-297, «Jorge Guillén y la negación de la soledad», en *La soledad y la poesía española contemporánea*, págs. 155-185, «Jorge Guillén y Paul Valéry, al despertar», *Insula*, No. 205 (1963), págs. 1, 14, «Una gloria ya madura bajo mi firme decisión», en *Luminous Reality*, págs. 34-48, «Tensión adverbial *aún-ya* en la perfección del círculo guilleniano», en *Homenaje a Jorge Guillén. 32 estudios*, páginas 103-120.

Close, L. J., «Guillén and the Aristotelian Tradition», en *Studies in Modern Spanish Literature and Art Presented to Helen Grant* (London: Támesis, 1972), págs. 45-64.

Correa, Gustavo, «La poética de la realidad de Jorge Guillén», en *Homenaje a Jorge Guillén. 32 estudios*, págs. 121-142.

Couffon, Claude, «Una hora con Jorge Guillén», *CCLC*, No. 40 (1959), págs. 62-65.

Cuadernillo-Homenaje al Poeta Jorge Guillén. Publicaciones de la Real Sociedad Económica de Amigos del País (Murcia, 1956).

Cuadernos Hispanoamericanos, No. 318 (1976). Homenaje a Jorge Guillén.

Curtius, Ernst R., «Jorge Guillén», en *Kritische Essays zur Europäischen Literatur* (Berna: Francke Verlag, 1954), págs. 382-388.

Darmangeat, Pierre, «De *Cántico* à *Clamor* ou La continuité d'un poète», en *Mélanges à la Mémoire de Jean Sarrailh*, I (París: Centre de Recherches de l'Institut d'Études Hispaniques, 1966), «Jorge Guillén o el cántico maravillado», en *Antonio Machado, Pedro Salinas, Jorge Guillén* (Madrid: Insula, 1969), págs. 199-388, «Jorge Guillén ante el tiempo de historia», *RO*, XLIV (1974), págs. 58-77.

Debicki, Andrew, «*Cántico, Clamor*, and *Homenaje*: The Concrete and the Universal», en *Luminous Reality*, págs. 53-74, «El *Cántico* de Jorge Guillén», y «Los detalles cotidianos en *A la altura de las circunstancias*», en *Estudios sobre poesía española contemporánea*, págs. 111-149, «Tono y punto de vista en *Clamor* de Jorge Guillén», *PSA*, LX (1971), págs. 5-36.

Dehennin, Elsa, «Introduction à l'oeuvre poétique de Jorge Guillén», *Revue de l'Université de Bruxelles*, XVII (Mai-Juillet, 1965), págs. 288-304, «Jorge Guillén», en *La résurgence de Góngora et la génération poétique de 1927*, págs. 206-244, «Des mots-clés aux configurations stylistiques. (Surtout à propos de *Maremágnum)*», en *Homenaje a Jorge Guillén. 32 estudios*, págs. 185-210.

Durán, Manuel, «Jorge Guillén, hoy», *Insula*, No. 277 (1969), págs. 1, 13.

Friedrich, Hugo, «Jorge Guillén», en *Estructura de la lírica moderna*, págs. 289-291.

Frutos, Eugenio, «La 'realidad' en la poesía de Jorge Guillén», y «Ser y existencia: El existencialismo jubiloso de Jorge Guillén», en *Creación filosófica y creación poética*, págs. 88-128, «The Circle and Its Rupture in the Poetry of Jorge Guillén», en *Luminous Reality*, págs. 75-81.

González, Yara, «*Maremágnum*: El horror totalitario hecho poesía», *REH*, V (1971), págs. 391-412.

González Muela, Joaquín, «La realidad y su imagen en *Cántico* de Jorge Guillén», en *Studia Philologica. Homenaje a Dámaso Alonso*, II (1961), págs. 127-142, «Sail before the Wind», en *Luminous Reality*, págs. 82-89, «Sobre el *Cántico* de Jorge Guillén», en *BHS*, XXXII (1955), págs. 73-80.

Granados, Juana, *Antología*, con una introducción, versiones al italiano, bibliografía y cronología de los poemas de *Cántico* (Milán: Instituto Editoriale Cisalpino, 1955).

Guillén, Jorge, *El argumento de la obra*, 2.ª ed. (Barcelona: Llibres de Sinera, 1969), «Sobre amistad y poesía», *Insula*, No. 383 (1978), págs. 1, 12.

Gullón, Ricardo, «Jorge Guillén: *A la altura de las circunstancias*», *Insula*, No. 208 (1964), págs. 1, 10, «Jorge Guillén esencial y existencial», *Insula*, No. 205 (1963), págs. 1, 12, «Variations on *Homenaje*», en *Luminous Reality*, págs. 107-123, «Espacios en la poesía de Jorge Guillén», *SinN*, VII (1976), págs. 7-23.

Harvard, Robert G., «The Early *Décimas* of Jorge Guillén», *BHS*, XLVIII (1971), páginas 11-127.

Jiménez, Juan Ramón, «Jorge Guillén», en *Españoles de tres mundos* (1958), páginas 105-107.

Kaul, Adelin, y Kaul, Guillermo, «Jorge Guillén. Notas para una interpretación estilística», en *Homenaje a Fritz Krüger*, II (Mendoza: Universidad Nacional de Cuyo, 1954), págs. 651-657.

Langford, Michèle K., «Le Bestiaire dans la poésie de Jorge Guillén», *REH*, IX (1975), páginas 33-46.

Lapesa, Rafael, «Un nuevo libro de Jorge Guillén», *Insula*, No. 336 (1974), págs. 1, 12.

Le Lingue Straniere, XIV (maggio-giugno, 1965). Homenaje a Jorge Guillén.

Lida, Raimundo, «Sobre las décimas de Jorge Guillén», *CA*, C (1958), págs. 476-487.

Lorenzo-Rivero, Luis, «Afinidades poéticas de Jorge Guillén con Fray Luis de León», *CHA*, No. 230 (1969), págs. 421-436.

Lloréns, Vicente, «Jorge Guillén desde la emigración (En torno a *Homenaje)*», *RO*, XLIV (1974), págs. 78-97.

Macrí, Oreste, «Phono-Symbolism in *Cántico* (Critical Fragment)», en *Luminous Reality*, páginas 131-144, «Estudio sobre *Homenaje*, de Jorge Guillén», en *Homenaje a Casalduero* (Rec. Rizel Pincus Sigele y Gonzalo Sobejano) (Madrid: Gredos, 1972), páginas 341-362», «Introducción» a *Guillén. Opera poetica. (Aire nuestro)* (ed. Oreste Macrí) (Florencia: Sansoni, 1972), «*Y otros poemas* de Jorge Guillén. El componente elemental», *NRFH*, XXIV (1975), págs. 481-503.

Mantero, Manuel, «El humor en la poesía última de Jorge Guillén», *PSA*, LXXXI (1976), páginas 223-260.

McSpadden, George, «New Light on Speech Rhythms from Jorge Guillén's Reading of His Poem 'Gran silencio'», *HR*, XXX (1962), págs. 216-230.

Mitterer, Barbara, «Welle und Kreis in der Dichtung Guillens. Ein Beitrag zur Symbolik der Formen», en *Homenaje a Jorge Guillén. 32 estudios*, págs. 341-355.

Morris, C. B., «The Game of Poetry», y «In Praise of Creation», en *A Generation of Spanish Poets*, págs. 97-100, 119-134.

Olson, Paul R., «Language and Reality in Jorge Guillén», *HR*, XXXIV (1966), págs. 149-154.

Palley, Julián, «Jorge Guillén and the Poetry of Commitment», *Hispania*, XLV (1962), páginas 686-691.

Paoli, Roberto, «Jorge Guillén ante Italia», *RO*, XLIV (1974), págs. 98-116.

Paz, Octavio, «Horas situadas de Jorge Guillén», *PSA*, XL (1966), págs. 209-218.

Picard, Hans R., «Sein und ontisches Bewusstsein in 'Más allá' *(Cántico)* von Jorge Guillén», *Ibero*, III (1971), págs. 302-319.

Pinna, Mario, «Lettura dell'opera *Y otros poemas* de Jorge Guillén», en *Homenaje a Jorge Guillén. 32 estudios*, págs. 369-385.

Prat, Ignacio, «Estética de lo absurdo y del sentido estricto en *Homenaje* de Jorge Guillén», *Insula*, No. 310 (1972), págs. 11-12.

Puccini, Dario, «A proposito d'un campo metafisico nel *Cántico*», en *Homenaje a Jorge Guillén, 32 estudios*, págs. 417-433.

Puceiro de Zuleta Álvarez, E., «La esencial continuidad de *Cántico*. Perspectiva actual de la obra de Jorge Guillén», *USF*, No. 48 (1961), págs. 67-105.

Revista de Occidente (enero de 1974). Número homenaje a Jorge Guillén.

Rozas, Juan Manuel, «Jorge Guillén: 'Que sean tres los libros e uno el dictado'», en *Homenaje universitario a Dámaso Alonso* (Madrid: Gredos, 1970), págs. 207-220.

Ruiz de Conde, Justina, «El mito edénico en 'Tiempo libre' de Jorge Guillén», *PSA*, LXXII (1974), págs. 49-65.

Schalk, Fritz, «Jorge Guillén ante la traducción poética: *Homenaje*», *RO*, XLIV (1974), páginas 117-128.

Sibbald, K. M., «Some Early Versions of the Poems of *Cántico* (1919-1928): Progress Toward *claridad*», *BHS*, L (1973), págs. 23-44.

Sobejano, Gonzalo, «El epíteto en la poesía pura: Jorge Guillén», en *El epíteto en la lírica española*, págs. 441-458.

Sugden, Ana María, y Otero, Néstor, «Itinerario filosófico en la poesía de Jorge Guillén», en *Homenaje a Arturo Marasso* (Bahía Blanca, Argentina: Universidad, 1972), páginas 241-259.

Trend, John B., *Jorge Guillén* (Cambridge: R. I. Severs, 1952).

Valverde, José M., «Plenitud crítica de la poesía de Jorge Guillén», en *Estudios sobre la palabra poética*, págs. 161-186.

Vigée, Claude, «Jorge Guillén et les poètes symbolistes français», en *Révolte et Louanges* (París: Corti, 1962), págs. 139-197.

Vivanco, Luis F., «Jorge Guillén, poeta del tiempo», en *Introducción a la poesía española contemporánea*, págs. 75-101.

Weber, Robert, «De *Cántico* a *Clamor*», *RHM*, XXIX (1963), págs. 109-119.

Whittredge, R., «The Poetic World of Jorge Guillén», *RR*, XXXIX (1948), págs. 140-145.

Wilson, E. M., «Studies in Modern Spanish Poetry. I. Guillén and Quevedo on Death», *Atlante*, I (1953), págs. 22-26.

Young, Howard T., «Jorge Guillén and the Language of Poetry», *Hispania*, XLVI (1963), páginas 66-70.

Yudin, Florence L., *The Vibrant Silence in Jorge Guillén's Aire nuestro* (Chapel Hill, N. C.: University of North Carolina Press, 1974).

Zardoya, Concha, «*Clamor I*: Stylistic Peculiarities», en *Luminous Reality*, págs. 145-178, «Jorge Guillén: siete poemas en azar de perfección», en *Poesía española del siglo XX*, II, págs. 149-167, «Jorge Guillén: Teoría y práctica poética», en Scholes, Robert (editor), *Poetic Theory/Poetic Practice* (Iowa City: Midwest Modern Language Association, 1969), págs. 145-152, «Jorge Guillén y Paul Valéry», en *Poesía española del siglo XX*, II, págs. 168-219.

Vicente Aleixandre

LIBROS

Bousoño, Carlos, *La poesía de Vicente Aleixandre*, 2.ª ed. (Madrid: Gredos, 1968).

Cabrera, Vicente, y Boyer, Harriet, *Critical Views on Vicente Aleixandre's Poetry* (Lincoln, Nebrasca: Society of Spanish and Spanish-American Studies, 1979).

Cano, José Luis (recopilador), *Vicente Aleixandre* (Madrid: Taurus, 1977).

Colinas, Antonio, *Aleixandre y su obra* (Barcelona: Dopesa, 1977).

Galilea, Hernán, *La poesía superrealista de Vicente Aleixandre* (Santiago, Chile: Universidad, 1971).

Granados, Vicente, *La poesía de Aleixandre. (Formación y evolución)* (Madrid: Cupsa, 1977).

Luis, Leopoldo de, *Vicente Aleixandre* (Madrid: Epesa, 1970).

Puccini, Dario, _La parola poetica di Vicente Aleixandre_ (Roma: Mario Bulzoni, 1971).
Schwartz, Kessel, _Vicente Aleixandre_ (New York: Twaine Publishers, 1970).
Villar, Fidel (recopilador), _Ámbito del paraíso_ (Granada, 1978). Homenaje a Aleixandre.

ARTÍCULOS Y ESTUDIOS

Alfaya, Javier, «Dos nuevos libros de Vicente Aleixandre», _Insula_, No. 227 (1965), página 5.
Alonso, Dámaso, «La poesía de Vicente Aleixandre», en _Poetas españoles contemporáneos_, págs. 267-297.
Alonso Schökel, L., «Trayectoria poética de Aleixandre», _RJa_, XLII (1954), págs. 167-184.
Alvarez Villar, Alfonso, «El panteísmo en la obra poética de Vicente Aleixandre», _CHA_, No. 175 (1964), págs. 179-184.
Amusco, Alejandro, «Continuidad y variación de Vicente Aleixandre», _RO_, Nos. 149-150 (1975), págs. 250-262, «Lectura de un poema de Aleixandre», _CHA_, No. 313 (1976), páginas 167-179.
Barral, Carlos, «Memoria de un poema», _PSA_, XI (1958), págs. 394-400 (análisis de «El vals»).
Benítez Claros, R., «Vicente Aleixandre: _Sombra del paraíso_», _CLC_, No. 15 (1944), páginas 216-273.
Bodini, Vittorio, «Vicente Aleixandre», en _I poeti surrealisti spagnoli_, págs. lxxx-lxxxv.
Bousoño, Carlos, «Materia como historia», _Insula_, No. 194 (1963), págs. 1, 12, «Sentido de la poesía de Vicente Aleixandre», Prólogo a _Obras completas_ (1968), págs. 9-71.
Cabrera, Vicente, «El desarrollo metafórico en Aleixandre», en _Tres poetas a la luz de la metáfora_ (Madrid: Gredos, 1975), págs. 118-168, «El _Mundo a solas_ de Aleixandre: cosmovisión y metáfora del amor ausente», _JSSTC_, VI (1978), págs. 77-96.
Canito, Enrique, «Diálogo con Vicente Aleixandre», _Insula_, No. 50 (1950), pág. 3.
Cano, José L., «La poesía de Vicente Aleixandre», en _Poesía española del siglo XX_, páginas 263-309, «_Poemas de la consumación_ de Vicente Aleixandre», _Insula_, No. 266 (1969), págs. 8-9.
Carnero, Guillermo, «_Ámbito_ como proyecto del superrealismo aleixandrino», _Insula_, número 337 (1974), págs. 1, 12-13, «_Conocer_ y _saber_ en _Poemas de la consumación_ y _Diálogos del conocimiento_ de Vicente Aleixandre», _CHA_, No. 276 (1973), págs. 571-579.
Celaya, Gabriel, _Cantata en Aleixandre_ (Madrid-Palma: Papeles de Son Armadans, 1959), «Notas para una _Cantata en Aleixandre_», _PSA_, XI (1958), págs. 375-385.
Cernuda, Luis, «Vicente Aleixandre», en _Crítica, ensayos y evocaciones_, págs. 213-222 y 225-233.
Cohen, J. M., _Poetry of This Age_, págs. 176-180.
Colinas, Antonio, «El primer Aleixandre», _Insula_, No. 316 (1973), pág. 3.
Corcel, Nos. 5-6 (1944). _Homenaje a Vicente Aleixandre._
Correa, Gustavo, «Conciencia poética y clarividencia», _CHA_, No. 352-354 (1979), páginas 41-74, «Los títulos de las obras de Aleixandre», _El café literario_, No. 6 (1978), páginas 8-12.
Cuadernos de Ágora, Nos. 29-30 (1959). Número dedicado a Vicente Aleixandre.
Cuadernos Hispanoamericanos. Homenaje a Vicente Aleixandre, No. 352-354 (1979).
Charry Lara, Fernando, «La poesía neorromántica de Vicente Aleixandre», en _Cuatro poetas del siglo XX_ (Bogotá: Universidad Nacional, 1947), págs. 11-36.
Duque, Aquilino, «Una victoria sobre el tiempo», _CHA_, No. 133 (1961), págs. 125-134.
Echeverri Mejía, O., «_Los encuentros_ de Vicente Aleixandre», _CHA_, No. 131 (1960), páginas 337-341.
Frutos, Eugenio, «La poesía de Vicente Aleixandre», en _Creación filosófica y creación poética_, págs. 298-314.
Gaos, Vicente, «Fray Luis de León, 'fuente' de Aleixandre», en _Temas y problemas de literatura española_, págs. 341-359.

Gimferrer, Pere, «La poesía última de Vicente Aleixandre», *Plural*, No. 32 (1974), páginas 23-27.

Gómez de la Serna, R., «Gerardo Diego y Vicente Aleixandre», *RNC*, No. 104 (1954), págs. 19-27.

Gullón, Ricardo, «Itinerario poético de Vicente Aleixandre», *PSA*, XI (1958), páginas 195-234.

Harter, Hugh A., «El concepto del amor en *La destrucción o el amor* de Vicente Aleixandre», *Hispanófila*, No. 32 (1968), págs. 23-32.

Ilie, Paul, «Descent and Castration», en *The Surrealist Mode in Spanish Literature*, págs. 40-56.

Insula, Nos. 374-375 (1978). Número homenaje a Vicente Aleixandre.

Jiménez, José O., «La poesía actual de Vicente Aleixandre», *RO*, XXVI (1969), páginas 212-230, «Vicente Aleixandre en tres tiempos», en *Cinco poetas del tiempo*, páginas 43-122, «Aleixandre y sus *Diálogos del conocimiento*», *Insula*, No. 331 (1974), páginas 1, 10, «*Pasión de la tierra*, de Vicente Aleixandre», *Insula*, No. 354 (1976), páginas 3, 4.

Jiménez, Juan Ramón, «Vicente Aleixandre», en *Españoles de tres mundos*, páginas 149-150.

Luis, Leopoldo de, «El sentido social en la poesía de Vicente Aleixandre», *PSA*, XI (1958), págs. 415-428, «En mi vasto dominio», *PSA*, XXVIII (1963), págs. 157-169, «La obra completa de Vicente Aleixandre», *PSA*, XVIII (1960), págs. 191-196, «Un nuevo libro de Aleixandre», *PSA*, XXXIX (1965), págs. 95-102, «Aleixandre: Sus *Diálogos del conocimiento*», *CHA*, Nos. 289-290 (1974), págs. 314-325, «Aleixandre y su ciclo paraíso-sombra», *Insula*, No. 325 (1973), págs. 1, 10-11.

Llompart, J. M., «El mundo poético de Vicente Aleixandre», *PSA*, VIII (1958), páginas 75-85.

Miró, Emilio, «Vicente Aleixandre y sus *Obras completas*», *Insula*, No. 268 (1969), página 6.

Molina-Foix, Vicente, «Vicente Aleixandre: 1924-1969», *CHA*, No. 242 (1970), págs. 281-299.

Montes, Hugo, «La poesía de Vicente Aleixandre», *Finisterre*, No. 7 (1955), págs. 40-60.

Morelli, Gabriele, *Linguaggio poetico del primo Aleixandre* (Milán: Cisalpino-La Goliardica, 1972).

Nora, Eugenio de, «Forma poética y cosmovisión en la obra de Vicente Aleixandre», *CHA*, No. 7 (1949), págs. 115-121.

Papeles de Son Armadans, XI (1958). Número dedicado a Vicente Aleixandre y Dámaso Alonso (con bibliografía).

Peña Labra, Nos. 28-29 (1978). Homenaje a Vicente Aleixandre.

Puccini, Darío, «Hacia una tipología de la contradicción. Vicente Aleixandre: *Diálogos del conocimiento*», *PSA*, LXXXI (1976), págs. 9-40.

Revista de Letras, IV (Mayagüez, P.R., 1974). Homenaje a Vicente Aleixandre.

Salinas, Pedro, «Vicente Aleixandre entre la destrucción o el amor», en *Literatura española siglo XX*, págs. 315-332.

Sánchez Robayna, Andrés, «Notas a la *Antología total*, de Vicente Aleixandre», *Insula*, No. 361 (1976), págs. 1, 12.

Schwartz, Kessel, «The Breast and the Sea in the Poetry of Vicente Aleixandre», *RomN* (1967), págs. 150-155, «The Sea, Love and Death in the Poetry of Aleixandre», *Hispania*, L (1967), págs. 219-228.

Simonis, Ferdinand, «Die dichterische Welt Vicente Aleixandres: Ein Diesseits der Liebe zwischen Chaos und Paradies», *NS*, XVI (1967), págs. 534-545, «'Realidad realizada' in Aleixandres *Historia del corazón*—Eine Mystik ohne Transzendenz», *NS*, XV (1966), págs. 226-234.

Valente, José Ángel, «Vicente Aleixandre: La visión de la totalidad», *IAL*, No. 174 (1963), págs. 29-30.

Valverde, José M., «De la disyunción a la negación en la poesía de Vicente Aleixandre», *Escorial*, XVII, No. 52 (1945), págs. 447-457.

Villena, Antonio de, «Vicente Aleixandre, el surrealismo y *Pasión de la Tierra*», en *Vicente Aleixandre, Pasión de la tierra* (Madrid: Narcea, 1976), págs. 11-95.
Vivanco, Luis F., «El espesor del mundo en la poesía de Vicente Aleixandre», en *Introducción a la poesía española contemporánea*, págs. 339-383.
Zardoya, Concha, «Vicente Aleixandre: De *La destrucción o el amor* a *Los encuentros*», en *Poesía española del siglo XX*, III, págs. 222-390.

Emilio Prados

ARTÍCULOS Y ESTUDIOS

Aleixandre, Vicente, «Emilio Prados, niño de Málaga», *Los encuentros*, en *Obras completas*, págs. 1211-1214.
Blanco Aguinaga, Carlos, «Emilio Prados: Vida y obra. Bibliografía», *RHM*, XXVI (1960), págs. 1-107, *Lista de los papeles de Emilio Prados en la Biblioteca del Congreso de los Estados Unidos de América* (Baltimore: The Johns Hopkins Press, 1967), «Notas para la historia de una generación», *Insula*, No. 187 (1962), págs. 1, 10,
Cano, José L., «La poesía de Emilio Prados», en *Poesía española del siglo XX*, páginas 397-403.
Cano Ballesta, Juan, «Poesía y revolución: Emilio Prados», en *Homenaje universitario a Dámaso Alonso* (Madrid: Gredos, 1970), págs. 231-248.
Carreira, Antonio, «La primera salida de Emilio Prados», en *Homenaje universitario a Dámaso Alonso* (Madrid: Gredos, 1970), págs. 221-230.
Cuadernos de Ágora, Nos. 71-72 (1962). Número dedicado a Emilio Prados.
Chabás, Juan, «Emilio Prados», en *Literatura española contemporánea*, págs. 549-552.
Debicki, Andrew, «Unos procedimientos sintácticos en la poesía de Emilio Prados», en *Estudios sobre poesía española contemporánea*, págs. 307-320.
Gil-Albert, J., «Emilio Prados de la 'Constelación Rosicler'», *Taller*, II, No. 4 (1940), páginas 68-71.
Gullón, Ricardo, «Septiembre en Chapultepec», *Insula*, No. 187 (1962), págs. 1, 10.
Insula, No. 187 (1962). Homenaje a Emilio Prados.
Jiménez, Juan Ramón, «Emilio Prados», en *Españoles de tres mundos*, págs. 155-156.
Larrea, Juan, «Ingreso a una transfiguración» (prólogo a *Jardín cerrado*) (México: Cuadernos Americanos, 1946), págs. 7-24.
Litoral, Nos. 13-14 (1970). Número homenaje a Emilio Prados y Manuel Altolaguirre.
Morris, C. B., «The Closed Door» (Prados), en *A Generation of Spanish Poets*, páginas 149-154.
Rozas, Juan Manuel, «¿Una nueva versión de *Mínima muerte?*», *Insula*, Nos. 368-369 (1977), pág. 18.
Sanchís-Banús, José, «Cuatro cartas inéditas de Emilio Prados a don Alfonso Roig», *Insula*, Nos. 368-369 (1977), págs. 13, 36.
Villar Ribot, Fidel, «La poesía de encuentro de Emilio Prados», *EstLit*, No. 585 (1976), páginas 6-10, «Emilio Prados, una vocación hacia el mar *(Canciones del farero)*», *Insula*, Nos. 368-369 (1977), págs. 18, 25.
Xirau, Ramón, «El poema de Emilio Prados», en *Poetas de México y España* (Madrid: J. Porrúa Turanzas, 1962), págs. 97-102.
Zambrano, María, «Pensamiento y poesía de Emilio Prados», *RO*, No. 15 (1977), páginas 56-61.
Zardoya, Concha, «Emilio Prados, poeta de la melancolía», en *Poesía española del siglo XX*, III, págs. 391-395.

Manuel Altolaguirre

LIBROS

Harvey, María Luisa A., *Cielo y tierra en la poesía lírica de Manuel Altolaguirre*
(Hattiesburg: University and College Press of Mississippi, 1972).
Hernández de Trelles, Carmen D., *Manuel Altolaguirre. Vida y literatura* (Río Pie-
dras, P. R.: Universidad, 1975).

ARTÍCULOS Y ESTUDIOS

Aleixandre, Vicente, «La poesía y *Soledades juntas*», *RO*, XXXV (1932), págs. 113-120,
«Manolito, Manolo, Manuel Altolaguirre», *Los encuentros*, en *Obras completas*, pá-
ginas 1227-1230.
Cano, José L., «Manuel Altolaguirre, ángel malagueño», y «Altolaguirre, poeta de la
nube», en *Poesía española del siglo XX*, págs. 383-393.
Caracola, Nos. 90-94 (1960). *Homenaje a Manuel Altolaguirre.*
Cernuda, Luis, «Altolaguirre», en *Poesía y literatura II* (1964), págs. 269-274, «Manuel
Altolaguirre», en *Crítica, ensayos y evocaciones*, págs. 237-242.
Corbalán, Pablo, «Manuel Altolaguirre, poeta e impresor», *Informaciones de las Artes
y las Letras*, No. 304 (Madrid, 1974).
Cuadernos de Ágora, Nos. 35-36 (1959). Número homenaje a Manuel Altolaguirre.
Esteban, José, «Altolaguirre, visto por sus compañeros de generación», *Insula*, Nos. 368-
369 (1977), pág. 5.
Fernández Almagro, Melchor, «La escalera para subir sin alas», *Caracola*, Nos. 90-94
(1960), págs. 61-64.
Harvey, María L. A., «La vida poética extraordinaria de Manuel Altolaguirre», *CA*,
CLXX (1970), págs. 171-174, «Seis poemas inéditos de Manuel Altolaguirre», *Jackson*,
[Miss.], *State College Review*, IV (1972), págs. 29-35.
Hernández de Trelles, Carmen B., «Cartas de Manuel Altolaguirre a Juan Ramón
Jiménez», *REH-PR*, I, Nos. 3-4 (1971), págs. 95-101.
Insula, No. 154 (1959). Número dedicado a Manuel Altolaguirre.
Jiménez, Juan Ramón, «Manuel Altolaguirre», en *Españoles de tres mundos*, págs. 157-
158.
Litoral, Nos. 13-14 (1970). Número homenaje a Emilio Prados y Manuel Altolaguirre.
Luis, Leopoldo de, «La poesía de Manuel Altolaguirre», *PSA*, XX (1961), págs. 189-202,
«La poesía de Manuel Altolaguirre», en *La poesía aprendida*, págs. 112-122.
Morris, C. B., «The Closed Door» (Altolaguirre), en *A Generation of Spanish Poets*,
páginas 144-149.
Otero, C. P., «La poesía de Altolaguirre y Cernuda», en *Letras*, I (London: Támesis
Books, 1966), págs. 184-189.
Prieto, Gregorio, «Manuel Altolaguirre, poeta, editor y cineasta», *Caracola*, Nos. 90-94
(1960), págs. 102-105.
Smerdou Altolaguirre, Margarita, «Las maravillas (Cervantes. Andersen. Altolaguirre)»,
en *Homenaje universitario a Dámaso Alonso* (Madrid: Gredos, 1970), págs. 249-251.
Vivanco, Luis F., «Aprendiendo a ser buen lector de *Las islas invitadas*», *Caracola*,
números 90-94 (1960), págs. 122-130.

Luis Cernuda

LIBROS

Ballón Gazabal, Juan Antonio, *La poesía de Luis Cernuda* (Granada: Universidad, 1973).
Capote, José María, *El período sevillano de Luis Cernuda* (Madrid: Gredos, 1971), *El superrealismo en la poesía de Luis Cernuda* (Sevilla: Universidad, 1976).
Coleman, Alexander, *Other Voices: A Study of the Late Poetry of Luis Cernuda* (Chapel Hill: University of North Carolina Press, 1969).
Delgado, Agustín, *La poética de Luis Cernuda* (Madrid: Editora Nacional, 1975).
Gil de Biedma, Jaime, *Luis Cernuda* (Sevilla: Universidad, 1977).
Harris, Derek, *Luis Cernuda. A Study of the Poetry* (London: Támesis, 1973).
Harris, Derek (recopilador), *Luis Cernuda* (Madrid: Taurus, 1977).
Jiménez Fajardo, Salvador, *Luis Cernuda* (Boston: Twayne, 1978).
Müller, Elisabeth, *Die Dichtung Luis Cernudas* (con una bibliografía) (Colonia: Kölner Romanistische Arbeiten, 1962).
Silver, Philip, *«Et in Arcadia ego»: A Study of the Poetry of Luis Cernuda* (London: Támesis, 1965).
Talens, Jenaro, *El espacio y las máscaras. Introducción a la lectura de Cernuda* (Barcelona: Anagrama, 1975).

ARTÍCULOS Y ESTUDIOS

Adell, Alberto, «El panteísmo esencial de Luis Cernuda», *Insula*, No. 310 (1972), páginas 3, 6.
Aguirre, J. M., «La poesía primera de Luis Cernuda», *HR*, XXXIV (1966), págs. 121-134.
Arana, María Dolores, «Sobre Luis Cernuda», *PSA*, XXXIX (1965), págs. 311-328.
Baquero, Gastón, «La poesía de Luis Cernuda», en *Darío, Cernuda y otros temas poéticos* (Madrid: Editora Nacional, 1969), págs. 147-191.
Bodini, Vittorio, «Luis Cernuda», en *I poeti surrealisti spagnoli*, págs. lxxxv-lxxxix.
Cano, José L., «En la muerte de Luis Cernuda», *RO*, IV (1964), págs. 364-368, «La poesía de Luis Cernuda», en *Poesía española del siglo XX*, págs. 313-380.
Cántico, Nos. 9-10 (1955). Número homenaje a Luis Cernuda.
Cárdenas, Mercedes, «Un tema cernudiano: el poeta como ser privilegiado», *Insula*, número 327 (1974), págs. 1, 10.
Cernuda, Luis, «Historial de un libro», en *Poesía y literatura* (1960), págs. 231-280.
Córdova Infante, J., «Estudio lingüístico de la poesía de Luis Cernuda», *Asomante*, I, número 4 (1945), págs. 100-112.
Correa, Gustavo, «Mallarmé y Garcilaso en Cernuda: De *Primeras poesías* a la *Égloga* y la *Oda*», *RO*, No. 145 (1975), págs. 72-89.
Couso Cadhya, J. Luis, «Búsqueda de lo absoluto en la poesía de Luis Cernuda», *CHA*, número 316 (1976), págs. 21-44.
Cuadernos de Agora, Nos. 83-84 (1963). Número dedicado a Luis Cernuda.
Cuadernos Hispanoamericanos, No. 316 (1976). Homenaje a Luis Cernuda.
Chabás, Juan, «Luis Cernuda», en *Literatura española contemporánea*, págs. 545-549.
Debicki, Andrew, «Luis Cernuda: La naturaleza y la poesía en su obra lírica», en *Estudios sobre poesía española contemporánea*, págs. 285-306.
De Laurentis, Shelley A., «Luz y sombra en la poesía de Cernuda», *SinN*, VI, No. 4 (1976), págs. 8-18.

Delgado, Agustín, «Cernuda y los estudios literarios», *CHA*, No. 220 (1968), págs. 87-115.

Ferraté, Juan, «Luis Cernuda y el poder de las palabras», en *Dinámica de la poesía*, páginas 335-358.

Gariano, Carmelo, «Aspectos clásicos de la poesía de Luis Cernuda», *Hispania*, XLVIII (1965), págs. 234-246.

Gullón, Ricardo, «La poesía de Luis Cernuda», *Asomante*, VI, No. 2 (1950), págs. 34-54; número 3, págs. 49-71.

Harris, Derek, «Cartas de Luis Cernuda a Jorge Guillén», *Insula*, No. 324 (1973), páginas 1, 3-4, «A Primitive Version of Luis Cernuda's Elegy on the Death of Lorca», *BHS*, L (1973), págs. 353-373.

Ilie, Paul, «Two More Spanish Surrealists (Cernuda and Hinojosa)», *BA*, XLIII (1969), páginas 189-193.

Insula, No. 207 (1964). Número homenaje a Luis Cernuda.

Jiménez, José O., «Emoción y trascendencia del tiempo en la poesía de Luis Cernuda», en *Cinco poetas del tiempo*, págs. 123-176.

Jiménez, Juan Ramón, «Luis Cernuda», en *Españoles de tres mundos*, págs. 165-166.

La Caña Gris, Nos. 6-8 (1962). Homenaje a Luis Cernuda.

López Estrada, F., «Estudios y cartas de Cernuda (1926-1929)», *Insula*, No. 207 (1964), páginas 3, 16-17.

Martínez Nadal, Rafael, «Cernuda en Inglaterra», *Insula*, Nos. 368-369 (1977), pág. 6.

McMullen, Terence, «Luis Cernuda and the Emerging Influence of Pierre Reverdy», *RLC*, XLIX (1975), págs. 129-150.

Montoro, Adrián G., «Rebeldía de Cernuda», *SinN*, VI, No. 4 (1976), págs. 19-30.

Morris, C. B., «In Praise of Creation», y «The Closed Door» (Cernuda), en *A Generation of Spanish Poets*, págs. 134-137, 154-162, «Un poema de Luis Cernuda y la literatura surrealista», *Insula*, No. 299 (1971), pág. 3.

Núñez, Vicente, «Pensamiento crítico y poesía en Luis Cernuda», *Insula*, No. 170 (1960), página 5.

Otero, Carlos, «Cernuda en California», *Insula*, No. 207 (1964), págs. 1, 14, «La tercera salida de *La realidad y el deseo*», *PSA*, XVII (1960), págs. 425-471, «Variaciones de un tema cernudiano», en *Letras*, I (London: Támesis Books, 1966), págs. 76-89.

Panero, Leopoldo, «*Ocnos*, o la nostalgia contemplativa», *CHA*, No. 10 (1949), págs. 183-187.

Paz, Octavio, «La palabra edificante», *PSA*, XXXV, No. 103 (1964), págs. 41-82.

Pérez Delgado, G. S., «Luis Cernuda y sus 'Variaciones sobre temas mejicanos'», *EAm*, número 46 (1955), págs. 25-54.

Phillips, Allen, «Consideraciones en torno a la crítica reciente de Cernuda», *RHM*, XXVI (1960), págs. 106-112.

Revista Mexicana de Literatura (enero-febrero, 1964). Homenaje a Luis Cernuda.

Salinas, Pedro, «Luis Cernuda, poeta», en *Literatura española siglo XX*, págs. 333-348.

Sánchez Reboredo, José, «La figura del poeta en la obra de Luis Cernuda», *CHA*, número 316 (1976), págs. 5-20.

Sin Nombre, VI, No. 4 (1976). Homenaje a Luis Cernuda.

Sobejano, Gonzalo, «Alcances de la descripción estilística (Luis Cernuda: 'Nocturno yanqui')», en *The Analysis of Hispanic Texts* (Jamaica: Bilingual Press, 1976), páginas 89-112.

Summerhill, Stephen, «*Un río, un amor:* Cernuda's flirtation with surrealism», *JSSTC*, VI (1978), págs. 131-157.

Tentori Montaldo, Francesco, «Realtà e desiderio di Luis Cernuda», *Approdo*, No. 19 (1962), págs. 83-88.

Valente, José A., «Luis Cernuda y la poesía de la meditación», *CG*, Nos. 6-8 (1962), páginas 29-38.

Vivanco, Luis F., «Luis Cernuda, en su palabra vegetal indolente», en *Introducción a la poesía española contemporánea*, págs. 293-338.

Zardoya, Concha, «Imagen de España en la poesía de Luis Cernuda», *SinN*, VI, No. 4 (1976), págs. 31-41.

ÍNDICE DE REVISTAS Y DE SIGLAS

Filología.   Buenos Aires
Finisterre.   Santiago de Chile
Grial.   Vigo, Galicia
Hispania.   Appleton, Wisconsin
Hispanófila.   Chapel Hill, North Carolina
Hora de España.   Valencia
HR.   Hispanic Review. Philadelphia
HuC.   Humanidades. Comillas
IAL.   Índice de Artes y Letras. Madrid
Ibero.   Ibero-Romania. Munich
Informaciones.   Madrid
Insula.   Madrid
Il Verri.   Rivista di Letteratura. Milán
JAAC.   Journal of Aesthetics and Art Criticism. Cleveland
JSSTC.   Journal of Spanish Studies: Twentieth Century
KRA.   Kölner Romanistische Arbeiten. Colonia.
KRQ.   Kentucky Romance Quarterly
LA.   Linguistica Antverpiensia. Amberes
Lang & S.   Language and Style. Carbondale, Illinois
LdD.   Letras de Deusto
LeS.   Lingua e Stile. Boionia
Letteratura.   Florencia
Letture.   Milán
Litoral.   Málaga
LNL.   Les Langues Néo-Latines. París
LnL.   Linguistics in Literature
LP.   La Pluma. Madrid
MdF.   Mercure de France. París
MLN.   Modern Language Notes. Baltimore
MLR.   Modern Language Review. Cambridge, Inglaterra
MN.   Mundo Nuevo. París
MR.   Massachusetts Review. Amherst
NDH.   Neue Deutsche Hefte. Berlín-Lankwitz, Alemania Occidental
NE.   Nueva Etapa. Madrid
Nivel.   México
Norte.   Revista Hispano Americana. Amsterdam
Nosotros.   Buenos Aires
NS.   Die Neueren Sprachen. Marburgo
NT.   Nuestro Tiempo. Madrid
Número.   Montevideo
NRFH.   Nueva Revista de Filología Hispánica. México
Palatina.   Parma
PE.   Punta Europa. Madrid
Peña Labra.   Santander
PEsp.   Poesía Española. Madrid

PMLA.   Publications of the Modern Language Association of America. New York
Poetry.   Chicago
PSA.   Papeles de Son Armadans. Madrid-Palma de Mallorca
Puerto.   Revista de la Facultad de Estudios Generales de la Universidad de Puerto Rico
QIA.   Quaderni Ibero-Americani. Turín
RdH.   Revista de História. São Paulo
RdP.   Revue de Paris
RE.   Revista de Educación. Madrid
REH.   Revista de Estudios Hispánicos. Tuscaloosa, Alabama
REH-PR.   Revista de Estudios Hispánicos. Puerto Rico
Reflexión 2.   Primera Revista de Cultura Hispánica en Canadá
Reseña.   Madrid
RevL.   Revista de Letras. Universidad de Puerto Rico. Mayagüez
RF.   Romanische Forschungen. Erlangen
RFHum.   Revista de la Facultad de Humanidades. San Luis de Potosí
RFM.   Revista de Filosofía. Madrid
RG.   Revista de Guatemala. Ciudad de Guatemala
RHM.   Revista Hispánica Moderna. New York
RIA.   Revista Iberoamericana. Pittsburgh
RIE.   Revista de Ideas Estéticas. Madrid
RInd.   Revista de las Indias. Madrid
RJ.   Romanistisches Jahrbuch. Hamburgo
RJa.   Revista Javeriana. Bogotá
RLC.   Revue de Littérature Comparée. París
RLit.   Revista de Literatura. Madrid
RML.   Revista Mexicana de Literatura. México
RMS.   Renaissance and Modern Studies. Nottingham
RNC.   Revista Nacional de Cultura. Caracas
RO.   Revista de Occidente. Madrid
RomN.   Romance Notes. Chapel Hill, North Carolina
RR.   Romanic Review. New York
RUBA.   Revista de la Universidad de Buenos Aires
RyF.   Razón y Fe. Madrid
SeN.   Seara Nova. Lisboa

ÍNDICE DE MATERIAS

MIGUEL DE UNAMUNO

JUAN RAMÓN JIMÉNEZ

MANUEL MACHADO

ANTONIO MACHADO

RAMÓN DEL VALLE-INCLÁN

JOSÉ MORENO VILLA

LEÓN FELIPE

GERARDO DIEGO

FEDERICO GARCÍA LORCA

DÁMASO ALONSO

PEDRO SALINAS

RAFAEL ALBERTI

JORGE GUILLÉN

VICENTE ALEIXANDRE

EMILIO PRADOS

MANUEL ALTOLAGUIRRE

LUIS CERNUDA

ÍNDICE ALFABÉTICO DE AUTORES